普通高等教育经管类专业“十二五”规划教材

医药市场营销

主　　　编　汤少梁　陈丹丹
副 主 编　洪　宇
其他编写人员（以姓氏笔画排序）
马丽丽　于晓彦　马　蓉
王　飞　冯莉钧　许可塑
刘浩然　陈文静　张玉蓉
李竹青　张　英　陈彦瑾
张笑笑　贾秀才　郭　越

南京大学出版社

图书在版编目(CIP)数据

医药市场营销 / 汤少梁，陈丹丹主编. -- 南京 ：南京大学出版社，2015.11

普通高等教育经管类专业“十二五”规划教材

ISBN 978-7-305-15425-6

Ⅰ. ①医… Ⅱ. ①汤… ②陈… Ⅲ. ①药品-市场营销学-高等学校-教材 Ⅳ. ①F724.73

中国版本图书馆 CIP 数据核字(2015)第 136037 号

出版发行 南京大学出版社
社　　址 南京市汉口路 22 号　　邮　编 210093
出 版 人 金鑫荣

丛 书 名 普通高等教育经管类专业“十二五”规划教材
书　　名 医药市场营销
主　　编 汤少梁　陈丹丹
责任编辑 唐甜甜　张建霞　　编辑热线 025-83594087

照　　排 南京南琳图文制作有限公司
印　　刷 南京人文印刷厂
开　　本 787×1092　1/16　印张 23.25　字数 580 千
版　　次 2015 年 11 月第 1 版　2015 年 11 月第 1 次印刷
ISBN 978-7-305-15425-6
定　　价 45.00 元

网址：http://www.njupco.com
官方微博：http://weibo.com/njupco
官方微信号：njupress
销售咨询热线：(025) 83594756

目　　录

第一章　医药市场营销导论

【学习目标】

通过学习本章内容，在熟悉医药市场营销概念与过程的基础上，理解医药市场营销的含义、核心概念，把握医药市场营销哲学的演变过程，以及医药市场营销观念的发展趋势。

【引导案例】

稳可信与斯沃的经典、创新之争

MRSA，中文全称是耐甲氧西林金黄色葡萄球菌，是致死率比较高的致病菌，绝大多数抗生素对其都无能为力，过去50年来市场一直由礼来公司的稳可信（万古霉素）占据。因此，临床上几乎将MRSA与稳可信关联起来，只要患者检验出MRSA感染，治疗首选就是稳可信，而礼来在营销中也一直树立它的万古霉素治疗MRSA“稳定、可靠和信心”的形象。直到辉瑞公司的斯沃（利奈唑胺）在中国上市后，稳可信才感到危机的来临，但它很快调整自己的营销策略，这些年在与对手竞争中是见招拆招，演绎了一场传统的“经典”如何与时尚的“新生代”博弈的大剧。

一、斯沃：全新突破，超越传统

斯沃的营销宣传，竞争对手非常明确，就是万古霉素。它首先将其定位成“传统”的抗菌素，所做的临床研究，也直接将万古霉素作为对照组，其资料赫然地以“全新突破，超越传统”作为产品市场定位，且以雄狮出山的形象彰显与对手博弈的豪情。在各类学术会议上，其宣传的关键核心信息有三条。

第一条：强大的组织穿透性。所谓的组织穿透性，是指药物在组织/体液中的浓度与其在血浆/血清中的浓度比值的百分率。对于抗生素来说，穿透率越高，意味着药物在感染部位的药量越大，临床疗效也就更优。斯沃的宣传中，就“肺上皮细胞衬液”部位，先后使用了“穿透率200%”和“穿透率415%”的数字，而万古霉素在相同部位的穿透率却只有11%—17%，因此，治疗敏感菌感染的肺炎时，斯沃的疗效优势一目了然。

第二条：更优越的临床疗效。针对MRSA所致院内肺炎，斯沃治疗组相比较万古霉素对照组，临床治愈率提高了23.5%，患者生存率提高了16.5%；针对MRSA所致呼吸机相关肺炎，斯沃治疗组相比较万古霉素对照组，临床治愈率提高了41%，患者生存率提高了22.4%；更大的优势是斯沃静脉滴注与口服联合用药可以将静脉给药时间减少10天，住院天数减少3天，患者可以节省相当大的治疗费用。

第三条：突破性的作用机制。斯沃属于全球第一个人工合成的噁唑烷酮类抗生素，其影响细菌蛋白质合成的起始阶段，与其他抗生素几乎无交叉耐药，并且能够全面覆盖常见的革兰氏阳性病原菌，特别适合耐药的革兰氏阳性球菌引起的严重感染。考虑到严重感染患者联合用药的必要性，使用斯沃更放心，也更安全。

二、稳可信：针锋相对，奋力反击

面对销售总额处于全球第一位公司研发生产的竞争产品斯沃，礼来公司不甘示弱，借助重新整理的信息，在这几年中召开多场学术会议，并借美国感染性疾病学会发布的《MRSA感染患者治疗临床实践指南》中对稳可信的利好信息，针对斯沃宣传中的关键核心信息，力求正本清源，强化自己产品的绝对优势。

第一条：独有三重杀菌机制。斯沃号称具有突破性的作用机制，但它仅仅是抑制细菌胞浆内RNA合成而起作用的，这种机制其实万古霉素也具备；其次，替考拉宁是抑制细菌细胞壁的合成，这点万古霉素也有；万古霉素还有这两个药物无法具备的第三项作用机制，即能够影响细菌细胞壁的通透性。如此三重作用显示“人有我有，人无我也有”的优势。万古霉素的三重杀菌机制并非是50年前就搞清楚的，而是在2009年重新揭示的，其过程非常具针对性，真正做到了即使“经典”也与时俱进。

第二条：上市50年，全球仅出现9例耐药。稳可信的宣传资料中，非常详细地列出这9例万古霉素的耐药株出现在2002年至2007年，全部在北美。一个抗菌素，全球使用了50年，仅出现了9例耐药株，医生想一想就明白其价值了。而斯沃呢？虽然只上市9年，可已经出现了100多例耐药株，且分布地域包括北美、欧洲和日本，这意味着什么呢？抗生素的疗效与耐药率直接相关，“稳可信”真是名副其实。

第三条：治疗MRS感染的一线用药。万古霉素多年治疗经验的积累，使其成为全球多部临床抗感染指南推荐的首选用药，它们包括《美国胸科协会关于医院获得性、呼吸机相关及医疗相关肺炎治疗指南》、《欧洲心脏协会关于感染性心内膜炎的预防、诊断及治疗指南》、《桑福德抗微生物治疗指南》等。由于临床50年的应用，万古霉素在菌血症、心内膜炎等疾病感染治疗中都可使用，而斯沃是没有这些疾病适应症的。时间证明一切，短暂的效果并不意味着持久的成功，稳可信用药范围广且无可替代。

资料来源：百度文库. http://wenku. baidu. com/.

案例点评

处方药营销案例中，有几个产品注定是要载入史册的：第一位是阿司匹林，以历久弥新的传奇演绎不断进取的故事；第二位是二甲双胍，以脚踏实地的研究奠定疾病治疗的基石；第三位是万古霉素，以稳定、可靠和信心三大优势成为“经典”的最佳注释。关注医药营销的人士，如果不了解它们的前世今生，不掌握它们营销的技法和方向，就很难真正掌握医药市场营销的真谛。过去20年里，针对严重感染需要使用高档抗生素时，医生头脑里第一时间想到的就是“大万能”，其中的“万”字即指万古霉素。斯沃上市后，医生心目中渐渐形成了“美斯斯”作为高档、强效抗生素代表的印象。“大万能”是经典药物，“美斯斯”是创新药物，在竞争过程中，经典与创新最终谁会更胜一筹呢，还是再重新组合？我们拭目以待。

第一节　医药市场营销概述

一、市场营销的概念与过程

(一) 市场营销的含义

对于市场营销的理解，多年来一直存在多种重点有别、宽窄不一的表述。本节简单介绍国内外具有代表性的机构、学者和企业家对市场营销概念的表述，以帮助读者多角度、全方位理解市场营销的内涵。

1. 美国营销协会对营销的定义

美国营销协会(American Marketing Association，AMA)在不同经济发展时期，对市场营销的定义亦有所区别，其表述和侧重点如表 1－1 所示。

表 1－1　AMA 关于市场营销的多种定义

年代	定义内容	侧重点
1935 年	营销是将产品和服务从生产者传送到消费者的商业活动	从生产者角度阐述营销如何为市场提供更多的产品和服务
1960 年	市场营销是引导产品和服务从供应商向消费者流动的商业活动	
1985 年	对创意、产品和服务进行构思、定价、促销和分销，并通过交换来满足个人和组织的需要的规划和执行过程	将营销作为企业活动的一部分，开始注重消费者的需要
2004 年	营销是采用企业与利益相关者都可获利的方式，为顾客创造、沟通和传递价值，并管理顾客关系的组织功能和一系列活动	企业注重利益相关者、顾客价值以及管理顾客关系
2007 年	营销是创造、沟通、传递、交换对顾客、客户、合作伙伴和整个社会具有价值的提供物的一系列活动、组织、制度和过程	体现了营销活动的整体性和互动性

2. 其他国外知名学者和机构对营销的表述

美国学者路易斯・E. 布恩(Louis E. Boone)(南阿拉巴马大学)和大卫・L. 库尔茨(David L. Kurtz)(阿肯色大学)指出，市场营销是指对概念、产品、服务、组织和活动制定构想、定价促销和分销计划并加以实施，以创造和维护能实现个人和组织目标的关系的活动。美国著名整合营销专家唐・舒尔茨在他的《整合营销传播》一书中提出了“营销就是传播，传播就是营销”的概念，认为“售后服务也是传播”，设计作为营销链上的重要一环也是现代传播所研究的重要内容。

英国皇家特许营销协会(Chartered Institute of Marketing，CIM)认为，市场营销是识别、期望和满足消费者需求的营利性管理活动。被誉为“现代营销学之父”的美国西北大学凯洛格管理学院终身教授菲利普・科特勒 1967 年撰写了《营销管理》(第 1 版)，对营销理论进行了系统、完整的总结；此后，他根据营销理论和实践的发展，不断推出新版的《营销管理》。1999—2012 年，他甚至每三年就更新一版，至今已更新到第 14 版。该书是目前世界范围内使用最广泛的营销学教材,被誉为营销学的圣经。

在2012年出版的《营销管理》第14版中,科特勒等认为,所谓市场营销,就是识别并满足人类和社会的需要。对市场营销最简洁的定义,就是"满足别人并获得利润"。市场营销可以把社会需要和个人需要转化为商机。科特勒等还概括了市场营销的社会含义:所谓市场营销,就是个人和集体通过创造、提供、出售、与别人自由交换产品和服务的方式获得自己所需产品或服务的社会过程。

3. 国内学者对营销概念有代表性的表述

中国人民大学纪宝成、吕一林(2008)指出,所谓市场营销,就是在变化的市场环境中,旨在满足消费需要、实现企业目标的商务活动过程,包括确定目标市场、产品开发、定价、销售、提供服务等一系列与市场有关的企业业务经营活动。该项表述强调营销环境对营销活动的重要影响。南开大学吴晓云和西安交通大学庄贵军(2009)认为,市场营销是在企业经营活动中,不同于生产、财务和物流运作等职能领域,但又要与这些职能领域进行有效协作的活动过程,这些协作越来越多地被视为与企业营销价值链相关的重要管理任务。此概念强调企业在为顾客创造价值的过程中,营销职能部门与其他部门之间的分工、协作关系。

清华大学李飞(2012)认为,直到今天,仍然有很多人把营销管理当做赚钱的小招数,甚至骗术,这是对营销的最大误解。造成这种误解的原因,除了企业急功近利之外,还有一个重要原因是营销学者落伍了,那些10年之前的教材还在流行着。造就令人尊敬的公司,这就是营销管理的目的。此概念强调企业营销活动的宗旨和使命,对营销活动所要达到的目的提出了更高层次的要求。

本书采用2013年出版的《市场营销原理》第14版中,菲利普·科特勒对市场营销的定义:市场营销是企业为了从顾客身上获得利益回报,创造顾客价值和建立牢固顾客关系的过程。这一定义突出了企业获得利益必须注重顾客关系。

(二) 市场营销的过程

根据菲利普·科特勒对市场营销的定义,营销过程包括五个步骤,如图1-1所示。这一模型的前四步中,企业努力了解顾客,创造顾客价值和建立牢固的顾客关系。最后一步,企业收获创造卓越价值的回报。本书引用菲利普·科特勒的原文进行简单介绍,不做详细展开。

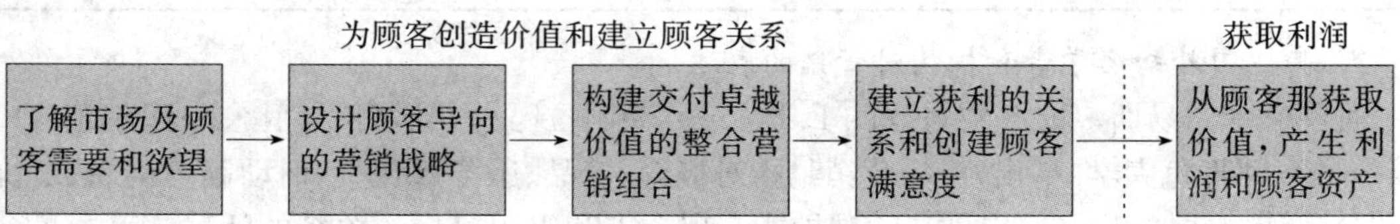

图1-1 市场营销过程的简单模型

1. 了解市场和顾客需求

了解市场及顾客需求作为市场营销的第一步,需要营销人员掌握相关的四组核心概念:需要、欲望、需求和市场;产品;顾客价值和顾客满意度;交换和关系。

(1) 需要、欲望、需求和市场

需要是指人们感到缺乏的一种状态,包括:对食物、衣服、保暖和安全的基本物质需要;对归属感和情感的需要;对知识和自我表现的需要等。这些是人类固有的,不需要营销人员创造。而由需要派生出来的一种形式——欲望,它受社会文化和人类个性的限制。当考虑到支付能力的时候，欲望就转换为需求。市场是指某种产品或服务的实际购买者和潜在购买者的集合。例如，某人患有肾结石，经常疼痛发作，他就会有看病治疗的需要；为了满足治疗肾结石的需求，患者就可能衍生出选择直接手术取出结石，或选择服用排石冲剂，或使用仪器先碎石再排等欲望；当患者可以根据自己的病情、经济能力及个人意愿确定选择某种治疗方式时才构成需求；为满足不同患者的需求，医院便会形成不同的市场。

(2) 产品

产品是企业提供给某个市场来满足某种需要和欲望的物品、服务、人员、地点、组织、信息和体验的组合。例如，当进入一家麦当劳店消费时，对方提供的不仅是汉堡和可乐等有形的食品，同时还有桌椅、点餐、灯光等服务。

(3) 顾客价值和顾客满意度

顾客价值和顾客满意度是发展和管理顾客关系的关键基石。通常情况下，顾客面对众多可以满足某种特定欲望的产品和服务，如何选择某种产品和服务？顾客对产品所带来的价值和满意度有自己的期望，会根据自己的期望值做出选择。顾客会重复购买满意的产品，并将自己的体验告诉他人；对产品不满意的顾客将转向购买竞争对手的产品，并向他人批评这种产品。

(4) 交换和关系

当人们通过交换来满足欲望和需求的时候，就出现了营销。狭义的交换是指从他人那里取得想要的物品，同时以某种物品作为回报。广义的交换包括营销人员试图让人们对营销行为做出反应。例如，旅游景点的广告主要是吸引游客到某个地点享受观光等服务；百度、谷歌等网站的运行是提供搜索服务。

营销除了吸引新顾客和创造交易，还要保持老顾客，通过传递优质的顾客价值从而建立牢固的联系，使他们成为企业业务增长的一部分。

2. 设计顾客导向的营销战略

任何一个企业都无法满足所有的需求，因而企业必须选择要服务的顾客，并依据目标顾客的需求确定价值方案。具体包括市场细分、选择目标市场和市场定位。

市场细分是根据消费者的不同需求、特征和行为，将一个市场分为几个有明显区别的消费者群体，他们需要不同的产品和市场营销组合。一旦识别了这些群体，就需要选择目标市场，即评价每个细分市场的吸引力，并选择一个或多个细分市场决定进入。除了决定要进入细分市场外，公司还必须明确自己的价值主张，即如何为目标顾客创造差异化的价值，以及在这些目标顾客群体的心目中建立自己产品有别于竞争产品的独特定位，即市场定位。比如化妆品按性别分为女性市场和男性市场，妮维雅将品牌定位为男性市场，并针对男性市场推出集沐浴、洗发、剃须为一体的3合1产品。这与男性的思维模式即最想要的往往是方便、快捷相匹配，独特的产品设计正好迎合男性的消费需求。

3. 构建交付卓越价值的整合营销组合

(1) 产品策略

即企业在其产品营销战略确定后，在实施中所采取的一系列有关产品本身的具体营销策略。主要包括商标、品牌、包装、产品定位、产品组合、产品生命周期等方面的具体实施策略。企业的产品策略是其市场营销组合策略中的重要组成部分。

产品策略是企业为了在激烈的市场竞争中获得优势，在生产、销售产品时所运用的一系列措施和手段，包括产品定位、产品组合策略、产品差异化策略、新产品开发策略、品牌策略以及产品的生命周期运用策略。

(2) 产品定价策略

产品价格对公司利润有着直接的影响，价格一个小幅度的提高可能造成利润的大幅提升。更重要的是，价格在创造顾客价值和构建顾客关系上扮演关键的角色。

(3) 产品渠道策略

大多数生产企业不会直接将产品销售给最终用户，在这两者之间还存在一组完成多种职能的中介机构。这些中介机构组成了营销渠道，它是产品或者服务在投入使用或者消费过程中涉及的一系列相互联系的组织。

(4) 产品促销策略

建立良好的顾客关系所要求的不仅是开发优良的产品，制定吸引人的价格，使目标顾客能够在市场上买到产品，公司还必须与顾客进行价值沟通，并且沟通的内容不应当是随意的。所有的沟通努力必须被规划并组合成整合计划，组合应用各种促销工具，包括广告、人员推销、销售促进、公共关系和直销等，在构建和保持各种关系上进行良好沟通。

4. 建立顾客关系

建立顾客关系包括两方面的内容：客户关系管理和合作伙伴关系管理。关于客户关系管理的理解有狭义和广义之分：狭义的客户关系管理被定义为一种顾客数据管理活动，它包含了管理单个消费者的具体信息和谨慎管理顾客来最大程度地提高顾客忠诚度；广义的客户关系管理是指通过传递优质的顾客利益和满意来建立和保持有价值的顾客关系的整个过程。目前大多数营销学者偏向于理解其广泛的含义。同时，在建立顾客价值和牢固的客户关系时，企业不可能独自进行，他们必须和一系列的营销伙伴合作。除了要做好客户关系管理外，营销者必须擅长合作伙伴关系管理，即营销人员要与企业内部（如企业内部各个部门的人员）和企业外部（如供应商、渠道伙伴等）等人员合作。

信息框

医药企业客户关系管理系统(CRM)的功能模块

客户关系管理是围绕“客户关系”而产生的一种管理思想，它强调了两个方面的因素：一是客户关系的价值；二是信息技术。而这些都要以客户作为信息来源，以客户信息作为客户关系的具体体现，所以，客户关系构成了实施客户关系管理的着眼点。基于医药企业对业务部门的需求，可将医药企业客户关系管理系统划分为以下几个部分（图 1－2）：

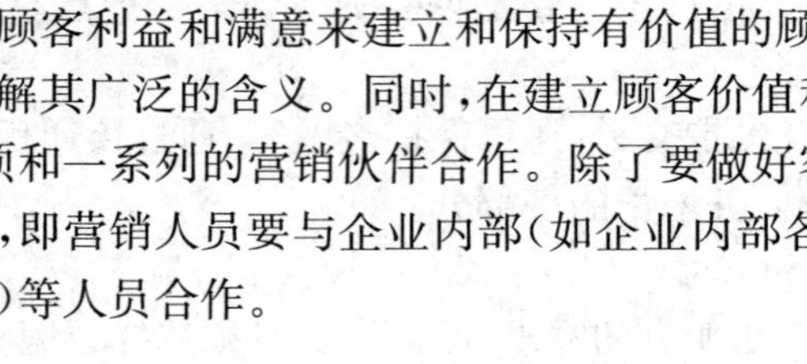

图 1－2　客户关系管理系统功能模块图

(1) 客户管理功能。为用户提供了查看、检索客户信息的功能。客户分为医院及医生两种类型,医生隶属于医院。医院信息包括医院名、医院类型、评级等。医生信息包括姓名、性别、电话、称谓、部门、评级等。医药代表登录系统后,可以查看自己辖区内的有效医院、医生的信息,并可根据多种查询条件查找医院、医生信息。如果需要变更医院、医生信息以及地址信息,销售可以提交变更申请,由销售主管进行审批,审批通过后将更新相关信息,获得审批前信息无法更新。

(2) 拜访报告功能。医药代表可以填写针对医院、医生的拜访报告,拜访报告包括拜访日期时间、产品、状态、拜访时长、拜访地址。拜访报告是客户关系管理系统的重要功能之一,用来记录销售对客户进行拜访的详细情况及客户反馈。拜访报告的数据不仅用于考核销售个人KPI、销售团队KPI,还用于计算销售奖金及销售主管奖金。

(3) 工作会议功能。创建各种类型的工作会议,并添加相关的参会人员。

(4) 休假管理功能。医药代表可以提交休假申请。休假申请审批通过后即生效,在休假期间内医药代表不需要再进行任何工作。

(5) 工作日历功能。工作日历模块显示用户的各项工作内容,通过查看工作日历可以清楚地了解到医药代表的工作日程安排。

(6) 统计报告功能。供医药代表及主管查看统计报告,统计报告是基于医药代表的客户以及拜访情况归纳而出的。

(7) 系统管理功能。管理员对系统进行维护。

资料来源:陈晓燕.医药企业客户关系管理系统的设计与实现.现代计算机,2013,10(28).

5. 从顾客那获取价值

市场营销的最后一步则要以现在或将来的销量、市场份额和利润等形式来获取回报。通过创造优质的顾客价值,企业还应培养顾客忠诚度和维系率,建立情感上的联系,而不仅是理智上的偏好。为了增加顾客在同类产品中购买本公司产品的比例,即客户份额,公司可以通过为现有顾客提供多样化产品或者开展增值销售项目来对现有顾客营销更多的产品和服务。

二、医药市场营销的含义及核心概念

在初步了解市场营销的概念与过程的基础上,大家认识了市场营销学的理论框架,下面将进一步学习医药市场营销的含义及核心概念。

(一) 医药市场营销的含义

医药企业所从事的医药市场营销是指个人和医药组织通过创造并与他人交换医药产品和价值以满足需求和欲望的一种社会管理过程。可以从以下五个方面理解医药市场营销的含义。

1. 医药市场营销的主体为个人和医药组织

现代市场营销的主体包括一切面向市场的个人和组织,既包括医药企业等营利性组织,又包括学校、医院、公共事业单位等面向市场的非营利性组织,还包括一些拟通过交换获取产品和价值的个人。医药市场营销的主体为个人和医药组织,本书中医药市场营销的主体是医药企业,即医药产品的生产商和中间商。

2. 医药市场营销的客体是医药产品和价值

医药市场营销不仅仅是医药产品的交换,而且强调价值的交换。

3. 医药市场营销的核心是交换

交换是医药市场营销学的核心概念,它是通过提供他人所需所欲之物来换取自己所需所欲之物的过程。只有通过交换,才能产生营销活动。交换过程是一个主动、积极寻找机会,满足双方需求和欲望的过程。交换过程能否顺利进行取决于营销者提供的产品和价值满足顾客需求的程度和交换过程的管理水平。

4. 医药市场营销是一个社会管理过程

医药市场营销过程由一系列活动构成,包括营销调研、产品开发、价格制定、渠道开发、促销、售后服务、计划控制等活动。整个过程不仅是一个计划、组织、实施、控制的管理过程,而且是一个社会过程,医药企业在营销过程中必须承担自身的社会责任。

5. 医药市场营销的最终目的是有利益地满足需求

满足需求和欲望是医药企业营销的出发点,医药企业通过比竞争者更好地满足顾客需求,达到企业的目的,实现双赢。满足需求、让顾客满意是医药市场营销的基本精神。

(二) 医药市场营销的相关概念

1. 医药市场营销者(Medical Marketer)

在医药产品的交换过程中,积极寻求交换的一方为医药市场营销者,简称医药营销者,另一方则称为潜在顾客。医药市场营销者可以是卖方,也可以是买方。在交换过程中如果双方都表现积极,则双方都是医药营销者,并将此类情况称之为相互医药市场营销。在现代医药营销活动中,一般是卖方为医药营销者,包括医药产品的生产商和中间商及其营销人员。

2. 医药公司的顾客(Medical Customer)

医药公司的顾客维度跨越非常广。这一特性是由于医药的高度管制性、高技术性和高风险性派生的。医药企业的顾客,狭义是指常规的医院、医生、药店、经销商和患者;广义还包括主管的行政机构(国家食品药品监督管理局、国家卫生和计划生育委员会、招标办、物价局等)、学术机构(医学会、药学会、行业协会等)、研究机构(大学的研究所、国家的基础药物研究机构等)、专利及法律机构(知识产权局、专业法律事务所等)、大众媒体和专业媒体(电视台、电台、专业学术期刊、专业报刊等)。本节医药企业的顾客主要是狭义的概念,分成为了生产、销售、维持组织运作或履行组织职能,以某种组织为购买单位的组织购买者,以及为了满足其防病、治病、强身健体等生活需要的个人或家庭。

3. 价值(Value)

从经济学的角度讲,价值是凝结在商品中的无差别的人类劳动。从营销学的角度讲,价值则是顾客所得到的(Get's)与所付出的(Gives)的比率,用公式表示如下:

$$价值=\frac{利益}{成本}=\frac{功能利益+情感利益}{金钱成本+时间成本+精力成本+体力成本}$$

顾客一般会根据医药产品提供的价值而做出购买决定,因此医药营销者应努力提高医药产品的价值,让顾客满意。

第二节　医药市场营销哲学的演变

市场营销哲学是一种经营哲学,是一种关于市场营销的根本态度和看法。它是指企业在制定营销战略和组织营销活动时依据的具有指导思想和行为准则意义的观念。市场营销哲学是企业市场营销活动的出发点。营销哲学正确与否，是否符合营销环境的客观实际，对营销的成败具有决定性的影响。因此，奉行正确的市场营销哲学，是企业从事市场营销实践的核心和关键所在。

一、以企业为中心的营销哲学

（一）以生产为导向的生产观念（Production Concept）

这是一种最古老的营销哲学，它产生于产业革命完成之时。当时整个社会技术水平比较落后，生产满足不了消费需求，产品处于供不应求的状态。消费者并不富裕，需求量大而购买力不高，消费者的选择余地很小甚至没有选择的余地。销售与消费只是被动地适应生产，企业生产什么，市场就销售什么，生产多少就销售多少。这种“以生产为导向”的营销哲学认为，生产厂家能向顾客提供买得起、买得到的产品，就是销售；生产的关键在于能否降低成本、扩大产量、增加销售网点、提供廉价的产品。这种观念的重点在于生产而不在于市场。

很显然，这种营销哲学的中心和基本出发点都是生产。它的主要手段是降低成本、扩大产量，目标是短期利润。生产观念并不考虑消费者的需求和产品的质量、品种，坚持“我生产什么，商家就卖什么，消费者就买什么”的经营思想，因此，生产观念只适用于“卖方市场”。

（二）以产品为导向的产品观念（Product Concept）

这种观念产生于20世纪30年代以前。它比以生产为导向的营销观念出现的时间稍晚，但二者并存的时间较长。产品观念与生产观念的相同之处在于它们都是以生产为中心，都忽视消费者和市场的存在。所不同的是，产品观念认为，既然消费者购买力有限，那么消费者希望购买到的有限产品中每一件都是高质量的产品，质量好坏是影响消费者购买的决定性因素，企业应该努力生产和追求质量好、性能强的产品。所以奉行产品观念的企业绝大部分的精力都用于提高产品技术和质量。

这种观念就像菲利普·科特勒教授描述的那样：当他（生产者）应该把目光投向窗外的时候，他却不合时宜地对着镜子顾影自怜。这种“营销近视症”过分迷恋于追求产品的高质量，容易忽视消费者的实际需求，会因为生产成本与产品价格过高而难以为消费者接受，从而在市场营销中导致失败。

信息框

过分迷恋产品质量　爱尔琴失去竞争优势

美国爱尔琴钟表公司自1864年创立到本世纪50年代中期，一直是美国最好的钟表制造商之一，享有盛誉。该公司长期以来在市场营销中强调生产高级产品，树立优质产品形象，并通过一流的珠宝店和百货公司组成庞大的销售网推销产品，销售额持续上升。但是1958年以后，该公司的销售额和市场占有率开始直线下降，使其在市场中的优势地位开始动摇。

爱尔琴公司优势地位受到损害的原因是什么？

第一，在消费者方面，这时消费者对手表必须走时十分准确、必须是名牌、必须保用一辈子的观念已经发生变化，消费者希望能买到走时基本准确、造型优美、价格适中的手表，即越来越多的消费者追求手表的方便性（全自动手表）、耐用性（防水防震手表）和经济性（廉价手表）。

第二，在竞争者方面，许多同业的制造商迎合消费者需要，纷纷增加产品生产线或延长产品生产线大量生产中低档手表。

第三，在销售渠道方面，不少美国人都想避开珠宝店的高额加成，而且在看到廉价手表时常常会产生冲动性购买。

因此，众多的手表制造商开始通过大众销售渠道——超级市场、廉价商店、折扣商店、方便店，甚至地摊大力推销。

综上所述，爱尔琴公司的毛病在于公司营销管理当局太迷恋于生产精美、优质而式样陈旧的手表，并仍用传统的渠道推销产品，以至于根本没有注意到手表市场上发生的各种重大变化。在复杂多变、竞争激烈的市场环境下，爱尔琴公司“理应朝着窗外眺，却只对着镜子照”，目光短浅、鼠目寸光是其遭受挫折的根本原因。

资料来源：百度文库. http://wenku. baidu. com/view/2f3f516aaf1ffc4ffe47ac0c. html? re=view.

（三）以推销为导向的推销观念(Selling Concept)

推销观念盛行于20世纪三四十年代。当时西方一些发达国家先后完成了工业革命，生产力得到空前发展，商品生产规模日益扩大，商品品种日益增多。这种生产力的发展与生产的无政府状态之间的矛盾终于导致了世界经济大危机：企业纷纷倒闭，大量工人失业，市场购买力急剧下降，市场出现商品供应量远远大于市场实际购买力的现象，卖方市场逐渐过渡成买方市场，销售积压产品成为各企业的首要任务。于是，以销售为导向的推销观念逐步替代市场“生产观念”和“产品观念”。奉行推销观念的企业经营者认为，商品能否销售出去的关键不是在于企业提供的是什么商品、什么价格、什么质量，而在于用什么手段把已经生产出来的产品推销出去；消费者不购买产品的原因在于他受到的推销压力不够，如果加大推销的力度，销售就可以顺利实现。同过去相比，这一阶段的企业开始把注意力转向市场，但仅停留在产品生产出来以后再推销出去的阶段。

信息框

三精药业“广告轰炸”效应递减

此前靠广告轰炸式的营销，三精制药创造了较好的业绩，但这种营销方式对销量的促进作用正在日渐减弱。在发展战略上，哈药集团下属两家子公司——哈药股份和三精制药一直存在同业竞争的问题，迄今未见到母公司对于两家公司有清晰的发展途径和战略，这或是三精制药仅靠自身变革无法解决的问题。

三精制药在2009年的年报中如此描述其营销变革：大量补充OTC事业部终端营销人员，全面开展针对连锁药店的终端维护和产品宣传推广工作，减少广告成本不断上升的压力，深入细致地开展终端工作。并通过管理和维护一、二级经销商的分销政策，保证主导产品市场价格的稳定。广告轰炸虽然可以带来订单，但没有自己的营销队伍，就会缺少持久发展力，因为经销商不会对产品投入过多，一旦销售不畅，他们很容易放弃产品，转而推广其他企业的产品。三精制药的销售人员也出现不增反减的情况。三精制药年报显示，公司2009年的营销人员为456人，到2010年减少到452人，到2013年，销售人员只剩下了356人。

三精制药年报显示，2010—2012年，公司广告支出分别为4.61亿元、5.10亿元和5.06亿元，同期公司的净利润为 3.34 亿元、3.99 亿元和 3.64 亿元。其中，2011 年公司广告支出增加 5 000 万元，利润随之增加 0.65 亿元，2012 年，公司广告减少 400 万元，净利润也减少 3 500 万元。2013 年，三精制药花费了 4.31 亿元广告费，创造了 646 万元的业绩。医药公司单纯依靠推销方式，无法作为长期的经营战略。

资料来源：中国医药联盟. http://www.chinamsr.com/2014/0521/79099.shtml.

二、以顾客为中心的营销哲学（Marketing Concept）

市场营销观念认为，企业的一切计划与策略应以顾客为中心，正确确定目标市场的需要与欲望，比竞争者更有效地满足目标市场的需求。

市场营销观念产生于 20 世纪 50 年代。当时随着战后科学技术革命的兴起，西方企业的研发和创新能力不断提高，新产品竞相上市。同时，由于大量军工企业转向民用生产，社会产品供应量迅速增加，许多产品供大于求，市场竞争进一步激化。在需求方面，西方各国政府相继推行高福利、高工资、高消费政策，消费需求不断扩大，消费形式也变得更加多样化，购买选择更为精明和苛刻。这就要求企业改变过去单纯以卖出产品为中心的思维方式，转向认真研究消费需求，正确选择为之服务的目标市场，并根据目标顾客的需要及其变动不断调整自己的营销策略。总之，企业的经营指导思想要从以自己为中心转向以消费者为中心，将过去"一切从企业出发"转变为"一切从顾客出发"，企业的一切活动都围绕着满足消费者需要来进行，其座右铭是："顾客需要什么，我们就生产提供什么"，这是营销学的"第一次革命"。

相对于市场营销观念，生产观念、产品观念、推销观念被称为传统市场营销哲学或旧市场营销哲学。这两种营销哲学具有本质区别：第一，生产经营的出发点不同。传统营销哲学的出发点是企业本身的生产过程，即在生产之前并不考虑市场需求，而是在产品生产出来之后再考虑销售问题，因而无法保证商品的适销对路；而市场营销观念认为消费需求是企业生产经营活动的出发点，只有事先了解消费需求特点后，才能生产出适销对路的商品，因而市场调研是起点。第二，生产经营的手段不同。生产观念注重提高产品产量和降低成本，从本质上来说是一种价格竞争；产品观念注重产品质量并以此来吸引顾客，也只是一种质量竞争；推销观念只注重商品的推销，企业愿意花大价钱挖空心思地把不合适的商品推销给顾客，是一种推销强度的竞争；而市场营销观念在良好的市场需求导向基础上，注重市场策略和销售服务，把商品的整体销售给顾客，便能从整体上满足消费者的需求。第三，企业最终目标不同。传统营销哲学的最终目标是企业的短期利润，即注重单位商品的利润，不愿进行技术革新和长远投资；而市场营销观念虽然最终目标也在于增加利润，但这种利润是一种长期利润，并不一定要在短期内获得。市场营销观念能很好地协调短期利润和长期利润的关系。

三、以社会长远利益为中心的营销哲学

（一）社会市场营销观念（Societal Marketing Concept）

20 世纪 70 年代以来，西方发达国家在经济高度繁荣的同时，面临一系列带有普遍性的社会问题，比如环境污染、资源浪费、通货膨胀、忽视社会服务等。这些问题往往与许多企业重视满足消费者需要而忽视社会整体和长远利益有关。例如，一次性餐具的应用迎合了消费者追求便捷、卫生的需要，但却导致了资源的浪费和城市垃圾的增加；某些减肥药迎合了消费者不

节食、不运动而减肥的需要，但却损害了消费者的长远健康。与此同时，随着西方消费者保护运动的高涨，许多国家成立了保护消费者利益的组织，政府部门制定了相应法律，商业欺诈、不健康、不安全、不文明消费等行为受到消费者的广泛抵制和谴责。在这种情况下，单纯的市场营销观念难以解决消费者需要与消费者及社会长远利益的冲突，企业应当树立一种超越市场营销观念的新的经营哲学，于是社会市场营销观念和各种新营销观念逐步形成。

社会市场营销观念认为，消费者的需求与消费者本身或社会的长远利益并非总是一致的；关心并满足消费者长远利益和社会整体利益的企业，将越来越受到消费者的欢迎；企业能否吸引并保持大量顾客，关键不仅在于满足消费者的眼前需求，而且还在于企业能否顾及顾客及社会的长远利益。从这种认识出发，社会市场营销观念强调以社会利益为导向，认为企业应以维护社会利益和促进社会发展为最高目标；企业营销不再以消费者需要作为唯一出发点，而是充分考虑社会利益，寻求消费者、社会与企业利益的平衡点；企业的生产经营不仅要满足消费者的需要和愿望，而且要有利于社会的整体和长远利益，要将消费者需要、社会利益和企业盈利三方面统一起来，求得三者利益的共同实现；对于危害或不利于顾客和社会利益的需要，企业有责任实行“反营销”。

信息框

格列卫全球患者援助项目——不计成本研发特效药，挽救白血病人生命

白血病及胃肠道间质瘤是较常见的血液肿瘤，患者比率在癌症患病群中不高，但是治疗难度、花销及痛苦是普通家庭绝对无法承受的。许多有白血病患者(特别是没有医疗保障的儿童和青少年)的家庭因为治疗过程中人力、物力、财力殆尽，最终被迫放弃治疗机会和生存的希望。同时，由于研发成本的投入很难在市场上收回，大多数企业不愿研制小病种的孤儿药。执着于挽救众多白血病患者生命的信念，本着对社会医疗领域的贡献，诺华数十载，在开发历史性抗癌新药“格列卫”方面，累计投入逾10亿美元及顶级管理和科学人才，才得以研制成功该特效药并投入生产使用。

为实现“让每一名符合条件的患者都能获得所需要的药物”的承诺，诺华在行业内第一个设立了全球性的白血病患者援助项目——“格列卫患者援助项目”。截止2010年，该援助项目覆盖了82个国家，为4万多名慢性粒细胞白血病、急性淋巴细胞白血病患者和胃肠道间质瘤患者提供了免费格列卫药物。

由诺华公司发起的格列卫全球患者援助项目，于2003年9月在中国正式启动，由中华慈善总会负责在中国的整体运作和协调工作。项目具体运作方式是：将诺华公司捐赠的格列卫药物，送达慢性粒细胞白血病、急性淋巴细胞白血病患者和胃肠道间质瘤患者手中。目前，该项目覆盖全国30个省、直辖市和自治区，设有49个发药点，近400家医院、超过1 100名医生已经加入到该项目中来。免费提供格列卫药物，是当今最为慷慨、广泛和直接的全球性癌症患者援助计划，并且获得2009年度中华慈善奖。

资料来源：中华人民共和国民政部，中华慈善总会. http://cszh. mca. gov. cn/article/csxm/200712/20071200006442. shtml.

(二) 绿色营销观念(Green Marketing Concept)

从20世纪五六十年代起，随着科学技术的进步和经济发展，市场营销环境发生了根本变化。首先，人类活动对环境造成了极大危害，环境污染触目惊心；其次，伴随保卫消费者权益运动的开展和消费者"绿色消费意识"的觉醒，消费者要求企业在生产产品时也要承担社会责任，遵守道德法则，保护环境和消费者的长远利益。另外，国际环境公约和环境管理标准越来越多，要求越来越高，形成绿色壁垒。50年代以前，涉及环境和环保问题的公约只有6项，70年代有16项，80年代增至100项左右，2000年将近200项。目前许多国家存在绿色壁垒，对未获得ISO14000系列认证及本国环境认证标志的企业和产品采取进口歧视政策，规定不准进口或者在价格、数量上进行限制。在这种客观现实需要的呼唤及思想观念转变之下，绿色营销蓬勃发展起来。

绿色营销是指企业在制定经营战略时，在进行市场细分与目标市场选择、产品生产、定价、分销促销过程中注重多重经济效益、社会效益、环境效益的协调统一，并在此前提下取得企业利益的一系列经营活动。它要求企业采用清洁生产工艺、技术，注重资源的节约和利用，向消费者提供安全、卫生的绿色产品，并使产品具有多种用途和回用功能，消除一切污染环境行为，保护生态环境。绿色消费是消费者旨在保护环境，在消费过程中减少资源浪费和防止污染，从承担社会责任的角度考虑而采用的一种理性消费方式。与之相关的绿色产品是指经过"清洁"生产，在使用过程中以及使用后均不存在危害人体健康和生态环境的因素，并易于回收和再使用的产品。

按照绿色营销观念，环境也是一种资源，环境使用必须有偿，污染环境必须付费。因此企业用于保护环境的支出计入成本，成为价格中的一部分，这种价格就是绿色价格。绿色价格在环境保护方面是针对自然和生态环境在人类利用过程中所形成损耗的价格补偿，是人类必须付出的用于生态环境保护和建设的条件代价。

就我国制药行业而言，目前处在一种尴尬的局面。一方面，由于药品与人民生命安全和健康密切相关，制药行业承担着治病救人的神圣职责。另一方面，制药行业属于污染较严重的行业，废气、废水、废物对空气、水体和土壤污染严重。目前我国相当一部分制药企业对环境保护重视不够，在治理污染上投入不足。另外，一些发达国家纷纷将污染严重，或在本国禁止生产的化学原料合成项目迁往发展中国家，而我国一些化工原料产量名列世界前茅，这些都表明我国医药企业迫切需要改变观念，实行绿色营销，真正成为为人类造福的行业。

信息框

华北制药的绿色酶法项目

华北制药投资建设的绿色酶法阿莫西林项目共分两期，于2013年2月17日开工建设的一期工程已近尾声，预计产能2 400吨。截至2013年11月份，所有设备已安装就位；公用工程主管道配管完毕，已与先泰公司公用工程系统对接；工艺管道、洁净区的设备正在安装。

阿莫西林是目前用量最大的口服抗生素品种之一，全球每年用量超过15 000吨。用酶法工艺替代传统的化学合成法生产阿莫西林，最大的区别在于新工艺摒弃了传统化学合成法中使用的有毒有害的有机溶剂，对环境更加环保友好，生产出的产品杂质更少，纯度更高，使用起来更加安全有效，提升了人员、环境的安全系数。

资料来源：生物谷. http://news. bioon. com/article/6637621. html.

第三节　医药市场营销的趋势

在反营销商业贿赂政策直指药品临床“带金销售”的背景，以及国家卫生和计划生育委员会明确表示“欢迎正常的临床业务沟通”“支持公益性的推广学术活动”的前提下，学术营销日渐成为医药营销宠儿。同时，电子商务的飞速发展使得医药电商化的趋势不可逆转，医药企业不得不利用大数据开展网络营销。医药行业的激烈竞争亦是对医药企业供应链及其联盟的考验，医药营销不再仅是单个企业的任务。因此，这里简单介绍医药市场营销的四大趋势：知识营销、网络营销、关系营销以及协同营销。

一、知识营销

知识营销是医药营销的新手段，它是针对目标顾客的需求以及潜在的需求，主动提供医药产品的知识，在知识传播中达成与消费者之间的互动，从而让消费者了解药品的功能以及适应的症状。知识营销是对消费者的教育，是对品牌积极的宣传和传播。在国外，知识营销是众多医药新品牌、新产品推广的主要方式。

在传统的营销观念里，知识营销是附属的，也是偶尔采用的营销手段。很少企业把知识营销作为营销推广的主要方式来进行系统的规划、管理、执行——这是一个误区。药品的研发、制造以及效用原理是属于消费者比较难理解，但是又急需了解的知识，只有通过知识营销的传播，才能让消费者明白药品的真正作用，从而达到完整传播品牌信息、产品信息的作用，从而引导消费者自觉地把自己的需求和产品的效用、机理对比，引发消费或不消费的动机。知识营销尤其对于新产品、新技术以及新品牌的有效传播意义重大。

不少医药企业在广告上大动干戈，但是和消费者之间总是还有一段距离，原因何在？这种距离的产生就是因为消费者缺乏药品知识，对医药品牌缺乏深入了解，而广告宣传又难以传播更多的产品信息造成的。还有一个原因，就是广告的说服程度相比知识营销的说服程度要弱。品牌知名度的高绝对值不等于品牌销量的高绝对值。实现销量主要的环节还是在于与消费者的沟通。知识营销不是单纯的义诊，也不是一场两场学术讲座，而是充分调动企业在研发、销售以及应用方面的优势，将与消费者的沟通作为推广的重点，从而避开激烈的终端竞争、耗时耗力耗财的地面推广，更加准确地锁定目标消费者，形成品牌和消费者需求的互动。

在我国的医药行业环境下，知识营销逐渐成为主流营销模式，尤其在 2013 年 7 月葛兰素史克中国行贿事件曝光之后，医药行业对“回归医药代表本真”的呼吁越来越强烈。

信息框

通心络　理论开路

以岭通心络的崛起和其他产品有所不同，可以说是“理论开路、疗效铺路、学术修路”的典型代表。身为医学专家、博士生导师的吴以岭教授本来就是搞医疗、搞络病研究的，创业也是先医疗而后医药。通心络的理论开路表现在提出了络病治疗理论，出版《络病学》，成立中华中医药学会络病分会。吴以岭教授成为络病治疗的发扬者、集大成者和代表人物，以此带动通心络的市场开发。

疗效铺路是不可回避的，因为产品想长盛不衰必须有疗效，而通心络的“活血通络”作用非常确切。学术修路实际上是更关键的，通心络的学术推广有几个特点：一是紧密联系中医和西医，中医为体、西医为用，虽然产品是中药，理论是少为人知的络病，但是所有临床研究全是严格的西医循证课题并且深入到了分子生物学水平，说得很清楚。二是起点高，参加临床研究的单位和专家大多数都是重量级的，所以说服力强。三是紧跟热点，引领潮流，通心络做了很多学术前沿的研究，而不是单纯评价有效性和安全性这样的基础研究。

点评：中药照样可以搞学术，搞学术有两个注意点：第一是要用循证依据把产品说清楚，用西医解释中医；第二是要搞医学研究而非仅仅关注产品本身，产品只有放到临床实践中才能销售，所以即便是产品特点不多也可以在无穷尽的临床研究中得出很多新发现。

资料来源：中国医药联盟. http://www.chinamsr.com/2014/1029/82057.shtml.

二、网络营销

网络营销是基于互联网、移动互联网平台，利用信息技术与软件工具满足公司与客户之间交换概念、产品、服务的过程，通过在线活动创造、宣传、传递客户价值，并且对客户关系进行管理，以达到一定营销目的的新型营销活动。简单来说，网络营销指为发现、满足或创造顾客需求，利用互联网（包括移动互联网）所进行的市场开拓、产品创新、定价促销、宣传推广等活动的总称。

医药网络营销给医药行业开辟了新渠道，面对激烈的竞争，医药网络营销也成为发展的趋势。与传统媒体相比，医药网络营销更具有精准传播的作用，使目标受众获得产品信息几率最大化。医药网络营销是如何让所传达的产品信息吸引目标受众的眼球，增加信息作用，助力药品网络营销完成点对点的有效传播呢？主要注意几点：① 分析受众人群的年龄层以及兴趣爱好，喜欢关注的网络话题是什么，以此来策划网络创意传播的内容，吸引受众眼球；② 分析受众人群的网络聚集地有哪些，这样才能将信息发布到正确的位置，实现点对点传播；③ 合理插入产品信息，将目标受众对创意话题的关注引到对产品的关注上，实现线上传播对线下销售的促进作用。

信息框

政府发文　利好医药电商 O2O

2014 年 11 月 16 日，国务院发布“国办发[2014]51 号”《关于促进内贸流通健康发展的若干意见》，明确对医药电商 O2O 模式带来的利好。所谓的 O2O 指的是，将线下商务的机会与互联网结合在一起，让互联网成为线下交易的前台。这样线下服务就可以用线上来揽客，消费者可以用线上来筛选服务，成交也可以在线结算，很快扩大规模。

政策对 O2O 的支持主要体现在五个方面：

(1) 促进电子商务发展，明确提出促进线上线下融合发展，推广“网订店取”、“网订店送”等新型配送模式。

(2) 提高物流社会化水平，支持大型连锁零售企业向社会提供第三方物流服务，支持电子商务与物流快递协同发展，推动城市配送车辆统一标识管理，保障运送药品等车辆便利通行。允许符合标准的非机动快递车辆从事社区配送。

(3) 引导便利店等业态进社区、进农村，规范和拓展其代收费、代收货等便民服务功能。

(4) 鼓励支付产品创新，营造商业银行和支付机构等支付服务主体平等竞争环境，促进网络支付健康发展。

(5) 推动建立健全覆盖线上网络和线下实体店消费的信用评价机制。支持第三方机构开展具有信誉搜索、同类对比等功能的综合评价。

资料来源：生物谷. http://news. bioon. com/article/6662090. html.

国家食品药品监督管理局于 2014 年 5 月 28 日发布《互联网食品药品经营监督管理办法(征求意见稿)》，拟允许网络销售处方药。对于这一政策，不少专业人员认为此举顺应了互联网消费大潮，为打破药价虚高困局开辟了一条新路。但亦有反对声音，在保障群众用药便利性、可及性、安全性方面，还有一些制度障碍待突破，还有许多问题需施政者仔细考量。

1. 赞同的理由——医药电商化趋势不可逆转

美国医药互联网的零售额占医药市场的 30%。以去年美国 2 477 亿美元的药品零售总规模估算，美国网络销售的药品约为 743 亿美元。而 2013 年，中国医药产品的线上零售额仅约 42 亿元。医药电商化是不可逆转的大趋势，网络解禁处方药销售是繁荣医药市场的明智之举。

2. 现实的难题——如何获得处方还是问题

愿景一片大好，但实现起来似乎不易。处方从何而来就是一个问题。2007 年 5 月 1 日，《处方管理办法》正式实施，规定除麻醉药品、精神药品、医疗用毒性药品和儿科处方外，医疗机构不得限制门诊就诊病人持处方到药品零售企业购药。

南都经济官微和南都网展开的调查发现，"从没去药店配过处方药"和"想去药店配，但因为各方面的原因，比较少去"的受访者占总受访人数的 68.8%。同时，"处方外流困难"仍无法解决。除处方因素之外，医保能否报销，也是各方预判网上销售处方药能否使消费者获益的依据之一。目前，医疗保险实行属地管理，消费者只能选择本地的定点药店进行医保支付，异地结算平台何时成型，暂无时间表。

3. 共同的担心——用药安全何以保证

《征求意见稿》规定，凡在互联网上销售处方药的，必须建立执业药师在线药事服务制度，由执业药师负责处方的审核及监督调配，指导合理用药。然而，多年来，我国执业药师的人力缺口始终未弥合。

国家食药总局执业药师资格认证中心数据显示，截至 2014 年 5 月 30 日，全国取得执业药师资格的人数为 277 940 人，注册执业药师共为 121 596 人。其中，仅 88 607 名注册执业药师分布在社会药店。而据中国医药物资协会统计，目前全国零售药店数量已达 43 万家。根据新版《药品经营质量管理规范》要求每家药店至少须配备 1 名执业药师计算，我国实体药店执业药师的缺口已超过 34 万人。一旦处方药网上售卖解禁，网上药店的药师从何而来？没有药师提供药事服务，患者的用药安全何以保证？

信息框

万通消糜栓网络营销的成功

万通消糜栓是万通药业旗下妇科系列主打药品，但在市场上知名度一直不高，消费者认可度低。在经过中麒推广对其产品、销售市场、目标人群以及竞争对手情况做了系统的研究分析之后，将万通消糜栓重新进行了全面的品牌包装，意图通过影视、网络、平面三大媒介整合营销传播。那么其究竟是采用了什么样的网络营销方式呢？在此进行简单介绍。

1. 品牌定位和网络认知期的品牌推广

由于市场上妇科药品很多，且功能相近，如果还是一味地进行功能性定位的诉求传播，很难在消费者心中形成独特的品牌记忆。针对妇科药品同质化严重的现象，万通药业采取了差异化诉求的策略。由于妇科疾病往往需要长期用药，中成药在治疗妇科疾病方面发挥着重要的作用，所以结合万通消糜栓的产品性质——中成药和企业中药世家的品牌定位，选择了通过网络营销平台向消费者导入"中成药不复发"这样的诉求理念，增加消费者对万通消糜栓的品牌记忆。

通过各大卫视、平面媒体与大量网络信息的有效整合传播，万通药业实施"触点法则"，为产品品牌塑造及品牌推广打下良好基础。网络营销不仅使信息爆炸性、蔓延性传递，更重要的是建立了企业的品牌发展之路，通过从"品牌定位、品牌形象、品牌卖点"三个方面为客户打造品牌价值。

2. 网络互动期的创意营销

(1) 事件营销

事件营销应该是中小企业开展网络营销时着重考虑的营销手段，投入相对较少，效果却很好。万通药业创造袁立明星事件，贯彻"吸引力法则"，将产品代言人的明星效应达到最大化。明星事件获得媒体与网民的高度关注，使袁立人气持续提升，袁立新浪微博 5 天之内增加 6 万粉丝，为万通消糜栓的网络推广带来了巨大的关注基础。

(2) 病毒营销

病毒营销是网络营销中最具影响力的营销模式之一。这种营销模式是让信息像病毒一样传播和扩散，利用快速复制的方式传向数以千计、数以百万计的受众。万通药业为万通消糜栓打造了多个病毒视频，如"我知三八心""不做臭三八""万通消糜栓方言版"等，基本都达到了令人满意的病毒传播效果。

(3) 话题营销

话题营销主要是运用媒体的力量以及消费者的口碑，让广告主的产品或服务成为消费者谈论的话题，以达到营销的效果。万通药业精心策划了一场"猥琐哥"论坛话题事件，引起了网友的疯狂热议，迅速成为网民关注的焦点，同时也给万通消糜栓的搜索带来了不小的业绩。

(4) 借势营销

借势营销是将销售目的隐藏于营销活动之中，将产品的推广融入到一个消费者喜闻乐见的环境里，使消费者在这个环境中了解产品并接受产品的营销手段。万通消糜栓借势"龅牙哥""五道杠总队长"等热点话题巧妙地植入自己的产品信息，让广告信息无处不在。

网络营销就是要做到利用网络媒体的优势，运用创意性的思维方式和宣传方法为企业的产品和服务迅速开拓市场，提高品牌知名度与美誉度，扩大市场占有率。据资料显示，万通药业这次网络营销的效果是显著的：媒体报道高达400次，被门户网站首页推荐报道；热点话题浏览量高达300万人次；创意视频浏览量高达100万人次；万通药业官网浏览人数增加了四倍；万通消糜栓产品销量一年内翻三番。

资料来源：百度文库. http://wenku. baidu. com/link? url＝JC-leJZK00_40UCoFC7aUCYoDyXfYdTx-REB72W7L4_qtqwidQnk-EAu_OIQcw-5CckChuTcFQfBL2Ws0zh-C_qhw8hJqsOOdU4NiLJtzoh3.

三、关系营销

关系营销是把营销活动看作一个企业与消费者、供应商、分销商、竞争者、政府机构及其他公众发生互动的过程，其核心是建立和发展与这些公众的良好关系，形成有效的价值链，以服务顾客。这里简单介绍医药企业价值链的概念、医药营销人员与企业其他部门建立良好关系以及与营销系统内其他成员建立良好关系的意义。

医药营销者为保证顾客满意和忠诚，必须与企业内部其他部门以及营销系统的其他成员保持良好关系，共同协调，以吸引、维持和增加顾客。医药企业价值链如图1－3所示，医药企业除营销部门外，主要包括人力资源部、采购部门、研发和生产等部门。正如一位营销专家所说："真正的市场导向意味着整个企业都应当着迷于为顾客创造价值，并把自己视为一系列过程的集合体，这一系列过程就是向目标顾客定义、创造、沟通和传递价值。无论部门功能是什么，组织内每一位员工都应该参与营销。"医药企业营销系统的其他成员包括上游的原材料生产供应企业和下游医药配送企业、医院、医生以及患者。在今天的市场上，不再是单个公司之间的竞争，而是这些竞争者创造的整个价值传递体系之间的较量。

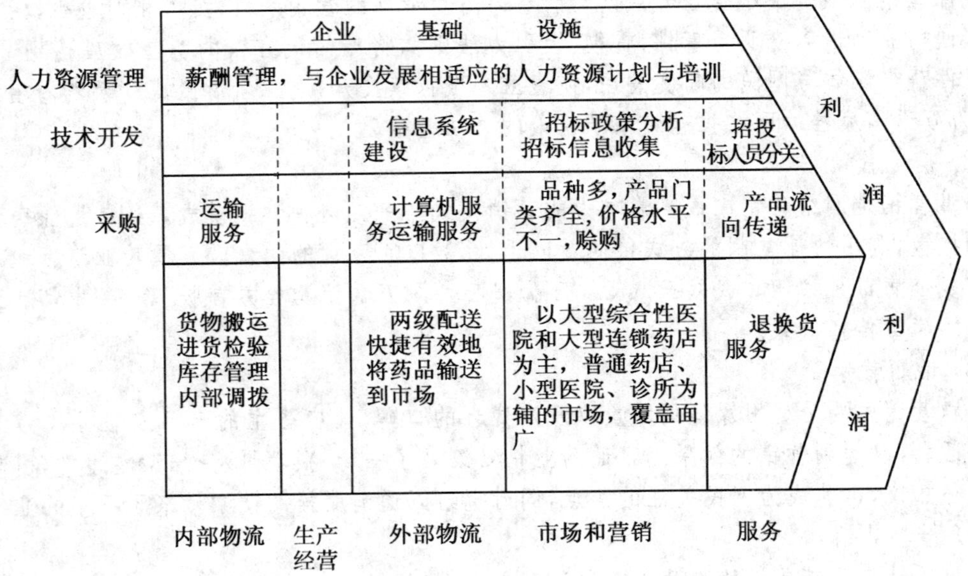

图1－3　医药企业价值链

四、协同营销

协同营销是一种横向的合作经营系统，通过与水平方向相关或者不相关的医药企业建立营销方面的联盟来达到企业自身和联盟的目标，共同开拓营销机会。协同营销是营销合作方面理论的渊源，合作营销和协作营销是在共生营销理论基础上发展而来的。目前关于协同营销的理论主要集中于以下三个角度。

1. 基于战略联盟的协同营销

基于战略联盟的协同营销指的是由两个或两个以上有着共同战略利益和对等经营实力的医药组织，为达到共同拥有市场、共同使用资源等战略目标，通过各种协议、契约而结成的优势互补或优势相长、风险共担、生产要素水平式双向或多向流动的一种松散的合作模式，旨在最大利用彼此的资源，并为合作方创造最大竞争优势及利益的营销手段。

非处方药企业与连锁药店进行战略联盟的营销模式是应用这一理论的典型实例。由于此前存在非处方药企业与连锁药店双方目标不一致导致合作成为各自利益最大化的博弈这一尴尬局面。即非处方药企业希望通过与连锁药店的合作获取最大的市场效果，他们关心的是自己的产品如何在合作连锁药店中的最终销量提升。而连锁药店对经营需求考虑较少，视产品销量提升是分蛋糕的过程而非做大蛋糕的过程。合作双方目标的不一致导致合作成为各自利益最大化的博弈，“店大欺客”和“客大欺店”的现象频频出现，使得合作双方忽略了整体战略合作的目标而深陷于合作项目利益的讨价还价之中。例如，产品陈列要多少钱，新品上架又要多少钱，双方谈判代表往往因具体项目的价格问题陷入谈判僵局。然而，基于战略联盟的协同营销则打破了此尴尬局面。

非处方药企业与连锁药店确定共同战略利益，依托连锁药店销售平台，依靠供应厂商的市场资源和产品专业推广能力，共同针对目标消费者和顾客进行一系列的终端推广活动。合作双方充分拿出各自的优势资源并精诚合作，以消费者为共同服务对象，开展各种各样的促销活动。这一营销模式是使双方共同做大蛋糕的过程，在提升合作厂商的产品在该品类产品的市场份额的同时，提升连锁药店的客流量和经营业绩。

2. 基于供应链管理的协同营销

基于供应链的协同营销定义为：供应链中的自原料供应商、生产商、经销商、零售商至最终消费者整个链条结构中，各个节点企业将传统上用在外部的营销思想、营销方法用在供应链的内部，通过内部营销产品的推广满足供应链节点企业的需求，目的是最大限度调动节点企业的能动性，加强供应链的合作程度，形成统一的供应链文化，使每个节点企业形成以供应链最终顾客为导向的最大合力，以求得供应链长期以及更快更好地发展，增强供应链的整体竞争力。

信息框

医药企业供应链营销的三大核心

由于我国药品同质化较为严重，在供应链的体系营销中常分为 4 个层次，即原料生产企业、制剂生产企业、流通企业、终端客户，由于成员单位隶属于不同的企业，所处的环境不一致，动态的调整是必需的过程。而在供应链体系中，药品营销通路作为核心要素之一，历来为医药行业所重视。但要充分激发整个营销链的活力，必须把握药品销售通路的三大核心要素，具体如下。只有经过长期磨合,才能形成有效率的供应链体系。

体系安全性。在药品经过各个供应环节到达患者手中的时候,难以确定药品是否还能安全地使用。因此各个环节都建立了相应的质量标准,GMP是为了确保生产制造环节的药品质量,GSP是为了确保药品流通环节的药品质量,并明确了各个环节的控制标准。并且,药品的流通渠道的稳定性应可靠,不会因某些原因而导致药品供应链的断裂。

利益均衡性。在药品供应链中,主要的利益相关者有4个,即医药工业、医药流通、医药零售和市场推广承包商。要建立有效的药品营销通路,必须解决上述四大利益相关者的利益分配问题。医药制造方需将适当而足够的利润空间让渡给其他三方,并进行合理的分配,以达到各方利益诉求的均衡。

效率稳定性。药品营销通路的配送效率,历来为企业所重视,但也很容易被忽视。药品是有保质期的商品,能否快速地将药品从制造方输送至销售终端并到达患者手中,形成销售回款,关乎药品营销通路的流通效率。

医药供应链体系中营销通路三大核心要素相辅相成。解决通路成员之间的利益分配问题是首要问题,只有解决利益分配问题,让各方都能获得合适的利润,方能让各通路成员自觉维护药品的通路安全、提高通路效率,也只有具备合理的盈利能力,才能让各通路成员有财力维护药品的质量安全,并保证供应链的畅通。

资料来源:工商管理联盟. http://www.mbaun.net/a/2013-08/7427715141568.html.

3. 基于顾客价值的协同营销

基于顾客价值的医药企业协同营销,即以顾客及其需求为核心、以创造更大的顾客价值为目标,参与协同营销的各营销主体系统思考、整合与运用内外部资源展开全方位的合作,最终实现协同效应,使医药企业具备更强的价值创造能力和持久的竞争优势。

信息框

为客户创造价值　与客户共同成长

华润医药商业集团有限公司遵循"诚实守信,业绩导向,客户至上,感恩回报"的价值观,以客户为中心,悉心维护客户和消费者的利益,搭建全方位客户服务平台,不断超越客户的期望,精诚与客户合作,为客户创造价值,与客户共同成长。

为供应商提供专业化、高效率的增值服务

作为优秀的供应链服务提供企业,华润医药商业与7 500余家国内外医药生产企业和供应商建立了长期稳定的合作关系,除优质的物流配送服务外,还为合作伙伴提供专业化、高效率的增值服务。

进口贸易全流程服务

华润医药商业拥有领先同行战略的进口服务商——华润广东医药有限公司,新建立华润北药空港(北京)国际贸易有限公司,为国外贸易提供了按时付款、顺畅通关、及时药检等进口贸易全流程服务。包括"一次药检多次通关"、加急优先药检、自建高标准保税库和灵活的转口贸易渠道等的最优方案选择,是南方和北方中国口岸规模最大的药品进口企业。药品进口检验方面:公司与药检所合作密切,可以加急、优先检验华润公司药品,在无特殊项目检验的情况下，仅需三周左右的时间即可拿到药检报告书，保证了供应链的时效性。

专人专责的市场准入服务

首先，华润医药商业为进口产品提供完善的物价申报或备案的服务。对于首次上市，未公布价格的产品，公司与合作企业自行协商并制定试销价格，可用于全国所有省份的招标和销售。属于政府定价目录的进口产品，公司则提供口岸地物价部门价格申报的服务，制定合理的价格，并上报发改委。

在取得合理的价格后，华润医药商业则以进口总代理的身份代表厂家参与全国各省、市、地区及部队系统等的药品招投标工作。在招标工作中，能及时获取招标信息，与厂家解读并分享，制定相对应的招标策略。在标书征求意见的阶段，协同厂家反馈市场情况及政策执行的影响等信息给当地的招标主管部门，并得到大多数政府部门的采纳，使招标工作做到公开公平公正，达到政府与企业的双赢。整个招投标工作周期，华润医药商业都能做到专人专职负责，资料准备与信息管理准确，结果跟进及时，得到了合作厂家的一致好评。

高效率的市场开拓服务

华润医药商业建立了以北京为中心，覆盖全国29个省、市、自治区销售网络，在17个省、市、自治区建有80余家子公司。这些公司在本区域二级以上医院覆盖率达100%，社区基层医疗单位覆盖率达90%以上。在全国各省市建有商业分销平台，商业调拨延伸至全国所有省份及地区。

在终端开发方面，华润医药商业在信息提供、新药入院以及售后跟进方面都有相应的团队进行工作。提供的信息包括：医院药事会开会的时间，是否可以临时采购或者特殊进药，不同医院进药流程的差异等，通过信息的传递，让厂家更好地做好市场开拓计划，做好销售预算，达到销售目标。新药入院的工作方面包括价格谈判、新药编码、初次采购、通知跟进。在这个过程中，充分发挥了华润医药商业在所属地区的影响力，将疗效优异、质量稳定、价格合理的新药尽快投入临床使用，以达到医疗水平的提高。在售后跟进方面，主要的工作有产品库存跟踪、产品有效期预警、产品不动销预警、超常订单预警等，通过有效管理药品的销售状态，及时发现问题，减少供应商风险。

在商务配合方面，华润医药商业提供的服务层面包括：共同制定产品开发策略、上下游客户的资信审核、签订各级经销商的合作协议、渠道开发与整合、商务信息管理、终端客户维护，以及渠道约束等，使合作伙伴的商务网络更完善，减少企业的管理成本。

总之，华润医药商业独具特色的优质增值服务，得到了合作伙伴的广泛认可，达到工商协同、互利双赢的结果，精心构建的专业化全方位服务平台，让华润医药商业集团有限公司成为国内外生产企业合作的首选。

资料来源：华润医药商业集团有限公司. http://www.crpcg.com/templates/General_chn/index.aspx?nodeid=70&page=ContentPage&contentid=373.

本章小结

1. 市场营销的定义是企业为了从顾客身上获得利益回报，创造顾客价值和建立牢固顾客关系的过程。营销过程包括五个步骤：了解市场和顾客需求、设计顾客导向的营销战略、构建交付卓越价值的整合营销组合、建立顾客关系和从顾客那获取价值。

2. 医药市场营销是个人和医药组织通过创造并同他人交换医药产品和价值以满足需求和欲望的一种社会和管理过程。

3. 医药市场营销哲学的演变，即以企业为中心的营销哲学到以顾客为中心的营销哲学再到以社会长远利益为中心的营销哲学。

4. 医药市场营销的趋势主要为：知识营销、网络营销、关系营销以及协同营销。

复习思考

1. 请思考医药市场营销企业的顾客有哪些。
2. 请思考知识营销在医药营销中的应用有哪些。
3. 医药企业如何使顾客满意?

案例分析

康美药业：电商大平台承托起医药"健康云"

继互联网第三方支付牌照和预付卡牌照获得审核通过后，康美药业又成功摘得《互联网药品交易服务资格证书》。至此，该公司由中药材电子交易开启的电商布局跨入新阶段，一个集B2C(Business to Customer)、B2B(Business to Business)、O2O(Online to Offline)于一体的康美电商大平台重装上阵。

康美药业自成立开始，便确立了发展大健康的宗旨，目前尽管大健康概念在国内得到热议，但真正有影响力的平台尚缺，而康美就是定位于此，想以中药材电子交易为切入口，担任大健康平台服务商的角色。为此，公司也做了充足的准备，包括各类资质的申请，医院及中药材市场的收购等都为这个大健康、大平台的构想打下基础。

康美电商将以其实体资源为支撑，打造包括"康美中药网"与"康美之恋健康云服务平台"两大核心品牌在内的覆盖健康全产业链的O2O公共服务平台。其中，康美中药网是基于大数据的中药全产业链信息服务，集药材信息咨询、中药材价格指数、中药材电子交易于一体的中药材行业第三方网络服务平台。后者将利用互联网、移动网、地面网络"三网合一"，整合线下的人员、机构、产品等实体健康资源，随时随地全方位为用户提供B2B、B2C及O2O健康管理服务，着力打造"健康云"服务平台。

B2C平台的推广是康美电商的工作重点。2014年1月，康美商城上线，但受限于当时尚未取得医药B2C牌照，商城中的产品品类较为单一，主要以健康产品为主。该商城的升级版KM1818于2014年5月1日上线。升级版商城除了增加药品版块，做好康美自有产品经营，也会着手吸引健康行业的相关企业入驻。

与B2C平台齐头并进的是，康美药业深耕已久的中药材大宗交易平台。电商发展到现阶段，烧钱时代已经过去，如今的竞争必须依靠实体支撑，关键点就在于线下资源与线上资源的整合，康美电子交易平台的特色正是基于线下的独特优势。对于普遍关注的电子商务中药材质量问题，康美药业制定了质量标准，并提供仓储、质检方面的服务支持。"买方与卖方做线上交易，货要进我们的仓库，由我们来进行质量管控。若在交收过程中出现争议，我们则会请第三方质检机构来处理。”某位负责人一再强调中药材电子商务的服务核心。

康美药业表示希望平台能起到培育品牌的作用，愿意对一些二线的、有潜力的品牌进行扶持与培育，也乐于助其打造康美电商的爆款。以云南红顺堂的玛咖产品为例，在康美从产品设计、市场策划到全方位销售工作的支持下，其实现了从库存积压到供不应求的华丽转身。

资料来源：39 健康网. http://drug.39.net/a/140423/4377959.html.

案例讨论

请思考康美药业主要从哪些方面着手开展医药电子商务，结合实际回答医药企业发展医药电子商务的目标和优势。

参考文献

[1] 路易斯・E. 布恩，大卫・L. 库尔茨. 当代市场营销学[M]. 10 版. 赵银德，等译. 北京：机械工业出版社，2003.

[2] 罗莎琳・德马斯特森，大卫・皮克顿. 营销学导论[M]. 李先国，等译. 北京：北京大学出版社，2006.

[3] 菲利普・科特勒，凯文・莱恩・凯勒. 营销管理[M]. 14 版. 王永贵，等译. 北京：中国人民大学出版社，2012.

[4] 纪宝成，吕一林. 市场营销学教程[M]. 4 版. 北京：中国人民大学出版社，2008.

[5] 吴晓云，庄贵军. 市场营销管理[M]. 北京：高等教育出版社，2009.

[6] 李飞. 营销管理为什么. http://www.sem.tsinghua.edu.cn/portalweb/appmanager/portal/sem?_nfpb=true&_pageLabel=P20800273141323412956223&u=jsgdcn/50090.htm.

[7] 菲利普・科特勒，加里・阿姆斯特朗. 市场营销原理[M]. 14 版. 郭国庆译. 北京：清华大学出版社，2013.

第二章　医药企业战略与其营销战略

【学习目标】

通过本章的学习，了解医药企业战略的含义、层次和趋势；熟悉医药企业总体战略规划的一般过程，并能运用 BCG 法、SWOT 法等分析实际问题；掌握医药企业营销组合的相关内容；熟悉并掌握如何管理医药企业的营销活动。

【引导案例】

赛诺菲多元化突进

赛诺菲-安万特(法文:Sanofi-Aventis)总部位于法国巴黎，是世界十大药企之一。赛诺菲-安万特致力于医药产品的研究、开发、生产以及销售，产品主要覆盖七个领域：心血管疾病，血栓形成，肿瘤学，糖尿病，中枢神经系统，内科疾病和疫苗。不得不提的是，中国市场已占赛诺菲在整个新兴市场销售额的 12%，而新兴市场的销售额大约占到赛诺菲总销售额的 31%。根据赛诺菲集团 CEO 魏巴赫的计划，“中国将成为赛诺菲的核心市场”，并将在未来 5 年内成为赛诺菲的第二大市场。

事实上，赛诺菲早已开始了对中国市场的战略布局。例如，在 2012 年 5 月 28 日，赛诺菲借甘精胰岛素生产线，扩大其在中国的业务优势。2012 年第一季度的数据显示，赛诺菲甘精胰岛素全球销售额增长约 17%，而中国市场甘精胰岛素销售增幅在 60%左右。另外，其他领域，2012 年赛诺菲中国的销售总额超过 10 亿欧元。如今，赛诺菲不仅是中国最大的跨国疫苗公司，还是中国处方药物市场排名第四，中国健康药业排名第五的跨国公司。

此外，赛诺菲还在中国开展多元化战略。2010 年 1 月，赛诺菲与杭州民生药业共同组建新的健康药业合资企业，借杭州民生药业的拳头产品“21 金维他”进入维生素这个中国非处方药的最大领域；2010 年 10 月，赛诺菲以 5 亿多美元收购中国药品生产商兼分销商 BMP 太阳石集团，借此挺进中国三、四线城市，填补了健康药业的空白。这两次并购成为赛诺菲在中国战略升级的标志。

赛诺菲还将加大多元化领域的生产投入。其中一家位于杭州健康药业的新工厂已经投产，主要用于生产在中国上市的 OTC 产品；同样位于杭州的制药工厂新厂房也已投产，该项目共斥资 4.1 亿元人民币；而位于南昌的梅里亚动物保健工厂也投资 7 000 万美元扩建了厂房；另外，其在深圳建立的疫苗工厂正在等待审批投产，完成后该工厂也将成为首家外资落户中国的疫苗工厂。

在此期间，公司进行了战略转型，发展重点由产品层面转向产业层面，提出“新白药、大健康”战略。如果说“稳中央、突两翼”是以“产品”为基础的公司战略，那么“新白药、大健康”将是以“产业”为基础的公司战略。

资料来源:经济观察网. http://www.eeo.com.cn/2013/0201/239649.shtml.

案例点评

医药企业的战略是医药企业为实现各种长期发展目标而设定的全局性的行动纲领,其重要性不言而喻。赛诺菲作为世界上十大药企之一,在每一阶段都实行了正确的企业战略。赛诺菲的“新白药、大健康”战略使公司迈入了新的发展阶段。

第一节 医药企业战略及其规划

随着我国经济的发展和新医改的推进,我国医药产业的发展更加迅速,市场竞争日趋激烈,市场结构的变化也越来越大。医药企业能否在愈加开放和竞争愈加激烈的市场上求得生存和发展,很大程度上取决于企业的战略规划。

一、企业战略与医药企业战略的概述

(一) 战略的内涵及发展

“战略”最早被用在军事方面,是指对战争总体上的谋划。20世纪30年代,切斯特·巴纳德第一次把战略与经营活动联系起来。60年代,管理学家伊戈尔·安索夫提出的战略要素划分学说,将战略应用于企业管理当中。随着时间的推移,战略慢慢在其他领域得到应用,比如政治、经济等,主要从总体上进行规划、筹划。战略被应用于商业领域,能够在企业发展过程中起到核心作用,战略为企业的经营活动提供了系统的决策方法和决策工具,以及完善的企业管理模式。

(二) 企业战略概述

企业既然要参与竞争,就必须注意竞争的策略。企业战略就是企业诸多策略的集合,包括企业各个方面,比如总体的发展战略、营销战略、研究开发战略等,是企业长期的、根本的、整体的策略和方针,决定着企业的发展方向,指导企业具体战略行动和步骤等,包括公司在完成具体目标时对不确定因素做出的一系列判断,公司在环境监测的基础上制定各种对应的策略和措施。

从企业未来发展的角度来看,战略表现为一种计划;而从企业过去发展历程的角度来看,战略则表现为一种模式。如果从产业层次来看,战略表现为一种定位;而从企业层次来看,战略则表现为一种观念。此外,战略也表现为企业在竞争中采用的一种计谋。这是关于企业战略比较全面的看法,即著名的5P模型。斯坦纳在他1982年出版的《企业政策与战略》一书中提出:企业战略管理是确定企业使命,根据企业外部环境和内部经营要素确定企业目标,保证目标的正确落实并使企业使命最终得以实现的一个动态过程。战略并不是“空的东西”,也不是“虚无”,而是直接左右企业能否持续发展和持续盈利最重要的决策参照系。

(三) 医药企业战略概述

从世界贸易增长来看,医药行业已经成为世界性的朝阳产业之一,医药之间的跨国贸易不断增长。改革开放至今，我国的医药事业取得辉煌成就，医药企业蓬勃发展，为我国社会主义经济建设做出突出贡献，也是国民经济中增长最快的产业之一。但是，跟国外发达国家相比，我国的医药企业在发展中还存在很多问题，尤其是我国医药企业的发展战略还很不完善。因此，研究医药企业战略对医药企业的发展意义重大。

顾名思义，医药企业战略其实就是指在特定的医药大背景下医药企业所实施的战略，具体来说可以理解为，在内外环境急剧变化和激烈竞争的医药市场环境中，对医药企业的发展宗旨及使命，医药企业的经营目标，以及实现发展目标的保障措施等做出具有根本性、全局性和长远性的总体谋划。

二、医药企业战略的层次

一般现代大型医药企业存在三个战略层次（如图 2－1）：总体战略、经营战略和职能战略。这三个战略层次都是医药企业战略管理的重要组成部分，但侧重点和影响范围有所不同。

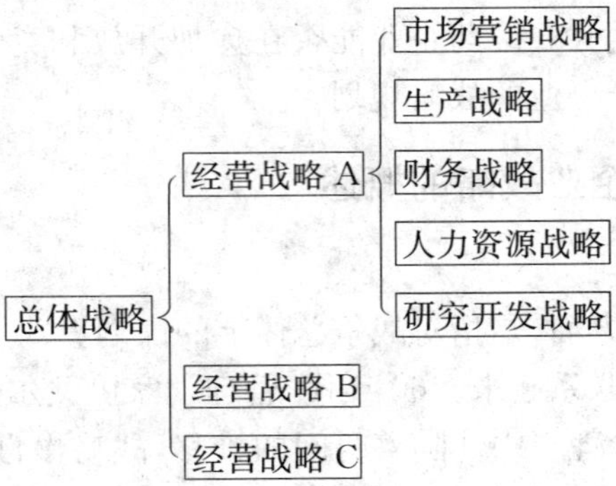

图 2－1　医药企业战略层次

（一）总体战略

总体战略又称为公司战略，是指在对企业内外部环境进行深入调查和研究的基础上，对市场需求、竞争状况、资源供应、企业实力、国家政策、社会需求等因素进行综合分析后，所确定的统率以及指导企业全局和长远发展的谋划和方略。总体战略主要解决的问题有“我们应从事何种业务？”“我们应如何经营、管理这些业务？”等。

（二）经营战略

经营战略又称为业务战略或竞争战略，是指战略经营单位在总公司或集团公司总体战略指导下，为实现总公司发展目标，对所从事的某一经营事业的发展做出长远谋划和方略。对于大型医药企业或医药集团，某一领域的战略表现为某一战略单位（如事业部或分公司）的战略；对于中小型医药企业表现为某一类甚至某一个产品的经营战略。

通常一个战略经营单位应该具备以下特征：

（1）有独立的业务。一个战略经营单位是一项独立业务或相关业务的集合体，但在计划工作中能与企业其他业务分开而单独作业。

（2）有不同的任务。拥有区别于其他业务单位的具体任务，大目标相同，但要从不同的方向去努力。

（3）有自己的竞争者。在各自的领域都有现实的或潜在的竞争对手。

（4）掌握一定的资源。掌握企业所分配的资源控制权，以创造新的资源。

（5）有相应的管理班子从事经营战略管理工作。

（6）能从战略计划中得到好处。一个战略经营单位应有相对的独立权，能按贡献分得应有的利润和其他好处。

（7）可以独立计划其他业务，可以扩展相关业务或新的业务。

每个战略经营单位都必须制定一个符合企业总体战略的经营战略，以便更合理地运用企业所给予的资源。由于每一个战略经营单位都有自己独特的任务和竞争对手，每一个战略经营单位也拥有自己独立于企业的其他战略经营单位的战略。制定经营战略或竞争战略的主要任务是将总体战略所包括的企业目标、发展方向和措施具体化，形成本战略经营单位具体的经营与竞争战略。

（三）职能战略

职能战略又称为职能层战略，是指为保证企业总体战略和经营战略的实现，使企业经营活动能更加有效地适应内外环境要求，企业各职能部门所制定的长远性谋划和方略。职能战略一般可分为营销战略、人力资源战略、财务战略、生产战略、研究与开发战略、公关战略等。

这三个层次的战略一起构成了企业战略体系。企业战略体系的各个层次之间既相互联系又相互配合，高层次的战略构成低一层次的战略环境；同时，低层次的战略又为上一层次战略目标的实现提供保障和支持。所以，一个企业要想实现其总体战略目标，必须把这三个层次的战略结合起来。

信息框

医药营销战略决定营销结果

虽然说计划跟不上变化，但是没有计划会更加慌忙盲目，特别是在医药营销过程中，有了营销战略才有目标才有方法。而且很大程度上医药营销战略的好坏直接决定了营销结果，那么该如何制定营销战略呢？

医药企业都应当全面审视自身的产品策略、市场策略、渠道策略，在整体策略领先于同行业的基础上实现企业的发展目标，同时还要变革企业的营销模式，管理模式，建立高效的运营组织，强化执行力。

三个公式来正确理解医药企业营销战略：

（1）战略＝机会＋能力。战略就是要找到企业能力可及的市场机会，聚焦资源，形成核心竞争力，确立市场领导者地位。

（2）战略＝终局＋路径。战略是基于现实对未来愿景和阶段性战略目标的清晰描述，进而找到实现战略目标的最佳路径和方法。

（3）战略＝策略＋行动。战略必须付诸行动才有实际意义，只有始终保持战略状态的企业才能做到策略领先，行动致胜。医药营销企业要研判产业大势和市场变迁，于结构变化中寻找机会，同时要致力管理改进与效率提升，于修炼内功中提升能力。

在新一轮产业重组和市场集中的进程中，找准自己的定位，并做出正确的战略选择。策略领先和行动制胜就要根据政策市场调整企业的产品策略，经过对多家成功的医药营销企业进行研究时发现，好的企业在产品规划上都有其独特的方面。

医药营销在产品规划时，要具有差异性，这个差异性来自于企业对竞争市场的充分了解，从产品品质、产品内涵、产品系列化、产品包装到产品市场传播策略等都要形成企业和产品自身独特的优势。更重要的是要根据国家和省级的相关政策进行跟随性的产品规划。

资料来源：医药界. http://www.yiyaojie.com/article-63821.html.

三、医药企业战略的三大趋势

经过2013年的降价、招标、控费和治贿，医药行业的发展现状表现为：老龄化人口红利、城市化、居民收入增长和政府投入四大驱动因素仍为医药市场总容量增长的主要因素；仿制药质量一致性评价、原料药污染治理、医药反商业贿赂等措施将彻底改变医药产业盈利模式与方向；新医改措施中的药改——企图改变“以药补医”、发展县及县以下医院、520基药目录实施等将改变医药市场竞争大格局。未来药品的产出将由高端医疗市场80%的倒三角变成由基层为大托盘的正三角，而政府基本药物制度等配套政策的陆续出台，也将从根本上改变长期以来产业形成的盈利模式和竞争格局，从而影响医药企业的生存与发展命运脉络。基于此种背景，医药企业正在向着以下三大战略路径转变升级。

(一) 以处方药和医院线为企业战略重心

典型代表：以岭药业、先声药业、步长药业、济川制药、康缘制药等。

处方药和医院线是医药行业之根。医药产品中，处方药几乎占70%以上，处方药大量进入医保目录，一些治疗性基本用药直接从基层医疗机构免费获得，医药治疗会成为更多人的选择。随着国家GMP、GSP、GCP、GLP、GAP等各项政策的陆续颁布，处方药营销向良性方向发展的趋势更是不容置疑。

院线作为医药营销的第一终端，一直是医药企业必争之地。随着反商业贿赂的推进、带金销售的同质化和风险的日益凸显，专业化营销、提供专业药学医学服务，将是药品营销发展的必然方向。

以处方药和医院线为企业战略重心，适合于强化专业路线，专注于临床市场，资源集中在学术层面，尤其是拥有多项独家专利技术的企业，比如拥有大量的专利药物、独家品种；掌控大量学术专家资源和学术话语权；医院终端精耕多年，有良好的合作关系，通过产品与医生形成良好的学术交流机制，甚至将自己的大部分研发课题设立在医院等。

医药行业本质上仍是研发决定未来，得专利者得天下，专注处方药和院线的企业就要依靠技术优势，在当前政策环境下，探寻新的营销模式。辉瑞公司的络活喜一直雄踞中国降压药销售的冠军宝座，公司除了提炼出中国高血压患者的特性，凸显络活喜的优势外，灵活的学术推广方式得到了医生和患者的普遍好感，因而能在竞争中完胜对手。

(二) 以基本药物及第三终端为企业战略重心

典型代表：华北制药、蜀中制药、辅仁药业、科瑞制药等。

随着国家基本药物制度的推进和实施，中国医药产业正步入“基本药物营销时代”，做基本药物领军品牌将成为医药企业发展的重要战略方向。

选择这一战略路径的企业一般具有普药生产的规模优势和成本优势，企业对第三终端渠道的运作和掌控力较强，紧跟基本药物目录及基本药物政策，有大量品种进入国家基本药物目录，是医药龙头和区域强势企业的优势所在。

基本药物为有实力的企业提供了巨大市场。以医改设想中要求基本药物销售额应占药品销售总额70%以上的目标来看，即使国内药品市场总值维持在10 000亿元左右不变，要达到80%市场份额的前20强基本药物企业，必须得争取到5 600亿元以上的基本药物市场，如果该目标得以实现，就意味着中国市场将会出现多于10家销售额在300亿元上下的超大型药企。但现实的问题是，2009年，排名第一的哈药集团的销售额才只有130亿元，排名第二的石药集团销售额也刚过百亿元。

借助基本药物配送占有基层医疗机构终端，打开基层医药市场，将为企业带来更大价值。越来越多的外资企业把目光投向第三终端，已经是不争的事实。西安杨森制药公司OTC产品有60%—70%的销量是来自第三终端；中美史克早在2005年就开展了一系列针对农村市场的调研工作。

在"基本药物营销时代"，拿到基本药物资格证的企业，无论企业大小，要想真正在这次"大浪淘沙"的新医改中获益，并以此为契机，带动企业跨越式发展，除了顺应基本药物制度，重视产品价格、产品结构、组织架构、商业客户、招标策略的调整外，更要意识到，"品牌营销"将成为影响是否能中标确标、是否能获得定价主动、是否能影响医生和消费者优先选用、是否能捕捉到政策机遇等决定最终结果的关键营销要素。

（三）以OTC及大健康品牌运作为企业战略重心

典型代表：修正药业、江中制药、东阿阿胶、云南白药、宛西制药等。

毫无悬念的是，以OTC明星产品为核心辐射大健康产业将成为医药企业重要的战略选择。消费者自我药疗意识、大健康意识的不断增强，极大地刺激了OTC和营养保健食品市场。同时，医药企业产品给人一种带着"药味"的感觉，有"功效"的心理暗示，具有经营大健康产业的天然基因。目前，这一战略路径已经被不少品牌制药企业关注，并在实践中取得良好效果。

江中在维持健胃消食片细分市场绝对龙头地位及盈利能力的同时，战略资源配置重心开始逐步转向保健食品及功能性食品等领域。初元在新增细分产品的推动下，含税销售超过3.5亿元，同比增长约35%，主打高端滋补品的参灵草上市第二年销售即突破2亿（含税），东阿阿胶更是以阿胶为核心，大举进入大健康产业，保健食品增速达45%，重磅品种桃花姬销售已过亿。

相比前两种，这一领域更是得品牌者得天下，拥有一个甚至多个OTC明星产品的医药企业，就有了向大健康产业扩张的天然优势。大健康的消费来源是基于消费者的自我认知和对品牌的认知。有志进入这一领域的医药企业，将有针对性地对消费者进行品牌宣传，在注重终端掌控及连锁合作两个层面，展开竞争新升级。

三大战略路径均是医药企业发展的趋势和机遇，企业必须选择一个为核心战略，但并不是说，其他战略路径不能涉及，做了基本药物就不能涉足大健康产业。适当地进入其他路径，能够与主业形成良好的互动，提升利润，促进企业发展。

信息框

健康中国，政府战略规划主推大健康产业

中华人民共和国卫生部2012年8月发布了《健康中国2020战略研究》报告，这是一项旨在全面提高全民健康水平的国家战略，是在准确判断世界和中国卫生改革发展大势的基础上，

在深化医药卫生体制改革实践中形成的一项需求牵引型的国民健康发展战略。“健康中国”战略思想的提出，是科学发展观在国民健康领域的具体体现，是卫生系统探索中国特色卫生改革发展道路集体智慧的结晶，是卫生战线对中国特色卫生事业发展理论体系的丰富和发展。

“健康中国 2020”战略是以科学发展观为指导，以全面维护和增进人民健康，提高健康公平，实现社会经济与人民健康协调发展为目标，以公共政策为落脚点，以重大专项、重大工程为切入点的国家战略。实施“健康中国 2020”战略，是构建和谐社会的重要基础性工程，有利于全面改善国民健康，确保医改成果为人民共享，也有利于促进经济发展方式转变，充分体现贯彻落实科学发展观的根本要求。

现在人类的死亡原因，心脑血管引起的三高疾病、艾滋病和呼吸系统疾病是主要原因，而这些疾病都是因为不健康生活方式引起的。在医学高度发达的今天，除艾滋病外，传染病已经不对人类健康构成较大威胁。要解决以上健康问题，只要依靠大健康产业和健康教育，培养起人们健康的生活方式。

资料来源：中国营销传播网. http://www.emkt.com.cn/.

第二节　医药企业总体战略规划

医药企业总体战略规划过程，是指医药企业为了保持企业的目标与变化的环境之间的“战略适应”，制定长期战略所采取的一系列重大步骤。总体战略规划包括四个步骤：确定医药企业的任务；设定医药企业目标；规划业务组合；选择进入新业务领域的成长战略等。医药企业总体战略规划过程如图 2－2 所示。

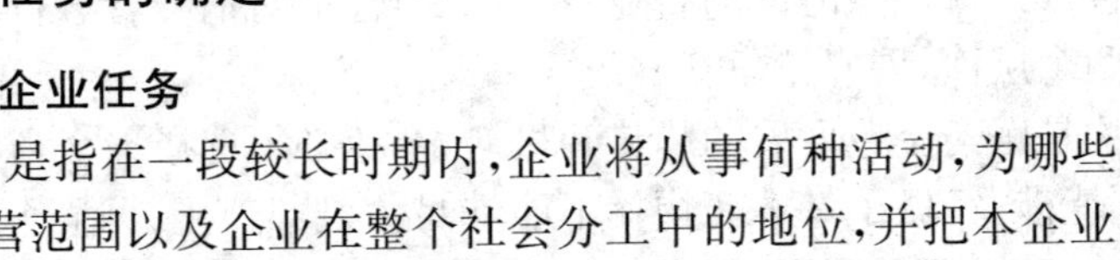

图 2－2　医药企业总体战略规划过程

一、医药企业任务的确定

（一）规定医药企业任务

所谓企业任务，是指在一段较长时期内，企业将从事何种活动，为哪些市场服务等。企业任务涉及企业的经营范围以及企业在整个社会分工中的地位，并把本企业和其他类型的企业区别开来。规定企业任务时，需要回答以下问题：企业经营的业务是什么？顾客是哪些人？顾客最需要什么？本企业对顾客的价值是什么？本企业将来要经营的业务是什么？企业将来向哪个方向发展？通过这些问题的回答，就能够准确界定出企业的任务。

（二）影响医药企业规定任务的因素

从企业的角度讲，企业任务的确定一般应当考虑以下五个因素：

1. 企业历史

企业的发展历史在很大程度上影响企业任务的确定，这是因为企业生产和经营的历史状况使企业在某一领域形成自己的特征和优势，如生产技术方面的优势，市场声誉方面的优势，营销渠道方面的优势等。因此，企业自然应当根据自身特定的优势来选择企业的业务。

2. 管理者偏好

企业主要管理者有其特有的性格、业务专长、文化背景和管理风格，由此形成其对企业当前发展和管理的偏好。若一个企业的管理者追求稳健经营，则在面对那些具有一定风险性的市场机会时，很可能不会采取什么行动。

3. 市场环境

市场环境的变化会在不同程度上导致企业市场机会的变化，各种政治、经济、社会、自然因素的变化都可能导致社会总需求在数量和结构上发生变化，从而使某些需求减退，某些需求增长。企业执行某种生产和经营任务的利益和风险也会发生相应的变化，所以企业必须根据市场环境因素的变化来调整自己的生产或者经营任务。

4. 企业资源

企业资源，不仅指传统意义上的人、财、物等硬件资源，也包括企业的社会形象、管理能力、研发能力等软件资源。企业任务能否完成，必然受到企业资源的限制。企业制定的战略任务应该是充分利用企业资源，而不能超过资源负荷，当然也不能造成资源浪费。

5. 企业核心能力

企业任务的选择应该建立在自己核心能力的基础之上，这样才有利于发挥自身的特长。尽管企业的现有资源和能力有可能使企业执行多种生产和经营任务，但是只要这种经营能力并非企业独有，那么就有可能给企业带来强大的竞争压力；如果这种能力不如别人，就有可能在竞争中失败。所以，企业应当寻找出具有独特经营能力或相对优势的生产和经营任务。

（三）撰写医药企业任务书

许多企业将自己的任务明确地表现在企业任务书上，从整体的角度来描述企业未来长时期内的发展远景，以向目标市场、社会公众和企业成员说明企业的业务范围和奋斗目标。企业的任务书不仅可以使公众对企业有清晰的了解，而且可以使企业成员明确自身的工作价值和工作目标，同心协力为实现企业的总目标而努力。在充分考虑企业任务的影响因素的基础上，企业应以书面报告的形式提出本企业的任务，即企业任务书。表 2－1 列举了 2014 年全球制药企业排行榜中的前五家企业的任务书。

表 2－1　企业任务书摘要

企业任务书摘要	
诺华(Novartis)	我们致力于不断研究、开发和推广创新产品，以帮助人类治愈疾病，减轻病痛和提高生活质量。我们期望以优良的业绩回报投资者，并且奖励为公司贡献智慧和力量的人
辉瑞(Pfizer)	我们要成为世界上对患者、客户、同事、投资者、商业伙伴和我们工作、生活所在的社区的最有价值的公司
罗氏(Roche)	罗氏致力于健康事业的创新
赛诺菲(Sanofi)	正直、创新、信心、尊重、齐心
默沙东（MSD/Merck）	我们致力于提高人类的健康水平，改善大众的生活质量，不断开发新的药品来防治疾病

在编写企业任务书时，企业的高层管理者需要制定一个以市场为导向的任务书，在企业任务书中要按照其目标顾客的需求来规定和表述企业任务。在书写任务书时，不要把业务范围规定得太宽或者太窄，也不要太笼统，因为这样既不切合实际也不可行，而且还会使企业员工感到方向不明。此外，任务书的编写还应该具有激励性，使员工切身体会到自己的工作对社会的重要性，同时也使员工明确自己的责任，从而将企业目前的任务与企业远景蓝图联系起来，激发员工的工作激情。当然，还有一点就是所提出的方针和措施是明确而具体的，尽量限制个人任意解释的范围和随意处理问题的权限，使企业全体工作人员在重大问题上有共同的标准可遵循，使员工明白企业的任务，正确理解并自觉贯彻。

二、设定医药企业目标

医药企业目标是指医药企业未来一段时期内所要达到的一系列具体目标的总称。医药企业作为一个社会经济组织，它的目标是多元化的，既有经济目标，也有非经济目标；既有定性目标，也有定量目标。比如，有的医药企业追求的是某种药品的高市场占有率，而有的医药企业追求的是获得高利润、高投资回报，也有医药企业追求的是新药品的研发要占据国内一流。在中国，拜耳致力于可持续发展，即平衡经济利益、生态环境和社会责任之间的关系，通过创新性的企业社会责任实现企业价值。不管是什么样的目标，都应当明确、可靠、重点突出，经过努力可以实现。为此，医药企业目标的制定应遵循 SMART 原则。

（一）明确具体（Specific）

医药企业的目标应阐述准确，很容易被各层次员工所理解，不产生歧义，避免过多地使用形容词和副词。如 2013 年中国医药零售 100 强企业名单中居于首位的国药控股国大药房有限公司，其公司目标是“成为中国医药健康零售业领航者”。

（二）可衡量（Measurable）

医药企业目标应当具体地规定需要达到的标准、完成的内容及实现目标的进度。这不仅有助于企业对目标最终是否实现进行比较客观的评价和考核，同时也方便员工理解努力的方向。例如，北京同仁堂（集团）有限责任公司 2011 年制定的五年发展目标：“主要经济指标翻一番，零售及医疗网点突破 2 000 家，新产品研发上市 300 种，落实四个重点工业项目建设，继续保持五个全国同行业第一，逐步形成六大（二级）专业型集团公司框架”的“123456”计划。

（三）可实现（Attainable）

企业目标水平应该是切实可行的，是在对市场机会和企业资源充分分析的基础上确定的，而不是凭空臆造的。如果企业制定的目标过高，经过努力而无法实现，就会挫伤员工的士气；相反，如果目标制定得过低，也不利于激发员工的积极性和创造性。这两种情况都会给企业造成损失。哈药集团有限公司的目标为：用实际行动，实现跨越式发展，冲进世界 500 强，成为具有国际竞争力的世界一流企业。

（四）相关联（Relevant）

医药企业目标从空间维度看包括全局目标和局部目标，从时间维度看包括长期目标和年度目标，这些目标之间并非孤立存在。任何目标的确定应当有利于战略总目标的实现，应当满足：① 不同利益之间的平衡；② 短期与长期之间的平衡；③ 全局与局部之间的平衡。

（五）有时限（Time-bounded）

制定医药企业目标必须给出实现目标的时间期限。如修正集团指出：建百年修正，创民族品牌，修正药业要在10年内力争实现销售收入千亿元目标，到2030年达到万亿元目标，成为世界百强制药企业。

三、规划医药企业业务组合

在企业使命陈述和目标的指引下，管理者必须对其业务组合做好规划。业务组合(Business Portfolio)可以理解为构成企业的业务和产品的集合。最好的业务组合能够最大地发挥企业的优势，以便更好地适应环境中的有利机会。企业需要做的就是首先分析当前的业务组合，决定投资的业务领域，紧接着制定成长战略，以便塑造未来的业务组合。

战略计划中的一项重要任务就是业务组合分析(Portfolio Analysis)，管理者用这种工具来评估构成企业的各项业务。管理者首先要识别出构成企业的关键业务。这些业务被称作战略业务单位(Strategic Business Units，SBU)。……

通过使用波士顿咨询集团(Boston Consulting Group，BCG)方法，医药企业就能根据图2-3所示的成长—份额矩阵将其所有的战略业务单位进行分类。

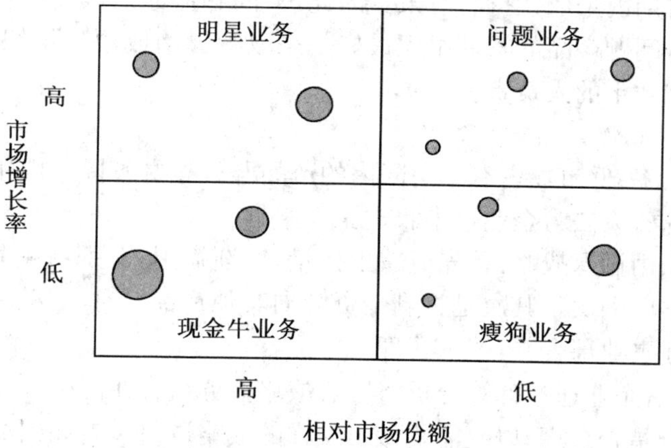

图2-3　波士顿咨询集团成长——份额矩阵

在纵轴上，市场增长率用来衡量市场的吸引力；在横轴上，相对市场份额用来衡量企业在市场中的实力和地位。用圆圈来表示企业的各个战略业务单位。圆圈的位置由战略业务单位所在市场增长率和它的相对市场份额的情况来决定，而圆圈的大小则由战略业务单位的销售额来决定。成长—份额矩阵区分出四种类型的战略业务单位：

1. 明星业务(Star)

它是指处于高增长率、高市场占有率象限内的产品群，这类产品可能成为企业的现金牛产品，需要加大投资以支持其迅速发展。

对此采取的发展战略是：积极扩大经济规模和市场机会，以长远利益为目标，提高市场占有率，加强竞争地位。组织最好采用事业部形式，负责人为对生产技术和销售两方面都很内行的经营者。

2. 现金牛业务(Cash Cow)

现金牛业务指低市场增长率、高相对市场份额的业务，这是成熟市场中的领导者，它是企业现金的来源。由于市场已经成熟，如果市场环境一旦变化导致这项业务的市场份额下降，公司就不得不从其他业务单位中抽回现金来维持现金牛的领导地位，否则这个强壮的现金牛可能就会变弱，甚至成为瘦狗。

对这一象限内的大多数产品，市场占有率的下跌已成不可阻挡之势，因此可采用收获战略：即所投入资源以达到短期收益最大化为限。① 把设备投资和其他投资尽量压缩；② 采用榨油式方法，争取在短时间内获取更多利润，为其他产品提供资金。对于这一象限内的销售增长率仍有所增长的产品，应进一步进行市场细分，维持现存市场增长率或延缓其下降速度。现金牛产品适合于用事业部制进行管理，其经营者最好是市场营销型人物。

3. 问题业务(Question)

它是处于高增长率、低市场占有率象限内的产品群。前者说明市场机会大，前景好，而后者则说明在市场营销上存在问题。其财务特点是利润率较低，所需资金不足，负债比率高。例如在产品生命周期中处于导入期、因种种原因未能开拓市场局面的新产品即属此类问题产品。

对问题产品应采取选择性投资战略。即首先确定对该象限中那些经过改进可能会成为明星的产品进行重点投资，提高市场占有率，使之转变成"明星产品"；对其他将来有希望成为明星的产品则在一段时期内采取扶持的对策。因此，对问题产品的改进与扶持方案一般均列入企业长期计划中。对问题产品的管理组织最好是采取智囊团或项目组织等形式，选拔有规划能力、敢于冒风险、有才干的人负责。

4. 瘦狗类业务(Dog)

它是处在低增长率、低市场占有率象限内的产品群。其财务特点是利润率低、处于保本或亏损状态，负债比率高，无法为企业带来收益。

对这类产品应采用撤退战略：首先应减少批量，逐渐撤退，对那些销售增长率和市场占有率均极低的产品应立即淘汰。其次是将剩余资源向其他产品转移。然后是整顿产品系列，最好将瘦狗产品与其他事业部合并，统一管理。

利用"BCG"矩阵，企业通过计算分析将所有战略业务组合在图中一一标示出来，就会清楚本企业战略业务组合是否合理，以及需要做出怎样的战略调整。就如图 2-2 所示，成长-份额矩阵中的十个圆圈代表某企业当前的十个战略业务单位。这个企业有两个明星业务、两个现金牛业务、三个问题业务和三个瘦狗业务。圆圈的面积与战略业务单位的销售额成正比。该企业处于不错的状态，虽然还算不上很好。企业希望在有前途的问题业务上投资，使这些业务能够随着市场的成熟转变为现金牛业务。幸运的是，该企业有两项规模较大的现金牛业务，其收入保证了企业问题业务、明星业务和瘦狗业务的资金需要。该企业应对问题业务和瘦狗业务果断采取行动。

四、选择进入新业务领域的成长策略

企业在对现有业务组合进行分析和评估之后，下一步就是对未来发展方向做出具体的安排，即制定医药企业的成长战略。企业的成长战略主要有三种：密集型战略、一体化战略和多元化战略。如表 2-2 所示。

表 2-2　成长战略类型

战略类型	战略方式
密集型战略	市场渗透、市场开发、产品开发
一体化战略	后向一体化、前向一体化、水平一体化
多元化战略	同心多元化、水平多元化、跨行业多元化

(一) 密集型战略

当企业的现有产品和现有市场还有发展潜力时，企业可以采取密集型战略。密集型战略包括三个方式：市场渗透、市场开发和产品开发，如图 2-4 所示。

	现有产品	新产品
现有市场	市场渗透	产品开发
新市场	市场开发	多元化

图 2-4　密集型战略

1. 市场渗透

市场渗透(Market Penetration)即企业通过加强市场营销，如加大促销工作的力度、增加销售渠道、降低产品售价等，努力增加产品在现有市场上占有的份额。企业可以采取的措施主要有三类：

(1) 鼓励现有顾客更多地购买。如制药企业在销售产品时，为鼓励现有顾客更多地购买，销售人员可对顾客进行数量折扣，买的药越多折扣越大。再比如，顾客在选购感冒药时，除所选药品外，销售人员可以以增强抵抗力，配合感冒药效果事半功倍为建议，对维生素类药品同时进行推销，以便顾客更多地购买。

(2) 争取竞争者的顾客。若要通过该方法达到市场渗透的目的，企业必须把药品的销售促进工作做到更加具有针对性，抓住消费者的真正需求，做到有的放矢。特别是在 OTC 药品的促销中，准确把握本企业产品的特点并将其有效传递给目标消费者就显得尤为重要。比如，对于患肠炎的顾客，康恩贝在推销自己的明星产品肠炎宁时，主要的推荐点应该在于其药品是天然中草药成分，安全无副作用，可长期服用，能够真正做到“肠”治久安。

(3) 设法吸引新顾客。随着行业发展，医药企业越来越多，提供的产品也愈加丰富，而且药品的成分和疗效非常相似。在争取那些首次使用者时，企业必须能够将相关信息进行更有效的传递。企业可以举行一些活动，如卫生知识讲座、义诊等，以此为促销手段，在提高国民的健康意识的同时也达到了吸引新顾客的目的。

2. 市场开发

市场开发(Market Development)即企业尽力为产品寻找新的市场，满足新市场对产品的需要。企业可采取的措施主要有三种：

(1) 寻找目标市场的潜在顾客。这些消费者尚未购买本企业产品，当然原因很多，可能他们还不知道有这样一种产品，或者他们还没有意识到自己需要这种产品等。出现诸如此类的情况时，企业应该加大宣传力度，或者调整宣传手段，使消费者知晓该产品。如探究某种维生素类药品销售不力的原因时，发现原来普通百姓对亚健康不当一回事，并且会觉得是药三分毒，当然也不会专门为之吃药，发现原因后，企业将宣传口号变为“每日善存，健康基础”、“30天挑战亚健康”、“善存一家人，照顾全家人”。口号内容就是提醒消费者亚健康虽然不是病，需要摆脱它就要吃药调理，这是对你和家人健康的负责。新口号一经宣传市场就有了起色，吸引了众多亚健康消费者。

(2) 寻找新的销售渠道。药品在临床使用一定时期之后，可能由处方药转变为非处方药，也可能会由非处方药再转为处方药，企业原本在医药销售的非处方药，可以增加药店销售路线，或增加网络渠道的销售，提高销售量。

(3) 扩大销售区域范围。该方法在药品销售活动中运用比较普遍，目前制药企业一般将国内市场按地理位置进行划分，在各个片区设立办事处，并在当地招聘医药销售代表开展业务。如果某产品在华东市场取得成功，取得经验之后，就可以考虑在其他有条件的地区设立销售机构，使产品的销售区域进一步扩大。

3. 产品开发

产品开发(Product Development)即企业向现有市场上提供改进产品或新的产品，以吸引消费者，增加销量。目前，我国医药企业越来越重视新药的研究开发工作，也更加注重投入资金开发新产品，这也是提高医药企业实力的最根本途径。如天津中美史克制药公司在原有的市场上推出了“新康泰克”产品，使“PPA事件”得到很好的化解，巩固了自己的市场地位，给消费者留下深刻的印象。

信息框

云南白药收购清逸堂——大健康战略的选择

2014年2月23日，云南白药收购清逸堂，让人惊喜的是，“新白药，大健康”的战略选择又向个人洗护产品成功迈进。通过收购，云南白药将加大对新兴市场的开拓及新的市场渠道的拓展，同时加大对新产品的研发力度及相关产业资源的整合。近几年，随着大健康产品的大热，在业界有口皆碑的大健康领域营销成功典范——云南白药，时常被人提起。由于核心关联产品的异军突起，这个公司总部位于彩云之南的企业，成为行业中的翘楚，令许多药企只能是望其项背。

1. 通过改变给药方式，创造新的细分市场

“云南白药气雾剂”最早于1992年面市，1999年前后正式将其推向市场，当时“止血化瘀、消肿止痛药”内服的剂型主要包括胶囊、散剂(“云南白药散剂”及“云南白药胶囊”)，外用的剂型主要包括硬膏剂及软膏剂。

“云南白药气雾剂”与其他剂型相比，在吸收方式、舒适程度、起效时间等方面优于其余剂型。

2. 创造高端牙膏市场，成功进入快消领域

公司在“云南白药牙膏”推出之时，就紧紧与公司其余产品在消费者心目中已经树立的“止血化瘀、消肿止痛”的功能定位相关联，将“云南白药牙膏”的功效清晰定义为“减轻牙龈出血、疼痛问题、修复粘膜损伤”，与当时市场上占据主力的中低端牙膏普遍“防蛀、美白、抑菌”等功效区分开来。

资料来源：凤凰财经. http://finance.ifeng.com/a/20140221/11710055_0.shtml.

（二）一体化战略

如果企业所在行业的吸引力和发展潜力大，而且企业在供、产、销等方面有能力实行一体化，并且实现一体化能够带来规模效益，则采取一体化战略。具体形式有三种。

1. 后向一体化

后向一体化(Backward Integration)即生产制造企业通过收购或兼并策略来控制一个或几个原材料供应商。后向一体化可以解决原材料来源不稳定、价格波动大等问题，提高最终产品的市场竞争力。例如某医疗公司实施后向一体化战略就是要新建药品经营的全资子公司，通过子公司向药品产业链的上游生产商或其代理商采购所需药品，跳过药品经销商的中间控制，从而达到减少中间环节降低采购成本提高盈利能力之目的；同时子公司要承担起向医疗公司所属各个医院进行药品配送的服务，保证满足各个医院正常运营和发展所需的各种药品。

2. 水平一体化

水平一体化(Horizontal Integration)即企业拥有或控制同行业的竞争企业，实现企业规模化生产或增加产品种类，达到强强联合的目的。现代企业往往通过兼并策略来实现水平一体化。近年来，制药企业并购案例不胜枚举，2014 年 6 月全球医药企业的主要交易并购约 20 起。其中包括 10 起并购，4 起许可权，6 起合作等交易。受人关注的有默克与 Idenix 的并购活动，在此交易并购中，默克获得了 Idenix 的核苷酸抑制剂 IDX21437；罗氏在测序行业又并购了另一家拥有先进测序技术的公司 Genia Technologies。这一系列兼并收购措施，提示我国小、散、弱的制药企业可以向规模化、集团化方向发展。随着国外制药巨头的不断涌入，水平一体化战略成为内资制药企业做大做强的有效途径。

3. 前向一体化

前向一体化(Forward Integration)即生产制造企业控制商业销售企业，即控制销售渠道。制药企业在完成制造工作的同时，兼营药品商业贸易较为常见，以前单纯的药品制造企业，在原始积累完成之后，也纷纷向药品流通领域进军，控制销售终端，实现产销合璧。作为国内儿童药制药龙头企业，康芝药业精耕细作于第三终端市场，公司十年前即介入第三终端市场，在全国拥有近千家代理商和超过 3 万个销售终端，2012 年公司在第三终端的先发优势依然明显，并根据市场变化不断对其营销渠道进行完善。目前，通过合作、并购等方式，在中心城市和农村开办连锁药店、建立配送中心成为医药连锁企业规模化发展的主要方式。

（三）多元化战略

如果企业的资源未能充分利用，企业本身又具有拓展业务的能力，且企业的决策者又具有开拓的精神，那么企业可以实行多元化战略。多元化战略可以充分发挥企业的资源优势，使企业整体抗击风险的能力增强。多元化战略也有三种方式：同心多元化、水平多元化和跨行业多元化。

1. 同心多元化

同心多元化(Concentric Diversification)即企业研发与现有产品具有相似技术特征的新产品，来吸引更多的新顾客。同心多元化战略风险相对较小，基本应用在熟悉的领域，做熟悉的产品，开拓熟悉的市场，用较少的投入获得尽可能多的收益。药品生产领域中采取同心多元化策略的比较普遍。如重庆科瑞制药围绕产业链的打造，走“同心多元化”的发展路径。旗下子公司已由 2005 年末的 4 家，发展为 15 家集医药产业链的医药产业集团。工业板块形成了化学药从中间体、原料药到制剂，重点打造英斯凯为医药中间体，西南制药二厂为原料药、科瑞制药为制剂、湖南湘中制药为专科特色的化学药产业链；还形成了中药从 GAP 种植、中药饮片、植物提取、中成药和功能性保健食品的中药产业链。

2. 水平多元化

水平多元化(Horizontal Diversification)即企业利用不同的技术生产开发与现有产品不同的新产品，在现有市场上组织销售。如广州白云山制药厂主打产品为抗生素系列，从头孢类、大环内酯类、奎诺酮类到青霉素类，其抗生素产品群几乎涵盖了所有抗菌药常用品种，能很好地为患者服务。而后，又建中药厂，运用不同的工艺技术生产片剂、颗粒剂、搽剂等十四大剂型中药，其板蓝根颗粒、复方丹参片更成为年销售超亿元的中药大品种，同样服务于患者。

3. 跨行业多元化

跨行业多元化(Multisectoral Diversification)即企业通过投资、兼并等形式，把经营范围扩展到多个新兴部门，开展与现有技术、现有产品、现有市场无联系的多样化经营活动，以寻求新的增长机会。例如，云南白药集团股份有限公司，经过 30 多年的发展，经营涉及化学原料药、化学药制剂、中成药、中药材、生物制品、保健食品、化妆品及饮料的研制、生产及销售等，在云南白药牙膏产品的规模发展至十亿营业收入后，其洗发乳系列产品一直引发市场强烈预期。云南白药开始发力养元青产品的促销。

多元化"大蛋糕"给企业带来机会的同时，也隐藏着一定的风险。对医药企业而言，医药以外的其他领域仍是陌生地带，相当于又一次创业，医药企业原本的优势只能给"创业"奠定基础。一旦多元化业务与企业上下游的业务缺乏配套和关联性，企业将面临很大的改造压力和风险，尤其是进入一些竞争激烈的市场，根本没机会调整战略。

信息框

复星医药多元化战略实践

上海复星医药(集团)股份有限公司，前身为上海复星实业股份有限公司，成立于 1994 年，1998 年 8 月在上海证券交易所挂牌上市。经过多年布局，复星医药已形成了工业、商业、器械和诊断、医疗服务的医药集团的格局。工业、商业、器械的外延式布局已经基本完成，内生式的增长正逐步加快。自 2013 年起，未来 2—3 年的增长点主要在于收购合信药业取得头孢美唑钠；投资红旗制药成为国内抗结核病龙头；拟投资雅立峰，进军疫苗领域；桂林南药的青蒿琥酯、万邦重组人胰岛素产业化；新生源的氨基酸扩产、重庆药友产能扩建、红旗制药改造符合 WHO 标准工厂；新收购湖南洞庭。

复星医药未来将继续专注于医药工业，并投入资源支持医疗服务业务的发展和壮大，聚焦高毛利、高成长性的业务。此外，复星医药还会加大对行业内优秀企业的并购整合，持续优化与整合医药产业链资源。

在并购上，除了布局国内以外，国际化扩张也是复星医药战略重点。复星医药非全资附属 CML 与复星-保德信基金出资收购了以色列(阿尔玛激光)有限公司最少 80%及最多 95.6%的股权。而此次收购，复星医药是看中了阿尔玛激光在行业中的地位和市场份额，同时也迈出了国际化发展的重要一步。

如果说从复星医药打造全产业链的角度看，就目前复星医药的规模，只是在万里长征中迈出了一大步，以后还有很长的一段收购路要走。目前复星医药的业务主要涉及医药工业、医药商业、医药原料、生物制药、医疗器械、医疗服务等几个领域，离医药行业全产业链还有一段不小距离，如果复星医药保持这些年对药企的收购速度，复星医药实现打造全产业链的目标至少需要20年。

不过，擅长并购的复星医药能去并购一个具有一定规模的海外医药企业，将二者优势进行结合，并通过海外企业的渠道体现出来，也许会成为下一个"联想并购IBM"的经典案例。

资料来源：医药观察家网. http://www.yygcj.com/info/2013-05/15739.html.

第三节　医药企业营销战略与营销组合

战略计划界定了企业整体的使命和目标。在各个业务单位内，营销在帮助实现战略目标方面起着重要作用。图2-5说明了营销在组织中的角色，总结了营销战略管理的主要活动以及营销组合。

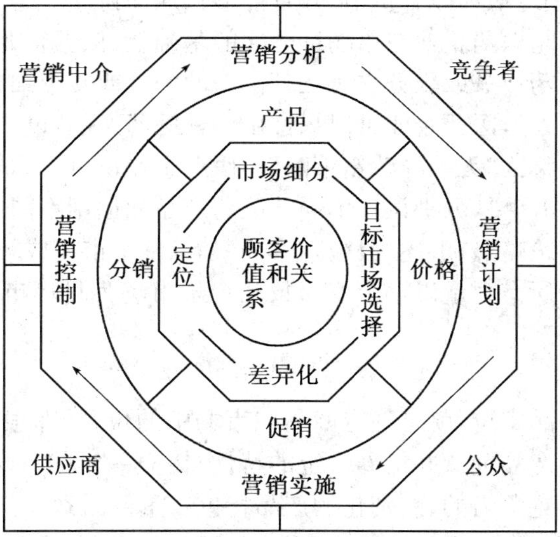

图2-5　营销战略和营销组合

资料来源：菲利普·科特勒. 市场营销原理. 第14版.

一、医药企业营销战略

要想在当前竞争激烈的医药市场中取胜，医药企业必须以消费者为中心，进而通过让渡更多的价值来保持这些顾客并争取持续增长。因此，医药企业必须首先了解消费者的需要和需求，才能使他们满意。合理的营销需要对消费者进行认真的分析，消费者的数量大、种类多，其需求自然也就千差万别。因此，每个医药企业都必须对整个市场进行细分，从中选择最佳的细分市场，然后再制定战略。这个过程包括三个步骤：市场细分、选择目标市场和市场定位。

（一）市场细分

所谓市场细分，就是营销者通过市场调研，依据消费者（包括生活消费者、生产消费者）的需要与欲望、购买行为和购买习惯等方面的明显差异性，把某一产品的市场整体划分为若干个消费者群的市场分类过程。市场细分的客观基础是同一产品的消费需求的多样性。而医药市场细分，就是指医药企业按照一定的细分变量，即影响医药市场购买者欲望和需要、购买习惯和行为等的因素，把整个医药市场细分为若干个需要不同的产品和市场营销组合的市场部分或亚市场的过程，其中任何一个市场部分或亚市场都有一个有相似的欲望和需要的购买者群，都可作为医药企业的目标市场。

市场细分要依据一定的细分变量来进行。细分变量是根据个人、群体或企业的特征将市场细分。市场细分的变量也就是影响消费需求差异性的因素。消费者市场与生产者市场由于其影响需求的因素不同，市场细分的变量也不一样。例如，城市居民对营养保健滋补类用品、新药特药、进口药的需求多，而广大的农村则对普药的需求相对较高。再比如，在保健食品方面，女性注重容颜和保健方面的需求，而男人则注重壮阳方面的需求。

（二）选择目标市场

企业在明确了细分市场以后，就可以进入给定市场的一个或多个细分市场。选择目标市场涉及评估各个细分市场的吸引力并选择进入其中的一个或几个。企业选择的细分市场应该使自己能够有利可图地创造最大顾客价值，并且能够长期保持。

所谓医药目标市场，是医药企业在市场细分化的基础上，依据企业资源和现有经营条件所选定的、准备以相应的医药产品或服务去满足其需要的一个或几个细分市场。

对于如何选择目标市场，医药企业可以只推出一种医药产品，设计一种市场营销组合为整个市场服务，这种策略被称为“无差异营销策略”。医药企业也可以同时为几个子市场服务，并且按照各个子市场的不同需要，分别设计不同的医药产品和运用不同的市场营销组合，这种策略也被称为“差异性营销策略”。上述两种营销策略是以整个市场或较多的子市场为目标市场的，医药企业还可以集中所有力量以一个或少数几个子市场为目标市场，并为其服务，这种策略称为“集中性营销策略”。

（三）市场定位

市场定位，又称为产品定位，就是确定产品在市场中的位置，即根据顾客对某种产品属性的重视程度，给本企业的产品创造并培养一定的特性，树立一定的市场形象，在为数众多的产品概念中，发现或形成有竞争力的、差别化的产品特色及重要因素。其实质是取得目标市场的竞争优势，确定产品在顾客心目中的适当位置并留下深刻印象，以便吸引更多的顾客。简而言之，就是在消费者心目中为某种产品或品牌建立有别于竞争者的形象。医药企业可以根据区域、阶层、职业、个性、年龄等因素进行定位。在实际的定位过程中，医药企业还可以适时采取避强定位、迎头定位以及重新定位等策略。

关于市场细分、选择目标市场和市场定位，我们将在本书后面章节做详细介绍。

二、医药企业营销组合

医药企业在分析市场环境、研究消费者需求之后，就要充分利用本企业的人力、物力资源，进行市场营销决策，制定最优的综合营销方案，以便达到企业的预期目标。因此，企业经营成功与否很大程度上取决于对市场营销因素的选择和运用。

（一）医药企业营销组合概念

医药企业营销组合是指医药企业为使目标市场产生预期反应而整合的一系列可控的、策略性的营销工具。医药企业营销组合由医药企业对影响其医药产品需求而采取的一系列措施构成。这些众多的可能的措施可以归集为四组变量，即“4P”。如图 2－6 所示。

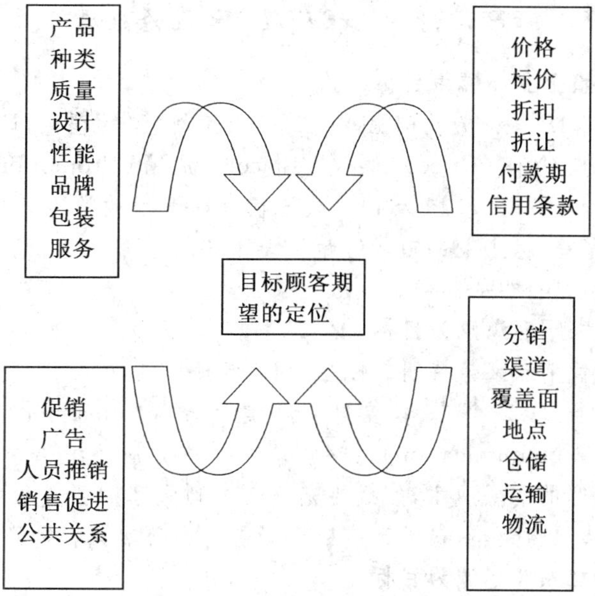

图 2－6　营销组合的 4P

产品是提供给市场满足顾客某种欲望和需要的一切东西，包括有形的产品和无形的服务等。产品组合是卖方提供给购买者的一组产品，它包括所有产品线和产品项目。企业的产品组合具有一定的宽度、长度、深度和关联性，这四个方面，也是产品组合决策的主要内容。企业可以通过增加新的产品线、延长现有的产品线、增加产品项目中的品种数以及改变产品线的关联性等方法来扩展业务。

在企业营销组合中，价格是一个很重要的因素。价格的高低是消费者决定是否购买的重要因素，价格容易调整，而且价格的变化可以迅速传递到消费者。由于价格的重要性，因此价格决策也是市场营销方案的重要内容。定价决策主要涉及新产品价格制订、价格调整以及价格调整的时机选择。

现代医药市场经济中，存在着大量的医药中间商，作为制造商和最终用户之间的中介，这些医药中间商构成了医药市场营销的渠道。决策渠道设计就是为新企业或新产品设计一个合适的渠道，设计渠道的过程主要有分析消费者需要的服务水平，确定渠道目标和限制条件，明确主要的渠道交替方案，对渠道方案进行评估等。企业选择了渠道方案之后，必须对每个中间商加以选择、激励与评估，并随着时间的推移对渠道做出相应的改变，包括选择渠道成员、激励渠道成员、评估渠道成员和修改渠道决策等。

现代企业已经意识到不仅要提供优质的产品和服务，制订合理的价格，把产品分销到顾客手中，而且要利用各种手段与消费者交流与沟通，达到促销产品、实现企业目标的目的。促销策略是医药营销人员采取的，通过人员或非人员的方式扩大市场销路，使消费者或者企业了解其产品信息的各种活动，以此刺激消费、创造需求。主要的方式包括广告、人员推销、销售促进以及公共关系等。

信息框

6P理论、4C理论及4R理论延展

6P理论——以调整企业环境为目标

菲利普·科特勒在4P理论的基础上，创立了"大市场营销"理论，即6P营销策略。6P分别代表产品(Product)、价格(Price)、渠道(Place)、促销(Promotion)、公共关系(Public Relationship)、政治权力(Political Power)。政治权力即运用政治力量和公共关系，打破国际或国内市场上的贸易壁垒，为企业的市场营销开辟道路。了解政治、经济政策的规定和变动，也是企业在营销中应给以重视的问题。

4C理论——以追求顾客满意为目标

4C理论是由美国营销专家劳特朋教授在1990年提出的，它以消费者的需求为导向，重新设定了市场营销组合的四个基本要素：即消费者(Consumer)、成本(Cost)、便利(Convenience)和沟通(Communication)。它强调企业首先应该把追求顾客满意度放在第一位，其次是努力降低顾客的购买成本，然后要充分注意到顾客购买过程中的便利性，而不是从企业的角度来决定销售渠道策略，最后还应以消费者为中心实施有效的营销沟通。

4R理论——以建立顾客忠诚为目标

21世纪初，艾略特·艾登伯格提出了4R营销理论，4R理论以关系营销为核心，重在建立顾客忠诚。它阐述了四个全新的营销组合要素：即关联(Relativity)、反应(Reaction)、关系(Relation)和回报(Retribution)。4R理论强调企业与顾客在市场变化的动态中应建立长久互动的关系，以防止顾客流失，赢得长期而稳定的市场；其次，面对迅速变化的顾客需求，企业应学会倾听顾客的意见，及时寻找、发现和挖掘顾客的渴望与不满及其可能发生的演变，同时建立快速反应机制以对市场变化快速做出反应；企业与顾客之间应建立长期而稳定的朋友关系，从实现销售转变为实现对顾客的责任与承诺，以维持顾客再次购买和顾客忠诚；企业应追求市场回报，并将市场回报当作企业进一步发展和保持与市场建立关系的动力与源泉。

资料来源：百度文库. http://wenku.baidu.com/link?url=fdb5tY6tWYV835C4QGMpZbaULXLF6aKv-D1tmJXqrvOd4s2ONfAiw8z2viAaLBySN34iQCymR1iBGXu9VqZ76bZcgfIE3RPXIC-EgkTH4qtq.

(二)医药企业营销组合特点

医药企业营销组合对企业的营销至关重要，只有在了解其特点的基础上，才能采取相应的营销策略。具体说来，医药企业营销组合主要有动态性、复合性、整体性、可控性等特点。

1. 动态性

医药企业营销组合中的"4P"是四个自变量，这些自变量影响着市场营销的效益，即医药企业营销组合的结果就是这些变量的函数。例如，许多医药企业选择将过了专利保护期的处方药申请为非处方药，继续在市场销售，这时其营销组合将发生全面变化，产品的主要功能将根据市场竞争作适当调整，价格将大幅下降，销售渠道将从医院药房转移至药房和零售药店，促销方式也将发生改变。

2. 复合性

医药企业营销组合是"4P"四大营销因素的大组合，而每一个"P"内部又包括许多具体的

营销因素，如产品策略又可分为种类、质量、设计、性能、品牌、包装、服务等具体因素。这些具体因素形成每一营销因素的次级组合。围绕目标市场，医药企业营销活动就形成了一个复合的大系统。

3. 整体性

医药企业必须在准确地分析与判断特定的市场营销环境、企业资源及目标市场需求特点的基础上，制定最佳的营销组合。医药企业在确定营销组合时，不仅要考虑4个“P”之间的搭配，还要注意安排好每个“P”内部的合理搭配。因此，最佳的市场营销组合的作用，不是每个“P”简单的相加，而是一个整体的协作。

4. 可控性

医药企业营销组合因素对医药企业来说都是可控因素。一般来说，企业具有决策权。比如，医药企业可以根据目标市场的需求来选择确定药品的结构，制定具有竞争力的价格，选择最恰当的销售渠道和促销方式。但这种自主权是相对的，要受到自身资源和目标的制约及各种客观因素的影响。随着市场竞争、顾客需求以及外界环境的变化，必须对营销组合适时纠正、调整，使其保持竞争力；市场营销组合对外界环境必须有充分的适应能力和应变能力。

（三）医药企业营销组合意义

医药企业营销组合对医药企业具有十分重要的意义。从外部因素看，好的营销组合有利于企业制定正确的营销战略，从而有力地面对竞争者；从内部因素看，好的营销组合有利于协调企业内部各因素之间的关系。

1. 有利于医药企业制定正确的营销战略

医药企业营销组合的制定过程和组合状况，在很大程度上决定了医药企业营销活动的效果。医药市场的竞争越发激烈，医药企业就需要充分评估自己的优势与劣势，合理运用企业营销组合，有效地扬长避短，取得优势。医药企业营销组合可以看作医药企业营销战略制定的基础环节。对于一般的药品，因消费者往往希望能较方便地购买和使用，可将侧重点放在包装、购买方式、销售网点和服务等方面；而对于新特药品，则应侧重于产品的品牌、质量、价格等方面。

2. 有利于医药企业从容应对竞争

医药企业在运用市场营销组合时，要善于分析自己的优势与劣势，以强制弱。在使用企业营销组合作为竞争手段时，要特别注意医药行业的产品与其他行业的产品不同，有其特殊性，因而侧重使用的营销因素应当有所不同。此外，医药企业必须要了解与其竞争的企业的市场营销组合的能力及其效率。还有，医药企业在侧重使用某一营销因素时，要重视其他因素的协同配合作用。例如，某医药企业在推出一种新药产品时，要同时根据产品的特点，选择适当的分销渠道，制定合理的价格，才能取得理想的效果。

3. 有利于协调企业内部各部门间的工作

医药企业营销组合的实施，并不是医药市场营销部门单部门的职责，还要涉及医药企业的生产、管理、财务、人事等各个部门。为全面贯彻市场营销观念，医药企业内部各部门工作要统一协调成为一个整体，彼此分工协作，共同满足目标市场的需求，实现企业的战略目标。例如，某医药企业需要研制某种新药，或者改变现有产品的剂型等，生产技术部门就必须考虑企业现有技术开发力量和资源设备的能力；如果需要增加研究人员，人事部门就要负责招聘、引进人员工作；如果需要添置新机器设备，财务部门就要考虑企业的财务能力。

第四节　管理医药企业营销活动

一、医药企业营销分析

战略分析工具是企业战略咨询及管理咨询实务中经常使用的一些分析方法。主要有SWOT分析法、内部因素评价法（IFE矩阵）、外部要素评价法（EFE矩阵）、竞争态势评价法（CPM矩阵）等，最常用的就是SWOT分析法。我们这里对SWOT分析法做简单介绍。

管理营销职能始于对企业情况的全面分析。营销者应该组织SWOT分析，通过该分析，企业能够评价自身整体优势（S）、劣势（W）、机会（O）和威胁（T），如图2－7所示。优势包括有助于企业服务顾客、实现目标的内部能力、资源和积极条件因素。劣势包括干扰企业绩效的内部限制和负面条件因素。机会是可以使企业发挥优势的外部环境因素和发展趋势。威胁是对企业绩效形成威胁的负面外部因素和发展趋势。

内部	**优势** 有助于企业实现其目标的内部能力	**劣势** 对企业实现目标的能力造成干扰的内部限制
外部	**机会** 企业可以用来发挥优势的外部因素和发展趋势	**威胁** 对企业绩效形成挑战的现有外部因素和潜在外部因素
	积极	**消极**

图2－7　SWOT分析：优势、劣势、机会和威胁

企业必须分析其市场和营销环境，以发现有吸引力的机会并识别环境中的威胁。企业必须分析自己的优势和劣势以及当前的和可能的营销行动，来决定哪些机会自己能够最好地把握并实现。营销分析的目标是将企业的优势同环境中具有吸引力的机会结合起来，同时减少或者克服企业劣势并降低环境威胁。营销分析为其他营销管理职能提供了可靠信息。

信息框

格拉斯的SWOT分析

欧洲最大的医药公司格拉斯曾创造过杰出的增长和利润记录，通过SWOT分析，该公司与对手相比具有的强势有：优秀的市场分销系统，良好的顾问形象，占统治地位的市场份额。公司面临的机会是：来自资金雄厚的研发部门的新药生产线；医疗保健支出的增长；处方药市场向非处方药（OTC）市场扩散的多元化趋势。但也有许多缺陷，其中之一就是严重依赖于单一产品，如治疗溃疡的功效让泰克的销售额和利润占公司总销售额和利润的50%。然而此产品的专利不久就要过期，那时公司的市场份额和盈余毫无疑问将崩溃，12—18 个月内收入和利润都将减半。

格拉斯和其他药品公司一样也面临政府采取的限制药品公司获得高额利润行动的威胁，尤其是在美国、德国这两个最大的市场，政府将采取措施限制医疗开支和医药行业的高额利润。

资料来源：百度文库. http://wenku. baidu. com/link? url＝38mYTD3UZ3HyAJJ70qcJ2lT1FSXriF1h015_5BrCoI6RvfZrYM1FUrHFxr0haTdIBg0DlyxtbRfGmX1v2FIL9eEVfzYPEPY_MlsEZ3rXRtG.

二、医药企业营销计划

（一）营销计划的目标

1. 目标的制定

包括营销计划的总体目标和分类目标，分类目标其实是对总体目标的分解，包括阶段性目标、区域性目标、分产品目标、硬性目标、软性目标等项目，需要进行细致的描述。

2. 目标的考核

目标的考核是非常关键的要素，关系着目标的完成程度，需要将各项目标分配到相应的部门和人员，确定职责要求和权限分配，并制定严格的责任制度和考核标准，以此来保证目标的顺利实现。

（二）营销计划的具体方案

1. 产品部分

制定具体的如新产品开发、新产品上市、产品延伸、包装调整、增加品种规格等计划方案，准确落实产品策略。

2. 价格部分

制定具体的产品价格政策、确定何时涨价或降价、对市场上的价格体系进行调整等计划方案，使价格政策能配合市场的拓展。

3. 渠道部分

制定具体的市场网络扩展、对经销商的管理制度、重点区域市场的拓展、对经销商的促销方式等计划方案，完善渠道网络的建设。

4. 促销部分

制定具体的广告制作方案、媒体投放计划、消费者促销方式、整体推广活动主题和形式、终端促销形式等计划方案，并形成单独的执行文本。

（三）营销计划的实施步骤

第一步，确定市场拓展的阶段性目标和要求，提出营销计划的重点。确定营销计划各部分的实施进度，根据进度将计划方案的内容融入相应的市场拓展阶段。

第二步，对不同市场拓展阶段中的各项营销计划方案进行整合，使它们都能在统一的目标和主题之下协调开展。

第三步，按照市场拓展阶段制定出整个营销计划方案实施的时间、重点、主题、进度、评估、相关政策、执行部门等各个环节的内容。

(四)营销计划的实施保障

1. 对营销计划执行内容的分配

由市场部门将整体营销计划传达给各相关部门,对各部门应负责的内容做出详细规定,并报各部门领导审批确定。

2. 对营销计划执行效果的考核

市场部门根据营销计划报告中确定的考核依据,定期对营销计划的执行情况进行评估,同时负责与各相关部门进行沟通协调,及时解决执行过程中出现的各种问题,确保营销计划的顺利执行。

(五)营销计划的费用分配

主要包括作为整个营销活动可支配的资金来源的营销总费用和费用率的确定;营销各项目费用的分配比例,包括产品研发、市场调研、媒体广告、消费者促销、渠道促销、主题推广活动、终端推广活动、业务费、运输费等;营销总部和办事处之间的费用比例;市场拓展各阶段的费用分配比例,根据营销策略重点做到对资源利用效率的最大化。

信息框

一份有效的营销计划的要求

1. 系统、完整的结构

一份专业的营销计划应该包括:对以往营销工作的总结、对营销问题的反应和分析、对宏观经营环境的分析、对行业发展趋势的分析、对产品发展态势的分析、对竞争对手的分析、对企业自身发展状况的分析、总体营销策略思路和目标的确定、系统的市场分析和市场定位、具体的营销策略、将策略转换成具体的营销计划、对营销计划的财务分析、对营销计划执行的评估和监控。

2. 充足的数据支持

硬性数据支持包括:总体销售额(量)、区域销售额、分产品销售额、市场占有率、销售增长率、营销费用额(率)、市场铺货率、品牌知名度(忠诚度等);软性数据支持包括:消费者购买心理和行为特点、产品在市场上的发展趋势、竞争对手状况(营销政策、费用投入、销售状况、产品结构等)。拥有这些数据,企业就能够对市场形势和企业形势进行细致的分析,制定出针对性强的营销策略和计划。

3. 清晰的策略思路和目标

有效的营销策略一定是单一的,只有单一才易于理解和操作,利于抓住事情发展的重点,同时也才更有可能合理分配所有的资源,强化针对性,提高资源的利用效率;策略的清晰性具体表现在市场的定位,即不要妄想满足所有消费者的需求,而应只满足能给企业带来最大利益的消费者的需求,并在清晰的市场定位基础上,制定出具体的细分策略和营销计划。

4. 整合的策略系统

清晰的策略和有限的资源需要通过整合来加以保障,也就是在整体营销策略思路指导之下,对产品策略、价格策略、渠道策略、促销策略这四大部分策略系统进行整合,同时在具体的营销推广方面也要进行相应的整合,使各项资源围绕统一的策略和目标进行合理安排,并且强化企业的推广力量和效果,提升品牌的渗透力度。

5. 有效的战术转换

营销策略为企业的成功提供了一个方向性的保障，而要使策略真正发挥效果，必须要将其转化为具体可操作的方法，重点在于通过富有创意的手段使企业达到策略所要求的效果，其关键要求是正确地做事，否则再优秀的策略也无法使企业赢得优势。

6. 有条理的实施步骤

营销计划的实施也是一个系统的运作过程，一方面通过对各环节的合理安排使资源得到最大限度的利用，另一方面可以有效应对突发事件，做到有计划地应对变化，不至于丧失机会或者遭受风险；同时也利于企业对营销策略和计划的实施进行有效监控和评估，及时发现问题并予以调整。

资料来源：百度文库. http://wenku. baidu. com/link? url = uNG4srt5F6jjeKlqF-umZgZWCLDFPq2y-hCXh-nVJxyIVi-ACpdHq0tLBq3EQncKgELxqi5MxTGGZ2rmtBJokn5izoIDXE3_gj_kkpoWSiDq.

三、医药企业营销部门组织

市场营销组织有很多类型，为了实现企业目标，市场营销的组织者必须选择合适的市场营销组织。归结起来大致有以下 5 种类型：

（一）地理型组织

如果一个企业的市场营销活动面向全国，那么它会按照地理区域设置其市场营销机构。该机构设置包括 1 名负责全国销售业务的销售经理，若干名区域销售经理、地区销售经理和地方销售经理。为了使整个市场营销活动更为有效，地理型组织通常都是与其他类型的组织结合起来使用。

（二）产品型组织

产品型组织是指在企业内部建立产品经理组织制度，以协调职能型组织中的部门冲突。在企业所生产的各产品差异很大，产品品种较多，以致按职能设置的市场营销组织无法处理的情况下，建立产品经理组织制度是适宜的。其基本做法是，由一名产品市场营销经理负责，下设几个产品线经理，产品线经理之下再设几个具体产品经理去负责各具体产品。

（三）市场型组织

当企业面临如下情况时，建立市场型组织是可行的：拥有单一的产品线；各种各样的市场（不同偏好的消费群体）；不同的分销渠道。许多企业都在按照市场系统安排其市场营销机构，使市场成为企业各部门为之服务的中心。市场型组织一般设有一名或者几名市场经理。市场经理开展工作所需要的职能性服务由其他职能性组织提供并保证。其职责是负责制定所辖市场的长期计划和年度计划，分析市场动向及企业应该为市场提供什么新产品等。他们的工作成绩常用市场占有率的增加情况来判断，而不是看其市场现有盈利情况。

（四）职能型组织

它强调市场营销各种职能如销售、广告和研究等的重要性。该组织把销售职能当成市场营销的重点，而广告、产品管理和研究职能则处于次要地位。当企业只有一种或很少几种产品，或者企业产品的市场营销方式大体相同时，按照市场营销职能设置组织结构比较有效。但是，随着产品品种的增多和市场的扩大，这种组织形式就暴露出发展不平衡和难以协调的问题。既然没有一个部门能对某产品的整个市场营销活动负全部责任，那么，各部门就强调各自的重要性，以便争取到更多的预算和决策权力，致使市场营销总经理无法进行协调。

（五）矩阵型组织

矩阵型组织是职能型组织与产品型组织相结合的产物，它是在原有的按直线指挥系统为职能部门组成的垂直领导系统的基础上，又建立一种横向的领导系统，两者结合起来就组成一个矩阵。在市场营销管理实践中，矩阵型组织的产生大体分两种情形：(1) 企业为完成某个跨部门的一次性任务（如产品开发），就从各部门抽调人员组成由经理领导的工作组来执行该项任务，参加小组的有关人员一般受本部门和小组负责人的共同领导。任务完成后，小组撤销，其成员回到各自的岗位。这种临时性的矩阵型组织又叫小组制。(2) 企业要求个人对于维持某个产品或商标的利润负责，把产品经理的位置从职能部门中分离出来并固定化，同时，由于经济和技术因素的影响，产品经理还要借助于各职能部门执行管理，这就构成了矩阵。

四、医药企业营销实施

制定好的战略只是成功营销的开端。如果不能得到恰当的实施，再出色的营销战略也没多大意义。营销实施是指为实现战略营销目标，而将营销计划转化为营销活动的过程。营销计划解决的是实施营销活动的缘由和营销活动的内容问题，而实施解决的是由谁、在何时、何地、如何做的问题。

实施与战略其实是同等重要的，甚至实施是更重要的。实际上，两者对于成功同样重要。企业可以通过有效的实施获得竞争优势。一个企业的战略可能与另一个企业基本相同，但是却能够在市场上更快、更好地实施，从而取胜。然而，实施工作还是比较难做的，想出好的营销战略经常要比把这些战略付诸实施更容易。

五、医药企业营销控制

由于在营销计划实施的过程中会发生许多意想不到的情况，营销部门必须经常进行营销控制。营销控制包括评估营销战略和计划的实施结果，并采取纠偏措施确保目标实现。营销控制包括四个步骤：① 管理部门首先设定特定的营销目标；② 测量其在市场上的绩效；③ 评价造成期望绩效与实际绩效差距的原因；④ 管理部门采取纠偏措施，缩小实际绩效与目标的差距。这可能需要修改行动计划，甚至变更目标。

医药企业的营销控制主要有：年度计划控制主要进行偏差分析、销售差额分析和市场占有率分析（总体市场占有率、有限地区市场占有率、相对市场占有率）；盈利控制是指企业测算它的各类产品在不同地区和市场，通过不同分销渠道出售产品的实际盈利能力；运行控制就是依据年度计划检查当前的绩效，并在必要时采取纠偏措施，其目的在于确保企业实现其在年度计划中设定的销售、利润和其他目标；战略控制就是检查企业的基本战略是否与企业的机会相匹配。营销战略和计划会很快过时，每个企业都应当定期重新评价其整体市场策略。

本章小结

1. 医药企业战略是指在特定的医药大背景下医药企业所实施的战略，具体来说可以理解为，在内外环境急剧变化和激烈竞争的医药市场环境中，对医药企业的发展宗旨及使命，医药企业的经营目标，以及实现发展目标的保障措施等做出具有根本性、全局性和长远性的总体谋划。

2. 医药企业战略共分为三个层次，分别是总体战略、经营战略和职能战略。其三大趋势分别为以处方药和医院线为企业战略重心，以基本药物及第三终端为企业战略重心以及以OTC及大健康品牌作为企业战略重心。

3. 医药企业总体战略规划过程一般为医药企业任务的确定，设定医药企业目标，规划业务组合以及选择进入新业务领域的成长策略。

4. 医药企业营销战略主要有市场细分、选择目标市场和市场定位。医药企业营销组合是指医药企业为使目标市场产生预期反应而整合的一系列可控的、策略性的营销工具，其主要从产品、价格、分销、渠道四方面进行战略分析。

5. 医药企业营销活动主要从营销分析、营销计划、营销实施、营销的部门组织和营销控制几个方面进行管理。

复习思考

1. 医药企业的战略的层次是怎样的？
2. 医药企业总体战略规划的一般过程是怎样的？
3. 结合实际，谈谈如何进行 SWOT 分析。
4. 什么是医药企业营销组合？其特点是怎样的？
5. 如何对医药企业的营销活动进行管理？

案例分析

泰格医药 5 025 万美元并购方达医药

2014 年 5 月 7 日，泰格医药全资子公司香港泰格确认以 5 025 万美金现金支付方式收购美国方达医药技术有限公司(Frontage Laboratories, Inc.，下文简称“方达医药”)控股股权一事已完成最终协议签署。

杭州泰格医药科技股份有限公司是一家在中国和亚太地区领先的，专注于为医药产品研发提供临床试验全过程专业服务与解决方案的合同研究组织(CRO)。

方达医药的总部、生物分析中心、产品研发及生产中心均设在美国宾夕法尼亚州埃克斯顿市，其临床试验中心设立在新泽西州的哈肯萨克市，是一家在全球制药业声誉极佳的合同研发组织。服务范围包括医药产品研发、早期临床研究、生物分析和药政法规咨询等方面，为新药和仿制药研发提供一站式服务。方达医药在中国境内拥有的全资子公司——方达医药技术(上海)有限公司，也为中国制药公司和跨国公司提供早期临床研究、生物分析、制剂工艺开发和 CMC 的服务，方达医药中国总部设在上海。

关于此次并购，泰格医药是为了帮助其客户缩短产品开发时间和降低开发成本，泰格医药将持续扩展服务范围并提高服务能力。通过泰格医药在临床试验技术服务领域方面的优势与方达医药在生物分析、CMC 开发等技术服务领域优势的结合，实现强强联合、强化国际市场竞争力的目标。方达医药在早期临床试验和产品研发方面的能力有助于泰格医药后期临床试验服务的持续性扩展。此次并购更能强化泰格医药在国际市场上的地位,有效帮助客户快速有效地把其产品推向国际市场。

泰格医药与方达医药的结合可谓完美。泰格医药在中国和亚太地区临床试验方面的优势与方达医药在中美两国生物分析和CMC产品研发服务方面的核心竞争力是完美的互补。泰格医药与方达医药的结合将在全球范围内为其客户提供一个从临床前研究到后期临床试验的一站式服务平台。这一平台将成为国外制药企业进入中国和中国药企从本土走向全球的首选合作伙伴。

资料来源:生物谷. http://news.bioon.com/article/6649493.html.

案例讨论

泰格医药公司实行了怎样的战略?对我国医药企业有何启示及借鉴之处?

参考文献

[1] 刘国力,龙桂杰. 市场营销学[M]. 北京:清华大学出版社,2014.
[2] 赵晓燕,孙梦阳. 市场营销管理[M]. 北京:北京航空航天大学出版社,2014.
[3] 万华,卢晶. 市场营销学[M]. 北京:国防工业出版社,2014.
[4] 罗臻,刘永忠. 医药市场营销学[M]. 北京:清华大学出版社,2013.
[5] 冯光明,郑俊生. 市场营销学学习指南[M]. 北京:经济管理出版社,2012.
[6] 符华平,杨金凤. 医药市场营销与实务[M]. 北京:人民卫生出版社,2010.
[7] 许彦斌,伊利. 医药市场营销学[M]. 济南:山东人民出版社,2010.
[8] 李晨耘,周华. 市场营销学实用教程[M]. 北京:北京大学出版社,2010.
[9] 冯国忠. 医药市场营销学[M]. 2版. 北京:中国医药科技出版社,2007.
[10] 周南. RH药业公司发展战略研究[D]. 淄博:山东理工大学,2013.
[11] 严冬生. SW医药批发企业的战略管理研究[D]. 西安:西安建筑科技大学,2013.
[12] 简鑫. 富康医药集团公司发展战略研究[D]. 兰州:兰州大学MBA,2013.
[13] 王雅珍,徐怀伏. 论医药企业发展战略[J]. 现代商业,2014.
[14] 肖金平. 新医改环境下MEBO医药企业发展战略研究[D]. 北京:北京交通大学,2011.
[15] 胡雪峰,周斌,吴晓明. 新医改形势下医药企业的并购策略[J]. 中国医药工业杂志,2014.
[16] 徐曼. 医药企业B公司经营战略研究[D]. 合肥:安徽大学,2013.
[17] 杨玉静. 医药企业发展战略研究[J]. 商业经济,2014.

第三章　医药市场营销环境

【学习目标】

通过本章学习，了解医药市场营销环境的含义、分类与特征；掌握医药市场营销环境的分析方法；熟悉微观环境与宏观环境的内容及其对医药企业营销活动的影响。了解医药营销环境的新变化，并掌握应对新变化的策略和方法。

【引导案例】

肝素类药物市场环境分析

随着人口老龄化程度日益加剧、人们生活环境和膳食习惯的变化，全球心脑血管疾病的发病和死亡率正逐年增高。据WHO统计，近年来，全球心脑血管疾病平均每年夺走约2 000万人的生命，占世界总死亡人数的30%，成为人类健康的头号大敌。作为临床应用最广泛和最有效的抗凝血、抗血栓药物之一，肝素类药物在国际医药市场上占据重要地位，其市场需求十分强劲。

临床应用不断进展

近年来，国内外陆续发现肝素在血液系统疾病、心脏病、体外循环手术、血液净化疗法、显微外科、肺内科、肾病、产科、儿科、眼科等12大临床学科的40余种疾病的治疗中都发挥了较好的作用，而且这样的研究还远没有结束。以肝素原料药为原料的创新药(包括各种新型低分子肝素钠、低分子肝素钙等)正处于大规模的开发中，有些已处于临床阶段。低分子肝素药物中除了临床应用较多的依诺肝素外，达肝素、帕肝素、那曲肝素、亭扎肝素等低分子肝素也有较为广泛的用途和市场。

由于疗效显著且应用范围广，肝素类药物市场增长十分迅速，经欧美发达国家药政监管部门批准的临床适应症也不断增加，预计未来不断有新药开发成功。

市场重新布局

随着低分子肝素药品专利到期，仿制药陆续上市，全球低分子肝素药品的市场格局被打乱，重新布局。尽管依诺肝素仿制药的上市促使该类制剂价格出现一定程度下降，但依诺肝素(包括仿制药)整体销量不会因此下降，相反，依诺肝素(包括仿制药)价格的下降会在一定程度上刺激总需求的增加。

随着低分子肝素仿制药陆续上市，原有的低分子肝素制剂市场格局被打乱。以依诺肝素钠为例，2010年7月，美国FDA批准山德士依诺肝素钠仿制药的上市申请，依诺肝素钠生产厂家的市场份额发生了较大变化，赛诺菲-安万特的依诺肝素钠于2010第四季度在美国的销售额下降了50%左右；2010年、2011年、2012年第一季度分别下降了22.7%、54.3%、49.2%，降幅远大于其同期在全球市场上销售额的降幅。2011年，山德士的依诺肝素钠销售额达到10亿美元以上，快速抢占赛诺菲-安万特的市场份额。不过，2011年9月19日，Amphastar Pharm(美药星公司)的依诺肝素钠仿制药申请获得FDA批准上市。

受此影响，2012年山德士的依诺肝素钠销售额回落至4.51亿美元，同比下降54.9%。此外，Apotex、Teva也正在申请依诺肝素仿制药的美国上市。而随着肝素低分子仿制药陆续上市，制剂价格将进一步降低，下游制剂企业对肝素原料药降价的需求凸显。受此影响，预计未来肝素原料药价格仍有下降的可能。

资料来源：医药网. http://news. pharmnet. com. cn/news/2014/03/07/393527. html.

案例点评

伴随着经济的快速发展，肝素类药物的行业环境发生了剧烈变化。一方面是肝素类药物的临床需求不断增加、具有广阔的市场发展前景，这给肝素生产企业带来了市场发展的机会；另一方面，随着低分子肝素药品专利到期，仿制药陆续上市，市场格局被打乱，企业竞争愈发激烈，给企业的发展也带来了相应的威胁。医药企业所处的营销环境直接或间接地影响企业的战略选择和战术规划。医药企业应该充分审视自身所处的内外部环境，利用自身优势，抓住机遇迎接挑战，正确选择应对环境变化的策略。

第一节　医药市场营销环境概述

任何事物的存在和发展都离不开特定环境的影响，医药企业的市场营销活动也是这样。各种环境因素的变化，既可以为企业带来新的市场机会，也可以形成某种环境威胁。因此，企业营销人员应当密切关注营销环境的变化，全面、准确地认识市场环境的现状和未来发展趋势，并据此调整企业的市场营销战略，使企业能审时度势、趋利避害地开展营销活动。

一、医药市场营销环境的含义与分类

每个医药企业都存在于一个环境系统中，企业营销活动的开展会受新医改政策、基本药物目录、医保目录、新版GMP、新版GSP等因素的影响，也会受企业组织结构、管理方式等因素的影响。此外，随着互联网的日益发达，新媒体的不断涌现，医药企业与环境的联系更加紧密。面对多种多样的环境，医药企业应准确理解营销环境概念，并将环境分类，进行理性分析。

(一) 医药市场营销环境的含义

美国著名的市场营销学专家菲利普·科特勒将市场营销环境定义为：市场营销环境是由企业营销职能外部的因素和力量所组成，这些因素和力量影响营销管理者成功地保持和发展同其目标市场顾客交换的能力。医药企业的营销环境，具体是指在营销活动之外，能够影响医药营销部门建立并保持与目标顾客良好关系的能力的各种因素和力量，它是影响医药企业生存和发展的各种内外部条件的总和。

(二) 医药市场营销环境的分类

医药市场营销环境的内容既广泛又复杂，可以依据不同的标准加以分类。根据医药企业的营销活动受制于营销环境的紧密程度来划分，可分为微观环境和宏观环境。本章根据微观环境和宏观环境进行分析。图 3－1 表明医药企业运营中的相互作用的市场营销环境。内层表示微观环境，外层表示宏观环境。

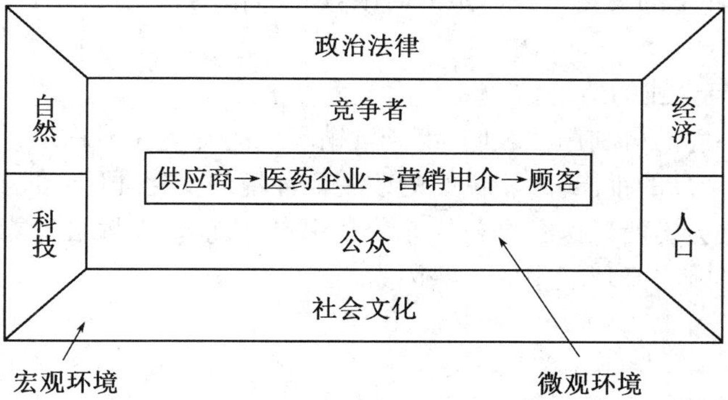

图 3－1　医药企业市场营销环境

1. 微观医药市场营销环境(Micro-environment)

所谓的微观医药市场营销环境是指与医药企业关系密切，直接影响医药企业为目标市场顾客服务的各种因素。由于这些环境因素对企业的营销活动有着直接的影响，所以又称直接营销环境。它一般包括两个方面：① 企业内部环境因素。如自身综合实力、其他部门与营销部门的关系、营销部门在组织中的地位等；② 企业外部环境因素，主要包括供应者、竞争者、营销中介、顾客与公众等方面。

2. 宏观医药市场营销环境(Macro-environment)

所谓宏观医药市场营销环境是指那些影响医药企业营销活动，同时又能影响和制约微观环境中所有行动者的大范围的社会力量，主要包括政治法律环境、经济环境、人口环境、社会文化环境、科学技术环境和自然环境。由于这些环境因素对企业的营销活动起着间接的影响，所以又称间接营销环境。

二、医药市场营销环境的特征

医药市场营销环境是一个多因素、多层次而且不断变化的综合体，所以医药市场营销环境具有如下特点：

(一) 客观性与不可控性

市场营销环境作为一种客观存在，是不以企业意志为转移的，有着自己的运行规律和发展趋势。市场营销环境的客观性决定了它的不可控性。例如，国家的政策法规及风俗习惯、人口规模及自然环境变化等，这些都是医药企业无法改变的。

(二) 关联性与层次性

构成医药市场营销环境的要素之间存在着一定的关联性，即一种因素的变化会导致其他因素的变化，尤其是宏观环境的变化会对医药企业的微观环境产生影响。例如，国家药品价格政策的变动，不仅对医药营销企业产生影响，对营销企业的供应商、营销中介、顾客及竞争者等直接环境都产生影响。同时，医药市场营销环境是个多层次的集合，第一层是医药企业所在的地区环境，第二层是国家环境，第三层是国际环境。

(三) 多变性与相对稳定性

医药市场营销环境中的各要素都是不断变化的,例如,国家经济政策在不断调整,新的法律法规不断出台,新技术层出不穷等。环境的变化可能是医药企业营销的一种威胁,也有可能是一种机会。然而,环境的变化存在一定的时限,因此,市场营销环境在一定时间内具有相对稳定性。

(四) 可利用性与企业的能动性

医药市场营销环境的可利用性表明,市场营销环境的变化并不总是存在危害。例如,国家政策变动、竞争者新产品的推出、顾客偏好的改变等环境的变化,既会给医药企业带来威胁,也会给医药企业带来机会。所以医药企业要充分利用自身优势,发挥自身能动性,要善于利用一切可以控制的手段影响自身环境中的一些因素。

信息框

医药企业探索微信营销

从2012年开始,无论是室内广告还是户外广告,甚至是报纸、杂志等印刷品上面,都出现了微信号或者二维码的身影。微信营销开始逐步进入我们的日常生活,医药企业也不例外。

截至2013年3月,微信注册用户量已经近4亿。微信的使用,打通了传统电信通信和移动互联网的界限,并且满足了人们沟通互动的需求。我国手机用户总数突破9亿,3G网络、智能手机、移动互联网成为推动手机用户增长的一个主要因素;同时,我国网民规模已达4.57亿,手机网民约为3亿,智能终端和手机上网的数量已经超越了笔记本和固定PC机上网的数量。微信营销成本低,并且操作门槛低,无需很高的技术含量即可操作。所以说,微信平台是医药企业可利用的市场机会。医药企业既可以通过微信宣传自己的医药品牌,也可以通过微信平台收集消费者的需求取向。

资料来源:39健康网. http://drug.39.net/a/130731/4229447.html.

(五) 双重性与差异性

医药市场营销环境的双重性表明:市场机会与环境威胁并存。医药市场营销环境的差异性表明:不同的国家和地区之间,宏观环境存在着广泛的差异;不同医药企业之间,其所面临的微观环境也千差万别。

三、医药市场营销环境对企业的影响

医药企业的营销活动离不开对市场需求的科学研究和对市场信息变化的及时掌握,而随着市场竞争的加剧,市场的不稳定性、复杂性、多变性和不规则性将更为剧烈。因此,医药企业要在动荡的市场中取得营销效果,就必须对市场营销环境做出正确的分析与判断。

具体来说,医药市场营销环境对医药企业营销的影响表现在以下四个方面。

1. 市场营销环境对医药企业营销带来双重影响作用

营销环境中会出现许多不利于医药企业营销活动的因素,由此形成挑战。如果医药企业不采取相应的规避风险的措施,这些因素会导致医药企业营销的困难,甚至带来威胁。

营销环境会引导医药企业进入更具有吸引力的领域,带来营销的机会。对医药企业来讲,环境机会是开拓经营新局面的重要基础。

2. 市场营销环境是医药企业市场营销活动的基点

医药企业的生产经营活动离不开环境，如社会生产力水平的发展、医药科学技术的变化趋势、社会经济管理体制改革（医药保险制度的改变和药品分类管理办法）等，都会直接与间接地影响医药企业的生产经营活动，左右医药企业的发展。

3. 市场营销环境是医药企业营销活动的资源基础

医药企业营销活动所需的各种资源，如资金、信息、人才等都是由环境来提供的。医药企业生产经营的产品或服务需要哪些资源、多少资源、从哪里获取资源，必须分析营销环境因素，以获取最优的营销资源满足医药企业经营的需要，实现营销目标。

4. 市场营销环境是医药企业制定营销策略的依据

医药企业营销活动受制于客观环境因素，必须与所处的营销环境相适应。但医药企业在环境面前绝不是无能为力、束手无策的，可以发挥主观能动性，制定有效的营销策略去影响环境，在市场竞争中处于主动，占领更大的市场。

第二节　医药营销环境分析方法

医药市场营销环境的动态性，使医药企业在不同时期面临着不同的市场营销环境。高明的管理者总是严密地监视和及时预测相关环境的发展变化，善于分析和鉴别由环境变化所带来的机会与威胁，以便采取相应的态度和行为，提高营销决策的科学性。市场营销环境分析即监测跟踪市场营销环境发展趋势，辨别环境中的机会与威胁，并制定相应的营销策略。掌握营销环境分析方法，是医药企业趋利避害的必要条件。

一、矩阵分析方法

面对环境中存在的机会和威胁，医药企业必须运用科学、合理的方法对环境进行分析，并采取适当的应对措施，才能在市场竞争中生存下来。环境威胁是指环境中不利于企业营销的因素及其发展趋势对企业形成的挑战，或对企业的市场地位构成的威胁。环境机会，则是指市场上存在着的对企业富有吸引力而且具有竞争优势的领域或方向。最常用的环境分析方法就是威胁与机会分析矩阵。

（一）医药营销环境威胁分析

根据环境威胁出现概率和严重程度的高低，做环境威胁矩阵，如图 3－2 所示。矩阵将企业面临的环境威胁划分为四个层次：① 高出现概率，高严重程度；② 高出现概率，低严重程度；③ 低出现概率，高严重程度；④低出现概率，低严重程度。

（二）医药营销环境机会分析

根据医药企业利用环境机会成功概率的高低和环境机会吸引力的大小，做环境机会矩阵，如图 3－3 所示。矩阵将企业面临的环境机会划分为四个层次：① 高成功概率，大吸引力；② 高成功概率，小吸引力；③ 低成功概率，大吸引力；④ 低成功概率，小吸引力。

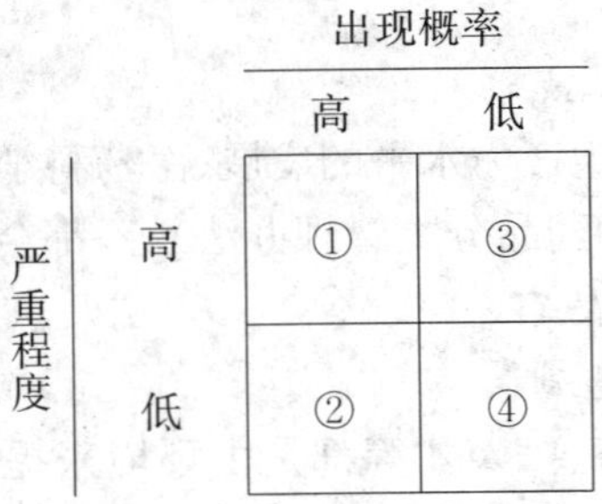

图 3－2　环境威胁矩阵

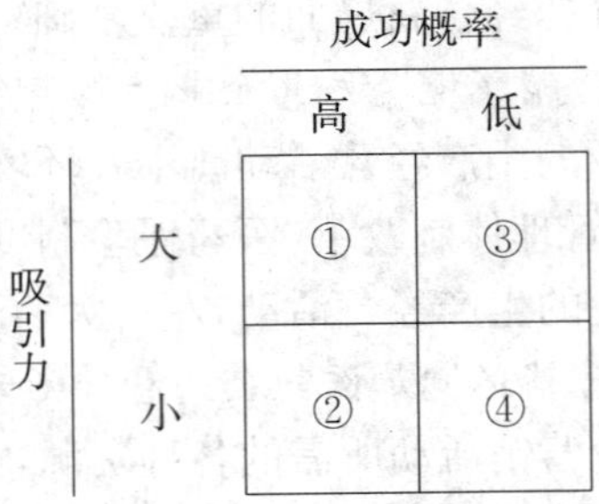

图 3－3　环境机会矩阵

将上面两图联系到一起进行分析，就得到环境机会与威胁矩阵，如图 3－4 所示。

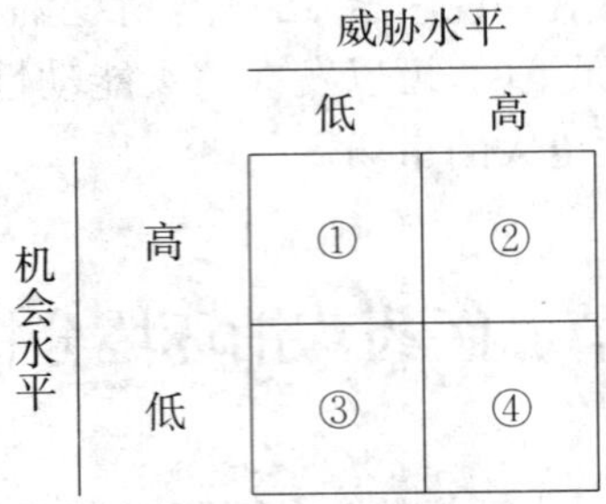

图 3－4　机会-威胁矩阵

图中出现的四种不同业务是：① 理想业务，即高环境机会和低环境威胁的业务；② 冒险业务，即高环境机会和高环境威胁的业务；③ 成熟业务，即低环境机会和低环境威胁的业务；④ 困难业务，即低环境机会和高环境威胁的业务。

医药企业应对不同业务的营销对策是：① 对冒险业务，不宜盲目冒进，也不应迟疑不决，错失良机。② 对困难业务，要么努力改变环境走出困境、减轻威胁；要么立即转移，摆脱困境。③ 对理想业务，必须抓住机遇，迅速行动。④ 对成熟业务，可作为医药企业常规业务，用以维持医药企业的正常运转。

二、行业环境分析方法——波特五力模型

美国学者迈克尔・波特（Michael Porter）的研究认为，在任何行业中，不管是国内还是国际，不管是提供产品还是服务，直接影响企业营销活动的环境因素都包括五种力量。五力分别是：供应商的议价能力、购买者的议价能力、潜在进入者的威胁、替代品的威胁、行业内竞争者的竞争能力。五种力量的不同组合变化最终影响行业利润潜力变化。

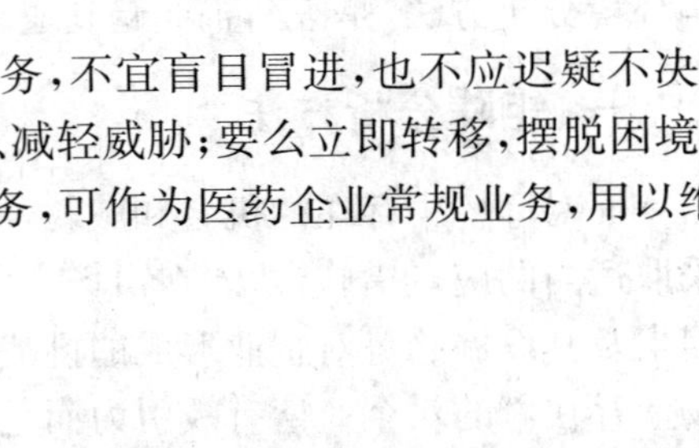

图 3－5　波特五力竞争模型

五种力量模型将大量不同的因素汇集在一个简便的模型中，以此分析企业所处的微观环境。一种可行营销战略的提出首先应该包括确认并评价这五种力量。如图 3－5 所示。

1. 供应商的议价能力(Bargaining Power of Suppliers)

企业并不是孤立存在的,企业生产所需的许多生产要素是从外部获得的,因此,提供这些生产要素的经济组织也制约着企业的生存和发展。其主要通过其提高投入要素价格与降低单位价值质量的能力,来影响企业的盈利能力与产品竞争力。

2. 购买者的议价能力(Bargaining Power of Buyers)

购买者主要通过其压价与要求提供较高的产品或服务质量,来影响行业中现有企业的盈利能力。

3. 潜在进入者的威胁(Threat of Potential Entrants)

新进入者在给行业带来新生产能力、新资源的同时,也希望在已被现有企业瓜分完毕的市场中赢得一席之地,这就有可能会与现有企业发生原材料与市场份额的竞争。

4. 替代品的威胁(Threat of Substitutes)

企业生产、经营的产品,虽然从外表上看具有不同的特征,但是抽象地分析,它们是满足相同的使用价值,可以在市场上互为替代品。因此,它们之间会产生相互竞争行为。

5. 行业内竞争者的竞争能力(Competing Power of Industry Competitors)

行业中企业相互之间的利益都是紧密联系在一起的,作为企业整体战略一部分的各企业竞争战略,其目标都在于使得本企业相对于其他企业具有显著的竞争优势,所以,在实施战略中就必然会产生冲突与对抗现象,这些冲突与对抗就构成了企业的威胁。

三、宏观环境的分析方法——PEST

PEST分析是帮助企业检阅其外部宏观环境的一种方法。对宏观环境因素做分析,不同行业和企业根据自身特点和经营需要,分析的具体内容会有差异,但一般都应对政治(Political)、经济(Economic)、社会/文化(Social/Cultural)和技术(Technological)这四大类影响企业的主要外部环境因素进行分析,医药企业也不例外。PEST分析的具体内容如图3-6所示。需要注意的是,PEST分析中的各因素之间相互影响,并且在众多的宏观环境中,医药企业要抓住重点影响因素进行分析。

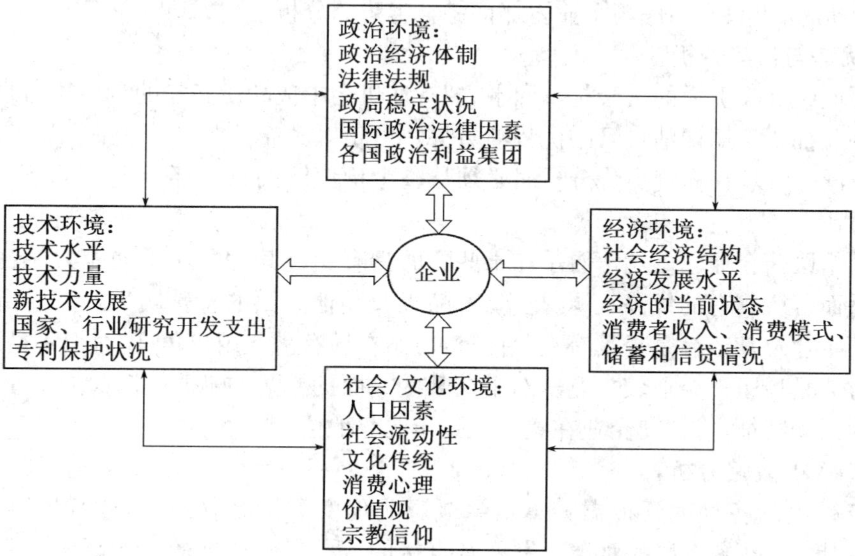

图3-6　PEST分析模型

信息框

PEST 分析法的扩展

随着环境分析理论的发展，PEST 分析延伸出多种扩展变形形式，如 SLEPT 分析、STEEPLE 分析，STEEPLE 是以下因素英文单词的缩写，社会/人口(Social/Demographic)、技术(Technological)、经济(Economic)、环境/自然(Environmental/Natural)、政治(Political)、法律(Legal)、道德(Ethical)。此外，地理因素(Geographical Factor)有时也可能会有显著影响。

更多扩展

PESTLE/PESTEL 分析——Political，Economic，Social，Technological，Legal，Environmental

PESTLIED 分析——Political，Economic，Social，Technological，Legal，International，Environmental，Demographic

STEEPLE 分析——Social/Demographic，Technological，Economic，Environmental，Political，Legal，Ethical

SLEPT 分析——Social，Legal，Economic，Political，……Echnological

四、医药企业内外环境分析法—SWOT

SWOT 分析法(也称 TOWS 分析法、道斯矩阵)即态势分析法。来自于麦肯锡咨询公司的 SWOT 分析，包括分析企业的优势(Strengths)、劣势(Weaknesses)、机会(Opportunities)和威胁(Threats)。因此，SWOT 分析实际上是对企业内外部条件各方面内容进行综合和概括，进而分析组织的优劣势、面临的机会和威胁的一种方法。通过 SWOT 分析，可以帮助医药企业把资源和行动聚集在自己的强项和关键机会上。在分析时，应把所有的内部因素集中在一起，然后用外部的力量来对这些因素进行评估。在矩阵分析法中，已经详细介绍过环境机会和威胁的分析，这里只介绍医药企业内部优势与劣势的分析。

(一) 优势与劣势分析

识别环境中有吸引力的机会是一回事，拥有在机会中成功所必需的竞争能力是另一回事。每个医药企业都要定期评估自己的优势与劣势。由于医药企业是一个整体，而且竞争性优势来源十分广泛，所以，在做优劣势分析时必须从整个价值链的每个环节上，将企业与竞争对手做详细的对比。

优势是指医药企业较之竞争对手在某些方面具有超越其竞争对手的能力，指医药企业相对竞争对手而言所具有的优势资源、技术、产品以及其他方面的特殊实力。需要指出的是，衡量一个医药企业及其产品是否具有竞争优势，应站在现有潜在用户角度上，而不是站在企业的角度上。劣势是指医药企业较之竞争对手在某些方面的不足与缺点，指影响医药企业营销效率的不利因素和特征，它们使企业在竞争中处于弱势地位。

(二) SWOT 战略分析

将调查得出的各种因素根据轻重缓急或影响程度等排序方式，构造 SWOT 矩阵，如图 3-7 所示。此过程中，将那些对企业发展有直接的、重要的、久远的影响因素优先排列出来，而将那些间接的、次要的、短暂的影响因素排列在后面。在完成环境因素分析和SWOT矩阵的构造后，便可以制定出相应的行动计划。

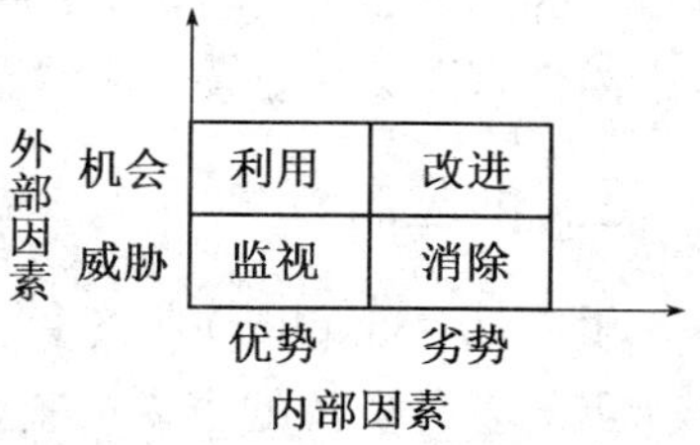

图3-7　SWOT战略分析

1.（优势+机会）—利用策略

当内部优势与外部机会相互一致和适应时，会产生杠杆效应。在这种情形下，医药企业可以利用自身内部优势撬起外部机会，使机会与优势充分结合，发挥出最佳的效果。

2.（劣势+机会）—改进策略

当环境提供的机会与医药企业内部资源优势不相适合时，医药企业的优势再大也将得不到发挥。在这种情形下，医药企业就需要提供和追加某种资源，以改进内部资源劣势变化为优势，从而迎合或适应外部机会。

3.（优势+威胁）—监视策略

脆弱性意味着优势的程度或强度的降低。当环境状况对企业优势构成威胁时，出现优势不优的脆弱局面。在这种情形下，医药企业必须监视环境变化，以寻找发挥优势的机会。

4.（劣势+威胁）—消除策略

当医药企业内部劣势与外部威胁相遇时，企业就面临着严峻挑战，医药企业应采取调整业务结构等策略消除威胁局面。

第三节　微观医药市场营销环境

在医药市场营销环境中，直接影响营销目标实现的就是企业的微观环境因素。要完成这项任务，医药企业必须依赖于微观环境中的因素——医药企业内部因素、供应商、营销中介、顾客、竞争对手和各种公众因素。这些因素构成了医药企业的微观营销系统。

一、医药企业内部因素

医药企业中的市场营销部门不是孤立的，在制定营销计划和开展市场营销活动时，会受到医药企业内部其他部门的影响。医药企业内部微观环境可以分为两个层次。第一层次是医药企业的高层管理部门，营销部门必须在高层管理部门所规定的职权范围内做出决策；第二层次是医药企业的其他职能部门，包括财务、研究与开发、采购、制造等部门。医药企业内部各微观环境因素之间相互影响，如图3-8所示。

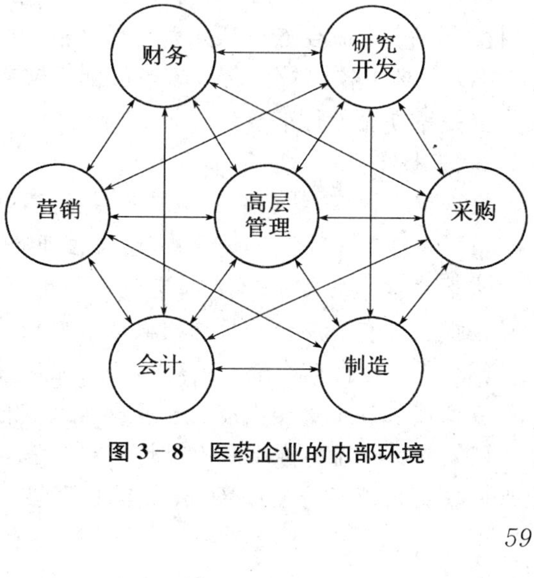

图3-8　医药企业的内部环境

医药企业市场营销部门的市场营销活动与其他部门的业务活动息息相关。企业内部的人力、物力、财力等资源也影响营销活动的进行。因此，市场营销部门在制定和实施营销计划时，应该与企业的其他部门密切合作，充分考虑内部资源条件。

二、供应商

供应商(Supplier)是整个顾客价值传递系统中重要的一环，指的是能够提供医药企业生产所需的各种资源的个人或企业。这些资源的变化直接影响着医药企业的产量、质量以及销售量，进而影响医药企业销售目标的完成。因此，供应商是影响医药企业营销的微观环境的重要因素之一。

供应商对医药企业营销活动的影响主要表现在：① 供货的稳定性与及时性。② 供货的价格变动。③ 供货的质量水平。要使医药企业与供应商因素相适应，对供应商应根据所供货物在营销活动中的重要地位进行等级分类，并使之多样化。供应商多样化可以避免医药企业过分依赖一个供应商，并促使多个供应商之间进行竞争，使企业自身处于有利位置。但企业也应与一些持续提供品质优良、价格合理的资源，并且交货及时、有良好信用的供应商建立长期合作关系。

保健食品生产医药企业原辅料供应商审核指南

为加强保健食品原辅料管理，提高质量安全控制水平，根据《食品安全法》及其实施条例等有关规定，国家食品药品监督管理局组织制定了《保健食品生产医药企业原辅料供应商审核指南》，并于 2011 年 12 月开始实施。这对医药企业审核供应商具有显著借鉴意义。

一、审核内容

(1) 准入审核。制定供应商准入要求，建立供应商档案。对供应商经营状况、生产能力、质量保证体系、产品质量、供货期等相关内容进行审核，以确保购进的原辅料符合国家法律法规、标准规范的质量安全要求。

(2) 过程审核。建立原辅料使用过程审核程序和溯源机制，保证供应过程中持续的产品质量安全。对供应产品的进货查验、生产使用、检验情况、不合格产品处理等方面进行审核。

(3) 评估管理。建立评估制度，对供应商定期进行综合评价。对供应产品质量、交货能力、技术水平、产品合格率等方面进行评估，对结果为不满意的供应商，采取淘汰或改进机制。

(4) 现场审核。对重点原辅料供应商应定期开展现场审核，包括对生产能力、生产过程和质量控制等方面进行审核。

二、审核要点

根据审核内容，结合使用的原辅料特点，确定相应审核要点。

(1) 文件审核。供货商资质，包括医药企业营业执照、合法的生产经营证明文件等；供应商的质量管理体系文件；生产工艺说明和生产工艺简图；原辅料规格、安全性评估材料、医药企业自检报告或有资质检验机构出具的有效检验报告。

(2) 产品验收与检验。医药生产企业应按产品技术要求进行严格的进厂验收或检验，要求供应商按供货批次提供有效检验报告或其他质量合格证明。

(3) 重点原辅料供应商的现场审核。医药生产企业应建立现场审核要点及审核原则，对重点原辅料供应商的生产环境、工艺流程、生产过程、储存条件、质量管理等影响产品质量安全的因素进行现场审核。

资料来源：国家食品药品监督管理总局. http://www.sda.gov.cn/WS01/CL0847/67796.html.

三、营销中介

营销中介(Marketing Intermediaries)是指帮助医药企业将其产品促销、销售、分销给最终消费者的组织。常见的营销中介包括以下几种：经销商、物流公司、营销服务机构、金融机构。医药企业要达到实现潜在交换、满足顾客需要的目标，离不开这些营销中介的共同配合，所以说营销中介是医药市场营销活动不可缺少的环节。

(一) 经销商

经销商(Distributor)是指帮助医药企业寻找顾客或销售商品的医药企业或个人。一般分为批发商和零售商两类。它们参与商品流通，促进分销及买卖行为的发生，是连接药品生产企业和消费者之间的纽带。由于他们加入流通，使得营销过程趋于科学、合理。近年来，我国医药流通市场经历了快速的增长，其中 2006—2013 年，医药批发市场规模从 2 459 亿元增长到 10 465 亿元，复合增长率达 23%。但需要注意的是，随着移动医疗、网上药店及网络销售处方药等新医药经营模式的产生，实体经销商在药品市场的获利空间逐渐降低。

(二) 物流公司

物流公司(Logistics Company)指帮助企业进行产品保管、储存、运输的物流机构，包括仓储公司、运输公司等。主要任务是协助企业将产品实体运往销售目的地，完成产品空间位置的移动。到达目的地之后，还有一段待售时间，还要协助保管和储存。这些物流机构是否安全、便利、经济，直接影响企业营销效果。因此，在医药企业营销活动中，必须了解和研究实体分配公司及其业务变化动态。

(三) 营销服务机构

营销服务机构(Marketing Service Agency)包括市场调查公司、广告公司、传媒机构和营销咨询公司等。它们是协助医药企业审视内外环境、制定医药企业战略、寻找正确的目标市场并为其促销产品的机构。由于这些机构在可信度、质量、服务、价格等方面变化较大，如果医药企业决定利用这些营销服务机构，就必须对其进行评估，谨慎选择。

(四) 金融中介

金融中介(Financial Intermediaries)包括银行、信贷公司、保险公司和其他能够为产品交易提供金融支持及降低风险的公司。在现代社会里，几乎每一个企业都与金融机构有一定的联系和业务往来。企业的信贷来源、银行的贷款利率和保险公司的保费变动无一不对企业市场营销活动产生直接的影响。

四、顾客

顾客(Customer)是指使用进入消费领域的最终产品或劳务的消费者和生产者，也是企业营销活动的最终目标市场。顾客对企业营销的影响程度远远超过前述的环境因素。顾客是市场的主体，任何企业的产品和服务，只有得到了顾客的认可，才能赢得这个市场，现代营销强调把满足顾客需要作为企业营销管理的核心。

医药企业的一切营销活动都是以满足顾客的需要为中心的，因此，顾客是医药企业营销最重要的环境因素。医药市场的顾客根据购买目的和方式的不同，一般可以分为五种，如图 3-9 所示。

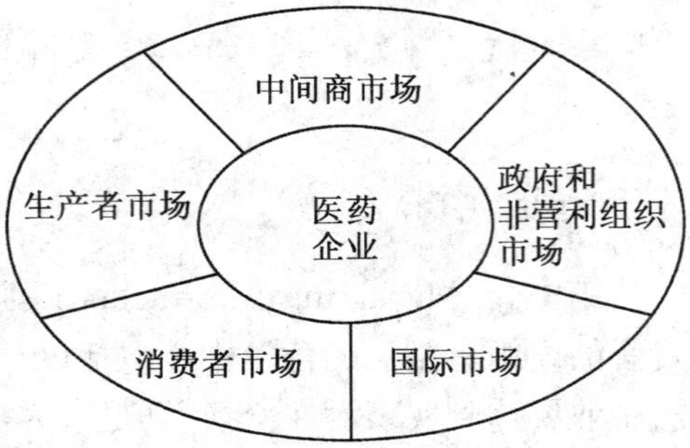

图 3-9 医药企业顾客市场

1. 消费者市场

消费者市场由为了个人消费而购买的个人和家庭构成。由于药品的特殊性，导致消费者在购药时利益聚焦在产品对其健康的益处，因而更注重功效和品牌，并且需求弹性比较小。特别需要指出的是，药品消费者市场，具有"决策权与使用权分离"的特点。这就要求医药企业在药品销售过程中关注医生这样一个特殊群体，充分考虑他们在销售渠道中的独特地位，制定合理的营销策略，提高营销效率。

2. 生产者市场

生产者市场是由为了加工生产来获取利润而购买的个人和企业构成。如药厂对中药材或中药饮片的购买，是为了将其深加工成药品。

3. 中间商市场

中间商市场由为了转卖来获取利润而购买的批发商和零售商构成。

4. 政府和非营利组织市场

政府和非营利组织市场是由为了提供公共服务或转赠给需要的人而购买商品和服务的政府和非营利组织构成。

5. 国际市场

国际市场由国外的购买者构成，包括国外的消费者、生产者、中间商和政府机构。

每种市场类型在消费需求和消费方式上都具有鲜明的特色。医药企业的目标顾客可以是以上五种市场中的一种或几种。医药企业必须分别了解不同类型目标市场的需求特点和购买行为。要认真研究自己的顾客群，研究其类别、需求特点、购买方式等，使医药企业的营销活动符合顾客的愿望。

五、竞争者

在商品经济条件下，任何企业在目标市场进行营销活动时，都不可避免地会遇到竞争对手的挑战。医药企业竞争对手的状况将直接影响企业营销活动。如竞争对手的营销策略及营销活动的变化就会直接影响企业营销，最为明显的是竞争对手的产品价格、促销手段的变化，以及产品的开发、销售服务的加强都将直接对企业造成威胁。为此，企业在制定营销策略前必须先弄清竞争对手，特别是同行业竞争对手的生产经营状况，有效地开展营销活动。

从顾客的角度出发，菲利普·科特勒将企业的竞争环境分为四个层次：

1. 愿望竞争者

愿望竞争者是指提供不同产品以满足不同需求的竞争者，如抗感冒药制造商和胃药制造商。

2. 本质竞争者

本质竞争者也叫平行竞争者，是指以不同的产品满足同一种需要的竞争者。如生产青霉素类、头孢类、大环内酯类产品的企业。

3. 产品形式竞争者

产品形式竞争者是指生产同种产品但不同规格、型号、式样的竞争者，例如，生产诺氟沙星胶囊的公司可能认为所有诺氟沙星胶囊生产者都是自己的竞争者。

4. 品牌竞争者

品牌竞争者是指满足同一需要的同种形式产品的不同品牌的竞争者，例如，感冒药有新康泰克、泰诺、日夜百服宁、白加黑和感康等。

品牌竞争是这四个层次的竞争中最常见和最显著的，其他层次的竞争则比较隐蔽和深刻。有远见的企业并不仅仅满足于品牌层次的竞争，而会关注市场发展趋势，在恰当的时候积极维护和扩大基本需求。

信息框

全球医药行业市场格局竞争日益激烈

2014 年，随着药物研发成本不断提高，专利药物到期，市场上仿制药步步紧逼，全球医药行业的市场格局竞争日益激烈。医药行业百亿美元级的超级并购持续涌现，全球医药行业呈现三大并购趋势。

第一个明显的趋势是医药企业通过并购增强其产品线，拓展其强势领域的市场份额。

拜耳 142 亿美元收购默沙东的保健食品业务，以增强在多个治疗领域和地区中的非处方药业务，从而一跃成为非处方药领域全球亚军，仅次于诺华和葛兰素史克合并后的业务规模。

罗氏制药以 83 亿美元收购美国生物制药公司 InterMune，增强呼吸系统药物产品线。罗氏为收购 InterMune 支付了较高溢价，而高的溢价水平在生物科技领域并购案中并不鲜见，说明大型制药商对前景光明的新药物的争夺异常激烈。

第二个明显的趋势是医药企业通过并购丰富其产品多样性，扩大医药产品市场的竞争力。

Actavis 公司 660 亿美元收购 Allergan，Allergan 以肉毒杆菌药物 Botox 闻名，Botox 在美容领域应用广泛。双方在眼科、皮肤科及美容领域的产品可以互补，合并后的新公司年销售额将高达 230 亿美元，跻身全球前十大制药公司。

第三个并购趋势是医药企业剥离非核心领域，将重点放置强势领域。

默沙东以 142 亿美元出售了消费者保健业务，诺华制药也分别剥离其动物保健业务和疫苗业务。这种资源整合也是制药公司降低风险的一个快捷方式，将主要的精力放在了更有优势的领域，剥离竞争力较弱的业务。全球医药巨头也开始专注于各自的强势领域，诺华和葛兰素史克交换了逾 200 亿美元的资产。这种并购改组的方式最终目的是提高研发效率，在公司各自擅长的领域获得规模优势。

资料来源：中国制药网. http://www.zyzhan.com/news/detail/44438.html.

六、公众

公众是指对企业实现其市场营销目标有着实际或潜在影响的任何群体。一个企业在制定针对顾客的营销计划的同时，也应制定针对其主要公众因素的营销计划，若企业希望从每个特定公众那里得到特别的回应，就要针对这个公众因素制定一个具有吸引力的营销计划，以实现其目标。

一般来说对医药营销有决定性的公众主要有以下几种：

1. 政府

指负责监控医药企业的生产、经营的政府机构，如国家卫生和计划生育委员会、国家食品药品监督管理局等。营销人员在开展市场营销活动时要特别重视对政府有关政策的关注，比如产品价格、安全、卫生等方面的政策。

2. 媒介公众

由发表新闻、特写和社论的机构组成，主要包括报纸、杂志、电台和电视台等。在信息时代，多样化的信息传播工具，使媒介公众越来越重要。

3. 社团公众

指各种群众团体，如消费者协会、环境保护组织、妇联、工会等。

4. 地方公众

指医药企业所在地附近的居民和社区组织。大型企业通常都会指定一个专门的社区关系负责人来与社区打交道，如参加会议、回答质询和给公益事业捐赠等。

5. 一般公众

指上述各种关系之外的外部公众。企业需要关心一般公众对其产品和活动的态度，企业的公众形象影响其产品的销售。

6. 内部公众

指企业内部的管理人员及一般员工，包括董事会、经理、企业职工。企业的营销活动离不开内部公众的支持。

第四节　宏观医药市场营销环境

医药企业所处的宏观环境不仅直接为企业的市场营销活动提供机会与威胁，还通过影响企业的微观环境，进而间接地影响企业的经营活动。所以，医药企业在市场营销活动中要密切关注企业的宏观环境，判断其发展变化的趋势，努力做到适应宏观环境的变化。影响医药企业市场营销活动的宏观环境因素主要包括六个方面：人口、经济、自然、技术、政治法律、社会文化。

一、政治法律环境

政治与法律环境有时简称为政治环境(Political Environment)，是一个国家从本国的社会制度出发，为发展本国经济而制定的经济政策及立法，它构成企业在国内市场上从事营销活动的行为准则。医药企业的营销活动是整个社会经济活动的组成部分，不可避免地受到政治法律环境的影响和制约。

(一) 政治因素

政治因素指能够给医药企业的市场营销活动带来或可能带来影响的外部政治与经济体

制、政治形势和状况以及国家方针政策等。它对营销活动的影响主要表现在如下方面：

1. 政治体制和经济管理体制

中央提出“政事分开、管办分开、医药分开、营利性和非营利性分开”的医改方向，以及“保基本、强基层、建机制”的医药卫生体制改革任务，要求建设覆盖城乡的公共卫生服务体系、医疗服务体系、医疗保障体系和药品供应保障体系，必将在推动医药卫生事业发展的同时，带动药品市场规模的增加。随着中国经济体制、政治体制改革的逐步深入，中国医药企业将在一个更为开放、民主、法制化的政治环境中运行。

2. 政府方针政策

国家的方针、政策可引导市场的需求，改变资源的供应，影响生产经营条件、产品质量等。比如GMP、GSP中政策的变动，医疗保障制度的改革，基本药物制度的建立等给整个药品供应体系带来的多层次的影响，都说明政府方针政策的制定，对医药企业具有深远影响。就中国当前医药市场的总体情况来看，政府的政策突出体现在进一步整顿市场、建立合理公平的竞争机制、规范企业经营行为、打击药品商业贿赂等方面。值得注意的是，方针政策具有可变性，会随着世界政治经济形势的变化而不断做出调整，企业只有密切关注方针政策变动的趋势，才能够不断迎合市场环境变化，获得成功发展。

信息框

我国在医药方面的主要产业政策

(1)《关于深化医药卫生体制改革的意见》

中共中央、国务院发布了《关于深化医药卫生体制改革的意见》。该意见指出，深化医药卫生体制改革的总体目标是：建立健全覆盖城乡居民的基本医疗卫生制度，为群众提供安全、有效、方便、价廉的医疗卫生服务。到2020年，覆盖城乡居民的基本医疗卫生制度基本建立。

(2)《国家药品安全规划(2011—2015年)》

《国家药品安全规划(2011—2015年)》明确了“十二五”时期药品安全的主要任务与重点项目：① 全面提高国家药品标准；② 健全药品检验检测体系；③ 强化药品全过程质量监管；④ 提升药品安全监测预警水平；⑤ 完善药品安全应急处置体系；⑥加强药品监管基础设施建设；⑦ 加快监管信息化建设；⑧ 依法严厉打击制售假劣药品行为；⑨ 提升人才队伍素质。

(3)《医药工业“十二五”发展规划》

中华人民共和国工业和信息化部发布《医药工业“十二五”发展规划》。“十二五”主要任务为：① 增强新药创制能力；② 提升药品质量安全水平；③ 提高基本药物生产供应保障能力；④ 加强企业技术改造；⑤ 调整优化组织结构；⑥ 优化产业区域布局；⑦ 加快国际化步伐；⑧ 推动医药工业绿色发展；⑨ 提高医药工业信息化水平；⑩ 加强医药储备和应急体系建设。

《规划》还指出，“十二五”需抓住国内外医药需求快速增长和全球市场结构调整的重大机遇，落实培育和发展战略性新兴产业的总体要求，大力发展生物技术药物、化学药新品种、现代中药、先进医疗器械、新型药用辅料包装材料和制药设备，加快推进各领域新技术的开发和应用，促进医药工业转型升级和快速发展。

(4)《深化医药卫生体制改革2014年重点工作任务》

国务院办公厅关于印发深化医药卫生体制改革年重点工作任务的通知指出，2014年重点工作任务包括加快推动公立医院改革、积极推动社会办医、扎实推进全民医保体系建设、巩固完善基本药物制度和基层运行新机制、规范药品流通秩序、统筹推进相关改革工作等。

资料来源：中国行业研究网. http://www.chinairn.com/news/20140713/162918526.shtml.

3. 政治局势

政治局势指医药企业营销所处国家或地区的政治稳定状况。一个国家的政局稳定与否会给医药企业营销活动带来重大影响。如果政局稳定，生产发展，人民安居乐业，就会给医药企业造成良好的营销环境。相反，政局不稳，这不仅会影响经济发展和人民的购买力，而且对医药企业的营销心理也有重大影响。

4. 国际关系

国际关系是指国家之间的政治、经济、文化、军事等关系。医药企业在其生产经营过程中，都可能或多或少地与其他国家发生往来，跨国医药企业更是如此。医药企业所面临的国际关系包括两方面：一方面是医药企业所在国与营销对象国之间的关系；另一方面是国际企业的营销对象国与其他国家之间的关系。

(二) 法律环境

法律是任何一个国家政治力量强制性的一种表现。对医药企业营销活动产生影响的法律法规主要有三方面：一是有关经济方面的法律，如《合同法》、《专利法》、《广告法》、《反不正当竞争法》、《消费者权益保护法》等；二是有关药品生产、销售的法律法规，如已出台的《药品管理法》、《药品零售连锁企业有关规定》、《药品经营质量管理规范》、《医疗广告管理办法》等；三是有关对患者利益进行保护的法律法规，如《产品质量法》、《药品不良反应监测管理办法》(试行)等。

中国现在的法律体系正在日趋完善和健全，每一项新的法律、法规的颁布实施，或者原有法律、法规的修改，都会对医药企业的营销活动带来影响。医药企业应该严格遵守相关的法律法规，密切关注法律环境的变化，根据变化及时调整自己的营销战略和策略。值得指出的是，当医药企业涉及跨国经营时，还应特别注意他国相关的法律法规。

新版《药品生产质量管理规范》、新版《药品经营质量管理规范》内容简介

新版《药品生产质量管理规范》(简称新版《GMP》)，已于2010年10月19日经卫生部部务会议审议通过，自2011年3月1日起施行。新版《GMP》提高了对人员的要求，对无菌制剂和原料药的生产方面提出了很高的要求，围绕质量风险管理增设了一系列新制度，强调了与药品注册和药品召回等其他监管环节的有效衔接。

新版《药品经营质量管理规范》(简称新版《GSP》)已于2012年11月6日经卫生部部务会审议通过，自2013年6月1日起施行。根据新版《GSP》的要求，国家食品药品监督管理总局规定，首批换证医药企业应当在2014年6月30日之前通过认证，而所有医药企业必须于2015年12月31日前通过认证。按照规定，药品零售医药企业的GSP认证5年验收一次。医药企业需要按照新版《GSP》的要求提高仓储设备、冷链运输、信息系统等硬件设施，还需要对票据管理进一步规范。同时，新版《GSP》提出执业药师配备要求，则具有法律约束力。新版《GSP》标准实施后，将引起制药工业、医药商业和零售终端的全面洗牌。

资料来源：中国营销传播网. http://www.emkt.com.cn/article/564/56417.html.

二、经济环境

市场营销学认为，人的欲望只有在具备经济能力时才是现实的市场需求。在人口因素既定的情况下，市场需求规模与社会购买力水平呈正比例关系。经济环境（Economic Environment）是那些能够影响顾客购买力和消费方式的因素。它主要包括微观经济环境和宏观经济环境。

（一）微观经济环境因素

医药企业经济环境主要是指社会购买力。影响社会购买力水平的因素主要有消费者收入、消费者支出、消费者储蓄和信贷等因素，消费者的收入水平是影响医药企业市场营销的最重要的因素。

1. 消费者收入水平

消费者收入主要指消费者个人从各种来源所得到的货币收入，通常包括个人的工资、奖金、其他劳动收入、退休金、红利、馈赠、出租收入等。消费者收入的多少不仅决定着消费者市场购买力水平的高低，而且直接影响着消费者的支出行为模式。企业必须从市场营销的角度来研究消费者收入，通常从以下三个方面进行分析：① 个人可支配收入；② 个人可任意支配收入；③ 家庭收入。另外，要注意分析消费者实际收入的变化，注意区分货币收入和实际收入。

2. 消费者支出模式和消费结构

消费者支出主要指消费者支出结构模式的变化对医药市场营销的影响。居民个人收入与消费之间存在着函数关系，对此，德国统计学家恩斯特·恩格尔提出了著名的“恩格尔定律”。恩格尔定律表明，食物消费支出与总支出的比例关系为“恩格尔系数”，恩格尔系数越小，表明生活质量越高，用于医疗保健的开支越高。

3. 消费者储蓄和信贷情况

对于一个消费者来说，其收入通常分为两部分：现实购买力和储蓄（潜在的购买力）。消费者储蓄一般有两种形式：一是银行存款；二是购买有价证券。消费者的储蓄行为直接制约着市场消费购买量的大小。当收入一定时，如果储蓄增多，现实购买量就减少；反之，现实购买量就增加。医药企业应关注居民储蓄的增减变化，了解居民储蓄的不同动机，制定相应的营销策略。

消费者信贷，也称信用消费，指消费者凭信用先取得商品的使用权，然后按期归还贷款，完成商品购买的一种方式。信贷消费允许人们购买超过自己现实购买力的商品，创造了更多的消费需求。随着我国商品经济的日益发达，人们的消费观念大为改变，信贷消费方式在我国逐步流行起来，值得企业去研究。

（二）宏观经济环境因素

除了微观经济环境对医药企业营销活动产生直接影响外，国家层面的宏观经济环境对医药企业的营销活动也产生了间接的影响。

1. 经济发展水平

医药企业的市场营销活动要受到一个国家或地区的经济发展水平的制约。经济水平不同，居民收入不同，对产品的需求也不一样。例如，在经济发展水平比较高的地区，在市场营销方面强调产品的性能、特色。在经济发展水平低的地区，则侧重于产品的功能及价格。因此对于不同经济水平的地区，医药企业应采取不同的营销策略。

2. 经济投入

医药企业营销战略的选择和目标市场的定位受各类资本投入方向的影响。国家卫生和计划生育委员会发布的2013年卫生计生统计公报显示，我国居民健康状况进一步改善，卫生资源配置进一步优化。公立医院和乡镇卫生院病人费用涨幅低于城乡居民人均收入增长速度，个人卫生支出占比下降，新增资源正在向非公医疗机构倾斜。2013—2014年以来，由于各类资本对移动医疗的投入，医药行业主要并购投资对象集中在互联网、移动设备、传感器、大数据上，未来资本对大数据的争夺战将愈演愈烈。

信息框

我国卫生费用投入分析

我国卫生总费用由1980年的143.2亿元人民币增长到2011年的24 268.8亿元，增长了百倍以上。虽然医疗卫生事业在我国取得了很大的发展和进步，政府也在不断加大在医疗卫生方面的投入，但也应该看到，我国卫生投入相对不足，卫生总费用占GDP的比重(2011年5.15%)远低于金砖国家的巴西(8.8%)和南非(9.2%)，接近俄罗斯(5.6%)，略高于印度(4.2%)。2013年，卫生筹资结构得到调整，全国卫生总费用比2012年增长12.6%。卫生总费用中，政府、社会和个人卫生支出分别占30.1%、36.0%和33.9%。个人卫生支出占卫生总费用比重较2012年下降0.4个百分点，公平性有所改善。

资料来源：国家统计局. http://www.stats.gov.cn/tjsj/ndsj/.

2. 地区与行业发展状况

地区经济发展的不平衡，对医药企业的投资方向、目标市场以及营销战略的制定等都会带来巨大影响。在我国，地区经济发展很不平衡，逐步形成了东部、中部、西部三大地带和东高西低的发展格局。同时在各个地区的不同省市，还呈现出多极化发展趋势。比如在西部建立医药企业可能劳动力成本比较低，但将产品推向东部贮运等费用增高。同时，行业和部门发展由于地区政府支持程度等不一样也有所不同，因此，医药企业应根据行业、地区情况选择自已的投资领域和市场定位。

3. 城市化程度

城市化程度是指城市人口占全国总人口的百分比，它是一个国家或地区经济活动的重要特征之一。城乡居民之间存在着某种程度的经济和文化上的差别，进而导致不同的消费行为，比如城市居民一般受教育较多，思想较开放，容易接受新生事物，故而一些新产品、新技术往往首先被城市所接受；城乡人们健康水平有诸多不同，健康状况和疾病谱存在较大差异。

我国自改革开放以来城市化进程有较大发展，城市化率逐步提高，目前我国城乡人口已持平，有关专家预计到2020年全国将有60%的人口居住在城市。这对于医药企业营销活动既存在机遇也存在挑战。

三、人口因素

市场营销学认为，市场是由有购买愿望并且具备购买能力的人构成的，人的需求正是企业营销活动的基础。所以，对人口环境的考察是企业把握需求动态的关键。从数量角度分析，人口的数量是市场规模的重要标志，在人均消费水平一定的情况下，人口数量越多，市场规模就越大。从质量角度分析，人口的分布、变动趋势及结构等方面，能够刻画出市场需求的特点和发展趋势。医药企业应从以下四个方面分析人口因素。

（一）人口因素分析

1. 人口规模和增长率

人口规模是指一个国家或地区人口数量的多少，反映着这个国家或地区市场规模的大小。人口增长率是指一个国家或地区人口出生率与死亡率的差额，它反映了一个国家或地区人口增长速度的快慢，标志着市场发展潜力的大小。因此，医药企业在决定投资方向和投资规模时，一定要考虑所进入市场人口数量的多少以及人口增长速度的快慢。

2. 人口地理分布

人口地理分布是指人口在不同的地理区域的密集程度。由于各区域的自然条件、经济发展水平、市场开放程度以及社会文化传统和社会经济与人口政策等因素的不同，不同区域的人口具有不同的需求特点和消费习惯，导致对医药市场需求的种类和数量不同。这就要求企业根据不同地域的消费差别，提供不同的产品和服务。人口的地理分布并不是一成不变的，它是一个动态的概念，这就是人口流动问题。这些人口流动造成了市场需求的相应变化。

3. 人口结构

人口结构可以从自然结构（年龄结构、性别比例）和社会结构（受教育程度、职业状况、民族构成、家庭结构）两个方面进行分析。人口结构影响消费者的购买对象、购买行为和消费档次。例如，年龄结构不同的人，对医药市场的需求有着很大的不同。如少年儿童市场，对药品的需求主要集中在治疗上呼吸道感染、退热，以及消化不良、腹泻的治疗等方面，对保健食品的需求则集中在增进食欲、增强体质、促进身体生长发育以及改善智力等方面。而中老年市场对药品的需求主要集中在心脑血管系统疾病用药，对保健食品的需求则集中在抗衰老、益寿延年等方面。

（二）我国人口环境特点

1. 人口规模大

我国是世界上人口最多的国家，2010 年第六次全国人口普查数据显示，全国总人口为 1 370 536 875 人。这一方面说明我国是一个极具发展潜力的市场，尤其是对基本生活必需品和基础教育的需求量很大，这为医药企业提供了很好的发展机会；但另一方面人口众多也造成了人均资源紧张、环境污染严重等，这又不利于医药企业的发展。

2. 人口增长水平降低

由于计划生育政策的实行和人们所受教育程度的提高，当前我国出生率大幅度下降，尤其是城市出生率下降更大。2010 年第六次全国人口普查数据显示，人口年平均增长率为 0.57%。比第五次人口普查下降 0.5 个百分点。出生率下降，人均寿命的提高，使人们更注重保健和疾病预防。这为医药行业的医疗保健方向提供了巨大的市场。

3. 人口分布不均，流动性增大

主要表现在两方面：一是东南部仅占国土一半，人口却占全国总人口数的 94%。二是我国人口从农村流向城市、从内地流向沿海和从不发达地区流向发达地区。这就意味着这些地区的现实需求增大。

4. 人口趋于老龄化

伴随着人的寿命不断延长，出生率不断下降，老年人所占比重越来越大。据社科院权威发布，到2030年，中国65岁以上人口占比将超过日本，成为全球人口老龄化程度最高的国家，到2050年，社会进入深度老龄化阶段。随着人口老龄化加剧，肥胖症、高血压、心血管疾病以及糖尿病等年轻人较少罹患的疾病，正在变得越来越普遍。医药企业应抓住这一变化趋势，拓展治疗老年人常见病药品的研发和经营。

5. 家庭规模趋于小型化

由于出生率下降和家庭观念的变化，当前我国家庭越来越趋于小型化。2010年人口普查显示，大陆31个省、自治区、直辖市，平均每个家庭户的人口为3.10人，比2000年第五次全国人口普查的3.44人减少0.34人。这一变化，预示着医药经营企业要注重产品小包装经营，并且满足家庭的差异化需求。

四、社会文化环境

社会文化环境(Cultural Environment)包括在一种社会形态下已经形成的价值观念、宗教信仰、风俗习惯、道德规范等。任何企业都处于一定的社会文化环境中，企业营销活动必然受到所在社会文化环境的影响和制约。为此，企业应了解和分析社会文化环境，针对不同的文化环境制定不同的营销策略，组织不同的营销活动。制造符合社会核心和价值的产品，主要从以下几个方面对社会文化环境进行分析。

1. 教育水平

一般来讲，教育水平高的地区，消费者对商品的鉴别力强，容易接受广告宣传和接受新产品，购买的理性程度高。因此，教育水平高低影响着消费者心理、消费结构，影响着企业营销组织策略的选取，以及销售推广方式方法的差别。通常文化教育水平高的国家或地区的消费者要求商品包装典雅华贵，对附加功能也有一定的要求。

2. 价值观念

价值观念是指人们对社会生活中各种事物的态度和看法。不同文化背景下，人们的价值观念往往有着很大的差异，消费者对商品的需求和购买行为深受其价值观念的影响。消费者对商品的色彩、标识、式样以及促销方式都有自己不同的看法。

3. 宗教信仰

宗教是构成社会文化的重要因素，宗教对人们消费需求和购买行为的影响很大。不同的宗教有自己独特的信仰、商品使用的要求和禁忌，这些信仰和禁忌影响教徒的消费行为，也带来特殊的市场需求。

4. 风俗习惯

不同的国家、民族对图案、颜色、数字、动植物等都有不同的喜好和不同的使用习惯，它对消费者的消费嗜好、消费模式、消费行为等具有重要的影响。例如，中东地区严禁带六角形的包装；匈牙利人忌"13"单数；日本人忌荷花、梅花图案，也忌用绿色。

5. 生活形态

生活形态可以以人们的活动、兴趣、意见来加以表示。某些生活形态有其特定的名称，例如嬉皮、雅痞士、保守派等。生活形态不同，影响消费者的购买取向。

AIO 量表

最早以这三者来测量生活形态的为芝加哥大学教授 Wells and Tigert(1971)所编制的300题 AIO(Activity,Interest,Opinion)量表。根据 Reynolds and Darden(1972)的定义,AIO变量的意义如下:

活动(Activity)指一种具体明显的活动,通常是可以直接观察到的,但其理由很难加以直接衡量。

兴趣(Interest)指对于某些事物、事件或主题的兴奋程度,可以使人产生特别且持续的注意。

意见(Opinion)指个人对于某些问题刺激的情景下,所给予的口头或书面陈述的反映。可以用于描述个人对事物的解释、期望与评估。

6. 审美观

审美观通常指对事物好坏、美丑、善恶的评价。不同国家、民族、宗教和阶层的人,因为生活的社会背景不同,其审美标准也不尽相同。

五、技术环境

科学技术是企业将自然资源转化为符合人们需要的物品的基本手段。作为营销环境的一部分,科学技术环境不仅直接影响医药企业内部的生产和经营,还同时与其他环境因素互相依赖,相互作用,特别与经济环境、文化环境的关系更紧密。如果企业不及时跟上科学技术的发展,就有可能被淘汰。医药企业必须注意了解新技术,学习和掌握对医药行业直接产生影响的新技术。科技环境的变化对医药企业营销的影响主要表现在以下几个方面。

1. 新技术引起的医药企业经营管理的变化

新技术革命为医药企业的高效率管理提供了物质基础,并迫使企业转变传统的管理观念。目前,许多医药企业都在使用计算机进行管理。许多医药企业给销售员配备了笔记本电脑,使得企业随时都可掌握全国的销售情况。由于采用了计算机管理,大大减少了财务人员、销售内勤等,提高了医药企业经营管理的效率。

在医药物流方面,由于先进技术的引进,比如电子分销、计算机全程控制配送中心、条形码自动识别系统、客户管理数据库、利用电子数据交换系统进行订单处理和公路运输的卫星追踪等,使得不少医药企业物流工作的效率大大提高,销售范围不断扩大,不仅节省了大量的人力,而且费用也有了明显下降。

信息框

销售技术新变化——电子商务

(1) 背景。电子商务进入理性“黄金发展期”,就目前一些医药电子商务网站的经营来计算,网上药店的销售额就将超过50个亿。医药电子商务的内涵和外延十分宽泛,不仅仅是卖药,还包括寻医问药、健康自测、心理咨询、远程会诊等,前景广阔。

(2) 现状。继腾讯拍拍商城、淘宝商城药馆、京东与九州通牵手、海王星辰网上药店、国药控股集团和当当等涉足医药领域，医药电子商务开始进入繁荣发展阶段。

(3) 应对。取得电子商务资质、建立电子商务模式、培养电子商务人才。

资料来源：中国营销传播网. http://www.emkt.com.cn/article/580/58065-2.html.

2. 新技术引起的医药企业市场营销策略的变化

(1) 产品策略的变化。科学技术的迅速发展，对医药新产品的研制起了极大的推动作用。如药品资源从野生、栽培发展到组织培养，使得药品生产资源更加丰富，质量更加稳定。药品粉针剂、喷雾剂、微囊的开发，使得中成药起效更快，刺激性更小。

(2) 价格策略的变化。新技术的采用，一方面使医药企业降低产品成本，给价格下调带来了空间；另一方面又使医药企业能够通过信息技术及时了解市场价格走势，从而充分发挥价值规律、供求规律、竞争规律的作用，来制定和修改价格策略。

(3) 渠道策略的变化。由于科学技术的迅速发展，人们的消费观念有了很大的变化。随着全球互联网络的建立，网络购物的开通，将部分改变人们现行的到医院诊治疾病，并在医院或药店购药的习惯做法。

(4) 促销策略的变化。科学技术对促销策略的最主要影响是广告媒体的多样化，尤其是互联网络的建立和多媒体技术的运用，使得广告宣传有可能克服传统广告只能单向传递的弊端，促销成本有可能降得更低，而信息沟通的效率则会进一步提高。

信息框

网络时代，促销策略的新发展

随着网络技术的发展，无论是外资、合资医药企业还是本土的医药企业，不管是做处方药、OTC亦或是保健食品，都可以根据公司战略、品牌特性及产品功能诉求，针对不同的消费人群，在网络传播中大显身手，构成多维的传播层级从而形成合力。比如在新浪、搜狐、网易等门户网站做品牌的提升和多频次曝光；在人民网、新华网、央视网等权威新闻网站做新闻资讯、新闻专题及相关活动策划，塑造企业及品牌形象的正面形象；在垂直类健康网站及门户的健康频道做专业的产品功能诉求及医药文化传播；在视频类网站做贴片及硬广（其实就是电视广告的网络化而已）；在腾讯等互动性强的网站里做互动传播等等，还有独具创意的病毒视频、微博营销、微电影……还有以互联网为平台、依附于网络传播和网络在线支付的电子商务，是营销与传播线上与线下最完美结合的新事物，也是最具发展前景、充满无限活力的营销传播态势。

资料来源：医药观察家网. http://www.yygcj.com/index.html.

3. 科技发展促进医药行业结构的调整

每一种新技术的发现、推广都会给有些医药行业带来新的市场机会，导致医药行业内企业地位的变化。例如，对于生产、销售治疗同一种疾病的药品的企业，谁的技术研发水平高，就决定了谁是市场领导者。

4. 科技发展促使消费者购买行为的改变

多媒体和网络技术的发展，将进一步推动远程医疗服务的市场需求。美国市场研究公司Grand View Research的研究报告显示，预计到2020年，全球移动医疗健康市场的规模有望超

491亿美元。随着新技术革命的进展，“在家便捷购买、享受服务”的医疗消费方式还会继续发展。医药企业也可以利用这种系统进行广告宣传、营销调研和推销商品。

六、自然环境

医药营销的自然环境(Natural Environment)是指影响医药企业生产和经营的物质因素，包括该地的自然资源、地形地貌和气候条件等。自然环境的发展变化存在不可抗性，所以医药企业要不断分析和认识自然环境变化的趋势，来避免由自然环境带来的威胁，尽可能地抓住自然环境变化所带来的机会。一般对自然环境从以下两方面进行分析。

1. 物质自然环境

物质自然资源是自然界提供给人类的各种形式的物质财富，是商品生产和实现经济繁荣的基础。物质自然环境对医药企业营销的影响主要体现在两方面：① 自然资源的有限性。由于中成药需求的逐渐增长，某些中药资源出现紧缺，特别是一些野生动物药材的紧缺，更为突出。而且，由于各种自然灾害(如旱灾、水灾、病虫害等)对中药材的产量和价格产生了巨大影响，从而对许多制药企业的生存和发展构成严重威胁。② 环境污染。环境污染不仅严重影响到人们的身体健康，而且严重地影响了药品品质。环境污染问题的严重性，引起了公众和政府对环境保护的关心，政府的干预措施也在逐步加强。这样，使得一些造成污染较为严重的化学合成药品生产厂家停产、减产或增加治理污染的费用，企业的生存发展遇到危机，但同时，这也给那些拥有环保技术和产品的企业带来了新的市场机会。

2. 地理环境

一个国家或地区的地形、地貌和气候，是医药企业开展市场营销所必须考虑的地理环境因素，这些地理特征对市场营销有一系列影响。主要体现在两方面：① 不同地理位置，自然资源分布不同。例如，中药生产企业可以将厂房设在所需药材的原产地，以保证药品质量、降低原材料价格及运输成本等。当然，医药企业开展营销活动，也要考虑地形、地貌等其他地理因素。② 不同地理环境，疾病谱有所差异，高发病种也不相同。例如，安徽、江西等省份是血吸虫病的高发地区，所以在这些地区，针对血吸虫病的药品和医疗服务就有较大的营销空间。

信息框

药企进军大健康的原因——基于营销环境理论分析

一、宏观环境因素

1. 人口因素

(1) 老龄化促进大健康的发展。人口的老龄化(据全国老龄办估计，2015年末中国60岁以上老年人将达到2.16亿，约占总人口的17%)，老人的主要需求就是健康，老年人是大健康的主要消费群体。

(2) 新四化中的城镇化驱动大健康市场扩容。未来十年将有近四亿农村人口转变为城镇人口，大健康产品的消费将大幅度提升。

2. 经济环境

经济发展促进大健康产业。经济发展把需求分成两类：治疗人群和保健人群。治疗人群(基层居民)：治病，基本药物市场，政府买单；保健人群(中产阶级)：保健、养生、调理、预防，大健康产业，自己买单。诺贝尔经济学奖得主、美国芝加哥大学福格尔教授对欧美等国居民消费结构长达百年演变的研究表明：随着居民收入每增长10%，居民用于健康与医疗的消费占总消费的比重增加16%，超过生活中所有其他消费开支的相对增长比例。

3. 自然环境

全球自然环境的污染和破坏，导致疾病谱不断发生变化，各种突发性传染病不断出现，使预防、保健成为医药消费者和医药企业关注的焦点。

4. 技术环境

信息化技术的发展，人们获得相关医疗知识的渠道多样化并且成本越来越低。这使得人们越来越重视保健。研发技术的发展，使医药企业有能力满足人们日益增长的对健康的需求。因此，大健康产业既是技术发展的结果，也随着技术发展不断壮大。

5. 政治法律

(1) 新医改政策驱动大健康产业快速发展。国家新医改方案把预防和控制疾病放在了首位。这表明政府已经充分认识到了“治未病”的重要性，国务院四大措施力挺健康产业（2013年8月28日国务院会议）：一要多措并举发展健康服务业，放宽市场准入。二要加快发展健康养老服务，加强医疗卫生支撑。三要丰富商业健康保险产品，支持发展与基本医疗保险相衔接的商业健康保险。四要培育相关支撑产业，加快医疗、药品、器械、中医药等重点产业发展，提升中医药医疗保健服务能力。

(2) 国家产业政策扶持大健康产业。《国务院关于加快发展养老服务业的若干意见》中指出养老产业涉及养生、医疗、健康保险、健康管理等一系列产业；另外，2020年健康中国战略中，明确提出十个具体目标，其中有集成创新中医药，发挥中医药等我国传统医学在保证国民健康中的作用。

(3) 政策因素。处方药市场政策趋紧，国家打击商业贿赂力度加大，招投标没有中标就会失去市场等，令处方药举步维艰。

6. 社会文化

(1) 经济发展后，人们富裕了，健康需求和健康意识加强了。随着经济高速发展，亚健康人群扩大，需要大健康产品来解决亚健康问题，这是大健康产业产生和发展的根基；疾病治疗是必须的，但不是人的需求。涉及大健康的健康、美丽、快乐才是人的需求、渴求和欲望。

(2) 未来生命医学趋势也是关注大健康：近代医学有100年发展史，第一个阶段以救死扶伤为主要目的，第二个阶段是防病治病，从上世纪末期以后，医学目的又改为维护健康。WHO认为，21世纪是医学转型期，从疾病研究（疾病医学）转型为健康研究（健康医学、生态医学），以期解决亚健康、调节精气神、治未病，“三分养、七分治”。

(3) 药食同源是中国人传统思维定势，认同度高，医药企业延展做药食同源的大健康产品，消费者接受起来容易。

二、微观环境因素

(1) 药品零售需要多元化的大健康产业：《全国药品流通行业发展规划纲要（2011—2015年）医药流通十二五规划》中有“鼓励药品零售企业开展药妆、保健食品、医疗器械销售和健康服务等多元化经营，满足群众自我药疗等多方面需求”的说法。

(2) 医药企业产能过剩，且医药企业生产的产品质量可信度更高，需要转型做大健康产品。

（3）大健康产业前景无量，市场容量是药品的10倍以上。大健康产品是弹性需求的商品，从理论上讲规模可以做成几千亿几百亿的市场，而药品是刚性需求的商品，无病不吃药，其市场是有限的，目前有白药的牙膏、创可贴、江中的参灵草、初元、红牛等成功案例。

资料来源：中国营销传播网. http://www.emkt.com.cn/article/604/60415.html.

第五节　医药营销环境的新变化

随着信息技术的发展，全网络环境的全面形成，“大数据”已成为新的时代主题词。在全新的网络经济时代，一方面，信息技术与网络颠覆了以往的市场营销环境、营销方式、营销决策、营销组合等；另一方面，网络经济还降低了经营成本，提供了更优质的服务，创造了营销机会，缩短了营销周期，减少了库存，重塑了企业优势。以上多种变化大大改变了网络经济时代的市场营销环境，使市场环境具有了新的特征。

一、医药市场营销环境的新变化

随着国家医药卫生政策的改革和医疗保险制度的改革，我国医药市场环境发生了巨大变化，现有的医药企业面临着巨大的生存压力。营销环境包含的内容十分丰富，且对成功营销起着至关重要的作用。本节主要介绍当前国家药品市场营销所面对的宏观环境的变革。

1. 国家医药卫生政策的改革

国家医药卫生体制改革不断深入，国家基本药物制度更加健全和完善，建立基本药品目录、实行处方药和非处方药分类管理、多次调整药品零售价格、实行药品限价政策和价格管理、集中招标采购医院用药、禁止处方药在大众传媒刊播广告、试点医药分家、解禁处方药网上销售、允许第三方物流配送药品等一系列政策，使得医药行业进入新的调整期，在一个全新的政策空间下面对日益加剧的市场竞争，选择一种适应新医药卫生政策要求的药品营销策略对我国的医药企业至关重要。

2. 药品营销环节的监管力度加大

我国各级卫生行政管理部门与药品监督管理部门加大对药品营销环节的监管力度，严令禁止采用不正当手段进行药品营销，并依据《药品管理法》、《医药行业关于反不正当竞争的若干规定》、《中华人民共和国反不正当竞争法》等对医药代表、医药企业负责人、医生的违法行为进行了规范和制裁。除了政府采用政策法律等强制性手段之外，还有社会的监督，监督手段灵活多样。据国家卫生和计划生育委员会网站消息，国家卫生和计划生育委员会办公厅通报了打击非法行医专项行动工作情况。专项行动期间，全国共查处无证行医案件4.4万件，医疗机构、计划生育技术服务机构违法违规案件4.1万件。2015年1月1日起，开始实施国家卫生和计划生育委员会、国家中医药管理局发布的《关于加强医疗卫生机构统方管理的规定》。

3. 国外医药销售企业的入境和发展

在我国市场竞争越来越趋于国际化的大背景下，外国医药企业纷纷进入中国市场，中国的医药企业将遭受更为严峻的挑战。如中美史克、西安杨森、上海罗氏等直接入境涉足中国药品市场，并且拜耳、诺华等企业通过并购等方式进军中药市场。跨国医药企业的经济实力、市场竞争的经验、所经销的产品等各方面都有着明显的优势。国内医药企业要看到这一趋势，积极探索能够与之抗衡的营销策略，基于营销学的新理论，对企业的营销策略进行重新审视、选择和制定，以适应国际化背景下的全球竞争形势。

4. 医药行业兼并重组加速

在新医改环境中，国家希望加快产业集中度的提高和管理升级。2014 年 3 月，国务院印发了《关于进一步优化企业兼并重组市场环境的意见》。该政策的出台为兼并重组营造了良好的政策环境。近年来，国内医药行业竞争激烈，GMP、GSP 等行业规范的要求越来越高，同时，国内医药行业整体呈现小而散的特点，行业龙头、上市公司期望通过并购实现产业链的整合，解决产业集中度偏低、企业产品同质化等问题。行业内的并购重组以及来自国际市场的压力，导致高科技创新产品的研发成为未来行业发展的一大趋势。医药市场这一环境趋势的变化，促使医药企业重新审视自身的核心竞争力，制定新的产品组合策略，并投入到新产品的研发和经营中。我国医药行业并购主要表现为独家产品连带性并购、生物医药并购、医疗器械并购、产品线补充并购、治疗领域强化型并购和产业链布局并购等。

5. 消费者转变升级

首先，消费者自我药疗意识不断增强，消费者在药品零售终端购买 OTC 药品的需求大幅度增加；再者，70、80、90 后已经成为消费主体，这一群体具有高度的自我药疗意识，消费更加理性，简单的大广告、人海战、炒作营销，对这些消费者的吸引力已经降低，一些炒作手法还会引起他们的反感；最后，大健康概念深入人心，营养保健产品需求持续高速增长，全民健康养生热带动了中医药产品的常态化销售。

6. 科学技术的发展

对医药营销企业影响深远的科学技术的发展，主要体现在网络技术。传统媒体价格水涨船高，企业传统营销手段的费用急速攀升，媒介费用增长已经超过医药行业销售和利润的增长速度。另一方面，新媒体兴起，网络已经成为影响消费者的主流媒介之一，并受到越来越多企业的重视。新的媒体传播形式给医药营销模式提出了新课题，无法适应新环境的营销模式必将被市场淘汰，并给企业带来沉重损失。

信息框

2015 年医药经营领域的五大风向

风向一：医保崛起，医改铁三角之态渐成。三保合一虽进展缓慢，但趋势明确。医保领域逐渐变政府经办为政府购买，医保支付方的话语权和专业性不断增强。如果医保理顺医疗服务和药品的价格体系，药品不再需要承担“养医”职能，药品的价格虽下降，但销售费用也将下降，建议重点关注制药企业利润端增速。

风向二：用药结构发生深刻变化，治疗用创新药首仿药将挤压高价原研药、辅助用药、不合理用药空间。医保控费加强，用药结构将由辅助用药转向治疗性药物；药价管理体系正由当前的“最高零售价—医保按比例报销”体系向“医保支付价（医保定额报销）”体系转变，将加快国内高品质仿制药进口替代。

风向三：创新生态渐成，药品中国创造崛起。政府投入、技术积累、资金积累，这些都将推动未来 10 年国内进入药品创新的高峰期。以恒瑞医药为代表，国内已经诞生了一批创新能力强的企业，近两年都将会有大量新品种获批，在二级市场则成为股价的催化因素。药品审批加速也将利好创新。

风向四：国产医疗器械进口替代加速。近年来国家不断出台政策鼓励国产医疗器械产品技术发展，随着国产医疗器械设备技术不断进步以及在国家对医保控费的环境下，国产医疗器械将在技术要求不高的领域逐渐实现进口替代。

风向五：医药电商的发展面临突破。网售药品具有价格优势，并且能够推动医药分开。监管部门正在研究第一批开放的处方药目录，目录药品主要以慢性病、常见病类用药为主，多为长期用药，用药风险较低。后续配套政策方面，仍需要电子处方对接网上药店、对接医保方面继续推动。

资料来源：中国制药网. http://www.zyzhan.com/news/detail/44331.html.

二、医药企业应对市场营销环境变化策略

根据上文中分析的医药市场营销环境在新时期的变化，我们可以看出我国医药企业面对复杂多变的新环境。在此新形势下，调整营销策略已成为医药企业提升核心竞争力、保持强劲营销牵动力的有效方式。与此同时，医药企业营销管理者必须科学认识前沿营销理论对营销策略的选择具有较强的理论指导意义。根据环境变化的特点和我国医药企业的发展提出以下对策：

1. 紧跟国家医改政策，建立共赢关系的营销策略

随着国家基本药物制度的逐步完善，覆盖城乡居民的城镇职工基本医疗保险、城镇居民基本医疗保险、新型农村合作医疗和城乡医疗救助共同组成的基本医疗保障体系的建立，医药企业需要调整产品结构、细化产品市场，满足城乡居民的医疗药品需求，建立共赢关系的营销策略。医药企业产品营销目的不仅仅局限于获得利润，还应该有一种社会责任感。在现代医药企业营销活动中，现代医药企业家继承和弘扬中华民族的优秀儒家文化“以信为本”、“以义生利”、“以和为贵”等伦理观念，从而进一步把文化渗透进药品营销方略之中。

2. 更新市场营销理念

经济基础决定上层建筑，营销环境也决定着营销理念。营销环境处在一个不断变化的过程中，它是一个动态的概念，医药企业的营销活动必须适应环境的变化，不断地调整和修正自己的营销理念。企业营销理念包括：第一，创新型营销理念；第二，生态型营销理念；第三，服务型营销理念；第四，关系型营销理念；第五，文化型营销理念。医药企业还要具备参与国际药品采购和营销网络建设，参与国际竞争的意识。

信息框

医药行业新趋势——移动医疗

进入2014年，与移动互联网结合的移动医疗成为资本市场竞逐的热点。阿里巴巴5月推出“未来医院”计划（如下图所示），通过支付宝对医疗机构开放自己的平台能力，随后又有春雨医生完成了5 000万美元融资，腾讯1.7亿美元参与丁香园和挂号网融资，小米2 500万美元入股九安医疗，新浪微博推出爱问医生，杀入移动医疗领域……移动医疗的蓝海正在开启。

在市场规模扩张的同时,“指尖上的医疗”也有烦恼,尚无足够成功的盈利模式,是投资界与产业界推进互联网医疗的最大阻力之一。拿春雨医生为例,2014 年的营业外收入预计在 3 000 万左右,而运营成本却高达 4 000 万,目前盈利模式主要为会员收费、付费咨询、预约挂号收费等。尚有部分投入移动医疗的企业,还没想清楚靠什么盈利,只能“摸着石头过河”。中国移动医疗监管工作尚在酝酿之中,目前倾向于以国家卫生和计划生育委员会为主体作为监督和指导机构。

资料来源:中国制药网. http://www.zyzhan.com/news/detail/44452.html.

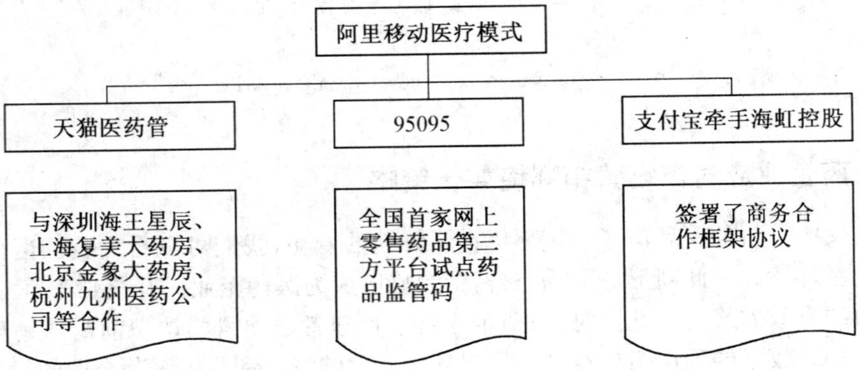

资料来源:南都网. http://epaper.oeeee.com/D/html/2014-07/24/content_2133358.htm.

3. 树立全球化营销观念

经济全球化的今天,商业竞争朝着国际化的方向发展。医药企业的生产与销售都置身于全球市场中,因此医药企业营销需要避免仅局限国内的狭隘思想。在全球化竞争中,只有与当地的合作医药企业建立起长期可依赖的关系,采取“双赢”策略,才能借助合作伙伴的渠道赢得市场地位。此外,医药企业应立足全球营销环境,审时度势,密切关注国际国内重要经济信息和重大变革,主动采取营销策略应对,而不总是被动适应。

4. 提高自主创新能力

医药企业应对新时期市场营销变化的根本是要提高医药企业产品的质量和科技水平。医药企业要树立足够强的创新意识,紧紧跟上市场发展和环境变化的客观要求。在经济全球化的今天,我国医药企业要与国外科技水平高的医药企业建立密切的联系,学习其先进的管理经验、营销方式,最重要的是要学习其科技手段。加大技术投入,建立医药企业科技研发基地,根据消费者特点进行创新,提高自主研发的能力;鼓励高等院校中的优秀人才到自己的公司进行实习,进而为产品研发和公司发展储备优秀人才,为做好市场营销提供优质产品和物质基础。

5. 强化一体化服务,建立客户关联

在新形势下,医药消费者的需求体现在售前的消费者知识教育、售中的药品运送、售后的投诉和建议。这就需要医药企业为顾客提供一揽子解决方案,帮助客户把业务做到最好,与他们建立起互相需求、利益共享、长期而牢靠的关联纽带。还可以考虑引进 CRM(客户关系管理)系统,通过提供更快的速度和更周到的优质服务来吸引和保持更多的客户,确保直接关系到医药企业利润的重要客户的满意度。

6. 利用现代化营销工具

营销手段的创新化和营销方式的虚拟性已经是一股不可逆转的时代潮流。随着网络的普及和电子商务的成熟，消费者的消费习惯都将呈现现代化和电子化。因此医药企业必须要充分利用微信、微博等现代化营销工具，确定网络平台上的消费对象，充分了解其喜好和基本情况，并针对其提供适当的产品。引导消费者接受这种新型购物方式，养成新的购物习惯。而在生产方面，面对新型营销方式，也要求医药企业变革生产方式，着重生产系列化产品，加强品牌建设，实现产供销一体化，适应网络营销。

本章小结

1. 医药企业的营销环境是指在营销活动之外，能够影响医药营销部门建立并保持与目标顾客良好关系的能力的各种因素和力量，它是影响医药企业生存和发展的各种内外部条件的总和。医药市场营销环境具有客观性与不可控性、关联性与层次性、多变性与相对稳定性、可利用性与企业的能动性、双重性与差异性等特点。对于医药市场营销环境的分析，主要从微观和宏观两方面开展。

2. 医药企业可以通过矩阵分析法、波特五力模型、PEST 分析法、SWOT 分析法等对营销环境进行分析，并制定相应的营销策略。

3. 微观医药市场营销环境是指与医药企业关系密切，直接影响医药企业为目标市场顾客服务的各种因素，主要包括企业自身、供应商、营销中介、竞争者、顾客和公众。宏观医药市场营销环境是指那些影响医药企业营销活动，同时又能影响和制约微观环境中所有行动者的大范围的社会力量，主要包括政治法律环境、经济环境、人口环境、社会文化环境、科学技术环境和自然环境。

4. 微观环境直接影响和制约医药企业的市场营销活动，而宏观环境主要以微观营销环境为媒介间接影响和制约医药企业的市场营销活动。微观营销环境受制于宏观营销环境，宏观营销环境通过微观营销环境对医药企业起作用。

5. 医药企业要充分重视当前面临网络化、经济全球化、现代生物技术的飞速发展、天然药物热潮涌起、居民生活水平提高、人口老龄化、“科教兴药”蔚然成风等一般市场环境的变化趋势，也要充分重视国家医药卫生政策的改革和医疗保险制度的改革等医药领域环境的新变化。面对医药营销环境的新变化，制定合理的应对措施。

复习思考

1. 什么是微观环境和宏观环境？医药企业为什么要进行市场营销环境分析？
2. 环境分析的方法有哪些？如何运用？
3. 医药企业应对环境机会与威胁的营销对策有哪些？
4. 医药企业营销分析的意义是什么？
5. 市场的微观环境和宏观环境各包含了哪些内容？
6. 医药企业营销环境的新变化有哪些？应对环境变化的营销对策有哪些？

案例分析

诺华——基于营销环境的战略研究

诺华是全球领先的医药健康企业，总部位于瑞士巴塞尔。诺华业务遍及全球140多个国家和地区，拥有128 000位全职员工，2013年，全球超过12亿患者受益于诺华集团的产品。2014年，诺华集团在《福布斯》全球企业2 000强中位列54位；在《财富》杂志世界500强企业中排名第170位，在500强医药企业中排名第2位，实现营业收入58 831百万美元，利润9 175百万美元。诺华公司致力于治疗疾病，维护健康，提高生活品质，在全球制药行业居领先地位。

诺华肿瘤药品在全球同类药品医药企业中排名第2位。诺华络氨酸酶抑制剂占中国CML市场70%的市场份额，诺华堪称CML市场领导者。作为市场先导者，具有很多优势，如消费者对品牌的忠诚度，营销渠道等的高效运行，营销经验的积累。但面临施贵宝公司达沙替尼的进入，即将到期的专利保护，国产仿制品的疯狂涌入，诺华也自然会成为众矢之的。诺华公司通过对市场宏观环境的分析，在充分了解自身所处市场情况下，制定具有竞争力的销售战略。

1. 人口环境

随着科学技术的进步、生产力发展和人民生活条件的改善，以及人口平均寿命的延长和死亡率的下降，世界人口迅速增长，而80%来源于发展中国家。中国占世界人口总量的20%，因此越来越多的跨国医药企业认识到中国市场潜力是很大的。由于人口出生率和死亡率的普遍下降，平均寿命的延长，中国也开始朝着人口老龄化的趋势发展。流行病学调查显示，慢性粒细胞性白血病的发病人数和人口数量呈正相关，每10万人中1.5—2人；中位的发病年龄55—65岁。因此，中国市场必然是络氨酸激酶抑制剂进军的理想市场。

2. 经济环境

市场由那些有需求并且有购买能力的人构成，购买力是构成市场和影响市场规模大小的一个重要因素，社会购买力又直接或间接受消费者收入、价格水平等经济因素影响。自改革开放以来，人们的收入水平不断提高，一些大中城市，居民的平均年收入达到4—5万。经济强劲发展使得消费者支出模式发生变化，市民家庭消费支出预期调查报告显示，55岁以上人口的家庭支出中70%用于医疗保健。

3. 自然环境

随着我国经济的腾飞，制造业迅猛发展，又由于能源丰富，人口众多，吸引了多数发达国家的制造业向中国大陆转移，中国日益成为世界工厂。同时我国的工业化和城市化进程加快，不可避免地带来环境污染，加之我国政府在过去几十年中对医药企业排污的认识和监管力度不够，空气、水、陆地、海洋纷纷被污染。白血病的诱因与环境污染相关，苯、甲醛化学原料应用广泛，染发剂、房屋装修，放射性物质都可能诱发白血病。中国人口占世界人口的1/5，环境污染严重，因此，络氨酸激酶抑制剂的市场潜力大。

4. 技术环境

我国的科学技术进步同样也体现在医学诊疗水平的发展上。自上世纪60年代开始，我国的血液病专家们就致力于以化疗药物治疗白血病，80年代初从中药提取出新型化疗药物靛玉红。80年代干扰素进入中国后，在血液病领域广泛应用，也应用在了慢性粒细胞性白血病的治疗上。1984 年中国医学科学院血液病研究所开始了国内首例自体移植手术，经二十几年的发展成功率达到了 80%，赶上了世界先进水平。目前血液病专家中 30%有国外进修和学习经验，白血病的诊疗水平达到国际先进水平。

5. 法律环境

国家食品药品监督管理局(SFDA)是国务院综合监督化妆品、保健食品并进行食品安全管理和药品监管的直属机构，负责对药品的研究、生产、流通、使用进行行政监督和技术监督；负责食品、保健食品、化妆品安全管理的综合监督、组织协调和依法组织开展对重大事故查处；负责保健食品的审批。诺华公司络氨酸激酶抑制剂要想进入中国市场，必须向国家食品药品监督管理局申报，经过审批才能准入。经研究相关法律法规和条例发现，现行《药品注册工作程序》和《药品进口管理办法》中无不利于络氨酸激酶抑制剂在中国注册销售的特殊限制。经过上述对国内市场环境分析发现，由于中国人口众多，环境污染严重，经济水平较高，医学科学技术先进，诺华公司预测中国 CML 市场潜力巨大。

资料来源：白洁. 诺华公司中国营销策略——以络氨酸酶抑制剂为例. 2012.

案例讨论

1. 医药市场营销环境的意义是什么？诺华对市场环境的分析采用了何种方法？
2. 针对诺华对环境分析的结果，讨论应选择哪种营销战略。
3. 面对医药市场环境的新变化，诺华应采取什么应对策略？

参考文献

[1] 菲利普·科特勒. 营销管理[M]. 14 版·全球版. 北京：中国人民大学出版社，2012.
[2] 张春玲. 医药市场营销[M]. 北京：中国医药科技出版社，2014.
[3] 杨相和. 市场营销学[M]. 西安：西安交通大学出版社，2013.
[4] 谭俊华，李明武. 市场营销学[M]. 北京：清华大学出版，2013.
[5] 张荣. 市场营销案例集[M]. 杭州：浙江大学出版社，2014.
[6] 秦陇一. 市场营销学[M]. 北京：清华大学出版，2014.
[7] 王丹梅. 浅议企业如何应对市场营销环境的变化[J]. 探索带，2014(2).
[8] 韦真. 试论企业应对市场营销环境变化的策略[J]. 经济与法，2013(9).
[9] 马国红. 网络经济时代市场营销策略的转变研究[J]. 现代经济信息，2014(6).
[10] 周子悦. 新环境下基于 4R 营销理论的药品营销策略选择[J]. 时代金融，2014(4).
[11] 黄升民，刘珊. “大数据”背景下营销体系的解构与重构[J]. 现代传播，2012(11).
[12] 陈永东. 如何寻找大数据营销的切入点. www. chinarecycling. com. cn.
[13] 牛艳红，王春国. 大数据时代的网络营销探究[J]. 企业导报，2013(2).

第四章　医药营销信息管理

【学习目标】

通过本章学习，要求了解医药营销信息的类型及医药营销信息系统的构成；熟悉医药市场营销调研的类型，掌握医药市场营销调研的程序、方法和技术；熟悉医药市场预测的概念和类型，学会运用市场预测的主要方法对医药市场进行预测，解决医药企业的营销管理决策问题。

【引导案例】

甲丽净产品 OTC 市场推广之路
——调研为品牌探路

市场调研

西安灵草生物医药科技有限公司通过市场调研分析发现，在目前竞争相当激烈的保健品市场中，护美、爱美市场的竞争并不算是最为激烈的，但整个护美市场却呈现出百花齐放的景象。市场缺乏一个统领品牌，产品缺乏细致与独特的品牌定位，治疗症状全而多，缺少细分与专业的护美品牌，这是目前护美市场最直接、最明显的特点之一。在林林总总的卖点与定位中，当消费者陷入茫然并犹豫时，如何让产品出奇制胜地占据消费者的心理，使他们对产品产生深刻印象并满足自身需求，是新型护美品牌区别于其他品牌的核心与关键所在。

作为西安灵草生物医药科技有限公司美甲医药产品的甲丽净如何成功切入竞争白热化的护美市场？以什么样的品牌形象出现才能真正打动消费者？这些是企业目前必须面对、急需解决的问题。通过工作人员对市场的反复研究与探索，结合公司的发展规模和发展目标，以及新型产品——甲丽净的产品特点和总体规划及其营销思路，公司最终找到了解决问题的方法：从甲丽净的消费群体、产品内涵（包括定位）、营销模式三方面入手，采用极有力的手段来支撑差异而独特的定位，直接面向细分的目标消费群体。

消费者分析

(1) 灰指甲患者女性所占比例远远高于男性；

(2) 病史 10 年以上的患者占到全部患者的 41.46%以上，灰指甲的治疗有很大的市场空间；

(3) 灰指甲与脚气、手足癣疾病并发的比例占所有患者的 85.37%以上；

(4) 灰指甲患者以 20—40 岁年龄段的居多；

(5) 灰指甲患者以体力劳动者较多。

市场调研分析下的品牌策略

品牌力量无疑是引导消费群体购买的一张“王牌”，企业必须树立品牌意识。因此，公司企划人员在为产品制定市场方案的时候非常重视对品牌形象的策划。权威统计资料表明：甲菌病占所有甲病的18%—40%，占皮肤真菌感染的30%，受检居民中30%患灰指甲，由此可见，灰指甲发病率极高，极大地影响了人们的生活和工作学习。

灰指甲(甲癣)的多方面危害性，主要表现在以下几个方面：① 妨碍工作，影响生活；② 损害美容，有碍社交活动；③ 产生异常心理障碍；④ 窝藏真菌，形成祸根；⑤ 限制工作选择；⑥ 并发症多。

灰指甲(甲癣)的危害性是显而易见的。灰指甲不仅仅是病，在出席正式场合时更会有损自尊、颜面。为此，治好灰指甲不仅是面子问题，更多的是心理问题，应该积极寻求更多的治理之道。就市场现状而言，目前市面流行着几种产品，但都是见效慢、价格较贵、副作用大、易反复发作、治标不治本的产品，灰指甲患者想治却不知应该相信谁。在这种情况下，谁能真正为患者排忧解难，谁就能真正赢得消费者，赢得市场，在市场上树立自己的品牌形象。品牌的建立有利于提高传播效率，提升企业形象以及产品的知名度，进而在消费者中形成良好的“口碑”，最终实现一个目的——品牌的价值。

资料来源：医药界. http://www.yiyaojie.com/gl/yxaljd/20140620/35908.html.

案例点评

一个企业要想在激烈的市场竞争中生存，随时把握市场变化至关重要，正所谓“知己知彼，百战不殆。”在“你死我活”的市场竞争中面对各个对手强有力的挑战，只有通过市场调研准确及时地把握市场状况，才能采取强有力的应对措施，从而在激烈的市场竞争中站稳脚跟。

第一节　医药营销信息

随着互联网技术的发展、全媒体环境的全面形成，“大数据”已成为新的时代主题词。海量级的数据催生了海量的搜集、存储、管理、分析、挖掘与运用的全新技术体系，目前这些技术服务已应用于各行各业。如何将其用于医药行业，则需相关企业各取所需，客观对待。医药行业是一个特殊的行业，有着类型复杂、数量庞大的客户群体以及由医药行业本身特征决定的复杂的运营模式。在医药市场营销中，销售过程会积累大量的数据，包括日常销售管理数据、内部销售和财务数据、医生客户数据等。大数据营销要求医药企业必须了解客户个体，并有能力对不同的客户采用差异化的销售策略。数据的分析与挖掘，是精益化营销展开的基础：通过数据分析了解客户，做到“精”；通过数据挖掘，对不同的客户采用差异化销售策略，做到“益”。信息与数据息息相关，数据是信息的载体，信息是对数据的解释。对医药营销数据进行解释加工从而形成了医药营销信息。

一、医药营销信息概述

(一) 医药营销信息的概念

信息(Information)是各种相互联系的客观事物在运动变化中,通过一定传递形式而提示的一切有特征性内容的总称。营销信息(Marketing Information, MI)即市场营销信息,是指在一定时间和条件下,与企业市场营销有关的各种事物的存在方式、运动状态的综合反映,一般通过语言、文字、数据、符号等表现出来。所有的市场营销活动都以信息为基础而展开,经营者进行决策也是基于各种信息,往往经营决策水平越高,营销信息就越重要。

医药营销信息(Medical Marketing Information, MMI)是指在一定时间和条件下,与医药市场营销活动相关的各种消息、情报和数据资料的总称。医药营销信息反映医药市场营销动态,包括消费者心理、竞争状况及市场供求态势等,是医药企业了解医药市场及其消费者,提供医药产品和服务的重要资源。

(二) 医药营销信息的类型

任何营销活动都离不开相应的市场营销信息,医药企业只有充分地了解市场营销信息,适应市场变化,才能使自己的营销活动更加协调。从信息来源看,可以把市场营销信息分成两大部分,一部分是外部环境信息,另一部分是内部信息。

1. 外部环境信息

外部环境信息是指来自企业外部的、反映客观环境变化的、同营销活动有关的各种信息,主要包括以下几个方面。

(1) 政府方针、政策、法令及其相关文件

政府方针、政策、法令会对整个市场带来巨大影响,如随着新医改的推进,我国很多医药企业都在对自身的产品结构、营销定位、管理等各个方面做出相应的调整。由于政府加强了基层医疗机构的补贴力度,导致基层医疗机构的市场份额有所扩大,因此,在营销渠道上,很多企业将会重点关注社区诊所、农村医疗这些基层医疗市场。

(2) 市场竞争情况

在市场经济中,竞争是不可避免的,而且随着市场经济的不断发展,企业之间的竞争将会越来越激烈。因此,只有了解竞争对手的相关信息(包括产品策略、价格策略、渠道策略及促销策略等),才能够更好地进行竞争。

(3) 市场需求状况

医药企业的市场营销理念是以满足市场需求为最终目的,因此市场需求状况信息是企业必须调研的重要内容。只有了解消费者的需求类型、购买力以及对产品质量、功效、包装等的具体要求,才能够设计出市场满意的产品。

(4) 科技发展水平

随着医药行业科学技术的不断发展,很多新产品不断涌现,导致了一些产品的落后甚至被淘汰。因此,医药企业必须及时掌握行业的相关科技情报、国内外科技的最新成就等科技信息,才能够不断改进现有产品和开发新产品,跟上时代前进的步伐。

(5) 其他信息

医药企业的营销活动不是孤立的活动,需要许多相关行业的支持,如水、电、煤、油、天然气等动力供应和各类原材料及设备提供等行业信息。

2. 内部信息

内部信息是指企业内部的各类信息，包括生产类信息、物质资源信息、人力资源信息、财务状况信息。

(1) 生产类信息

生产类信息包括产品产量、产品质量、产品品种、产品技术等信息。产量指标是用以说明生产劳动成果的数量标志；质量指标是用以说明产品本身物理、化学性能及生产过程工作好坏两个方面的标志；品种指标是用以说明满足社会需要逐步扩大新品种取得效果的标志；技术指标是指根据产品的技术标准，体现产品的先进性的指标，以用户使用结果为准。

(2) 物质资源信息

物质资源信息是指原材料、燃料、动力等资源的信息。这些资源在生产、运输等过程中的消耗情况，间接反映了企业的营销成本，是企业必须掌握的重要信息。

(3) 人力资源信息

人力资源信息是企业创造财富的主要源泉，是生产力的决定性因素，因此，关于人才市场方面的信息，企业内部员工的素质和能力等方面的信息也是企业内部信息的重要方面。

(4) 财务状况信息

财务状况信息包括资金、成本、利润三大指标，是企业营销必不可少的参考数据。

(三) 医药营销信息的功能

医药营销信息是医药企业进行市场营销的必要因素，企业是否能够及时有效地掌握市场营销信息将关系到其营销的成败。医药营销信息的功能具体表现在以下几个方面。

1. 医药市场营销信息是医药企业经营决策的前提和基础

医药企业在营销过程中，无论是对于企业的营销目标、发展方向等战略问题的决策，还是对于企业的产品、定价、销售渠道、促销措施等战术问题的决策，都必须在准确获得市场营销信息的基础上，才可能得到正确的结果。如某医药企业的某种药品近期市场占有率下降，要改变这种情况，进行正确的决策，就必须以相关医药市场营销信息为依据。如果没有掌握足够的市场营销信息，很难做出正确的决策。

2. 医药市场营销信息是医药企业制订营销计划的依据

医药企业在市场营销中，必须依据市场需求的变化，在营销决策的基础上，制定具体的营销计划，以确定实现营销目标的具体措施和途径。不了解市场营销信息，就无法制订出符合实际需要的营销计划。

3. 医药市场营销信息是医药企业实现营销控制的必要条件

营销控制是指按既定的营销目标，对企业的营销活动进行监督、检查，以保证营销目标实现的管理活动。由于市场环境的不断变化，医药企业在营销活动中必须随时注意市场的变化，进行信息反馈，以此为依据来修订营销计划，对企业的营销活动进行有效控制，使企业的营销活动能按预期目标进行。

4. 医药市场营销信息是医药企业进行营销沟通的依据

医药企业在营销活动中，要不断地收集市场营销信息，根据市场和自身状况的变化来协调内部条件、外部条件与企业营销目标之间的关系，使企业营销系统与外部环境之间、与内部各要素之间始终保持协调一致。

(四) 医药营销信息的评价

医药营销信息是医药企业营销活动的起点,是企业发展的重要资源。对于医药企业而言,过少的信息不够用,过多的信息又会使企业无所适从,错误的信息还会给企业带来灾难。因此,医药企业必须对医药营销信息进行评价,从中获取有价值的信息。医药营销信息的评价可以从有效性和适用性两个方面进行。

1. 医药营销信息的有效性

医药企业收集营销信息是为了满足企业开展营销活动的需要,有效的营销信息能帮助医药企业制定有效的营销决策、实施营销计划,从而实现营销目标。医药营销信息的有效性体现在它的准确、及时。过时的信息,时过境迁起不到作用;大量杂乱无章的信息不仅无济于事,还可能干扰决策者的思路;歪曲和掩盖客观实际的信息,则会导致企业营销决策的失败。因此,科学的医药营销信息系统必须能够向医药营销决策者提供全面、科学、准确、及时的营销信息。

2. 医药营销信息的适用性

大数据时代,医药企业被包围在形形色色的营销信息中。然而,并不是所有的医药营销信息都能被医药企业所用。医药营销信息的适用性,表现在时间上、空间上、内容上与医药企业营销活动的相关性。医药营销环境是一个复杂的大系统,每个医药企业都有自己特定的营销内容。医药企业面对的医药营销信息不是零星的、个别信息的集合,而是若干具有特定内容的同质信息在一定时间的空间内形成的系统集合。因此,科学的医药营销信息系统必须向决策者提供能够真正反映营销动态、与医药企业营销活动相关的营销信息。

信息框

药企获取营销信息的三大途径

每一个药企在进行营销活动前必须要收集大量的有效的营销信息,那么这些有效的信息从何而来呢?事实上,信息就在我们身边——内部数据库、营销情报以及营销调研。

如今的企业都会建立起自身的内部数据库,这些数据是从企业网络内的数据源中获取的有关消费者与市场信息的电子数据,企业营销管理者可随时进入数据库,通过利用这些信息确定营销机会与问题,制定营销计划以及评估绩效。和其他的信息源相比,内部数据库通常能更快而且更便宜地获得,虽然也存在不完整或者形式不适合的问题,但丝毫不影响它所具备的重要地位。

营销情报收集是系统地收集和分析有关消费者、竞争者以及市场变化的公开可得信息。其目标是通过理解消费者环境、评估和跟踪竞争者行为,用其提供的机会与威胁来改进战略决策的制定。

随着竞争日趋激烈,越来越多的企业正积极地检测市场和打探自身的竞争对手,这使得营销情报收集技术异常迅速地得到了发展。好的营销情报可帮助营销者获取有关消费者如何谈论、如何接触其品牌的洞察力。企业可以派出相关工作人员和消费者打成一片,对消费者进行在线讨论。

药企进行营销活动,事先都要收集大量的营销信息,从而制定出有针对性的营销方案,进而才能够保证获得预期的效果。营销调研,就是日常比较常见的问卷调查、电话访问等。企业可根据自身的需求进行收集,但也要保证所获得信息的有效性,才能更好地做出分析研究。

资料来源:医药界. http://www.yiyaojie.com/gl/yxswdq/20141215/65443.html.

二、医药营销信息系统

（一）医药营销信息系统的概念

营销大师菲利普·科特勒（Philip Kotler）在《营销管理》第14版中将营销信息系统（Marketing Information System，MIS）定义为由收集、分类、分析、评估和向决策者分发及时精确的所需信息的人员、设备和程序组成的系统。

医药营销信息系统（Medical Marketing Information System，MMIS）是一个由人员、设备和计算机程序所组成的相互作用的信息处理系统，它可以有效地收集、筛选、整理、分析、评估医药营销信息，为医药企业营销计划的制定、调整、实施和控制提供决策依据。

内部报告系统、营销情报系统、营销调研系统和营销决策支持系统构成了科学的医药营销信息系统，它们各司其职，共同完成医药企业内外部环境的沟通，形成完整的营销信息流循环过程（见图4-1）。医药企业营销决策者通过该过程密切关注和了解营销环境中的各种动向，收集和处理相关信息，据此做出企业的营销决策，制定具体的营销计划和方案，然后又作为营销决策和沟通信息回到营销环境中去，最终使企业的营销目标得以实现。

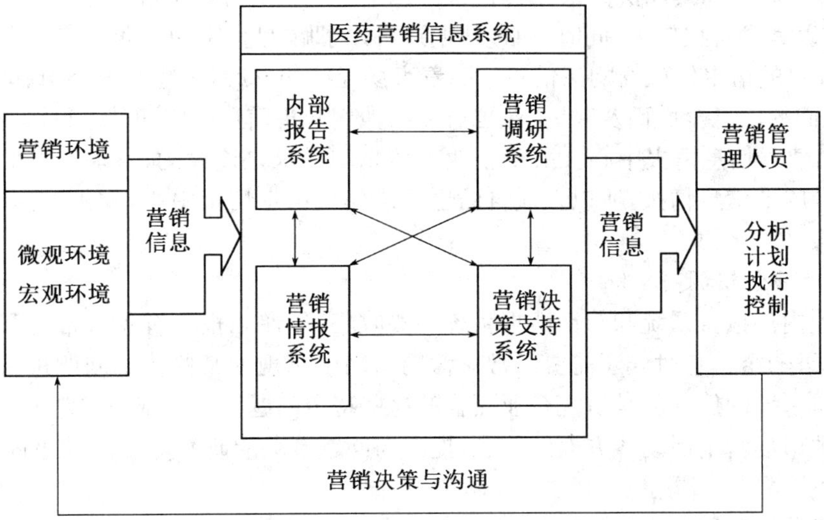

图4-1　医药营销信息系统

（二）医药营销信息系统的构成

1. 医药企业内部报告系统

内部报告系统以企业会计系统为主，辅之以销售信息系统、管理数据库，是营销信息系统中最基本的子系统。它的作用在于报告订货、库存、销售、费用、现金流量、应收应付账款以及客户关系管理等方面的数据资料。该系统的主要特点是：① 信息来自企业内部的生产、销售、财务等部门。② 通常是定期提供信息，用于日常营销活动的计划、管理和控制。

内部报告系统的核心是订货——发货——开出收款账单循环。这一循环过程的信息传递可分若干步骤，其实质就是订货处理、发货处理和账务处理。

销售信息系统也是内部报告系统的一个重要部分，它向公司决策者提供及时、全面、准确的销售报告，帮助管理者了解公司的生产经营情况，以便做出科学的战略决策。销售报告应力求精练、准确、系统和及时,其中,准确性是最基本的要求。

医药企业在营销过程中,能否通过各种途径积累资料并形成相关的数据库,是企业提高核心竞争力的有效途径。在医药市场营销活动中,这种数据库包括的内容非常广泛,如顾客数据库、产品数据库、销售人员数据库、竞争者数据库等,企业随时可以根据需要从数据库中提取各种信息。

2. 医药市场营销情报系统

医药市场营销情报系统是医药企业决策者和营销管理人员用以获得外部营销环境发展信息的一整套来源和程序。营销情报的质量和数量决定着企业营销决策的灵活性和科学性,进而决定着企业的竞争力。医药企业要建立规范的情报收集网络,提高营销情报系统收集的信息质量,帮助医药企业在营销活动中及时采取必要的措施和策略,从而赢得市场竞争。

企业可以通过以下途径来改进营销情报的数量和质量:

(1) 训练和鼓励本企业的销售代表去发现和报告新情报。作为企业"眼睛和耳朵"的销售代表具有收集信息和情报得天独厚的优势,但管理者应注意对其从事情报收集工作给予有效的激励,来提高情报的质量和可靠性。

(2) 通过中间商和其他伙伴来收集情报。因为他们既是本企业的合作伙伴,又最直接接触消费者,所以其发言权较大;同时,通过他们还可以了解竞争对手的动态。

(3) 向外界的情报供应商购买信息。随着市场经济的发展,一些调查公司、情报供应公司应运而生,他们的信息全面而及时,企业也可以向他们购买信息或雇佣其进行调查收集情报。

(4) 自己建立信息情报中心。由于企业对信息的需求是连续的,管理人员的每一个决策都需要准确及时的信息情报,所以企业自己也应该建立信息情报中心,收集、处理并向决策者提供信息情报。

3. 医药市场营销调研系统

医药企业内部报告系统和营销情报系统一般收集、传递和报告有关日常的和经常性的情报信息,但是医药企业有时候还需要经常对营销活动中出现的某些特定问题进行研究。医药市场营销调研系统的任务就是研究企业面临的这些特定问题。它系统而客观地设计、收集、分析和报告有关市场营销活动各方面的信息,提出与问题有关的研究报告,以帮助管理者制定有效的营销决策。

医药市场营销调研的步骤如下:

(1) 确定调研的问题,从而制定出明确的调研目标。一般而言,调研问题包括市场特征研究、消费者研究、市场细分研究、产品研究、价格研究、分销渠道研究、促销研究等几个方面。

(2) 确定信息来源。信息来源一般包括一手资料和二手资料。

(3) 信息收集。在调研初期应该确定如何收集信息、收集哪些信息、如何分析和处理所收集的信息等。

(4) 信息的分析。营销信息的收集是为营销决策服务,如探测性分析,即利用一些初步信息,了解某个营销问题的性质。描述性分析,即描述某个营销问题的一些影响因素,如影响市场规模、产品形象、消费者购买行为的各种要素分析。因果分析,即分析影响两种要素的因果关系。

(5) 得出调研结论。营销调研最终必须形成调研报告,并把调研结论送交相关决策部门或决策者。

4. 医药市场营销决策支持系统

营销决策支持系统由先进的统计步骤和统计模型构成。该系统的作用是利用科学的技术、技巧来分析营销信息,从中得出更为精确的研究结果,以帮助决策者更好地进行营销决策。

一个完善的营销决策支持系统应由资料库、统计库和模型库三部分组成。

(1) 资料库(Data Base)

资料库有组织地收集外部环境资料和企业内部记录的有关营销资料,随时提供给营销管理人员进行研究分析。

(2) 统计库(Statistical Base)

统计库采用各种统计分析技术从大量的数据中提取有意义的信息。其重要性在于:首先,有些原始资料固然可以直接展示和运用,但在多数情况下,资料必须经过统计分析,方可供管理人员做决策之用,在营销决策支持系统中常用到计算平均数、测量离散度、资料交叉列表等统计方法;其次,管理人员有时还需要测量各变数之间的关系,这就需要多种多变数分析技术,如回归分析、相关分析、因素分析、聚类分析等;再次,营销决策支持系统的优化程序也很重要,如微分计算、数据规划、统计决策理论、博弈理论等。

(3) 模型库(Model Base)

模型的设计是用来表达某些系统或过程的一组变量及它们之间的相互关系,帮助回答“假设某条件下,可能有哪些情况? 什么是最佳情况?”等问题。营销决策支持系统的模型库收集能帮助营销人员制定更好的营销决策的各种模型,包括最佳产品模型、价格模型、区域选择模型、广告预算模型等。随着营销工程理论的发展,计算机辅助营销分析和计划的模型软件应用非常广泛。

第二节 医药营销信息的获取——医药市场营销调研

一、医药市场营销调研概述

(一) 医药市场营销调研的概念

营销调研(Marketing Research),是指系统地设计、收集、分析和报告与某个组织面临的特定市场营销情况有关的各种数据。企业在多种情况下都会用到营销调研,营销调研可以帮助市场营销者洞察顾客动机、购买行为和满意度,还可以帮助营销人员评估市场潜力和市场份额,测评产品、定价、分销和促销活动的有效性。

医药市场营销调研(Medical Marketing Research, MMR)是指以科学的方法系统地设计、收集、分析和报告与医药企业所面临的具体营销情况相关联的数据和信息。做好医药企业的营销调研工作,对于进行科学预测、制定营销决策、提高经济效益有着非常重要的作用。

(二) 医药市场营销调研的意义

医药企业面临激烈而复杂的竞争,必须搜集和研究医药市场信息,为管理者做出正确决策提供依据。通过市场营销调研,医药企业可以进行有效的信息反馈,及时改进产品和服务,更好地满足市场的需求。

1. 有利于发现新的医药市场机会

通过市场营销调研，医药企业可以了解目标市场药品的供给量、消费者的购买力及影响购买的各种因素，从而发现新的医药市场需求。市场调研有助于医药企业根据市场情况，结合自身的资源条件，制定出合理的营销策略。例如，随着国家卫生和计划生育委员会公布《关于改进低价药品价格管理有关问题的通知》和低价药清单，以及取消533种低价药品的最高零售价等政策的同步出台，那些手握独家品种、品牌非处方药的企业无疑会迎来利好，而拥有双重身份的"基低药"产品（即被入选低价药清单的基药）对此更是期待已久，希望伺机进一步拓展市场。再例如，保障儿童基本用药需求，促进儿童用药安全科学合理使用，对于防治儿童疾病、提升儿童健康水平具有重要意义。当前，我国儿童用药适宜品种少、适宜剂型和规格缺乏、药物临床试验基础薄弱、不规范处方行为和不合理用药等问题仍比较突出，亟待采取措施予以解决。为进一步做好保障儿童用药工作，经国务院同意，国家卫生计生委、国家发展改革委、工业和信息化部、人力资源社会保障部、国家食品药品监管总局、国家中医药局六部委联合提出若干意见，这无疑给儿童药市场创造了广阔的发展空间。

信息框

尼莫同　老药新做

尼莫同在我国上市10年的时候，开始面临几大严峻挑战。第一是国内仿制品靠灵活的销售手段步步紧逼，蚕食了尼莫同一半的份额；第二是蛛网膜下腔出血市场小，发展受限；第三是产品本身学术上已经没有新意。结果，尼莫同通过调研进行重新定位，改变适应症实现了漂亮的转身，成为老药新做的经典。

建立假设：尼莫同的适应症是"治疗蛛网膜下腔出血和老年性脑功能障碍"，而医学书上没有"老年性脑功能障碍"这个病名，初步假设是"老年性脑功能障碍"能否等同于"老年性痴呆"？

患者调研：脑血管病的后果中痴呆比偏瘫还严重，但是当时临床上没有针对痴呆的治疗，这是一个没有被激发出来的需求，没有任何子女愿意父母变成痴呆，所以市场不但是空白而且需求强劲。

医生调研：脑血管病治疗一直相对落后，没有新进展，北京三甲医院和县级医院的治疗方案相差无几，所以如果推出新理论应该能受到追捧。

验证假设：大量搜集国内外文献，发现钙拮抗剂有治疗血管性痴呆的证据，国外有尼莫同治疗血管性痴呆的试验依据。

重建逻辑：老年性痴呆和血管性痴呆的关系要理顺，通过研究，大量证据表明，老年性痴呆中的大约四分之三是血管原因造成的，所以重建后的逻辑是这样的：老年性脑功能障碍约等于老年性痴呆，后者约等于血管性痴呆。

通过以上五步，尼莫同定位于治疗血管性痴呆这个空白的大市场，加大推广力度，造就了近十年来持续稳定的业绩增长，并且造福于若干患者，同时推动了脑血管病治疗理念的更新。

资料来源：医药界. http://www.yiyaojie.com/gl/yxaljd/20141027/57542.html.

2. 为产品营销策略的制定提供充分依据

市场营销调研能够为管理者提供及时、准确、有效的市场信息，使管理者全面了解企业的经营资源、市场需求和营销环境，有助于管理者做出正确的营销决策。在医药产品上市时，企业需要确定一系列的上市营销策略。为了支持这些营销策略的制定，企业通常采取多方位、多形式的市场营销调研。如，对药店采用观察法调研，了解竞争产品的价格及广告等促销信息；通过查看统计部门、行业协会、市场调查机构等关于此类药品的销售分类统计以及报纸杂志关于此类药品的报道来收集二手资料；对销售渠道进行访问，以掌握销售渠道对该类药物的通路政策、折扣率、广告及促销等方面的支持情况；对医生和消费者进行访谈，掌握医生和消费者的用药心理、用药习惯等。

信息框

如何市场调研　使之成为医药招商成功的保障

现如今，医药招商市场已经比较成熟了，越来越多的医药生产企业进行了医药招商。

如何进行市场调研，保障医药招商的成功？首先要了解市场份额的概念，以更好地进行市场规划。市场份额是指竞争产品在医院的销量及其在同类产品中所占的比例。在进行市场调研时，要研究同类竞争产品，主要参考以下方面：产品名称、生产厂家、成分、作用机理、适应症、疗效、价格、促销费用（或临床费用）、销售方式（自营、代理）、学术推广方式、其他促销方式，枪手医生、业务员姓名、性别、年龄，业务员与枪手医生的关系，产品卖点，产品的优势和劣势。

医药市场每时每刻都在变化，医药生产企业要想取得更好的招商效果，必须把握市场发展的整体方向。企业要发展，必须适应市场的需求。无论是产品方面，还是渠道的导向方面，市场宏观环境和地域差别等，都是需要研究的问题。

每个药企的招商方式都不尽相同，因为各自的企业文化、思想等都是不同的，所以做市场调研，还得研究其他竞争商家的个性特点，以此结合自身的特点，制定出个性化的市场政策。医药生产企业需要认真研究市场大趋势和目标市场的特征，再了解清楚当地医药代理商的具体问题，全力配合并解决这些问题，才能取得这块市场上的最佳招商效果。

资料来源：医药界. http://www.yiyaojie.com/gl/yxswdq/20140429/28521.html.

3. 有利于管理者实施有效的营销控制

医药企业面临的市场环境是多变的，企业难以控制。企业即便在制定市场营销策略之前已经进行了深入的市场调查，也很难完全把握市场环境的变化。因此，在企业的市场营销策略实施过程中，必须通过市场营销调研，充分掌握所没有预料到的环境条件的变化，研究环境条件的变化对企业市场营销策略的影响，并根据这些影响对企业的营销策略进行调整，以有效地控制企业的市场营销活动。

4. 有利于企业开发新产品

企业在确定开发某一类医药产品后，在正式投入研发之前，还需要掌握较多的信息来指导产品的研究和设计，主要包括对该类药品的期望和研发技术信息。根据对消费者、医生及流通渠道的需求分析，企业研发部门可以建立药品的基本功能及形态模型，在形态模型的建设中，也尽量从技术上避免或改进产品的不满意点，保留其顾客满意点，使产品最大程度地适应市场需求。

二、医药市场营销调研的特点

医药市场营销调研的特点表现为以下几个方面。

1. 专业性要求高

在医药市场营销调研过程中，问卷设计、现场访谈、数据统计、分析研究等各环节往往涉及许多医学、药学和临床治疗等方面的专业知识，因此要求调研人员不但要有扎实的统计和营销管理知识，而且要有良好的医学、药学背景。

2. 被调研群体特殊

一方面，医药市场营销调研的访谈和研究对象主要为医生、药剂师等医疗专业人员，尤其是医生在处方药的消费中起着决定性的作用；另一方面，医药市场调研所研究的消费者往往不是健康的人，其消费行为也可能是非理性的，被调研群体的特殊性增加了医药市场调研的难度。

3. 调研地点集中

由于调研对象的特殊性，医药市场营销调研的地点主要集中在医院、药店、医药公司等医疗卫生和医药流通场所。在这些场所，调研人员可以接触到医生、药剂师、患者以及医药流通渠道中的经销商、批发商和零售商，通过调研、访问获取市场营销决策中需要的主要信息。

4. 政策限制性强

医药产品关乎人的生命安全，所以国家观念上医药产业是带有公共事业性质的行业，各级政府的有关政策、法规等限制多，涉及到产品价格、销售渠道、广告宣传、促销等。因此，在医药市场营销调研中应充分考虑到这一影响因素。

三、医药市场营销调研的类型

按照调研的性质划分，医药市场营销调研可分为以下几种类型。

1. 探索性调研

探索性调研用于探询企业所要研究的问题的一般性质，是研究者对市场情况很不清楚，或对研究的问题范围很不明确时采用的方法。这种调研主要用来发现问题和提出问题，以便确定调研的重点。

2. 描述性调研

描述性调研，就是通过详细的调研和分析，对市场营销活动的某个方面进行客观描述。大多数调研都属于描述性调研，如，某种药品的市场占有率和市场潜力调研，消费群结构调研，竞争企业的现状调研等。描述性调研比探索性调研细致、具体，但也只是限于描述问题本身，至于问题产生的原因究竟是什么，还必须通过因果关系调研进一步研究。

3. 因果关系调研

因果关系调研，是在描述性调研的基础上进一步分析问题发生的因果关系，并弄清原因和结果之间的数量关系。例如，某种药品为什么会畅销，为什么会有大量的消费者青睐于某个品牌，产品的质量、价格、包装等对销量到底有什么影响及影响程度等。

4. 预测性调研

预测性调研是指为了预测市场供求变化趋势或企业生产经营前景而进行的具有推断性的调研。对市场需求的预测是企业制定市场营销方案和市场营销决策的基础，准确的市场预测可以使企业制定有效的经营计划，避免较大的风险和损失。

信息框

怎样做好医药营销行业市场调研？

市场调研是从事营销行业工作的前提，医药营销要成功，就要有一个正确的市场调研作参考，明确市场需求再做营销就会事半功倍。那么，对医药企业来说怎样做好医药营销行业的市场调研呢？建议可以从以下三个方面考虑。

市场人口统计。客户需求、偏好和他们的购买频率常常与人口统计相关。统计人口指标可考察市场消费者的年龄、性别、民族、教育、家庭构成、职业和收入方面的信息。根据目标市场中人群的人口统计，可以分析其中是否有描述了有希望成为目标潜在客户的人群的共同因素。

市场心理。市场也可以按照心理学信息来描述。这比前述分类还要富有挑战性，因为它更缺乏量化而且更加主观化。市场心理以人群的生活方式或个性特征为基础划分人群。例如大城市中的人群的个人生活方式或个性特征与小型的以农业为主的社会相差甚远。因此，需要考虑最适合描述目标市场的一般生活方式或个性。

市场行为。市场还可以根据买方的知识、特性，以及对于某种产品的使用情况和反应进行分析。这些行为变量可以包括刺激购买的事件、买方实现的利益、用户的状态、买方的使用率、买方的忠诚度、买方准备就绪的程度，以及买方对于所提供服务的态度。

资料来源：医药界. http://www.yiyaojie.com/gl/yxswdq/20141105/59240.html.

四、医药市场营销调研的程序

市场营销调研是用科学的方法，系统地收集和分析资料的过程。为使医药市场营销调研符合科学方法的要求，在调研时就要尽可能依据一定的程序进行。有效的医药市场调研通常包括四个步骤（图4-2）。

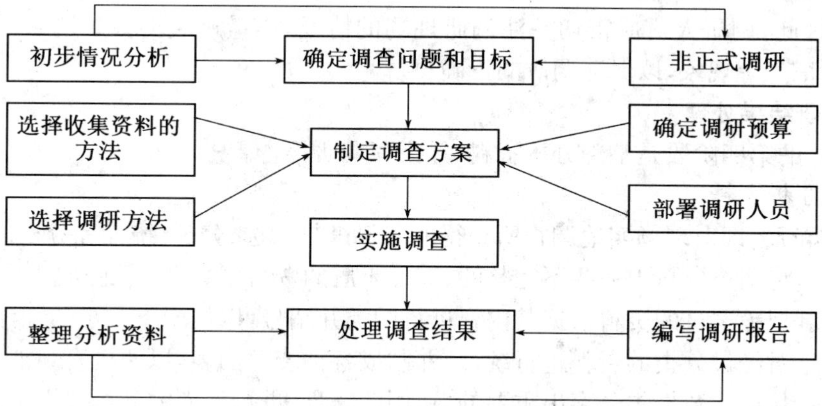

图4-2　医药市场调研的步骤

资料来源：刘国力，龙桂杰. 市场营销学. 北京：清华大学出版社，2014.

(一) 确定调研问题与目标

市场调研是为了探寻市场营销活动中存在的问题,寻求解决问题的方法和途径。因此,市场营销调研的第一步是进行初步情况分析,确定调研的问题和范围,并提出调研目标。调研问题是根据营销问题提出希望通过市场调研来分析研究的问题。营销问题以行动为导向,是关于企业需要做什么的问题;而调研问题是以信息为导向,是关于解决营销问题需要什么信息,以及如何获取信息的问题。如,营销管理问题是是否推出一种新产品,那么对应的营销调研问题就应该是确定此产品的顾客需求和偏好程度。在明确营销问题的基础上,进而明确市场调研应达到什么目标。

(二) 制定调研方案

市场调研的第二阶段是制定出最有效的收集信息的计划,具体包括以下几个方面。

1. 选择资料收集方法

市场调研的资料来源可分为一手资料和二手资料。一手资料是指调研人员通过实地调查所获取的资料。二手资料是指调研人员通过查阅、索取、交换、购买等方式获得的经过他人搜集整理的现成资料。如公司内部资料、政府出版物、杂志和书籍、咨询公司出售的商业性资料等都是二手资料。对调研人员来说,首先应该考虑能获得多少与调研相关的二手资料,因为二手资料的获得要比一手资料来得快而且成本低,然后再决定哪些是需要通过实地调查来获取的资料。这样就可以避免不必要的浪费和重复,减少实地调查的范围和工作量。

2. 选择调研方法

调研方法是指搜集一手资料的具体方式和方法。包括调研问题的设计方式、实地调研的具体方法、调研资料的整理分析方法等。

3. 制定调研方案

调研方案是指对调研活动的各项内容做出细致的安排,为市场调研提供行动纲要。包括调查的组织、调查的工作进度、调查的经费预算等内容。周密的调研方案可以保证市场调研工作正常有序地开展。

(三) 实施调研

市场调研的第三阶段是实施调研,就是到现场实地收集资料。现场调研工作质量的好坏,直接影响到调研结果的正确性。在整个市场调研的过程中,这一阶段是成本最高也最容易出错的阶段。因此,调研人员应密切关注调研现场的情况,尽量避免类似于调研对象提供不真实、有偏见的信息等现象,以保证调研的正确执行。

(四) 调研结果处理

市场调研的第四阶段是整理分析资料,并撰写调研报告。

1. 整理分析资料

整理分析资料即对现场实地调查所获得的资料进行筛选、分类、统计和分析。

(1) 筛选,将调查资料中一些不完整的、前后矛盾的资料剔除,以保证资料的真实性。

(2) 分类,把筛选过的资料根据其内容进行归类并编号,以便于下一步的统计与分析。

(3) 统计,对经过分类的资料进行统计,并制成各种统计图表,以便更直观地反映问题。

(4) 分析,从统计数据中分离出重要的、适用的信息,进行深入的分析并提出结论。

2. 撰写调查报告

市场调研的最后一步是根据所得出的结论撰写调查报告。调查报告的主要内容一般包括调查过程概述，调查的目的，调查资料的来源、收集方法，数据的分析及结论和建议。

提交调查报告后，调研人员还应注意追踪了解决策部门是否接受了调查报告的结论，是否采纳了调查报告中提出的建议，并进一步了解这些建议被采纳以后的效果，以便总结经验，不断提高市场调研的质量。

五、医药市场营销调研的方法

（一）实地调研法

1. 询问法

询问法是营销调查中最常用的一种调查方法。它把调查人员事先拟定的调查项目或问题以某种方式向被调查者提出，要求给予答复，由此获取所需资料。按照调查人员与被调查者接触方式的不同，访问法又分为面谈法、电话访问、邮寄调查、留置问卷调查、网络访问等方式。

（1）面谈法。面谈法是市场调查中最常用的访问法。调查人员与被访问者面对面交谈，能够观察到被访问者的反应，并通过双方的互动使调查不断深入，从而获得其他方法难以收集到的资料。这种方法的缺点是费用高，对调查人员的调查技术、专业水平要求高。如就某个医学专业问题访谈该方面的专家，调查人员必须掌握该方面最基本的医学知识。

（2）电话访问法。电话访问是由调查人员根据抽样的要求，在样本范围内，通过电话向被调查者提问以获取资料的调研方法。其优点是成本低，速度快，并能以统一格式进行询问，所得资料便于处理。不足之处在于使用范围有局限性，且不易取得被调查者的合作，不能询问较为复杂的问题，调查不甚深入。

（3）邮寄调查法。又称通讯调查法，是将事先设计好的调查问卷邮寄给被调查者，让其回答后再寄回的调查方法。这种方法调查范围较广，被调查者有充裕的时间来考虑回答问题，不受调查者的影响，收集意见、情况较为真实。但往往由于问卷的回收率低，时间拖延长，影响调查效果。

（4）留置问卷调查法。由调查人员将问卷当面交给被调查者，并说明回答要求，留待被调查者自行填写，然后由调查人员定期收回。这种调查方式的优缺点介于面谈法和邮寄调查法之间。

（5）网络访问法。又称为互联网直接调查。根据采用调查方法不同，可以分为网上问卷调查、网上实验法和网上观察法，常用的是网上问卷调查法。目前，网上问卷调查主要有三种基本方法：E-mail 问卷、交互式电脑辅助电话访谈系统（CATI）和网络调研系统。网络访问法的优点是：辐射范围广；网上访问速度快，信息反馈及时；匿名性很好，所以对于一些不愿在公开场合讨论的敏感性问题，在网上可以畅所欲言；费用低。缺点是：样本对象的局限性，也就是说，网上访问仅局限于网民，这就造成因样本对象的阶层性和局限性问题带来的调查误差；所获信息的准确性和真实性难以判断；网上访问需要一定的网页制作水平。

2. 观察法

观察法是由调查人员直接或通过仪器在现场观察调查对象的行为动态，并加以记录而获取资料的一种方法。比如研究人员可以通过观察记录消费者的购买行为来测定其品牌偏好。医药市场调查中的观察地点通常在医院、药店等购买和使用现场。观察法可以观察到消费者的真实行为特征，调查结果比较客观可靠；但缺点是只能观察到外部现象，而无法观察到调查对象的一些动机、意向和态度等内在因素，且调查花费时间较长。

3. 实验法

实验法来源于自然科学的实验求证法，它是指在给定的实验条件下，在一定的市场范围内，通过试验对比的方法观察分析影响研究对象的各因素之间的因果关系及其变化过程，从中获取有关信息的调查方法。实验法在市场调查中应用范围很广，如医药产品在改变价格、包装、广告、陈列方法等时，都可以应用这种方法。例如，某医药企业欲对其产品是否需要改良包装进行实验。方法是，首先选定四家规模、条件大体相同的药店，第一、二周把新包装的产品给甲、乙两店出售，把原包装产品给丙、丁两店出售；第三、四周进行互换，甲、乙店售原包装产品，丙、丁店售新包装产品。如果实验结果新包装产品销量远高于原包装产品，则企业可以决定更换新包装，以扩大销量。

(二) 文案调研法

文案调研法是调研人员通过各种文献、历史资料收集有关市场信息资料的一种调研方法。文案调研主要是对政府部门的各种统计报告、统计年鉴、调研报告、医药行业协会的报告和定期的公开出版物、企业内部资料等进行整理总结，搜集医药市场信息资料。一般用于市场占有率分析、市场供求情况分析、市场覆盖率分析、市场宏观环境分析等研究。文案调研不受时空限制，也是实施实地调研的重要基础。

六、医药市场营销调研技术

(一) 问卷设计技术

问卷设计是依据市场调研的目标，明确调研所需信息，设计问题的格式和措辞，并以一定的形式，将其有序地排列组合成调查表(问卷)的活动过程。其根本目的是设计出符合调研需要，能获取足够、适用和准确的信息资料的调查问卷，以保证访问调查工作能顺利地进行。

1. 问卷设计的主要步骤

调查问卷的设计没有统一固定的格式和程序，一般说来有以下几个步骤。

(1) 确定需要的信息。在问卷设计之初，研究者首先要考虑的就是要达到研究目的、检验研究假设所需要的信息，从而在问卷中提出一些必要的问题以获取这些信息。

(2) 确定问题的内容。确定了需要的信息之后，就要确定在问卷中要提出哪些问题或包含哪些调研项目。在保证能获取所需信息的前提下，要尽量减少问题的数量，降低回答问题的难度。

(3) 确定问题的类型。调查问卷很灵活，有很多提问题的方式。问题一般可分为开放式和封闭式两种。开放式问题让被调查者用自己的话回答，其在探索性调研中更为有用，因为调研人员想知道人们在想什么，而不是有多少人在想某个问题。封闭式问题包括了所有可能的答案，答卷者在其中做出选择，如多项选择问题和程度问题。

(4) 确定问题的用词。问题的用词对应答者影响很大，有些表面上看差异不大的问题，由于措辞不同应答者就会做出不同的反应。因此，问题的措辞必须斟酌使用，以免引起歧义。

(5) 问卷的预调研。一般在正式调研之前，设计好的问卷应该选择小样本进行预调研，其目的是发现问卷的缺点，改善并提高问卷的质量。

2. 调查问卷的基本结构

调查问卷的基本结构一般包括标题、问卷说明、被调查者基本情况、调查主体内容和编码几个部分，其中调查主体内容是问卷的核心部分。

(1) 标题。标题应简明扼要,能达到引起被调查者兴趣的目的。

(2) 问卷说明。说明调查的意义和目的等,以引起被调查者的重视。

(3) 被调查者的基本情况。主要包括人口学特征的内容,如性别、年龄、文化程度、职业、收入、家庭结构等。

(4) 调查主体内容。这部分是调查问卷的核心内容,对于提出的每一个问题都应该仔细斟酌,以确保符合调研的目的。

(5) 编码。通常在右上角或右下角进行编码,以便于统计。

3. 调查问卷设计的原则

(1) 必要性原则。调查问卷的设计是为了取得满意的结果。因此,除属于引导启发答复的问题以外,所列项目都应是调查课题所必需的。

(2) 准确性原则。所提问题的界限要明确,提问用词要准确,要避免使用含糊不清、过于专业化的语句。同时,一个项目只能包含一个层次的内容。

(3) 客观性原则。所提问题要客观,不要提出一些带有引导性和倾向性的问题。即不要提出带有向被调查者提示答案方向或暗示调查者观点的问题。

(4) 可行性原则。对所提的问题,被调查者能够根据常识或经验选择答案。提问的设计可适当安排少量趣味性问题。对令人困窘且调查又必要的问题,应设计“间接引问句”。提问的设计要注意逻辑性与顺序性。

(二) 抽样技术

大多数的市场营销调研都是抽样调查,抽样调查技术就是指在抽样调研时采用一定的方法,抽选具有代表性的样本,以及实施各种抽样操作技巧和工作程序的总称。抽样设计要解决三个问题:抽样总体、样本大小和抽样方法。

1. 抽样总体

抽样总体由调查对象总体构成,其具体范围由调查目的和调查特性决定。抽样总体可以是具有某种特性的一群人,如农村老年消费者;也可以是一类事物,如市场上目前正在销售的感冒药。无论是哪种类型的抽样总体,在抽样前都要明确界定其范围。

2. 样本大小

样本的大小对调查结果的准确性有一定影响。样本越大,调查结果越可靠;反之,则调查结果的代表性越差。但样本越大,调查成本也越大。因此,要根据抽样误差的要求合理确定样本数。一般来说,样本数要根据调查费用的限制、允许的抽样误差,以及被调查问题的基本性质等因素来确定。

3. 抽样方法

抽样方法基本分为两大类,即概率抽样和非概率抽样。概率抽样遵照随机原则,即总体中每一个个体都有相同的被抽中的机会,具体做法有简单随机抽样、分层随机抽样、分群随机抽样等。非概率抽样是按照调研的目的和要求,根据一定的标准来选取样本,总体中的个体被抽取的几率是不等的。非随机抽样受主观因素影响较大,一般当总体太大、太复杂,无法采用概率抽样时才用。非概率抽样的主要方法有任意抽样、配额抽样、判断抽样等(表 4-1)。

表 4-1　抽样类型

概率抽样	简单随机抽样	每个总体成员具有已知并相等的机会被选中
	分层随机抽样	统计总体被分成互不相容的几组（如按年龄划分），随机样本取自每个小组
	分群随机抽样	统计总体被分成互不相容的几组（如按地区划分），调研人员从这几组中抽出一组来调查
非概率抽样	任意抽样	调研人员选择最容易获得的总体成员，并从他们那里获得信息
	判断抽样	调研人员依据自己的判断选择总体成员，因为他们有可能提供准确信息
	配额抽样	调研人员从每一类型的人中，各选规定数量的人来进行调查

七、医药市场营销调研的内容

医药企业的市场调查包括一切与医药企业营销活动有关的经济、社会、文化、政策法规以及医生和患者用药需求、用药习惯等的内容。具体来说，医药市场调查的内容可以概括为以下几个方面：

1. 医药市场营销环境调研

包括与医药企业营销活动有关的政治法律环境、经济环境、竞争环境、科学技术环境和社会文化环境等的调研。

2. 医药市场需求调研

包括医药产品总体需求的变化及某种产品的市场需求情况。市场需求是企业营销人员最关心的信息，因为需求是营销管理的核心，企业只有在确定和捕捉到市场需求之后，才有可能采取适当的营销组合满足需求，并最终实现企业目标。

3. 竞争对手情况调研

正所谓"知己知彼，百战不殆"，只有了解竞争对手的状况，企业才能制定出积极的竞争战略，在市场竞争中争取主动。竞争对手状况的调查主要包括竞争企业的数量、竞争产品的市场占有率、竞争产品的销售渠道、竞争产品价格、竞争企业的生产效率和成本费用、竞争企业的优势和劣势等。

4. 医药消费者调研

药品有双重的消费者，即直接消费者——患者，以及间接消费者——医生。对医药消费者的调研包括分析医生和患者用药的具体特征及发展变化趋势；患者的用药动机、用药心理、用药习惯；医生的处方习惯、影响医生处方习惯的因素；医生和患者对处方和非处方药的要求和反应等。

5. 企业销售活动调研

包括企业现行销售政策的执行情况与存在的问题；现行的销售渠道是否通畅，销售网点的布局是否合理；现行各种促销手段效果如何，广告媒体选择和广告活动性价比如何；人员促销规模与效果等。

6. 医药产品调研

包括分析现有产品的生命周期，从而针对不同的周期阶段采取不同的产品策略；调查现有产品临床使用情况，研究如何改进老产品、扩大老产品用途；如何提高疗效或缩短疗程，以提高产品的适应能力和竞争能力；如何改进和提高包装质量，以新的包装设计提升产品档次等。

信息框

医药产品调研需要特别关注的几点

1. 产品说明书是用药的基础指导原则

(1) 不管是中药还是西药产品,说明书是用药的指导原则。中药主要是"功能主治",西药是"适应症"。"适应症"和"主治"的疾病谱原则上应该不能跨适应症使用,除非进行产品的适应症增加申报。

(2) 对于中药来说,中医理论在目前西医医院的认可度较低,除非是设有专门的中西医结合科室。当然,现在在中药营销成功的产品中,也树立了一些有一定知名度的"活血化瘀理论""瘟病理论""气血理论""络病理论"等,均是经过长期推广而逐步被西医医生所了解的。一般来说,中医调研还是要多按西医的处方原则治疗疾病来进行分析分类。中医未来主要还是三类,单一有效成分(紫杉醇等)、二或三种成分稳定且作用明确(舒血宁等)、多种成分的器官靶向作用(通心络等)。

(3) 西药调研要关注给药代动力学的给药方式所造成的生物利用度、药物半衰期、血浆蛋白结合率等差异点及不良反应和禁忌症。

2. 界定产品市场份额及主要竞争对手是第一步

对于产品调研来说,产品如何界定市场范围是非常关键的。可以按目前最新的国家医保和国家基药目录来分类和界定市场。因为未来主要的销售份额产品还是集中招标采购的医保和非医保产品,特别是医保产品,国家的支付政策,决定了这些产品的市场份额会是标杆。其他如"治疗指南"、"治疗共识"、"临床治疗路径"、"卫生部处方集"等均可以进行市场的份额界定。

3. 产品适应症疾病谱(治疗领域)的细分是产品主要的未来机会点

(1) 对于药品来说,进行调研的主要目的还是了解医生的处方习惯。在美国,州立医院和基层医疗机构治疗同类疾病的处方是完全一样的,而中国则不然。国家及省级三甲医院的处方和县级社区医院的处方不尽相同。这反应了治疗上的不统一和不规范。

(2) 医生治疗疾病主要还是遵循"治疗指南"、"治疗共识"和相关权威循证依据。当然,指南的循证依据最高。医药产品要在"指南"及"共识"中寻找机会。

(3) 按照循证水平,既往临床研究、治疗综述、单味有效成分药理研究、最新疾病治疗进展等均需要归纳分类,以为后期策略制定提供依据。

(4) 竞争产品的产品定位及主推活动是主要的调研内容,特别是相对于竞争产品的优劣势要分析清楚。西药同分子的竞争主要是生物利用度、半衰期及剂型的对比体外及体内的差异。此外,单独用药和联合用药也是需要研究的。

4. 专家深访和医生座谈会是进一步细化机会的试金石

与专家的深访和处方医生座谈是在进行初步归纳后判断思路可行及不可行的主要手段。一般由专业第三方调研公司进行,也可以由企业市场部医学经理主持,进行未来产品疾病谱治疗机会的评估,进行1—3次是比较合适的。通过专家深访可以清楚地了解目前主流处方行为;而处方医师座谈,则关注处方行为改变时的关键说服点和软硬性促销方式方法的有效性。

5. 医药企业不同销售模式下的产品机会(问题)调研,其问题和侧重点是不一样的

(1) 招商模式环节多,传递慢,激励差,信息不一。此模式要特别关注前期调研和后期的培训及产品费用的重点使用。

(2) 自建模式信息多,效率低。此模式要特别关注产品后期执行中销售团队的增量考核问题。

(3) 商务及OTC模式的重产品活动,轻疾病需求。要在关注市场媒介活动和商务促销活动的同时,特别对普通患者及处方医生进行深度调研。

资料来源:中国营销传播网. http://www.emkt.com.cn/.

7. 医药产品价格调研

包括同类产品之间的价格比较;不同产品间价格与需求的关联度;各种医药产品定价方法与定价策略的优劣等。

信息框

认识药店圈市场调研

药店圈市场调研内容

一是关于政策影响类的研究。对于政府出台的相关政策,如医改、医保可能对连锁造成的影响,国家对医疗机构和医保补贴等;再如《国家基本药物目录》有哪些品种,这些品种在医疗机构、卫生服务站的销售价格等;二是关键竞争对手的调研。收集竞争对手畅销品种、规格、价格,竞争对手如何开展品牌形象的宣传,竞争对手门店氛围营造、陈列、卖场动线设计等;三是商圈调研,本店所处商圈的人口多少,顾客消费的不同习惯、经济收入的不同水平、季节变化等;四是顾客需求调研,我们的目标顾客是谁,本店的进店顾客多少、实际购买商品的顾客多少、经常购买的是什么样的商品,高价值顾客、有价值顾客、一般顾客、负毛利顾客多少。

连锁药店商圈调研

连锁药店开展商圈调研时要注意商圈的设定。由于受业态不同及连锁规模影响,连锁所在商圈的分布必然会有出入,例如大卖场连锁药店,由于拥有多种商品及多样的功能,因此在地理条件上更有支配力,对顾客而言,对大卖场连锁药店购物期待值相较社区连锁药店会更高,其商圈的辐射范围广。而社区连锁药店,仅能依附在大卖场的连锁药店周围,以借此吸引大量的人口流量,对于未有依附的社区药店,则仅能靠附近地区的顾客作为其主要商圈。

连锁药店对于所在地的地理条件,有关地域环境与竞争状况采取定期评价是十分必要的,由于连锁药店对于地区环境的变化具有依存性,诸如顾客的消费习惯不同、消费能力高低、经济收入水平不同、人口多少的不同、消费群体的消费能力高低、季节变化、人口的流动、交通状况的发展、城市功能的变化等,均能够影响到消费行为。所以,有效地掌握住地域的变动因素,已成为连锁药店在营运上要注意的事项。各形态连锁药店可以依据自身的商品特性、目标顾客、所在地区等因素去进行商圈的设定与开展相关调研工作。

在进行调研时,一定要深入了解地域特性、竞争环境变化、业态性质、市场区分、门店条件等因素,针对需要展开的内容进行调研。一般采用的调查方式可有问卷回收调查、来店顾客记录、资料分析、门店调查等方式。调查项目主要包括来店顾客基本资料,如姓名、性别、年龄、住址、职业等,工作场所、来店动机、来店频率等,以及配合调查目的的需要者,如是否购买、对于门店的印象、服务措施的意见等项，借以建立管理上必要的信息资料。

通过商圈调查，更精准地找到连锁药店的目标顾客群，分清谁是连锁药店的高价值顾客、有价值顾客、一般顾客、负价值顾客。更有效地、最大限度地利用好连锁药店资源的配置，积极扩大连锁药店在商圈内的知名度与信誉度。在提高连锁药店员工的实际工作效率与绩效等方面，连锁可借此寻找新的机会点。

顾客需求调研

市场在不断地变化着，顾客的需求各不相同。通过市场调研，可以发现一些新的机会和需求。然后通过引进新的商品去满足这些需求。通过市场调研可以发现连锁药店的不足及经营中的缺点，及时地加以纠正，修改连锁药店的经营策略，使连锁药店在竞争中保持清醒的头脑。

如果本药店地处的商圈是一个新型社区，就要以年青人群为主要目标，在居民住户中，树立一个时尚、美丽、健康的药妆店形象。将常见病用药、名牌品种、品牌药妆商品、年青人需要的钙铁锌镁和维生素C、维生素A备齐，摆放在药店的醒目位置，以吸引目标顾客。

如果本店地处中老年社区，要以中老年人群为主要目标，并配备一些较为专业的药师，这将使与顾客的沟通变得相对容易。将慢性病用药，如高血压用药、糖尿病用药、风湿病用药、泌尿系统用药备齐，价格要能够与医疗机构、社区服务站一致，将深海鱼油、卵磷脂、钙类备齐，摆放在处方药柜台、保健品柜台的显著位置，以专业的药学服务、价格相对低廉的慢性病用药，加上营养素的促销，树立一个商品价格低、品种齐全、专业水平高的药店形象。

通过市场调研还可以及时掌握连锁药店竞争者的动态，掌握连锁药店在市场上所占份额的大小，针对竞争者的策略，对自己的工作进行调整和改进，知己知彼，才能百战百胜。

资料来源：医药界. http://www.yiyaojie.com/yd/ytyj/20131220/8037.html.

第三节　医药营销信息的利用——医药市场预测

一、医药市场预测概述

（一）医药市场预测的概念

市场预测（Marketing Forecast），是根据过去和现在的情况，推测未来的发展，并通过分析研究，为企业的营销决策提供可以比较选择的初始方案以及实施这些方案的最佳途径。市场预测的内容十分广泛，一般来说，对市场需求、商品资源、市场占有率、市场价格、产品生命周期、营销效果等都可作预测。如，制药企业在投资开发一项新产品前，需要先对该产品未来市场需求量进行预测，来推断其投资价值与投资可行性。

医药市场预测就是在医药市场调研的基础上，运用逻辑学、数学和统计学等科学的预测方法，预先对医药市场未来的发展变化趋势做出定性描述和定量估计，为医药企业决策提供科学依据。拥有充分、系统而准确的信息是医药市场预测的前提和基础，预测只有建立在充分依据的基础上才是可信的。医药市场预测注重科学的推断，包括科学的预测方法、专业人士的经验以及判断能力。

（二）医药市场预测的作用

医药市场预测对于医药企业的各种战略决策有重要意义，具体表现在以下几方面。

1. 有利于医药企业制定和实施正确的市场营销战略

医药市场营销战略是医药企业为实现既定目标，在复杂的营销环境中对市场营销中较长期的全局性问题所做出的筹划和采取的对策。制定和实施医药营销战略必须要了解和掌握医药市场及其营销环境的基本状况和未来的发展变化趋势，使医药企业的资源和营销目标在可以接受的风险限度内与医药市场营销环境提供的各种机会相协调。因此，制定和实施正确的医药市场营销战略要以医药市场预测为基本前提。

2. 有利于医药企业制定和实施正确的市场营销组合

通过医药市场预测，医药企业就能够有效地获取和把握医药市场消费的变化趋势，能够深入了解消费者对医药产品、价格、渠道、促销等方面的需求以及喜好。充分掌握这些信息，是医药企业开发适销对路的医药产品、确定适当的产品定价、构建有效的营销渠道、采取适合的促销措施的保证。

3. 有利于医药企业提高市场适应力

医药市场需求不断变化，医药企业只有把握市场需求变化的方向，才能在市场竞争中取胜，获得好的经济效益。医药企业的市场适应力取决于医药市场预测系统，取决于医药市场信息的收集、处理和分析能力。只有建立良好的医药市场预测体系，医药企业才能很好地掌握影响医药市场的相关因素，在市场环境变化后，准确采取应对措施，更好地适应市场环境。

4. 有利于医药企业提高经济效益

医药企业经济效益取决于产品的质量和成本，最终取决于市场销售。因此，医药企业通过市场预测活动，全面、准确地了解消费者的需求，制定和实施高效的营销策略组合，提高药品的质量和产量，增加营业额，降低生产成本和营销费用，提高医药企业的经济效益。

（三）医药市场预测的类型

医药市场预测的类型很多，可以从不同的角度，针对不同的对象，要求不同的结果，采用不同的方法来划分，如表 4-2 所示。

表 4-2　医药市场预测分类

划分标准	细分类别	具体描述	举例
预测范围	宏观市场预测	在广泛市场调查的基础上，对影响市场营销的总体市场状况的预测	购买力水平预测、市场需求总量及构成预测、经济政策对市场需求影响预测等
	微观市场预测	又称销售预测，从一个企业或某种商品等局部的角度来预测供需发展前景	某制药企业第三季度销售量预测、某品牌感冒药 2015 年华北地区市场占有率预测等
预测时间	长期预测	指五年以上的预测，为企业制定长远战略提供依据	制药企业欲投资新建厂房，先要对城市未来的发展前景、规划建设等进行预测
	中期预测	指一年以上五年以下的预测，为企业中期经营发展战略决策提供依据	制药企业购进原料，或从事周期性及季节性生产经营时，应进行中期预测等
	短期预测	指一年以内的预测，为企业适时调整产销结构、制定季度和年度营销计划提供决策依据	医药企业对季度、半年度、年度的市场需求量进行预测

（续表）

划分标准	细分类别	具体描述	举例
预测方法	定性预测	根据调查资料和主观经验，通过分析和推断，估计未来一定时期内市场的变化	预测医药市场供需处于平衡还是不平衡状态，是供大于求还是供不应求等
	定量预测	根据市场变化的数字资料，运用数学和统计方法进行推算，对预测对象的变化及趋势做出数量上的推测	预测某药品的市场占有率，预测下一季度的销售量等
预测空间	国际市场预测	以国际市场的发展趋势为对象的预测	全球中药需求量走势预测，某药品2015年在东盟国家的销售量预测等
	全国性市场预测	以全国范围的医药市场状况为对象的预测	某制药企业未来五年大陆地区销售量预测及市场占有率预测等
	区域性市场预测	以某一市场区域为对象的预测，是最为普及的一类市场预测	某药品在西部地区市场占有率的预测等

二、医药市场预测的程序与步骤

医药市场预测是一项比较复杂的“系统工程”，需要科学的程序加以完成。通常医药市场预测按照以下步骤进行：

1. 确定预测目标

首先要明确预测什么，是预测产品形式的市场需求还是货币形式的市场需求，是预测某一产品品种的市场需求还是一组产品品种的市场需求等。预测目标规定了预测的内容、范围、要求、期限，它是预测的主题，直接影响预测结果。因此，确定预测目标要准确、清楚和具体。

2. 拟定预测方案

根据预测目标的内容和要求，编制预测计划和确定参加人员，拟定预测方案，为全面展开预测工作做好组织上、行动上的准备。

3. 搜集整理资料

根据预测目标和拟定的预测方案，尽可能全面地收集与预测目标相关的各种资料和数据。例如，对于选定的某种医药产品市场需求预测目标，应广泛收集该产品历史资料及市场经济形势、社会购买力、消费者偏好等有关因素变化的各种信息。对收集来的信息还需要进行认真的分析、整理和选择，去伪存真，找出各因素之间的相互关系，并从中发现事物发展规律，作为预测的依据。

4. 建立预测模型

在获得数据资料的基础上，根据有关市场理论、预测目标、预测要求及实际情况，选择适当的预测和评估方法，确定经济参数，分析各种变量间的关系，建立能反映实际的预测模型。

5. 进行分析评价

利用建立的预测模型和方法，对各种变量数据进行具体计算，并对获得的计算结果进行分析、检验和评价，若预测值和实际值相差较小，在要求允许的范围之内，则预测效果较好，可以采用；反之，预测效果较差，不能采用。这时，应重新拟定预测方案，建立新的预测模型，进行新的预测和分析。

6. 修正预测结果

在允许的误差范围内，如预测值和预期值差异较大时，应具体分析产生误差的根源，并及时加以修正。

7. 提出分析报告

全面、完整、系统地总结市场预测，提交总结报告。其主要内容有：预测目标、预测方法、预测时间、参加人员、参考资料、预测结果以及分析评价意见，作为企业制定经营战略、销售策略及生产计划的重要根据。

三、定性预测方法

定性预测指预测者根据已经掌握的医药市场信息资料，运用个人的经验和主观判断能力对医药市场的未来发展趋势做出性质和程度上的预测。在医药市场预测中，定性预测方法是一种有效的方法。

（一）类推法

类推法主要有对比类推法和相关类推法。对比类推法就是利用事物之间的相似性，通过先行事物发展变化过程的规律类推后继事物，从而达到预测后继事物未来发展前景的目的。对比类推法可分为产品类推法、区域市场类推法、行业类推法等。相关类推法即从已知相关的各种市场因素之间的发展变化，来推测预测对象的未来发展趋势。运用相关类推法，首先要根据分析判断和实际经验，分析同预测对象相关的主要因素和次要因素，依据事物间的相关性进行预测。医药市场各类产品之间的相关性可归纳为替代关系、互补关系、先行与后行关系等。配伍使用的药品，如利福平和乙胺丁醇，是互补产品；性能相似的药品，如抗病毒药利巴韦林与干扰素是替代产品；而原料药与制剂之间存在着先行与后行关系。利用产品之间的关系可以预测相关产品的市场需求量。

（二）经验判断法

经验判断法是一种较为传统的、容易操作的实用预测方法，被医药企业广泛应用。这种方法依靠与预测对象相关的各类人员的知识和经验，对预测对象的未来发展变化趋势进行判断，得出有关结论。经验判断法主要有经理人意见评判法和销售队伍综合判断法等。使用经验判断法虽然没有把有关的知识和信息用某种公式或模型表达出来，但却能依据经验给出较为准确的预测，特别是短期预测的精度较高。

（三）德尔菲法

德尔菲法是当今很著名的一种定性预测方法，也称专家意见征询法，由美国兰德公司首创。它是一种采取函询调查方式，征求所涉及专家的意见，经综合整理、归纳等反复反馈，直到获得较为满意结果为止的方法。德尔菲法由传统的专家会议法发展而来，形成一套科学的征询方法以及一套严密的循环过程，其特色在于：整个预测过程是背靠背进行的，任何专家之间都不发生直接联系，一切活动都由工作人员与专家单独打交道来进行。从而克服了在专家会议上专家相互影响，或由于地位、声誉及人际关系等因素影响预测结果的缺陷。

采用德尔菲法进行预测，企业首先拟定预测提纲，明确预测目标，并准备好有关的信息资料及征询表格；还要选择既熟悉业务，又善于与专家打交道和责任心强的工作人员来负责预测工作。德尔菲法向各位专家多次逐轮征询意见，且每次征询都把预测要求和上一轮专家预测意见的分析统计资料反馈给他们。在征询→答复→反馈→再征询→再答复→再反馈……的反复过程中，专家们在背靠背的情况下，了解到所有专家各种预测意见及其理由，可以集思广益，开拓思路，充分发挥专家们的智慧。一般预测问题，在经过三轮的征询后，可达到专家意见的基本一致；如果问题特别复杂，也可能需要第四轮或第五轮的循环。企业在具体运用中，还应掌握和控制好时间，每一轮的循环的时间以1周或10天为宜，否则易影响分析判断的效果。

四、定量预测方法

定量预测是根据已经掌握的比较完备的历史统计数据，运用一定的数学方法进行科学的加工整理，借以揭示有关变量之间的规律性联系，用于预测和推测未来发展变化情况的一类预测方法。

（一）时间序列预测法

时间序列预测法是将某种经济统计指标的数值，按照时间先后顺序排列形成序列，再运用数学方法分析其变动规律，预测未来的发展变化趋势的方法。运用此方法进行预测，需假定市场环境因素是不变的，但时间序列数据存在着不同规律的变动；在研究预测对象与时间的关系时，重点研究事物的过去和未来的联系。时间序列预测的具体方法很多，常用方法有：简单平均法、加权平均法、移动平均法、指数平滑法等。

1. 简单平均法

如果医药产品的需求形态近似于平均形态或产品处于成熟期，可用此法进行预测。将过去的实际销售数量的时间序列数据进行简单平均，把平均值作为下一期的预测值。其预测模型为：

$$Y=\frac{\sum_{i=1}^{n}X_i}{n}\quad (i=1,2,3,\cdots,n)$$

式中：Y 为预测值；X_i 为第 i 期的数值；n 为期数。

简单平均法将远期销售量和近期销售量等同看待，没有考虑近期市场的变化趋势，所以准确度较低，只宜用于短期预测。

2. 加权平均法

当过去的实际销售量有明显上升或下降趋势时，使用此法。即逐步加大近期实际销售量在平均值中的权数，然后予以平均，确定下期的预测值。加权平均法克服了算术平均法把观察期历史数据简单地等同看待的缺点，根据对历史数据的具体分析，给予不同程度的重视。因此，它较真实地反映时间序列的规律，并考虑了事件的长期发展趋势。其预测模型为：

$$Y=\frac{W_1X_1+W_2X_2+\cdots W_nX_n}{W_1+W_2+\cdots+W_n}=\frac{\sum_{i=1}^{n}W_iX_i}{\sum_{i=1}^{n}W_i}\quad (i=1,2,3,\cdots,n)$$

式中：Y 为预测值；X_i 为第 i 期的数值；W_i 为第 i 期对应的权数；n 为期数。

【例4.1】 某医药企业2014年上半年某产品各月销售量分别为：400，450，420，390，410，480，分别赋予权重为0.1，0.1，0.15，0.15，0.2，0.3。试用加权平均法预测2014年7月份的销量。（单位：万盒）

$$Y=\frac{W_1X_1+W_2X_2+\cdots W_nX_n}{W_1+W_2+\cdots+W_n}$$
$$=\frac{0.1\times400+0.1\times450+0.15\times420+0.15\times390+0.2\times410+0.3\times480}{0.1+0.1+0.15+0.15+0.2+0.3}$$
$$=432.5\text{(万盒)}$$

3. 移动平均法

移动平均法是根据时间序列的各期数值做出非直线长期趋势线的一种比较简单的方法，连续地求其平均值，再计算相邻两期平均值的变动趋势，然后计算平均发展趋势，进行预测。这种方法较上述两种方法准确度高，实用性强。

4. 指数平滑法

指数平滑法是市场预测中常用的方法。它是移动平均法的发展，实际上是一种特殊的加权移动平均法，加权的特点是对离预测期较近的数据给予较大的权数，对离预测期较远的数据给予较小的权数，权数由近到远按指数规律递减。它一般用于观察值有长期趋势变动和季节变动的预测。指数平滑法，可分为一次指数平滑法和多次指数平滑法。这里只介绍一次指数平滑法和二次指数平滑法。

一次指数平滑法就是以时间序列的最后一个一次指数平滑值为基础，建立预测模型，确定市场预测值。其公式为：

$$S_t^{(1)}=\alpha X_t+(1-\alpha)S_{t-1}^{(1)}\quad(t=1,2,3,\cdots,n)$$

式中：$S_t^{(1)}$ 为第 t 期观察值的一次指数平滑值；X_t 为时间序列观察值；α 为平滑系数，且 $0\leqslant\alpha\leqslant1$。

二次指数平滑法是呈现线性趋势的时间序列数据在一次指数平滑法的基础上，对一次指数平滑值再做一次指数平滑，然后利用两次指数平滑值，建立预测的数学模型，最后运用数学模型确定预测值。二次指数平滑法的基本公式为：

$$S_t^{(2)}=\alpha S_t^{(1)}+(1-\alpha)S_{t-1}^{(2)}$$

式中：$S_t^{(2)}$ 为第 t 期的二次指数平滑值；$S_{t-1}^{(2)}$ 为第 t 期的一次指数平滑值；$S_{t-1}^{(2)}$ 为第 $t-1$ 期的二次指数平滑值；α 为平滑系数，且 $0\leqslant\alpha\leqslant1$。预测的数学模型为

$$Y_{t+T}=a_t+b_tT$$

式中：Y_{t+T} 为第 $t+T$ 期的预测值；t 为预测模型所处的时间周期；T 为由预测模型所处的时间周期至需要预测的时间之间的周期数；a_t、b_t 为参数。

$$a_t=2S_t^{(1)}-S_t^{(2)}\quad b_t=\frac{\alpha}{1-\alpha}(S_t^{(1)}-S_t^{(2)})$$

(二) 因果分析法

因果分析法又称为回归分析法，是根据事物之间的因果关系来预测事物的发展和变化，通过对预测目标直接或间接影响因素的分析找出其变化的规律，并根据这种变化规律来确定预测值。回归分析法是通过对两个及以上变量间因果关系的分析，找出事物变化的原因，并用数学模型预测事物未来的发展变化。

1. 一元线性回归分析法

一元线性回归分析法是分析一个因变量与一个自变量之间的线性关系的预测方法。常用的统计指标有平均数、增减量、平均增减量等。一元线性回归分析法，是根据自变量 X 和因变量 Y 的相关关系，建立 X 于 Y 的线性回归方程进行预测的方法。由于市场现象一般受多种因

素的影响，应用一元线性回归分析法必须对影响市场现象的多种因素做全面分析。只有当诸多的影响因素中，确实存在一个对因变量影响作用明显高于其他因素的变量，才能将它作为自变量并运用一元线性回归分析法进行预测。

2. *多元线性回归分析法*

多元线性回归分析法是通过对两个或两个以上的自变量与一个因变量的相关分析，建立预测模型进行预测的方法。当自变量与因变量之间存在线性关系时，称为多元线性回归分析。多元线性回归分析法可采用最小二乘法，使估计值与观察值之间的平方和最小，从而达到回归方程与观察值的数据点线性拟合的最佳效果，多元线性回归系数的计算方法较为复杂，一般利用计算机软件进行计算。例如，某药品的销量与药品广告预算、药品价格、居民收入、竞争对手的价格等影响因素有关。这里，药品的销量是因变量，其他变量则称为自变量。

五、大数据在医药市场调研预测中的运用

在传统市场调查的方式下，医药企业对目标消费者的判断都具有模糊性，仅仅依据抽样调查来大致预估目标消费者的共同特征。因为缺乏数据对接和量化评估，目标消费者无法定位准确。而在互联网、移动互联网平台等大数据技术应用发展迅猛的今天，医药企业可以对目标消费者及其行为轨迹进行详细全面的记录和动态追踪，收集到的数据再通过数据挖掘和关联分析，便可实现对目标消费者进行精准定位，即“准确地找到消费者”。通过大数据的收集，医药企业既能准确获取某个（或某类）消费者的人口统计学属性，如性别、年龄等，还能通过消费者的浏览记录、在互联网上的搜索行为、在电商购物的记录、评论推荐、社交分享等获知其兴趣爱好、消费习惯、人际关系等社会属性。而且，借助移动互联网技术和用户的移动终端，可以获取其使用行为的数据，据此精准获取该用户的时间和位置。从“找对人”进而“找到人”。

大数据的核心不是追求数据之间的因果关系，而是在于数据之间的相关关系。大数据的预测功能源于海量数据的集成处理和关联分析。大数据可以根据消费者的“行为轨迹”，分析其消费需求，从而进一步判断其关联需求，挖掘出消费者的潜在需求，对其消费需求进行预测；医药企业可以通过具有针对性的关联推荐，促成消费者有效的购买和消费。医药企业可以通过对药品零售商店的数据进行统计分析，来了解消费者在购买某一该企业药品的同时还会购买何种商品，从而通过市场营销手段促使销量的增长。

本章小结

1. 医药营销信息反映医药市场营销动态，是医药市场调研与预测的基础和依据。医药营销信息系统通过连续有序地收集、加工医药市场信息，为医药企业营销管理提供支持，最终为医药企业整体的管理和决策服务。医药市场营销信息系统由医药企业内部报告系统、医药市场营销情报系统、医药市场营销调研系统及医药市场营销决策支持系统四个子系统构成。

2. 医药市场营销调研以科学的方法系统地设计、收集、分析和报告与医药企业所面临的具体营销情况相关联的数据和信息，为企业制订市场营销战略提供参考依据。做好医药企业的市场营销调研工作，对于开展科学市场预测、制定营销决策、提高经济效益有着非常重要的作用。

3. 医药市场营销调研主要包括对医药市场营销环境因素、医药市场需求、竞争对手、医药

产品、医药消费者、产品价格以及企业销售活动等方面的调查。按照调研的性质划分，医药市场营销调研一般分为四种类型：探索性调研、描述性调研、因果关系调研和预测性调研。其调研方法主要有实地调研法和文案调研法，调研技术主要涉及问卷设计技术和抽样技术。

4. 医药市场预测在市场调研的基础上，运用逻辑学、数学和统计学等科学的预测方法对医药市场需求和医药企业内部需求以及影响市场需求变化的诸因素进行分析研究，对未来的发展趋势做出判断和推测，为医药企业制定正确的市场营销决策提供依据。医药市场预测的方法总体划分为定性预测法和定量预测法两种。随着大数据时代的到来，大数据在医药市场调查预测中得到运用并发挥着越来越大的作用。

复习思考

1. 医药企业何时需要进行市场营销调研和预测？调研、预测的主要内容又是什么？
2. 要达到预期的调研效果，医药企业必须注意哪些事项？
3. 医药企业该如何选择市场预测方法？

案例分析

得信息者得天下

中美天津史克制药有限公司（简称中美史克）是全球最大的药厂之一的葛兰素史克(GSK)与国内大型药厂天津中新药业集团股份有限公司和天津太平（集团）有限公司共同投资设立的消费保健用品公司。作为最早在华设立的外商合资药厂之一，中美史克早在1987年便在中国生根。20多年来，中美史克一直秉承着“大爱铭心”的理念，用优质的产品和爱心回报社会和广大患者及消费者。2008年，中美史克家族成功上市了消费者耳熟能详的四大OTC品牌新康泰克、芬必得、百多邦、史克肠虫清。

一、市场竞争激烈，困难重重

面对庞大的中国医药市场，具有中国特色的医药经营方式面临着不可逾越的挑战：渠道下沉和终端扩张，数据采集频率难跟上，渠道数据难处理，销售人员绩效考核难管理，终端促销计划难执行。

这些致命弊病让中美史克不可接受，因为要在竞争日趋激烈的市场中赢得先机，必须真正掌握渠道数据，才能对快速变化的市场做出正确响应和决策。寻求战略合作伙伴迫在眉睫。

二、信息透明化平台，准确掌控市场变化

中美史克成立专项小组，由商务和IT负责人亲自率队正式向国内外优秀经销商、数据采集供应商招投标。最终，中美史克选择拥有独特运营服务体系和高品质服务水平的安捷力作为合作伙伴。

2010年9月3日，中美史克与安捷力共同努力，上线了中美史克渠道透明化平台，将流向数据采集、主数据维护、数据报告呈现等工作外包给安捷力。

项目就此开始。安捷力以每周30家的速度迅速完成了一期400多家经销商的数据接入工作，终端客户的主数据超过15万个企业记录（包括医院、社区服务中心、零售总部、单体零售店、KA总部及分支机构等)，实现了全渠道可视化，预计2011年年底，接入规模可超过1 000家。安捷力高效的数据处理流水线，保证了数据的“日清日结”，也就是说：当天接入，当天处理，当天展示和导出，实现了“即接即用”。

通过使用安捷力的“渠道透明化”服务，中美史克的进销存数据采集频率已从原先的45天提高到1天，数据精确度超过98%，彻底实现了“补救式营销”到“预见式营销“的转变。

“知己知彼，方能百战不殆”，中美史克借用安捷力的“渠道透明化”服务，彻底打破了终端数据采集的传递藩篱，大大提高了进销存数据的采集频率和精确度，能够对快速变化的市场做出正确响应和决策，从而提高竞争力。

资料来源：中国医药网. http://www.pharmnet.com.cn/.

案例讨论

1. 试述“渠道透明化平台”对中美史克营销的重要意义。
2. 在大数据时代，医药企业应如何开展营销活动?

参考文献

[1] 菲利普·科特勒，加里·阿姆斯特朗. 市场营销原理[M]. 14版. 郭国庆译. 北京：清华大学出版社，2013.
[2] 冯国忠. 医药市场营销学[M]. 2版. 北京：中国医药科技出版社，2008.
[3] 周三多. 管理学——原理与方法[M]. 5版. 上海：复旦大学出版社，2011.
[4] 汤少梁. 医药市场营销学[M]. 北京：科学出版社，2007.
[5] 斯蒂芬·哈格，等. 信息时代的管理信息系统[M]. 8版. 严建援，等译. 北京：机械工业出版社，2011.
[6] 阿姆斯特朗，等. 市场营销学[M]. 11版. 赵占波译. 北京：机械工业出版社，2013.
[7] 胡介埙，周国红，周丽梅. 市场营销调研[M]. 2版. 辽宁：东北财经大学出版社，2011.
[8] 罗臻，刘永忠. 医药市场营销学[M]. 北京：清华大学出版社，2013.
[9] 陈启杰. 市场调研与预测[M]. 4版. 上海：上海财经大学出版社，2014.
[10] 庄贵军. 市场调查与预测[M]. 2版. 北京：北京大学出版社，2014.

第五章　医药消费者市场购买行为分析

【学习目标】

通过本章学习，掌握医药消费者市场的概念和特点；熟悉医药消费者购买行为的影响因素和类型；掌握医药消费者购买决策模式和过程；掌握破解医药消费者购买行为心理密码的密匙；了解大数据时代医药消费者的购买行为以及如何进行营销策略的创新。

【引导案例】

胶原蛋白市场热度回温　罗赛洛联手史玉柱

目前越来越多的中外学术权威机构研究证实：胶原蛋白粉在皮肤抗衰美颜、骨骼和关节健康方面有着积极作用，消费者也重新肯定和感受胶原蛋白粉的皮肤美颜效果，国内胶原蛋白市场热度正在持续升温。

在国外，胶原蛋白一直作为美容产品和营养保健品被人们熟知并认可，早已广泛应用于医疗、化妆品及食品行业。近年来，胶原蛋白热蔓延到亚洲的日本和台湾地区，其显著的美容效果深受亚洲女性推崇。然而，国内市场由于一些企业的不规范操作严重扰乱保健食品市场秩序，一度让胶原蛋白有效性饱受争议。

《食品安全法》草案出台，振奋消费者信心

第十二届全国人大常委会第九次会议初次审议了《中华人民共和国食品安全法(修订草案)》。现将《中华人民共和国食品安全法(修订草案)》在中国人大网公布，向社会公开征集意见，标志着中国市场正走向追求质量与安全为主导的趋势，并逐步与全球食品安全标准接轨。而草案中提到对保健品从源头上加强监管，可见国家对原料来源的关注与重视，大大振奋了消费者的信心。而安全、有效、高品质的胶原蛋白产品随后迅速受到国人热捧，国内消费者口服胶原蛋白风潮再次掀起，只是消费者的选择会更加注重安全性，更加注重原料产地，更加注重品牌。

以质量和安全为导向，吸引中国消费者

在保健品市场中，胶原蛋白已经成为众多下游厂商的重要原料。一线化妆品厂家的产品中都掺有胶原蛋白。在上游原料市场，法国罗赛洛公司为医药、食品、营养膳食和美容营养品市场提供产品配料，Peptan 是其注册的产品商标。在其位于根特的实验中心里，我们对“由内而外的美”的概念有了深度的接触。

如今，罗赛洛在中国有 4 家合资工厂(主要生产工业用明胶)和销售办事处，中国市场已经成为罗赛洛公司重要的市场之一。

2013年,从"标准风波"到"林志颖代言爱碧丽品牌风波"等事件,让中国胶原蛋白市场一度陷入低谷。多家生产以胶原蛋白为原料的保健、美容产品企业受到了来自社会各界的质疑,遭遇了股价和销售额的双重滑落。中国市场正在成为一个以质量和安全为导向的市场,这与罗赛洛的理念不谋而合。

在生产过程中,罗赛洛的内控指标均按照国际标准和要求执行。在产品质控方面,进厂的原材料必须进行检查,以确保它们符合罗赛洛质量标准,工厂执行国际食品标准(IFS),保证每批出口到中国的胶原蛋白均符合中国的法规标准。目前中国供应商所有采用的带有其Peptan标志的产品,原料均从法国进口。这一系列的标准执行使得消费者对其质量和安全大增信心,销售量急剧攀升。

联手史玉柱公司,强化电商渠道

罗赛洛已与中国企业家史玉柱投建的保健食品网店"禾博士"建立合作伙伴关系。后者成立于2010年,其大部分成员来自巨人脑白金团队,他们决定在电商领域继续专注健康产品,做自有保健食品品牌。

进入电商领域的"禾博士"团队放弃了此前"脑白金"铺天盖地的广告及强大地面渠道推广的市场策略,在二次创业时将目光锁定互联网,完全通过线上模式做渠道和推广,成为一个地道的"电商品牌"。目前"禾博士"旗下系列产品包括氨糖软骨素钙片、胶原蛋白粉、葡萄籽芦荟软胶囊等,这些产品的原料均来自国内外的知名供应商。与这些供应商的合作,也成为其销售利器,为此他们打出了这样的口号:"我们不是生产商,我们只是国际权威配方、世界顶级原料的搬运工。"

双重的品牌架构是获得消费者兴趣的重要保证,罗赛洛作为世界最大的明胶企业,也是胶原蛋白专业生产及应用领域的领导者,联手"禾博士"的品牌效应,使得品牌胶原蛋白的形象深入人心,改变了人们的消费观,迎合了中国胶原蛋白大市场的需求心理。

资料来源:中国新闻网. http://finance.chinanews.com/cj/2014/08-26/6529985.shtml.

案例点评

由于政策的改变使得胶原蛋白市场回温,罗赛洛看中其前景广阔,以质量和安全为突破点,联手大陆保健食品电商拓展品牌知名度,吸引消费者的兴趣,进而促成购买。那么,医药消费者的购买行为是如何产生、采取何种模式的呢?又有哪些因素会对购买行为产生影响呢?针对这些影响,药企又是采取何种策略的呢?这些问题将是这一章节所要展现的内容。

第一节　医药消费者市场购买行为的含义与模式

随着消费者购买力的日益提高,个人文化素质和自我保健意识的不断提高,人们越来越讲究生活质量,而这不仅仅扩大了医药市场的规模,更从质量、种类、疗效方面提出了新的要求。医药企业只有灵活地分析消费者市场的动态,积极引导消费者行为,才能把握市场机会,走向成功。

一、医药消费者市场购买行为的含义

(一) 医药消费者行为

"行为"是指人在主客观因素影响下而产生的外部活动，是一个整体的行动过程。而消费者行为则是指人们在日常生活中为了满足自身的需要和欲望而进行寻找、选择、购买、使用、评价以及处置所购产品、服务、创意或经验时所介入的活动。

医药消费者行为是一种较为特殊的消费行为，是指当人们为了预防或者治疗疾病，维护身体素质及健康，从而通过医药市场的交换而进行的医药产品及其服务的消费行为。

信息框

让消费者参与品牌建设

在传统零售的时代，每个零售药企花最多的时间、精力、金钱去解决的问题是：如何让消费者知道，如何让消费者买到。因为这两个问题如果没解决，产品再好也是空谈。

而医药电商的发展，使得渠道在品牌竞争中的差异化地位受到了极大的削弱，客户要获得这些信息也变得越来越容易。所以营销开始真正转变为以客户为中心，关注如何去满足客户需求，满足服务体验的这种内涵。

在这样一个营销模式的变革下，驱动的是作为一个品牌的打造方式的变革。传统的以渠道网络覆盖和广告信息覆盖为核心的轰炸式的品牌打造模式已经成为过去。而以更加精准的定位、产品的价值、极致的服务体验，不断地积累客户、培养客户的口碑，这种起飞式的品牌打造模式将成为这个行业的主流。

任何一个品牌，如果不去关注客户需求的变化和反馈，只会快速被市场淘汰，因为客户已经不再是品牌的倾听者和购买者，已经开始转变成为品牌打造的参与者。

资料来源：医药观察家网. http://www.yygcj.com/info/34/30077.html.

(二) 医药消费者市场

医药市场主要由人口、购买力、购买欲望三个要素组成，一般的，我们将医药市场分为医药消费者市场、医药生产者市场、医药中间商市场和政府市场。

由于医药消费者的需要不同，医药消费者市场需求呈现以下不同的特点。

1. 多样性

由于医药消费者所患疾病的情况、对药品和医疗服务的要求不同，各个消费者的经济水平、受教育程度、职业、价值观、年龄不同，因而对同类药品甚至是同种药品的需求不尽相同。正由于每个人在剂型、质量、规格、价格上的需求的差异，决定了医药消费者市场的多样性。

2. 发展性

随着社会的快速发展和个人生活水平的提高，人们更加注重对药品和医疗服务数量和质量上的要求。医药市场总的趋势也是由低级向高级发展，由简单向复杂发展，由被动消费向主动消费过渡，许多潜在需求不断地变成现实的购买行为。例如，随着人们的收入水平和思想开放水平的不断提高，消费者对保健品和美容防衰药品的需求越来越大。

3. 伸缩性

医药产品的需求受内因和外因的影响，具有一定的弹性。内因包括消费者自身的身体情况、经济能力和认识判断能力等；外因包括药品的价格、广告、促销、医保制度等。这些都可能对消费需求产生促进或抑制作用。

4. 替代性

医药消费者需求的药品有些是相关产品，相关产品分为相互补充品和相互替代品。互相补充的药品，不仅给消费者带来便利，还能增加销量。而相互替代的药品之间，则是此消彼长，如青霉素钠盐与青霉素钾盐，金银花与连翘等，这些功效相近的药物在一定情况下可以相互替代。

5. 诱导性

医药市场的信息是失衡的，大多数的医药消费者本身并不具有专业的医药知识。因此，医药消费者的需求也是可以引导和调节的，即具有一定程度上的可诱导性。医药企业可以通过成功而有效的市场营销工作，引导、诱发医药消费者的需求，使无需求变为有需求，潜在需求变为现实的需求，未来的购买欲望转变为近期的购买行为。

6. 广泛性

生老病死是人一生中必经的过程，人生病才会吃药，就会发生医药消费行为以及药品和医药服务的购买行为，成为医药消费者市场的一员。因此，医药消费者市场人数多，范围广。

7. 季节性

不同的季节因其气候、温度的不同和早晚差异，会引起不同疾病的病发，如春、冬两季呼吸道传染病尤为盛行，所以不同的季节所引发的并发症不同直接影响了医药消费者的需求。

8. 特殊性

药品是人们用来防病、治病的一种特殊商品。医药消费者在消费过程中的各阶段若有失误，比如误服等，则会加重病情，甚至对生命安全产生直接影响。这种有别于一般日用消费品的特征，使医药企业在生产经营时，不仅要在生产过程中严格执行国家有关规定，保证药品质量，而且要在销售过程中对消费者负责，指导其科学合理用药，并提供售后服务。药品的这种特殊性主要表现如下：

(1) 药品作用的两重性。药品可以防病治病、保健康复，但多数药品又有不同程度的毒副作用。若管理得当，使用合理，可治病救人，预防疾病，维持健康。反之，管理混乱，使用不当，则危害健康乃至生命安全，破坏社会生产力，产生严重后果。

(2) 药品很强的专用性。药物有利也有其弊，若滥用药物可能造成中毒或产生药源性疾病。当疾病经过医生的检查、诊断后，在医生的指导下合理用药，才能达到防病治病和保护健康的目的。

(3) 药品质量的重要性。药品质量与人民群众的健康和生命息息相关。符合质量标准要求，才能保证疗效。所以，进入流通渠道的药品，只允许有合格品，绝对不允许有次品或等外品。为此，国家授权卫生部组织医药专家制定并颁布药品标准，未经卫生部批准，任何个人或单位都不得对之加以更改。

信息框

“质量门”——重大药品质量安全事件频发

自2009年至今，已出现9起引发中国消费者广泛关注的重大药品质量安全事件。药品质量安全正成为新的关注焦点。2009年3月爆发的“15种感冒药被指副作用致命”事件；2010年2月爆发的“葛兰素史克治疗咳嗽畅销药遭叫停”事件；2010年5月曝出的“诺华被指隐瞒药品不良反应，抗乙肝药致患者死亡”事件；2011年6月曝出的“拜耳优思明避孕药被指增患血栓风险”事件；2012年4月曝出的“修正药业等药企胶囊产品铬超标(毒胶囊)”事件；2012年7月曝出的“罗氏制药涉嫌隐瞒上万死亡病例”事件；2012年12月曝出的“云南白药主线产品质量门”风波。2013年4月广药“维C银翘片含毒”事件、2013年6月德国拜耳制药旗下的明星避孕药物“达英-35”又陷入“质量门”。

在短短的几年里，就连续发生多起震惊全球的药品质量安全事故，每个事件对患者造成的伤害，都表明了药品质量的重要性，也反映出药品生产、流通和使用环节中存在各种隐患，让整个行业蒙羞，使舆论为之哗然。

资料来源：中国质量新闻网. http://www.cqn.com.cn/news/zgzlwlx/748802.html.

(4) 药品的限时性。① 药品时效性。药品具有有效期，过期的药品不得销售和使用。② 用药限时性。因疾病发病具有一定的季节性、周期性，在疾病爆发后需要立刻及时地获取药品进行救治，这就要求药品生产、经销企业及医疗卫生单位对药品要有适当的储备。

(5) 药品等级的一致性。一般商品往往有等级之分，即所谓的一等品、二等品、等外品，等等，甚至残次品亦可削价销售。对于药品而言，只分为合格药品和不合格药品，不合格药品绝不能出厂、销售和使用，否则，就是违法。

(6) 药品管理的科学性。消费者因为有限的知识和信息，难以辨别药品的质量，必须由专业人员和专门机构运用专业仪器设备、可靠的方法，在法定标准下，对药品做出鉴定或评价。

必须指出的是，许多药品，特别是新药，还需要通过上市使用一段时间后，经过长期的、大量的调查、统计和分析，进行再评价，才能发现其毒副反应。为此，我国已经在努力逐步完善药品不良反应监测和药品质量信息反馈系统。

信息框

“幼儿园”为何沦为“药儿园”

2014年3月，西安市两所幼儿园擅自喂食幼儿处方药的事件轰动社会，从中暴露出的诸多问题和线索都涉及方方面面。而一波未平，一波又起。继陕西西安被曝幼儿园给幼儿服用“病毒灵”后，吉林省吉林市以及湖北省宜昌市先后出现幼儿“被服药”状况。而在近年中，在幼儿园中屡屡发生的虐待儿童事件等也曾引发公众广泛关注。

从这些“喂药丑闻”中，我们最能够发现的是，作为处方药，为何会被幼儿园方面大量获取，处方药的流通渠道为何会失去必要的监管，尤其是没有做过儿童临床试验的药品，为何会流向幼儿园。从园方购药、保存直到最后的服用无人监管，直至幼儿园的不合格保健医生随意给孩子开处方药服喂，一系列漏洞百出的环节，凸显了相关部门对幼儿园卫生保健领域的监管短板。

资料来源：新华网. http://www.hb.xinhuanet.com/2014-03/19/c_119848593.htm.

（三）医药消费者市场购买行为的内容

医药消费需求是消费者的需要和购买动机在利用医药服务和产品过程中的具体表现，它较之需要动机有着更加直观、具体、丰富的内容。医药需要主要反映消费者为什么购买，以及由需要指向的购买对象，而需求则具体地表现消费者在何时、何处、如何以及由谁购买。

1. 何时购买

医药服务产品只有产生客观需要时，才有可能形成需求。医疗卫生服务是针对疾病提供的，健康的时候是无法利用这些服务的；药品及其他物品，是对异常的生理现象的调整，也不可能在没有疾病的情况下使用。

2. 何处购买

由于药品的特殊属性，在我国药品消费中最主要的购买地点：一是医院（医疗单位），二是药店。药品营销策略会因为地点、场所的不同而改变。消费者在医院购买药品时，医生会开具处方来说明选择药品的品种和数量，同时还要依据《基本医疗保险目录》的条例。病人也可以根据自身情况和掌握的医药知识进行自主决策，在药店购买药品。因此，医药企业也要做好对广大消费者的推广宣传工作，从而促进药品的销售。

3. 购买什么

在研究消费者购买什么时，最为基础的是要解决企业目标顾客最想得到的产品和服务是什么的问题，这样才能确定市场营销定位。

4. 由谁购买

医药产品由购买到使用的过程涉及提议者、影响者、决策者、购买者和使用者。不同阶段的主体可以不同，研究和分析的目标也不同。

二、医药消费者市场购买行为的模式

（一）医药消费者市场购买行为的一般模式

医药消费者市场购买行为，是指消费者为了满足其自身的某种需要，在寻找、购买、使用以及评价产品或服务时所产生的行为。因此，医药消费者市场购买行为是我们日常生活中最为普遍的一种行为活动。

心理学家在不断研究医药消费者的购买行为之后，总结出其中所存在的共性，即消费者市场购买行为的一般模式：刺激—反应模式（S—R 模式），如图 5-1 所示。

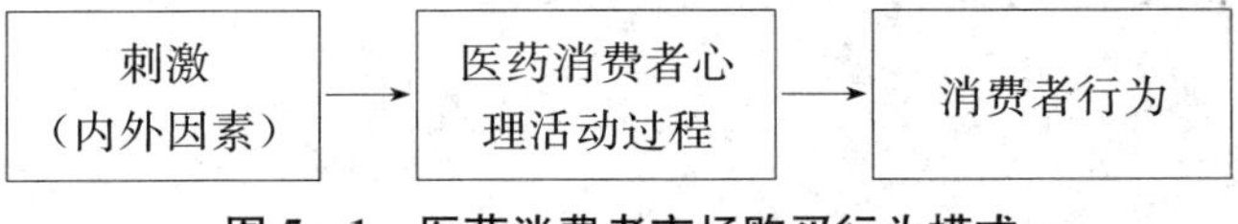

图 5-1　医药消费者市场购买行为模式

购买者的外界刺激分为两大类：第一类是由企业的营销组合策略所引起的刺激，包括产品、价格、广告、促销等；第二类是由环境所引起的，包括政治、经济、文化、科技等。消费者在各种刺激下，经由其心理复杂的变化过程，产生购买行为。其中，心理学家将消费者的心理反应过程称之为“购买者的黑箱”。

企业营销部门制定计划其中的一个重要因素就是消费者市场购买行为的一般模式，企业可根据自身产品或服务的特点向消费者进行一定的刺激，促进购买行为的产生，扩大销售。

（二）尼科西亚模式

该模式是 20 世纪 60 年代，尼科西亚在其《消费者决策过程》中提出来的。该模式由四大领域构成，如图 5－2 所示。

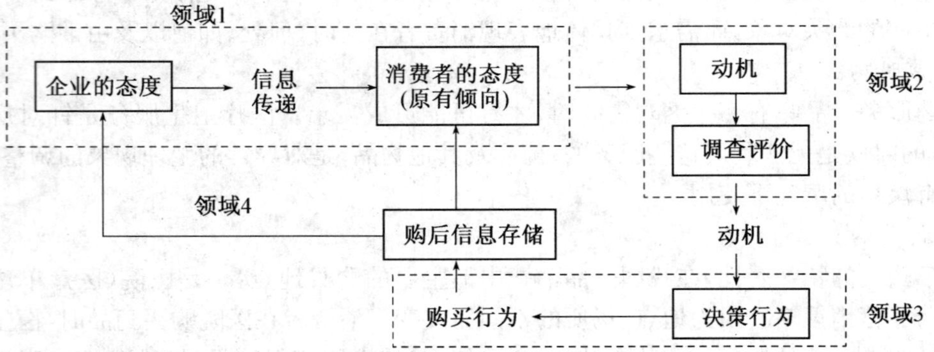

图 5－2　尼科西亚模式

领域 1 为“从信息源到消费者态度”，表示企业通过推销活动把信息发射给消费者，消费者受其信息的影响，并经过自己处理而形成对商品和服务态度的输出。

领域 2 表示消费者形成对某商品和服务的态度后，就开始对该商品和服务进行调查和评价，并形成购买动机的输出。

领域 3 表示在购买动机的驱使下形成购买决策并采取购买行动。

领域 4 表示消费者购买后，将购买经验（或者教训）反馈给大脑储存起来，以指导今后的购买行为，或者把购买后的感受反馈给企业。

第二节　影响医药消费者购买行为的因素

与普通的消费相比，医药消费具有很大的不同，影响因素更多的是客观因素，这是由疾病的客观性所决定的。在这样的一种特殊背景下，购买行为受到其内在因素和外在因素的相互促进、相互影响。

一、影响医药消费者购买行为的一般性因素

（一）文化因素

1. 文化

文化属于宏观环境因素之一，它制约着人们的价值观念、风俗习惯、伦理道德和思维方式，从而影响着人们的消费行为。当今，中国人的消费，特别是在穿着上敢于“标新立异”的人逐渐多了起来，但是其程度仍受到传统文化的影响。中国人比较重视人们之间感情的联系，喜欢请客，讲究送礼。

在大健康的社会风气下，随着经济水平的提高，中国人更注重预防保健，医疗保健食品逐渐成为医药消费者追逐的热门产品。

什么是"大健康"

大健康，就是紧紧围绕着人们期望的核心，让人们"生得优、活得长、不得病、少得病、病得晚、提高生命质量、走得安"。大健康，应该包含两个层面的内容：一是指与人体健康相关的产品，比如说保健食品、药妆、功能性日用品等；另一个是包括体检、疾病康复、社区教育等的医疗服务。

随着经济发展和人们生活水平的迅速提高，人们在尽情享受现代文明成果的同时，文明病，即生活方式病正日益流行，处于亚健康状态的人群越来越多。生活条件提高了，可食品安全和环境卫生问题却层出不穷，生活质量反而不断下降了。如今，人们一些慢性病问题突出，不重视亚健康状况，这已经严重影响人们的身体健康，耗费大量的社会医疗资源和医疗费用。

大健康倡导一种健康的生活方式，不仅是"治病"，更是"治未病"。发展大健康，有助于消除亚健康，提高身体素质，减少痛苦，做好健康保障、健康管理、健康维护；帮助民众从透支健康、对抗疾病的方式转向呵护健康、预防疾病的新健康模式。

资料来源：百度百科. http://baike.so.com/doc/6525554.html.

2. 亚文化

亚文化是指在一定范围内的群体具有文化同一性的价值观、信念和习惯。它是一个相对的概念，是总体文化的次级文化。基于不同的标准，亚文化可划分为不同的类型，如表 5－1。

表 5－1　主要的亚文化类型

人口统计指标	亚文化举例
种族	黄种人、白种人、黑种人
民族	汉族、满族、回族、羌族、苗族
宗教	佛教、基督教、伊斯兰教
地理	东南亚、东欧、北非、澳洲
收入水平	贫困、温饱、小康、富裕
职业	农民、公务员、工人、医生、教师
年龄	儿童、青年、中年、老年

由于不同的地理环境、风俗习惯、宗教条例和经济水平，人们往往具有不同的生活方式和偏好，同样地，对于药品和医药服务的需求也不尽相同，例如，市场上有专门针对儿童和老年人的用药，因为体质的不同，药物配方和剂量也会因此改变；地方性氟中毒的表现也同样明显，我国西部较常见的是燃煤污染型，而东北三省较为常见的是饮水型中毒。

宗教信仰的偏好和禁忌

佛教、基督教和伊斯兰教为世界三大宗教，其分支教派很多，但以上述三大宗教影响最广，教徒分布地域最广。每一宗教的教徒均有其最喜爱和厌恶的色彩,这有其宗教的渊源。佛教徒崇尚的是黄色,因为黄色是代表太阳的颜色,表示华丽和光辉。信仰佛教的地区,居民多以红色为吉庆色,以白色为丧事用色。绿色是伊斯兰教徒喜爱的色彩,因为绿色为沙漠中肥沃的绿洲之色,象征吉祥和相爱。与佛教不同,伊斯兰教视黄色为死亡的象征,黄色因而特别不受欢迎。基督教把蓝色看作是象征天国的颜色,也视为海洋之色,欧洲人历史上把蓝色视为高贵身份的表示。所以蓝色被选为欧共体的代表色,许多公司的标志、产品目录、包装设计都以蓝色为主色。

每一宗教又都有重要节日活动,例如,基督教有圣诞节、复活节、万圣节和感恩节四大节日。每一宗教又有许多清规戒律,例如,印度教徒的等级观念、家庭观念以及因循守旧的观念根深蒂固;佛教的核心思想与追求富贵和成就的思想相对立;伊斯兰教徒禁食猪肉,禁止饮酒等。伊斯兰教国家均禁用女性人体作商品广告和包装图案,他们还禁忌六角星,因六角星是以色列国旗图案。伊斯兰教国家禁止下国际象棋,他们认为玩国际象棋是训练人们篡夺王位。

资料来源:医药招商网. http://www.yy21.net/news/sh/3739923431.html.

(二) 社会因素

1. 相关群体

只要一群人在消费中存在相互影响,那么就构成了相关群体,不论他们之前是否相识或有无组织。日常生活中影响消费者的常见相关群体包括:家庭、同学、同事、亲戚朋友、邻居、社会团体、名人专家等,都可能成为影响消费者行为的参照系。

2. 家庭因素

家庭与消费活动有着极为密切的关系,大部分的消费行为都是以家庭为单位进行的。

(1) 不同决策类型家庭的分析。在家庭经济生活中,消费占有极其重要的地位,家庭的消费既包括家庭成员的共同消费,也包括其中个别成员的消费活动,决定进行购买可以是共同商量后的结果,也可以是个别人做主。家庭决策类型可以分为四种:自主决策、妻子决策、丈夫决策、共同决策。

(2) 家庭生命周期分析。家庭生命周期是指绝大多数家庭所必经的从组建到解体的历程。一般地,划分为六个阶段:新婚阶段,即已婚无子女时期,处于这一时期的家庭一般无过重负担,经济相对独立;满巢期一,即子女较小时期,指年轻夫妇,有一个 6 岁以下的小孩,经济负担开始加重,家庭消费较多的是以子女为中心;满巢期二,即子女长大尚未独立时期,指年纪稍大的夫妇,有 6 岁以上的小孩,这一时期以子女为中心的消费心理略微减少,并且消费更加注重求实求廉;满巢期三,即指年纪较大的夫妇,有能自立的子女,这一时期更多的则是体现老年人的消费需求和行为活动;空巢期,指年纪大的夫妇,身边无子女;鳏寡期,指老年单身独居。

处在不同阶段的家庭,对产品的需求和构成有极大的差别。对医药企业而言,应对家庭生命周期不同阶段进行具体分析,区别对待,从而做出有效的销售决策。

(3) 家庭收入的分析。家庭收入是家庭消费的经济基础,在很大程度上决定家庭的消费行为。根据恩格尔定律,家庭的食物支出占家庭收入的比例,反映着该家庭的消费水平。恩格尔系数高,在一定程度上说明其消费理性强,比较难受到促销的影响;恩格尔系数低,说明家庭有加高的消费水平,现实的购买能力强。

3. 社会阶层

(1) 对信息的利用和依赖程度的差异。高社会阶层的消费者因受教育程度高,读书、看报、翻阅杂志的时间与机会较之低社会阶层者要多，因而可充分利用不同媒体获取有价值的商品信息；而社会低层由于他们的信息来源有限，通常缺乏对误导和欺骗性信息的甄别力，亲戚、朋友和邻居提供的信息也同样影响低层消费者的购买决策。例如我国农村消费者，获取商品信息的渠道窄。另外，不同社会阶层的消费者购买商品时对广告的依赖也有很大差异，上层消费者大多依赖广告指导商品选择，而下层消费者其依赖程度则要低得多。

(2) 支出模式上的差异。不同阶层在医药及医药保健品的消费支出模式上也具有明显差异。社会中层除了在预防疾病和及时治疗上进行消费，为了维持健康，他们也会注重养生和保健，然而从这一方面相较于社会上层来说，他们的消费远远不及上层用于名贵药材、最先进的美容、养生技术的支出。而受到收入水平制约的社会下层，通常只会在患病后才购买药品进行治疗。

(3) 购物方式上的差异。高阶层的消费者因为没有较多经济上的限制通常会选择去高档、豪华的消费场所，而低层的消费者会根据自身的情况去与之地位相称的场所消费。上层消费者因为其生活环境和价值观的不同，他们对商品的质量和附加的服务都有较高的要求，中层消费者消费更谨慎，低层消费者更为在乎的是性价比，对价格较为敏感。

(三) 个人因素

1. 年龄

不同年龄的人的需求和消费偏好有较大不同。比如，儿童由于处于生长发育期免疫力较差，对感染性疾病用药和预防性用药的需求较大。中年人较为注重方便快捷、理性求实，他们更愿意选择去离家或工作地点近的药店购买药品。老年人群一般对强身健体、营养滋补类的保健品的需求较大。

2. 性别

男性消费者的理性较强，目标明确、决断，对价格的敏感度较低，往往在出现购买欲望之后就快速采取购买行为。女性消费者感性较强，往往具有从众心理，对价格的敏感度较强，她们更喜欢性价比高、物美价廉的商品。

3. 价值观

有些人注重养生和健康，他们会积极预防、维持自身的身体素质；而有些人只会等到出现患病的迹象乃至已经患病后才会选择就医或购买药品进行治疗。

4. 机体因素

患者机体方面的差异与药物效应的关系密切，有时是对药物起决定作用的因素。

(1) 个体差异。个体的差异对药物反应不同，表现在某些高敏性患者、对某些药物产生依赖性和成瘾性的患者、个体的耐药性程度不同，对药物的反应也不同。致敏反应，即药物性变态反应；耐受性，即机体对药物反应性；耐药性，即病原体或肿瘤细胞对药物的敏感性。

(2) 遗传因素。一些先天性遗传异常会影响药物的疗效，主要表现在药物体内转化的异常，可分为快代谢型和慢代谢型。快代谢型会使药物的代谢加快，迅速灭活，血药浓度下降，药效降低；而慢代谢型则使药物的代谢缓慢，半衰期延长，血药浓度升高，不良反应增加。

(3) 病理状态。疾病的进展程度、并发症都会影响药物的疗效。比如结核病人若同时伴有糖尿病，服用抗结核药物时，糖尿病的血糖往往控制得不理想，降糖药物的疗效较差，同时抗结核药物的疗效也不佳。

(四) 心理因素

医药消费者心理是医药消费者在满足需要活动中的思想意识，它支配着医药消费者的购买行为。影响医药消费者购买的心理因素有动机、感受、态度、学习。

1. 动机

(1) 需要引起动机。需要是人们对于某种事物的要求或欲望。就医药消费者而言，需要表现为获取治疗需要和预防需要。马斯洛的"需要五层次"理论，即生理需要、安全需要、社会需要、尊重需要和自我实现的需要。需要产生动机，医药消费者购买动机是医药消费者内在需要与外界刺激相结合使主体产生一种动力而形成的。

(2) 购买动机的类型。动机是为了使个人需要满足的一种驱动和冲动。医药消费者购买动机是指医药消费者为了满足治疗和预防保健的需要，产生购买药品的欲望和意念。购买动机可分为两类：① 生理性购买动机。生理性购买动机指由人们因生理需要而产生的购买动机，如病痛，又称本能动机。② 心理性购买动机。心理性购买动机是指人们由于心理需要而产生的购买动机。根据对人们心理活动的认识，以及对情感、意志等心理活动过程的研究，可将心理动机归纳为以下三类：a. 感情动机。感情动机指由于个人的情绪和情感心理方面的因素而引起的购买动机。根据感情不同的侧重点，可以分为三种消费心理倾向，即求贵、求美、求荣。b. 理智动机。理智动机指建立在对药品的客观认识的基础上，经过充分的分析比较后产生的购买动机。理智动机具有客观性、周密性的特点，在购买中表现为求实、求廉、求安全的心理。c. 惠顾动机。惠顾动机指对特定的药品或特定的药店产生特殊的信任和偏好而形成的习惯重复光顾的购买动机。这种动机具有经常性和习惯性特点，表现为嗜好心理。

人们的购买动机不同，购买行为必然是多样的、多变的。要求医药企业营销深入细致地分析医药消费者的各种需求和动机，针对不同的需求层次和购买动机设计不同的产品和服务，制定有效的营销策略，获得营销成功。

2. 感受

医药消费者购买如何行动，还要看他对外界刺激物或情境的反映，这就是感受对医药消费者购买行为的影响。感受指的是人们的感觉和知觉。

在刺激物或情境相同的情况下，医药消费者有不同的知觉，他们的购买决策、购买行为就截然不同。医药消费者知觉是一个有选择的心理过程，其中包括有选择的注意，有选择的曲解，有选择的记忆。

分析感受对医药消费者购买的影响，其目的是要求医药企业营销掌握这一规律，充分利用医药企业营销策略，引起医药消费者的注意，加深医药消费者的记忆，正确理解宣传，影响其购买。

3. 态度

态度通常指个人对事物所持有的喜欢与否的评价、情感上的感受和行动倾向。作为医药消费者，态度对医药消费者的购买行为有着很大的影响。医药企业营销人员应该注重对医药消费者态度的研究。医药消费者态度包含信念、情感和意向，它们对购买行为都有各自的影响作用。

(1) 信念。信念指人们认为确定和真实的事物。在实际生活中，医药消费者不是根据知识，而常常是根据见解和信任作为他们购买的依据。

(2) 情感。情感指药品和服务在医药消费者情绪上的反应，如对药品或广告喜欢还是厌恶。情感往往受医药消费者本人的心理特征与社会规范影响。

（3）意向。意向指医药消费者采取某种方式行动的倾向，是倾向于采取购买行动，还是倾向于拒绝购买。医药消费者态度最终落实在购买的意向上。

研究医药消费者态度的目的在于医药企业充分利用营销策略，让医药消费者了解医药企业的药品，帮助医药消费者建立对本医药企业的正确信念，培养对医药企业药品和服务的情感，让本医药企业产品和服务尽可能适应医药消费者的意向，使医药消费者的态度向着医药企业的方面转变。

4. 学习

学习是指由于经验引起的个人行为的改变。即医药消费者在购买和使用药品的实践中，逐步获得和积累经验，并根据经验调整自己购买行为的过程。学习是通过驱策力、刺激物、提示物在相互影响、相互作用下而进行的。

驱策力是诱发人们行动的内在刺激力量。例如，某医药消费者重视身份地位，尊重需要就是一种驱策力。这种驱策力被引向某种刺激物——高级营养品时，驱策力就变为动机。在动机支配下，医药消费者需要做出购买高级营养品的反应。但购买行为的发生往往取决于周围的“提示物”的刺激，如看了有关广告、药品陈列，他就会完成购买。如果效果很满意的话，他对这一药品的反应就会加强，以后如果再遇到相同诱因时，就会产生相同的反应，即采取购买行为。若反应被反复强化，久之就成为购买习惯了。这就是医药消费者的学习过程。

二、影响医药消费者购买行为的特殊因素

（一）处方药购买的影响因素

处方药与其他药物的最大不同，在于需要凭处方购买。这也就导致了医药消费者在购买处方药时受到一定条件的限制。

1. 一般处方药购买的影响因素

（1）医生主导性。由于国家对医疗市场准入的严格控制，医患之间对于专业知识掌握的差别非常大，在医疗服务提供的过程中，医生占据绝对的主导地位，可能会出现故意开贵药、多开药、延长住院时间等情况，患者出于对疾病的恐惧心理和处于信息的劣势地位，只能被动地选择接受相信医生，很难或者无法根据自己的知识存量来判断医生的医术和诊断的好坏，最多只能凭借医生态度的好坏或者治疗方案能否接受等主观感受来做出判断。

（2）医疗保险制度。基本医疗保险国家药品目录将药品分为三类，第一类甲类，可以全部进入医保报销范围，按医保比例报销；第二类乙类，用此类药需个人先按一定比例承担部分费用后，剩余部分进入医保报销范围，按医保比例报销；第三类丙类，这部分的药是不报销的，全部由个人承担。不同产品的报销比例不同使得医药消费者的购买考虑也不尽相同。

2. 中草药购买的影响因素

中草药是我国独有的特色和优势领域，其天然的、绿色的理念使得医药消费者对中草药的购买更为频繁。影响消费者对于中草药的购买行为的因素主要有以下几个方面。

（1）以往用药经验。医药消费者依据自己或他人使用中草药的经验来选择。比如，是否比西药更有效、副作用更小；是否比西药更治本；与西药相比，疗效时间的长短；中草药的口感如何等评价标准。这些都会影响医药消费者对中草药的购买。

（2）消费者对中草药及医师的信任程度。医药消费者凭借多种途径对中草药和中药医师

的了解，评估其是否具有相应的疗效和过硬的技术。医师的技术水平往往在很大程度上影响消费者的行为，如医药消费者对中医名家、国医大师更加信任。

信息框

处方药网上买？梦想很丰满

2014 年 5 月末，国家食品药品监督管理总局发布《互联网食品药品经营监督管理办法(征求意见稿)》，提出将解禁处方药网上销售。医药电商的市场空间从 2 000 亿元的 OTC 市场扩展到近万亿规模，对行业来说是个巨大利好；而对老百姓来说，是否意味着未来购药、医疗消费将更加方便，处方药网售即将开放，摆在面前还有许多现实问题亟需解决。

1. 处方如何嫁接、验证是个问题.

处方药与 OTC 药物的最大不同，在于需要凭处方购买。处方药放开后，处方外流、处方验证成为一个最重要的话题。目前，91%的处方药市场掌握在医院手里。在技术层面上，医院已经实现了电子处方，但现实是处方出不了医院系统。实现处方外流需要国家层面的强制推行，并且其推行起来有一定的难度，即使消费者拿着处方到电商平台购药，专业平台需要验证处方的真实性、时效性后，才能实现销售。处方单的上传、验证就是亟待解决的问题。

2. 医保支付开不开放是个问题

医药电商的主流消费产品为医疗器械、计生用品、保健美容用品等非医药类产品，OTC 药物的占比很低。消费习惯和医保卡支付没有开放，是主要的原因之一。消费者在医院买药可以用医保卡报销，然而，目前网上购药不能使用医保卡，这是个很实际的问题。网上买药如果不能报销，势必会大大降低消费者网购药物的兴趣和处方药电商的发展速度。医保目录内的药品有限，医保消费在全国医药流通体量里只占 40%左右，也就是说绝大部分是自费药。因为是自费用药，用户更有需求寻找一个价格更优惠、安全、专业、便捷的渠道来购买，这就是网上药店的机会。

3. 专业人才建设是个问题

医药产品与服装、化妆品等其他电商产品不同，特别是处方药，涉及医疗治病的专业领域。因此，一旦处方药电商开放，对电商平台从业人员的素质要求和专业性要求也会更高。如何让用户享受到专业、安心的服务，是未来竞争的关键。例如，客服系统的人员最好聘用医药相关专业的毕业生，以保证专业性，确保提供优质专业的服务，加强消费者对平台的信任度。国内涌现的不少轻问诊平台如春雨医生、杏仁医生等，充当家庭医生的身份，为消费者诊疗提供指导。虽然目前已有轻问诊平台与医药电商平台展开合作，但多只是简单层面的，医生独立问诊的方式仍然很难将药品销售与消费者需求有效地结合起来。

资料来源：中国经济网. http://life.ce.cn/gd/201412/26/t20141226_2205421.shtml.

(二) OTC 药品购买的影响因素

OTC 是消费者可以不经过医师处方，直接从药房或药店购买的药品，而且是不在专业医疗人员指导下就能安全使用的药品。影响 OTC 药品购买的因素主要有以下几个方面。

1. 购买便利性

由于医药消费者可在任意药店购买 OTC 药品，所以消费者往往会选择距离自己较近的场所进行购买，并选择货架上的品牌而不是特意到某地药店购买特定品牌的药品。例如，上海的OTC自动贩卖机，不仅提供常见病用药，其24小时的贩卖时间更加便捷了医药消费者。

2. 药品价格

OTC药品的品种多种多样所引起的不同厂家品牌的竞争，不同成本、包装等带来药品价格的不同同样影响着医药消费者的购买行为。

3. 品牌知名度

大部分医药消费者普遍认为品牌OTC产品与普通OTC产品相比，其质量、疗效更加可靠、安全，由于《药品广告审查办法》的规定，OTC广告的发布受到明显阻碍，使得电视广告上仅有的OTC产品品牌更深入人心，医药消费者会仅凭自己所熟知的品牌进行购买。

葵花牌胃康灵胶囊和小儿肺热咳喘口服液的广告“轰炸”

“买胃康灵胶囊，认准葵花牌。”、“小葵花妈妈课堂开课啦！孩子感冒咳嗽老不好，多半是肺热。”这样的广告语百姓可能并不陌生。葵花药业公司非常注重广告的拉动作用，从成立至今在广告方面的投入累计超过10亿元，报告期内广告及业务宣传费分别为22 756.81万元、22 041.48万元和24 805.35万元，分别占销售费用的40.61%、36.73%和30.45%，费用总额逐年上升。

葵花牌胃康灵胶囊和小儿肺热咳喘口服液正是通过“连番轰炸”的广告模式，成为为百姓知晓的OTC产品。由于其言简意赅的表述，不仅成功抓住医药消费者的诉求，认准儿童肺热引发咳嗽这一市场，加深父母对其专业性疗效的特点和印象，从而给予消费者一种指导作用，让消费者对其药品功效在了解的基础上有了进一步购买的可能性。受广告拉动，胃康灵胶囊和小儿肺热咳喘口服液累计销售分别达7.03亿元和7.90亿元。

资料来源：中经联播. http://stock.10jqka.com.cn/newstock/20140611/c566023090.shtml.

（三）保健食品购买的影响因素

保健食品是指适宜于特定人群食用，具有调节机体功能，不以治疗疾病为目的的食品，也包括维生素、矿物质等营养素补充剂。影响保健食品购买的因素主要有以下几个方面。

1. 个人认知

个人对于保健食品的认识不同会引发不同的购买行为。部分人认为年轻身强体壮不需要保健，所以他们往往只会给老人进行购买；有些人认为保健食品只是一般食品冠以保健的噱头来吸引消费者，他们则不会进行购买。

2. 大众媒体与社会宣传

现今，保健食品的宣传，特别是商业广告如“脑白金”“北大富硒康”“雪源康”等由于重复性的播放，消费者的印象逐渐加深，消费者往往会选择这些品牌响亮、耳熟能详的保健食品。

购买保健食品要做到“三查”

随着居民钱袋子越来越鼓，更注重保健养生，保健品随之走红，可保健品市场却鱼龙混杂、良莠不齐。为了让消费者购买到合法、合格的保健食品，购买保健食品时，应做到“三查”。

一查经营企业资质。消费者要查看经营企业是否具有市级保健食品经营企业备案审核表，在市辖区范围内的合法保健食品经营企业都已到市食品药品监管局进行了备案。

二查保健食品有效期。消费者要查看所购买的保健食品是否超过了有效期，避免购买到过期的保健食品。

三查批准证书。消费者要查看保健食品的批准证书相关文件是否与保健食品的包装标识的批准证书号、名称、厂家等信息一致。批准证书相关文件可以要求保健食品经营企业提供，或上网登录国家食品药品监督管理局官方网站 www.sda.gov.cn 自行查询。

资料来源：光明卫生. http://health.gmw.cn/newspaper/2015-01/01/content_103419771.htm.

第三节　医药消费者购买行为类型

由于医药产品消费主体的特殊性，其消费初衷是来自于生理上的需要，如果不能及时使用医用产品，则会对健康造成一定损失，甚至殃及生命。与此同时，病人没有足够的时间来进行产品的选择，他们不得不在有限时间内做出购买决策，所以，医药消费者与普通消费者之间存在很大差异。

一、根据购买者参与程度和品牌间差异程度划分

购买介入程度和品牌差异大小是影响医药消费者购买复杂程度的主要因素。购买介入程度指医药消费者购买风险大小或医药消费者对购买活动的关注程度。如果医药产品价格昂贵，消费者缺乏产品知识和经验，购买具有较大风险性和高度自我表现性，这属于高度介入购买行为，这类消费者称为“高度介入购买者”；如果产品价格低或医药消费者有产品知识和购买经验，购买无风险或无自我表现性，则是低度介入购买行为，这类医药消费者称为“低度介入购买者”。影响消费者介入程度的因素有：个人特性，如兴趣、价值观；刺激特性，如价格、传播来源；情景特性，如购买场合、使用场合等。阿萨尔（Assael）根据购买者的购买介入程度和产品品牌差异程度区分出四种复杂程度不同的购买类型，见表 5-2。

表 5-2　购买行为的四种类型

购买介入程度 / 品牌差异程度	高	低
大	复杂的购买行为	多样性的购买行为
小	减少失调感的购买行为	习惯性的购买行为

（一）复杂的购买行为

如果医药消费者属于高度介入购买者，并且了解现有各医药产品的品牌、质量、品种和规格之间具有显著差异，则会产生复杂的购买行为。复杂的购买行为指医药消费者购买过程完整，要经历大量的信息收集、全面的药品评估、慎重的购买决策和认真的购后评价等各个阶段。

例如，在抗肿瘤药物中，希罗达（卡培他滨）是由罗氏公司开发的口服氟代嘧啶类抗肿瘤药物，用于联合化疗治疗晚期或转移性结直肠癌、晚期或转移性胃癌；泰索帝（多西他赛）是法国赛诺菲公司研制开发并生产的一种新型抗肿瘤药物，用于治疗晚期乳腺癌和非小细胞瘤；恒瑞

医药主打抗肿瘤药物产品有艾素(多西他赛)、艾恒(奥沙利铂)等,奥沙利铂的适应症是结直肠癌。不同品牌的抗肿瘤药物又有不同的适应症,医药消费者在产生需要之后又因这种种不同因素产生多样性的选择,最终影响其购买行为并使之复杂化。

对于复杂的购买行为,营销者应制定策略帮助购买者掌握医药产品知识,运用印刷媒体、电波媒体和销售人员宣传本品牌的优点,发动药店营业员和购买者的亲友影响最终购买决定,简化购买过程。

(二) 减少失调感的购买行为

如果医药消费者属于高度介入购买者,但是并不认为各品牌之间有显著差异,则会产生减少失调感的购买行为,即消费者购买某一产品后,或因产品自身的某些方面不称心,或得到了其他产品更好的信息,从而产生不该购买这一产品的后悔心理或心理不平衡。为了改变这样的心理,追求心理的平衡,消费者广泛地收集各种对已购产品的有利信息,以证明自己购买决定的正确性。

例如,现今市场上销售火热的“极草5X冬虫夏草含片”,一种宣称可以“含着吃”的冬虫夏草,以其价格昂贵为市民所熟知。由于广为流传的冬虫夏草的神奇功效和高昂的价格,不少消费者认为其功效甚好且质量保证,从而选择购买。但由于短时间内无法体现疗效,外加出现未检测出虫草素和涉嫌虚假宣传等报道,很多消费者产生后悔购买的心理并不再进行购买。

对于这类购买行为,在基于生产合格、放心药的前提下,要价格公道、不弄虚作假、创名牌,树立企业良好形象。营销者要提供完善的售后服务,通过各种途径经常提供有利于本企业和产品的信息,使顾客相信自己的购买决定是正确的。

(三) 习惯性的购买行为

习惯性购买行为产生的前提是医药消费者处于低度介入状况并认为品牌之间没有显著差异。习惯性购买行为指医药消费者并未深入收集信息和评估品牌,没有经过信念—态度—行为的过程,只是出于习惯而购买熟悉的品牌,在购买后可能评价也可能不评价产品。

该类购买行为较常出现在慢性病中,例如,糖尿病患者在选择降糖药物的购买行为中,由于糖尿病并发症进程缓慢,需要长时间用药,患者一旦选择某品牌的药物,为避免替换药物所带来的安全隐患,则会选择长期购买此种药物。

对习惯性购买行为的主要营销策略有以下三种。

(1) 利用价格与销售促进吸引医生试用。由于医药产品本身与同类其他品牌相比难以找出独特优点以引起医药消费者的兴趣,就只能依靠合理价格与优惠、展销、示范等销售促进手段吸引医生试用或医药消费者购买。

(2) 运用重复性广告加深消费者印象。在低度介入和品牌差异小的情况下,消费者并不主动收集品牌信息,也不评估品牌,只是被动地接受包括广告在内的各种途径传播的信息,根据这些信息所造成的对不同品牌的熟悉程度来决定选择。企业可开展大量广告,使顾客经过被动地接受广告而产生对品牌的熟悉。

(3) 增加购买介入程度和品牌差异。在习惯性购买行为中,消费者只购买自己熟悉的品牌而较少考虑品牌转换,如果竞争者通过技术进步和产品更新,将低度介入的产品转换为高度介入,并扩大与同类产品的差距,将促使消费者改变原先的习惯性购买行为,在价格和档次上与同类竞争性产品拉开差距。

（四）多样化的购买行为

如果医药消费者属于低度介入购买者并了解现有各医药产品品牌和品种之间具有显著差异，则会产生多样性的购买行为。多样性的购买行为指医药消费者对产品品牌差异大，功效近似的医药产品，不愿花太多时间选择，而是随意购买，并在消费时加以评估，但是在下次购买时又转换其他品牌的行为。

这种购买行为类型往往存在于日常、低价药品中，例如，为了强身健体的保健食品品牌也有很多种，较常出现的品牌包括汤成倍健、养生堂、善存等，由于都属于维生素类保健食品，消费者并不十分介意其中的差别，会因各种原因更换品牌。

对于寻求多样性的购买行为，市场领导者和挑战者的营销策略是不同的。市场领导者力图通过占有货架、避免脱销和提醒购买的广告来鼓励医药消费者形成习惯性购买行为。而挑战者则以较低的价格、赠送样品和强调试用新品牌的广告来鼓励医药消费者改变原习惯性购买行为。

二、根据购买目标选定程度划分

医药消费者根据不同的生理需求购买医药产品，由于需求的不同而产生不同的购买决策。医药消费者自身的专业性较低使得其不足以了解任意产品的属性，造成不同选定程度的购买行为。

（一）确定型

确定型指医药消费者在购买药品以前，已经有明确的购买目标，对药品的名称、型号、规格、式样、商标以至价格的幅度都有明确的要求。这类医药消费者进入药店以后，一般都是有目的地选择，主动地提出所要购买的药品，并对所要购买的药品提出具体要求，当药品能满足其需要时，则会毫不犹豫地买下药品。

针对这类消费者，企业一方面要着重宣传本企业药品的功效和特色，加深消费者的第一印象，慢慢渗透消费者的购买潜意识，促进消费者选择购买本企业药品；另一方面要更加全面掌握这类顾客的需求，要积极提供具有针对性的产品，保持顾客的忠诚度。

（二）半确定型

半确定型指医药消费者在购买药品以前，已有大致的购买目标，但具体要求还不够明确、具体，直到购买行为发生时，经过反复地对同类商品或服务进行比较、选择过后，才最终确定所要购买的对象。

由于服务人员不能容易、明确、清晰地了解顾客对所需商品的各项要求，所以不太容易为顾客提供合适的服务。针对这类消费者，在其出现比较、犹豫的过程中，企业的营销人员应积极展现药品特色，普及药品知识来增加消费者的信任程度以促进消费。

（三）不确定型

不确定型指医药消费者在购买药品以前，没有明确的或既定的购买目标。这类医药消费者进入药店主要是观望，漫无目标地观看药品或随便了解一些药品的销售情况，每一种药品都能够引发消费者的购买需要，消费者偶尔购买，有时则观后离开。如生活中储备的治疗常见病的低价药品。

这类顾客在进入商店前没有明确的或坚定的购买目标，进入商店主要是参观，购买欲望不强烈。针对不确定型的消费者，可以结合媒体宣传和现场营销的方式来双重引起消费者的兴趣、增加消费者的印象，要让消费者觉得既保证了质量安全，又得到了更好的疗效。

三、根据购买态度与要求划分

(一) 顺从型

这类消费者缺乏主见，对所要购买的商品或服务不进行比较、分析，往往受到大众购买趋势的影响，这种购买行为类型常常出现于保健食品的购买中。随着大健康时代的到来，消费者更加注重强身健体，由于保健食品并不是因为患病病痛而产生购买需要的产品，人们往往会受广告、销售人员、亲戚朋友的影响跟风进行购买。

针对顺从型的消费者，医药企业应依据市场需求生产出适销对路的医药产品，结合时代健康发展理念，特别是保健食品，更应广泛地进行营销宣传来加深品牌效应，加强宣传，进行口碑营销，提高服务水平。

(二) 自主型

这类医药消费者会根据患者的患病状况，对药品进行多加了解和评估后，选择适合的药品进行购买。例如，秋冬季节的感冒，如果没有并发症可以选用白加黑、感康等药，如发热较重、咽喉肿痛明显，可选择泰诺、力克舒、日夜百服咛等药品。

针对这类消费者，医药企业应注重药品特色，可以是区别于其他同类产品的疗效，或是针对同种疾病的不同人群治疗等。

(三) 遵医型

这类医药消费者无论大病小病及其严重程度，凡购买药品都会遵照医嘱或是向医生寻求购买意见，这种类型较常出现于处方药的购买行为中，医药消费者因为相信医生、医师的专业知识，愿意遵循所开处方或建议。

针对这类消费者，最关键的是要影响医生药师的处方和建议，企业应加强对医生的培训，增加药品的学术推广力度。

不遵医嘱乱用药　不得健康反病倒

因为自己胡乱用药而导致身体伤害的病例时有发生。滥用抗生素、自行配药等是市民常见的错误用药类型，这些都可能导致严重的不良反应。另外，服用的次数、剂量与时间等则是容易忽略的用药问题，漏服、多服、错服等，都可能引发严重不良后果。

例如，常吃“排毒”保健食品，肠道生病。一些保健食品宣传能“排毒”，很多人认为它们没有副作用，就长期吃。其实，这些产品可能含大黄、番泻叶等导泻成分，长期服用易引起脱水、电解质紊乱、营养不良。此外，肠道可能在这些成分的刺激下被“染黑”，出现结肠黑变病，存在癌变风险。

资料来源：中国经济网. http://cq. ce. cn/syc/roll/201407/29/t20140729_1684694. shtml.

第四节　医药消费者购买决策过程

研究医药消费者购买决策过程，对于更好地满足医药消费者的需求和提高医药企业市场营销工作效果具有重要意义。

一、医药消费者购买行为心理分析

(一) 医药消费者购买行为过程的心理变化

需要是医药消费者产生购买行为的基础,它影响医药消费者购买行为的全过程。医药消费者的整个购买过程分为六个阶段,在每一阶段中都存在一个引导医药消费者向下一个阶段发展的密码。

(1) 知晓阶段。这是医药消费者个人发现自己真实需要的产品存在的阶段,在这个阶段,一个真实的、能够满足医药消费者需要的产品是关键。医药企业在做广告宣传时,要真诚地向医药消费者传播真实的、有效的药品信息,以引起医药消费者的注意。

(2) 了解阶段。这是医药消费者个人了解产品的效用的阶段,医药消费者购买药品的目的是使用,以满足自己的需要。在这个阶段,销售人员要熟练地向医药消费者演示产品的使用过程,耐心地向医药消费者介绍产品对医药消费者的实际效用。

(3) 喜欢阶段。这是医药消费者个人对产品产生良好印象的阶段。要使产品在医药消费者心目中有一个良好的印象,产品的外形、性能、效用等必须引起医药消费者足够的重视,最起码与别的产品相比,它具有独特的、引人注目的地方,使人心存喜欢。

(4) 偏好阶段。这是医药消费者个人对产品的良好印象已扩大到其他方面的阶段。这是一个"爱屋及乌"的心理变化过程,是医药消费者由前面的对产品的知晓、了解、喜欢产生的,也是他对销售人员前阶段的热情、真诚的表现所产生的一种肯定态度。

(5) 确信阶段。由于医药消费者对产品或销售人员有了"偏好"这个基础进而产生购买愿望,他认为购买是明智的选择,并且不断地强化这个观念。

(6) 购买阶段。医药消费者把自己的购买态度转变为实际的购买行动,而且始终坚持他自己所选择的产品。

上述六个阶段,医药消费者从最初接触医药企业的某个产品直至转变为购买行为的过程是一个完整的思维活动过程。每个阶段的实际效果取决于医药消费者的三种基本心理状态:认识(Cognition)即医药消费者个人对产品的认识思维;感情(Heart)即医药消费者个人对产品或销售产品的人员的情绪偏向;意愿(Desire)即医药消费者个人在了解产品的效用后所产生的购买动机。我们把认识(Cognition)、感情(Heart)、意愿(Desire)称为医药消费者购买的心理密码,简称为CHD。

(二) 医药企业破解消费者购买行为心理密码的密匙

在激烈的商战中,谁能真正了解医药消费者,破解医药消费者购买行为的密码,谁就是商战的赢家。从医药消费者购买行为过程中的心理变化,提出破译医药消费者购买行为心理密码的密匙,它就是"SMILE"即"微笑"。微笑是人际交往的第一步,也是把医药企业与医药消费者联系起来的纽带。那么,这个密匙(SMILE)包含哪些具体含义呢?

1. "S"就是指"Serve",即服务

营销就是服务,优质的服务可以取得医药消费者的支持,使医药企业从老客户那里像滚雪球似的得到更多新客户。为此,要注意服务的心态、素质与技巧。

2. "M"就是指"Mind",即理智、智能

现在的医药消费者已进入成熟状态,这表现在医药消费者从"量的消费"发展到"质的消

费”；从关心产品的功能到关心产品的品质及服务；从注重产品的实用性到注重给生活带来的品味、充实、美感；从对产品做出好与坏的判断到做出满意与否的判断。

3. “I”就是指“Information”，即信息

在营销过程中要收集并筛选顾客的信息，不管是开发新产品，还是改进服务方式都要以顾客的信息为基础。医药企业开发的新产品是给顾客使用的，顾客是检验新产品质量和效用的最终检验员。

4. “L”就是指“Learn”，即学习

我们提倡医药企业与医药消费者之间的相互学习，前面讲到医药企业与医药消费者之间有不同的价值标准和文化差异，成为影响医药消费者购买行为的重要障碍。这种障碍只有通过相互学习与沟通才能解决。

5. “E”就是“Evaluate Effect”，即评估效果

医药企业要站在医药消费者立场评估产品对医药消费者的真正效用，并且在整理对产品效果的陈述的基础上，按医药消费者认为重要和满意的指标来评估产品效果，不做自以为是的估计和分析。

二、医药消费者购买行为过程

在当今大数据时代，营销要求医药企业必须了解医药消费者的个体需求。通过对消费者数据的分析与挖掘，了解医药消费者购买决策过程，对不同的医药消费者采用差异化销售策略，达到精益化营销。医药消费者的购买决策过程是一个从产生需要到买后感受的长久过程，而不单单是购买行为实施的短暂时间。医药消费者的购买过程可归纳为以下六个阶段，如图5-4所示。

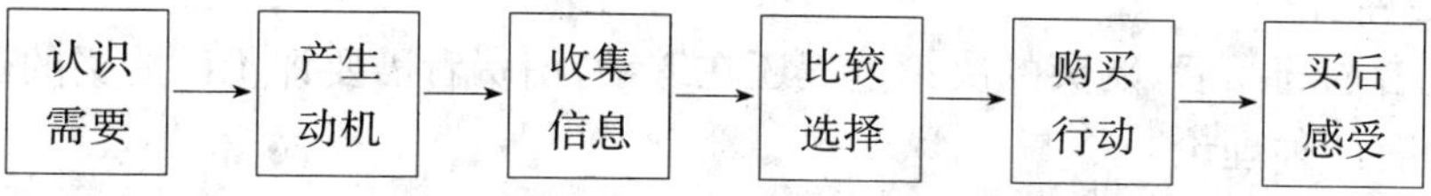

图5-4　医药消费者购买行为过程

（一）认识需要

医药消费者存在客观上的需要和主观上的需要。当需要被消费者认识到的时候才会促进购买决策，当存在以下不同需求时，往往都会引发购买行为：① 突发性需要。当某种疾病产生时，患者产生购买药品的需求。② 习惯性需要。当患者患有慢性疾病时，会经常购买某种药物来进行治疗。③ 怀疑性需要。一些消费者常常会多疑自身健康而去咨询或查找资料，为防范患病产生某些药品的需要。

（二）产生动机

引起医药消费者产生购买药品动机的情况包括：① 疾病发作，或产生不适症状；② 疾病多发季将要来临，提前考虑购买药品（如春秋两季，流行性感冒来临前，购买感冒药及维生素补充剂）；③ 受环境的影响（如超市药店里的展示、药店内的促销活动引起的非计划购买行为）。需要产生动机，动机又各种各样，作为营业人员，主要应了解医药消费者产生什么样的动机，以优质的产品和良好的服务来满足医药消费者的需要。

（三）信息收集

人们产生购买动机后并不一定马上就买。在这种情况下，作为记忆的资料收集起来，并通

过收集其他资料,来完成从知觉到坚定的心理程序,做出购买决定。

医药消费者对药品的信息来源主要有以下四种:① 个人来源,如家庭、朋友、邻居、同事等。② 商业来源,药店促销员、经销商、药品包装、药品说明书。③ 公共来源,大众传媒上的广告、消费组织等。④ 经验来源,同类产品的对比、曾经的使用经验。

对于营销人员来说,要加强广告宣传,积极向医药消费者提供可选择的资料,为决定购买阶段的发展创造条件。

(四) 比较选择

医药消费者在取得各方面的信息后,就要对其进行比较,从中选出自己要买的药品。不同医药消费者评价药品的标准和方法有很大的差距。医药消费者进行比较选择时一般有以下几个步骤:① 考虑所需药品的性质、特点,如疗效和副作用等;② 选择品牌;③ 根据各自的喜好提出选择方案。

营销人员必须了解医药消费者对资料是如何处理的,以便掌握医药消费者的购买意向,同时应注意增加花色品种,供医药消费者选择且在医药消费者选择购买方案时应发挥参谋作用。

(五) 购买行动

从引起需要到比较选择这几个阶段都是购买行为的准备阶段,正是在这些活动的基础上,消费者做出购买的决策即把购买活动付诸实施。在这一阶段服务质量特别重要,否则,不仅损害企业的声誉,也会影响顾客的购买。

营销人员应注意,一方面向医药消费者提供更多更详细的有关产品的信息,消除医药消费者的风险感觉;另一方面,要通过各种销售服务形成方便顾客的条件,诱导医药消费者坚定地购买。

(六) 购后评价

医药消费者购药品后,购买的决策过程还在继续,消费者需要评价已购买的药品。判断消费者购后行为有两种理论:

1. 预期满意理论

医药企业在营销过程中,对药品的宣传应尽量实事求是,不要夸大其词,以免造成消费者在购买前的希望过高,使用后却对商品产生强烈不满。

2. 认识差距理论

医药企业应密切注意消费者购后感受,并采取适当措施,消除不满,提高满意度。如经常征求顾客意见,加强售后服务和保证,改进市场营销工作,力求使消费者的不满降到最低。

信息框

医生处方行为的影响因素

医生处方行为的影响因素分为两个方面:外在相关因素和医生自身因素。前者主要包括药品因素、疾病因素、处方因素、氛围和政策因素、患者因素以及药物提供者六大类;后者则包括医生的动机、人格、认知、学习和态度等。这些因素将综合作用于医生在处方决策过程中的各种行为活动,最终形成处方结果。

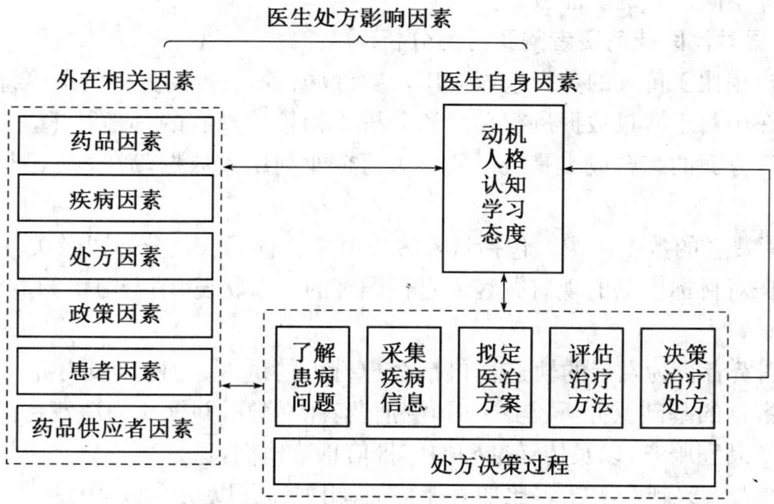

资料来源：中国知网. http://epub.cnki.net/kns/brief/default_result.aspx.

第五节　大数据对医药消费者购买行为的影响

大数据是互联网发展到现今阶段的一种表象或特征，在以云计算为代表的技术创新大幕的衬托下，这些原本很难收集和使用的数据开始容易被利用起来了，通过各行各业的不断创新，大数据会逐步为人类创造更多的价值。

一、大数据时代医药消费者购买行为分析

（一）大数据时代医药消费者行为的演变

随着大数据时代的到来，消费者将有更多、更广泛的信息来源，选择将更加充分，对商品的了解将更加透彻，自主权将进一步增大，对传统的消费行为将形成冲击，新的基于大数据时代的理性消费者行为正逐步形成。

1. 消费者的消费行为更加理性

在大数据时代，当消费者对某种商品有需求时，他们首先会选择通过互联网来收集该商品的相关数据，了解该商品的信息，这与传统意义上的商品选择模式在本质上已经有了较大不同。例如，当人们怀疑自己出现病症时，会通过网络了解某疾病的症状、治疗药品或医治方式。

2. 消费者消费行为更易受购买评价影响

潜在消费者通过网络或任意平台上的评价数据判定商品的品质，从而给这些商品打一个直接印象分，并最终反映到购买或不购买上。医药消费者更加关注的是商品疗效、副作用和价格等方面。

3. 消费者行为更加个性化

由于数据传播的广泛和迅捷、通信的畅通和快捷以及思想观念的跳跃，消费者的追求各有不同，女性消费者更加注重美容养颜，老年消费者注重强身健体，同时，消费者依据自身的身体

素质状况会选择不同功效的药品或服务。

（二）大数据时代医药消费者购买行为分析

大数据分析相比于传统的数据仓库应用，具有数据量大、查询分析复杂等特点。大数据最核心的价值就在于对于海量数据进行存储和分析。相较于现有的其他技术，大数据的“廉价、迅速、优化”这三方面的综合成本是最优的。医药企业利用大数据，通过以下步骤对消费者行为进行分析：

（1）捕捉消费者的数据影像。包括目标客户群体特征、类型、分布以及关注话题。医药企业通过收集数据对目标市场的现有顾客或潜在顾客的分布状况、消费习俗等进行数据分析，让数据说话。

（2）刻画消费者行为发展的轨迹。包括客户行为的诱因、动机以及由此产生的行为和行为过程。在大数据的基础上分析、洞察和预测消费者的偏好，并据此为消费者提供最能满足他们需求的医药产品和服务，以及传递准确的广告信息给他们，这是企业当今面临的最大挑战。

（3）描绘消费者兴趣和关系。比如兴趣特征、相关话题以及话题间的互联性，从而在适当的时机，用适当的方法把最适当的产品传达给最需要的人们。自然地融入消费者的在线生活，整合跨平台的传播，锁定消费者网络行为的关键节点。

能够基于消费者在线行为轨迹，并针对消费者的兴趣开展营销，才是最有价值的营销。如今，与其说网络对消费者是一个数据空间，不如说网络世界对消费者是一个崭新的时空，在这个时空里，网民会有日常的消费行为、消费习惯等。企业通过对这些海量信息的挖掘利用，收集消费者的一举一动，从大数据中挖掘消费者的喜好，预判市场走向，与此同时，改进设计后的产品也将引导着消费者下一步的流行趋势。这对企业来说是个巨大的发展机遇。

二、大数据时代医药营销策略的创新

大数据营销是未来营销的主战场，随着多网融合，大数据正在将传统渠道的数据进行融合，由此形成“数据为王”的营销格局。在大数据时代，医药企业必须理解消费者行为所呈现在眼前的海量数据，通过用户行为数据的洞察、分析和挖掘，深度描绘每一个用户族群，通过差异化标签在品牌和受众之间建立社会化的营销关联，为品牌创造价值，让产品更符合市场核心需求与定位，让营销策略做到更精准，最终提供个性化的跨平台的营销解决方案。

（一）医药企业可以创建客户视角——区隔用户群

通过了解不同数据集之间的点，医药企业可以创建一个单一的客户视角，这样就能为医药企业提供对其客户个体需求的宝贵洞察力，并使得他们可以确定如何最好地把客户作为一个个体进行交互。已经有一些机构使用大数据来提供更加个性化的客户体验，并通过这些新的沟通渠道、根据客户的习惯和表达态度，预测每个客户正在寻找什么。通过有效地管理大数据，医药企业能获益良多。消费者的决策过程主要包括问题确认、信息搜寻、方案评估、购买决策以及购买后的行为。假如我们能够了解消费者的购买决策过程及其影响因素，就可以通过影响和控制这些因素来影响消费者的购买行为，在提高顾客满意感的同时不断提高顾客的忠诚度，从而达到提高医药企业营销绩效的目的。

（二）收集用户的海量行为数据——了解消费者生活方式

互联网与未来的移动互联网主导下的数字营销时代，可以帮助医药企业以前所未有的速度收集用户的海量行为数据，进而在大数据的基础上分析、洞察和预测消费者的偏好，并据此为消费者提供最能满足他们需求的产品、信息和服务，以及传递准确的广告信息给他们，甚至要实时对消费者的反应进行回应，这是大数据所带来的不可逆转的趋势。

（三）搜索业务增长领域——制定产品战略

客户数据的单一视角可以帮助医药企业找到发展领域。如果能有效管理大数据，大数据的潜力和其代表的新范围将对一个机构的运营利润产生巨大影响。消费者与数据间的交互方式已经发生了巨大变化，医药企业需要适应这个改变，不仅仅是利用这一丰富的信息以满足客户所期待的更加个性化的服务，还要确定新的销售策略和业务增长领域。

（四）规划医药企业战略决策——精准销售策略

个性化营销即从消费者出发，以人为本，一个个地进行个性化的营销。“大数据”概念最早由科学界提出，目前已经营造出了全新的营销环境。这种环境实际上是一个大数据与微时代的两面体，一方面是数据量在惊人地增长，另一方面则是产品、服务、客户洞察的精细化、个性化，医药企业必须面对一个个具体的消费者来做营销，进行个性化营销。

精准营销决策模式即依据顾客的行为想法来进行营销决策的模式。以前的营销方式可能是做问卷调查、访谈等，现在则是数据驱动型，完全可以根据历史数据来挖掘。

客户消费习惯和趋势：基于数据的营销，其整个过程都需要与数据联系起来。我们必须从数据出发，从数据中提取出客户需求等核心信息，然后再对核心信息进行细分，再做精准营销、个性化的处理，而后再有一个针对个体顾客的营销策划、营销行动，比如说研制新药。

大数据时代网民和消费者的界限正在消弭，医药企业的疆界变得模糊，数据成为核心的资产，并将深刻影响医药企业的业务模式，甚至重构其文化和组织。若传统的医药企业能够利用大数据更加贴近消费者、深刻理解需求、高效分析信息并做出预判，将不仅给医药消费者带来满足感，同时医药企业也会获得巨大的利益。

大数据医疗新模式推动中医药信息化

2014 年 12 月 2 日，由中国中医药信息研究会举办的第一届中国中医药信息大会在北京国家会议中心隆重召开。由于当前信息技术已率先渗透到经济社会生活的各领域，且逐渐改变着我们的日常生活，数据化已经成为一种变革。移动互联网、物联网、云计算、大数据和智慧管理，使人口健康数据信息集成更加容易，精准分析、在线预约更加便捷，“数字化医生”、远程监控和虚拟诊疗、个性化治疗等探索步伐加快，正催生着人口健康相关软件、智能终端和网络进一步升级，激发着行业发展的内生动力和巨大潜能，也预示了信息化能力已经成为衡量一个国家或地区综合实力的重要标志。

在中医药“治未病”和疾病诊疗中，应主动研究体现中医药特色的指标体系和信息系统，在居民电子健康档案和电子病历两大数据库中体现中医药特色和规律等。有针对性地加强基层中医医院基础设施建设，开展远程智慧医疗平台研究和试点，实现中医远程会诊、双向转诊、预约挂号、远程培训等功能。建立微门户、微博群、微信等移动平台，自动推送中医药预防保健和养生知识，引导人们真正认识信息化带来的看病就医的便捷。由此，大数据所带来的海量数据给予医药市场营销人员丰富的依据研究其消费行为，制定适销对路的医药产品。

资料来源：新华网. http://www.bj.xinhuanet.com/2014-12/02/c_1113484154_4.htm.

三、健康大数据的应用

在很多国家，医疗健康数据变成了国家公共事业的重要组成部分，国家对其建设投入了大量的资金。目前患者、医护人员、卫生部门利用这些数据来改进诊断和治疗，提升医疗行业的生产力。药企全力和患者及卫生系统合作，通过对数据的挖掘研发更好的药物，以便更快地将这些产品投入市场并根据实际的效果来指导定价。

（一）健康大数据瓦解传统研发壁垒

（1）卫生部门认识到了现存数据和新数据的价值，比如电子病历、患者提供的数据，并颁布了数据获取和数据分享的管理办法，建立数据分析合作平台，并根据数据分析的结果来改变医疗护理的方式。

（2）制药公司在通过各种方式吸引数据方面的人才来提升自身数据价值（数据管理、分析）的同时，也在吸纳各种合作伙伴（支付系统、医院系统），为的就是在研发到定价的整个价值链上最大限度地利用好大数据。数据的作用，已经远远超出了传统研究、产品研发和商业用途的边界。

（二）个人健康数据的广泛应用

（1）公众认识到合理利用个人健康数据所带来的好处。国家在IT和健康数据基础设施上的大量投入让数据获取更加容易，同时也保护了用户数据的隐私，规范了对用户数据的使用。

（2）不断完善的监管环境和高质量的用户数据（从健身追踪设备和实时监测设备上搜集的）让消费者有了更多的发言权，并且能让消费者对他人如何去使用自己数据更加放心。

（3）医护人员能够实时获取患者的数据，并利用分析工具对比数据来帮助每天的诊断。

（4）制药公司成为整个健康系统里更受信任的合作伙伴，他们在诊断、数据分析、私人和公共医疗服务等领域都有与之成功合作的记录。制药公司已经找到自己处理数据的方法，来避免由于健康系统的不完善导致的种种不便。

信息框

未来健康大数据前景

（1）独立数据服务中心的年度报告片段：在数据中心成立的第五个年头，由制药公司、数据管理分析公司、初级和二级健康系统之间形成的联盟已经产生改善治疗结果的效果。它回答了医疗服务设计和治疗方案的基本问题（例如：行为改变过程中医疗指导的作用），并洞察到了对特定人群使用特定药物的时机。

数据中心当前的工作重点是基于大量患者生物标记和基因组数据对新药研发进行指导。

（2）大数据全面应用于诊疗各阶段：年近40的纳迪亚患有重症哮喘，初级保健医生建议她到医院寻求专科医生的帮助。手表和智能手机所搜集的保健数据（纳迪亚定期将这些数据提供给医生）表明她的病情有所恶化，这让医生很担忧。医生还通过纳迪亚使用的一个天气APP，了解到导致她发病时的空气污染程度和类型。

在转诊预约的准备期，专科医生已经将她的健康数据，包括早先的基因序列测试结果，与具有相同生物指标和危险分级的患者进行了对比，并查找了医院在这方面的成功案例，这也有可能适合纳迪亚。在医生和纳迪亚讨论个性化诊疗方案(这些方案也会告知纳迪亚的保健医生)的同时,系统还在努力查找新的可能方案。

(3) 药企数据中心报告节选:公司刚刚完成了一项重大变革,随后将调整职能架构,把真实收集的数据纳入研发、产出和个性化报销管理等流程。公司成立了先进的数据分析中心,为员工制订了分析审查内外部数据的规范并开展了培训。这也要求数据中心雇佣一批结合了商业、科学和技术嗅觉能力的全新人才。

资料来源:中国信息产业网. http://www.cnii.com.cn/Bigdata/2014-12/31/content_1507899_2.htm.

本章小结

1. 医药消费者市场与医药组织市场各具有不同的特点,医药生产经营企业只有深刻认识和掌握其特点,才能制定相应的营销策略,从而实现医药企业的营销目标。医药消费者购买行为根据不同的标准可以划分为不同类型。主要从宏观和微观两个层面划分。

2. 通过分析消费者购买行为类型,制定不同的销售策略。医药消费者购买决策过程包括引起需要、产生动机、收集资料、比较选择、购买行动、买后感受六个阶段,营销人员在消费者决策过程的不同阶段应采取适当的营销策略,以促进购买行为的实现。

3. 通过分析医药消费者购买过程中知晓、了解、喜欢、偏好、确信、购买阶段的心理变化,利用密匙 SMILE,即服务、理智、信息、学习、评估效果来破解医药消费者购买行为心理密码。

4. 在“大数据”环境背景下,医药消费者的购买行为受其影响产生多种变化,营销人员要运用现代化工具分析消费者的购买行为,通过区隔用户群、收集海量数据、搜索业务增长领域、制定精准销售策略来创新营销策略,谋求更好发展。

复习思考

1. 什么是医药消费者行为? 医药消费者行为遵循怎样的行为模式?
2. 影响医药消费者购买行为的因素有哪些?
3. 医药消费者的购买行为有哪些类型?
4. 医药消费者的购买决策过程有哪些?
5. 大数据对医药消费者的行为有什么影响?

案例分析

一粒药17年长盛不衰的秘密

2013年,梯瓦在全球制药公司排名中位列第11,市值近600亿美元。这个来自小国以色列的公司如今通过全球74个工厂生产制剂,一年可以生产710亿粒药片和胶囊,占到美国处方量的13%,同时拥有英法德三大欧洲市场,成为名副其实医药帝国。

以仿制药闻名于世的梯瓦最畅销的产品是专利药克帕松,该产品可谓深耕长尾市场而收获颇丰的典范。虽然有多达六种新药在和克帕松竞争,它还是以安全性更持久,几乎没有任何副作用出现的优势拔得头筹，且以处方量高于第二名40%主导着多发性硬化症(MS)的市场。克帕松开出第一批处方是在1997年的春天，那个时候梯瓦恐怕不会想到，17年后的今天，克帕松会成为登陆全球40多个国家，占公司销售额20%和利润50%的功臣。总结经验，梯瓦认为克帕松保持长盛不衰的根本就在于共享解决方案的使用，而其重中之重就是以消费者为核心，分析他们的行为，解决他们的疑惑，吸引他们的注意，促成他们的消费。

慢性疾病患者可说是制药企业的移动提款机，因为患者手中握有伴随他们一生的处方单子。因此，梯瓦的共享解决方案关注三个方面：帮助患者获得所需的治疗手段；为患者提供一对一的注射训练，以保证其获得最佳的使用体验；提高患者对品牌的忠诚度。

早在1997年，梯瓦就已经组建了MS患者社区，由其收购的共享解决方案咨询有限公司为患者提供全天候的护士服务。社区配有专门的呼叫中心，注册护士会24小时不间断地回答电话咨询，还会给在中心注册过的患者致电。患者第一次用药时就被联系起来，这确保他们在及时用药方面不会出现任何障碍。此外，社区还提供专门在医生办公室为患者做注射培训的护士，患者和忙碌的医生都非常喜欢这项服务。“共享”概念不啻为MS领域的黄金法则，社区里的患者不论使用何种疗法，解决方案都一律共享。患者和呼叫中心的护士在用药多年后形成了良好的关系，使得患者的信任程度逐渐加深。

为提高品牌忠诚度，梯瓦在医保支付方面为患者提供帮助以保证患者获取药品渠道通畅，梯瓦对于符合标准的患者提供零付费等多种合规的财政补贴政策，从而获得更好的品牌效果。

数字化营销渠道提供全面信息

2012年3月，梯瓦联系医生和MS患者在推特上举办了一场线上会议，成为首个就处方医疗产品举行推特会议的公司。很多患者询问了克帕松和其他同类药品的情况。这场会议证明了制药企业是可以运用社交媒体与患者互动的。

很早之前，梯瓦就和Intouch解决方案公司共同开发了一个网站。在网站上登记注册的患者不仅可以获得梯瓦提供的内容并提出咨询，更重要的是他们可以用这个平台互动，这可以算是比脸谱网还早的线上社交平台。

2014年，梯瓦又和Intouch推出了一款新型“网页版Tracker”，作为此前克帕松专属APP的补充，它能帮助患者管理自己的注射安排，其中包括提醒患者轮换注射部位、设立疗法提醒和接收用量警报。在共享解决方案网站上注册过的患者可以直接登录网页版Tracker，跟踪自身注射情况、整体感觉和当前状态。

MS的医生现在主要集中为神经科医生，梯瓦在全美共有大约200名医药代表实地服务着差不多7 000名神经科医生。在医生方面，Intouch和Harrison&Star公司进行了合作(该公司为梯瓦直接面向患者的专业机构)，为该领域的医药代表提供内容和销售信息。这些材料全部为电子版，可供代表在iPad上查阅。同时，医生之间的相互沟通和交流，使得医生的处方有了更加全面的依据。

克帕松拥有全部的数字化营销渠道，比如客户关系管理加数据库营销、搜索优化、线上陈列策略和广告横幅，以及富媒体，并在不断更新、完善中。

巧用名人效应

梯瓦请来乡村音乐歌手克雷沃克、媒体人杰克奥斯本，还有黑色安息日乐队负责人的儿子奥兹奥斯本等患上MS的公众人物共同普及疾病知识。克雷沃克在26岁确诊MS，十年前他建立了一个名为“反MS乐队”的慈善组织，与梯瓦合作推出“别松懈”公益活动，旨在提醒患者坚持治疗的重要性，为此，梯瓦捐出25 000美元。

杰克奥斯本于两年前确诊，之后他制作了一系列真实的线上视频集，来讲述自己如何生活以及人们对于该疾病的错误理解，除了赞助“你也许不知道杰克也有MS”这一联合项目外，梯瓦还向全国MS协会捐款10万美元，用以表彰奥斯本在推动MS普及中的努力。

梯瓦在不冠名、纯教育性质的活动中投入资金，正是借用名人效应，与那些刚刚确诊或者已经治疗一段时间，可能觉得很孤独的患者分享体验和心得，使他们对名人有惺惺相惜之感。随着大多数新确诊的MS患者选择克帕松的处方，更多的人了解该病的症状和选择疗法的重要性，这意味着梯瓦会有更多的开方和销售。

新产品继续领跑

克帕松40mg新剂型在2014年1月获得FDA批准。该产品入市之后表现抢眼，上市7个星期后，40mg新剂型就成为治疗复发性MS最受欢迎的新处方药，至今仍保持领跑地位。

40mg新剂型将注射次数由每周7次减少到每周3次。而且跟现在的20mg剂型相比，价格低了2%。梯瓦此举用意当然是在于赢得支付方的支持，因为支付方很快就必须在每日注射的克帕松仿制药和一周注射三次但费用更高的新剂型之间做出抉择。同时，在医生方面，使得处方的构成更加多变，以达到更好的疗效。

梯瓦给解决方案共享部门额外聘请了100个人，并且在公司其他部门都在缩减职位时，增加了中心的销售代表。另外，2013年10月，在40mg新剂型获批的前3个月，Harrison&Star就进行了“敬请期待”的广告宣传，并且把推广活动的重点放在了加强克帕松品牌整体的信誉度和用药体验上。

资料来源：医药界. http://www.yiyaojie.com/gl/yxaljd/20141018/56113.html.

案例讨论

1. 结合案例谈谈医药企业可以从哪些方面入手进行创新营销。
2. 谈谈梯瓦公司是采取哪些措施影响消费者购买行为的。

参考文献

[1] 陈晶. 医药消费者行为学[M]. 北京：清华大学出版社，2010.
[2] 张登本，张景明. 医药营销[M]. 2版. 西安：西安交通大学出版社，2011.
[3] 符华平，杨金凤. 医药市场营销与实务[M]. 北京：人民卫生出版社，2010.
[4] 张理. 消费者行为学[M]. 北京：清华大学出版社，2013.
[5] 巩伟. OTC的消费者购买行分析[J]. 经营管理者，2014(7).
[6] 龚会，李颖. 居民非处方药购买行为的调查分析[J]. 中国药房，2014，25(4).
[7] 李军，徐怀伏. 医药第三终端消费者研究[J]. 现代商贸工业，2011(24).

第六章　医药组织市场购买行为分析

【学习目标】

通过本章学习，了解医药组织市场的概念和类型；熟悉医药组织市场的特征；熟悉医药组织购买行为模型；掌握医药组织购买过程中参与者的购买行为类型、影响因素和决策过程；掌握医院招标采购等相关知识。

【引导案例】

浙江招标"风云再起"

2015 年国务院办公厅下发对公立医院集中采购指导意见(7 号文)后，各省相继开始落实，浙江此次出台的意见也是对 7 号文的落实。

2014 年 9 月，浙江省开始第一批药品集中采购，采购范围主要是国家新版基本药物，浙江省增补目录、低价药，还有供应紧张的药品。2015 年年初，浙江又启动了第二批药品集中采购，尤其是第二轮以至少降价 10%成为招标最大特色，此举在业界引发不小的震动，招标结果出炉后，外资药企的大规模弃标成为行业一大关注点。

按照征求意见稿，浙江的招标平台将转变为服务平台，以后药品采购价格将由药企和医院谈判决定。2015 年 7 月 1 日，浙江省全面实施药品集中采购相关改革。

除麻醉药品、精神药品、防治传染病和寄生虫病的免费治疗药品、国家免疫规划疫苗、计划生育药品及中药饮片外，药品的采购价格由医疗卫生机构与药品生产企业按照"带量采购、以量换价、成交确认"的原则，通过谈判产生。县级及以上公立医院可直接与药品生产企业进行价格谈判。

鼓励省级以下公立医院以医联体、医疗集团等组成采购共同体，发挥批量采购优势，参加药品采购的价格谈判。允许省级公立医院与相关市、县(市、区)公立医院组成采购共同体进行价格谈判。政府办基层医疗卫生机构原则上以县(市、区)组成采购共同体进行价格谈判。采购共同体由医疗机构自愿联合组建，卫生计生行政部门和相关部门应加强监督管理，不介入具体采购事务。必要时经省药品集中采购工作领导小组办公室成员会议研究，报省政府同意，可选择部分采购量大、临床覆盖面广的产品，由省药品集中采购工作领导小组办公室通过价格谈判实施"带量采购"。

资料来源：中国医药联盟. http://www.chinamsr.com/2015/0519/85647.shtml.

案例点评

新的招标规则使浙江省招标平台转变为服务平台，以后药品采购价格将由医药企业直接和医院进行商定。显然，新的规定带给了医院采购更多的自主权。但是，这是否意味着医药企业耗费大量的人力、物力积极竞标的模式要作废？我们都知道，医院青睐的目标是很难和招标平台一致的。通过上述材料，新的招标政策和以往相比，将带给医院和企业哪些影响？新的招标政策能否一直执行下去？学习完这一章，相信同学们对这些问题会有更深层次的探讨。

第一节　医药组织市场概述

第五章介绍并分析了医药消费者的购买行为，然而购买医药产品和服务的不光是直接消费者，还有一些组织，如医药生产企业、医药批发企业、医药零售企业、医疗机构、政府机构等。医药企业的大部分商品首先进入组织市场，然后经过流通才进入消费领域。医药企业在掌握医药消费者市场特征和规律的同时，也必须掌握医药组织市场的特征和规律。医药组织市场由于其主体的性质和购买的目的与消费者市场有很大的不同，所以对其购买行为进行特定的分析和研究是很重要的。

一、医药组织市场的概念与类型

（一）组织、组织市场与医药组织市场

1. 组织

组织可以定义为通过协调活动追求统一目标的一群人。组织是为了完成一定的使命和实现一定的目标而设立的，而且是多种多样的。以是否营利为依据，组织可分为营利性组织和非营利性组织；根据其性质，组织又可分为工商企业、政府和事业单位等。

2. 组织市场

组织市场泛指一个组织向其他组织销售商品或者服务的任何市场，即包括除了组织同最终消费者进行交易以外的所有市场。所有类型的组织都需要购买一定的商品，他们使用不同的商品或者服务来生产自己的最终产品或者保证其正常运营，这些组织对商品的需求和消费就构成了组织市场。

3. 医药组织市场

所谓医药组织市场是指医药企业和单位为了生产、销售医药产品或提供医疗服务，购买医药产品和劳务而形成的市场。医药企业和单位是指医药生产企业、医药批发企业、医药零售企业、医疗机构和政府机构等。医药组织市场购买医药产品的直接目的不是为了自我消费，而是为了进一步生产或是销售，从而获得经济利益。在医药组织市场上，因为购买者的主体是组织，所以其购买也称为集团性购买。

（二）医药组织市场的购买类型

根据购买的主体类型分类，医药组织市场一般包括医药生产者市场、医药中间商市场、医疗机构市场和政府机构市场。如图 6－1 所示。

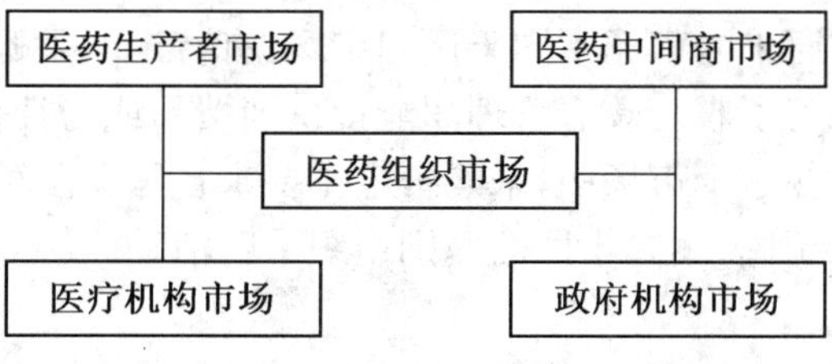

图 6－1　医药组织市场构成图

(1) 医药生产者市场

医药生产者市场是指医药产品生产企业购买医药原材料或半制成品、制成品，生产医药产品以供销售获取利润而形成的市场。医药产品生产企业既可以向医药原材料供应企业购买医药原材料或半制成品，又可以向其他医药产品生产企业购买医药制成品进行生产。

医药生产者市场的购买特点：对于制药企业来说，在制药企业中，原材料成本一般占药品生产成本的60%左右。所以若采购环节的成本控制不好，就很难控制药品的生产成本，并且若是采购原材料质量出现问题，对于制药企业来说也是一种致命的打击。因此，控制原材料采购至关重要，制药企业可以选取原材料质量好、信誉高的供货商，并采取招标采购的形式降低原材料采购成本。

(2) 医药中间商市场

医药中间商市场是指处于医药商品生产者和消费者之间，专门从事医药商品流通经营活动的医药中间商，购买医药商品进行转售以获取利润而形成的市场。按医药中间商在流通中所起的作用不同，医药中间商市场包括医药批发商市场和医药零售商市场。

医药中间商市场的购买特点：一般来说，由于中间商的数量较少，所以其市场结构影响其购买行为。若数量少，则可能形成垄断，其购买行为属于垄断者的购买行为，生产商则为完全竞争市场，根据竞争规律，中间商的采购价格为药品成本价。反过来，若数量多，则有可能形成完全竞争市场。

(3) 医疗机构市场

医疗机构市场是指医疗机构购买医药商品为消费者提供医疗服务而形成的市场。目前我国的医疗机构主要类别有综合医院、中医医院、中西医结合医院、专科医院、康复医院、妇幼保健院、乡(镇)卫生院、社区卫生服务中心等。

医疗机构市场的购买特点：它直接承担着治病救人的任务，需要更加关注医药商品质量、疗效和副作用，对于医疗机构市场来说，医药商品的质量和疗效永远是第一位的。

(4) 政府机构市场

政府机构市场是指为了履行国家职能和满足公共医疗需要或为了满足各政府机关的从业人员的医疗需要，维护政府的正常运转，各级政府机构及机关单位购买医药商品而形成的市场。政府机构既可以向医药中间商购买，也可以向医疗机构购买，必要时也可从医药生产企业进行直接调货，以应对紧急情况。例如对紧急救灾药品的购买。政府机构购买受政府财政约束，受社会公众监督，具有公开性，一般实行招标采购。对于一般的医药企业来说，政府机构市场不是营销的重点。

政府机构市场的购买特点：政府机构市场是因政府消费而形成的一个特殊市场，是国内市场的一个组成部分。政府采购市场的规模为政府财政支出中政府消费和政府投资的总和，通常占一个国家或地区年度GDP的10%以上，发展中国家规模更大一些，一般为20%—30%。政府采购市场不同于民间市场，有特定的采购主体，采购资金为政府财政性资金，采购的目的是为了履行政府管理职能提供消费品或为社会提供公共品，没有赢利动机，不具有商业性。由于在这个市场中，采购资金主要来自国家预算资金(纳税人缴纳的税金)，基本按照财政收入取之于民、用之于民的原则组织采购活动。

二、医药组织市场的特点

与医药消费者市场相比，医药组织市场具有以下特点。

（一）购买角度

1. 购买的参与者较多

医药组织市场的购买决策受更多机构和人的影响。大多数企业和医院有正式的采购组织，也就是我们平时所说的采购中心。关键性的购买决策一般要由技术专家和高级管理人员共同商议做出决定。其程序复杂且审查严谨。这就要求营销人员也要具备良好的专业素质，掌握相应的营销技巧。

2. 购买具有连续性，业务关系相对稳定

医药组织的购买具有技术性强、产品替代性差、质量要求严、需求具有连续性和稳定性等特点，因此组织购买经常需从供应厂家直接购买，并且只要合作成功，其关系一般会稳定下去。

3. 组织购买属于理性购买，专业性强

与医药消费者市场不同，医药组织市场购买的理性程度极高，面对的采购人员都是专业人士，对所要采购产品的性能、质量、规格和技术要求了如指掌，不像消费者市场存在较多的冲动购买。具备专业的医学、药学和市场营销知识是营销人员必不可少的，为了应对受过良好训练的采购人员，供应商必须对其销售人员进行严格的培训。

（二）市场角度

1. 购买者数量少，但购买数量大

医药组织市场上购买者的数量远比医药消费者的数量少得多，组织市场营销人员比消费者市场营销人员接触的顾客要少得多。我国具有数量众多的医药生产企业、医药商业企业和各类医院，但与我国由13亿多人口组成的潜在医药消费者市场相比，其数量还是显得微不足道。此外，组织市场单个用户的购买量却比消费者单个市场购买者的需要量大得多，医药市场上所有药品都要经过它们的手才能形成或销售，每个购买者购买的数量之大，是任何个人消费者所不可比拟和想象的。

2. 购买者地理位置相对集中

医药组织市场的分布和规模，因各地区的自然资源、经济发展水平和投资环境不同而具有较大的差异。换句话说，购买者所处的位置与国家的经济政策、经济布局、经济条件、自然资源、投资环境等关系密切。一般经济发达地区、医药自然资源丰富地区、投资环境良好地区，都是医药组织市场集中地区。例如我国医药企业密集的地区以东部沿海经济发达地区为主，如天津、山东、江苏、浙江等。而大型医药商业企业、零售企业和大型医院都集中在大中城市。一些中药材产地则是中药材批发市场聚集的地方。

（三）过程决策角度

1. 购买过程复杂但不失规范化

一方面，医药组织市场购买通常涉及大量的资金、复杂的技术、准确的药价成本—效益评估，以及采购中心中不同层次人士之间的人际关系。因此，医药组织市场购买往往要经历较长时间。产品销售从报价到产品发送通常以年为单位。另一方面，组织购买过程比较程式化，大宗药品购买通常要求提供详尽的产品说明书、书面采购订单等，对供应商有严格筛选和正式批准的过程。

2. 相互依存

医药产业市场中的医药原辅材料购买者之间往往相互依存，在采购过程中经常互换角色，即在采购过程中经常互惠采购。换句话说，一方购买另一方的产品，则另一方就购买其服务。这种相互依存的关系有时也发生在更多方。如图 6-2 所示。

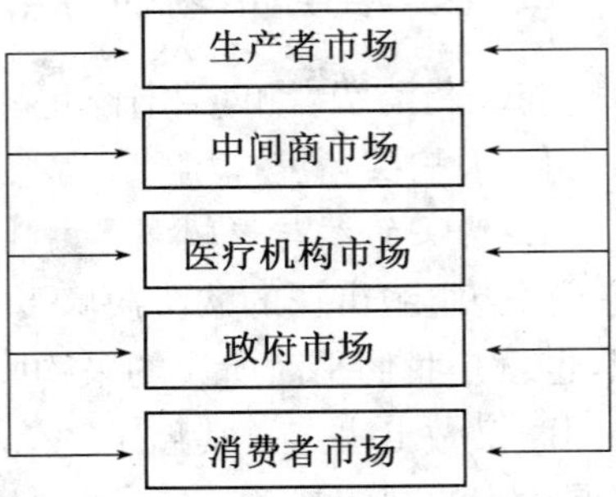

图 6-2　医药组织市场关系图

医药消费者市场是医药组织市场的起点，医药组织市场的发育水平和完善程度反过来影响和制约着医药消费者市场的发展。医药中间商市场的需求水平和需求结构影响医药生产者市场的采购量和采购结构。医药生产者市场反过来促进或制约医药中间商市场的经营和发展。医疗机构市场的需求影响着医药生产者市场和医药中间商市场的采购活动。医药生产者市场和医药中间商市场的发展反过来影响医疗机构市场的经营和发展。政府机构市场的需求水平和结构影响着医药生产者市场、医药中间商市场和医疗机构市场的采购，医药生产者市场、医药中间商市场和医疗机构市场的发展反过来影响政府机构市场的发展。

第二节　医药组织市场购买行为分析

一、医药组织购买行为过程模型

医药生产者、医药中间商、医疗机构和政府机构组织医药商品购买的模式相同，都经历了三个阶段，如图 6-3 所示。

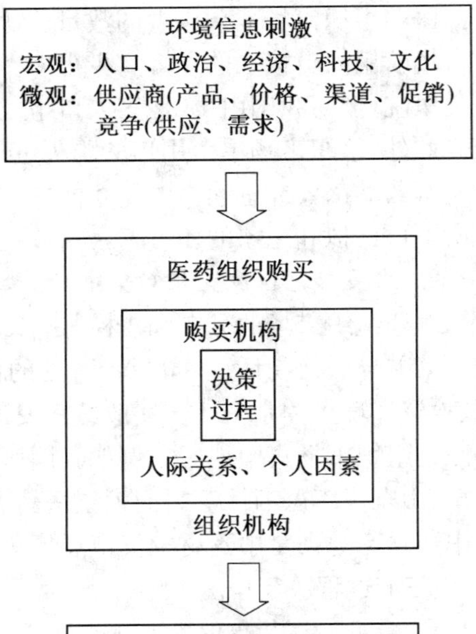

图 6-3　医药组织市场购买过程模式图

第一阶段是信息刺激阶段，包括宏观环境信息刺激和微观环境信息刺激。医药组织市场的购买主体，通过分析宏观环境形势，了解供应商所提供的产品、价格、渠道、促销和服务信息以及市场竞争态势，为采购决策做准备。

第二阶段是组织决策过程阶段，医药组织市场的购买主体和各相关部门，依据外界环境信息，按照购买决策程序，进行决策，决定是否购买。

第三阶段是组织反应阶段，如果决定购买，则确定什么时间采购、向谁采购、采购什么、采购多少、按什么价格采购、采购交易的条件是什么等。

但究竟医药生产者、医药中间商、医疗机构和政府在购买医药商品的过程中，有谁参与决策，如何进行决策，决策的过程是什么，却各有不同。

信息框

医药B2B：成熟发展有日可待

2014年可谓是医药圈的电子商务年，不管是药品零售企业还是药品生产企业，均想在医药电商这块蛋糕上尝点甜头。对于药品生产企业而言，在《互联网食品药品经营监督管理办法(征求意见稿)》明确禁止不能向个人消费者销售药品的情况下，开展电子商务主要有两种模式：一是开办连锁药店间接申请B2C资质，向个人消费者售药；二是利用B2B平台，与企业消费者进行互联网药品交易。

药品生产企业开展B2B电子商务，不仅是赶电商潮，更是一种布局性的工作，是一种供应链的合作，而收购一个优质的B2B电商平台，可以为药品生产企业带来客户资源，并降低相应的平台构建成本。

B2B电商平台主要应用于药品的招标、采购，但由于B2B电商平台的招标、采购与目前线下的操作在模式上有着较大的区别，B2B平台的发展相对缓慢。

线上药品招标、采购，产品价格透明、信息对称，几乎没有线下模式操作所产生的灰色地带。这也是制约医药B2B电商平台发展的重要因素。不少药品生产企业与批发企业，仍是靠医药代表与药品零售企业进行接触，这个过程仍有不能说的秘密。对于药品零售企业而言，由于采购人员不熟悉医药B2B电子商务的居多，自然很难通过这一渠道与药品生产、批发企业进行交易。

药品生产、批发企业与零售企业仍以传统的商业逻辑看待药品流通的发展，且B2B电商平台仅是作为附属于生产、批发企业的一个小部门，服务于线下，多数无法独立运作，其业务的开展受制于企业的配套制度及激励政策，所展示的产品也受限于企业所生产的产品。这也是医药B2B电商开展业务难度大的重要原因。

B2B电商平台目前尽管发展及模式不被行业看好，但随着政策对医药市场交易透明度要求的提高及B2C市场的壮大繁荣，未来将是医药商品大宗交易的最佳平台。目前医药B2C市场的发展非常抢眼，这让药品生产企业认识到互联网渠道的重要性、便捷性，特别是在打破地域限制方面有着不容置疑的优势，加之电子交付手段的完善，及大型药品生产企业在物流能力上的提升，药品生产企业在开展医药B2B电商方面已经有了完备的基础条件。

对于医药B2B电商的发展模式，药品生产企业应把医药B2B电商独立成一个部门，配套完整的人才团队、技术支持及激励政策进行分销业务。未来发展最好的也许就是第三方独立平台发展医药B2B电商，在有足够的资金构建完整供应链的前提下，这类平台性质中立，运作不受药品生产企业的约束，且产品内容会更加丰富，更能获得药品零售企业的青睐。

资料来源：亿邦动力网. http://www.ebrun.com/20140716/104621.shtml.

二、医药组织购买行为的主要类型

(一) 医药生产者的购买行为类型

依据医药生产者购买活动的稳定性来分，医药生产者的购买行为分为以下三种类型：

1. 重复购买

重复购买是指采购方不变更购买方式和订货条款，按照过去的订货目录和基本要求继续向原先的供应商购买产品。医药生产企业与供应商之间有着稳定的业务关系，购买对象、购买方式、购买活动相对都比较稳定。这是最简单的购买类型。采购方对以往的所有供应商加以评估，选择感到满意的供应商作为重复购买的供应商。被选择为供应商的医药企业，应该注意保证现有的产品质量和服务水平，并且不断根据市场发展的需要提高产品的质量和服务水平，保持已有的地位。

2. 调整购买

调整购买是指采购方改变原先所购产品的规格、价格或其他交易条件后再行购买。医药产品采购方会与原先的医药产品供应商协商新的供货协议甚至更换供应商。当医药组织市场购买决策者认为选择替代品能带来很大的益处时，往往发生调整重购。重购的方式一般有两种：一是对原有的供应商调整产品购买的种类、价格、质量、数量等。二是寻找新的供应商。在这种情况下，原有的供应商应该积极把握医药生产企业的采购新要求，尽快改进产品、提高质量、降低成本，保持业务关系。而新的供应商则应充分把握机会，参与竞争。

3. 新的购买

新的购买是指医药生产企业第一次购买某种医药产品和服务，对所购产品不甚了解，缺乏购买经验，需要占据大量的购买信息。这是最复杂的购买类型。采购者要对医药产品的规格、购买数量、价格范围、交货时间及服务条件、付款条件、可接受的供应商和可选择的供应商等一系列问题做出决策。这就要求供应企业及时地传送供应信息，并进行跟踪，抓住市场机会。新的购买对所有的供应商来说既是机会，也是挑战。

(二) 医药中间商的购买行为类型

医药中间商介于生产者和消费者之间，专门从事医药商品流通活动。医药中间商分为医药批发企业和医药零售企业两类。医药中间商的购买行为分为新产品采购、选择最佳供应商、改善交易条件的采购、直接重购等四种。

1. 新产品采购

新产品采购是指医药中间商采购以前从未购买过的某类新产品。此类决策首先要决定是否采购，其后再决定向谁采购。医药中间商往往综合分析市场需求、毛利、市场风险等因素后再做决策，其购买决策过程的主要步骤与医药生产市场的购买大致相同。

2. 选择最佳供应商

选择最佳供应商是指医药中间商根据确定采购的产品，寻找最合适的供应商。选择最佳供应商主要考虑医药产品的质量、价格、品牌、服务以及营销支持等因素。

3. 改善交易条件的采购

改善交易条件的采购是指医药中间商希望现有供应商在原有交易条件上有所让步，从中获得更多的利益。医药中间商会在同类产品供应商增多或其他供应商提供更优惠的交易条件时向现有供应商提出此类要求。

4. 直接重购

直接重购是指医药中间商的采购部门按照过去的订货目录和交易条件，继续向原先的供应商购买产品。只要中间商对原来的供应商并无不满，在其存货水平低于订购点时就会直接重购。

美国药品批发企业经营特色及启示——以美源伯根为例

仿制药的销售与服务

仿制药是美源伯根销售收入和利润增长的重要推动因素。由于大量品牌药物的专利到期，整个美国的仿制药市场蓬勃发展，市场增速明显高于医药行业的平均水平。相比于专利药物，仿制药企业更依赖药品在渠道中的铺货能力，因此药品分销企业能从仿制药的经营中获得更高的毛利水平。美源伯根专门推出 PRxO Generics 的专业仿制药服务方案。通过仿制药的增值服务来扩大在仿制药市场的份额。一方面，美源伯根与上百个仿制药企业建立了紧密的合作关系，很容易采购到七千种以上的仿制药；另一方面，依托于自身的规模优势，通过集中采购大大降低了采购成本。美源伯根还能根据客户需求提供相应的咨询服务，协助定制仿制药的采购，确保终端企业在仿制药经营中的利润最大化。

特制药系列服务

美源伯根是特制药分销领域的第一大企业，是关键核心竞争力。美源伯根为特制药生产企业提供从出厂到销售环节之间的各种专业服务，如为抗肿瘤类、血液制品、疫苗等生产企业提供特制药分销服务；包装公司为生产企业提供运输和仓储所需的专业包装服务；并能根据特制药的临床要求建立专门的全方位的服务平台，如能同时接待 17 000 名医生护士咨询的大规模热线电话服务。凭借着庞大的服务计划，美源伯根成为美国最大的肿瘤药物、透析产品和血制品的分销企业，95%的医院需通过他们购买此类药物。

资料来源：张欣.美国药品批发企业经营特色及启示.财经界，2014.

（三）医疗机构的购买行为类型

医疗机构的购买行为类型常根据两个标准进行划分。按照医疗机构购买活动的稳定程度来划分，可分为直接重购、调整购买和新购买。直接重购主要指对基本目录药品的采购；调整购买主要指调整常规用药和基本目录药品或者供应商；新购买主要指对新特药品的采购。按照医疗机构参与购买活动的权限不同，可分为自主购买、集中招标采购、医药分家等模式。关于医疗机构招标和采购等相关内容，我们将在本章最后做详细阐释。

（四）政府组织的购买行为类型

1. 公开招标采购

公开招标采购是指采购机关或其委托的政府采购业务代理机构以招标公告的方式邀请不特定的供应商或者承包商投标的采购方式。一般的程序是先由政府的采购机构在媒体上刊登广告或发出信函，说明要采购的商品的名称、品种、规格、数量等具体要求，要求供应商在规定的期限内投标。然后由自愿投标的供应商在规定的期限内按投标人规定填写标书，写明可供商品的名称、品种、规格、数量、交货日期、价格、付款方式等，密封后送达政府采购机构。最后由政府的采购机构在规定的日期开标，选择报价最低又符合要求的供应商成交。

2. 议价合约选购

议价合约选购是指政府采购机构和一个或几个供应商接触，经过谈判协商，最后只和其中一个符合条件的供应商签订合同，进行交易。一般而言，当政府的采购业务涉及复杂的计划、风险较大、竞争较小时，比较适合采用这种采购方式。许多大的供应商取得合同后，常把相当大的一部分业务转包给一些小企业。由此，政府的采购往往产生一系列连锁反应，在生产者市场引发了“衍生需求”。接受转包的小企业必须心甘情愿接受大供应商的控制，同时分担一些风险。

3. 例行选购

政府部门的例行采购多为经常性、常规性地连续购买，对于那些品种、规格、价格、付款方式等都相对稳定的药品，大多采取例行选购方式，向熟悉的和有固定业务联系的供应商采购。

三、医药组织购买过程中的参与者

(一) 医药生产企业购买的参与者

为了保证产品质量，降低产品成本，医药生产企业一般都设立专门的采购部门，配备专业的采购人员。由于医药产品生产企业购买的产品涉及金额大，技术含量高，所以采购并不全是由采购部门独自进行决策，生产部门、技术部门、质检部门、财务部门以及企业高层管理人员也都参与采购决策。医药产品生产企业购买的参与者主要包括提出购买者、影响者、决策者、控制者、采购者等。

1. 提出购买者

医药生产企业中的生产部门是采购产品的直接使用者，他们对采购产品的数量和质量的认识最为直观。通常由他们根据医药生产企业销售部门反映的需求信息，结合企业医药商品生产计划提出采购的要求。

2. 影响者

影响者是指对决策结果具有影响作用的相关人员。医药生产企业的技术部门、质检部门和财务部门的负责采购评价的相关人员，在购买决策中，对采购产品的技术、质量和价格进行评价，为决策者提出决策依据。

3. 决策者

决策者是指有权决定采购医药商品的价格、规格、数量、品种及供货商的人员。通常是医药生产企业的生产部门、技术部门、质检部门、财务部门、采购部门的负责人。

4. 控制者

控制者是指对采购决策拥有最终控制权的人员。通常是医药生产企业的总经理或副总经理，或高级主管。他们综合考虑生产部门、质检部门、技术部门、财务部门和采购部门报送来的信息后，最终审批是否采购。

5. 采购者

采购者是指实际完成采购任务的人员。医药生产企业的采购部门是医药产品采购活动的直接执行部门，它在供应商和本企业之间起着桥梁作用。通常负责寻找供应商信息，与供应商进行业务磋商，并完成采购任务。

在实际的采购活动中，以上五种角色并不是固定不变的。在不同的采购活动中，相关人员的角色也有所不同。例如，在重复采购活动中，采购部门的负责人，就是最终的控制者。

(二) 医药中间商购买的参与者

医药中间商市场的购买参与者人数取决于企业规模的大小。规模较大的医药中间商为了降低采购成本和提高采购质量，一般都设立专门的采购部门，配备专业的采购人员；规模较小的中间商特别是小型零售商只配备专业的采购人员，甚至只安排兼职人员承担采购任务。以连锁药店为例，参与采购决策的人员主要有医药产品经理、采购委员会和门店经理三种。

1. 医药产品经理

医药产品经理的主要职责是负责各类产品的采购，收集不同品牌的信息，选择适当的品种和品牌选购。有些情况下，医药产品经理不具有采购的最终决策权，而是由采购委员会决定。

2. 采购委员会

采购委员会的主要职责是负责审查医药产品经理提出的新产品采购建议，并做出最终决策。一般情况下，医药产品经理对决策起关键性作用，采购委员会则起着平衡各种意见的作用。

3、门店经理

门店经理通常掌握着门店的一级采购权，根据门店实际情况制定总体或单项销售计划，并指导落实。同时也会根据门店的实际销售情况，对商品的进销存及产品结构进行跟踪管理及调整。

信息框

药店落实新版 GSP

在药品经营中，新版 GSP 对每个环节在岗位职责、流程、制度、程序等都作了明确要求，如果按要求来做，所有药店都能把新版 GSP 落实到位。因此，零售药店应该先按照新版 GSP 的要求，加强药学服务水平的学习，适应市场的发展，提升专业服务。在新版 GSP 实施之后，医药连锁企业在零售领域又开始了新一轮的跑马圈地，通过扩展加盟店的数量来增加自己的市场。

根据《2013 中国单体药店发展状况蓝皮书》的内容可以得知，截至 2012 年底，我国单体药店数量达到 271 143 家，占全国 423 723 家药店门店总量的 63.99％；2013 年，单体药店总量约为 26.55 万家，较 2012 年度有所下降。凭借地利、人和、低价、口碑等方面的努力，单体药店形成了较为旺盛的生命力，在药品零售市场格局中独具一帜，在满足城镇乡村群众用药方面起到了积极的作用。

近日 CFDA 发布的《互联网食品药品经营监督管理办法(征求意见稿)》首次表示，准许单体药店开展电商业务。相对而言，这既是单体药店的机遇，也是挑战。因为网上售药资格的放开，一方面会进一步挤压实体店的销售量；另一方面，单体药店开展网上药店业务，同样需要投入大量的资金和精力。

随着政策的深入推进，今后上规模、上档次的连锁药店将不断增多，单体药店也会有所增加，而不符合规定的散、乱、小的药店则将逐渐被淘汰，随之而来的，是我国医药零售业恒者恒强的趋势。

资料来源：医药观察家报. http://www.yygcj.com/info/2694/30147.html.

(三) 医疗机构购买的参与者

在医疗机构采购行为中，购买决策所涉及的成员包括采购员、药剂科主任、药事管理与药物治疗学委员会、临床科室主任等。

1. 采购员

采购员的主要职责是负责与供货商保持联系和沟通，并对进药渠道进行管理和维护，根据采购药品的品种、数量、金额、时间，制定并执行药品采购计划。

2. 药剂科主任

药剂科主任的主要职责是采购计划的制定，药品质量的管理，药品价格的审查等，保证临床用药的整体水平。药剂科主任在购进药品方面扮演着重要的角色，是药品能否进入医院的主要决定者之一。

3. 药事管理与药物治疗学委员会

药事管理与药物治疗学委员会的主要职责是根据临床用药需求遴选药物，监管药物的临床应用，保证药物的高效、安全。药品最终能否进入医院，药事管理与药物治疗学委员会同样起着重要作用。

4. 临床科室主任

临床科室承担医院治疗病人的临床实践，是直接使用药品的场所。药品进入医院首先要考虑临床科室的用药需求，这种需求是临床科室主任经过编写临床申请报告进行申报的。临床科室主任主抓科室的全面性工作，对于临床用药起主导作用。

（四）政府组织购买的参与者

在政府采购行为中，购买决策所涉及的成员包括采购人、政府采购机构、使用人、招标代理机构等。

1. 采购人

采购人是指使用财政性资金采购物资或服务的国家机关工作人员。采购人一般是由政府采购机构工作人员担任。

2. 政府采购机构

政府采购机构是指政府设立的负责本级财政性资金的集中采购和招标组织工作的专门机构。政府财政部门是政府采购的主管部门，负责管理和监督政府采购活动。

3. 使用人

使用人一般指国家各级政府部门。

4. 招标代理机构

招标代理机构是指依法取得招标代理资格，从事招标代理业务的社会中介机构。政府采购通常采用公开招标的方式进行。对于招标事宜，政府采购机构有可能委托招标代理机构进行。

四、影响医药组织购买的主要因素

（一）影响医药生产企业购买行为的因素

1. 宏观环境因素

影响医药生产企业的宏观环境因素包括自然环境、政策、法律、医药科技、经济、人口、文化因素等。医药生产企业应该时刻关注宏观环境的发展和变化，尽管宏观环境具有相对稳定性，但自然环境、国家政策、医药科技等宏观环境因素变化相对频繁，一旦墨守成规，往往对企业造成不利影响。

2. 微观环境因素

微观环境因素主要包括供应商、竞争者以及企业自身。供应商的规模、信誉、产量、技术水平等因素直接影响其产品，而供应商的这些因素影响着企业的购买行为。竞争者的数量和规模也同样影响医药生产企业的购买决策。医药企业自身因素包括企业的组织结构、规章制度、采购程序、人际关系等。

（二）影响医药中间商购买行为的因素

1. 医药供货商

医药供货商因素主要包括企业合法性、产品合法性、市场支持情况、品牌影响力等。具体来说，比如供货医药生产企业主体是否合法，证照是否齐全；企业的规模、资信如何；医药商品的生产或经营是否符合法律规定；医药商品质量如何；广告力度、促销支持和服务水平如何等等。

2. 下游购买者

下游购买者因素包括市场需求水平、购买者要求等因素。医药中间商在做决策时主要考察医药商品的市场覆盖范围、目标市场的需求量、消费者对医药商品的评价、拟采购的医药商品是否得到医疗机构的认可等问题。

3. 竞争者

医药中间商在做购买决策时须考虑拟采购医药商品面临的竞争状况、同行采购同种医药商品的情况、供货方的竞争激烈程度等因素。

4. 中间商自身

主要指自身采购程序、组织机构、采购目标、中间商企业人际关系、采购人员个人情况等因素。

（三）影响医疗机构购买行为的因素

1. 宏观环境因素

宏观环境因素对医疗机构的影响很大。它对医疗机构的影响具有两面性，有时候是机会，而有时候却是威胁。宏观环境中的政策、法律、科技、经济、人口、文化等因素对医疗机构是一种硬性约束，医疗机构需要时刻关注宏观环境的变化，判断宏观环境的发展趋势，以便做出正确的购买决定。

2. 微观环境因素

医疗机构采购和中间商一样对供货商的资质、规模、信誉、质量、配送能力等都比较重视，但医疗机构更注重疗效。供应商竞争的激烈程度对医疗机构的采购也会产生影响。如果同类药品生产厂家数量众多，医疗机构选择的空间就比较大。某些特效药品和专利药品，生产厂家数量少，厂家具有市场垄断地位，拥有定价权，医疗机构选择空间就比较小。此外，医疗机构内部因素也是不可忽视的，内部因素主要指医疗机构组织因素、人际关系因素、人员因素等。

（四）影响政府购买行为的因素

政府采购者与医药生产者和中间商一样，其购买决策也要受到环境、组织、人际等因素的影响，但在以下几个方面有所不同。

1. 大众团体及公民的监督

政府采购作为经济行为，需要考虑经济效益，外界公众的监督会使其购买行为趋于合理。外界公众希望政府机构以最低标准的购物数量来实现政府的各项职能。

2. 政治和政策的影响

例如，一国政府如果致力于建立和维护军事力量，那么很多企业家就会考虑政府机构的市场需求，政府也会进一步提供信息、服务和优惠条件来吸引企业家们的投资。倘若政策发生变化，政府对采购业务采取加强管理的政策，特别是放弃很多“成本加成”的合约形式，迫使很多原来为国防部产销产品的供应商不得不转而寻求政府市场以外的其他市场。

3. 其他非经济性目标的影响

非经济性的目标在政府采购中的作用日益显著。政府往往受到政治、道义等因素的影响，采购时更注重社会效益。例如，政府基于地区平衡发展，会鼓励在落后地区办厂，在那里采购货物。

信息框

医药企业追逐大健康梦

美国经济学家保罗·皮尔泽在《财富第五波》中指出：健康产业将会是继 IT 产业之后的“全球财富第五波”。21 世纪是健康产业的世纪，健康产业将成为带动整个国民经济发展的强大动力。近年来，大健康产业的迅猛发展成为我国医药产业的亮点。2016 年，我国大健康产业规模预计将接近 3 万亿元，将达全球第一。健康产业与药业密不可分，部分药企看好健康产业，纷纷布局抢占先机，形成药业、大健康产业比翼双飞的局面。

早在 2004 年，天津天士力就提出“向大健康产业进军“的口号；2005 年，云南白药提出“稳中央、突两翼”的大健康战略；2012 年，数十家中药上市公司不约而同地宣布布局大健康产业——将大健康作为新的业务增长点，这已经成为医药界的共识。

作为中国医药行业的前驱者，万和制药从二十年前公司成立之初，就致力于科技健康领域的探索与研究，并在 2012 成立“万和国际科技健康研发基地”，以”科技健康主义“为主题，围绕五大核心技术，在氨基酸保健、微空间洁净、关节病预防等领域形成家庭健康的产品集群。

资料来源：39 健康网. http://drug. 39. net/a/130228/4132312. html.

五、医药组织市场购买决策过程

(一) 医药生产企业购买决策过程

1. 发现需求

随着市场竞争、国家政策等周围环境的变化，生产者组织会产生新的需求。这种需求可能是内部刺激所致，也可能是外部刺激所致。例如，患者对某种药品的剂型有了新的需求，旧的设备跟不上产品的换代升级等。再比如，采购人员通过医药博览会，或者供应商的推销产生了对更好的产品的需求等。

2. 确定需求

医药生产者认真分析所需药品的种类、质量、功效、数量等，寻找性价比最高的药品，这个过程需要多方人员共同协商完成。此过程非常关键，是潜在需求转化为现实需求的关键步骤。

3. 确定产品

进行购买活动时，医药生产组织需要将需求的定性要素进行量化，即说明所购药品的品种、性能、特征、数量，写出详细的技术说明书，以此作为采购人员的采购依据。

4. 寻找供应商

确定所要采购的商品的品名、规格、数量后，采购部门的相关责任人从已有的供方资料库中或新寻找供货厂家以确定备选供货商，并与供货商初步联系。如果是重复采购，直接要求供应商供货。如果是新采购，则要与供货商磋商采购条件，并请供货商送来样品，并将拟采购的产品的具体信息、供货商信息及样品送达给技术部门、质检部门、财务部门进行评估。

5. 询问价格

询问价格是指购买方让供应商提供药品的说明书和报价单等。在此过程中，购买方会排除一些要价不合理的供应商，从其余符合条件的供应商中选择有合作意向的供应商进一步洽谈。因此，说明书和报价单的编写必须引起营销人员的重视。

6. 确定供应商

在通过审查报价单，与有意向的供应商洽谈过程中，不仅需要注意其技术能力，还要考虑能否及时交货等其他因素，确定供应商的过程也是各种因素综合考虑的过程。

7. 签订合约

签订合约是指购买方向最终选定的供应商发出采购订单后，营销人员可与购买方签订长期供货的合同，建立稳定的供货关系。

8. 绩效评价

医药生产者对各个供应商的实际绩效加以评价，并做出决定。决定包括继续合作、更改和终止。评价的方法包括征求最终用户的意见作为最后的评价，建立评价标准，对各种标准进行加权计算等。

信息框

采购决策方法

采购决策的方法很多，有定量决策的方法，也有定性决策的方法。主要有采购人员估计法、经理人员意见法、数学模型法和直接观察法。

(1) 采购人员估计法。召集一些采购经验较丰富的采购人员，征求他们对某一决策问题的看法，然后将他们的意见综合起来，形成决策结果。

(2) 经理人员意见法。先征求采购、生产、技术、销售、财务等各部门经理人员意见，再做出决策。如果企业要选择合适的供应商，可采用经理人员意见法。此种方法需多次反复，耗费时间，可行性差。

(3) 数学模型法。如果企业为了达到采购存储总费用最低的目的，就必须用经济批量模型计算最佳采购批量。值得注意的是，采用数学模型一定要注意使用条件。

(4) 直接观察法。采购部门的决策者在对简单问题决策时，按一定的标准或按关键采购标准，淘汰不符合标准的方案，对符合标准的方案按优劣顺序及可行性排列，选择满意方案。

资料来源：百度百科. http://baike.baidu.com/view/3437876.htm.

(二) 医药中间商决策购买过程

医药中间商的决策购买过程与医药生产企业决策购买过程基本一致。医药中间商作为医院生产企业的下游市场，其采购决策过程更加关注产品的质量、价格、时间、促销支持、品牌等方面因素。医药中间商对新产品的采购也需经历八个阶段，这与医药生产者市场的购买是基本一致的。而最佳供应商选择、改善交易条件的采购及直接重购则会跳过某些阶段。

1. 认识需求

当医药中间商通过销售分析发现现有产品不适销对路，或通过广告、展销会、供货企业的推销和消费者的询问等多种渠道了解到有更适销对路的新产品时，就产生了购买欲望。

2. 确定需求

确定需求是指医药中间商根据其配货策略决定其产品经营范围的广度、深度和相关性。医药中间商的配货策略主要有四种。

(1) 独家配货。即在同类产品中只销售同一品牌或同一厂家的产品。

(2) 专深配货。即销售不同品牌不同厂家的不同花色品种的同类产品。

(3) 广泛配货。即经营某一行业的多系列、多品种的产品，它比专深配货的产品组合要宽。

(4) 混合配货。经营跨行业、没有关联性的多种产品，与广泛配货相比，其产品组合的关联性弱。

3. 说明需求

说明需求是指医药中间商写出采购说明书，详细说明所要购买产品的品种、规格、质量、价格、数量和购进时间。医药中间商对采购的时间非常关注，因为销售时机将直接影响产品的销路。医药中间商对购买数量的确定则要考虑消费需求、存货水平以及药品成本和效益的比较。

4. 寻找供应商

寻找供应商是指医药中间商市场的购买人员根据购买说明书的要求寻找合适的货源。只要不是直接重购，这个过程都可能存在，只是复杂程度有所不同。

5. 征求供应建议

征求供应建议是指医药中间商市场的购买人员邀请合格的供应商提交供应建议书，中间商进行初步筛选。

6. 选择供应商

医药中间商的职能是为卖而买，因此它最关心的是商品采购能否让其实现快速销售以及毛利率。一般来说，医药中间商在选择供应商时比较关心如下问题：供应商的合作欲望和合作态度、产品质量及其与目标顾客的吻合程度、价格及折扣和信用条件、交货及时率、促销支持、售后服务、退货制度等。

7. 签订合约

与医药产业市场购买者相似，医药中间商也倾向于签订长期合同，以保证稳定的货源，并降低存货成本。

8. 绩效评价

绩效评价是指医药中间商对各个供应商的绩效、信誉、合作态度等进行评价，以决定是否继续交易。

(三) 医疗机构购买决策程序

1. 医院招标采购程序

医院是高投入、高消耗、高成本的单位，为满足自身正常运转和发展要求，需要采购大量物资设备，投资基建、维修、信息化建设工程。为降低成本、提高资金使用效益，对于金额较大的采购行为，应采取招标采购。医院招标采购的程序一般为：

(1) 制定招标制度，设立招标机构

设立招标机构是十分必要的，因为它可以规范招标的行为，降低采购的风险，保障医院合理采购。当然，招标机构的建立也是要遵循相关法律法规和制度。招标采购工作严格按照制度和工作程序进行。招标管理办法应规定招标范围及方式、招标投标工作程序、合同变更处理、验收及结算、招标纪律等，并可另附招标所需文件的规范文本格式。医院招标办的主要成员由院领导，即招标办主要负责人任命。成员来自医院不同的部门和科室。科室可遍及临床、财务、监察、设备等。对采购的物资设备实行归口管理，具体事务由设备、后勤等主管部门承办。

（2）做好招标前期准备工作

招标前的主要工作有：① 建立采购申请制度，对需求部门提出的采购需求进行审核，并进行归类汇总，统筹安排医院的招标采购计划。② 招标采购项目应组织相关专家进行论证，集体讨论审核后才能履行招标程序。③ 主管部门书面申请项目立项报告，经领导审批后，交监察室备案。④ 主管部门制定采购方案，药品、仪器设备等需注明产品型号、规格、产地、数量、价格、质量要求及预算方案，经领导审批后，交监察室备案。⑤ 主管部门按设计方案和预算方案编制招标文件，监察室根据招标文件负责编制和委托编制标底文书。

（3）合理选择供应商

医院应当建立科学的供应商评估和准入制度，确定合格供应商清单，与选定的供应商签订质量保证协议，建立供应商管理信息系统，对供应商提供物资或劳务的质量、价格、交货及时性、供货条件及其资信、经营状况等进行实时管理和综合评价，根据评价结果对供应商进行合理选择和调整。招标采购时，对于报名投标的供应商要严格审查资质，在医院供应商名单之内的重点审查投标产品的质量证书及代理授权证明文件，在医院供应商名单之外的要全面审查，包括公司的营业执照、税务登记证、生产许可证、经营许可证等，必要时甚至可以委托中介机构对供应商进行资信调查。

（4）选定招标办法

招标方式分为公开招标、邀请招标、议标等。公开招标是招标人通过药品招标公告的方式邀请不特定的法人或者其他组织投标。公开药品招标也称竞争性药品招标，即由招标人在报刊、电子网络或其他媒体上刊登药品招标公告，吸引众多企业单位参加投标竞争，招标人从中择优选择中标单位的招标方式。邀请招标是指招标人以投标邀请的方式邀请特定的法人或其他组织投标。邀请招标，也称为有限竞争招标，是一种由招标人选择若干供应商或承包商，向其发出投标邀请，由被邀请的供应商、承包商投标竞争，从中选定中标者的药品招标方式。而议标是采购人和被采购人之间通过一对一谈判而最终达到采购目的的一种采购方式，它适用于价格低、工期紧、专业性强的项目，可以节省时间、很快地开展工作，但不利于价格竞争。如无特殊情况，应选择公开招标或邀请招标，尽量避免采用议标方式。

信息框

标书中不可缺少招标评标的方法

在标书中一般应规定招标评标办法，也可在招标开始时现场宣布评标规则，如按标准打分、综合评判、取最低价等，并明确几轮报价。医院因为自身性质往往对技术和质量要求较高，所以经常采取综合评标的办法，即以招标文件为依据，对投标文件进行综合评估，评出能够最大限度地满足招标文件规定的投标单位，其中，投标单位的企业资质、能力、业绩和信誉度、质量承诺、供货期（工期）、售后服务承诺、投标价格、付款方式、优惠条件以及投标文件的完整及严密性等将是主要评价因素。

资料来源:杨焕军.浅析加强医院招标采购管理的对策[J].中国市场,2014.

(5) 招标谈判

在招标时,往往要进行多轮的谈判。投标人首先要向评议人员介绍公司及所属产品。在这一部分中,投标人要对产品的技术、质量充分了解,尽可能地满足医院需要。其次,价格是医院非常看重的因素,投标方要尽量压低价格并且选择合理的付款方式。在支付一部分保证金的基础上采取分期付款能够一定程度上保证资金的安全。一些不愿意降价的供应商可采取提高售后质量等做法为医院节约成本,进一步让医院满意。医院应充分重视产品的售后服务,在标书中要有详尽的描述,对投标供应商的响应程度要认真核对并在招标现场确认。尽可能地明确各种可能发生情况的处理办法,以免后患。

(6) 招标结果的执行

有了招标结果,医院还应注意以下工作:① 做好招标采购业务各环节的记录,做到全环节管理,在信息科技时代,管理信息系统是不可或缺的。② 招标结果确定的供应商,对其采购价格、方式、要求等情况需拟定合同。合同中要准确描述双方的权利和义务,以及违约现象发生后的情况处理问题。③ 加强物资采购供应过程的管理,依据采购合同中确定的主要条款跟踪合同履行情况,对有可能影响业务或工程进度的异常情况,应出具书面报告并及时提出解决方案。④ 建立严格的验收制度,验收项目包括采购产品的品种、规格、数量、质量等。验收合格后出具验收证明。⑤ 建立严格的财务审查制度,尤其针对采购付款环节。做到付款流程清晰化、规范化,严格审查采购合同、单据凭证、审批程序等相关内容,审核无误后按照合同规定及时办理付款。发现付款过程中存在问题应立即停止付款,避免损失。

信息框

药品集中招标亟待改革

2015 年 6 月 1 日,大部分药品将取消政府定价,政府推进药品价格市场化改革的决心和行动赢得了各方的肯定。不过,取消政府定价权只是药品价格市场化改革的第一步。在现行政府主导的药品招标制度下,无论是实行政府定价、政府指导价,还是市场定价的药品,公立医院与药品企业都无法按照市场规律自由议价,公立医院药品价格是由政府集中招标确定。所以说,要实现药品价格真正市场化,改革政府主导的药品集中招标制度势在必行。

改革政府主导的集中招标制度,既是完善药品市场体系的要求,也可促进法治政府建设和政府职能转变。从实际来看,北京、浙江、广东等地已开始探索药品集中招标改革方案。2014 年 7 月,北京市建立基本药物集中采购中标价格全国联动、动态调整机制,打破一个招标周期内价格不变的习惯做法,与全国其他省级招标价格进行比对联动,对基本药物价格进行调整;广东省则明确将充分发挥市场机制在资源配置中的决定性作用,减少行政干预药品价格。

根据我国政府采购法、招标投标法等法律规定,政府不得设置招标采购机构和参与采购活动,招标代理机构是社会中介组织,政府不能与招标代理机构存在隶属关系和其他利益关系。但目前一些地方政府却普遍设置了招标机构,编制采购目录,参与药品招标具体活动,这显然不符合法律规定,是政府职能错位的表现。在全面推进依法治国和全面深化改革的背景下,改革甚至废止药品集中招标制度已经是必然选择。

有人担忧，如废止药品集中招标，会引发药品价格秩序更加混乱，药品价格无序上涨。实际上，这种担忧并无必要。市场可以通过价格引导生产、分配和消费等，市场机制可以合理配置药品市场资源，保护患者利益。从国际经验看，世界上大多数发达市场经济国家都实行药品市场自由定价。英国、法国、美国、德国和其他经济合作与发展组织成员国的政府，基本上不会直接代替医疗机构进行招标，阻碍市场自由交易。

但是，政府监督和管理是市场发展的内在要求，大多数国家采用间接控制方式干预药品价格。如对医生的处方行为进行监督，杜绝医生误导患者用药；实行单病种定额付费，引导医院合理用药。在市场自主定价的基础上，政府应对药品市场秩序进行有效监管，没有不正当竞争和垄断，药品价格会在市场机制的调节下回归合理。

资料来源：联众医药网．http://news.yy960.com/list/3-1/2015-05-07/145309.html.

2．医院的自主采购程序

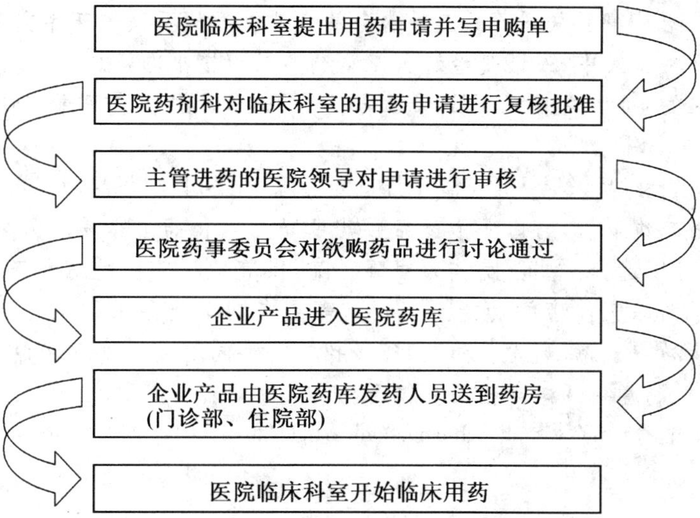

图6－4　药品进入医院临床使用的一般程序

（1）由医院临床科室的临床医生，根据患者用药的需要，提出用药申请，并写申购单送达医院药剂科。

（2）药剂科的采购部门根据临床医生的申请，结合药品的库存情况，确定拟采购药品的品种、规格和数量等，填写药品购买申请单。药剂科主任对拟采购的药品相关信息进行审核，初步确定后，再送至主管进药的领导处进行审批。

（3）主管进药的领导根据临床医生和药剂科所提出的申请，结合自己的认识，对申请进行审批。如果医院没有设立药事委员会，审批通过后，药剂科的采购部门便可进行采购。如果设立了药事委员会，则还必须上报给医院药事委员会共同决议。

（4）医院药事委员会一般由临床科室主任、药剂科主任、主管进药的领导、知名专家和教授组成。当医院采购新品牌、新品种、新剂型时，都必须经药事委员会论证通过。

（5）经医院药事委员会论证通过后，医院药剂科的采购部门便可进行采购。并且跟踪药品运输情况，直到药品入库。

(6) 药品入库后，由药库负责对药品进行管理，并将根据用药要求将药品分发到门诊药房和住院部药房。

(7) 门诊药房和住院部药房根据医生处方要求，将药品配发至患者用于临床。临床效果的好坏影响到医院是否继续购买该种药品。

信息框

"互联网+"将使省级招标形同虚设

现在国家提倡"互联网+"的发展模式，药价改革借助第三方互联网交易的B2B模式，将使省级招标成为摆设，从而退出历史舞台。

现在有的企业已经开始申请互联网交易A证，正在筹划做药企和医院的网上交易。在互联网上进行药品交易，须获得国家食品药品监督管理局相关部门批准。该证书是由国家食品药品监督管理总局给从事互联网药品交易服务的企业颁发的互联网药品交易服务机构资格证书，分为A、B、C三种。其中，A证是经过国家食药监局审核批准发放的，其代表的主体是由非药品经营企业建立的企业对企业(B2B)第三方交易平台，此种模式可最大限度地整合药品资源，形成网上医药交易平台。

取得A证的网上药品采购平台，整合药企的资源，在网上对药品明码标价，供采购方医院选择。医院也不用二次议价，看中哪个药品后就可以直接和药企交易。如果医院对药企的产品存在疑虑，药企可以选择一些医院作为旗舰医院，供其他买方医院进行药品样品的参观，这个旗舰医院充当了药品实体店的功能。药企只需要在网上药品采购平台缴纳小额服务费即可。这样透明的交易方式，腐败无从隐藏，省级招标将形同虚设。随着这种"互联网+"模式的普及，省级药品招标制度将逐渐退出历史舞台。

资料来源：微信之窗. http://wx.shenchuang.com/article/2015—04—30/867540.html.

本章小结

1. 所谓医药组织市场是指医药企业和单位为了生产、销售医药产品或提供医疗服务，购买医药产品和劳务而形成的市场。医药企业和单位是指医药生产企业、医药批发企业、医药零售企业、医疗机构和政府机构等。医药组织市场包括医药生产者市场、医药中间商市场、非营利性组织市场和政府机构市场。

2. 医药组织市场购买的目的是用于再生产和销售，它相对于医药消费者市场来说，其特点可以从购买角度、市场角度和过程决策角度进行分类。

3. 医药组织市场的购买都经历了信息刺激阶段、组织决策过程阶段和组织反应阶段三个阶段。医药组织市场购买的参与者、影响因素与决策过程大体上具有相似性，但究竟医药生产者、医药中间商、医疗机构和政府市场在购买医药产品的过程中，有谁参与决策，如何进行决策，决策的过程是什么，却各有不同的内容。

4. 在医疗机构决策购买过程中，药品进入医院临床使用一般分为七个步骤：医院临床科室提出用药申请并写申购单；医院药剂科对临床科室的用药申请进行复核批准；主管进药的医院领导对申请进行审核；医院药事委员会对欲购药品进行讨论通过；企业产品进入医院药库；企业产品由医院药库发药人员送到药房；医院临床科室开始临床用药。

5. 医院的招标采购大致分为六个阶段：制定招标制度，设立招标机构；做好招标前期准备工作；合理选择供应商；选定招标办法；招标谈判；招标结果的执行。

复习思考

1. 医药组织市场购买的特点是什么？
2. 影响医药组织市场购买的因素各有哪些？
3. 医药组织市场的购买过程各是怎样的？
4. 药品进入医院再到临床使用的过程是怎样的？

案例分析

灵活的美国卡地纳医药公司

美国卡地纳医药公司是美国最大的医药分销商，也是世界上最成功的医药分销商之一。在我国医药流通行业毛利持续下降，费用不断上升，很多企业步入困境之时，我们不妨借鉴一下卡地纳是如何与上下游厂商接触的。

作为一个中间分销商，卡地纳的一个最重要的业务合作者就是它上游的药品生产商。卡地纳扩大增长的方法之一，就是不仅把上游生产商当作供应商，而且还把他们当作潜在的消费者。当卡地纳开始思考医疗保健业的发展前景时，它认识到影响医药行业发展的一个趋势：热销药的门槛越来越高了。

像电影、唱片、图书出版行业一样，制药公司也依靠好的产品赢得增长。通过调查研究发现，热销药每年都能为制药公司带来10亿美元的收入。但是热销药的研究必须花费很多年的时间，经历上千次失败后才能成功，而且还要经过一系列复杂的测试才能得到管理部门的认可，通常后一过程还要花费更长的时间。热销药推出市场后，也还是要经过几年时间，才能为制药公司带来每年10亿美元的收入。

同时，每年都有几种热销药的专利到期，促使便宜的相似药品的出现，也降低了热销药的利润。于是，制药公司不顾一切地投入尽可能多的金钱、时间、精力进行热销药的开发和研究，以期使新药尽快获得政府的审批，然后在专业领域和大众市场同时进行营销。为了充分利用资金和其他资源，很多公司都集中力量推出热销药而放弃其他方面的投入。

卡地纳认识到，为制药公司药物提供配方、检测、生产、包装等方面的服务，能创造出新的价值，使制药公司集中精力研发推广热销药。

卡地纳又一次找到了一个创新的机会。作为药品分销商，它能够为制药公司带来更高的效率。因为有一个广阔的分销系统，卡地纳能够有效地汇总和包装多个生产商的药品。它建立了重要的客户关系，能够接触到行业中居于领导地位的制药公司的高级管理者。同时，它在为医院、派克斯用户提供定制的药品包装服务方面经验丰富，一直保持着优秀、有效的运营记录。

从自身的业务扩展到上下游的业务，卡地纳都获得了成功并创造了新的价值。现在，公司正通过创造性的连接和整合创造更多的机会，以建立一个可以自我促进的增长链。卡地纳的下游客户——连锁药店主要依靠第三方付款。第三方是指介入药店的保险机构。第三方直接付款，即顾客支付给药店一部分费用后，其余的由药店向保险机构发出汇款通知。传统上，现金偿还率在支付系统中每月更新一次。但是，由于经常忘记最近增长的比率而使连锁药店遭受损失；一项研究估计，药店在每一个药方上都要因此损失 59 美分。

为了帮助药店确定准确的支付金额，卡地纳与许多药品连锁店合作开发了一套叫做 ScirptLINE 的系统，它能够自动地核对药品的现金支付数额并每天更新现金偿还率。现在，卡地纳不仅为传统的分销业务供应药品，而且通过帮助药店建立收入核算系统，成为了客户重要的合作伙伴。

更加重要的是，卡地纳通过一个新的叫作 ArcLight 的系统将 ScriptLINE 收集的数据传递给上游的制药公司。卡地纳、沃尔玛、CVS 公司、艾伯森公司和其他零售商共同组建了一个联营公司，专门收集由 ArcLight 提供的药品销售的信息，并且及时地将市场信息传递给生产厂家，比如什么产品在哪儿卖得好，以便他们能根据市场需求及时调整策略，快速、有效地占领热销药市场。如今，13 家药品生产厂家成为了 ArcLight 的客户，它提供了每年高达 10 亿张药方的数据，客户和数据数量都超过了预期的增长。它的竞争对手 IMS 健康公司在行业内也十分有影响力，但是收集数据的方法比 ArcLight 要传统得多，主要通过零售商和医生调查的方式，并且一般会推迟一个月左右才将数据送达客户。从 ArcLight 的例子我们可以看出，卡地纳的成长不仅局限于单一的产品，而是有许多新的增长路径，它们为创造新的价值提供了更多机会。

卡地纳收入来源的多样性也减少了由单一收入带来的风险。由于与客户之间的交流不断加深，更有利于卡地纳观察、研究、理解他们的客户需求，从而创造更深、更紧密的客户联系。因此，公司对客户的定义，从购买药品的机构逐渐扩大到药剂师、医生、医院的管理者、药厂的管理人员等。

卡地纳公司主席吉姆·米勒，同时也是负责药品分销和外用物品业务的首席运营官，根据与顾客的“接触量”，这样描述增长的机会：“哪儿能接触到顾客，哪儿就有机会。这也是我们业务多样化的一个优势。如果我们仅仅只是一家药品分销商，我们很可能没有能力与很多客户进行谈判。但是我们现在有更多的产品和服务，我们敲开了一扇又一扇门，找到了更多的收入来源。”

资料来源：豆丁网. http://www.docin.com/p—724747996.html.

案例讨论

美国卡地纳医药公司如何与上下游供应商进行业务联系？从中得出哪些成功经验？

参考文献

[1] 罗臻，刘永忠. 医药市场营销学[M]. 北京：清华大学出版社，2013.

[2] 何静文，戴卫东. 市场营销学[M]. 北京：北京大学出版社，2014.

[3] 谭俊华，李明武. 市场营销学[M]. 北京：清华大学出版社，2013.

[4] 余春根，熊立. 市场营销学[M]. 成都：西南财经大学出版社，2014.
[5] 冯国忠. 医药市场营销学[M]. 2 版. 北京：中国医药科技出版社，2007.
[6] 黄晗，刘一书. 市场营销学[M]. 北京：北京交通大学出版社，2014.
[7] 傅书勇. 医药营销管理[M]. 北京：清华大学出版社，2014.
[8] 徐孝仕. 浅谈医院招标采购[J]. 品牌(下半月)，2012.
[9] 杨焕军. 浅析加强医院招标采购管理的对策[J]. 中国市场，2014.
[10] 王琛. 浅析加强医院招标采购管理的对策研究[J]. 中国外资，2013.
[11] 胡明华，余汉霞，吴宏杰，周国朝. 医院招标采购风险防控对策[J]. 中国卫生事业管理，2012.
[12] 刘辉，陈晓梅，裘定心，何贤国. 浅谈医疗设备的招标采购[J]. 医疗装备，2006.

第七章　医药市场竞争战略

【学习目标】

学会正确识别竞争者的方法；了解如何判定竞争者的战略及评估竞争者的实力；掌握医药市场主要竞争战略；掌握市场领导者、市场挑战者、市场追随者和市场利基者的定义及各自具体的竞争性营销战略的要点。

【引导案例】

拜糖平——中国降糖药的领导者

拜糖平，作为全球首个α—糖苷酶抑制剂，1984 年由拜耳在德国上市，却一直徘徊在欧美主流降糖药市场之外，这是由多方面原因造成的：

一、拜糖平挖掘新用户

各种注射型胰岛素，增加胰岛素分泌的磺酰脲类降糖药，增加胰岛素敏感的双胍类欧美降糖药市场竞争激烈。通过全球饮食习惯分析，拜耳发现：亚洲人以大米、面粉等碳水化合物为主食，这类饮食习惯符合拜糖平的作用机制，拜糖平的新机遇被确定为中国、日本和东南亚市场。

1995 年 5 月，拜糖平在中国上市。拜耳中国的销售团队将内分泌科定为目标科室，开始医师教育工作。

(1) 拜糖平药理机制分析。通过各种学术会议和渠道，讲解拜糖平的药理作用机制，阐述血糖的“来源和去路”，分析拜糖平“在肠道中抑制α-糖苷酶(参与双糖、寡糖和多糖的降解)活性”的意义，结合中国人“以碳水化合物为主食的饮食习惯”充分体现拜糖平延缓碳水化合物吸收，从而降低血糖的药理优势。

(2) 餐后血糖(PPG)和危害教育。拜耳的产品经理联合相关专家，通过对 1966—1996 年所有关于血糖水平和心血管并发症文章的荟萃分析发现，PPG 与糖尿病心血管并发症的相关系数统计学差异性极大。随后，德国 16 家医疗中心所做的 DIS 研究数据也表明：PPG 的升高与患者心梗发病率和死亡率正相关。PPG 的概念和重要性通过拜糖平举办的各种学术活动得到了普及，全世界内分泌医师，特别是中国的内分泌医师，开始重视对患者 PPG 的管理。

二、拜糖平开发新用途

在为推广 PPG 概念付出多年心血后，收获却要与诺和龙和文迪雅一起分享，痛定思痛，拜耳决定开辟新的市场机遇。作为阿卡波糖的原研机构，拜耳拥有海量的原始研发数据可供分析，多年的学术推广也使拜糖平的品牌号召力远超其他仿制品，占有国内阿卡波糖销售85%以上的份额。因此，拜糖平只要保持市场份额最大，把阿卡波糖的市场做得越大，拜耳的收益越多。这就是“分蛋糕理论”，寻找新机遇的工作随即展开。

1型糖尿病患者必须使用胰岛素，所以拜糖平的目标患者主要集中在2型糖尿病患者。拜耳医学部梳理了2型糖尿病的发病进程发现：血糖调节受损(IGR)，包括空腹血糖受损(IFG)和糖耐量受损(IGT)是发病的关键点。在此环节干预，就可延缓甚至避免糖尿病的到来。认真分析IFG和IGT后发现，IGT的主要表现便是拜糖平针对的PPG升高，且有证据显示，IGT与心脑血管疾病有密切关系。由此，拜糖平发现了一个新的机遇——IGT干预。

发现机遇后，拜耳开始认真分析和论证。IGT的预后有三种：2型糖尿病、心脑血管疾病或保持现有状态，由此可见，心脑血管疾病便是拜糖平新的突破口。改善IGT预防心脑血管疾病，或者心脑血管意外治疗中的降糖，都是心血管内科和神经内科医师的工作，但这项工作却常常要担心降糖药造成的低血糖，他们急需一种不会出现低血糖反应的降糖药，这就是拜糖平的新机会。随即，拜糖平启动了“治疗IGT”新适应症的申报项目。通过一系列的临床观察和行政审批，2002年8月6日，SFDA批准拜糖平成为首个获得IGT适应症的药物。拜糖平在维持原有内分泌科的销售外，开始进攻心血管内科和神经内科。

通过在内分泌科和心血管内科的推广，拜糖平已经稳居中国降糖药销售榜首。拜糖平又开始了在神经内科的征程。2010年，《缺血性卒中/短暂性脑缺血发作(TIA)血糖管理的中国专家共识》发布，指出IFG和IGT与脑血管病之间存在密切联系，且其核心内容几乎与拜耳推崇的“REACH原则”一致。

为什么拜糖平能在“红海”中找到“蓝海”？仔细分析其营销策略，可以发现一些规律：

(1) 了解产品是基础。拜耳准确定位拜糖平“延缓碳水化合物吸收，从而降低血糖”的独特机理，是其成功的基础，无论是开拓中国市场，还是定位IGT适应症，对这个药理机制的分析是一切的基础。

(2) 适应症是支点。从不适合拜糖平的欧美市场，到适合的中国市场；从竞争激烈的内分泌科，到市场广阔的IGT适应症，每一次“蓝海战略”都以适应症为支点。

(3) 学术支持是杠杆。在全球区域，数次大型临床观察和文献荟萃分析，为拜糖平的每一个学术观点提供了有力的证据支持。如果把适应症比作支点，那么学术支持就是杠杆，当杠杆放在支点上，撬动市场销售就事半功倍。

(4) 推广策略要坚持。在强大的证据支持下，推广PPG知识，增加IGT适应症，进入诊治指南，组织专家共识，2007年与中华医学会合作建立CGICC，拜糖平推广策略的连贯性极强，在每一个适应症上精耕细作，对每一个推广策略都坚持多年，最终成就了“拜糖平奇迹”。

资料来源：华源医药网. http://www.hyey.com/.

案例点评

拜糖平(阿卡波糖)在欧美市场默默无闻，却常年位居中国口服降糖药销量榜首，创造了处方药营销的“拜糖平奇迹”，它的成功无疑是实施了成功的竞争性营销战略。首先，在挖掘新用户方面，拜耳发现其产品的作用机制符合亚洲人的饮食习惯，成功开辟了亚洲市场；在开发新用途方面，拜糖平在维持原有内分泌科的销售外，发现新功能，开始进攻心血管内科和神经内科。作为中国一个降糖制药企业的挑战者，除了想办法应对竞争者的挑战外，更重要的是思考如何使自己成为行业的领导者。

第一节　竞争者分析

医药企业在履行交换职能过程中，以培育和打造营销竞争力和成长的持续优势为目的。最高决策层应站在竞争战略的高度，为医药企业在产业和市场领域竞争中构建长远规划的全方位的营销理念与营销模式。

面对市场，即使是一个强大的企业也不可能总是处在风平浪静中，它随时可能会被新出现的对手打败。所以，医药企业要准确识别竞争者，分析竞争者战略，做好迎接挑战的准备。

一、识别竞争者

(一) 发现竞争者

1. 从行业角度发现竞争者

从这一角度来看，那些提供同类产品或服务的企业，或者提供相互替代产品的企业，构成一个行业，如医药行业。由于同行业企业的产品具有相似性和可替代性，彼此间形成了竞争的关系。在同行业内部，如果一种商品价格发生变化，就会引起相关商品的需求量的变化。在医药行业中，不同医药企业都可能生产例如抗肿瘤药品、感冒药、保健食品等，每一类医药产品之间具有相似性和可替代性，那么生产此类医药产品的企业之间就可能成为竞争对手。

要树立行业竞争观念，首先要对行业结构有一个深入的了解。决定行业结构的因素有很多，其中有四个主要因素：① 销售商数量及产品差异程度。按照销售商数量的多少和产品的差异程度，可以区分出四种不同类型的行业结构，即完全垄断、寡头垄断、完全竞争、垄断竞争。② 进入与流动障碍。③ 退出与收缩障碍。④ 纵向一体化。

2. 从消费者角度发现竞争者

从市场方面来看，竞争者是那些满足相同市场需求或服务于同一个目标市场的企业，无论是否属于同一行业，都可能是潜在的竞争者。从满足消费者需求出发来发现竞争者，可以从更广泛的角度认识现实竞争者和潜在竞争者，有助于企业在更宽的领域中制定相应的竞争策略。若某药企针对白血病患者对白血病用药的需求，那么该企业就会把经营治疗白血病药品或器械的企业视作竞争者。

3. 从市场细分角度发现竞争者

除了单纯从产品或市场方面，企业还可以同时从这两方面出发，结合产品细分和市场细分来分析，以此更有效地发现竞争者。如果某品牌打算进入其他细分市场，就需要估计各个细分市场的容量、现有竞争者的市场占有率、各个竞争者当前的实力及其在各个细分市场的营销目标与战略。从细分市场出发发现竞争者，可以更具体、更明确地制定相应的竞争战略。如感冒药按消费者年龄可以分为儿童感冒药和成人感冒药。按功效进行市场细分的话，经营同一功效药品的企业，互为竞争对手，例如在咽喉药市场上，广西“金嗓子”三金西瓜霜含片和江中草珊瑚含片是市场份额的强劲竞争对手。

（二）竞争者类型

医药企业在市场上所面临的竞争者，大体可分为以下四种类型：

1. 品牌竞争者

品牌竞争者指医药行业中以相似的价格向相同的顾客群提供类似产品或服务的不同品牌之间的竞争者。品牌竞争者是企业最直接的竞争对手。例如，医药行业中，辉瑞是诺华的品牌竞争者。品牌竞争者之间的产品替代性较高，因而竞争相当激烈，这就要求企业努力培养顾客的品牌忠诚度。

2. 行业竞争者

行业竞争者是指提供同种或同类密切相关产品的竞争者，例如，医药行业、家电行业、餐饮行业、房地产行业等。虽然在同一行业中，不同企业生产或提供不同档次、不同品种的产品和服务，它们之间存在彼此争夺市场的竞争关系。因为消费者在不同档次、不同品种的产品之间进行选择，于是在行业之间展开竞争。受生活环境、方式变化和生存压力增大等各种客观因素的影响，癌症的发病率不断上升，预计将取代心血管疾病成为全球第一大死亡原因，生产肿瘤药的企业竞争日益激烈，不仅像罗氏、诺华、阿斯利康、辉瑞这些行业巨头之间存在竞争，海正医药、恒瑞医药这些企业虽没有巨头企业的规模，但是从价格上来说，也是人们的不二选择。

3. 需要竞争者

需要竞争者是指提供不同种类的产品来满足和实现消费者同种需要的竞争者。例如中药和西药在抑制肿瘤方面存在竞争。2014 年，河南树铭药业有限公司委托中国科学院上海药物研究所进行的一项研究实验表明，中药参黄丸可在肿瘤生长过程中表现出显著的抑制肿瘤生长的作用。这对国内外一些生产抑制肿瘤西药的企业产生一定影响。

4. 愿望竞争者

愿望竞争者是指提供不同产品满足消费者的不同愿望，但目标消费者相同的竞争者。例如，当消费者收入水平提高时，他们可以把钱用于购买汽车或房产，也可以用于旅游，或者提升医疗保健的消费水平，这些企业间存在相互争夺消费者购买力的竞争关系，消费者支出结构的变化对企业的竞争有很大影响。

二、竞争者策略分析

（一）竞争对手的目标

1. 竞争者市场目标组合的重点

企业必须了解每个竞争者的重点目标是什么，如获利能力、市场占有率、现金流量、技术领先和服务领先等。企业要了解每个竞争对手的重点目标是什么，才能正确估计他们将要做出的竞争反应。例如，一个以低成本领先为主要目标的竞争者，对其他企业在降低成本方面的反应就会比增加费用的反应来得强烈。

2. 竞争者的市场目标及行为变化

通过密切观察和分析竞争者目标及其行为变化，可以为企业提供决策方向。例如，当发现竞争者开辟了一个新的细分市场时，也就可能意味着一个新的市场机会；当发现有企业意图进入自己市场时，就要多加小心，谨慎对待。

3. 竞争者的市场目标差异

竞争企业的市场目标差异会影响它的经营模式。如果在资源相对缺乏的国家，又要提供大量人口就业机会的话，追求利益最大化的目标就会降低，所以以低价产品销售的企业可以在市场渗透方面更具有耐心。

（二）竞争者战略分析

战略群体是指在某一特定行业内推行相同战略的一组公司，主要表现在目标市场、产品档次、性能、技术水平、价格、销售等方面。

一般来说，各企业采取的战略相似，它们之间的竞争就越激烈，但在不同的战略群体之间也可能存在着竞争。根据战略群体的划分，可以归纳出两点：一是进入各个战略群体的难易程度不同。一般小型的企业适于进入需要投资较小和声誉较低的群体，因为这类群体容易进入；而实力比较雄厚的大企业则可以考虑进入竞争性强的群体。二是当企业决定进入一个战略群体时，首先要明确谁是主要竞争对手，然后决定自己的竞争战略。

同一战略群体间也存在竞争。因为：第一，某些战略群体可能具有相同的目标顾客；第二，顾客可能分不清统一战略群体中各个企业的产品；第三，企业可能改变或扩展自己的产品，加入到另一个战略群体的竞争中。

（三）影响竞争者战略的因素

1. 产品研究与开发

了解竞争者的产品研究和开发策略是否与其产品生命周期阶段相适应，无论从绝对意义上还是相对意义上都是重要的。在产品生命周期的早期，产品研究和开发具有较高的投资风险，同时竞争对手可能还没有想出顾客需要的特点是什么。因此，应该着重分析其开发新产品、生产制造和正确判断的能力。

随着行业进入成长阶段，产量开始缓慢增加，这时应特别注意竞争对手研究与开发的规模，并与本企业做对比。显然，对于实力不同的企业，即使用于研究和开发的费用同样多，但对它们基础的冲击是大不相同的。

在产品生命周期的后期，产品研究与开发对企业的影响更为复杂，所以应特别注意竞争对手是否正在重新设计产品以减少成本，是否正在改进技术并服务于新的市场，以及是否正在对产品采取一定的修补以维持其竞争地位。

2. 产品制造过程

可依据成本、质量、灵活性和可靠性等变量来评价竞争对手所设计的制造过程的有效性。一般来说，在产品生命周期的早期，消费者选择的主要依据是质量和灵活性，而在成熟期则主要考虑产品的成本和可靠性。

3. 采购

外购货物在总成本中占据很大比例的行业或者当供应商非常强大时，分析竞争者的购买方式是非常重要的。在做这种分析时，所需了解的关键问题依赖于所购买货物的性质。如对原材料，关键问题是竞争者是否利用了长期合同、数量折扣等，并因此减少了成本；对于劳动力，关键问题是竞争者如何组织的，是否利用了国际市场上的劳动力，为了获得有技能的和非技术性的劳动力，是否采用了不同的策略。除此之外，还应了解竞争者在哪里购买了何种产品及购买条件是什么。

4. 市场

医药企业营销人员应该分析和评价竞争者是如何选择目标市场和满足顾客需要的。同时要了解它们在目标市场的销售量、产品组合等，尤其需要明确竞争者市场计划中的要素是什么，以及它们之间是否互相适应。最后还要了解竞争者为了保持竞争优势，为目前和潜在的消费者做了些什么。

5. 销售渠道

在技术比较稳定和适用性比较好的成熟行业，销售渠道往往成为企业能否成功地进行营销的关键。在这些行业必须细心地估计竞争者的销售渠道的成本、规模和质量。尤其在医药行业，不仅要评价竞争者销售渠道对顾客需要的敏感性，而且要评价其代理商和销售人员的专业知识水平。

6. 服务

应该细心地评价竞争对手在销售能力、服务、培训、零配件的适用性等方面为顾客提供优质服务的能力和意向，其中包括服务人员的数量和背景、服务项目的数量、服务和销售人员之间的关系以及服务在竞争战略中的作用。

我国制药企业的服务还落后于世界制药企业巨头，与辉瑞、罗氏、拜耳、巴斯夫等几家大型制药企业相比，各方面的服务都不能让消费者满足。服务在我国制药企业中还不太受重视，比如工作人员没有良好的素质，未能为客户提供订货、送货、安装、客户培训、客户咨询等方面的便利等。随着市场全球化的发展，这些服务上的差异限制了我国制药企业的长远发展。

7. 个性和文化

在竞争分析领域，普遍强调收集分析有关竞争对手的财务、制造、市场方面的定量数据，尽管这些信息对揭示竞争对手的能力是重要的，但他们通常并不能说明竞争对手是如何利用这些能力的。因此，企业营销人员应该重视对竞争对手个性和文化的分析，这不仅有助于了解它的思维方式，而且有助于更好地预谋将来的动向和对企业所坚持的不同战略将做出怎样的反应。

三、确定竞争者

（一）判断竞争者市场反应

判断竞争者在遇到攻击时可能采取什么行动和做出何种反应，有助于企业正确选择攻击对象。竞争对手的目标、战略决定了它对降价、促销、推出新产品等市场竞争战略的反应。此外，每个竞争对手都有自己的营销哲学和指导思想。因此，为估计竞争者可能采取的行动，医药企业的市场营销管理要深入了解竞争者的思想和信念。当企业采取某些措施和行动之后，竞争对手会有不同的反应。

1. 从容不迫型竞争对手

这类竞争对手对其他企业的某一攻击行为采取漫不经心的态度，或不迅速反应，或反应不强烈。它可能深信顾客的忠诚，也可能待机行动，或仅因为反应迟钝，还可能缺乏反击能力，如缺乏做出反应的资金条件等。

2. 选择型竞争对手

这类竞争对手可能会在某些方面反应强烈，如对降价促销总是反应强烈，但对其他方面却不予理会，因为它们认为这对自己威胁不大。

3. 凶猛型竞争对手

这类竞争对手对向其所拥有的领域发动的任何进攻都会做出强烈的反应，意在警告其他企业最好停止任何攻击。因此，对这类企业最好的方式是避免与它直接交锋。

4. 随机型竞争对手

有些企业的反应模式难以捉摸，对竞争攻击的反应具有随机性。它可能采取反击行动，也可能不采取反应行为，且无法预料它们将采取什么行动。显然，应付这类竞争对手难度较大。

（二）确定攻击对象和回避对象

1. 强竞争者与弱竞争者

多数企业会把较弱的竞争对手视为攻击目标，因为这样成本就会降低，但是市场占有率的提高和利润的增加也会相应减少。反之，有些企业认为应以较强的竞争者为进攻目标，即使强者也总会有弱点，在进攻强者的过程中可以提高自己的生产、管理和促销等能力，更大幅度地扩大市场占有率和提高利润水平。

2. 近竞争者与远竞争者

相似性越大的企业之间的竞争越激烈，但是由于业务上的相似性，企业能从击败的对手那里获得很多有用的资源，将对手市场转化为自己的市场。但彻底击败与自己相近似的对手也会招来更为强大的竞争对手，对自己反而不利。

3. 良性竞争者与恶性竞争者

良性竞争者有一些特点：它们遵循行业规则；它们对行业的增长潜力所提出的设想切合实际；它们依照与成本的合理关系来定价；它们喜爱健全的行业；它们把自己限制于行业的某一部分或细分市场里；它们推动他人降低成本，提高差异化；它们接受为它们的市场份额和利润所规定的大致界限。另一方面，恶性的竞争者则违反规则：它们企图花钱购买而不是靠自己的努力去赢得市场份额；它们敢于冒大风险；它们的生产能力过剩但仍继续投资。总的来说，它们打破了行业的平衡。

第二节　医药市场基本竞争战略

一、成本领先战略

（一）成本领先战略的含义

成本领先战略（Overall Cost Leadership）也称低成本战略，是指医药企业通过有效途径降低成本，使企业的全部成本低于竞争对手的成本，甚至是在同行业中最低的成本，从而获取竞争优势的一种战略。由于企业的成本低，公司可以利用低价格的吸引力从竞争对手那里挖掘销售额和市场份额，在价格中存活下来并获得高于行业平均水平的利润（其基础是利润率较高或者是总的销售量较大）。如果市场上的很多购买者对价格都很敏感，而且价格竞争很激烈，那么，低成本就是一种很强大的防御力量。

信息框

山德士成本领先战略

山德士制药有限公司是诺华旗下的子公司，是全球非专利药领域的领导者，专门开发、生产和销售不受专利保护的药品，属于成本节约型企业，其生产成本策略主要表现为：

1. 降低生产材料的成本

所有原辅材料、包装材料实行全球战略性的采购或者在中国本土进行集中招标采购，从生产材料的价格上直接控制生产成本；严格控制包装材料的损耗；根据不同品种的生产实际情况，每一个品种的每一种包装材料都制定消耗定额，并纳入成本考核；通过先进技术和设备以及管理提高产品的转化率，降低原辅材料的生产成本。

2. 降低人力成本

人力资源的本土化肯定是降低成本的方法，本地关键岗位的人员保持相对不变，其他技术性要求较低的普通岗位可通过转岗完成。培养“多面手”，让员工可以到不同车间的相应技术岗位上岗，这就可以弥补人力资源闲置而造成的浪费，也大大地降低了直接人工费用。

还有一点就是，山德士制药公司生产非专利药，因此药价会低于受专利保护的专利药。

资料来源：黄科. 山德士制药有限公司竞争战略研究. 中南大学，2011.

(二) 成本领先战略的优劣势

成本领先战略的显著优势是，公司的低成本战略对于潜在的新进入者形成了较高的进入障碍，从而吓退潜在的竞争者。公司随时可以采用降价的策略使得一个新的竞争对手很难赢得顾客，那些在生产技术尚不成熟、经营上缺乏规模经济的企业都难以进入此行业。此外，成本领先战略还可以给公司带来的竞争优势包括：① 可以抵挡现有竞争对手的对抗。由于企业在同行业中成本最低，在竞争对手在竞争中不能获利、只能保本的情况下，企业仍能获利。② 企业可以抵御购买商讨价还价的行为。面对强有力的购买商要求降低产品价格的压力，处于低成本地位的企业在进行交易时握有很大的主动权。③ 可以更灵活地处理供应商的提价行为。当强有力的供应商提高企业所需资源的价格时，处于低成本地位的企业可以有更多的灵活性来解决困难。④ 具有与替代品竞争的优势。与替代品竞争时，低成本的企业往往比本行业中的其他企业处于更有利的地位。在产品定价时，低成本企业的产品可以指定低于同行业的价格从而吸引更多的消费群体。

但是，成本领先战略也有一定的劣势。首先，成本领先战略前期的投资往往很大，低成本公司一般是通过扩大生产规模来取得低成本优势，这就需要较大的前期投资，资金不够雄厚的公司显然不适合采用该战略；其次，企业对成本的关注有可能使其降低对消费者所关心的其他利益的重视，例如产品和服务的质量，就会影响顾客的需要，因为消费者的需要除价格因素之外，往往还有更广泛的内容；再次，当市场需求发生较大变化时，由于规模经济等原因而造成企业的产业退出或缩减障碍较大；最后，由规模经济和经验曲线形成的低成本优势极易被竞争对手模仿和掌握，如果竞争对手利用新的技术，或更低的人工成本，形成新的低成本优势，就可能给企业带来很大的威胁。

(三) 取得成本领先优势的方法

医药企业取得成本领先优势的方法有很多,归纳起来可以包括以下几个方面:

1. 规模经济

规模经济是指医药企业由于扩大规模导致平均成本的降低。一方面,大规模生产可以将固定成本分摊到更多的单位产品上,从而降低单位产品的固定成本;另一方面,大规模生产也可以使劳动分工和设备分工的优点充分体现出来,医药企业可以雇佣具有专门技能的人员,提高劳动生产效率,同时也能使用效率更高的大规模的专用设备,从而会降低单位产品的能耗,而且扩大生产规模能获得原材料供应商、劳务方面的经济性;大规模的生产也往往使得企业愿意采用更有效的生产组织方式、更高效的技术,使得实现成本的节约成为可能。

2. 成本经验函数

医药企业的成本与生产经营经验具有很大的关系,一般而言,经验越丰富,成本降低的可能性就越大,成本与经验成反比关系。医药企业的生产经营经验来自于学习,通过学习可以使员工掌握熟练的操作技术,降低直接人工消耗;可以充分发挥职工的创造性和主动性,提高工作效率,开展创新活动,推进医药企业革新;可以使职工更准确地把握医药企业经营方针、政策、行为规范,提高产品质量,减少废品损失和返回率;可以使管理者更了解市场,提高市场营销的效率。

3. 企业的组织状况

一个医药企业的组织状况也直接影响企业的成本,这种组织状况主要体现在企业内部各部门及人员之间的相互关系上。责权利是否有效统一,医药企业内部工作效率高低,管理宽度和管理层次的多少,组织成员之间的沟通情况等都直接影响到医药企业的成本。

4. 一体化经营

采用后向一体化能保证医药企业产品生产所需的原材料、零部件供应渠道的稳定,获得供应质量、价格和时间上的优惠;或者可以通过统一的技术措施、价格政策和物资分配体系,降低产品成本。采用前向一体化可以向具有更高附加值的产品领域拓展,改善和提高企业的盈利能力,或可以节省企业在销售渠道上的开支,减少运输、仓储、包装等费用,从而降低成本。横向一体化可以扩大医药企业规模,降低产品成本,吸收联合医药企业的技术与管理经验,减少竞争对手,避免无序竞争。

5. 地理因素

医药企业所处的地理环境,也是影响成本的重要因素。医药企业若处于药材所在地,可以大大减少采购成本;若处于消费所在地,则可以减少销售成本。企业总是希望建在经济比较发达、交通比较方便的地区,因为投资环境的选择决定了他们生产、销售产品的成本。同时,企业所处的地方人工成本高低、资金成本大小、市场需求状况也会影响企业的成本。

成本管理是一项非常细致的工作,除了以上几个方面之外,有效的成本约束机制、成本控制导向的企业文化也是医药企业取得成本优势的重要环节。

二、差异化战略

(一) 差异化战略的含义

差异化战略(Differentiation Strategy)是指医药企业向顾客提供的产品或服务与其他竞争者相比更具特色,从而使企业建立起独特竞争优势的一种战略。这些独到之处有很多表现方式，如设计或品牌形象、技术特点、外观特点、客户服务、经销网络等。差异化战略的重点是借助于高超的质量、非凡的服务、创新的设计、技术性专长，或不同凡响的品牌形象，培养顾客忠诚，获得高于同行业平均水平的"溢价"，但这些方式并不意味着就忽视成本问题。

消费者对药品需求和使用存在差异。由于疾病类型和人群结构的不同，消费者对药品的需求也各不相同。以感冒药为例，有些消费者选择速效感胶囊类西药，有些选择感冒宁、银翘解毒片类中成药，害怕吞食颗粒或胶囊的患者可以选择小柴胡颗粒等冲剂，儿童感冒还可选专门针对儿童的小儿感冒颗粒。消费者需求和偏好的差异，为企业差异化战略的实施提供了可能。

信息框

2014 年 11 月 22 日，丁桂儿脐贴获"2014 年度中华中医药学会科学技术奖一等奖"，该奖是我国中医药行业最权威奖项。

丁桂儿脐贴是亚宝药业研发的第一个获得国药准字的新型透皮给药制剂，开创了中成药脐疗贴剂的先河。据世界卫生组织(WHO)调查，腹泻致死率高居各种疾病第 4 位，儿童是高发人群，全世界每年约有 200 万儿童因未能获得及时、有效的治疗而死于腹泻。丁桂儿脐贴以独特的剂型优势，克服了儿童吃药怕苦、打针怕痛的困难，成为儿童腹泻的首选外用药品。

据统计，丁桂儿脐贴占据了国内儿童外用止泻贴剂 90% 以上市场份额，稳居儿科腹泻药品前三名，是名副其实的中药大品种。

资料来源：亚宝药业网站. http://www.yabao.com.cn/news_details.php? id=191.

（二）差异化战略的优劣势

差异化战略是一种有效的竞争战略，它的优点主要体现在：① 可以降低消费者对价格的敏感性，使企业避开价格竞争，在特定领域形成独家经营的市场，保持较大的价格弹性。从而使企业取得较高的边际收益；② 消费者对企业或产品的忠诚性为竞争者设置了进入壁垒，竞争者要进入该行业需要花很大的成本去克服这种忠诚性；③ 由于产品或服务具有特色，赢得了顾客的信任，使企业在与替代品的竞争中也比其竞争对手处于更有利的市场地位。

但是，实施差异化战略也有一定的劣势。首先，企业往往需要以高成本为代价保持产品的差异性，而且不是所有的顾客都愿意或能够支付产品差异化所带来的较高价格；其次，企业要想实施差异化战略，往往需要放弃获得较高市场占有率的目标，因为产品差异化带来的排他性与高市场占有率是相矛盾的；此外，竞争对手的模仿行为常常使产品的差别化优势难以长久维系，因此，企业往往需要在若干方面建立差异化。

（三）实施差异化战略的途径

1. 价格定位差异化

价格差异化是产品差异化的一个重要的市场表现形式。企业可以通过价格差异化来反映产品差异化。目前我国药品定价的基本形式是政府定价、政府指导价、市场调节价三种形式，生产企业要严格执行药品价格管理制度，在此制度管理下企业的价格定位差异化一般有三种情况：一是高价定位，即把产品的价格定在竞争者产品价格之上。这种定位一般都是借助良好的品牌优势、质量优势和售后服务优势。专利药物即适用于高价定位；二是低价定位，即把产品价格定得低于竞争者价格。这是由于市场上同类产品竞争激烈，企业通过低价定位来抑制竞争对手,促进产品销售。如竞争激烈的感冒药、止痛药等;三是市场平均价格定位,即把价格定在市场同类产品的平均水平上。

2. 市场定位差异化策略

制药企业可以根据市场定位和产品定位来塑造自己独特的优势,让顾客来辨别自己与其他企业的差别。在企业定位过程中,企业把自己定位为何种模式,要看企业启用什么样的资源和资源整合模式。一家医药企业如果定位自己为高新技术生物制药企业,就应该投入大量的人力、物力和财力在技术研发和生产制造方面,同时必须引入那些高端、顶尖的技术人才。新产品和高技术是此时企业资源整合的定位重心。而对于生产常规产品的制药企业,可以在产品附加值和制造差异化竞争优势上实施差别化。在产品定位过程中,制药企业应该注重产品功能性这一特色,其中产品质量是尤其重要的。对制药企业来说,特色产品必须突出其产品功效性,例如感冒药必须突出其"止鼻涕、去头痛"等功效。制药企业也可以把心理属性利益加入到产品特色当中,让消费者感受到药品的质量安全,放心地使用药品。比如胃药"胃康灵",不仅将产品定位于"胃痛、胃酸、胃胀",还用"关爱您的健康"进行情感定位,给予消费者极大的情感慰藉,从而增强消费者的购买欲望。

3. 营销渠道差异化

营销渠道是产品从生产企业到最终消费者的过程中所经过的各个中间环节连接起来的通道。制药企业应该根据市场竞争状况和企业自身的情况,选择多种且适合自己企业的销售渠道,甚至可以从顾客多样化的需求出发重新开发出新的营销渠道,形成自己的特色销售渠道,吸引消费者,培养稳固的消费群体。

医药企业可以实施以下措施:第一,建立网络营销网。药品经销商可以根据企业自身条件在电子商务领域开拓出自己的一片疆土。而且营销网络可以更及时地了解顾客的消费需求,建立起电子信息化时代下中国制药企业的全新形象,以区别于其他制药企业。第二,准确定位产品分销流通渠道。以前中国制药企业将药品一味地交给分销代理商而不是对渠道定位来选择合适的销售渠道。事实上,选择一种适合自己的营销渠道离不开对产品分销流通的渠道定位。因此,对于处于成熟期的普通药,制药企业可以选择批发分销渠道,而对于新药、特药,制药企业则可以选择渠道的最底层即药店和医院。

4. 技术研发差异化策略

科技研发能力是制药企业成长的主要驱动力之一。我国现在不少制药企业的新药研发差异化采用"ME-TOO"新药模式,即模仿性新药研制开发,在不侵犯别人专利权的情况下,对新出现的很成功的突破性新药进行较大的分子结构改造或修饰,寻找作用机制相同或相似、并在治疗应用上具有某些优点的新颖分子结构类型,这种新药研究工作创造了较好的经济效益。

三、聚焦战略

(一) 聚焦战略的含义

聚焦战略(Focus Strategy)是指医药企业把经营活动集中于某一特定的购买群体、产品线的某一部分或某一地域性市场,通过为这个小市场的购买者提供比竞争对手更好、更有效率的服务来建立竞争优势的一种战略。这种战略围绕一个特定的目标进行密集性的生产经营活动,要求能够比竞争对手提供更有效的服务。医药企业一旦选定了目标市场,便可以通过产品差异化或成本领先的方法,形成聚焦战略。

与差别化战略不同的是，采用聚焦战略的企业是在特定的目标市场中与实行差异化战略的医药企业进行竞争，而不是在其他细分市场上与其竞争对手竞争。在进行差异化方面，实施聚焦战略的医药企业由于其市场面狭小，可以更好地了解市场和顾客，提供更好的产品与服务。

信息框

千金药业的聚焦战略

千金药业专注于女性健康产业，已形成女性健康系列产品。公司现有片剂、颗粒剂、硬胶囊剂等八个剂型，十三条生产线，全部通过GMP认证。主要产品有：妇科千金片（胶囊）、补血益母颗粒、养阴清肺糖浆、千金椿乳凝胶、痛经宁糖浆（胶囊）、乳癖康胶囊、妇科调经片、千金宁洗液、千金止带丸、八珍益母片、加味逍遥丸、乳泉颗粒等。其“十二五”战略目标是：成为女性健康领域标杆企业；成为中药衍生领域品牌产品；实现集团公司年销售收入达40亿元；实现员工收入增长翻番，使千金药业成为“快乐千金”“和谐千金”“富裕千金”和“品牌千金”。

资料来源：千金药业网站. http://www.qjyy.com/AboutUs-1.html.

（二）聚焦战略的优劣势

聚焦战略在医药企业集中资源、实现专业化生产方面具有强大的优势。主要表现为：① 聚焦战略有利于企业集中精力发挥优势，独具市场竞争地位。由于企业集中力量服务于少数细分市场，企业能够深入了解情况，在生产技术、销售渠道和促销上的专业化可以集中提供及时、良好的服务，效率更高、效果更好。② 聚焦战略有利于企业实行专业化，节约费用，获取较高收益。在生产和营销上实施专业化，可以节约营销费用，提高投资收益率，增加盈利，还可以防御行业中各种力量，使本企业在本行业中获得高于一般水平的收益。

实施聚焦战略的劣势主要表现在：① 由于目标市场相对狭窄，企业的市场份额总体水平会相对较低，使企业在取得市场份额方面存在局限性。如果目标市场过于狭窄，就难以支撑必要的生产规模，高成本会抵消与竞争对手成本上的差异，从而失去成本或差异优势。② 由于技术进步、替代品出现、价值观念更新、消费偏好变化等多方面的原因，目标市场与总体市场之间在产品或服务的需求上差别变小，企业原来赖以形成聚焦战略的基础也就失去了效用。③ 竞争对手在较宽的外围市场采用同样的战略，或者在本企业的目标市场上再进行市场细分，也会使企业失去聚焦战略的优势。

（三）实施聚焦战略的主要途径

1. 产品集中化

产品集中化即医药企业不过多考虑成本或差异化因素，选择或创造一种新的产品满足特定顾客群体的需求，从而使企业获得稳定可观的收益。

2. 成本集中化

成本集中化即医药企业采取低成本方法为特定的顾客群提供产品和服务，因此，实施聚焦战略的企业可以在细分市场上获得比成本领先战略更强的竞争优势。

3. 差异集中化

差异集中化即医药企业在集中化的基础上突出自己产品或服务的特色。由于实施聚焦战略的企业服务于更加专业的细分市场，因此较之差异化战略能够对目标市场的变化做出更快的反应。

成本领先战略、差异化战略和聚焦战略是医药企业应对日益严峻的竞争环境的基本战略，这三种战略选择目标市场和取得竞争优势的方式各不相同（见图 7－2），医药企业必须在识别外部竞争环境和消费者消费特点的基础上，结合产品特点和自身资源，加以选择。

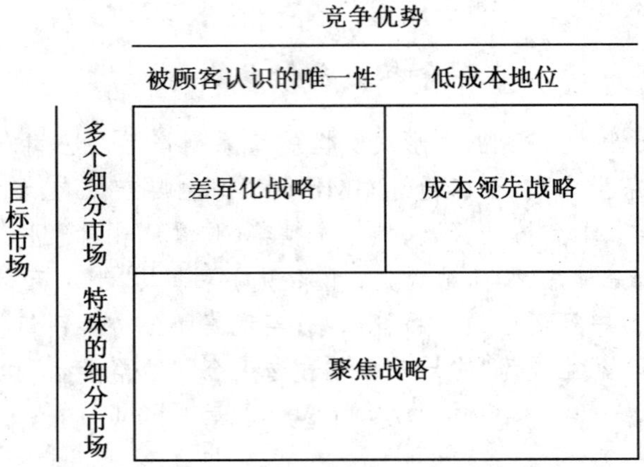

图 7－2　三种基本竞争战略关系图

四、市场竞争新战略——战略联盟

近年来，世界生物医药发展呈现市场集中、产品集中趋势，发达国家占据主导地位。世界药品市场中，美国、日本及欧洲三大药品市场的份额超过 80%。单个医药企业难以独立应对国际化、规模化的市场竞争。全球经济一体化为跨国公司提供机遇，同时，激烈的国际竞争也给跨国公司带来经营上的难题，迫使它们不得不寻找新的更为有效的竞争武器。因此，多数跨国公司就采取了战略联盟作为实现战略调整的手段和方法。另一方面，科学技术的发展不断将产品推向高科技化和复杂化，一种新产品的问世，往往涉及越来越多的领域，经过越来越多的生产和经营环节。因此，无论在技术还是成本上，单个公司无法依靠自身力量来面对这种科技发展要求。战略联盟可以把各种研究机构和企业联成一体，促进发展。

（一）战略联盟的概念与特征

战略联盟的概念在本书第一章中有提及，具体来说，战略联盟的概念最早由美国 DEC 公司总裁简·霍普兰德（J. Hopland）和管理学家罗杰·奈格尔（R. Nigel）提出，他们认为战略联盟是指有两个或两个以上有着共同战略利益和对等经营实力的企业，为了达到共同拥有市场、共同使用资源等战略目标，通过各种协议、契约而结成的优势互补、风险共担、生产要素水平式双向或多向流动的一种松散的合作模式。

（二）战略联盟的形式

从内容上看，战略联盟可以在技术、生产、营销等环节展开。在市场营销环节，战略联盟有以下几种常见形式：

1. 产品或服务联盟

产品或服务联盟指贯彻现代医药市场营销观念，合作开发和生产符合顾客需求的新产品。

产品联盟可以降低投资风险，减少竞争对手，拓展市场。一种形式是一家医药企业允许另一家企业生产其产品或者两家企业共同营销它们的补充产品；另一种形式是两家企业合作设计、制造和营销同一个新产品。

2. 品牌联盟

品牌代表着区域生产体系的竞争力。通化有 8 个中国驰名商标，数量在东北三省地级城市中是比较多的，其中医药保健食品类 7 件，分别是东宝、斯达舒、修正、新开河、万通、茂祥、金妇康。这几个品牌都是企业品牌，没有形成区域品牌，可以通过扩大龙头企业品牌的知名度和美誉度，带动参与联盟的所有企业实现产品品牌化。地方政府在宣传"医药城"的过程中，也可以把这些知名品牌纳入其中，形成城市品牌和企业品牌宣传的互动效应，提升通化"医药城"和本地制药企业在国内外的知名度和影响力。

3. 市场开拓联盟

经济的全球化拓展了企业的市场空间，企业单靠自身能力也难以在全世界范围内建立完整的分销体系，这也是不经济的。企业一般借助企业联盟，通过合作伙伴的市场网络体系在全球销售产品，减少销售费用，提高竞争力。修正药业在全国 30 个省 300 个地市设有分公司和办事处。对于各地很多医药企业来说，如果与修正药业联合，建立市场开拓与发展联盟，在入市、分销、促销及销售队伍建设等方面加强合作，便可进入修正药业的营销网络，扩大产品市场份额。

4. 研究与开发联盟

开发新产品、提高自身产品的科技含量是企业发展的重要战略目标。产品研究与开发要求企业投入大量的资源，而且风险相当大。医药界的新药开发在美国是以亿元计的，而且无法保证成功。联盟有利于集结各种资源，节省研究成本，分摊风险。可供选择的形式有交换技术信息、成立合作研发机构、建立共同标准联盟等。

5. 价格联盟

几个企业加入某一特定的价格合作，将产品价格规定在一定范围内，既可以防止由于价格战导致的恶性竞争，又可以提高行业进入壁垒，省去博弈烦恼。消费者利益虽有损失，但若有效处理的话，这也是一种良好的决策。

6. 垂直联盟

垂直联盟指上下游环节不同企业之间的联盟。

信息框

睿智化学与艾跃生物(Active Motif)缔结战略性联盟

睿智化学是一家植根于中国的知名药化 CRO 公司，致力于为制药和生物技术行业提供高质量且具有价格竞争力的多类服务。睿智化学在药物筛选以及后期优化方面提供广泛的高质量整合型服务，从而更高效地帮助来自全球的生物制药和生物技术公司发现并开发新型药物。睿智化学提供的产品包括化学合成、药物化学、生物学和临床前医药开发及生物制剂的服务。

Active Motif 是全球最优质的表观遗传相关重组蛋白和试剂供应商之一。Active Motif 作为细胞核生物学行业的领导者，致力于开发各类新型的技术方法，不断提供完整、创新的解决方案以加速表观遗传学和基因调控领域的学术研究以及药物研发。多年来 Active Motif 一直为生命科学、临床以及药物开发相关的公司提供最高质量的产品和优良的服务。

2014 年 11 月，睿智化学与 Active Motif 就表观遗传药物研发领域的生化及分析技术缔结战略性联盟，这项技术合作整合了睿智化学的酶活性测定技术和实验数据与 Active Motif 生产的表观遗传重组蛋白及其他相关产品。与此同时，此次战略合作还包括表观遗传体外生化实验平台的服务项目，并由睿智化学提供更全面的数据对 Active Motif 的表观遗传重组蛋白产品进行全面质量控制，从而提高表观遗传的药物筛选平台的整体效率。睿智化学与 Active Motif 的此次战略性合作能够为全球的生物技术公司获得组合解决方案从而加速研究项目和降低成本提供更有效的帮助，同时避免前期巨大的仪器和人力投资。

资料来源：生物谷. http://news. bioon. com/article/6662527. html.

(三) 战略联盟的优劣势

1. 提升企业竞争力

企业通过建立战略联盟，可以将创造价值的重点从单一的企业内部转向跨越企业组织边界的外部关系，也使得企业的经营活动开始超越传统的组织边界。全球的战略联盟还能照顾到不同国家、地区、社会团体，甚至单个消费者的偏好和差异性，有利于开辟新市场或进入新行业，因而更具竞争力。

2. 获得规模经济和共生经济效应

市场和技术的全球化，提出了在相当大的规模和多个行业进行全球生产的要求，以实现最大的规模和范围经济，从而能在以单位成本为基础的全球竞争中赢得优势。建立战略联盟是实现规模经营并产生范围经济效果的重要途径。未达到规模经济的小企业通过建立联盟，扩大规模，可以产生协同效应，提高效率，降低成本。

3. 低成本进入新市场

一个企业进入新的产业要克服产业壁垒，进入新的市场也是如此。战略联盟可以低成本克服这些壁垒。

4. 挑战“大企业病”

规模过大的企业由于管理层次增加。协调成本上升，通常行政效率低下、决策缓慢，难以对瞬息万变的市场做出敏锐反应。而战略联盟由于不涉及组织的膨胀，因而可以保持灵活的经营机制并与迅速发展的技术和市场保持同步，同时还可以避免反垄断法对企业规模过大的制裁。

5. 防止过度竞争

任何一个行业中，随着市场不断饱和，激烈的竞争局面难免会出现。在激烈的竞争下唯一的解决办法就是与竞争对手合作，化敌为友。

同样地，战略联盟也有局限性，其面临的主要风险为：① 管理风险。医药联盟中，各个成员企业的企业文化和管理模式不同，有可能使联盟的组织管理风险增加。在医药研发过程中，如果联盟的组织协作能力强，就能够使联盟成员得到更好的信息交流，使得研发项目顺利进行，反之就有可能产生沟通风险，使得信息不能及时得到传递。② 技术风险。医药联盟本身就具有不确定性，在医药研发过程中，核心联盟企业的变更或退出、核心研发人员的流动以及信息传递过程中的失误等都有可能使得医药研发技术流向医药研发联盟外部，造成联盟的技术泄露，给医药研发联盟带来损失。③ 道德风险。道德风险是造成联盟效率低下乃至使得联盟解体的主要原因之一。虽然医药研发联盟是以契约的形式建立起来的，但也是建立在组织成员之间相互信任的基础之上。尽管信息技术发展迅速，但是信息不对称仍然是联盟中存在的一个问题，从而给研发联盟带来道德风险，甚至于会导致联盟的解体。

第三节　不同竞争地位医药企业的竞争战略

在市场竞争中，根据竞争力的强弱和占有优势资源的多寡，有市场领先者、市场挑战者、市场跟随者和市场利基者之分。一般来说，我们把掌握了市场份额40%左右的竞争者称为市场领先者，把占市场份额30%左右的竞争者称为市场挑战者，把占市场份额20%左右的竞争者称为市场跟随者，而把占市场份额10%左右的竞争者称为利基者。

一、医药市场领先者战略

（一）医药市场领先者的概念与特点

医药市场领先者是指产品在行业同类产品市场上的市场占有率最高的医药企业。一般而言，在绝大多数行业中都有一个公认的市场领先者。如医药行业的辉瑞制药，电子商务领域的阿里巴巴等。领先者在行业中发挥着重要的作用，处于主导地位。其领先地位是在市场竞争中自然形成的。其具有的特征是：① 在价格变动、新产品开发、分销渠道的宽度和促销力量等方面处于主导地位，被同行业者所公认；② 是市场竞争的导向者，也是其他企业挑战、效仿或者躲避的对象。

信息框

辉瑞制药的核心竞争力

辉瑞公司创建于1849年，迄今已有160多年的历史，总部位于美国纽约，是目前全球最大的以研发为基础的生物制药公司。辉瑞公司的产品覆盖了包括化学药物、生物制剂、疫苗、健康药物等诸多广泛而极具潜力的治疗及健康领域，同时其卓越的研发和生产能力处于全球领先地位，是医药领域的佼佼者。

辉瑞的核心竞争力：① 战略决策竞争力。从开始对于同行业中的惠氏通过合并这种方式，使得辉瑞在企业发展前期有着很好的基础，使其稳定、高速地发展。2010年惠氏为辉瑞带来的利润不足五分之一，之后，辉瑞十分果断地进行发展目标的调整，放弃与惠氏之间的合作，回归企业制药发展；随后，在全国制药市场高速发展的现状下，辉瑞在这个制药浪潮中却另辟蹊径，他们将企业发展的重点由之前的制药转到仿制药的市场中，通过与已经在仿制药市场中有所建树的海正药业集团进行合作，利用双方所体现的优势促进共同进步。通过这种合作，开发了其在仿制药方面的市场经济。

② 品牌竞争力。辉瑞在成为全世界范围内制药企业中的领军企业之后，所要思考的问题已经从之前仅仅需要如何去争取到最大利益，到现在除了利益问题还要对于制药行业的特殊性，针对自身在社会发展中所处地位，承担相应的社会责任。于此同时，辉瑞对全世界每一个

国家的法律法规都很严格地执行,对企业内部人员的行为规范,也更为严格,达到企业内部不出问题的程度。

③ 创新竞争力。创新的管理模式是辉瑞一向推崇的。就拿辉瑞明星产品立普妥来说,辉瑞公司、卫生部医政司及相关学会联合发起了"中国血管健康工程",该工程有机地将中国的慢病发展形势和辉瑞公司的品牌发展战略结合在一起,进行研究和分析,期望找到一种全新的发展方式。而加强与政府之间的合作关系,则是为了扩大辉瑞整体心血管品牌的影响,巩固其地位。

资料来源:龚雪.辉瑞公司核心竞争力分析及对宁夏启元制药公司的建议.宁夏大学,2014.

(二) 医药市场领导者的战略

1. 扩大市场总规模

当一种产品的市场需求总量扩大时,受益最大的是处于领先地位的企业,因为市场领先者的市场占有率最高,总需求扩大,其销售量增长最多。辉瑞公司的拳头产品络活喜(苯磺氨氯地平片)系列是国内医院临床心血管类用药应用最广的产品,是近些年来医院市场中心血管药类名副其实的"常青树"。如果消费者增加对心血管类药品的需求,那么收益最大的就是辉瑞公司,因为其市场占有率高。针对药物,一般来说,扩大市场总规模的途径有以下两个:一是挖掘新用户;二是开辟新用途。

(1) 挖掘新用户

任何产品市场都存在潜在的用户,其原因可能是尚不了解产品信息、产品价格不合理。企业可以采取以下方式发现新的使用者。首先,转变未使用者。即把那些潜在的顾客变为现实顾客,说服尚未使用者开始使用本行业产品。例如,保健食品企业可以宣传让年轻人就开始补充微量元素等。其次,开发新的细分市场。该细分市场的顾客以往使用本行业产品,但现在开始使用其他细分市场的同类产品和品牌。如"恒瑞医药"的抗肿瘤药系列、"康缘药业"的妇科用药、"昆明制药"的心血管药。非处方药中的"江中制药"的复方草珊瑚含片、健胃消食片等产品均通过细分市场经营得不错。最后,地理扩展战略。即寻找那些尚未使用本产品的地区,从而开发新的地理市场,如由城市向乡村的扩展,由国内向国际的扩展。由于在新的市场上,竞争的布局会发生变化,可以暂时摆脱原来的竞争者。

(2) 开辟新用途

开辟新用途指通过找出产品更多新的用法和用途来增加销售的方法。为产品开辟新的用途,不仅可以扩大原有市场,而且可以进入新的领域,实现整体扩大企业市场。例如凡士林,最初问世时是用作一些简单机器的润滑油,但经过了一段时间的使用后,一些使用者发现了凡士林更多的用途,包括可用作药膏、润肤脂和发腊等。

2. 保护市场占有率

处于市场领先地位的企业,必须不断进行产品改进和创新以防备竞争对手的挑战,守卫自己的市场阵地。如何保护市场占有率成为重要的关注点,最为建设性的途径是发动最有效的进攻。市场领导者任何时候也不能满足于现状,必须在产品的创新、服务水平的提高、分销渠道的畅通和降低成本等方面,真正处于该行业的领先地位,同时抓住对手的弱点主动出击。对市场领导者而言,进攻就是最好的防御。下面有六种防御战略可供市场领先者选择:

(1) 阵地防御。是指在现有阵地周围建立防线。这是一种静态的防御,是防御的基本形式。但是不能作为唯一的形式。如果集中所有力量都投入这种防御就很有可能导致失败。

(2) 侧翼防御。是指市场领先者除了保卫自己的市场以外，还建立某些辅助性的市场作为防御阵地，必要时作为反攻基地。尤其要注意自己的薄弱环节，防止竞争对手乘虚而入。

(3) 以攻为守。是指在竞争者还未发动进攻之前，主动出击，先发制人。当竞争对手的市场占有率达到某一高度时，就对它发动攻击；或者是对市场上所有竞争对手全面攻击，使得人人自危。当然有的企业对自己的品牌充满信心，自信能承受来自竞争者的攻击，可以沉着应对。

(4) 反击防御。当市场领先者遭遇竞争对手所发动的包括降价促销、改进产品、改进市场的进攻时，不被动应战而是主动反攻。当市场领先者在它的已经占领的市场上遭遇攻击时，一种有效办法是进攻对手的主要领地，迫使竞争对手撤回一些势力。

(5) 运动防御。是指医药市场领先者不仅防御目前阵地，而且要拓展新的市场，防患于未然。一般可以通过两种方法来实现：第一，市场扩大化，指企业从目前产品转移到相关产品的销售；第二，市场多角化，指企业向其他营销领域扩展，实行多元化营销。

(6) 收缩防御。企业全面防御成本过高，有些产品已经处于衰退阶段，大力的投资会使得企业得不偿失，在这种情况下最好的办法就是实施收缩防御，放弃瘦狗类产品市场，把力量放到金牛和明星产品市场上。

信息框

诺华与葛兰素史克的“瘦身”战略

近年来，全球跨国制药企业为“瘦身”而选择放弃掉一些“瘦狗”业务，集中精力专攻强势领域。两家高度多元化的跨国制药企业——瑞士诺华和英国葛兰素史克顺应了这一趋势，达成资产置换协议，双方分别出售疫苗、肿瘤业务给对方，并成立合资的消费保健公司，共同进军非处方药市场，目的是加强各自最强的业务并退出较弱的项目，以应对各国医疗支出削减及仿制药冲击。

2015 年 3 月，两者资产置换交易成功，诺华在全球肿瘤领域将上升至第二的位置，地位仅次于肿瘤学巨头罗氏(Roche)。而葛兰素史克将放弃肿瘤业务，全力开拓消费者保健业务，打造全球第一的消费品保健企业。而双方合资成立的新的消费者保健公司，也将成为仅次于强生(JNJ)的全球第二大消费者保健企业。

资料来源：中新网. http://finance.chinanews.com/jk/2014/04-23/6095119.shtml.

3. 提高市场占有率

市场领导者设法提高市场占有率，也是增加收益、保持领先地位的一个重要途径。有研究表明，市场占有率越高，投资收益率就越大。市场领导者可以通过进一步增加它们在市场上的份额而提高其利润率。但是，切不可认为市场份额提高就一定会增加利润，实际应用企业提高市场占有率策略时还应考虑三个因素：① 反垄断活动存在的可能性；② 企业经营成本；③ 营销组合。企业可以采取以下对策来提高市场占有率：

(1) 增加新产品

不断研发和生产新产品是提高市场占有率的重要手段之一。医药企业必须与时俱进，不断推出新产品，在产品功能、性能以及外形等方面吸引消费者注意力，方便消费者使用，满足消费者需求。

(2) 提高产品质量

美国管理学家克劳斯贝指出，质量是免费的，因为好的产品可减少废品损失和售后服务的开支。与竞争对手相比，制造出比他们质量更好的产品是企业扩大市场占有率的有力手段。所以，保持产品的高质量并不会花费太多的成本。而且高质量产品更受消费者青睐，易形成固定消费者来源，有利于提高市场占有率。

(3) 增加营销费用

营销费用一般比市场成长率增长快的企业都可获较高市场占有率。营销费用包括推销员费用、广告费用、促销费用等。例如，销售队伍费用增加对处方药品以及非处方药品市场占有率方面是有效益的，比如医药营销人员到医院以及药店上门推销，队伍越大，营销范围就会越广。

二、医药市场挑战者战略

(一) 医药市场挑战者的概念与特征

医药市场挑战者是指那些在市场上处于次要地位，向市场领先者挑战的医药企业。医药市场挑战者竞争战略的目的就是争取市场领先地位，挑战竞争者。制定挑战者战略必须先确定挑战对象，然后选择适当的挑战战略。医药市场挑战者与领先者既有共同点又有差别，其主要特征为：① 虽然比不上领先者，但还是具有较大的实力；② 市场占有率已经较大；③ 对竞争对手的反击有预谋和准备；④ 产品和服务有明显差异化；⑤ 不一定向领导者挑战，也可向其他跟随者挑战，以占领更大的市场；⑥ 挑战者之间比较容易结成进攻联盟。

(二) 医药市场挑战者的战略实施

1. 确定战略目标和竞争对手

一般来说，挑战者可在下列三种情况中进行选择：① 攻击市场领导者。进攻策略是开发出比领先企业品质、性能更优的产品和服务，或寻找并利用领先者的漏洞扩大自己的市场。② 攻击规模相同但是经营不佳、资金不足的公司。当发现这些被攻击企业的产品过时、价格过高，或在某些方面顾客不满意的时候，挑战者就可选择其中经营不善而发生亏损者作为进攻对象，设法夺取它们的市场阵地。③ 攻击经营不善、资金匮乏的地方性小企业，可以通过企业吞并实现，甚至可以通过合并若干小企业成为一流大企业。

2. 选择进攻战略

(1) 正面进攻

正面进攻指集中全力对竞争对手的主要市场发动进攻。例如以更好的产品、更低的价格、更大规模的广告攻击对方的主打产品。在这种情况下，正面进攻的胜负取决于双方力量的对比，即其中拥有较大的人力、物力和财力资源的一方将会最终取得胜利。降低价格是一种有效的正面进攻战略。挑战者可以针对领先者的要价提出更低的售价来打击它，或者是通过巨额投入以实现更低的生产成本，从而以降低价格的手段向对手发动进攻。

(2) 侧翼进攻

侧翼进攻即集中优势兵力攻击对方的弱点，有时可以采取“声东击西”战略。进攻者往往装作将要进攻最强的一面，以牵制住防守者的兵力，在其侧翼或者后方发动真正的进攻，打得防守者措手不及。具体有两种策略：一是地理性侧翼进攻，指在某一地理范围内攻击对手最薄弱的地区市场；二是细分性侧翼进攻，指寻找对手空白市场进行占领。

（3）包围进攻

包围进攻即一种全方位、大规模的进攻战略。包围进攻强调从几条战线同时发起进攻，使对手首尾难顾，从而速战速决。具体策略有两种：一是产品围堵，即向所要攻击的目标市场推出更具特色和优势的产品；二是市场围堵，即将产品推向所有与竞争对手有关的市场，部分占领其销售渠道。在使用该战略时要求进攻者应具备两个条件：一是竞争对手留下的市场空白不止一处，因而可以提供出比竞争对手更多的东西，使消费者愿意接受或择优采用；二是进攻者比竞争对手具有更多资源优势，并相信这种进攻将可完成和足够快地击破对方的抵抗意志，而不会陷入持久战的泥潭。

（4）迂回进攻

迂回进攻指尽量避免正面冲突，在对方没有防备或不能防备的地方发动进攻。典型的例子是高露洁公司为了避开宝洁公司而进入一些不相关的领域，如医疗器材业、运动器材业、化妆用品业、食品业以及纺织业。

（5）游击进攻

游击进攻是指向对手的有关领域发动小规模的、断断续续的进攻来骚扰对手，并逐渐削弱对手，使自己最终夺取永久性的市场领域的一种进攻方式。游击进攻一般适合那些规模较小或资本不大的挑战者，其主要目的是以小型的、间断性的进攻干扰对手的士气。游击进攻的进攻者可以选择一些常用的方法来进行攻击。比如有选择地减价、密集的促销爆炸、向对方发动相应的法律行动、抢走对方的主管等，但游击进攻更多的是战争的准备而不是战争本身，如果进攻者希望打败对手，它必须以较强大的进攻为后盾。

信息框

生物技术新贵 Juno 与诺华竞争进入白热化

嵌合抗原受体-T细胞（CAR－T）是应用患者自体T细胞的个性化治疗方法，经过嵌合蛋白修饰的T细胞识别攻击带有特定抗原的肿瘤细胞并引发免疫反应从而达到治疗效果。该疗法代表着当今最先进的肿瘤免疫细胞治疗技术，在相关临床试验中取得了巨大的成功，已成为药品研发最热门的领域之一，也是投资合作的大热点。目前，在CAR－T领域，诺华处于领先地位，其管线中有开发用于白血病、淋巴瘤、间皮瘤和胰腺癌的产品。

在CAR－T免疫疗法领域，诺华（Novartis）处于领先地位。而生物技术新贵Juno挑战了诺华在CAR－T领域的地位。生物技术新贵Juno开发的一款CAR－T疗法JCAR015也收获了FDA的突破性疗法认定，JCAR015用于复发性或难治性B细胞急性淋巴细胞白血病的治疗。而突破性疗法认定，也意味着JCAR015在相关临床研究中的出色表现获得了FDA的肯定。Juno是生物技术领域最热门的初创公司，不到一年连续推出3款CAR－T疗法，已迅速成长为肿瘤免疫学领域的领导者。

资料来源：生物谷. http://news.bioon.com/article/6663554.html.

三、医药市场跟随者战略

(一) 医药市场追随者的概念和特征

在市场竞争中，处于前几位的企业并非都愿意充当挑战者，他们更愿意跟随领先者之后自觉地维持共处的局面。市场追随者是指那些在产品、技术、价格、渠道和促销等大多数营销战略上模仿或跟随市场领导者的公司。在现实市场中存在大量追随者，他们最大的特点就是跟随。在技术方面，他们不做新技术的开发者和率先使用者，而是做学习者和改进者。在营销方面，他们不做培育市场的开路者而是搭便车。与做市场的挑战者相比，在很多情况下，做一个追随者更加有利：一方面它可以让市场领导者和挑战者承担开发新产品、进行分销、向市场提供信息和教育市场等巨大的开支，自己坐享其成，减少支出和风险；另一方面它可以避免承受向市场领导者挑战可能带来的重大损失。因此许多居于第二位及后面位次的公司往往选择追随而不是挑战。

医药市场追随者具有以下几个特征：① 产品同质程度高，产品差异化和形象差异化的机会较低；② 服务质量和服务标准趋于相同；③ 消费者对价格的敏感程度比较高；④ 大多数企业准备在此行业中长期经营下去；⑤ 行业中任何价格"挑衅"都可能引发价格大战。

(二) 跟随者战略

跟随者并非被动地追随，而应制定有利于自身发展、不会引起竞争者报复的战略。跟随者战略可以分为以下三类：

1. 紧密跟随

紧密跟随指全面模仿领导者的产品、包装、分销等的战略。这部分企业并不进行任何创新，只是寄生性地利用市场领导者的投资而生存，甚至出现"赝品"的状况。他们这种跟随有时好像是挑战者，但是只要他们不从根本上侵犯到领导者的地位，就不会发生直接冲突。

2. 距离跟随

这种跟随者是在基本方面，如目标市场、产品创新等方面都追随领导者，但与领导者在诸如包装和广告等方面保持一定的差异。领导者不注意模仿者，模仿者也不主动进攻领导者。

3. 选择跟随

这种选择跟随者在某些方面会紧跟领导者，而在另一些方面又自行其是。也就是说，他们不是盲目跟随，而是择优跟随，在跟随的同时还要发挥自己的独创性，他们先接受领导者的产品、服务和营销战略，然后又有选择地改进它们，从而避免与领导者正面交锋。在这类跟随者中，有些通过改进并在别的市场壮大实力后很可能会发展成挑战者。

四、医药市场利基者战略

(一) 医药市场利基者的概念与特征

医药市场利基者是指那些精心服务于市场的某些细小部分，通过专业经营来占据有利市场位置的医药企业。虽然在整体市场上市场利基者仅占有很少的份额，但是他们比其他公司更充分了解和满足某一细分市场的需求，因而能够通过提供高附加值的产品而得到高利润和快速成长。

市场利基者战略不仅对小企业有意义，现在，有些大公司的业务部门也开始推行这种战略，通过寻找一个或几个这种既安全又有利的利基而获得高额利润。

对于实行市场利基者战略的企业来说，一个理想的利基者应具有以下特征：① 狭小的产品市场，宽广的地域市场。② 具有持续发展的潜力。③ 市场过小、差异性较大，以至于强大的竞争者对该市场不屑一顾。④ 企业所具备的能力和资源与对这个市场提供优质的产品或服务相称。⑤ 企业已在客户中建立了良好的品牌声誉，能够以此抵挡强大竞争者的入侵。⑥ 这个领域内最好还没有统治者。

信息框

云南白药急救产品市场

根据市场利基者的特征来看，急救包市场对于云南白药而言，是基本符合利基市场的所有特征的。云南白药急救包是2008年上市的产品，属第二类医疗器械，是中国第一款以医疗器械身份获得合法生产和销售资质的急救包品种，也是迄今中国唯一可合法搭配药品的急救包品种。

云南白药急救产品的核心产品云南白药急救包是将各种具有急救应急功能的产品通过配置调整和功能组合而成，以适应不同场景下不同使用者的需求。云南白药急救包是云南白药集团现有资源与外部先进资源优良整合的产物，融合了现代急救科学和云南白药优势产品。其功能范围界定为意外事故发生时、专业救援队伍到来前的自救与互救的应急产品。

根据使用场景和人群的不同，云南白药急救包发展至今已有车载型、礼品型、军警型、公共安全型、户外运动型、家用型六大类型，并提供客户定制服务，能够满足不同行业不同客户的需求。以云南白药急救包为主的云南白药急救产品群的推出，从国内看，正好弥补了我国现阶段群众急救技能不足，专业急救网络体系不够完善的现状，是中国专业急救体系的有效补充。

资料来源：刘磊. 云南白药集团急救产品市场开拓研究. 云南大学，2012.

（二）市场利基者竞争战略选择

市场利基者竞争战略的关键概念是专业化市场营销，为取得利基，企业可以选择在市场、顾客、产品或渠道等多方面实行专业化，其主要途径有以下几个方面：

(1) 最终用户专业化。医药市场利基者专门致力于为某类最终用户服务。

(2) 垂直专业化。医药市场利基者专业化于某种垂直生产水平的生产与分配周期。

(3) 顾客规模专业化。医药市场利基者专门为某一种规模（大、中、小）的客户服务，如有些小企业专门为那些被大企业忽略的小客户服务。

(4) 特定顾客专业化。医药市场利基者把销售对象限定在一个或几个主要的客户上面。

(5) 地理区域专业化。医药市场利基者只在某一地或几个主要客户所在地销售产品。

(6) 产品或产品线专业化。医药市场利基者只生产某一种或一大类产品。

(7) 客户订单专业化。医药市场利基者专门按客户订单生产预定的产品。

(8) 质量和价格专业化。这是指企业专门生产经营某一种质量和价格的产品，如专门生产高质高价产品或低质低价产品。

(9) 服务专业化。医药市场利基者专门提供某一种或几种其他企业没有的服务项目。

(10) 营销渠道专业化。医药市场利基者专门服务于某一类分销渠道。

作为弱小的市场利基者，很可能随时面临竞争者入侵或目标市场消费偏好的变化等风险，并因此而陷入绝境。因此医药市场利基者的主要任务就是不断创造利基市场、扩大利基市场以及保护利基市场。

本章小结

1. 企业要制定竞争性营销战略，首先要进行竞争者识别。从行业角度、消费者角度以及市场细分角度出发能够正确有效地识别出自己的竞争者。了解竞争者类别后，就要判定竞争者的战略和目标，分析影响竞争者制定策略的因素，评估竞争者的实力和反应，再细分出要与谁展开最有力的竞争，要回避与谁针锋相对的斗争。

2. 市场的基本竞争战略分别为成本领先战略、差异化战略、聚焦战略。成本领先战略是指企业通过有效途径降低成本，使企业成本低于竞争对手的成本，从而获取竞争优势的一种战略。差异化战略是指为使企业产品与竞争对手产品有所差别，形成与众不同的特点而采取的一种战略。聚焦战略是指企业集中资源使用在其细分目标市场中，从而获得一种或两种优势地位的一种战略。

3. 随着市场环境的变化，产生了一种新的竞争战略，即战略联盟。战略联盟是指有两个或两个以上有着共同战略利益和对等经营实力的企业，为了达到共同拥有市场、共同使用资源等战略目标，通过各种协议、契约而结成的优势互补、风险共担、生产要素水平式双向或多向流动的一种松散的合作模式。

4. 营销战略的具体选择还取决于该企业在行业竞争中所处的地位和角色，按照其地位的不同，可以把企业区分为市场领导者、市场挑战者、市场追随者和市场利基者。

5. 市场领导者在相关的产品市场中拥有最大的市场份额。为扩大市场总需求，领导者总是在寻找产品的新用户、新用途和更多的使用方法；为保护现有的市场份额，领导者可以采用多种防御方法，如阵地防御、侧翼防御、先发制人防御、反击式防御、运动防御和收缩防御；同时，市场领导者设法提高市场占有率，增加收益，保持领先地位。

6. 市场挑战者向市场领导者和其他竞争者进攻，以争取更多的市场份额。可选择五种进攻战略：正面进攻、侧翼进攻、包围进攻、迂回进攻和游击进攻。

7. 市场追随者不愿扰乱市场形势，希望维持自己的市场份额，平稳行驶；其角色有：仿造者、紧跟者、模仿者、改变者。

8. 市场利基者是一个选择大企业没有涉足的小细分市场的企业，它有其自己的特征、战略思想和原则以及实施步骤，关键在于专业化。

复习思考

1. 主要的竞争者类别有哪些？
2. 医药市场有哪些基本竞争战略？
3. 当企业处于市场领导者地位时，应如何确定自己的营销策略？
4. 市场挑战者如何确定战略目标和挑战对象，其攻击战略主要有哪几种形式？
5. 市场追随者的追随策略主要有哪些？
6. 作为市场利基者，它具有哪些特征？应具备哪些专业化要求？

案例分析

中国拜阿司匹灵的市场领导者战略分析

目前拜耳医药在中国年销售额排名第四，前三位竞争对手分别是美国辉瑞公司，瑞典阿斯利康公司，法国赛诺菲公司。

中国拜阿司匹灵面临的威胁

1. 多种类复制品

1899年3月6日，阿司匹林的发明专利申请被通过，商品专利号为36433。拜耳在为阿司匹林申请专利时，也获得了美国境内17年间对全部乙酰水杨酸生产的合法控制权。但在一战后，拜耳公司在全球许多国家丧失了阿司匹林的商标权，包括美国和英国。即便拜耳公司拥有阿司匹林的专利权，仍然受到走私和假药的困扰。

2. 抗血小板聚集药同类竞争

抗血栓药物可分为三大类，抗凝血药、抗血小板药、溶血栓药。拜阿司匹灵对预防心脑血管病的作用在于它的抗血小板聚集作用，属于抗血小板药中的一种。然而目前市场上的抗血小板聚集药除了阿司匹林，还有众多的抗血小板聚集药，分别为氯批格雷、奥扎格雷、西洛他唾、噻氯匹定和双嘧达莫、依前列醇钠，市场特点是新老品种平分秋色。尤其是法国赛诺菲-安万特公司商品名为“Plavix”(波立维)的氯批格雷药物，1997年11月FDA批准了Plavix作为抗凝药，用于治疗急性冠状动脉综合征(ACS)。经过10年的临床使用，其目前已是抗血小板聚集临床上的标准治疗药物。

拜阿司匹灵产品策略

拜阿司匹灵通过发现新的用户、增加用户的使用量、开辟产品的新用途等战略扩大其市场需求量；通过政府、卫生部等官方的广谱宣讲，将拜阿司匹灵推广为家家户户知晓的预防用药第一品牌。针对拜阿司匹灵的主要竞品氯批格雷，拜耳采用产品策略，以提高拜阿司匹灵自我的营销策略以及形成与氯批格雷差异化的营销方案。

产品要实现“扇”型生命周期曲线的关键在于产品的改进策略。通过改进产品的特征，使其吸引新用户或增加现行用户的使用量，从而促进销售。拜阿司匹灵临床适应症广泛，除了大家熟知的传统的临床适应症(镇痛、解热、抗炎、抗风湿，治疗风湿性、类风湿关节炎，抗血检、治疗儿科皮肤黜膜淋巴结综合征(川崎病)等)之外，临床对阿司匹林新的医疗用处的不断发现延续了阿司匹林生命并为其注入了新的活力，可以在产品策略上超过竞争对手。利用这些新的学术信息、临床研究等为拜阿司匹灵的临床应用打开一扇新的窗户，继而提高市场份额。产品的再次推出采用了如下几种战略形式：

(1) 质量与剂型改进

目的在于增加产品本身安全性、可靠性，并使产品获得一个独特的市场个性，提高品牌忠诚度。人们发现，阿司匹林作为解热镇痛药服用时最大的缺点是呈酸性，对胃粘膜有刺激作用。拜阿司匹灵的高纯度阿司匹林精确肠溶解技术就能较好避免了对胃粘膜的影响，这也是国内众多肠溶片技术所无法达到的药品质量。除此外，近年来国外市场上开发了多种抵消这种副作用的制剂，如阿司匹林招、阿司匹林韩、阿司匹林和解酸剂组成的复方制剂等都很受欢迎。美国市场上各种阿司匹林单、复方制剂品种有60余种，上百个规格，剂型有片剂(普通片、肠衣片、制酸片、泡腾片、加味可嚼片、多层片、缓释片)、胶囊、栓剂、散剂、膜剂、微囊、外用擦剂、注射剂等。最近，又研制出透皮吸收剂、膏剂、霜剂、贴剂等等，适用于成人和儿童等不同患者。和国外相比，阿司匹林的剂型相对单一，目前已引起国内不少医药企业的关注，并投入力量进行开发，今后这方面的发展空间十分巨大。拜耳公司作为阿司匹林的原研厂家，在高品质的前提下，向国内引进多种规格与剂型能扩大更多的潜力市场。而拜耳一系列的拜阿司匹灵产品也能在市场上赢得更好的口碑。

(2) 拜阿司匹灵目标市场的细化

拜耳阿司匹林目前最大的市场是医院的抗血小板领域，如何能稳守、扩大该领域市场份额是拜阿司匹灵的方向。而作为医院的抗血小板领域的几个重点科室，分别为心内科、神经内科、高血压科、内分泌科。心内科多数为冠心病患者，阿司匹林能使心肌梗死风险降低44%，首次致死性心肌梗死发生率下降66%，伦理委员会认为对照组的医师有权利服用小剂量阿司匹林预防冠心病，以便从中受益。对于心内科加大推广，以长期服用拜阿司匹灵，降低心梗发生率，降低冠心病风险，1天1片，预防胜于治疗。充分占有心内科市场，覆盖医生、患者，传递术后抗血栓与预防意识。神经内科中多数为脑卒中患者，1977年发表于美国*Stroke*杂志上的一项研究首次证明阿司匹林可以预防脑卒中之后，越来越多的证实阿司匹林预防心脑血管事件作用的研究发表于世界权威医学杂志。在缺血性脑卒中患者愈后、再卒中风险降低方面，需要将此概念再固化，占领该市场的愈后与预防的拜阿司匹灵长期服用。在高血压科，强化高血压所带来的风险，同时推广拜阿司匹灵对抗血栓，预防高血压并发病的风险。在内分泌科，尤其是糖尿病方面，糖尿病可致众多心脑血管并发症，糖尿病患者被认是高危人群。糖尿病患者的心梗、脑梗、高血压、神经病变风险高于其他患者。而大量研究证明长期服用拜阿司匹灵预防，糖尿病人群首次心肌梗死发生率下降61%。拜阿司匹灵牢牢把握住医院市场几个重点科室的推广，才能在抗血小板聚集领域站稳，稳守、扩大该领域市场份额。

(3) 开辟新的用途，寻求临床新的适应症

新的适应症总是会让产品在市场上赢得一片热论，吸引众多眼球。寻求临床新的适应症可为拜阿司匹灵注入新的生命活力。发表在英国医学杂志《柳叶刀》上的三项最新研究结果为阿司匹林的抗癌效果提供了有力的证据。最新的研究结果显示，每天服用低剂量(75—300毫克)阿司匹林能够在三年之内把癌症发病率减少四分之一。与此同时，这样使用阿司匹林还能在五年之内把癌症引起的死亡率降低15%。英国癌症研究会的约翰逊教授说，新的研究结果令人兴奋。在墨尔本的彼得·麦卡勒姆癌症研究中心，研究人员声称："阿司匹林这类药物的分子——能有效抑制淋巴管扩张，从而削弱肿瘤扩散至身体其他部位的能力"。

由美国《癌细胞》杂志发表的论文中，作者强调服用阿司匹林可以抑制淋巴管的扩张，达到切断肿瘤细胞输送通道的效果。研究人员预测，这项发现可用来研发新药，遏制乳腺癌、前列腺癌等实体恶性肿瘤的扩散，也可用于在肿瘤细胞扩散前发出"预警"。

自拜阿司匹灵在中国上市以来，拜阿司匹灵凭借拜耳公司强大的产品营销战略，在众多的心血管药物中脱颖而出，2011年在中国销售额突破10亿，成为阿司匹林市场的一线领导品牌。百年老药"拜阿司匹灵"，作为疗效确切的老牌解热镇痛药，多年来市场经久不衰，逐渐已成为国内外解热镇痛抗风湿的基础药物，在解热镇痛抗风湿药物中占有重要的治疗地位。

资料来源：华源医药网. http://www.hyey.com/.

案例讨论

1. 中国拜阿司匹灵成为市场领导者的关键何在？
2. 如果作为企业领导者，你认为应该如何领导公司选择竞争战略。

参考文献

[1] 许彦斌，伊利. 医药市场营销学[M]. 济南：山东人民出版社，2010.
[2] 吴建安. 市场营销学[M]. 北京：高等教育出版社，2011.
[3] 侯沁，招汉宇. 市场营销学[M]. 北京：电子工业出版社，2011.
[4] 沈建红，韩春玲. 市场营销学[M]. 北京：中国电力出版社，2012.
[5] 马清梅. 市场营销理论与实务[M]. 北京：清华大学出版社，北京交通大学出版社，2013.
[6] 徐盛华，章征文. 市场营销学[M]. 北京：清华大学出版社，2013.
[7] 王乃君. 中国制药企业差异化竞争战略研究[J]. 经管空间，2014(06).
[8] 胡翠华. 利基市场及其营销探讨[J]. 东方企业文化，2010(7).
[9] 孙萌. 中小企业如何实现利基营销[J]. 企业研究，2012(9).
[10] 张强. 中小企业的利基市场营销策略[J]. 企业改革与管理，2013(3).

第八章　医药目标市场营销战略

【学习目标】

通过本章学习，了解医药企业进行市场细分的概念、意义、依据、标准及程序；运用市场细分原理对消费者市场和生产者市场进行细分；掌握医药企业选择目标市场的主要方法及其特点；理解医药企业进行市场定位的步骤和策略。

【引导案例】

小羚羊退热贴细分市场的差异化定位

河南羚锐制药集团是全国橡胶膏剂领域的领导者，橡胶膏剂销售数量全国第一，年销售额近10亿元人民币。小羚羊退热贴是河南羚锐制药旗下的儿童药品牌。羚锐制药在贴膏剂领域占有一定地位，如何挖掘并整合内部资源，使一个新上市的儿科产品在已呈现出激烈竞争的市场上成功建立品牌，实现销售放量是企业当时迫切需要思考的问题。

发散定位

市场调研发现，儿童退热贴市场品牌众多，但缺少强势品牌，这是一个机会。如何让产品一上市就能引起关注呢？一般情况下，儿童药名称多以“小儿”打头，于是羚锐制药提取了“小”这个元素，再从近几年流行的动画片《喜羊羊与灰太狼》中美羊羊这个角色挖掘了“羊”，结合企业名“羚锐”中的“羚”，结合成“小羚羊”这样一个既有企业元素，又有儿童喜爱的时尚元素的词语组合，使市场识别度和企业认知度完美结合。

小羚羊退热贴利用高分子凝胶所含的大量水分及天然活性成分，通过水分汽化带走热量，达到退热降温效果，主打快速降温、缓解疼痛、提神醒脑三种功效，分别针对感冒发烧儿童，发烧、头痛、烦燥等各类感冒人群，以及学习、工作压力大的学生和职业人士。这一定位差异突破了其他退热贴只适用于快速降温的局限性。

此外，产品价格的差异性也非常明显。鉴于小羚羊退热贴的购买者是家长，他们的消费心理是给儿童最好的和最安全的，因此企业采取高端定价，与产品专业、高端的产品包装、设计融为一体。

为了凸显产品质量，企业还专门与其他退热贴品牌进行降温效果和粘附力效果比较，结果表现优异。数据加现场产品体验很有说服力，让客户没有任何拒绝的理由，加上产品在包装等方面综合优势明显，铺货问题很快得到解决。

全媒体宣传

在全面铺货的基础上，企业选择在专业媒体和大众媒体开展广告宣传，撰写相关软文。中考和高考前夕，针对提神醒脑的适用范围策划了考生专题海报，在全国主要连锁药店进行宣传。企业还尝试运用自媒体，在新浪微博注册并认证了"羚锐小儿退热贴"官方微博，借助母亲节、父亲节、儿童节、端午节、教师节等节日，开展"传递贴心关爱"公益性话题传播，吸引上千名网友参与，取得了良好的宣传效果。由于宣传到位，热播剧《小两口》还3次免费植入产品达10多秒，成为一种消费时尚。

一系列工作的开展，为小羚羊退热贴的市场爆发带来了巨大驱动力。截至2013年7月，产品2013年的销售额已超越2012年全年销售额，实现了8.33%的增长。

资料来源：医药界. http://www.yiyaojie.com.

案例点评

如今几乎没有企业不是"以客户为中心"，无一不竭尽所能地希望做到"我知客户心"，为客户量身打造产品和服务。河南羚锐制药洞察市场趋势，发力儿童药市场，通过差异化的品牌定位及销售策略使其小羚羊退热贴成功实现了市场爆发，在退热贴市场中占据了重要地位。

第一节　医药市场细分

医药市场是一个极其庞大而复杂的整体，任何现代医药企业无论实力有多雄厚，规模有多庞大，都要面对这样一个大市场。医药企业应该选择它能有效提供服务和对其最有吸引力的那部分市场。正确地选择医药目标市场，明确医药企业特定的服务对象和服务内容，是制定医药企业营销战略的首要内容和基本出发点。

目标市场营销战略包括三方面的内容：市场细分(Segmenting)，即将整个市场分为若干个不同的购买者群，针对每个购买者群制定不同的产品和营销组合；目标市场选择(Targeting)，即企业选定一个或多个细分市场作为自己的目标市场；市场定位(Positioning)，即决定产品在目标市场中的定位。所以目标市场营销战略又被称为STP营销战略，如图8-1所示。市场细分、目标市场选择和市场定位是企业目标市场营销战略过程中三个相互联系、不可分割的环节，其中市场细分是企业目标市场选择、市场定位的前提和基础。

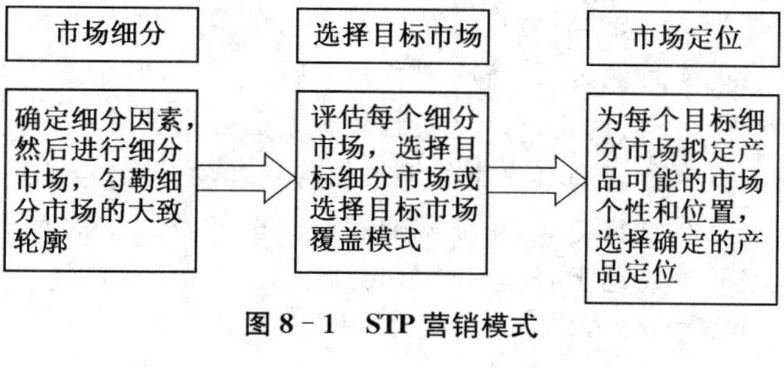

图8-1　STP营销模式

一、医药市场细分的概念、意义和依据

（一）医药市场细分的概念

市场细分是由美国的市场营销学家温德尔·斯密(Wendell R. Smith)在20世纪50年代中期

总结了企业的实践活动之后，率先提出的一个新概念。它是企业营销思想的新发展，顺应了卖方市场向买方市场转变的这一新的市场形势，是市场营销理论与方法论方面的重要里程碑。

所谓市场细分(Segmenting 或 Market Segmentation)，又称"市场区隔"、"市场分片"、"市场分割"等，是指企业根据自身条件和营销意图，依据消费者的需求、购买行为和购买习惯等方面的明显差异，选用一定的标准，将整个市场整体划分为若干个具有不同需求特征的消费者群体的过程。市场细分实质上是分割艺术，即利用消费者的需求差异性，将某一产品的整个市场分割为若干个需求不同的细分市场。

因此，所谓医药市场细分，就是指医药企业根据自身条件和营销意图，依据消费者的需求、购买行为和购买习惯等方面的明显差异，选用一定的标准，将整个医药市场划分为若干个具有不同需求特征的消费者群体的过程。

市场细分的发展历程

1. 大众化市场营销阶段(Mass Marketing)

20 世纪 20 年代，企业在生产观念的指导下，从企业自身和产品出发，把消费者看作是具有同样需求的整体市场，进行大众化营销(mass marketing)。在大众化营销中，企业大量生产单一品种的产品，并采用普遍而广泛的分销渠道，采用同样的广告宣传方式。这样虽然可以降低成本，但因品种单一，消费者无挑选余地，需求得不到真正的满足，市场也无法拓展。此时，不同企业之间的竞争主要是价格竞争，整个市场也只能区分为高价商品市场和低价商品市场。

2. 产品差异化营销阶段(Product Differentiated Marketing)

由于科学技术进步，实行科学管理以及大规模生产条件的应用，美国及其他西方国家产品产量迅速提高，开始出现产品过剩，市场竞争日趋激烈，在这种情况下，一些企业开始实行产品差异化营销，即生产经营规格型号、外观、质量、式样等不同的产品，以吸引更多的消费者。产品差异化营销较大众化营销是一种进步，但是由于企业仅仅考虑产品方面的差异化，没有深入研究顾客需求方面的差异化，因此营销效果还是非常有限的。

3. 目标市场营销阶段(Targeting Marketing)

到了 20 世纪 50 年代，处于买方市场形势下的西方企业纷纷接受现代市场营销观念，开始实施目标市场营销。一些企业相信营销已经进入了更大的和更加丰富的细分市场时代，逐渐意识到确定和满足顾客需求，以顾客为中心是开发市场的最有效方法之一。企业的营销人员应该认识到由于消费者的支付能力、消费心理和消费行为不同，对于不同类型广告的反应也不同，从而造成不同消费者有不同的需求。这些给营销人员带来了需求分析的难度，但同时也带来了成功营销的机会。只要能识别具有类似需求的购买者，有针对性地提供相应的产品，并且运用适当的分销渠道和广告宣传方式，企业就能在这部分市场经营的过程中获利。温德尔·斯密在总结成功实践经验的基础上，提出了"市场细分"的概念。

资料来源：官翠玲. 医药市场营销学[M]. 中国中医药出版社，2010.

(二) 医药市场细分的意义

市场细分理论可以帮助企业更好地研究市场、分析市场，并为选择目标市场提供可靠依据，对增强医药企业在竞争中的应变能力和竞争能力，更好地满足消费者需要，给企业带来更大的经济利益和社会利益，都具有重要意义。医药市场细分的意义表现在以下几个方面。

1. 有利于企业发掘新的市场机会，开拓新市场

通过医药市场细分，医药企业可以了解到每一个细分市场的需求状况和目前的满足程度，以及细分市场上的竞争情况，发现那些尚未满足或满足得还不够的细分市场。这些细分市场便是客观存在的市场机会，可能形成新的目标市场。抓住这样的市场机会，结合医药企业的资源状况，确立适合自身发展的目标市场，设定相应的营销战略，就有可能赢得市场主动权，取得市场优势地位，提高市场占有率。这一作用在中小型药品生产和经营企业中尤为突出，通过市场细分可以发现被那些大型企业忽视或没有被充分满足的消费需求，拾遗补缺，扬长避短，以便在市场竞争中占据一席之地。例如，目前我国减肥药市场面临滑坡的局面，但部分小型制药公司转而将目标瞄向相对较窄的市场，尤其是肥胖通常由某种疾病或其他健康问题而非生活方式造成的群体。这些目标市场包括了供糖尿病人使用的减肥药（虽然许多糖尿病人能够控制住他们的体重，但还有许多人在使用胰岛素之后体重增加），或者专为老年人设计的减肥药。随着肥胖病人数量的增加，特定人群的规模也将扩大，对医药企业来说，个性化治疗也许更加合适，这无疑为那些附加值高的有针对性的治疗药物提供了发展潜力。

2. 有利于企业更好地满足消费者的用药需求

现代市场营销学的核心是研究如何满足消费者的需求。通过药品市场细分，企业才能更准确地了解不同细分市场中消费者的用药需求，并有针对性地去满足。当市场中越来越多的企业进行市场细分时，产品会日益多样化，消费者的需求也会得到更好的满足。例如江中健胃消食片，横跨成人、儿童助消化药两个市场。由于这两个市场在消费者、竞争者各方面均存在一定的差异，对成人而言，江中健胃消食片主要解决"胃胀、腹胀"的问题；而对于儿童，则主要解决"孩子不吃饭"（儿童厌食）的问题，所以江中针对成人和儿童市场，分别进行不同的广告诉求，其中针对儿童市场的广告是"孩子不吃饭，请用江中牌健胃消食片"。

3. 有利于企业及时应对市场变化，正确制定营销战略和策略

一般说来，企业为整体市场提供单一产品，制定统一的营销策略，实施起来相对容易，但是信息反馈比较迟钝，对市场需求发生变化的反应较慢。在子市场上开展营销活动，增强了市场调研的针对性，信息反馈快，易于企业掌握市场需求变化，并能迅速准确地调整营销策略，取得市场主动权。例如，慢性病的侵袭、亚健康状态的蔓延、老龄化的加速、养生理念的培育、家庭收入的增加，这些因素的叠加令养老市场迅速壮大，也引发养老市场争夺大战。在这一轮药企进军大健康的浪潮中，云南白药、广药集团等药企纷纷开发功能型饮料、药妆、保健食品等带有大健康属性的消费品。2014 年前三季度，云南白药实现收入 133.18 亿元，同比增长 18.6%；实现净利润 19.45 亿元，同比增长 10.55%。其中健康事业部和中药资源事业部继续保持高增长，牙膏是拉动增长的主力。"功能性"是云南白药牙膏脱颖而出的"法宝"，这也被其他进入牙膏市场的药企所效仿，如片仔癀牙膏、独一味牙膏。云南白药提出了"新白药、大健康"战略，以"药"为根本，形成了以药品为核心，相关多元化健康产品并举发展的格局。

4. 有利于企业合理配置资源，提高经济效益

任何一个企业的资源都是有效的。在市场细分基础上的营销活动，可以使企业合理配置企业的人力、物力、财力等资源，集中投入到目标市场，形成经营上的规模优势，从而取得经济效益。另外，市场细分后，企业可以面对自己的市场，组织适销对路的产品，从而加速商品周转，提高资金利用率，从而降低销售成本，提高企业经济效益。以修正药业的斯达舒为例，修正

在推出第一个明星单品斯达舒时，胃药市场早已是高手如林，在三九胃泰、丽珠得乐、胃炎平、吗叮啉等当时响当当的品牌面前，修正药业在精准定位疾病症状的细分市场上采取营销活动。首先，精准定位疾病症状以细分市场，"胃痛、胃胀、胃酸，就用斯达舒"，简洁有力直接对应消费需求，形成强大的购买指令。其次，营销方面，媒体选择上相对聚焦，主要集中在央视和重点卫视，达到了传播冲击力强、可信程度高的目的。最后，围绕这一细分市场，修正药业在线下实施了强大的人海战术，队伍迅速扩大到上万人，并给予销售团队高额的利润空间，极大地调动了各级渠道链条的积极性，强有力的组织保障和丰厚的激励机制，使得修正斯达舒快速在全国市场全面铺开，配以线上凌厉的广告攻势，修正斯达舒一下子攻克了胃药市场的半壁江山。

5. 有利于企业对未来业绩的预测

细分后的市场，针对性更强，特点也更易被企业掌握，因此可以更准确地预测市场规模和变化，有利于预测企业未来的经营业绩。医药市场细分的作用越来越被企业所重视。但是，市场细分也不是分得越细越好。分得越细，企业的成本也会增加，规模经济效益变小，因此医药市场细分需要适可而止。

但是，细分市场并非想做就能做的，每一个细分市场都有自己的特征。以县以下的市场为例，首先要考量的条件是医药企业的产品群是否能够支撑，比如一个乡镇的药店，基本上 50% 的产品是由一家药企来进行供应的，目前这样的乡镇药店其品类在 1 000 个左右，这意味着企业必须能够供应 500 个左右的品类。只有满足这个条件，企业才能够在一个省甚至是一个县不断扩充队伍，把市场精耕细作。与之对应的是，如果药企的产品主要是新特药或者科技含量高、学术氛围浓的药品，那么就要在某一细分领域做深做透，成为该领域的领头羊。

(三) 医药市场细分的理论依据

医药市场细分是以消费者需求的差异性，即异质性市场的存在为理论依据的。企业能够对产品整体市场进行细分，其根本上是因为存在某种程度上需求相似或趋势相同的消费者群体，可以"异中求同"地将消费者作为一个整体来看待。根据消费者对产品不同属性的偏好程度，例如某消费者就某一产品的属性(如保健食品的价格和品牌知名度)会出现三种不同的偏好模式，即同质型偏好、分散型偏好、集群型偏好，如图 8－2 所示。

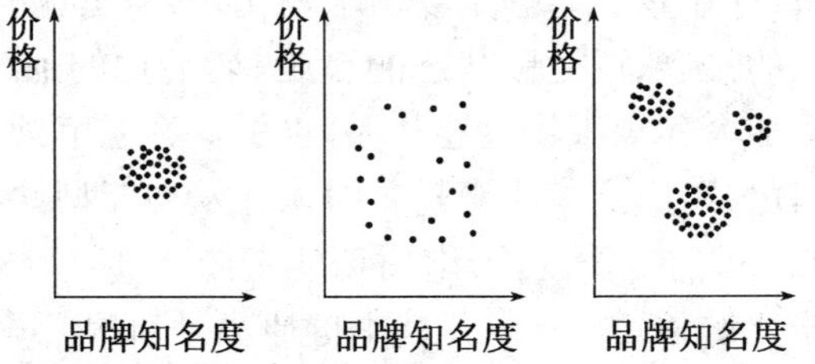

(a) 同质型偏好 (b) 扩散型偏好 (c) 集群型偏好

图 8－2　三种不同的偏好模式

1. 同质型偏好(Homogeneous Preferences)

图 8－2(a)显示了一个所有消费者有大致相同偏好的市场，且相对集中于中央位置。该市场表现出"无自然的细分市场"，至少对这两种属性而言是如此。一般，该产品存在的品牌具有相近的属性，定位一般都在偏好的中心。在这种情况下，企业必须同时重视价格和质量两种属性。例如生活必需品市场，所有消费者的需求基本相同，定期购买量、购买频率也大致相同。

在同质市场上，不同的生产者向市场提供的商品和使用的营销策略大致相同，竞争的焦点主要集中在价格上，企业无需采用更多的促销手段。但在现实生活中只有很少一部分商品市场属于同质市场，而大部分商品市场，消费者对商品的质量、特性等要求大相径庭。对于这类市场，企业通常采用无差异市场营销策略。

2. 扩散型偏好(Diffused Preferences)

图 8-2(b)显示了购买者的偏好可能在空间四处分散，而无任何集中现象，这表示购买者对产品的需求存在差异。这时进入市场的品牌可以有两种选择：一种是兼顾两种属性，定位在市场的中心，以便迎合最多的购买者，使总体购买者的不满足感减少到最低限度；另一种选择是侧重于某一属性的偏好，即将产品的属性定位于某些角落，以吸引那些对属性位于中心的品牌不满的购买者群。如果市场上有多个品牌，则它们很可能定位于整个空间的各处，显示其差异，以迎合不同偏好的消费者。在这类市场上，企业通常采用差异化市场营销策略。

3. 集群型偏好(Clustered Preferences)

图 8-2(c)显示了市场上出现若干独特偏好的购买者会形成一些集群，这些集群称为“自然的细分市场”。譬如，有的购买者偏重于价格，有的购买者偏重于质量，各自形成几个集群。首先进入市场的品牌可以有三种选择，它可以将产品定位于中心，以迎合所有的群体，即无差异市场营销策略；也可以将产品定位在最大的细分市场，即集中市场营销策略；还可以推出好几种品牌，分别定位于不同的细分市场内，即差异化市场营销策略。

二、医药市场细分的标准

市场细分要依据一定的细分标准来进行。细分标准是根据个人、群体或企业的特征将市场细分。市场细分的标准也就是影响消费需求差异性的因素。消费者市场与生产者市场由于其影响需求的因素不同，市场细分的标准也不一样。

（一）消费者市场的细分标准

消费者需求的差异性是市场细分的基础。消费者市场的细分标准主要有地理细分标准、人口细分标准、心理细分标准和行为细分标准等四类。消费者的生理特征、健康意识、医药知识、社会经济地位、心理性格都各不相同，他们对产品的信赖、品牌偏好、追求的利益、广告感受度、价格的承受能力和对销售渠道的信任程度也各不相同，因而消费需求存在很大的差异，这些都可以作为市场细分的细分标准。具体内容包括：

1. 地理细分标准

企业按照消费者工作或居住所处的地理位置、自然环境等来细分市场。由于各地的地域环境、自然气候、文化传统和经济发展等方面的因素影响，人们的体质、饮食习惯不同，流行病学方面的特点也不同，致使各地的病患者人数差异较多。较为重要的地理细分标准如下。

(1) 地理位置。在我国生活在南方和北方的消费者，东部与西部的消费者对许多产品的要求有极大的差别。地区差异会影响用药习惯，如南方人喜爱服用中药，北方人更乐意吃西药。一般来说，城市居民对营养保健滋补品、新特药、进口药的需求多些，而广大的农村对普药、中草药、中成药的需求则相对较高。

(2) 自然环境。由于气候、环境等因素的影响，疾病的发生状况有很大的不同，如感冒、鼻炎多为寒冷气候条件下的多发病；疟疾等疾病多发生在湿热的条件下。我国东南部地区炎热潮湿，而北部地区气候严寒干燥，这就使人群的疾病具有地域性特征。高原、平原、森林、盆地地区的居民，也有不同的生活方式和发病特点。一些地方病、传染病及突发性疾病与气候条件密切相关，这些都应引起医药企业足够的重视，以生产出适销对路的产品。

(3) 人口的地区间流动。它不仅影响了药品需求的总量，又改变了需求结构。对于人口流入较大的地区，用药需求总量会持续增长，由于外来人口一般没有医疗保险，因而直接在药店中购药较多。人口密度与市场规模直接相关，这一变量对一般常用的 OTC 和药品经营企业的市场细分具有重要意义。

但是，地理因素是一种静态因素，易于识别，它不一定能真实地反映消费者的需求共性与差异，特别是在流动人口比较多的大城市，营销者在选择目标市场时，还需结合其他细分标准进行综合考虑。

2. 人口细分标准

人是市场营销活动的最终对象，也是造成市场需求差异的本质性动因；同时人口统计变量更具有可衡量性，有关系数相对容易获取。因此企业经常以它作为市场细分的依据。按照人口统计细分市场可从年龄、性别、收入、家庭规模、家庭生命周期、职业、文化水平、宗教信仰、民族、国籍、社会阶层等因素来细分消费者市场。

(1) 年龄。根据消费者的年龄结构，可以细分成许多各具特色的医药市场，如老年人医药市场、成人医药市场、青少年医药市场和儿童医药市场等。不同年龄层次的人群，对药品有着不同的需求。中老年人的多发病如高血压、骨质疏松症等，而在青年人中较少见。

另外，老年人购买药品时通常以经济、方便为首选条件，他们有足够的时间进行反复挑选；年轻人具有追求时尚、不在意价格、易受广告影响、易产生购买冲动的特点。

(2) 性别。由于生理上的差别，男性与女性在药品需求和偏好上有很大不同。如减肥药品通常以女性消费者为主体。此外，不少企业开发出大量的美容化用品，随着美容新概念“外敷内服”的推出，市场上出现了乌鸡白凤丸、太太口服液、排毒养颜胶囊等专为满足女性需求的产品。

(3) 购买者的收入。收入是引起需求差异的一个直接而重要的因素，因为只有既有购买欲望又有购买能力才能构成一种药品市场，而购买力在很大程度上是由收入决定的。收入一般可以分为高收入、中等收入和低收入。收入水平不高的群体，往往对医药产品的需求量小，对医药产品的价格比较敏感；收入水平高的群体，往往对医药产品的水平和层次要求相对高一些。但一些地区的调查发现，经济收入的提高并不会明显提高对医药产品利用率和增加对健康的投入。消费者收入水平影响医药市场的大小和消费者的支出模式。

(4) 家庭生命周期。家庭生命周期在不同的阶段会影响家庭支出的模式。一个家庭生命周期根据年龄、婚姻和子女状况可分为不同阶段：青年单身；新婚未育；满巢但孩子还小；满巢孩子成人；空巢孩子独立生活；退休；孤寡生活。各阶段的消费者的家庭结构不同，经济负担也不同，因而用药需求也差异。

(5) 购买者的受教育程度。购买者的受教育程度不同，其价值观、文化素养、知识水平也不同，会影响消费者对医药产品种类的选择和购买行为，因此也是细分市场的重要细分标准。受教育程度高的人获取药品知识的能力就越强，自我保健意识也越强，其购买行为相对理性。相反，受教育程度低的人其购买行为易受广告和他人的影响。

此外，还有家庭规模大小、民族等多种细分标准可以分析。一个国家或地区家庭单位的多少及家庭规模的大小，对于市场规模影响很大。我国是个多民族国家，各民族有着各自独特的风俗习惯和生活方式，与传统的中医药一样，蒙、藏、苗、维等医药也有着一些独特的医治疑难病症的方式和用药，这些都是祖国源远流长、博大精深的宝贵医药财富。

3. 心理细分标准

所谓心理细分，就是按照消费者的生活方式、消费个性、购买动机等心理细分标准来细分消费者市场。心理因素复杂多变，难以准确把握，但在药品消费过程中，消费者心理会确实影响用药需求。当人口和社会经济因素难以清楚地划分出细分市场时，结合考虑顾客心理因素将会变得非常有效。

(1) 消费个性。消费个性是千差万别的，有的消费者追求商品的实际效用和质量，重视商品的性价比；有的消费者追求新颖、时尚商品，讲究商品的个性特点和象征意义；有的消费者对价格特别敏感，专门选择价格低廉的商品；有的消费者专门选择高价商品，以示其具有与众不同的消费水平。根据消费者的个性和多种多样的价值观，所追求的商品就有明显的差别。因此，个性细分也是重要的细分市场的细分标准。

(2) 生活方式。指一个人或群体对工作、生活、消费和娱乐活动的特定习惯和方式。来自相同的亚文化群、社会阶级、职业的人们可能有不同的生活方式。生活方式不同，人们对商品的爱好与需求就有差异。生活朴素型的消费者更看重商品的内在价值，崇尚时髦的消费者追求包装新颖独特的商品。企业应注意不同购买者的生活方式，善于细分出某些追求相同生活方式的购买者，为他们专门设计、开发能更好满足其需求的产品。

(3) 购买动机。购买动机是驱使消费者实现个人消费目标的一种内在动力。人的行为是受动机支配的。有的消费者购买产品的目的是治疗，有的是保健，有的是馈赠。针对馈赠市场，脑白金提出了“送礼只送脑白金”的广告来开拓市场。

4. 行为细分标准

企业按照消费者购买或使用某种产品的时机、消费者的期望利益、使用者情况、消费者对某种产品的使用率、消费者对品牌的忠诚度、消费者待购阶段的态度等行为细分标准来细分消费者市场，就叫作行为细分。

(1) 购买时机。根据消费者提出需要、购买和使用产品的不同时机，将消费者划分成不同的群体。企业往往通过购买时机细分，试图扩大消费者使用本企业产品的范围。例如，生产感冒药的企业在春秋季感冒易发、多发期大量做广告，以促进其感冒药的销售。

(2) 期望利益。企业可以按照不同消费者在购买产品时所追求的不同利益来细分消费者市场。以购买感冒药为例，有些消费者购买泰诺，注重缓解感冒症状；有些服用 VC，注重提高免疫力。企业可根据自身条件，权衡利弊，选择其中某一个追求某种利益的消费者群为目标市场，设计和生产合适的产品，并且利用适当的广告媒体和广告词，把这种产品的信息传达给追求这种利益的消费者群。

(3) 使用者状况。根据顾客是否使用和使用程度细分市场，通常可分为：从未使用者、潜在使用者、初次使用者、经常使用者。资金雄厚、市场占有率高的公司，一般对潜在使用者发生兴趣，着重吸引潜在使用者，扩大市场销量；小企业资金薄弱，往往注重保持经常使用者，并设法吸引使用竞争者产品的顾客使用自己的产品。

(4) 使用率。消费者对某种商品的使用数量和购买频率，也可以作为细分市场的细分标准。可以把某种市场按经常购买、一般购买和不常购买来细分。管理学中的“二八原则”在这里得到体现，大量的消费往往是由少数人来完成的。

(5) 购买习惯。消费者购买商品往往在购买地点和时间上有不同的习惯。企业应根据消费者的购买习惯来细分出子市场，采取不同的营销策略。如对OTC药品要加强售前售后服务，提供购买方便，包括送货上门、用药指导，在宣传上应借助电视、网络等大众媒体广为宣传，提高产品知名度，以促进销售。尤其在新媒体成趋势化发展的情况下，更要利用其做好精准营销。

(6) 品牌忠诚度。是指消费者对价格、服务、广告等的敏感程度以及对品牌、分销渠道的信任程度。企业可以根据消费者对产品的忠诚程度细分市场，同时要塑造企业形象，注重根据消费者不同的购买偏好，去满足消费者的需求，培养顾客的品牌忠诚度。

(7) 购买准备阶段。消费者对某种商品或某个品牌的商品的了解程度因人而异。企业对处于不同购买状态的消费者要进行细分，采取不同的营销策略。如对毫不了解商品的消费者，做广告时要内容简要，但必须增加广告频率，广告用语力求切中消费者心理，以引起他们的注意；对已经了解的消费者，广告中要突出商品带给他们的利益；对于打算购买者，要告诉他们销售地点及服务项目等。

(8) 态度。态度是一个人对某些事物或观念长期持有的好与坏的认识上的评价、情感上的感受和行动倾向。不同消费者对同一产品的态度可能有很大的差异，有的持肯定态度，有的持否定态度，也有的持无所谓的态度。医药企业应针对不同态度的消费群体进行市场细分，并在广告、促销等方面应当有所不同。

地理细分、人口细分和心理细分这三种方法是事后描述性细分标准，建立在对构成细分市场人群的事后分析之上，属于静态细分标准，因此对未来购买者的行为不能进行有效的预测，但是未来购买行为正是营销者关注的重点。因此，行为细分标准更是市场细分中的一个比较重要的细分因素。医药企业必须根据消费者购买行为的变化，随时进行调查研究，才能获得可靠的衡量数据，以确定企业的目标市场。

(二) 生产者市场的细分标准

生产者的购买目的是为了再生产、再销售并从中获得利润。生产者市场虽然与消费者市场密切相关，但还是有很大的区别。生产者市场的细分标准除了运用前述消费者市场细分标准外，还可应用的细分标准主要有以下几个方面。

1. 最终用户的要求和追求的利益

这是生产者市场细分最通用的细分标准。生产者市场的购买活动是为了不同的生产需要或为了出售，满足最终用户的需求。最终用户有的要求价格低廉，有的强调产品质量，有的强调售后服务，对产品提出不同的质量标准和使用要求。有时最终用户的直接要求就是一个细分市场。因此，对生产者市场可按最终用户的要求和追求利益的不同进行细分。

2. 用户规模与购买力大小

用户规模是生产者市场细分的重要细分标准。企业应针对不同用户的特点，采取不同的营销策略。比如对于大客户，要直接联系和供应，在价格等方面给予更多优惠；而对众多小客户，则由批发商和零售商去组织供应。

3. 用户的行业特点

行业市场往往具有同类性质的需求，因此可以作为生产者市场的细分标准。在不同行业市场上，不同的用户所追求的利益不同，对同一产品的各种属性重视程度也不同。按行业特点细分市场，使得目标市场更加集中，容易分析研究市场的变化，及时掌握市场动态，有助于节省企业的研制和开发支出以及节省促销宣传费用。

4. 地理位置

产业用户的地理分布往往受一个国家的资源分布、地理环境、经济布局的影响制约。不同的医药产业地区对不同的生产资料具有相当集中的需求。

对于上述生产者市场的细分标准，同消费者市场的细分标准一样，企业并不只用一种单一的标准来进行细分，而是有层次地交错使用一系列细分标准来细分。

信息框

聚焦地理资源，做药材优势差异化

宛西制药厂位于河南宛西小县，并无优势区位和地域品牌优势。2000年以前，该厂的产品还主要依靠低价大批发为主，根据市场竞争状况，宛西制药厂调整营销策略，果断放弃大批发模式，转而将产品定位于高端市场。利用宛西是医圣张仲景故乡的背景，宛西制药厂专门注册了“仲景”商标，重新设计了差异化的产品包装，并大幅度提高了产品零售价格。

同仁堂凭借百年老字号“炮制虽繁必不敢省人工，品味虽贵必不敢减物力”的品质成为市场领导者；九芝堂以“三百年历史”为依托，诉求“不含糖”，同样强调品质承诺。宛西制药的品牌策略基于特殊地理位置的药材资源，以凸现自身品牌与其他六味地黄丸的区别，以八百里伏牛山中药材资源优势为依托，从药材地道的角度，寻求品牌竞争力。针对市场上同类竞品众多、缺乏品牌差异的情况，该企业提出了“药材好，药才好”的消费导向。

宛西制药采取的聚焦企业地理资源，创新差异化策略，因产品定位明确、概念清晰、广告到位、终端强势，而使“仲景”成长为六味地黄丸第一品牌，且宛西制药以“仲景”为品牌，顺势推出以“地黄”为核心的系列产品，都以“药材好，药才好”为品牌核心概念，推出仲景牌六味地黄系列，由此在医药领域一枝独秀。

资料来源：医药网. http://www.PharmNet.com.cn.

三、医药市场细分的方法

市场细分的方法是多种多样的，但通用的方法有以下四种。

1. 单一因素细分法

即选择影响消费者需求的某一个重要因素进行市场细分的方法，如年龄、性别、区域、职业、购买动机等因素变量。例如，补血产品依据地理区域这一变量可以将药品市场分为城市和乡村两种市场；也可以根据购买动机分为自用和送礼两种市场。如果根据年龄这一变量可以将抗感冒药市场分为成人与儿童两个市场，“护彤”就是专门针对儿童抗感冒药市场的。胃病是职业病，与职业有着密切的关系，生产胃药的企业可选择职业作为细分标准，重点对演员、记者、地质工作者等作为子市场开展营销活动。

2. 综合因素细分法

即根据影响消费者需求的两种或两种以上的因素进行市场细分的方法。例如，针对补钙药物市场，可以按年龄及缺钙程度将市场细分为少年患者轻、中、重度缺钙，中年患者轻、中、重度缺钙，老年患者轻、中、重度缺钙等九个细分市场。

3. 系列因素细分法

即根据企业经营的特点并按照影响消费者需求的多个先后有序的因素，可采用由粗到细、由浅入深、由少到多进行市场细分的方法。这种方法可使目标市场更加明确而具体，有利于企业更好地制定相应的市场营销策略。以某补血药品的市场细分为例，如图 8-3 所示。

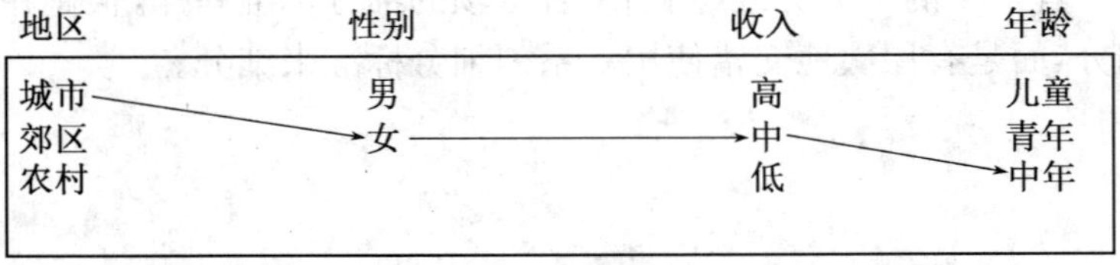

图 8-3　补血药品的市场系列因素细分

图 8-3 表明某补血药品的市场定位于中年且收入中等的女性，因此其在营销策略方面应针对此类市场开展相应活动。

4. 关联因素细分法

即医药企业在推出新产品的整个历程中，不断利用关联因素拓展细分领域推出新产品，不断地利用并强化公司产品在医生及患者群体中的认知度，同时在一些销售资源及渠道上实现共享，不断收获，销售费用率也得以下降。紧抓心脑血管用药的天士力就是一个范例，自早年推出治疗冠心病及心绞痛的复方丹参滴丸后，借用这一口服心脑血管用药销售团队推广针对心脑血管所致头晕头痛的口服用药“养血清脑颗粒”，而后又组建中药注射剂销售团队推出“益气复脉粉针”，随后同样借助前面的渠道向市场推出针对脑梗死及溶栓的中药注射剂“注射用丹参多酚酸”及“注射用重组人尿激酶原”。也因此，天士力一、二线产品均维持高速增长：复方丹参滴丸上半年估计同比增长约 17%—20%，二线产品养血清脑、水林佳等产品保持 40%增速，芪参益气滴丸、中药注射剂增长迅猛，注射用丹参多酚酸盐亦有望继续增长。

信息框

向云南白药学什么？

近几年随着大健康产品的大热，在业界有口皆碑的大健康领域营销成功典范——云南白药，时常被人提起。由于核心关联产品的异军突起，这个公司总部位于彩云之南的企业，成为行业中的翘楚，令许多药企望其项背。

云南白药一直卓越的根本在于：不断拓展细分市场，为企业增加新的增长点，而每一次细分领域的成功创造和拓展，云南白药都最大程度地利用了其价值链上的核心关联——对云南白药产品“止血化瘀、消肿止痛”功能的价值认同。

云南白药是驰名世界的中成药，于 1902 年成功创制。云南白药由名贵药材制成，具有化瘀止血、活血止痛、解毒消肿之功效。问世百年来，云南白药以其独特、神奇的功效被誉为“中华瑰宝，伤科圣药”，也由此蜚声海内外。“云南白药气雾剂”最早于 1992 年面市，1999 年前后正式被推向市场，当时“止血化瘀、消肿止痛药”内服的剂型主要包括胶囊、散剂（“云南白药散剂”及“云南白药胶囊”），外用的剂型主要包括硬膏剂及软膏剂。

“云南白药气雾剂”与其他剂型相比，在吸收方式、舒适程度、起效时间等方面优于其余剂型：

（1）从人体的吸收方式看，"气雾剂"因直接到达作用部位，从而避免了胃肠道的刺激及肝脏的首过效应，有效成分利用最高效；

（2）从舒适程度来看，气雾剂舒适性最好，相比之下，硬膏剂及软膏剂均会对皮肤产生刺激作用，口服或注射液易对胃肠道产生刺激作用；

（3）从起效时间来看，气雾剂起效最快。

因此，云南白药营销成功的关键就在于"产品的核心关联、不断创新细分市场"。

资料来源：医药界. http://www. yiyaojie. com.

四、医药市场细分的程序

美国市场营销学家杰罗姆·麦卡锡提出了一套逻辑性强、粗略直观的七步细分程序。具体步骤如下。

1. 依据需求界定产品的市场范围

即在明确企业任务和战略目标的前提下，确定要进入的市场或是生产什么产品，如医药企业在进行生产之前需要确定进入处方药市场、非处方药市场或是保健食品市场。产品的市场范围应根据市场需求和企业的实力来界定，而不是依据产品特性。

2. 列举潜在顾客的基本需求

选定产品市场范围后，企业可以从地理因素、行为因素和心理因素等几个方面，通过调研了解潜在消费者对产品有哪些需求，比如药品或保健食品的安全、疗效、合理性等。

3. 了解不同潜在用户的不同要求

对于列举出来的基本要求，不同顾客强调的侧重点可能会存在差异。比如，在保健食品市场上，有的顾客特别重视保健食品的疗效，有顾客特别注重保健食品的安全性。通过这种差异比较，可以初步形成几个消费需求相近的细分市场。

4. 剔除潜在顾客的相同要求，初步划分市场

把那些需求相同的内容及某些次要的因素剔除掉，仅留下那些子市场间差异明显的需求内容，然后初步划分出一些差异最大的细分市场。如保健食品的安全性是顾客的基本要求，是保健食品企业所需要达到的最基本的目标，就不能作为细分市场的标准，需要剔除。

5. 对细分市场命名

根据潜在顾客基本需求上的差异，将其划分为不同的群体或子市场，并赋予每一个子市场一定的名称。如把购买保健食品的消费者划分为使用美容养颜保健食品的消费者、使用身体塑形保健食品的消费者等，并据此采用不同的营销策略。市场细分命名要富于创造性和个性，要能抓住潜在购买者的心理。

6. 进一步认识各子市场的特点

即分析每一个细分市场的需求与购买行为特点，并分析其原因，以便在此基础上决定是否可以对这些细分出来的市场进行合并，或做进一步分析。企业必须避免创造过多的、没有意义的产品或毫无特色的产品。

7. 测量各个子市场的规模

即在调查的基础上，估计每一个细分市场的顾客数量、购买频率、平均每次的购买数量等，

并对细分市场上产品竞争状况及发展趋势做出分析。

在具体运用时，企业可以根据实际情况对以上七个步骤进行简化或拓展。

五、医药市场细分的有效性

如前所述，我们可以用很多的细分标准来细分一个大市场。但是，市场细分的目的是为医药企业找到合适的目标市场。如果把感冒药的消费者按照身高来细分显然并无意义。要想细分的市场部分有意义，必须具备以下几个要求。

1. 可衡量性

可衡量性指细分后的市场应是可以衡量和识别的，即医药企业对细分市场的购买力、规模和市场的其他特征等必须是能够识别和衡量的。首先，确定细分市场的变量是可以识别的；其次，细分后市场规模、市场容量应是可以计算、衡量的。否则，细分的市场将会因无法度量和界定而难以把握，市场细分将失去意义。

2. 可进入性

可进入性是指能有效地进入和满足细分市场，即企业通过努力能够使产品进入并对顾客施加影响的市场。可进入性有两层含义：一方面，对于细分后的市场，企业有能力占领；另一方面，细分后的市场上的消费者能够有效了解企业的产品，并且能通过销售渠道购买到企业的产品，否则该细分市场的价值就不大。

3. 可营利性

可营利性即要求细分后的市场容量足够大，并有发展潜力，可以取得良好的经济效益。细分的市场不仅必须保证企业短期内营利，还必须使企业保持较长时期的经济利益和发展潜力，从而不断提高医药企业的竞争力。

4. 相对稳定性

相对稳定性指细分市场的特征应在一定时期内具有相对的稳定性，能保证企业有足够时间实施营销方案进入市场、获取盈利。医药市场调查及开发新产品、调整营销策略都会使医药企业成本增加，过于频繁的市场变化会影响医药企业的经济效益。

5. 差异性

差异性指细分市场的消费者对同一市场营销组合方案会有差别性反应。如果不同细分市场的顾客对产品需求差异不大，行为上的差异性远大于其同质性，这时企业就不需要对市场进行细分。此外，对于细分出来的市场，企业应当分别制定出独立的营销方案，如果无法制定出这样的方案，或其中某几个细分市场是否采用不同的营销方案不会有大的差异反应，则不必进行市场细分。

第二节　医药目标市场选择

一、医药目标市场的概念

所谓医药目标市场（Target Market），是医药企业在市场细分的基础上，依据企业资源和现有经营条件所确定的要进入并满足其需要的市场。市场细分的目的是有效选择并进入目标市场。医药企业在对整体市场做出必要的细分之后，总要选择某一个或几个细分市场作为自己的目标市场。有了明确的目标市场，也就明确了医药企业服务的对象。它是制定营销战略的首要内容和基本出发点，医药企业的一切营销活动都是围绕目标市场展开的。

市场细分和目标市场的选择是既有联系又有区别的。市场细分是目标市场选择的基础和前提，选择目标市场是市场细分的目的。

二、评估医药细分市场

为了准确地选择目标市场，企业必须对各个细分市场进行全面的评估和分析，从而在综合比较和分析的基础上，选择出最优的目标市场。在评估细分市场时，一般应从细分市场的规模与发展前景、细分市场结构的吸引力、企业的目标和资源等三大方面评价。

1. 细分市场的规模与发展前景

一个细分市场是否具有适度的规模和发展前景是企业在决定是否进入该市场时首先考虑的因素。适度规模和发展前景只是一个相对的概念，对每一个企业来说，并不是最大和增长最快的细分市场一定最具有吸引力。一些较小的企业会发现他们缺乏必要的资源和技能来满足较大细分市场的需要。因此，企业选择何种规模和发展程度的细分市场，应视自己的能力而定。

2. 细分市场结构的吸引力

评估细分市场的吸引力，即评估是否有利可图，这涉及该市场结构的吸引力。一个细分市场的吸引力取决于五大因素：产业竞争者、潜在竞争者、供应商、产品替代品、购买者。理想的市场细分结构应为：产品竞争者少且弱、新进入者的进入壁垒高、供应商和购买者的议价能力薄弱、产品无替代品。

3. 企业的目标和资源

某些细分市场虽然具有较大的吸引力，但不符合企业的长远目标，因此不得不被放弃。尽管这些细分市场本身可能具有吸引力，但会分散企业的注意力和精力，使企业无法完成主要目标。此外，还要考虑是否有占领细分市场所必需的技能和资源。企业只有具备超过竞争者的资源和技能，才能在细分市场上真正获得胜利。

三、医药目标市场选择模式

医药目标市场是医药企业打算进入的市场，或打算满足的具有某一需求的顾客群体。医药企业在选择目标市场时有五种可供参考的市场覆盖模式，如图 8－4 所示。

1. 密集单一型

这是一种最简单的目标市场模式，即医药企业只选取一个细分市场，用单一的医药产品满足单一目标顾客群体的要求，进行集中营销。采用这种模式需要基于以下考虑：企业具备在该市场从事经营的优势条件；限于资金能力，企业只能经营一个细分市场；在该市场上竞争者通常较少。该模式的优点是：医药企业可以更加了解该细分市场的需求；另外可以集中力量于单一市场而提高投资效率和利润。其缺点是：风险较大，一旦细分市场不景气或有更强大的竞争对手出现，就会使企业陷入困境。

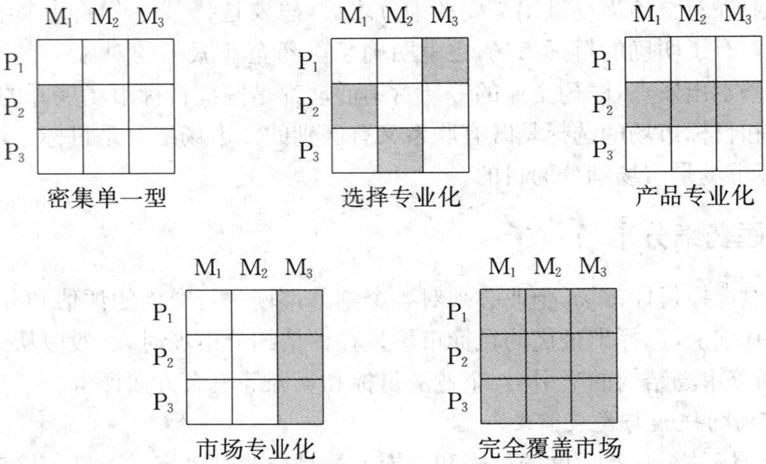

图 8-4　五种目标市场选择模式

2. 选择专业化

医药企业在市场细分的基础上,选择若干符合医药企业的目标和资源的细分市场作为目标市场,针对每个不同的细分市场提供不同的产品和服务,通常每个细分市场与其他细分市场之间联系较少。该模式的优点是:可以有效地分散经营风险。采用该模式要求企业有较强的资源及营销能力,同时避免贪多的毛病,应选择具有吸引力并符合企业目标的细分市场。

3. 产品专业化

医药企业集中生产一种产品,并向各类顾客销售这种产品。采用这种模式的企业通常使用相似的产品,不同的品牌。该模式的优点是:医药企业专注某一种或一类产品的生产,有利于形成经营优势,在该领域树立良好的形象。其缺点是:当同类产品中出现全新的替代品时,企业会面临巨大的冲击。

4. 市场专业化

医药企业专门经营满足某一顾客群体需要的各种产品。采用这种模式,企业专门为特定的顾客群体服务,经营的产品类型众多,能有效地分散经营风险。但由于集中于某一类顾客,当这类顾客的需求下降时,医药企业也会遇到收益下降的风险。

5. 完全覆盖市场

医药企业生产多种产品去满足各类顾客群体的需要。实力雄厚的大型企业选用这种模式,由于其面广量大,能够收到良好的经营效果。如片仔癀药妆为满足广大中国女性特殊护理、特色护理等方面的市场需求,以祛黄亮白系列产品率先切入市场,联动 3 大系列、旗下 13 个分支系列、70 余款产品全面覆盖市场。

四、医药目标市场营销策略

医药企业确定细分市场作为生产和经营目标的决策,称为医药目标市场选择策略。医药企业选择进入目标市场的方式不同,所采用的营销策略也不同,主要有三种营销策略:无差异市场营销策略、集中市场营销策略和差异化市场营销策略。

(一) 无差异市场营销策略

无差异市场营销策略是指企业基于整体市场的消费者对某种产品需求的无差异性,只向市场推出单一产品，运用单一的市场营销组合，试图满足尽可能多的顾客需求的策略，如图8－5所示。对医药企业而言，即把整体医药市场看作是一个大的目标市场。无差异营销策略要在两个前提条件下才会有效：① 整个市场中大多数顾客必须对产品有相同需求，即该市场为同质市场或接近于同质市场；② 公司能够识别这种同质需求，并且有足够的资源和管理技能来满足这些需求。

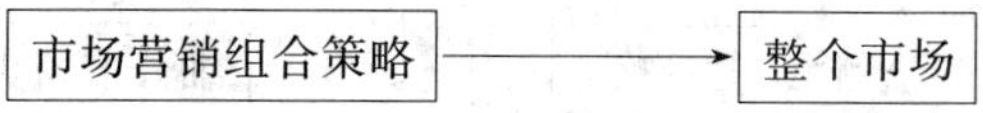

图 8－5　无差异市场营销策略

采用无差异市场营销策略的最大优点是：因为进行大批量的生产和经营，有利于节约成本，取得规模效应；由于不需要对市场进行细分化，可以节约市场调研和宣传费用，有利于提高利润水平；另外可以使消费者建立起超级品牌的印象。此战略的缺点是：难以满足消费者的需求，不能适应瞬息万变的市场形势；另外，如果同一市场中众多企业采用这一策略，就会加剧整体市场的竞争，造成两败俱伤。可口可乐公司在 20 世纪 60 年代以前曾以单一口味的品种、统一的价格和瓶装、同一广告主题将产品面向所有顾客，采取的就是这种策略。

此战略的主要适用范围是：具有广泛需求和大批量需求，公司也能够大量生产和大量销售的产品。例如药品中的原料药、普药就具有这样的特点，可以采用此战略进行市场营销。

（二）集中市场营销策略

集中市场营销策略是指企业集中所有力量，以一个或少数几个性质相似的子市场作为目标市场，采用一种营销组合实行专业化生产和经营的策略，如图 8－6 所示。医药企业以一个或几个细分市场作为目标市场，企业可以集中力量进行专业化生产和销售。采取集中市场营销策略的企业，追求的不是在较大的医药市场上占有较小的份额，而是在较小的市场范围内占有较大份额。这样既可以扩大市场占有率，又可以减少生产和促销方面的费用。

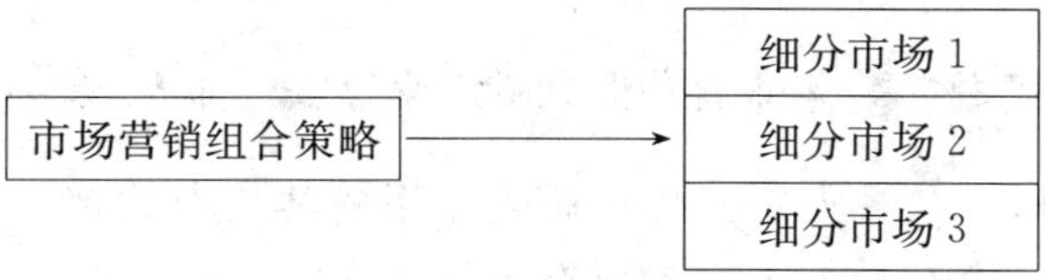

图 8－6　集中市场营销策略

采用集中市场营销策略的优点在于：企业可以集中自身的优势，充分利用资源，从而在市场中取得一席之地；同时可准确地了解顾客需求，有针对性地采取策略，节约营销成本和费用，从而提高企业投资利润率。其缺点在于：风险较大，最易受竞争的冲击。专门化意味着企业把它所有的鸡蛋放在同一个篮子中，难以分担风险，除非企业拥有某方面的专利技术或是其他企业所无法拥有的资源才有可能在某个子市场中长期生存。

此战略的主要适用范围是：大小医药企业都可用，尤其适用于资源有限的中小企业。小企业可以避开与大企业的正面竞争选择大企业不愿进入或者未注意的市场，往往更易成功。

（三）差异化市场营销策略

差异化市场营销策略是指企业在市场细分的基础上，选择若干细分市场作为自己的目标市场，对每个细分市场生产不同的产品，使用不同的营销组合，以满足不同目标市场需求的策略，如图 8－7 所示。对医药企业而言，就是把整体医药市场划分成若干细分市场，针对不同的医药细分市场，设计制造性能及包装等各不相同的医药产品，采用不同的市场营销组合，去分别满足不同消费者的需要，完成销售目标，力争销售机会的最大化。

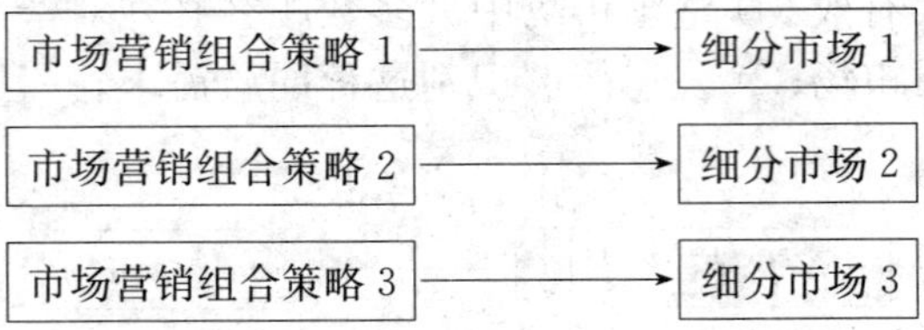

图 8-7　差异化市场营销策略

采用差异化市场营销的优点在于：第一，生产机动灵活和针对性强，能满足消费者的需求，扩大销量，提高市场占有率。第二，可以降低企业经营风险。第三，有特色的产品可以提高企业竞争力。第四，一旦企业在几个细分市场取得成功，有助于提升企业知名度，有利于企业对新产品的推广。其缺点在于：一方面，增加营销成本；另一方面，企业的资源得不到有效集中，使得拳头产品难以形成优势。这种营销策略因为会产生比较高的成本，一般要求企业的实力比较雄厚。

采用此战略的医药企业一般具有小批量、多品种生产、多规格、多种渠道和多种价格的营销组合等特点，以满足不同细分市场的需求。此战略的主要适用范围是：具有雄厚的人力、物力、财力资源的企业，有较高技术水平、设计水平及高水平经营管理人员的企业。以宝洁公司为例，宝洁公司经营的差异化市场营销策略不是把一种产品简单地贴上几种商标，而是追求同类产品不同品牌之间的差异，包括功能、包装、宣传等诸方面，从而形成每个品牌的鲜明个性。这样，每个产品有自己的发展空间，市场就不会重叠。

信息框

辉瑞“善存沛优”系列的“中高端”市场策略

2012 年 10 月 25 日，全球最大制药公司辉瑞旗下的健康药物部在上海宣布将携“善存沛优”系列进军中国营养保健食品市场。其配套的服务平台——健康体验中心也在当日揭晓。此次“善存沛优”的三大系列主要是“骨与关节”系列、“免疫力”系列及“美颜”系列。产品涵盖了维 D 软胶囊、氨糖软骨素、蛋白粉、胶原蛋白粉等。

目前，年富力强的消费者对保健食品的需求不断增强，而对其品牌的认知也是最高的，善存沛优的目标人群也正是他们。善存沛优营养保健食品系列定位于中高端市场，着重针对中高教育程度、中高收入的中青年人群。首先，中国保健食品领域的竞争主要集中于高端与低端两极，在中高端市场之间就留下了一定的空间。其次，随着经济水平的提升以及疾病年轻化趋势的显现，年轻消费者的健康意识逐渐加强，加之其相对充沛的购买力，已经成为中国保健食品市场的主力消费群体。

凭借精准的市场策略，善存沛优营养保健食品系列既与现有产品形成了互补，实现了由“单兵作战”向“产品集群”的结构进化，又填补了市场空白，与消费者诉求形成有效的呼应。辉瑞健康药物部无疑是在正确的方向上迈出了坚实的第一步。

资料来源：中国药店. http://www.ydzz.com/.

五、影响医药企业目标市场选择策略的因素

上述三种目标市场选择策略各有利弊，企业究竟应该采取哪一种策略，应该综合考虑企业资源、产品、市场和竞争对手多方面的因素来决定。

1. 医药企业资源

医药企业资源是指企业的资金、技术、设备、人才和管理等综合资源的状况。如果企业资源雄厚、实力较强，可以考虑实施差异市场营销策略或集中市场营销策略。对医药企业而言，若企业规模较大，技术力量和设备能力较强，资金雄厚，原材料供应条件好，则可采用差异化市场营销策略或无差异市场营销策略。反之，规模小、实力差、资源缺乏的一般企业宜采用集中市场营销策略。我国医药工业的整体水平相对落后，采用集中市场营销策略，利用劳动力优势，建立自己的相对品种优势，才能更好地促进企业积极参与国际竞争，提高医药工业整体水平。

2. 产品自身特点

产品自身特点是指消费者感觉不同企业生产产品特征的相似程度。同质性高的商品，虽然由于原材料和加工不同而使产品质量存在差别，但这些差别并不明显，消费者一般无特别的选择，无过分的要求，因而企业可以采用无差异市场营销策略。而异质性商品，如药品的剂型、品型、复方等对其疗效影响很大，特别是滋补类药品其成分、配方、含量差别很大，价格也有显著差别，为应对竞争和满足消费者的不同需求，企业就必须采用差异化市场营销策略或集中市场营销策略。

3. 产品所处生命周期的不同阶段

产品所处的生命周期不同，需采用不同的营销策略。对于新上市产品，由于竞争者少，产品单一，比较适合采用无差异市场营销策略和集中市场营销策略。当产品进入成熟期时，可采用差异化市场营销策略，来建立该产品在消费者心目中的特殊地位。如治疗消化不良的江中健胃消食片，在产品上市初期采用无差异市场营销策略；当产品进入成熟期时，为了进一步扩大市场范围，江中制药集团扩展儿童这一尚未开发的领域，推出适宜儿童包装的健胃消食片，就采用了差异化市场营销策略，给这一药品重新注入新的生命。

4. 市场同质性

市场同质性指消费者需求、偏好及各种特征的相似程度。对产品的需求欲望、偏爱等较为接近，则市场同质性高，可以采用无差异市场营销策略。如果各消费者群体的偏好是扩散或集群偏好，则必须采用差异化市场营销策略或集中市场营销策略，使不同消费者群体的需求得到更好的满足。

5. 竞争者的策略

竞争对手的策略会直接影响到企业策略的选择。一般来说，企业应采取与竞争对手有区别的营销策略。如果竞争者采用了无差异市场营销策略，企业可以采用差异化市场营销策略或集中市场营销策略；但是，如果竞争者采用的是差异化市场营销策略，为了在竞争中获得优势，企业就需要进行比竞争对手更细致的市场细分，然后在此基础上实施差异化市场营销策略或集中市场营销策略。

第三节 医药市场定位

医药企业进行市场细分和目标市场选择后，要面临如何进入医药目标市场？以何种姿态和形象占领医药目标市场？这就是医药市场定位。

一、市场定位的涵义和原则

1. 市场定位的由来

市场定位是市场营销学和现代广告学中的十分重要的概念，是由艾·莱斯(A. Ries)和屈特(J. Trout)于 1972 年提出的。他们在《广告时代》(*Advertising Age*)发表名为“定位纪元”的系列文章，以后又写了成名作 *Positioning: The Battle for Your Mind*(《定位：为你的注意而战》)一书，该书对定位的解释是：定位起始于产品，如一件商品、一项服务、一家公司、一所机构、甚至是一个人。定位并不是要对产品本身做什么事，而是对潜在顾客的心理采取行动，即把产品在潜在顾客的心中确定一个适当的位置。

2. 市场定位的含义

市场定位(Positioning)，又称为产品定位，就是确定产品在市场中的位置。医药市场定位指的是医药企业根据目标市场上同类产品竞争状况，针对顾客对该类产品某些特征和属性的重视程度，为本企业产品塑造独特的、有价值的个性或形象，并把这种形象和个性生动有效地传递给目标顾客，从而确定本企业产品在市场上的位置。

市场定位的实质是在顾客心中实现差异化，从而产生认知优势。菲利浦·科特勒认为企业可以从产品、服务、人员、渠道及形象五个方面来体现差异化。

(1) 产品差异化，即企业在产品特征、性能、耐用性、可靠性、式样的设计，以及产品的实际功能与企业宣传的是否一致等方面与竞争者相区别，从而使消费者感受到差别。如东盛药业推出的感冒药白加黑就实施了产品差异化策略，使顾客避免了使用后的嗜睡现象，满足了顾客的潜在需求，从而赢得了市场。

(2) 服务差异化，指企业向目标市场提供与竞争者不同的优异服务。特别在医药产品的差异难以突出时，服务的差异往往成为竞争成功的关键。主要通过交货、顾客培训、咨询服务等因素来区分服务水平。

(3) 渠道差异化，分销渠道的差异化可以从渠道的模式、渠道成员的能力及渠道管理政策等方面具体体现。

(4) 员工差异化，即通过聘用和培训比竞争者更为优秀的员工以获得竞争优势。员工差异化主要表现在称职、礼貌、诚实、可靠、敏捷、沟通等方面。

(5) 形象差异化，即通过塑造与众不同的产品或品牌形象来获得竞争优势。其形象要通过特定的信息传播途径加以展现，并且具有某种感染力，能够触动顾客的内心，产品形象要与众不同。

医药市场定位的核心是塑造医药企业产品的“差异化”，其核心就是要塑造本企业医药产品与竞争者不同的地方，也就是要使本企业的产品具有“差异化”。这种“差异化”不仅是药品本身的差异，也可以是多方面的。它可以是药品实体的差异化，如药品的成分、剂量、剂型、疗效等方面;也可以是服务、价格、渠道、形象上的差异化。如某些药品经营企业提供免费煎药就是服务差异化,有些OTC药品经营企业采用网上销售就是渠道差异化。

3. 市场定位的原则

并非每种商品的差异化都是有意义或有价值的,也并非每一种差异都是一个差异化手段。因为每一种差异都可能增加公司成本,当然也可能增加顾客利益。因此,为保证医药市场定位的有效性必须遵循以下原则:

(1) 重要性原则。该差异化能使目标顾客感受让渡价值较高带来的利益。如强生“泰诺”突出快速抑制感冒症状,这正是大多数感冒患者所关注的。

(2) 独特性原则。这种定位是要区别于竞争对手,与众不同。如防水的“邦迪贴”是首创的。

(3) 排他性原则。让其他竞争对手难以模仿。“云南白药”的配方一直是保密的。

(4) 可传播性原则。易于传递给客户并被客户正确理解。我们经常看到的OTC药品广告都是明确易懂,一般老百姓都能够接受的。例如,芬必得定位于有效针对各种肌肉骨骼疼痛,12小时持续缓解疼痛。芬必得的定位不仅给予品牌一个清晰的形象,更利用其产品特性形成了独特的竞争关系。同时,也在消费者教育方面打下了一定基础,以扩大市场份额和增加消费者使用量,为品牌以后的发展铺平道路。

(5) 可承担性原则。顾客有购买该产品的能力,所以常备药物的价格一般不会太贵。

(6) 营利性原则。企业可以通过差异化获取预期的利润。企业不是慈善机构,这一点是所有商业企业的最终目标,当然必须在合法、合理的基础上获取利益。

二、医药市场定位的依据

企业经营的产品不同,面对的顾客不同,所处的竞争环境也不同,因而市场定位的依据不同。总体来讲有以下几点。

1. 根据产品的属性和利益定位

即构成产品内在特色的属性和利益都可以作为市场定位的依据,比如所含成分、材料等。大多数消费品都倾向于采用这种定位方式。具体产品肯定需要诉求产品的功能性利益,即产品定位需要突出其功效,如快克强调的是“防病毒,治感冒”,“一天一颗防病毒,一天两颗治感冒”。同时,产品定位也可以是提供某种心理属性利益,比如,胃药“斯达舒”,不仅将产品定位于治疗“胃痛、胃酸、胃胀”,还用“关心就在身边”进行情感定位,给消费者一种情感上的慰籍。这样,消费者获得了双重利益,能增强消费者的购买欲望。

2. 根据价格和质量定位

价格和质量是一般消费者最关注的两个因素,所以宣传高质低价是很多企业采用的方式。如新盖中盖的定位宣传是含钙量高。另外,人们一般相信“价高质优”,价格高低与质量高低通常是一致的。例如控释、缓释制剂,由于工艺的改进、技术的提高、生物利用度更高、药效作用更显著,给消费者带来很大方便,即使价格稍高,消费者也可从产品所具有的特性方面得到心理平衡。

3. 根据产品用途定位

这是为产品定位的好方法。由于市场、技术、竞争比较成熟,其用途已被人所熟悉,难以突破。如果企业能够另辟蹊径,找到新用途,是为该产品创造新的市场定位的好方法。许多药品在临床应用中又逐渐发现一些新用途，从而为该产品开辟了新的市场。例如起初是以作为解热镇痛药推向医药市场的“阿斯匹林”这一百年老药，随着时间的推移，由于市场竞争严峻，市场份额被苯胺类、抑制剂、抗炎药等“非阿斯匹林类解热镇痛药”抢占，临床常用“阿斯匹林”来预防冠心病、心肌梗塞与癌症，研究人员在科学实验中发现小剂量地使用“阿斯匹林”具有抑制血小板凝集及抗癌作用，使“阿斯匹林”产生了新的使用途径。另一个典型的例子是大家议论最多的美国辉瑞公司生产的“万艾可”，又称为“伟哥”，起初研究是一种心血管疾病的用药，在临床试验中疗效不尽如人意。但研究人员发现了它对阴茎血液流量增加作用较好，能有效地改善勃起功能障碍，以达到治疗阳痿的作用。

4. 根据使用者类型定位

企业往往试图将其产品指向某一类特定的使用者，以便根据这些顾客的看法塑造恰当的形象。例如，哈药集团的三精牌葡萄糖酸钙口服液，主要定位是儿童，其经典广告语“蓝瓶的钙，好喝的钙”就很好地说明了这一点。又如，珍视明滴眼液锁定学生群体，提出“防近视 珍视明”的宣传策略，通过反复诉求，强化珍视明滴眼液所具有的“明目去翳、清热解痉”之功效，使消费者需求与品牌直接对接，一旦出现最主观的症状或感觉，就能首先联想到珍视明，更有力地影响购买决策。美国强生公司的泰诺产品，根据它可能拥有的使用者定位，形成幼儿、儿童、成人等专用的产品概念，其主要成份是相同的(附加成份与添加剂不同)。泰诺凭借其精准定位形成了丰富多样而又特色彰显的产品。

5. 根据产品特色定位

这种定位可以强调产品区别于同类产品的某一特征，突出自己产品的特色。例如，白加黑感冒片，将感冒药分成白片和黑片，并将其中镇静剂扑尔敏放在黑片中。这样不仅在品牌的外观上与竞争品牌形成很大的差别，更重要的是它与消费者的生活规律相符合。一般感冒药的共同缺点就是服用后容易瞌睡，这对大多数的人群造成许多不便。白加黑感冒片的定位“白天吃白片不瞌睡，晚上吃黑片睡得香”，去除了消费者的后顾之忧，体现出厂家对消费者细致入微的关怀。它的成功之处在于一切从消费者出发，创造出了异于同类、优于同类的闪光亮点，达到了引起患者共鸣的强烈传播效果。

三、医药市场定位的步骤

医药市场定位的关键是医药企业要设法在自己的产品上找出比竞争者更具有竞争优势的特性。因此，医药企业市场定位的全过程可以通过以下三大步骤来完成，即识别潜在的竞争优势、准确地选择相对竞争优势和明确显示其独特的竞争优势。

1. 识别潜在的竞争优势

这是医药企业市场定位的基础。企业竞争的优势一般有两种基本类型：一是价格竞争优势，即在同样的条件下比竞争者定出更低的价格。这就要求医药企业采取一切努力，力求降低单位成本。二是偏好竞争优势，即能提供确定的特色来满足顾客的特定偏好。为实现此目标，医药企业必须进行规范的市场研究，掌握目标市场需求特点和需求的被满足程度。因此医药企业要努力在产品或品牌特色上下工夫。这一步骤的中心任务是要回答以下三大问题：一是竞争对手的产品定位如何？二是目标市场上足够数量的顾客欲望满足程度如何以及确实还需要什么？三是针对竞争者的市场定位和潜在顾客真正需要的利益要求，企业应该和能够做什么？要回答这三个问题，医药企业市场营销人员必须通过一切调研手段，系统地设计、搜索、分析并报告有关上述问题的资料和研究结果。通过回答上述三个问题，企业就可从中把握和确定自己的潜在竞争优势在何处。

2. 准确地选择相对竞争优势

相对竞争优势指与主要竞争对手相比，在市场中可明显获取的竞争优势，表明医药企业能够胜过竞争对手的能力。准确地选择相对竞争优势就是一个医药企业各方面实力与竞争者的实力相比较的过程。通常的方法是分析、比较医药企业与竞争者在经营管理、技术开发、采购、生产、市场营销、财务、产品、服务、形象等方面究竟哪些是强项和处于优势地位，最终选出最适合本企业的优势项目。止痛药品萘普生曾经一直为自己只有一位数的市场占有率苦苦挣扎奋斗。通过调查发现，经常使用止痛药的患者中使用萘普生止痛药的同时，也一直在使用其他品牌的止痛药。通过比较，萘普生基于自己的产品能满足患者需求“抑制疼痛，自如地做你想做的事情”的最高属性，发起了一场“显著差异”运动，结果萘普生在销售额和市场占有率上提升了15%，创下了历史新高。

3. 显示独特的竞争优势

一旦选择好市场定位，企业就必须通过一系列的宣传促销活动，将其独特的竞争优势准确地传播给潜在顾客，并在顾客心目中留下深刻印象。为此，首先企业应积极主动地与目标市场沟通，可以通过广告等宣传手段引起顾客注意，进而对企业的市场定位产生认同、喜欢和偏爱，要在顾客心目中建立与该定位相一致的形象。其次，医药企业通过一切努力强化目标顾客形象，保持目标顾客的了解，稳定目标顾客的态度和加深目标顾客的感情来巩固与市场相一致的形象。最后，医药企业应注意目标顾客对其市场定位理解出现的偏差或由于医药企业市场定位宣传上的失误而造成的目标顾客模糊、混乱和误会，及时纠正与市场定位不一致的形象。企业所有的市场营销组合必须支持这一市场战略，要密切监督并调整定位，以适应消费者需求和竞争对手战略的变化。例如海南亚洲制药集团名下儿童感冒药“小快克”，由于企业对消费者的心理需求和对市场形态的精确把握，知名度逐渐提升，在儿童感冒教育方面贡献显著，成为儿童安全用药、精准用药的倡导者和实践者，在中国儿童用药领域树立了良好的品牌榜样。“小快克”强调孩子在感冒的时候按照年龄，精准、安全用药，感冒才能好得快。小快克还是草莓味，好喝，又能解除儿童服药的困难，确实起到了保护小身体，妈妈更安心，孩子喜欢喝，疗效好的效果。“小快克”显示了其独特的竞争优势，从众多品牌中脱颖而出，独揽“2012中国年度品牌”唯一全场大奖。

四、医药市场定位方式

医药市场定位方式，对于医药企业研发新产品，开拓新市场，充分发挥企业人、财、物力的作用是一种相当有效的方法。医药市场定位方式还有助于医药企业树立在消费者心目中的形象。定位方式不同，竞争态势也不同。以下介绍四种主要的定位方式。

1. 避强定位方式

即避开强有力的竞争对手，避免“硬碰硬”，另辟蹊径、和平相处、共谋利益的市场定位策略。医药企业避免与目标市场上的竞争者直接对抗，通过对市场和现有产品的认真分析研究，发现消费者实际需求未能很好满足的部分，定位于市场的“空白点”，开发并销售目前市场上还没有的某种特色产品，开拓新的市场领域。采用回避方式，其优点在于：企业产品可以长驱直入，能够迅速在市场上站稳脚跟，并能在消费者心中迅速树立起一种形象，这种定位方式市场风险较少，成功率较高，常常为多数企业所采用。例如：治疗口腔咽喉疾病的西药华素片，主要特点是具有独特的碘分子杀菌作用。在华素片上市之前，市场已有一系列同类新老产品。如咽喉类药品六神丸、草珊瑚含片、西瓜霜润喉片等。这些产品或凭借品牌的知名度，或凭借广告的知名度，以及便宜的价格、较好的疗效等，各赢得一部分市场。华素片从适应症上看，既治疗口腔疾病，又治咽喉疾病，如果华素片进入咽喉类药品市场，面对强劲的竞争对手，企业需投入巨资，才有可能争得一席之地。显然在咽喉类药品市场竞争激烈，而口腔类药品市场还没有形成有影响的品牌，处于松散空白的状况下，很多口腔疾病患者有时还需要一些牙膏来辅助治疗，华素片的市场机会是：定位于口腔药，主打口腔药品市场。采用避强定位方式，定位市场的"空白点"使华素片在市场上获得了成功。

2. 迎头定位方式

即企业根据自身实力，为占据较佳的市场位置、争夺同样的顾客，不惜与市场上占支配地位的、实力较强的竞争者发生正面竞争。这种方式是与在市场上占支配地位的竞争对手"对着干"的定位方式。如果医药企业经过仔细调研也难以发现市场空隙，只要该市场需求潜力很大，而企业又能赋予产品新的特色和创意，不妨与竞争者一争高低。例如，市场上虽已有近百种感冒药品，但感冒有多种类型，是多发病、高发病。按中医理论，感冒可分为风寒感冒、风热感冒、感寒湿滞、表里双感、气虚感冒等，按西医又可分为普通型感冒、病毒型感冒、胃肠型感冒、肺炎型感冒等。病因不同，用药和治疗方式也有不同，因而其市场潜力巨大。但是实行迎头定位要求后进者必须清醒地估计自身的实力，慎重地采取方式。

3. 重新定位方式

通常指对销路不畅或市场反应差的产品进行二次定位，旨在摆脱困境，重新获得增长和活力。重新定位对于医药企业适应市场环境、调整营销战略是必不可少的。如果医药企业的产品或服务不再处于市场最佳位置，或者说企业本来的定位就是错的，就应该考虑重新定位问题。例如美国强生公司的洗发液，由于不损伤皮肤和眼睛，最初定位于婴儿市场，当年曾畅销一时。后来由于人口出生率下降，婴儿减少，产品逐渐滞销。经过分析后，公司重新将产品定位于年轻女性市场，突出介绍该产品能使头发松软、富有光泽，从而吸引了大批年轻女性。即使市场定位很恰当，当企业遇到下列情形时，也应考虑重新定位问题：一是竞争者推出的新产品，定位于本企业产品附近，使本企业在该目标市场的占有率大幅度下降；二是顾客偏好发生转移，使企业产品与消费者需求发生偏离。在做重新定位的决策时，企业必须权衡两项因素：一是重新定位的成本，它包括改变产品的品质、包装、广告等的成本。一般来说，重新定位距离原来的市场位置越远，则成本越高，产品形象改动的幅度越大，为改变人们印象所需的投资也越高。二是重新定位的预期收益。收益多少决定于子市场上购买者和竞争者的状况，取决于子市场上价格的高低等。重新定位是一件复杂而又充满风险的工作，企业应该慎而行之。

4. 共享定位方式

共享定位也称"高级俱乐部"定位，将自己定位在某一类竞争者的同一位置上，与现有竞争者和平相处。在企业不能寻求"最佳"、"第一"或暂时不能取得某种很有意义和价值的定位点时，可以把自己划分到某"高级俱乐部"，其含义是：企业根据实际情况模糊地把产品置于一个具有影响力或有意义的最佳产品群体中，并用"是其中之一"的模式表达出来的定位方式。如宣称自己是中国十大医药公司之一，或某省、地区最大医药销售企业之一等。

总之，目标市场的定位方式，是企业在选择目标市场的基础上，研制开发并推出适合目标市场需求的产品,使企业的产品与目标市场取得最佳配合,并确立有利的销售地位的有效手段。

信息框

最大仿制药企怎么把一粒药卖上17年长盛不衰

2013年,梯瓦在全球制药公司排名中位列第11,市值近600亿美元。这个来自以色列的公司,已经从百多年前靠骆驼和毛驴往巴勒斯坦各地运输药品成功转型为全球医药帝国:通过全球74个工厂生产制剂,一年可以生产710亿粒药片和胶囊,占到美国处方量的13%,同时拥有英法德三大欧洲市场。

以仿制药闻名于世的梯瓦最畅销的产品是专利药克帕松,该产品可谓深耕长尾市场而收获颇丰的典范。总结经验,梯瓦认为克帕松保持长盛不衰的根本原因在于其定位以"患者为中心"。梯瓦以"患者为中心"的定位主要关注三个方面:① 帮助患者获得所需的治疗手段,减轻患者痛苦;② 为患者提供一对一的注射训练,以保证其获得最佳的使用体验;③ 提高患者对品牌的忠诚度。

多发性硬化症(MS)在全球有超过200万名患者,它是一种会侵犯神经纤维,导致瘢痕形成和神经损伤的疾病。虽然有多达六种新药在和克帕松竞争,但克帕松凭借其安全性更持久,几乎没有任何副作用出现的优势拔得头筹,且以处方量高于第二名40%主导着多发性硬化症(MS)的市场。克帕松40 mg新剂型在2014年1月获得FDA批准。该产品入市之后表现抢眼,上市7周后,新剂型就成为治疗复发性MS最受欢迎的新处方药。新剂型将注射次数由每周7次减少到每周3次,减轻了患者的注射次数。跟现在的20 mg剂型相比,价格低了2%。在40 mg新剂型获批的前3个月,Harrison & Star就进行了"敬请期待"的广告宣传,并且把推广重点放在了加强克帕松品牌整体的信誉度和用药体验上。梯瓦此举赢得了患者的支持,提高了品牌忠诚度。

梯瓦中枢神经系统事业部总经理Derkacz认为:"我们的优先项永远都是围绕患者,让他们记住克帕松是什么和能干什么的策略,然后让患者自己选择自己喜欢的渠道和内容。"2012年3月,梯瓦联系医生和MS患者在推特上举办了一场线上会议,成为首个就处方医疗产品举行推特会议的公司。很多患者询问了克帕松和其他同类药品的情况,这证明了制药企业是可以运用社交媒体与患者互动的。2014年,梯瓦和Intouch推出了一款新型"网页版Tracker",作为此前克帕松专属APP的补充,它能帮助患者管理自己的注射安排,其中包括提醒患者轮换注射部位、设立疗法提醒和接收用量警报。注册过的患者可以登录网页版Tracker,跟踪自身注射情况、整体感觉和当前状态,并可以为患者提供一对一的注射训练,以保证其获得最佳的使用体验。

对于复发性MS患者来说,复发周期可能会是几天,几个月,甚至像癌症一样,长到令患者都快忘记自己患了病。这种无法预知的进程恐怕是患上它最痛苦的原因。梯瓦请来乡村音乐歌手克雷·沃克、媒体人杰克·奥斯本,还有黑色安息日乐队负责人的儿子奥兹·奥斯本等患上MS的公众人物共同普及疾病知识。克雷·沃克在26岁确诊MS,十年前他建立了一个名为"反MS乐队"的慈善组织,与梯瓦合作推出"别松懈"公益活动,旨在提醒患者坚持治疗的重要性。为此,梯瓦还向全国MS协会捐款10万美元,用以表彰奥斯本在推动MS普及中的努力。梯瓦在不冠名、纯教育性质的活动中投入资金，正是借用名人效应，与那些刚刚确诊或者已经治疗一段时间，可能觉得很孤独的患者分享体验和心得，使他们对名人有惺惺相惜之感。随着大多数新确诊的MS患者选择克帕松的处方，更多的人了解该病的症状和选择疗法的重要性，这意味着梯瓦会有更多的开方和销售。

梯瓦正是凭借其精准的市场定位，以"患者为中心"，缓解了患者身体和精神上的痛苦，获得了良好的口碑和顾客忠诚度，从而使得一粒药卖上17年而长盛不衰。

资料来源：慧聪制药工业网. http://www.pharmacy.hc360.com.

本章小结

1. 医药市场营销管理人员发现和选择了有吸引力的市场机会后，就需要制定目标营销战略。为有效地实行医药目标市场营销，企业必须相应地采取三个重要步骤，即医药市场细分、选择医药目标市场和医药市场定位。

2. 医药市场细分，就是指医药企业根据自身条件和营销意图，依据消费者的需求、购买行为和购买习惯等方面的明显差异，选用一定的标准，将整个医药市场划分为若干个具有不同需求特征的消费者群体的过程。消费者市场的细分标准主要有地理细分标准、人口细分标准、心理细分标准和行为细分标准等四类。生产者市场的细分标准主要有最终用户的要求、用户规模与购买力大小、用户的行业特点。

3. 市场细分的目的是有效选择并进入目标市场。医药目标市场，是医药企业在市场细分的基础上，依据企业资源和现有经营条件所确定的要进入并满足其需要的市场。医药企业在选择目标市场时有五种可供参考的市场覆盖模式：市场集中化、选择专业化、产品专业化、市场专业化、完全覆盖市场。医药目标市场选择策略有三种：无差异市场营销策略、集中市场营销策略和差异化市场营销策略。

4. 市场定位，又称为产品定位，就是确定产品在市场中的位置。医药市场定位指的是医药企业根据目标市场上同类产品竞争状况，针对顾客对该类产品某些特征和属性的重视程度，为本企业产品塑造独特的、有价值的个性或形象，并把这种形象和个性生动有效地传递给目标顾客，从而确定本企业产品在市场上的位置。医药企业可以根据医药产品的属性和利益、价格和质量、产品用途、使用者类型和产品特色进行市场定位。医药企业市场定位的全过程包括识别潜在的竞争优势、准确地选择相对竞争优势和明确显示其独特的竞争优势三大步。

复习思考

1. 什么是医药目标市场营销？它包括哪几个步骤？
2. 医药市场细分的概念、意义和步骤是什么？
3. 选准目标市场，对医药企业开展市场营销活动有何意义？
4. 医药目标市场营销策略的策略有哪些？各有何优缺点？
5. 怎样进行医药市场定位？

案例分析

华润双鹤：糖适平的目标市场营销之道

华润双鹤药业股份有限公司(简称“华润双鹤”)，是一家拥有70余年辉煌历史的制药企业，主营业务涵盖新药研发、制剂生产、原料药生产、医药销售等领域的大型国有控股医药上市公司。华润双鹤的“鹤鸣行动进行时”入选了由《E药经理人》杂志和桑迪咨询主办的“2014年中国医药十大营销案例”。

双鹤药业的重磅降糖产品糖适平被誉为“糖尿病的克星”，并在格列喹酮这个领域处于垄断地位。2014年，由国家卫生计生委药政司指导，健康报社主办的“第十届百姓安全用药活动”调查结果揭晓，华润双鹤的糖适平获得“品质智胜”奖。

产品名称	糖适平
功能简介	2型糖尿病治疗用药；仅有5%由肾脏排泄，轻中度肾功能不全患者可用
主要成分	格列喹酮，化学名称为：1-环乙基-3-[对-[2-异喹啉基]-乙基]苯基]磺酰基]脲
性状	本品为白色片

市场开拓讲究战略，市场推广手段讲究战术，双鹤正是把这两方面实现完美结合的典型代表。通过对糖适平的“分层管理”进行精准营销，其拥有的市场份额在同类产品中遥遥领先。

1. 巨大的市场“蛋糕”

9 240万糖尿病患者人群，5年3倍的市场增长速率，44亿的市场规模(IMS统计数据)，这是一个令很多药企觊觎的大市场。

2. 分层市场，准确定位

在学术推广上，双鹤将糖适平的宣传语定为“安全降糖、肝肾无忧”。这8个字，既切合产品的特点，也易被医生及患者认可。双鹤营销策略的选择，既没有采用普遍的高中低端分层，也没有完全固守在客户的多级分类上，而是结合糖适平自身特点进行了有针对性的分层。

分层从市场拓展方面入手，分为4大类：核心市场、维持增长市场、边缘市场、空白市场。双鹤对已分层的4大类市场进行了合理布局和人员安排。

对于市场潜力大、产出贡献高的核心市场，先重新进行营销版图的筛选，然后根据竞争对手的人员分布，对营销团队进行适当的布局调整。目前，双鹤在核心市场的每个办事处都设立了学术专区，以使企业的员工能用专业化的语言向客户传递产品的核心价值；同时参与全国及核心地区医学会组织的大型学术活动，支持核心市场的客户参会，为更多医生搭建学术交流平台。

维持增长市场，注重稳固现有基础。维持增长市场是指具有一定的增长能力，但受潜力制约，即使倾注更多资源，增长空间依然有限的市场。在筛选出的这部分市场上，产品的增长以核心市场的带动为主，在专业推广上以搭建糖尿病基础治疗的学术交流平台或协助相关机构开展安全合理用药的教育为主。

在边缘市场上，开展渠道延伸工作。这一市场受核心市场的带动及品牌影响力的渗透，虽然有糖适平的产品销售，但由于公司的人力资源有限，对其的开拓能力也受到一定限制。目前，这部分市场主要进行渠道延伸的推广活动，以保证中小医疗终端的公司产品能够及时配送。

针对空白市场，双鹤推出了寻找战略合作伙伴计划。在部分区域，虽然临床治疗上对产品有需求，但公司的人力辐射和物流配送都尚未涉及，产品处在零销售的状态。为此，公司筛选出了专业化的战略合作伙伴，由他们按照公司的策略要求，客观公正地宣传产品，扩大了糖适平的覆盖率，满足了临床治疗的需求，也提高了公司的销售收入。

2012 年，糖适平实现销售收入超过 2 亿元。同类产品中，糖适平拥有了超过 95%的市场份额，位于磺脲类产品销售排名第 3 位，在医院市场上实现了超过 11%的增长。在 4 类市场上都有所斩获：核心市场上深挖了高端的增长潜力，提升了学术影响力；维持增长市场上稳固了既有基础；边缘市场上充分利用了渠道创新所形成的推力；在空白市场上取得了零的突破。

资料来源：中国医药网. http://news.pharmnet.com.cn/.

案例讨论

1. 试述双鹤药业如何对“糖适平”进行市场分层并准确定位的。
2. 在目标市场营销的过程中双鹤药业面临了哪些问题，都是如何解决的？

参考文献

[1] 菲利普·科特勒，凯文·莱恩·凯勒. 营销管理[M]. 14 版. 王永贵，等译. 北京：中国人民大学出版社，2012.

[2] 卡尔·麦克丹尼尔，查尔斯·W. 兰姆，小约瑟夫·F. 海尔. 市场营销学[M]. 时启亮，朱洪兴，金玲慧译. 上海：格致出版社，2013.

[3] 汤少梁. 医药市场营销学[M]. 北京：科学出版社，2007.

[4] 刘国力，龙桂杰. 市场营销学[M]. 北京：清华大学出版社，2014.

[5] 叶敏. 市场营销原理与实务[M]. 北京：北京邮电大学出版社，北京交通大学出版社，2011.

[6] 官翠玲. 医药市场营销学[M]. 北京：中国中医药出版社，2010.

[7] 侯胜田. 医药市场营销学[M]. 北京：中国医药科技出版社，2009.

[8] 许彦斌，伊利. 医药市场营销[M]. 济南：山东人民出版社，2010.

[9] 符华平. 医药营销与实务[M]. 北京：人民卫生出版社，2010.

[10] 吴红雁. 药品市场营销[M]. 上海：复旦大学出版社，2012.

[11] 王育红，时健. 医药市场营销实务[M]. 北京：北京大学出版社，2011.

[12] 晁钢令，楼尊. 市场营销学[M]. 4 版. 上海：上海财经大学出版社，2014.

[13] 谭俊华，李明武. 市场营销学[M]. 北京：清华大学出版社，2013.

第九章　医药产品策略

【学习目标】

通过本章学习，掌握医药产品的概念和医药产品整体概念的内容；掌握医药产品组合策略；掌握产品生命周期的含义，掌握产品生命周期不同阶段的特点与营销策略；了解医药新产品开发的必要性；了解新药研发的模式与程序。理解品牌、商标的含义。

【引导案例】

大冢制药——以产品本质特性销售

西洛他唑由日本大冢制药株式会社合成，以商品名培达(Pletaal)在日本上市，随后，分别在中国、美国、欧盟上市。该产品通过抑制血小板及血管平滑肌内磷酸二酯酶活性，增加血小板及平滑肌内 cAMP 浓度，发挥抗血小板及血管扩张作用，一直作为治疗外周动脉疾病的首选药物。

但是，作为一个抗血小板药物，缺血性卒中防治将是一个更大的市场。而且，缺血性卒中防治最常用的药物阿司匹林和氯吡格雷，长期使用会带来药物抵抗，并有出血风险。面对这一市场机会，大冢制药做了大量的研究工作。

1. 高等级研究证据

与其他抗血小板药物相比，西洛他唑有许多额外的作用靶点，不仅可以抗血小板聚集，还可作用于血栓形成相关的其他因素，包括改善内皮细胞功能，通过增加 NO(一氧化氮)的产生以及减少细胞内钙离子浓度来扩张血管等，还可在不同的血管床抑制平滑肌增生和炎症。

该产品独特的抗血小板、保护血管内皮、扩张血管的多效性，使其在发挥抗血小板作用的同时，可以尽量降低出血风险，应用于缺血性卒中二级预防，理论上比传统抗血小板药物更有效、安全，大量的动物实验也证实了这个观点。2000 年，日本东京庆应大学神经内科教授后藤文夫在《脑卒中及脑血管病杂志》发布日本开展的西洛他唑预防卒中研究(CSPS)结果：与安慰剂相比，西洛他唑显著降低缺血性卒中复发率，且未增加脑出血发生率。

但是卒中二级预防市场长期由阿司匹林占领，波立维(氯吡格雷)的上市更加剧了市场竞争。如何在阿司匹林和波立维称霸的局面下，开拓一片属于培达的新天地？大冢制药开始了新的征程。

2. 匹配临床需求

在缺血性脑卒中的二级预防方案中，长期使用抗血小板药物带来的出血风险备受关注。曾有多项研究尝试联合应用不同机制的抗血小板药物，以减少出血风险，但均告失败。多项国内外临床研究发现，亚洲人群长期使用抗血小板药物后，出血风险明显高于其他种族。甚至有研究显示，应用相同的治疗方案进行缺血性脑卒中二级预防，中国患者的脑出血和其他出血性事件发生率高于西方国家，且预后更差。寻求出血风险更低、更具安全性的药物，成为临床治疗的新需求。

2008年，北京大学第一医院的黄一宁教授等在《柳叶刀》发布在中国进行的缺血性卒中后西洛他唑与阿司匹林疗效对比研究(CASISP)结果：总体上，西洛他唑组缺血性和出血性卒中发生率较低，脑出血并发症发生率显著低于阿司匹林组，安全性好，可能对出血风险较高的缺血性卒中二级预防患者更为适宜。

这一研究提示，在缺血性卒中预防中，西洛他唑比阿司匹林安全性更高。同年，原SFDA批准西洛他唑增加新适应症"预防缺血性卒中复发(心源性缺血性卒中除外)"，这对培达进入脑卒中二级预防市场，起了决定性作用。

基于以上高等级临床证据，西洛他唑在缺血性脑卒中的二级预防中占领了一席之地。《美国胸科医师学会(ACCP)抗血栓治疗指南》(CHEST 2012)、《中国脑血管病防治指南》(2010版)和《日本脑卒中治疗指南》(2009)等，都已将西洛他唑列为缺血性卒中二级预防的推荐药物之一。中国产业研究报告网发布的《2011—2015年中国西洛他唑行业竞争格局与投资前景分析研究报告》，介绍了中国西洛他唑行业市场发展环境、中国西洛他唑整体运行态势等，分析了中国西洛他唑行业市场运行的现状，并且介绍了中国西洛他唑市场竞争格局。充分说明了西洛他唑在医药市场中占据了重要的地位。

资料来源：中国医药联盟. http://www.chinamsr.com/.

案例点评

大冢制药使用基于大量高等级研究证据总结的"培达"，出血风险更小，更适合亚洲人的抗血小板药物。这一产品特性，匹配了医生"在脑卒中二级预防中，寻求出血风险更低、更安全药物"的临床需求，为患者提供了更安全的治疗选择，使培达成功进入新适应症市场。当我们以患者为中心，认真研究产品特性，用产品特性匹配临床需求，为临床医生提供最合理的治疗方案，为患者提供更安全、更有效的治疗选择，最终让患者受益，销售推广就会变得更加有效，成为药品营销的驱动力，而不再只是流于开会的形式。

第一节　医药产品整体概念及产品组合策略

一、医药产品的整体概念

产品的概念有狭义与广义之分。在经济学中，人们通常理解的产品是指具有某种物质形态和用途的劳动生产物，这是产品狭义的概念。市场营销学中关于产品的概念有别于经济学上的产品含义，现代市场营销学认为，所谓产品，是指能够提供给市场以满足人们需要和欲望的任何东西，这是广义的产品概念。它包括产品的实体及其品质、特色(如色泽、气味等)、规格、款式、品牌和包装、销售服务、送货上门、质量、服务、场所、承诺、产品形象、市场声誉、咨询等，是有形物品和无形服务的总和，强调的是产品的整体概念。

医药产品是指用于预防、治疗、诊断人的疾病或提高人群的生活质量，有目的地调节人的生理功能并规定有适应证或者功能主治、用法和用量的物质。包括中药材、中药饮片、中成药、化学原料药及其制剂、抗生素、生化药品、放射性药品、血清及疫苗、血液制品和诊断药品等。从市场营销观念来看，医药产品应为满足消费者防病、治病、保健等方面需要和欲望的任何东西。简言之，产品＝有形产品＋无形服务，如药品实体、用药咨询、用药指导、药品销售的场所以及医药企业经营的思想、理念，都是医药产品的范畴，这就是医药产品的整体概念，包含以下五层涵义，如图 9－1 所示。

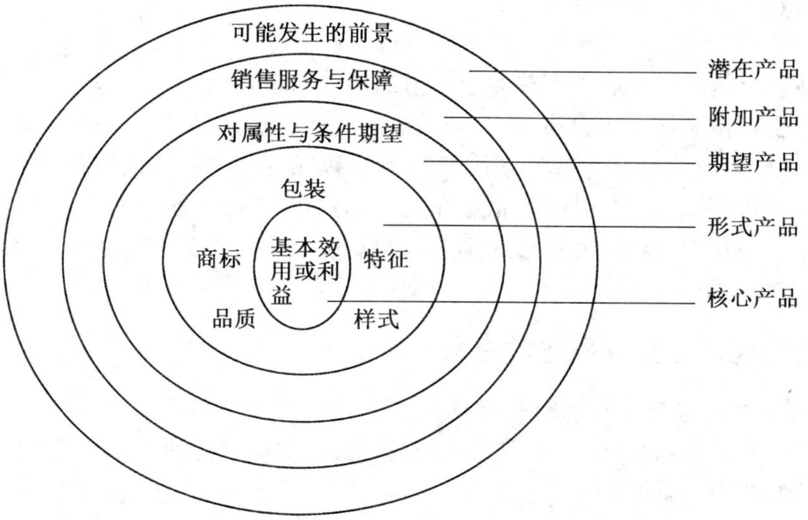

图 9－1　产品整体概念的五个层次

1. 核心产品

核心产品也称为实质产品，即顾客真正所要购买的基本服务和利益。它是企业向顾客提供的基本效用和利益，因而是顾客真正想要购买的东西。这是产品整体概念最基本、最主要的部分。消费者购买某种产品时，不单纯是为了取得一件有形的、可以使用的物体，更重要的是为了取得某种实际效用或利益，满足某种欲望和需要。

2. 形式产品

营销者必须将核心产品转变为基础产品，即产品的基本形式。形式产品是指核心产品所展示的全部外部特征，是实质产品借以实现的形式，是企业直接提供给消费者的产品实体，即表现在市场上的产品的具体形态或外在表现形式。任何产品总有确定的外观，如产品的质量水平、式样、外观特色、包装、品牌、商标等，使具有相同效用的产品，在存在的形态上可能有较大的差别，便于顾客识别选购。

3. 期望产品

期望产品即购买者购买产品时，通常希望和默认的一组属性和条件。例如，消费者对药品的期望是疗效好、毒副作用小、安全性高、服用方便等。期望产品理念要求企业在生产设计销售过程中充分考虑到消费者的利益，在回报高额利润的同时，企业应尽可能地去让顾客满意，增强品牌美誉度。期望产品理念贯彻得好不好，将直接影响消费者对产品的信任度与品牌忠诚度。顾客取得了满意的期望产品，将形成良好的品牌形象，从而真正认知并认可品牌。反之将造成极大的落差，使顾客对产品失去信任并产生怀疑，继而转向其他产品。

4. 附加产品

附加产品也称延伸产品，是指顾客购买形式产品和期望产品时，附带获得的各种服务和利益，包括产品说明书、保证、安装、维修、送货、培训等。例如，药品的附加产品有用药咨询、用药指导、免费送货、质量保证、中药的煎药服务等，这是产品的延伸或附加，它能够给顾客带来更多的利益和更大的满足。随着科学技术的飞速发展，不同企业提供的同类产品在核心利益和形式产品层次上越来越接近，导致延伸产品在企业市场营销中的重要性日益突出，逐渐成为决定企业竞争能力高低的关键因素。

5. 潜在产品

潜在产品即产品最终可能会实现的全部附加部分和新转换部分。潜在产品指出了现有产品可能的演变趋势和前景。如中药由汤剂向胶囊剂、微丸剂、冲剂等方向发展等。

总之，产品整体概念的五个层次，充分地体现了以顾客为中心的现代营销观念。随着科学技术的进步，人们的需求日益多样化，企业在生产和销售产品的全过程中，必须树立产品整体概念意识，从产品的内在核心、外在形式到附加利益以及可持续发展系统地满足消费需求，只有这样，产品才有竞争力。

二、打造医药产品整体概念的意义

1. 使企业明确顾客所追求的核心利益

顾客购买医药产品，并非为了占有某种药品或医疗器械之类的具体物品，而是体现了一种希望恢复健康的愿望。企业如果不明白这一点，就不可能真正满足顾客需求，企业也不可能获得成功。

2. 使企业必须重视产品的非功能性利益

顾客对产品利益的追求包括功能性和非功能性两个方面。前者更多地体现了顾客在物质方面的需要，后者则更多地体现了顾客在精神、情感方面的需求。随着社会经济的发展和人民收入水平的提高，顾客对产品非功能性利益越来越重视，在很多情况下甚至超越了对功能性利益的关注。由此要求企业摆脱传统的产品概念，重视产品非功能性利益的开发，更好地满足顾客的需求。

3. 给企业带来了新的竞争思路

产品整体概念的提出，给企业带来了新的竞争思路，那就是可以通过在款式、包装、品牌、售后服务等各个方面创造差异来确立市场地位和获得竞争优势。企业在产品上的竞争可以在多个层次上展开，对于成熟产品，由于其功能、品质上极为接近，难以制造大的差异，所以更要开辟新的竞争思路予以应对。

没有产品整体概念，企业就不可能真正贯彻现代营销观念。美国著名营销学家菲利普·科特勒在《市场营销管理》一书中举了一个例子，深刻地说明了上述道理：一家办公用具公司生产的一种文具柜，十分坚固耐用，但却销路不佳。经理抱怨说："我们的文具柜这样结实，从楼上摔下去也坏不了，为什么买的人那么少？"公司的一位雇员不无讽刺地答道："问题在于没有一个顾客买文具柜是为了从楼上摔下去。"这说明，在现代市场营销环境下，如果固守传统的产品概念，忽视消费者对一种产品的多样化需求，就不可能获得经营上的成功。

三、医药产品组合策略

（一）医药产品组合相关概念

1. 产品组合

产品组合是指一个企业所生产或经营的全部产品项目和产品线的组合，是指一个企业生产经营的全部产品的有机构成和量的比例关系（见表9-1）。企业的产品线和产品项目如何组合，要适应企业消费对象的需求，与企业的目标市场和市场营销策略有着密切的关系。

表9-1　某医药企业产品组合

类别	药品名称	规格
抗感染类药	安特先（甲苯磺酸舒他西林胶囊）	0.125 g*12粒
	可林（盐酸可林霉素）	0.15 g*10粒
	迪克新（替硝唑胶囊）	0.25 g*16粒
抗感冒类药	乐欣宝（牛黄酸颗粒剂）	0.4 g*12袋
	泰咛（双扑伪麻片）	10片/盒
心血管疾病类药	盐酸地尔硫卓控释胶囊	0.18 g*6粒
抗过敏类药	欣克（盐酸西替利嗪片）	10 mg*6片

注：该企业产品组合宽度4；平均深度2；长度7。

2. 产品项目

产品项目是指企业产品目录上列出的每一个产品，即产品线中不同型号、号码、规格、大小、价格的产品。如，某药厂生产的6粒/板与12粒/板装的环丙沙星片就属于该企业两个不同的产品项目。表9-1产品组合中，该企业产品项目为7。

3. 产品线

产品线也称为产品大类、产品系列，是指密切相关的满足同类需求的一组产品项目。所谓密切相关，是指这些产品能满足同种需要；或者必须在一起使用，卖给同类消费者；或者经过相同的销售渠道，同属某种价格范畴等。一个企业可生产经营一条或几条不同的产品线。表9-1产品组合中，该企业产品线为4。

企业的产品组合决策，包括对其产品组合的宽度、长度、深度和相关性等方面的选择。因此，还应了解以下基本概念。

（二）产品组合的宽度、深度、长度、相关性

1. 产品组合的宽度

产品组合的宽度是指医药企业产品组合中包含的产品线的数量，又称广度。即企业的产品组合中包含的产品线的数量。如表9-1产品组合中，该企业产品组合的宽度为4。产品线越多，说明企业产品组合的宽度越宽，二者成正比，同时也反映一个企业市场服务面的宽窄程度和承担投资风险的能力。

2. 产品组合的深度

产品组合的深度是指一条产品线上所包含的产品项目数量（即产品品种的数量）。一条产

品线中所包含的产品项目越多说明产品组合越深；反之越浅。它反映一个企业在同类细分市场中满足不同需求的程度。衡量一个企业产品组合的深度一般用产品线中所包含的产品项目的平均数来表示。如表 9－1 产品组合中，产品组合的平均深度为 2。

3. 产品组合的长度

产品组合的长度是指企业所有产品线中产品项目的总和。如表 9－1 产品组合中，产品组合的长度为 7。

4. 产品组合的相关性

产品组合的相关性也叫产品组合的关联度，是指企业产品组合中各产品线在最终用途、生产条件、分销渠道或者其他方面的相互关联的程度。产品组合的关联度强，可以使企业充分发挥某一方面的优势，提高企业在某一地区或某一行业的声誉。但企业在整个市场上的影响就有一定的局限性。产品组合的关联度弱，可以使企业在更广泛的市场范围内发挥其影响力，要求企业必须具有雄厚的多种多样的资源和技术力量、完善的组织结构和管理体系。

如表 9－1 所示，医药企业的产品在最终用途上是为了防病治病，给人们带去健康，其生产条件相同，在分销渠道上主要是各医药公司、零售药店及医院药房等，可见，产品组合的关联性很强。

(三) 医药产品组合的类型

1. 全面化组合

全面化组合指企业着眼于所有细分市场，提供细分市场所需要的一切产品和服务。狭义的全面化组合指提供某一行业所需的全部产品，产品组合关联度很强。广义的指尽可能增加产品组合的广度和深度，不受产品关联度的约束，力图满足整个市场的需要。在增加产品组合时，企业可以根据自身的条件，考虑产品组合的关联程度；而美国强生公司则不受产品系列之间关联性的约束，除生产婴儿用品外，还生产医药产品、化妆品等。

2. 市场专门化组合

市场专门化组合指企业向某个专业市场(某类顾客)提供其所需要的各种产品的产品组合策略。如专门用来治疗十二岁以下儿童普通感冒及流行性感冒的好娃娃氨酚烷胺颗粒就是专门瞄准儿童市场进行生产的。采用这种策略是强调产品组合的宽度和关联度，而产品组合的深度一般较浅。

3. 产品专门化组合

产品专门化组合指企业专注于生产和经营某一类产品，并将其推销给各类顾客的产品组合策略。如颈复康药业集团的王牌产品颈复康颗粒(冲剂等)可以满足各类不同颈肩痛类消费者的需求。采用这种策略是强调产品组合的深度和关联度，而产品组合的宽度一般较小。

4. 有限产品组合

有限产品组合指企业根据自己的专长集中生产和经营有限的甚至是单一的产品线，以适应有限的或单一的消费者需求的产品组合策略。如一直很受大家欢迎的脑白金就是专门生产出来针对中老年群体的保健品。

5. 特殊专业性产品组合

特殊专业性产品组合指企业根据某些顾客的特殊需要专门生产经营某一种特殊产品的组合策略。如某企业专门为有听力障碍者生产各种助听器。由于产品特殊，市场容量小，竞争威胁小，有利于企业利用自己的专长树立产品形象，长期占领市场。但难以扩大经营，一般适合于小型企业。

6. 单一产品组合

单一产品组合指企业凭借特殊的条件，如凭借其拥有的知识产权或特许经营权，排斥竞争者的涉足，独霸市场的产品组合策略。如基因药品的生产，这种组合产品线简化，生产过程单纯，能大批量生产，提高了劳动生产率，技术上易于精益求精，提高产品质量，降低成本，节省销售费用。但是生产经营单一品种，企业对产品的依赖性太大，适应性弱，风险较大。

（四）医药产品组合策略

医药企业根据市场情况，考虑企业经营目标和企业实力，对产品组合的宽度、深度和关联度实行不同的有机组合，做出最佳决策，称为“产品组合策略”。产品组合策略是市场营销策略的重要组成部分。常用的产品组合策略有以下几种。

1. 扩大产品组合策略

扩大产品组合策略包括拓展产品组合的宽度和加强产品组合的深度。加强深度是指在原有产品线内增加新的产品项目，即垂直多样化策略；拓展宽度是指在原产品组合中增加一个或几个产品线，扩大经营产品范围，即水平多样化策略。

垂直多样化策略又可分为三种：① 向上延伸，即在只定位于生产经营普通药物的生产线中增加专利药物的产品项目。原因是专利药物销售形势好、利润高，目的是为了发展成生产经营专利药物、普通药物俱全的企业，从而更好地为顾客服务。该策略有两个特点：一是顾客可能不相信企业能生产专利药物，竞争者也可能反过来进入普通药物市场，以进行反击；二是企业尚需培训人员为专利药物市场服务。② 向下延伸，即在定位于只生产经营专利药物的产品线中增加普通药物产品项目。原因是专利药物市场增长缓慢或者遇到激烈的竞争，利用专利药物的声誉吸引普通药物需求者，目的是扩大市场范围或者是填补市场空缺。缺点是可能会损坏专利药物的声誉，给企业经营带来风险。③ 双向延伸，即在原有的生产基础上，专利药物和普通药物产品项目双向生产发展。目的是开拓新市场，获取更大的利润。

水平多样化策略可分为两种：① 相关系列多样化策略，即根据相关性原则增加相关的产品线；② 无关联多样化策略，即增加产品线时，不考虑相关性原则，增加与原产品产品线无关的产品，开拓新市场，创造新需求。

信息框

金活医药集团扩充产品组合

金活医药主要在内地分销进口药品及保健产品，其代理的产品包括京都念慈庵蜜炼川贝枇杷膏、曼秀雷敦薄荷膏等。

2013年集团引入美国公司i-Health旗下益生菌补充品之领导品牌Culturelle及DHA产品Brainstrong两大系列，进军益生菌及营养补充剂市场。2014年2月，集团与芜湖药业合组合营公司，以持有芜湖张恒春医药及旗下拥有65种药物，进一步扩大业务规模。另外，集团于3月底获新西兰WIOM渥恩奶粉独家总经销权，在内地及港澳地区经销维他命系列配方奶粉。随着医药行业的电子商务快速发展，金活医药集团亦尝试通过与第三方电子商务平台合作，开发医药电子商务业务，同时拟建立“金活健康之家”电子商务官网信息服务平台。由于集团的产品知名度高，在网上亦能赢得消费者的信心，前景值得期待。

资料来源：腾讯财经. http://finance.qq.com/a/20140409/007382.htm.

2. 缩减产品组合策略

缩减产品组合策略与扩大产品组合策略相反，它是指减少产品组合的宽度和深度，即从企业现有的产品组合中剔除某些产品线或产品项目。当企业生产经营原产品的内外环境发生变化时，企业应及时剔除那些获利很小甚至不能获利的产品线或产品项目，集中精力发展有优势的产品，提高经济效益。

缩减产品组合策略可使企业集中资源、技术投入到少数产品，提高质量，扩大这部分产品的生产规模，使促销渠道等策略目标集中，减少资金占用，有利于企业获得较高利润。但同时也存在较大的风险。

3. 产品差异化策略

即通过市场调研活动，收集顾客需求信息和竞争对手的产品信息，对企业产品在质量、性能、用途、特点和剂型上重新定位，采取与竞争对手有明显不同特色的产品策略，改进老产品的结构，增加产品新的功能、规格和式样，引起顾客的浓厚兴趣，以期增强企业的竞争优势，从而为企业创造更多的利润。大健康概念指导下的全品种经营策略在目前是大势所趋。我们国家老龄化的趋势明显，且随着新医改的实施，百姓的健康需求日益增加。药企要想在未来的市场格局中赢得优势，就要以大健康概念为基础来经营。

4. 产品线现代化

在某种情况下，虽然产品组合的宽度、长度都非常合适，但产品线的生产形式可能已经过时，这就必须对产品线实行现代化改造，把现代化科学技术应用到生产过程中去。例如，在中药生产过程中，采用一些现代化技术设备，提高中药提取水平。如果企业决定对现有产品线进行改造，产品线现代化决策首先面临这样的问题：是逐步实现技术改造，还是以最快的速度用全新设备更换原有产品线。逐渐实现现代化可以节省资金耗费，但缺点是竞争者很快就会觉察，并有充足的时间采取措施与之抗衡；而快速现代化策略虽然在短时间内耗费资金较多，但可快速更新完毕，占领有利位置，出其不意，击败竞争对手。

第二节　医药产品生命周期

产品在市场上都不是经久不衰的，被消费者偏爱也并非永恒，由于科学技术的飞速发展，替代品不断涌现，市场上现有的产品会逐渐被淘汰。因此，任何一种产品都有一个由弱到强、由盛到衰的发展过程，都有一个或长或短的生命周期。产品生命周期是现代市场营销学中的一个重要概念。研究产品生命周期的发展变化，可以使企业掌握各个产品的市场地位和竞争动态，为企业制定营销策略提供依据，对增强企业的竞争能力和应变能力有重要意义。

一、医药产品生命周期的概念及其阶段

产品生命周期（Product Life Cycle，PLC）是指产品从试制成功投放市场开始，直到被市场淘汰为止的全过程所经历的时间。即该产品从上市到退出市场的时间间隔。可见，产品生命周期是指一个产品的市场生命周期。一个完整的产品生命周期包括导入期、成长期、成熟期、衰退期四个阶段。如图 9－2 所示。

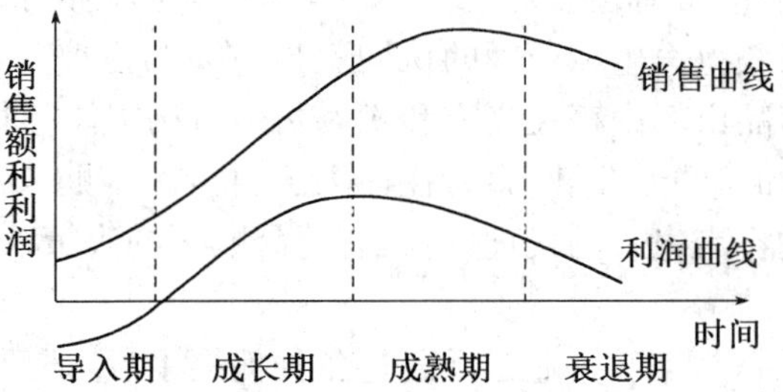

图 9-2　产品生命周期曲线

医药产品生命周期是指一种医药产品从投放市场开始，到被市场淘汰为止的整个过程。医药产品生命周期同样分为四个阶段。导入期是指在市场上推出新产品，产品销售呈缓慢增长状态的阶段。成长期是指该产品在市场迅速为顾客所接受、销售额迅速上升的阶段。成熟期是指大多数购买者已经接受该项产品，市场销售额缓慢增长或下降的阶段。衰退期是指销售额急剧下降、利润渐趋于零的阶段。

二、医药产品生命周期各阶段的营销策略

根据医药产品生命周期各阶段的不同特点，医药企业应有针对性地采取不同的营销策略。分析产品生命周期，是为了正确判断产品的发展趋势，并根据产品在其生命周期各阶段的特点采取适当的市场营销策略。从产品生命周期各阶段的特点可以看出，成长期与成熟期是企业赚取利润最多的两个时期，而导入期与衰退期对企业来说有一定的风险性。因此，企业制定策略的总体要求是：缩短导入期，使产品尽快地为消费者所接受；延长成长期，使产品销售尽可能保持增长势头；维持成熟期，使产品尽量保持高销售额，增加利润收入；推迟衰退期，尽量延缓产品被市场淘汰的时间。

决定和影响产品生命周期长短的因素主要有：消费者需求和爱好的变化；科技进步；产品竞争。在这三种因素中，消费者需求的多样性、易变性从绝对意义上缩短着一种产品的生命周期；技术进步可使一种产品一夜之间由畅销变成无人问津；竞争者推出质量更好的新产品，也会使原有产品陈旧老化，理解这一点，对企业生产经营有重大意义，企业必须要有超前意识和创新意识，不断推陈出新，接替已经衰退的老产品，使企业始终保持旺盛的生命力。

（一）导入期阶段的特点与营销策略

导入期是指医药产品试制成功后投入市场，处于向市场推广介绍阶段，故又称产品介绍期。

1. 导入期阶段的特点

药品市场作为商品市场的一种有着普通商品在引入期的特点，即引入期顾客对产品还不了解，销售量很少，销售额呈缓慢增长趋势，销售增长率一般在10%以内。但药品关系到百姓的生命健康，又有着其自身的特殊性。首先，研究成本高，风险大。药物从最初的实验室研究到最终摆放到药柜销售平均需要花费 12 年的时间，进行临床前试验的 5 000 种化合物中只有 5 种能进入到后续的临床试验，而仅其中的 1 种化合物可以得到最终的上市批准。每种原研药开发的平均成本高达 40 亿美元。其次，药品市场不遵循“购者自慎”原则。在普通商品市场，消费者购买商品时，需要为自己的投资、购买决定负责任。而在药品市场，购买使用药品时

需要很强的专业性，一般的消费者需要在专业人士（医生、药师）的指导下才能购买和使用药品。因此，在引入期，产品获得医生和药师的认同就显得尤为重要。再次，药品市场存在着严重的信息不对称。普通商品市场中存在买方和卖方两个市场主体，而在药品市场，最终的消费者是患者，但是由于药品知识的专业性，患者往往无法自行决定购买，大部分实际购买者是医疗机构（医生）。医疗机构作为患者的代理人，具有药品购买的决策权。

2. 导入期阶段的营销策略

基于上述特点，在产品导入期，企业必须通过各种促销手段，把新产品推入市场，力争提高新产品的知名度，开发和建立市场对产品的需求，解决“如何使顾客试用该项产品”的问题，另一方面，由于导入期的生产成本和销售费用相对较高，企业在给新产品定价时，又要考虑这个因素，因此，在导入期采取的营销策略，重点集中在促销宣传和价格制定上。

这一时期营销策略主要是从价格高低和促销费用高低上进行组合，有以下四种可供选择，见表 9－2。

表 9－2　导入期可选择的市场策略

促销水平／价格水平	高	低
高	快速—掠取策略	缓慢—掠取策略
低	快速—渗透策略	缓慢—渗透策略

（1）快速掠取策略（高价高促销策略），也称双高策略，是指企业以高价格和高促销费用推出新产品。实行高价格，以树立高品位的产品形象，同时能在每一单位销售额中获取最大的利润，以便及早收回投资；高促销费用是为了引起目标市场的注意，加快市场渗透，使消费者认识和了解该产品，迅速占领市场。西安杨森公司在推出新药“吗叮啉”时通过广告宣传使得消费者了解到它是一种“胃动力”药，从而加快市场渗透率，在短时间内占领市场。这种策略适用于：市场上有较大的需求潜力；消费者具有求新心理，愿意付出高价；企业面临潜在竞争者的威胁，需尽快培养品牌偏好，树立品牌形象。

（2）缓慢掠取策略（高价低促销策略），也称高低策略，是指企业以高价格低促销费用推出某种新产品。这种策略可使企业获得更高的利润，这当然是最理想的策略。这种策略的适用条件是：产品的市场规模有限，消费者相对稳定，不会因高价而流失；产品知名度高，消费者愿出高价购买；竞争威胁小的产品。

（3）快速渗透策略（低价高促销策略），也称低高策略，是指用较低的价格和较高的促销费用推出新产品。目的是以最快的速度打入市场，争取尽可能大的市场份额和市场占有率。这种策略适用于：产品市场规模大；消费者对该产品不了解，并且对商品价格十分敏感；潜在竞争威胁大；产品的单位成本随着生产规模和销售量的扩大而降低。

（4）缓慢渗透策略（低价低促销策略），也称双低策略，是指企业用低价格低促销费用推出某种新产品。低促销费用可以降低成本，获得更多利润；低价格容易使消费者接受，有利于扩大销售量，提高市场占有率。这种策略适用于：市场容量大，顾客对产品价格敏感；产品知名度高；竞争威胁大的产品：

总而言之，在导入期要突出一个“短”字和一个“准”字。“短”字 即尽可能缩短导入期的时间，使产品在短期内迅速进入并占领市场；“准”字即看准市场机会，正确选择新药投放市场的时机，确定适当的价格和促销手段。

信息框

处方药“广告”营销成就百优解王者地位

由礼来制药研发的氟西汀，商品名“百忧解”在美国正式上市并取得巨大的成功，礼来公司也借此一炮打响。在千禧年那一年，礼来108亿美元的营业额中百忧解贡献了四分之一。

时至今日，百忧解仍是全世界知名度很高的药物，美国报刊杂志称其为20世纪的“奇迹药”。之所以如此成功，应归功于礼来公司的针对医生及面向大众的细致深入教育。

一直以来，美国国会授权FDA加强对药物推广广告的管制力度，要求制药公司在广告中向医生和病人提供详细的信息，证明他们所生产的药物安全并且有效。

然而渐渐的，FDA放松了这一限制，只要求在广告中提及药物最主要的副作用，并留下联系电话或者“请咨询医生”等信息保证病人可以在专业的指导下服药。礼来抓住了这一大好机会，大力推进大众教育。

百优解如何登上“重磅炸弹”宝座

首先，礼来大众教育广告投入增加了一倍：雇佣了专业的广告公司为其出谋划策，在20多个畅销杂志中刊登了长达3页的平面广告。用平实易懂的语言传达了这样一个信息：抑郁症危险，百忧解是去除抑郁困扰的良药且方便有效。

其次，针对美国900多万还没有接受抑郁症可药物治疗的成年人，礼来在电视台播放了一个长达30分钟的宣传片。节目的主要内容是向大众传播抑郁症的科普知识，介绍百忧解的作用机制，并请使用过百忧解的病人做见证。这个节目的播出，大大提升了大众对抑郁症的认识，并且让更多的人注意到了百忧解。

另外，面对百忧解的专利到期，礼来推出了同分子产品Sarafem，并获批一个新的适应症：妇女经前不悦症。为了突出和百忧解的不同，礼来改变了胶囊的颜色以及口味。在Sarafem的大众广告中，把一些经前常见的生理反应囊括在经前不悦症的症状中，例如易怒，情绪波动，乳房肿胀等，并警告病人如果不及时治疗，病情会加重。

除了大众广告，礼来在教育医生方面也下足功夫，积极参与并赞助与抑郁症相关的会议，通过这些会议公布氟西汀的各种临床数据，宣传临床优势和给病人带来的利益。在美国抑郁与焦虑大会上，各方达成了一个共识：大量的抑郁症患者没有得到适当的治疗，因此对他们自己以及家人造成了巨大的痛苦，严重影响了工作和社会生活，甚至导致自杀事件；而目前已经出现了安全、有效并且经济的治疗药物。

欣百达接棒百忧解

百忧解的成功大大刺激了其他一些药界巨头，他们纷纷加入了抗抑郁药的研发行列，随着治疗目标的不断提高，临床上需要起效迅速、作用谱广泛、疗效更强的抗抑郁药；度洛西汀和帕罗西汀应运而生。

帕罗西汀最早被一家小型的丹麦公司Ferrosan发现并获得化合物专利。帕罗西汀与其他抗抑郁药相比，具有同等的抗抑郁作用，但同时具有抗焦虑作用。

由于抑郁和焦虑是两种很常见的负性情绪，往往合并出现。所以帕罗西汀对于治疗抑郁焦虑合病，只可谓一石二鸟。帕罗西汀是抗抑郁症药物中的又一个年销售额超过10亿美金的重磅产品。在2011年抗抑郁药物及情绪稳定剂类药物(ATC3:N6A)中,帕罗西汀的全球市场份额为6.9%。当然,宇宙药厂也不甘落后,在同年推出了瑞波西汀。

礼来在2004年上市了欣百达(度洛西汀)。不同于单递质抗抑郁药,欣百达(度洛西汀)能平衡提高两种神经递质的浓度,发挥其协同作用,有效地治疗抑郁症的各种情绪症状和躯体症状(尤其是躯体疼痛)。

礼来也从这个作用靶点出发大做文章,将"疼痛和抑郁息息相关"这个重要的卖点全面推向治疗界。并且医学专家们普遍认可了礼来公司的观点,而药政部门也最终对欣百达的两个适应症(神经痛与抑郁症)亮出了绿灯。借此,欣百达一跃成为了抗抑郁药物及情绪稳定剂类(ATC3:N6A)中的头牌重磅药物,2011年全球销售额近50亿美金,市场份额近23%。

资料来源:http://info.pharmacy.hc360.com/2014/11/040908533638.shtml.

(二) 成长期阶段的特点与营销策略

成长期是指产品已被消费者接受,批量生产,销售迅速扩大的阶段。

1. 成长期阶段的特点

在成长期,药品进入市场后,医生和患者对产品的品牌忠诚度在逐渐地提高,市场份额扩大,需求量和销售额迅速上升,产品知名度也不断地提升。生产规模扩大,生产成本大幅度下降,利润迅速增长。此时,对于专利药而言,由于短期内不存在仿制药,其竞争压力相对较小;而对于非专利药,其他厂商看到较大的收益率,纷纷进入市场参与竞争。另外,由于药品市场的特殊性,政府对于药品的监管较严,绝大部分药品需要通过集中招标采购流程进入医院销售。如果今年产品没能在该省中标挂网,那么该产品在该省的市场份额将会丢失。

2. 成长期阶段的营销策略

企业营销策略的核心是尽可能地延长产品的成长期。成长期是产品发展的关键时期,这一阶段是产品的起飞阶段。新产品经受住了导入期的严峻考验,销售额快速增长,生产与销售费用相对降低,创造出较大的盈利机会,产品投资开始得到回报,产品呈现出良好的前景。竞争者逐步涌入,竞争日趋激烈。这一时期迫切的问题是"如何使顾客偏爱自己的品牌"。在成长期,企业为使产品迅速得到普及,扩大市场占有率,并保持销售增长的好势头,应考虑采取以下策略:

(1) 产品策略。根据消费者需求和其他市场信息,一方面要提高产品质量,完善产品性能,提高产品自身的竞争实力;另一方面改进产品式样及包装等,努力发展产品的新剂型、新型号等,从而增强产品的竞争力和适应性。例如,哈尔滨制药六厂所生产的"新盖中盖"为满足不同消费者的需求,在口服液的基础上增加了片剂。

(2) 价格策略。企业应根据生产成本和市场价格的变动趋势,分析竞争者的价格策略,保持原价或适当调整价格,以保持产品的声誉和吸引更多的购买者。如上海罗氏公司生产的头孢曲松单价从90多元下调到60多元,在北京协和医院,这家企业生产的头孢曲松单价为65.09元。在附近的金象大药房,这家公司生产的这种药品单价为65.7元。多次降价效果明显,减轻了患者的经济负担。

(3) 渠道策略。企业应巩固原有的营销渠道,积极开辟新的销售渠道,加强与销售网点的联系,开拓新的市场领域,促进市场份额的提高。渠道策略未来的发展趋势是渠道结构以终端市场建设为中心,渠道成员发展伙伴型的关系,渠道体制由金字塔型向扁平化方向发展等。如从医院处方药销售到药店的非处方药销售，史克公司的“泰胃美”就是其中之一。

(4) 促销策略。在继续做好促销宣传工作的基础上，企业工作的重心应从建立产品知名度转移到树立产品形象上，主要目标是建立顾客的品牌偏好，争取新的顾客。

企业采用上述部分或全部营销策略，在加强企业市场地位和产品竞争能力的同时，也会相应地加大营销成本。这时企业会面临高市场占有率或高利润的选择。一般来讲，企业会采取高市场占有率的策略，扩大生产能力，提高产品质量，降低成本，加强或提高企业的市场地位和竞争能力，有利于维持和扩大企业的市场占有率，从长期利润的观点看，更有利于企业的发展。

信息框

辉瑞三大营销案例：立普妥、络活喜、伟哥

降胆固醇药销量冠军：立普妥

所谓的药物“品类”，就是指同类品种的作用机理相同。比如他汀类药物，其作用机理都有抑制羟甲基戊二酰辅酶 A(HMG-CoA)还原酶而起到降低胆固醇的功效。在上市销售的洛伐他汀(美降之)、辛伐他汀(舒降之)、普伐他汀(普拉固)、氟伐他汀(来适可)、阿托伐他汀(立普妥)和瑞舒伐他汀(可定)中，全部都因为具有共同的二羟基庚酸基团而被称之为他汀，这是药物命名的基本原则。然而，为什么立普妥能够成为众多他汀中销售额冠军？辉瑞公司从其分子结构中找到了依据。

立普妥快速起效的原因源于其结构中独特的取代基。立普妥母体结构是由吡咯环与三个苯环相连的，脂溶性很强，因此，它进入肝细胞的速率比其他的他汀快，血药浓度达峰的时间就最短，仅 1—2 小时，而舒降之是 4 小时，可定也要 3—5 小时。依据这个特点，立普妥就开展了临床上特别关注“快速起效”的 PCI 围手术期用药的研究，证实了他汀“快速获益”的优势。比如，ARMYDA 研究中，立普妥干预组使心肌梗死下降 81%，主要不良心脏事件下降 88%。

抗高血压药销量冠军：络活喜

尽管高血压药物的势头这些年来让位给 ARB 类，但在中国，CCB 类仍然独领风骚，其中的络活喜又是公认的降压药物的“东方不败”，在与拜新同和波依定的竞争中，始终处于上风。2012 年，辉瑞公司更是启动了中国慢病管理质量促进项目(Great China)，宣传高血压是卒中、冠心病的重要危险因素，冠心病患者的血压管理需要遵从“平稳降压，有效改善远期预后”。这是治疗理念的更新，辉瑞当然要在这个新治疗理念下更加凸显络活喜的优势，让其冠军地位牢不可破。

络活喜抗动脉粥样硬化的功效独立于其降压作用，高血压是心血管疾病的危险因素之一，已经患有心血管疾病如冠心病的患者，其治疗需求不仅仅是降低血压，还要稳定斑块，最终减少心血管事件，这是治疗的根本目的。络活喜带正电荷的独特分子结构，通过一系列的研究，证实其抗动脉粥样硬化的功效包括如下作用：① 增加脂质的抗氧化能力；② 抑制平滑肌细胞增殖和迁移；③ 抑制细胞因子诱导的内皮细胞凋亡；④ 调节血管细胞因子表达和细胞外基质形成。更有意义的是，这些作用不是因为降压产生的，而是独立于降压之外的功效，这些功效带给心血管患者的利益是稳定斑块，并且最终减少心血管事件。正因为络活喜依据其分子结构中这种带正电荷的独特性具有的治疗优势，这种唯一性的分子结构引导出唯一的“最广泛冠心病适应症”，无疑为产品的临床推广奠定无与伦比的的优势。

ARB集团的第七个新军：傲坦

这些年，上市的ARB类降压药有很多种了。根据品牌营销专家的理论，市场竞争的结局，同类产品排名第四及之后的品种最终都很难生存。而敖坦(奥美沙坦)已经是中国市场第七个沙坦了，它该如何加入到竞争行列中并最终赢得胜利呢？同样，辉瑞公司2012年接手这个品种的营销代理权后，从其分子结构中的两条侧链入手，借助前些年红火的王家卫电影“2046”，也以“2046”作为产品的特征，让人一目了然。事实上，从目前公布的循证研究中，证实敖坦有以下功效：① 明显逆转血管管壁肥厚；② 有效逆转动脉粥样硬化斑块；③ 迅速降低血浆炎症因子水平；④ 强力降低高血压患者左室肥厚进展。

这些年，处方药营销的焦点似乎都注重临床循证医学研究的结果，认为那是最关键的竞争宣传点。然而，不同的临床研究方案、不同的事件终点选择其实要真正比较出同类品种的差异，并不容易，所以治疗指南上只有品类的推荐，做不到品种优劣的评价。辉瑞公司2012年以“质量源于结构”为主题的营销宣传，让药物之间的比较从最基本的分子结构入手，可谓“正本清源”之举，回归到竞争的基本点。

资料来源：医药云端信息. http://xueqiu.com/5867983716/33535772.

(三) 成熟期阶段的特点与营销策略

成熟期也称饱和期，是指产品在市场上已经普及，市场容量基本达到饱和，销售量变动较少的阶段。这一时期是产品市场生命周期的鼎盛时期，同时，也是一个由盛到衰的转折时期。

1. 成熟期阶段的特点

进入成熟期后，药品的市场占有率较高，生产成本低产量大，但是随着竞争的加剧，企业不得不将产品的差异化体现出来，主要表现在药品的包装、规格、剂型等方面。由于药品具有生命关联性，消费药品带来的是生命的延续、病痛的缓解和生命质量的提高，所以在一定程度上，价格对患者需求的影响有限；同时，患者虽然作为最终的购买者，但处方权却在医生手中，医生作为患者的“代理人”，患者只能被动接受价格。所以，药品市场的需求价格弹性较低。

2. 成熟期阶段的营销策略

成熟期是企业获取利润的黄金阶段，因此，这一阶段的主要任务是集中一切力量，尽可能延长产品的成熟期，为企业带来更多的利益，积累更多的资金。这一时期市场竞争激烈，企业的营销策略应突出一个“占”字，要采取得力措施确保市场占有率，并努力延长成熟期。企业在成熟期可以采取以下营销策略。

(1) 调整市场策略。包括通过市场细分的方式，开辟新的市场；进一步宣传，扩大现有消费者的购买量；重新给产品定位，积极寻找新的消费者；采取差异性策略和防御性策略相结合，从广度和深度上开拓新市场。如，治疗高血压的第一代ACEI类药“硫甲丙脯酸”在国外已经走到成熟期后，市场开始萎缩，利润减少，这时，该公司的决策者决定将这一产品转向中国等尚未开发的其他市场，从而赋予该产品的第二次生命。“地奥心血康”在成熟阶段采用进入新的细分市场向心脏保健OTC药品方向进军，使得销售额迅速攀登上了一个新台阶，是一个销售10年而不衰的国产典型产品。抗高血压药“络活喜”在中国市场自1996年开始成功地使用了转变非使用人战略和争取竞争对手顾客战略的两种战略方法，配合大力促销手段，成为目前在中国市场上抗高血压药中钙离子拮抗剂的第一品牌。

(2) 改进产品策略。提高产品的质量，改变产品的外型和式样，改进产品的性能，挖掘产品的新用途，从而达到确保市场占有率，并努力延长成熟期的目的。质量的改进，主要是注重增加产品的功能特性，如药品的安全性、可靠性、口味等；产品的外型和式样改进，便于携带、保管、使用方便等，如大包装改为小包装，粉剂改为胶囊制剂等；调整配方，增加新用途，使成熟的老产品又以新的面孔推向市场。

（3）调整营销组合策略：通过改变定价、销售渠道及促销方式来延长产品的成熟期。如，通过降价、改变广告宣传形式、扩展销售渠道、改进服务方式、改变包装、采用多种促销手段等多项组合策略，来刺激消费者的需求，延长产品的成熟期。杨森公司的“达克宁”、史克公司的“康泰克”在中国大陆成功分销渠道的建立发展及通路的输通、细化，使你发现在城市市场饱和后，偏远的乡村市场随处可以见到杨森、史克的产品。这就是这两家公司成功使用营销组合改进分销渠道战略的胜利。

信息框

成熟期的产品营销策略

百年老药“阿斯匹林”，是产品成熟期营销策略成功的典范，发明时作为解热镇痛药，但多年后解热镇痛药市场竞争严峻，市场份额被“非阿斯匹林类解热镇痛药”抢占，就在这一关键时刻通过研究发现小剂量“阿斯匹林”可以抑制血小板凝集，可以用来预防冠心病与心肌梗塞，从而成功地进入了这一新的细分市场。目前小剂量的“阿斯匹林”又成功地进入了癌症预防药市场，使“阿斯匹林”的生命不断延长。另一个成功的例子是钙离子拮抗剂“硝苯地平”，在发明时是作为治疗冠心病的药物，销售了16年后在研究中发现它在扩张处周血管治疗高血压中效果明显，从而进入了高血压这一巨大的市场，产品生命得到延续。还有一个例子就是目前大家讨论最多的美国辉瑞公司的“伟哥”，它是研制做冠心病用药的，在临床试验中发现疗效不佳，公司即对这一产品宣布死刑。对于这一产品来说意味着未上市就结束了生命周期，而就在这时发现了它的一个新的特征就是治疗勃起功能异常，从而使这一产品起死回生、创造目前医药史上的销售奇迹。还有杨森公司推出的“复方达克宁”即在原有的“达克宁”基础上增加了抗炎的特点。史克公司推出“康必得”治疗重感冒，主要目的也不外乎巩固和促进康泰克在感冒市场的地位，延长其生命周期。通过产品特点改进有以下优点：

（1）新特点为公司建立了进步和领先地位的形象。

（2）新特点能迅速被采用，而且研究费用非常少。

（3）新特点能够赢得某些细分市场的忠诚。

（4）新特点能够给公司带来免费的公众化宣传。

（5）新特点会给销售人员及分销商带来热情。

资料来源：医药观察家网．http://www.redocn.com/company/2861664/news/68512.html.

（四）衰退期阶段的特点与营销策略

1．衰退期阶段的特点

产品进入衰退期，其销售量和利润持续下降，市场占有率不断下滑，不能适应市场需求，市场上已经有其他疗效更好、副作用更小、价格更低的新产品。此时成本较高的企业就会由于无利可图而陆续停止生产，此类产品的生命周期也就相继结束，以至于最后完全撤出市场。

2. 衰退期阶段的营销策略

销售衰退的原因很多,包括技术的进步,新产品的替代,消费者用药习惯的改变,竞争的加剧,疗效不佳,产品的副作用被发现、认知或重视等。当产品进入衰退期时,企业可采取以下策略:

(1) 维持策略:由于众多竞争者纷纷退出市场,经营者减少,处于有利地位的企业可以暂不退出市场,提高服务质量,发扬自己的经营特色,保持原有的细分市场和营销组合策略,持续销售。等待时机,再停止该产品的生产,退出该市场。

(2) 集中策略:即把资源集中使用在最有利的细分市场、最有效的销售渠道和最易销售的品种上,缩短战线,在最有利的市场赢得尽可能多的利润。

(3) 收缩策略:即精简人员,大力降低销售费用。这样做可能会导致销售量迅速下降,但是可以增加眼前利益。

(4) 重振策略:积极主动改进产品的功能和特性,创造新的用途,开拓新的市场,使产品进入新的循环。

(5) 放弃策略:企业某种产品已无改进和再生的希望时,应当果断地停止该产品的生产和经营,将其放弃,转向组织新产品研究与开发,进入市场。

在这一时期,企业可根据该产品在市场上尚有一定的需求,一方面在维持或减少生产经营的同时,另一方面采取办法,延长其生命周期。

信息框

开发新剂型和适应症延长生命周期

目前制药公司在产品的专利保护末期最常采用的生命周期管理策略依然是开发该产品新的剂型和适应症。其中开发新剂型是位居第一的生命周期管理策略,有71%的制药公司采用这一策略;开发新适应症位居第二,有60%的制药公司采用这一策略。市场调研机构Cutting Edge Information公司指出,一般来说,制药公司会把大约19%的年度营销预算用于产品的生命周期管理上。预计通过生命周期管理策略,制药公司平均可以再获得19个月的保护期。医疗保健研究机构Best Practices公司发现,新剂型策略的成功率达到92%,而产品线延伸和寻求新适应症这一战略的成功率为100%。新适应症平均可为制药公司多获得42个月的专利保护期,最长可以达到84个月;而新剂型平均可为制药公司多获得专利保护期35个月。制药公司采取新适应症战略时,能够带来5 000万至5亿美元的销售收入增长。用于儿科的适应症增加的销售收入最多,在5 000万至22.5亿美元之间。

新适应症可以帮助品牌药在专利失效以后抵御仿制药的竞争

从新剂型中得益的产品包括:百时美施贵宝公司生产的糖尿病治疗药物格华止(增加了缓释片);辉瑞公司生产的抗感染产品Zithromax(增加注射剂和口服混悬液)以及降胆固醇产品TriCor(可空腹服用)。

从新适应症中取得成功的产品有:葛兰素史克公司抗抑郁剂Paxil(帕罗西汀,增加了治疗焦虑症的适应症);先灵葆雅公司呼吸道治疗药物开瑞坦;强生公司关节炎治疗药物Remicade。此外,还有安进公司Aranesp、强生公司的Procrit以及罗氏公司的NeoRecormon。推出后续产品是一种类似于新适应症和新剂型的策略,Best Practices公司将这一策略称为

“抢食”策略，制药公司使用这一策略的几率为29%。使用这一策略的经典例子有：默克公司将他汀类产品Mevacor升级为舒降之；阿斯利康公司将胃肠治疗药物从洛赛克升级为耐信，先灵葆雅公司将呼吸道治疗药物开瑞坦升级为Clarinex。

组合销售与授权仿制

此外，将两种产品进行组合销售以及推出授权仿制药可能是比较先进的策略。组合产品在心血管治疗领域取得了很大的成功。比如，由默克公司生产的舒降之和先灵葆雅公司生产的Zetia组合而成的Vytorin，由辉瑞公司生产的络活喜和立普妥组合成的Caduet。预计在不远的将来，将会有更多的组合药物被推向市场。组合产品可能集中在糖尿病、肾脏和心血管领域。葛兰素史克公司对于其生产的Paxil采取了授权仿制药的策略，并取得了成功。在这一过程中，它既推出新的剂型，又采取了司法行动。首先，葛兰素史克公司与Par制药公司达成了合作协议，推出了Paxil的控释制剂。其次，葛兰素史克在法庭上击败了仿制药生产厂家Apotex公司发起的挑战。

向非处方药转化

还有一种可以在医疗保险药品福利计划之外起作用的策略就是将产品转换成非处方药。产品向非处方药转换可以使其在20—30年内保持一定的销售收入，尽管这种销售额比它以处方药身份销售时要小得多。但是，Best Practices公司发现，将一种产品从处方药转换成为非处方药身份是制药公司很少采用的一个策略，采用几率大约在6%左右。制药公司如果要采取这种策略，必须在产品生命周期的初级阶段就要着手进行规划。临床试验可以在专利失效之前10年就开始，试验的目的是为了证明消费者自主使用这种产品不会存在危害。此外，如果制药公司没有销售消费品方面的经验，还必须寻找这方面的合作伙伴以帮助实施这项任务。洛赛克、开瑞坦、Zantac、PepcidAC和Advil都是从处方药转换成为非处方药的成功案例。

资料来源：医药观察家网. http://www.doc88.com/p-67849884750.html.

第三节　医药新产品开发

现代医药企业为了满足目标市场的需要，扩大销售、分散风险、增加利润，使企业最大限度地实现其经营目标，往往生产经营多种医药产品。产品生命周期理论显示，任何一个医药产品都有衰退并退出市场的时候，因此医药企业必须不断推出产品，以满足消费者日益变化的需求，因此医药新产品开发成为医药企业不可忽视的一个策略。

一、医药新产品的概念、分类

根据产品的生命周期理论，任何一种医药产品都会经历成长、成熟到退出市场的过程。当某种医药产品退出时，就必须由新产品来取而代之。由于社会的发展、技术的进步，人们对疾病防治和对提高健康水平日益增长的需求，也要求必须由新产品来满足。因此，医药企业要获得生存和发展的空间，提高自己在市场中的竞争优势和地位，就必须加强技术创新，积极开发新产品。

(一) 医药新产品的概念

现代市场营销学认为,凡是企业向市场提供过去没有生产过的产品就属于新产品的范围,它包括了企业所有发明、革新、改进和仿制出来的产品。医药是一种特殊商品。《中华人民共和国药品管理法实施条例》第八十三条明确定义:医药新产品是指未曾在中国境内上市销售的医药产品。《药品注册管理办法》中规定:"新药申请是指未曾在中国境内上市销售药品的注册申请,已上市药品改变剂型、改变给药途径、增加新适应症的按照新药申请管理。"

(二) 医药新产品的类型

1. 按药品注册管理办法的要求分类

中药

第一类

(1) 中药材的人工制成品。

(2) 新发现的中药材及其制剂。

(3) 中药材中提取的有效成分及其制剂。

(4) 复方中提取的有效成分。

第二类

(1) 中药注射剂。

(2) 中药材新的药用部位及其制剂。

(3) 中药材、天然药物中提取的有效部位及其制剂。

(4) 中药材以人工方法在动物体内提取的制取物及其制剂。

(5) 复方中提取的有效部位群。

第三类

(1) 新的中药复方制剂。

(2) 以中药疗效为主的中药和化学药品的复方制剂。

(3) 从国外引种或引进养殖的习用进口药材及其制剂。

第四类

(1) 改变剂型或改变给药途径的制剂。

(2) 国内异地引种或野生变家养的动植物药材。

第五类

增加新主治病症的药品。

化学药品

第一类:首创的原料药及其制剂

(1) 通过合成或半合成的方法制成的原料药及其制剂。

(2) 天然物质中提取的或通过发酵提取的有效单体及其制剂。

(3) 国外已有药用研究报道,尚未获一国药品管理当局批准上市的化合物。

第二类

(1) 已在国外获准生产上市,但未载入药典,我国也未进口的药品。

(2) 用拆分、合成的方法首次制得的某一已知药物中的光学异构体及其制剂。

(3) 国外尚未上市的由口服、外用或其他途径改变为注射途径给药者,或由局部用药改为全身给药者(如口服、吸入等制剂)。

第三类

(1) 由化学药品新组成的复方制剂。

(2) 由化学药品与中药新组成的复方制剂并以化学药品发挥主要作用者。

(3) 由已上市的多组分药物制备为较少组分的原料药及其制剂。

(4) 由动物或其组织、器官提取的新的多组分生化药品。

第四类

(1) 国外药典收载的原料药及其制剂。

(2) 我国已进口的原料药和/或制剂(已有进口原料药制成的制剂,如国内研制其原料药及制剂,亦在此列)。

(3) 用拆分或合成方法制得的某一已知药物中国外已获准上市的光学异构体及其制剂。

(4) 改变已知盐类药物的酸根、碱基(或金属元素)制成的原料药及其制剂。此种改变应不改变其药理作用,仅改变其理化性质(如溶解度、稳定性等),以适应贮存、制剂制造或临床用药的需要。

(5) 国外已上市的复方制剂及改变剂型的药品。

(6) 用进口原料药制成的制剂。

(7) 改变剂型的药品。

(8) 改变给药途径的药品(不包括第二类新药之 3)。

第五类:已上市药品增加新的适应症者

(1) 需延长用药周期和/或增加剂量者。

(2) 未改变或减少用药周期和/或降低剂量者。

(3) 国外已获准此适应症者。

生物制品

新生物制品的审批按《新生物制品审批办法》实施。此外,新生物制品分为五类:

第一类

国内外尚未批准上市的生物制品。

第二类

国外已批准上市,尚未列入药典或规程,我国也未进口的生物制品。

第三类

(1) 疗效以生物制品为主的新复方制剂。

(2) 工艺重大改革后的生物制品。

第四类

(1) 国外药典或规程已收载的生物制品。

(2) 已在我国批准进口注册的生物制品。

(3) 改变剂型或给药途径的生物制品。

第五类

增加适应症的生物制品

2. 按医药新产品特点分类

(1) 全新产品是指用新原理、新技术、新材料制成的前所未有的新产品。这类产品的开发经常意味着科学发展史的重大突破和发明创造。这种新产品开发,需要投入大量的人力、财力和物力，并采用先进的技术，而且随时可能失败，承担很大的风险，因此，绝大多数企业难以开发出这种新产品。

(2) 换代新产品主要是指在原有产品的基础上采用或部分采用新原理、新材料、新结构、新技术使原有产品性能有重大提高的新产品。例如，中美史克公司在原有的感冒药——康泰克的基础上，通过在生产工艺、原材料上进行改进，开发出新感冒药——新康泰克。

(3) 改进新产品是指对原有产品的品质、特点、型号、口感、包装、品牌等做一定的改进，使之在性能上、结构上有新的特点，或用途上有所扩大，而生产出来的新产品。如河南竹林众生制药公司的“双黄连口服液”，通过对口感的改进 更易被儿童接受。

(4) 仿制新产品是指企业合法地仿制国内外市场上已有的产品，在一定区域范围内，它属于新产品。仿制药市场近年来在世界范围内的迅猛发展，有数据显示：2010—2017 年，价值 1 500亿美元的药物将失去专利保护，这将推动仿制药市场从 2010 年 1 238.5 亿美元增长到 2017 年的 2 310 亿美元。

二、医药新产品开发的必要性

在经济全球一体化、顾客需求多样化的竞争环境中，谋求新产品开发已经成为医药企业持续立于不败之地的关键。没有新产品就没有新机会，在当今企业激烈竞争的环境下，大多数企业面临着产品生命周期越来越短的压力。企业要在同行业中保持竞争力并能够占有市场份额，就必须不断地开发出新产品，并快速推向市场，满足多变的市场需求。市场竞争残酷，消费者挑剔，产品不会因为以前得到过消费者的宠爱，就永远得到消费者的青睐。企业只有不断开发研制适应消费者需求变化的新产品，才能永葆生命活力。产品创新已经成为企业生死攸关的战略问题。

新产品是一个企业赖以生存的血液，一个企业要生存，就必须要不断更新产品。新产品在各个行业都是被广泛追求的目标，银行会推出新的信贷产品，微软公司需要更新电脑产品，百度也需要推出新的界面，可口可乐和百事公司也需要推出新的口味的饮料，由此可以看出，医药商品作为一种产品，与市场上的其他产品一样，新旧更替，新产品层出不穷，为人们生活水平和生活质量的提高发挥着不可磨灭的巨大作用。而且药物与人的生命息息相关，所以它的开发与创新不仅要包含高技术含量，还要无公害，即既不能危害社会，又不能危害自然，因此医药新产品的开发要符合国家经济发展的目标，符合国家经济发展、社会生产需求和消费增长趋势，所以这是一项非常复杂的工作。其开发过程中要进行广泛深入的市场调研，了解不同的消费需求，消费习俗，消费能力，消费结构，潜在需求量等对医药新产品销售的影响，从而做出详尽的分析与判断，及时地把握市场变化特征和变化趋势，确定其正确的开发方向，使医药新产品适销对路，满足各层次消费者的不同需求，扩大需求，增加收入，提高效益。

信息框

新药开发的五“R”原则

五“R”(right 缩写)原则，即正确的靶点、正确的患者、正确的组织、正确的安全性和正确的商业潜力。

1. 正确的靶点：生物学和疾病的重要联系

在新药开发中，选择正确的靶点非常重要，这关系到晚期研究过程能否顺利进行，进而影响到新药开发最终能否成功。靶点选择途径包括：与人类疾病相关的直接证据，动物模型遗传特性，靶点或疾病病源学的生物学支持，使用动物模型获得的临床前和临床数据，验证疗效的生物标志物等。

2. 正确的组织：候选药物暴露和药理活性的靶器官

除了选择正确的靶点外，如果能够在临床前和临床研究中通过适当的药物动力学/药效学(PK/PD)建模，证明该候选药物到达靶器官，并产生足够的药理活性，也能增加新药开发成功的概率，这就是正确的组织，包括药代动力学特性、靶点作用和药理活性。

3. 正确的安全性：依赖于多种因素

安全性问题是导致新药研发项目终止的最重要原因，候选物安全性的特点对提高研发整体成功率起着关键性作用。然而，这并不是一个简单的问题，因为它依赖于许多因素，如疾病的适应证等。安全性评估需要处理假设问题(例如，目标中预测或潜在的风险)和非假设问题(例如，观察到化合物所引起的毒理学信号或不良事件)。后者如果不能够在候选物中进行广泛的临床前或临床试验确认，就有可能在新药开发后期或上市后给开发者带来更大损失。

4. 正确的患者：在正确的患者人群中测试药物

识别和研究正确的患者人群将会影响到新药成功过渡到晚期临床试验的成功率，也决定着患者是否能从中受益。理想情况是，在临床开发中使用预测性的生物标志物选择受试患者，这需要对靶点生物学特性有充分的理解。

5. 正确的商业潜力：确保科学定位与商业机会一致

正确的商业潜力是指一个项目最终将提供一个差异化的医疗效果和商业上可行的产品，这在很大程度上决定了目标产品成功的概率。许多开发者在新药开发的早期阶段，对产品未来的商业潜力缺乏信心，主要是因为这些项目难以与其他正在开发的药物竞争，或因为未明确产品未满足医疗需要的定位。而更应该注意的是：对于那些被认为极具商业潜力的新药，要关注该领域的科学和医学基础是否薄弱，否则就会导致研究最终因为产品疗效等问题遭遇失败。正确的商业潜力强调提供差异化的药物，这些重要的因素包括：未满足的医疗需要、患者人群的规模和地域分布、研发成本、监管机构的意见和上市的时间等。要评估这些因素，公司内必须始终让商业人员与科学人员对话。

资料来源：李勇．新药的五"R"原则．中国医药报，2014，21(13)．

三、医药新产品开发的模式和程序

(一) 医药新产品开发的模式

医药企业根据自身的研发能力、经济实力、营销管理能力的强弱，以及对国内外医药市场环境的了解和熟悉程度，选择适合自己的新药研发模式。

1. 自主研发模式

企业独立完成新药开发的全部工作。大多数制药企业及生物科技公司都有自己的研究和开发(Research & Development，R&D)部门，进行着自己的新药研发工作。对于自主研发来说，需要具备学科带头人，具备基础研究和应用研究的能力，需要有完善的研发体系给予支撑，需要培养精干专业的研发团队，还需要在所在领域具备足够的经验和能力。这些要素在一些以研发著称的企业中都得到了全面的体现。

2. 专利授权模式(即技术引进模式)

通过获得某类医药技术的专利使用权来进行新药研发。这种模式,可以节省新药研发的时间,使企业在短时间内生产出新药,尽快投放市场,以获得先机。

3. 自主研发与技术引进相结合模式

通过引进国内外新技术、新设备,改造企业原有的技术和设备,提升企业的新药研发能力。这种取人之长,补己之短的模式在发展中国家经常采用。

4. 并购模式

通过企业并购的方式来获得潜在新药产品及扩充自己的新药研发能力,已经成为了制药企业保持市场竞争力并进行扩张的最重要手段。企业并购除了可以使企业获得高潜力的新药项目外,并购后,规模化的新药研发,也有助于提高新药研发的效率、增加新药研发的产出。如在 2011 年,中国生物技术集团公司、上海医药工业研究院并入中国医药集团,华润集团重组北京医药集团等项目顺利实施,一批企业通过并购重组迅速扩大规模,实现了产业链整合和业务布局调整,提升了市场竞争力,有力地推动了产业组织结构优化。

5. 合作模式

国内外企业之间、企业与药物研究、大学科研等部门,通过建立有效的合作关系,来进行新药研发活动的方式。这种研发模式最大限度地发挥群体的优势,可以达到资源共享及资源互补的目的。利用最低的开发成本获得较大的利润回报,越来越被众多的企业所重视。

6. 外包模式

将部分新药研发工作外包给专业的合同研究机构进行,可以提高新药研发的效率、加快新药研发的步伐并有助于减少新药研发的成本。据《2013—2018 年中国医药外包市场运行态势及投资前景预测报告》中显示,进入 21 世纪以来,西方药品研制投入逐年攀升,但是因此带来的新药品种却逐年下降,国际医药公司也面临着越来越激烈的竞争和困难。因此,对于制药企业而言,外包是最优选择。

(二) 医药新产品开发的程序

新药研发不仅需要投入大量的人力、物力、财力和时间,还要承担研发失败的风险。为了降低风险,保证新药开发这一系统工程的顺利进行,必须实行科学有效的管理,按照一定的程序进行。一般情况下,新药研发的程序主要包括以下几个阶段。

1. 新药构思

新药的构思是指能够满足某种治疗或医疗需要的设想、创意或方案。通常,企业可以从企业内部和外部来寻找新药构思的来源。

(1) 来自企业内部

企业内部人员是产品构思的一个重要来源,主要包括以下几种类型。

① 企业研发部门的科技人员。他们通常是新产品构思的最重要的来源。一个企业研发部门的主要任务就是有计划地进行新产品开发的基础研究、应用研究以及开发研究,通过科技人员的技术创新和发明创造构思新产品;另外,掌握科学技术的新发明、新技术也可引发创新意识,并不断产生新的产品构思,从而开发出畅销的产品。营销人员应该筛选更具价值潜力的品种,不仅要关注到宏观政策,还要关注疾病谱趋势,分析流行病学,分析研发进展如何,包括是不是新型制剂,医生处方行为等。

② 企业高级管理人员。他们所处的地位使他们最明确公司的发展方向及所需要的产品构思。

③ 营销人员。营销人员经常与药品使用者、医生及中间商打交道，并处于生产者和消费者之间，了解大量的药品市场需求信息和市场竞争信息。有时其甚至迫于竞争者的压力，也会产生新产品的构思。

④ 企业内部其他部门的职工。企业职工对本企业产品的性能特点最为关注，因其直接影响职工自身的经济利益。发动职工来构思新产品常常能取得良好的效果。

（2）来自企业外部

① 患者。患者的需求和欲望是开发新药品的起点和归宿，是构思的主要来源之一。据统计，成功的新产品设想，有60%—80%来自用户的建议。

② 医生。医药市场是一个特殊的市场。医生作为药品市场的专业人员和药品的间接需求者，对患者接受医疗服务时药品的选择，有决定权和主动权。

③ 竞争者。通过研究竞争对手新药品的开发方向、广告以及销售状况等信息，将给企业开发新产品以引导、启发和借鉴，从中找出新的思路和突破点。

④ 经销商。分销商、批发商、零售商等医药经销商，直接从事购销，熟悉市场需求动向，清楚现有产品的缺陷，能及时将消费者的意见和要求反映给企业，同时，还能提供新技术、新工艺、新材料等方面的信息，有助于启发新药品构思。

⑤ 其他来源。如从企业外的研究人员、发明家、咨询公司、市场调研部门、大专院校等方面，获得新产品的构思。

2. 构思过滤筛选

筛选是对汇总各方面的构思进行优选。其主要目的是从中选出那些符合本企业发展目标和长远利益，并与企业资源相协调的产品构思，剔除那些可行性小或获利较少的产品构思。在这个阶段，大量的构思都会被舍弃掉。据美国统计，在药品构思中，每6 000种构思中只有1种能进入市场。

3. 形成概念

经过筛选后保留下来的产品设想，需要进一步将其设计成一个完整的产品概念，即对该产品的目标市场、产品特点、用途、价格、包装等都有具体的描述。如某医药企业从众多的构思中保留下开发保健品的设想，那么，首先，确定这一产品是为了哪一类目标市场的需求；其次，确定这种保健品的作用是健脑益智、强壮体魄，还是延缓衰老；最后，这种产品采取何种剂型，是片剂、颗粒剂，还是口服液等，根据这些问题，一种构思形成多个产品概念。

4. 综合分析

这是对已形成的一个或多个新产品概念，从初步营销形势、经济效益预测等方面进行全面分析、对比。新产品综合分析的内容主要有：

（1）营销形势初步分析。就是要对新产品的市场细分、目标市场选择、产品定位、预计市场占有率等新产品市场形势进行分析。

（2）经济效益预测分析。就是对已确定的新产品概念的未来销售额、成本和利润进行预测，从财务的角度进一步判定它是否划算，能否达到企业的预期经济目标。

经过综合分析后，评估出符合企业开发目标要求的新产品概念，即可转入产品研制阶段。

5. 新产品研制

新产品研制是产品从概念转化为具体产品的阶段。它包括研究和试制两个步骤。研究就是把经过筛选选中的开发方案进一步具体化，设计成切实可行的具体实施方案。试制就是根据研究所确定的方案制造成实体产品。

新药品的研制主要包括新药的临床前研究和临床研究。药物临床前研究，包括药物的合成工艺、提取方法、理化性质及纯度、剂型选择、处方筛选、制备工艺、检验方法、质量指标、稳定性、药理、毒理、动物药代动力学研究等。中药制剂还包括原药材的来源、加工及炮制等的研究；生物制品还包括菌毒种、细胞株、生物组织等起始原材料的来源、质量标准、保存条件、生物学特征、遗传稳定性及免疫学的研究等。

6. 新药注册与审批

新药研制完成后，企业根据新药注册审批的有关规定，逐级向省、自治区、直辖市以及国家食品药品监督管理局报批相应材料和样品，申请新药注册。国家食品药品监督管理局对省、自治区、直辖市食品药品监督管理局报送的资料进行全面审评，符合规定的，发给《药品注册批件》和新药证书；具备《药品生产许可证》和该药品相应生产条件的，同时发给药品批准文号。药品说明书由申请人提出，国家食品药品监督管理局根据申请人申报的资料对药品说明书予以核准，并在批准药品申请时将药品说明书与该药品的注册标准同时予以发布。国家药品监督管理局根据保护公众健康的要求，对批准生产的新药设立监测期，对新药的安全性继续进行监测。新药的监测期自批准该新药生产之日起计算，不超过5年。新药进入监测期后，国家药品监督管理局不再受理其他申请人同品种的新药申请。新药经批准生产后，其药品标准为试行标准，试行期为2年。生产试行标准的药品，药品生产企业应当在试行期届满前3个月，向所在地省、自治区、直辖市食品药品监督管理局提出转正申请，试行标准期满未按照规定提出转正申请或者该试行标准不符合转正要求的，由国家药品监督管理局撤销该试行标准和依据该试行标准生产药品的批准文号。新药证书号的统一格式为：国药证字H(Z、S)+4位年号+4位顺序号，其中H代表化学药品，Z代表中药，S代表生物制品。

7. 市场试销

新药经过国家主管部门审批注册，取得新药证书后，企业可进行小批量的试生产，并在所选择的有代表性的目标市场中检验性地试销。一是检验新药的安全性与有效性；二是增进企业对新产品销售潜力的了解，有助于新药营销策略的选择。

8. 全面上市

新药品市场试销成功后，就可以正式大批量生产，全面推向市场，进行商业化运作。这一阶段要正确选择投放时间、选择目标市场以及制定正确的营销组合策略。

第四节　品牌策略

品牌和商标是企业拟订营销策略时不容忽视的重要问题，品牌决策是药品决策中极其重要的组成部分。企业在营销过程中，需要根据市场实际情况，企业产品的特点和自身的资源状况，制定相应品牌和商标策略。

一、品牌与商标的概念

关于品牌的定义，美国市场营销协会在《营销术语词典》中定义，品牌是用于识别一个或一群产品或劳务的名称、术语、象征、记号或设计以及组合，用以和其他竞争者的产品或劳务相区别。本章认为品牌(Brand)是一种名称、术语、设计、符号，或其他能将一个企业的产品或服务与竞争者的产品或服务区分开来的特征。一个品牌可能代表着销售者的一种产品、一组产品或是所有产品。品牌是一个综合体，包括品牌名称、品牌标志和商标三部分。

1. 品牌名称(Brand Name)

品牌名称是能够发声地说出的那部分品牌内容，通常是一种产品唯一用以区分的特征。没有品牌名称，一个企业便无法将自己的产品与竞争对手进行区分。如“三九感冒灵”、“草珊瑚含片”、“金嗓子喉宝”等，药品的品牌名称通常是由药品的商品名构成的。

国家食品药品监督管理总局发布的《药品说明书和标签管理规定》对药品名称和注册商标的使用进行了规定。药品的商品名须经国家食品药品监督管理总局批准后方可在包装、标签上使用。药品说明书和标签中标注的药品名称必须符合国家食品药品监督管理局公布的药品通用名和商品名的命名原则，并与药品批准证明文件的相应内容一致。药品商品名不得与通用名同行书写，其字体和颜色不得比通用名更突出和显著，其字体以单字面积计不得大于通用名称所用字体的二分之一。药品说明书和标签中禁止使用未经注册的商标以及其他未经国家食品药品监督管理局批准的药品名称。

信息框

药品通用名和商品名的概念辨析

药品的通用名指中国药品通用名称(China Approved Drug Names，CADN)，由药典委员会按照《药品通用名称命名原则》组织制定并报卫生部备案的药品的法定名称，是同一种成分或相同配方组成的药品在中国境内的通用名称，具有强制性和约束性。因此，凡上市流通的药品的标签、说明书或包装上必须要用通用名称。其命名应当符合《药品通用名称命名原则》的规定，不可用作商标注册。

商品名是药品生产厂商自己确定，经药品监督管理部门核准的产品名称，具有专有性质，不得仿用。在一个通用名下，由于生产厂家的不同，可有多个商品名称。如对乙酰氨基酚是解热镇痛药，它的通用名是乙酰氨基酚，不同药厂生产的含有对乙酰氨基酚的复方制剂，其商品名有百服咛、泰诺林、必理通等。

资料来源：中国医药联盟. http://www.chinamsr.com/.

2. 品牌标志(Brand Mark)

品牌标志是指品牌中可以被认识，但不能用语言称呼的部分。品牌标志通常为某种符号、象征图案、与众不同的颜色以及其他特殊的设计等。如鹰牌产品的品牌标志是栩栩如生的鹰；四川太极生产的急支糖浆的品牌标志是一个“太极”图案；河南宛西制药股份有限公司生产的仲景牌六味地黄丸标签上的张仲景头像等。

3. 商标(Trade Mark)

商标是一种法定的标志,表示拥有者对品牌或品牌中的一部分拥有专有权,并从法律上禁止他人使用。只有在得到专用权人的许可并支付规定费用后,他人方可使用。如南方制药厂的"999"、河南宛西制药厂的"仲景"等。根据法律规定,在我国人用药品上必须使用注册商标,否则不得在市场上销售。企业在注册商标时,不能把药品的通用名称注册为商标,但可将其商品名注册为商标。商标一经注册便具有专门的使用权、禁止权、转让权和许可使用权,具有排他性,所以企业应该重视商标注册工作。

信息框

商标与品牌的联系与区别

商标是经过合法注册的产品文字名称、图案记号、或两者相结合的一种设计,经有关部门注册登记后,享有其专有权的标志,即合法注册的品牌。商标的专有权受法律保护,任何人都不能侵权使用。因此,品牌作为商业名称是从营销的角度提出方便消费者记忆购买的标志,而商标则是一个法律名称,它们共同构成了一种商品区别于另外一种商品的特殊标志。

资料来源:罗臻,刘永忠.医药市场营销学.北京:清华大学出版社,2013.

二、医药产品品牌与商标策略

(一) 医药产品品牌策略

医药品牌策略如图 9－3 所示。

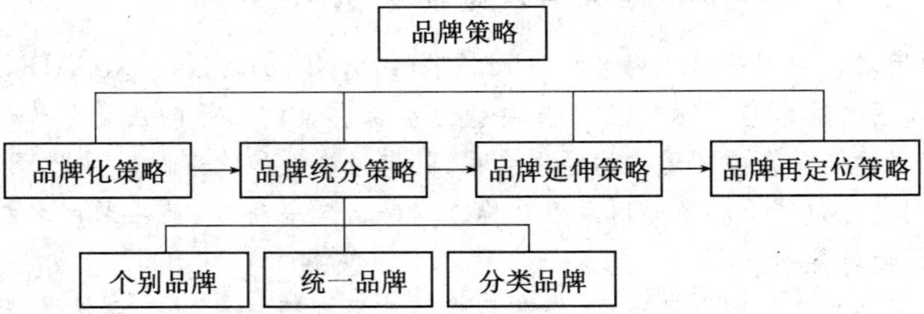

图 9－3　医药品牌策略示意图

1. 品牌化策略

随着市场经济的高度发展和经济全球化浪潮的冲击,品牌化的趋势迅猛异常,品牌化几乎统治了所有产品。显然,创造一个品牌对企业来说是一项极具挑战性的决策,企业不仅需要付出高昂的成本和不懈的努力,而且要承担该品牌得不到市场认可的风险。在这种情况下,多数企业仍然要使用产品品牌化策略,是因为品牌能为他们带来一系列的优势:① 品牌化有利于企业进行经营管理,如在广告宣传和签订买卖合同时,都需要有品牌,以简化交易手续,便于进入市场;② 注册后受法律保护,具有排他性,可保护产品特色,防止他人假冒,发现冒牌商品,可以依法追究索赔;③ 品牌代表特定的属性和价值,有助于市场定位,企业可按照不同细分市场的需要,建立不同的品牌,以不同品牌分别投入不同的细分市场;④ 品牌可建立稳定的顾客群，吸引那些具有品牌忠诚度的消费者，使企业的销售保持稳定和增长。

2. 品牌统分策略

品牌统分策略，就是企业实行品牌化，对所产生的不同种类、规格、质量的产品是统一使用一个品牌，还是分别使用不同品牌做出决策。企业面对这种决策时，可有三种选择。

(1) 个别品牌

个别品牌是指一个企业的各种药品分别采用不同的品牌，主要有两种形式：药品分别命名或各类药品分别命名。个别品牌策略的一个主要优点是分散风险，即使企业引进了一种较差的产品，它所带来的负面影响也不会影响到企业的其他产品。此外，当企业打算进入同一市场的各个组成部分时，个别品牌策略也便于企业进行市场细分，有利于增加销售额和对抗竞争对手，企业可以用各种独立的、没有关联的名字，而且每个名字都瞄准了特定的目标市场。例如，香港金日集团的护心健脑保健品“金日心源素”因为其著名的广告语“金日在手中，万事好成功”而家喻户晓，且由于能有效解决胸闷心悸、头晕失眠等症状而受到消费者青睐。上市两年，在江、浙、沪已实现销售3个多亿，成为心脑功能性保健品的第一品牌。

(2) 统一品牌

统一品牌指企业生产的各种药品都采用同一种品牌推入市场，采用此策略的企业通常具有较强的竞争实力，且该商标在市场已获得一定的知名度和美誉度。如深圳南方制药厂所生产的各种药品都统一采用“三九”品牌，“三九胃泰”、“三九感冒灵”、“三九皮炎平”等。

(3) 分类品牌

分类品牌即企业生产的各类产品分别使用品牌。如美国的西尔斯公司就采取了这种策略，它的各种不同的产品分别采用了不同的品牌。对不同医药产品分类从而分别使用不同的品牌也可以增大产品的销量和知名度。

信息框

新云植——树特色品牌

一方水土养一方人，一方水土也可养育出一方企业。综观国内医药行业，许多医药企业身上有着明显的地域特征，如知名药企同仁堂、东阿阿胶等。这些企业，受益于所处地域的资源、地理等优势，打造出自己的特色，进而成为享誉全国的知名医药品牌。

对于新云南植物药业有限公司(下称“新云植)而言，身处云南这个得天独厚的药材王国，如何利用好地域资源优势形成自身的特色和优势，始终是企业深思的话题。资料显示，云南省地势纵横起伏，地形地貌复杂，形成了以“一山分四季、十里不同天”为写照的气候特征。这种“地利”环境为国内外多种药用植物都找到了适宜的生存之地，使云南拥有多达6 000多种包括药用植物、动物、矿物在内的中药资源种类。面对有利的地理环境，新云植做出了选择：专注于植物药专业研究开发、植物原料药和植物药制剂生产销售。

正是云南丰富的天然资源，让新云植找到了企业的定位及发展方向，并为企业在植物药的开发、生产上奠定了坚实的基础。目前，新云植已经形成了以云南红药胶囊、血塞通注射液、三七总皂苷为主的系列特色植物药产品群，且正在源源不断地开发出新的药物。更值得一提的是，新云植以特色产品为基点，致力于产品品牌和企业品牌的树立。云南红药胶囊、血塞通注射液、三七总皂苷等产品已经分别成为云南省名牌产品、昆明市名牌产品；“云植®”已成为云南省著名商标、昆明市知名商标。新云植更被云南省科技厅、云南省工信委等上级主管单位评为“云南省创新型试点企业”、国家“高新技术企业”、“云南省特色植物原料药工程技术研究中心”。一系列荣誉的获得，展现了新云植强劲的实力，更凸显出企业在植物药领域领先的品牌优势。

作为一家集植物药生产、研发、营销于一体的现代化制药企业，如今，新云植专注植物药领域，以高新技术产业化促进深度开发天然药物资源，运用先进实用科学的管理办法，加强市场网络建设和开发，为社会提供优质健康产品。立足于特色产品和品牌，新云植通过深度快速的资源整合，全面系统地开展市场布局，使得产品和品牌从区域走向全国，为更多患者送上福音，致力于树立一个家喻户晓的医药品牌。

资料来源：医药观察家网. http://www.yygcj.com/.

3. 品牌延伸策略

品牌延伸是指企业利用已具有市场影响力的成功品牌来推出改良产品或者新产品。如上海中美施贵宝的解热镇痛药的品牌有：百服宁、加合百服宁、儿童百服宁等，其头孢菌素类抗生素品牌有：泛捷复、君刻单、施复捷、马斯平等。采用品牌扩展策略具有的显著优点是：一个受人关注的好品牌能使新产品立刻使市场认识和较容易地被接受，如果品牌扩展获得成功，还可以进一步扩大原品牌的影响和企业声誉。

4. 品牌再定位策略

品牌再定位又称新品牌策略，是指由于顾客的偏好发生转移，或竞争者推出某一新品牌，使该产品市场份额下降等原因，使得市场对该产品的需求情况发生了变化，企业全部或局部调整品牌在市场上的最初定位。通过品牌再定位可以使现有产品具有与竞争者产品不同的特点，拉开与竞争者的距离，提高本企业的竞争优势。

综上所述，品牌是企业营销手段的一项重要内容，创造名牌更是企业所希望所追求的目标之一。品牌策略的运用取决于企业生产的产品数量和它的产品线、目标市场的特点、竞争对手的产品状况和企业的资源大小。企业要创立一个名牌，必须在了解消费者需求的基础上，结合企业实际情况不断开发具有个性特色的高质量产品，并通过各种途径加强宣传，以提高其知名度，进而提高市场占有率。

信息框

医药产品品牌定位的角度选择

药品品牌定位应以顾客满意程度为基础，药品品牌只有为消费者所认知才可能有发展的空间。所以，对一家医药企业而言，最主要的挑战显然就是如何抓住消费者的偏好，让消费者认为你的药品比别人的要好，唯有如此，才能赢得消费者的青睐，获得持续的竞争优势。

(1) 药品本身的特征定位，即从药品的疗效、副作用等方面进行定位。例如，西安杨森的息斯敏号称无嗜睡抗过敏。

(2) 使用/应用定位，根据产品的某项使用或者应用功能定位。例如，佳得乐(Gatorade)被介绍成是一种运动员所需要的补充体液的夏季饮料，后来它又发展出了一种冬季定位策略，作为医师推荐给要多喝水的流感患者选择的一种饮料。

(3) 治疗途径定位，如利君沙的进入细菌内部杀灭细菌、荣昌肛泰的贴肚脐治痔疮等。

(4) 疾病症状定位，如巨能钙的腰酸、背痛、腿抽筋。

(5) 竞争者定位，以一竞争产品作为参考点来定位产品。例如，泰诺针对阿司匹林治疗头痛可能导致胃出血的弱项，提出不会引起胃出血的头痛药。

资料来源：医药观察家网. http://www.yygcj.com/.

（二）医药产品商标策略

所有的商标都是品牌，但并非所有的品牌都是商标。我国现行《商标法》第四条规定："自然人、法人或者其他组织在生产经营活动中，对其商品或者服务需要取得商标专用权的，应当向商标局申请商标注册。"商标一经注册便具有专门的使用权、禁止权、续展权、转让权和许可使用权，具有排他性，企业享有专用权。

1. 商标专用权的特点

(1) 商标一经注册，企业就取得其独占权，他人未经许可不得擅自使用与仿冒。

(2) 商标专用权对保护药品的知识产权具有极其重要的作用，其价值是无形的，名牌商标的价值更是难以估价的。

(3) 商标专用权具有时效性。我国商标法规定其有效期为10年，但商标权可以续展，到期企业可以申请注册延续，该商品名将永远受到法律保护，企业对此商品名即拥有永久占有权。

(4) 商标专用权受到严格的地域限制，应该符合市场所在地的法律规范。

2. 商标的设计与商标管理

商标信誉给企业带来的经济效益由商标注册人独享，与企业的经济效益息息相关。企业的商标设计应符合以下原则：① 符合市场所在地的法律法规。② 表示药品的特色。③ 美观、实用、构思独特、简单。

商标的使用直接关系到消费者、企业与国家的利益，企业应以相关法律法规为依据，建立和健全本企业的商标管理制度，以避免商标使用上的混乱，保护企业的合法利益。

我国《商标法》规定商标申请采用的基本原则是"一类商品、一个商标、一份申请"。商标权人的权利包括：独占使用权、许可使用权、商标转让权、续展权。商标权人的义务包括：按规定使用注册商标。连续三年停止使用商标的，商标局可撤销其注册商标，保证使用注册商标的商品的质量，按规定在申请商标注册和办理其他商标事宜时，缴纳费用。注册商标的有效期为十年，自核准注册之日起计算。有效期满，需要继续使用的，应在期满前六个月内申请续展注册，在此期间未能提出申请的，可以给予六个月的宽展期。宽展期满仍未提出申请的，注销其注册商标。转让注册商标的，转让人与受让人双方应签订转让协议，并共同向商标局提出申请，受让人应保证使用该注册商标的商品质量。转让注册商标经核准后，予以公告。受让人自公告之日起享有商标专用权。商标注册人可以通过签订商标使用许可合同，许可他人使用其注册商标。许可人就应当监督被许可人使用其注册商标的商品质量，被许可人应当保证使用该注册商标的商品质量。

信息框

新商标法要求包装禁写驰名商标

新修正的《中华人民共和国商标法》要求在广告宣传中禁用“驰名商标”字样。“生产、经营者不得将‘驰名商标’字样用于商品、商品包装或者容器上，或者用于广告宣传、展览以及其他商业活动中”。通知指出，对于将“驰名商标”字样用于商品、商品包装或者容器上，驰名商标持有人应承担违法责任，由其住所地工商行政管理部门查处。住所地以外的工商行政管理部门发现上述违法行为的，移送其住所地工商行政管理部门查处。

资料来源：京华网. http://www.jinghua.cn/.

3. 医药产品商标策略

(1) 全新商标策略。全新商标策略是指企业完全放弃原有的商标，采用一个全新的商标的策略。此举可以占领一个新的市场。

(2) 改进商标策略。改进商标策略是指企业在原有商标的基础上做些改进，使其与原有商标在图案、符号、外观上很相似，形象上仍然相通。后者与前者相比，既可以节约费用，又可使企业保持原有商标在市场上的信誉。

商标是药品甚至是企业的标志，是企业的无形资产，因此企业应该重视本企业商标的设计与注册，慎重地选择适合本企业本药品的商标策略，保护企业的利益。

信息框

医药品牌创建需做好7项商标保护措施

如何让品牌得到保护是至关重要的一件事，企业必须做好以下7件事。

1. 商标类别的选择

一般的医药经营者只会在第五类进行注册，不会扩大企业的其他类别的选择，等到做大时想去再注册，突然发现，其他类别已被别人注册，大的企业有修正将“康威”改为“修正”，将企业打了几千万级的广告商标拱手让与他人，小的企业就更多这样的案例。太阳石药业核心商标“好娃娃”及“康妇特”正是由于进行了及时的相关类别的注册保护，才有了后期的顺利打击假冒者，以及顺利申请中国驰名商标成功。以上不仅适用于文字商标，也适用于形象商标。“太阳石的企业标志”及“好娃娃群娃图”都是这样做的，这为好娃娃申请中国驰名商标成功起了很大作用。

2. 商标注册的国际性

大的企业还要考虑商标注册的国际性，比如《商标注册的马德里协定》，一旦注册成功就可以获得协定内国家的商标保护，尤其是中国的大型中药企业更要做好国际化这一步。

3. 注册成功才投广告

商标注册没有成功前一定不能投放广告，在《药品说明书和标签管理规定》出台前很多老板犯过此类错误。目前此规定虽说管住了文字商标这一块的冒险行为，但是没有对形象商标做规定，因此建议在形象标识没有注册成功时不要投放广告，免得没有注册成功，损失很大。

4. 商标注册

最好多注册几个，否则一旦不能注册成功或者违规，企业的时间机会就会丧失。比如某企业注册一个“派克松”商标，想傍名牌“派瑞松”，结果已上市就被杨森盯住，最终需要替换商标，可企业没有合适的替换商标，等到为其注册“派克”、“派克舒”成功的时候，同类的竞品品牌从2家增加到N家，丧失了争取好市场的机会，而这个世界上最大的成本就是“机会成本”，因为一旦失去就不会再来。

5. 商标转让

某老板在创业时，自己出钱在别人名下注册了商标，等启动广告战略前再将其转到自己公司名下，避免了一个品牌做大后的风险。商标在没做大前不值钱，但一旦变成了消费者的自主购买品牌，其价值就非常大，如还在别人名下就肯定会有纠纷，这件事在做的过程中不能发生过错，最好请专业人士办理。

6. 商标租赁

借别人的商标进行创业，在没有做大前不会有纠纷，做大了就是王老吉的下场，因此，企业在做大的过程中一定要用双商标策略运行后逐步淘汰别人的商标。否则做大了就是为别人做嫁衣。

7. 形象商标

好娃娃的群娃娃图的注册成功，引导了一个儿童药品的时代，但是唯一做成品牌识别及传播而获得中国驰名商标的就只有“好娃娃”。这就是因为行业只知道模仿，却不知道可以做成长期的品牌识别。

商标，尤其是企业的核心商标是企业最为重要的资产，企业一定要高度重视，尤其是企业的经营者，不要让它有任何法律风险，否则，企业的品牌建设等于零。

资料来源：医药观察家网. http://www.yygcj.com/.

本章小结

1. 产品策略是市场营销策略的出发点，是其他相关策略的基础。医药产品应为满足消费者防病、治病、保健等方面需要和欲望的任何东西，这就是医药产品的整体概念，它包括核心产品、形式产品、期望产品、附加产品和潜在产品五个层次，其中，核心产品是最基本、最主要的层次。医药产品组合策略包括扩大产品组合、缩减产品组合、产品差异化和产品现代化。

2. 医药产品生命周期是指医药产品从进入市场开始，直到被市场淘汰所经历的全部时间。一个完整的产品生命周期包括导入期、成长期、成熟期、衰退期四个阶段。

3. 医药新产品的研发模式主要有自主研发模式、专利授权模式、自主研发与技术引进相结合模式、并购模式、合作模式、外包模式等。新药研发程序一般要经历新药构思、构思过滤筛选、形成概念、综合分析、新产品研制、新药注册审批注册、市场试销和全面上市八个步骤，每一步都直接影响到新药品开发的成败，企业应给予高度重视。

4. 在市场营销实践中，品牌具有重要作用：品牌代表企业产品的特色和质量特征；品牌监督和提高企业产品质量；品牌有助于促进企业产品销售，形成品牌偏好，建立品牌忠诚；品牌具有保价功能，有利于企业控制和扩大市场；品牌有利于企业新产品的开发；品牌经注册后有利于法律保护；品牌是企业重要的无形资产；名牌商标有助于提高企业形象，增强企业的竞争力。

因此，每个企业都应加强品牌管理。

5. 不同的企业在营销实践中可供选择的品牌策略有：品牌化策略、统一品牌策略、个别品牌策略、品牌再定位策略等。

复习思考

1. 产品整体概念包括哪几个层次？
2. 简述产品生命周期各阶段的特点及营销策略。
3. 简述产品组合策略的形式与内容。
4. 简述新药研发的模式和程序。
5. 什么是品牌、品牌名称、品牌标志和商标？
6. 简述品牌的作用和产品的品牌策略。

案例分析

羚锐制药携手《乡村爱情7》，品牌营销持续发力

2014年2月，由赵家班倾情打造的《乡村爱情圆舞曲》(以下简称《乡村爱情7》)，先后在黑龙江卫视、辽宁卫视、天津卫视、江苏卫视等频道热播，并获得了超高收视率。在大家领略其原汁原味的"赵氏幽默"的同时，在该电视剧进行品牌植入的羚锐制药也成为其中的最大赢家——《有关爱、没疼痛》广告词也随之传遍大街小巷，加深了人们对羚锐品牌的认知。

一、选择热门影剧植入，占领品牌传播制高点

随着传统媒体广告的泛滥，人们对广告开始下意识地排斥、拒绝，植入式广告不留痕迹地出现，能让观众更易于接受企业品牌诉求。好的植入式广告，可让人喜闻乐见、历久弥香，达到作品和广告利益的双赢。尤其是近年来随着显性广告投标价格的上涨以及"广告限播令"的出台，植入性广告越来越显示出自身发展的优势。对于必须另辟蹊径的OTC药企而言，选择影视剧植入可谓"柳暗花明又一村"。

此次羚锐制药首触电为何选择与《乡村爱情7》进行合作，其原因有三：

首先，该剧影响力大，传播效果好。《乡村爱情》作为中国内地唯一一部农村题材的长篇系列剧，从2006年登陆央视荧屏至今，已经陪伴观众走过了近8个年头，维持着一贯的高收视和良好口碑，成为中国农村题材电视剧的代表作。在赵本山和一众主演的精心演绎下，"象牙山村"也成为了全国老百姓心目中的"乡村名片"，剧中各个角色更是成为了大家心目中最佳的"乡村代言人"。借着剧集的热播，将大幅度地提高羚锐品牌知名度和产品销量，尤其是提升羚锐品牌在广阔中国农村市场的影响力，为品牌打入农村市场开辟了一条捷径。

其次，受众契合度相当高。《乡村爱情》主要演绎的是新农村题材的电视剧，其主要受众为20—49岁的人，他们具有一定的自主消费能力，大多数人家中有孩子及老人，是羚锐通络祛痛膏及小羚羊退热贴产品的目标消费群体。而且《乡村爱情》系列主要受众人群职业分布均衡，社会中各个行业都为其受众，通过《乡村爱情》中的植入将羚锐品牌完美传递到各个行业。

此外品牌诉求也格外契合：剧集的主演包括赵本山、小沈阳等知名演员，剧情幽默、积极向

上，无处不散发着“欢笑”、“正能量”的生活态度。这样温暖、正面的主题正好契合了羚锐制药“有关爱 没疼痛”的品牌诉求。

二、整合立体投放，让品牌深入消费者内心

(1) 品牌植入只是第一步。如何最大化地实现品牌曝光，让品牌深入到消费者内心才是考验品牌运作的关键所在。为此，羚锐制药在注重线上广告投放的同时，与线下店面海报宣传相结合进行立体化宣传，将“有关爱，没疼痛”的情感诉求深入到消费者内心。

(2) 在线上，打造软文、授权剧照、社会化媒体(微信、微博)等立体化传播模式。该剧热播的同时，授权使用与品牌相关的剧照配合软文进行传播，并在微博、微信等社会化媒体上发送各种关于剧情的文字和图片，吸引消费者注意，与消费者进行互动。此外，还用“看剧赢关爱礼包”的微活动进一步调动人们的积极性。

(3) 在线下，印刷授权《乡村爱情 7》海报并发放到全国各地。在零售药店、社区诊所进行体验营销、促销活动时使用、张贴，并将剧集的所有有关羚锐的情节、道具、对白、场景的视频剪辑成片花专辑，以供店员培训、产品推广时播放，吸引客户关注。

不仅如此，除了在电视剧“乡村爱情圆舞曲”插入情节外，羚锐制药还在央视投放了以情感为主线的通络祛痛膏新广告“父亲版”“女儿版”，以及 2013 年底在五大卫视上线的“感恩父母，经常陪伴”公益广告形成广告矩阵，与影视剧广告植入交相呼应，最大程度地达到传播影响力，也让全国消费者建立起对羚锐品牌和产品的信任，增强了品牌的认知度，提升了品牌美誉度。

资料来源：中国医药联盟. http://www.chinamsr.com/.

案例讨论

1. 羚锐制药是如何成功运用品牌营销策略的？
2. 讨论羚锐制药的成功对一般医药产品品牌营销有何借鉴之处。

参考文献

[1] 菲利普·科特勒. 市场营销管理[M]. 北京：中国人民大学出版社. 2012.
[2] 汤少梁. 医药市场营销学[M]. 北京：科学出版社. 2012.
[3] 郭国庆. 市场营销学通论[M]. 北京：中国人民大学出版社. 2011.
[4] 张明立，任淑霞. 品牌管理[M]. 2 版. 北京：北京交通大学出版社，2014.
[5] 何静文，戴卫东. 市场营销学[M]. 北京：北京大学出版社，2014.
[6] 寇小萱，王永萍. 国际市场营销学[M]. 4 版. 北京：首都经济贸易大学出版社，2013.
[7] 黄静. 品牌营销[M]. 2 版. 北京：北京大学出版社，2014.
[8] 杨志. 品牌文化形象设计[M]. 北京：中国建筑工业出版社，2013.
[9] 钱旭潮，王龙. 市场营销管理[M]. 3 版. 北京：机械工业出版社，2013.
[10] 马克·高贝. 品牌大设计：情感设计创造人性品牌[M]. 薛江译. 北京：中央编译出版社，2014.
[11] 孙敏洁. 商标保护与商业表达自由[M]. 北京：知识产权出版社，2013.
[12] 王璞. 品牌谋略：构建品牌领导力[M]. 北京：人民邮电出版社，2014.
[13] 周文敏. 品牌的力量：破解无形资产的密码[M]. 北京：北京工业大学出版社，2013.
[14] 于君英. 品牌价值的形象识别效应[M]. 北京：企业管理出版社，2013.

第十章　医药产品的价格策略

【学习目标】

通过学习本章内容，了解医药产品价格的构成要素、药品价格体系；掌握影响医药产品定价的因素以及医药产品定价的基本方法和策略；学会运用药品价格调整策略解决实际问题；了解国家对药品价格的管理。

【引导案例】

“涨价王”东阿阿胶又涨价了

东阿阿胶公司近日公告称，将上调阿胶出厂价 53%，零售价将做相应调整。这是 2014 年 8 月东阿阿胶上调复方阿胶浆产品价格后，对主打产品再一次调价，也是从 2009 年以来，东阿阿胶第 10 次上调价格，2014 年第二次涨价。以提价来保增长似乎成为东阿阿胶的“长期战略”。近三年来，阿胶在 2011 年一次性提价 60%，2012 年累计提价 50%，2013 年淡季提价 6%、旺季提价 25%，2014 年年初又提价 19%。

原料支出增加

东阿阿胶公告称，作为阿胶主要原料的驴皮资源持续萎缩的态势未获缓解。中商情报网的数据显示，2000 年，市场上每张驴皮价格仅有 20 多元，2013 年每张皮已飙升至 600 元左右，而到了今年更是涨到了 1 500 元左右，近十多年来驴皮价格上涨了 70 多倍。另外，阿胶市场需求以每年 30%的速度增长，但是国内驴的存栏量却以每年 3.5%的速度递减。

如果驴皮价格、驴肉价格上不去，养驴的积极性就调动不起来，不但阿胶的产量上不去，甚至将来随着毛驴的进一步减少，整个阿胶产业都面临着生存问题。在过去的一年，因为驴皮价格的上涨，东阿阿胶增加原料采购支出 2 亿多元。目前，用于缓解原料紧张的措施仍未能完全落实。东阿阿胶 2014 年半年报显示，公司四个募投项目之一的“原料基地建设及改扩建项目”投资进度为 68.57%，而其他项目均已完成。在原料建成并且产生效益之前，即使不考虑需求继续增长的因素，3—5 年内涨价很可能还将持续下去。

公司盈利未受影响

随着成本上升，在细分品类中，东阿阿胶及系列产品今年上半年毛利率为 65.94%，同比去年下滑 5.47%。但自 2010 年密集涨价以来，东阿阿胶的阿胶及系列产品的整体毛利率不降反升，从 2011—2013 年中期间，此细分领域的毛利率都在 70%以上，已远远高于该公司历年毛利率的平均数。以 2000—2010 年中报及年报的毛利率计算，历年的平均毛利率是 66.33%。而在 2009—2012 年，原料来源驴的头数并没有明显变化。

据公司透露，未来公司将按照既定战略，继续加大研发投入，在业已成熟的阿胶产业基础上，针对不同的消费群体，开发更具创新力的细分产品，借助公司成熟的OTC渠道等优势，进一步提高各类产品在细分市场中的占比份额，为公司的长远发展提供更有力的支撑。

资料来源：中国医药联盟. http://www.chinamsr.com/2014/0916/81422.shtml.

案例点评

影响医药产品价格的因素很多，价格策略是使企业获得利润的重要因素，能直接影响企业的盈亏和兴衰。作为唯一能产生收入的因素，价格受企业内部和外部诸多因素影响。东阿阿胶不断采取提价策略，一方面，由于驴皮资源近年来持续紧缺，驴皮价格不断上涨，令公司的采购成本大幅上升；另一方面，随着阿胶的药用价值和滋补养生价值为更多消费者所认可，阿胶的市场需求仍在不断扩大。东阿阿胶的提价策略是一把双刃剑，一方面可以提高毛利率，确保公司的利润水平，另一方面会出现客户流失、渠道囤货两大问题。

价格是市场营销组合中最重要、最活跃的因素之一。价格直接关系到产品是否为消费者接受，市场占有率的高低，需求量的变化和利润的多少。本章将探讨产品定价的基本理论、影响医药生产企业产品定价的主要因素，介绍医药产品定价的基本方法和策略，研究医药企业价格调整方略，最后介绍政府对医药价格的管理以及其对医药生产企业定价策略的影响。

第一节　医药产品定价基本理论

价格是营销组合中唯一产生收入的要素，其他要素代表着成本。价格也是最灵活的营销组合要素之一。药品定价是关系到国计民生的大事，所以医药以及医疗价格成为我国医疗制度改革关注的焦点。明智的营销者把价格看作是一个创造和抓住顾客价值的关键战略工具。价格对公司的盈利有着直接的影响，价格上一个小幅度的提升会产生一个大幅度的利润提升。更重要的是，价格在创造顾客价值和构建顾客关系上扮演关键角色。一位专家说，“精明的营销家不是逃避定价，而是拥抱它”。

一、医药价格的构成要素

价格是一种产品或服务的标价。价格形成是价格理论中极其重要的问题，历来价格形成有两种理论观点：一是价值（或者其转化形式）决定价格；二是供求决定价格。从市场营销的角度来看，构成价格的四个主要要素是：生产成本、流通费用、税金和利润。

1. 生产成本

医药产品的价格水平有一条最低界限，就是制造成本，即生产成本。如果一个企业的药品价格低于其制造成本，就会导致企业的亏损甚至倒闭。生产成本指生产一定数量的某种药品所耗费的物质资料的货币表现和支付给劳动者的工资。

药品的生产成本包括以下四个方面：一是原料、辅料、包装材料、燃料动力消耗费用的支出;二是生产工人和管理人员的工资支出;三是企业厂房和机械设备等固定资产的折旧;四是其他直接支出。企业生产经营过程中所消耗的原材料、备品配件、外购半成品、生产工人计件工资通常属于直接成本。车间管理人员的工资、车间房屋建筑物和机器设备的折旧、租赁费、修理费、机物料消耗、水电费、办公费等,通常属于间接成本。停工损失一般也属于间接成本。对制药企业而言,不可忽略的成本还包括企业排污减排的环保成本。据了解,到 2013 年联邦制药(内蒙古)有限公司两期环保工程已累计投资 3.36 亿元人民币,占总投资 9.8 亿元的 34.96%。

2. 流通费用

流通费用是指产品从生产领域进入消费领域所支出的各种费用。流通费用是发生在流通领域各个环节之中的,并和产品运动的时间、空间相互依存,所以它是正确制定各种商品差价的基础。药品的流通费用包括:一是推广促进费用,如广告、宣传、技术推广费用;二是销售费用,如销售人员工资、奖金、福利、培训、管理、差旅等;三是市场费用,如市场调查、市场管理等费用;四是医学费用,如药品注册、临床试验等费用;五是储运费用,如运输、保险、仓储等费用。

3. 税金

税金是生产者为社会创造的价值的表现形式。国家通过法令形式强制规定各个种类产品的税率并进行征收。税率的高低直接影响产品的价格,因而税率是国家宏观调控生产经营活动的重要经济手段。生产企业必须按照国家税法义务缴纳税金。医药产品作为一种商品,不同于一般的商品,具有福利性和商品性两种属性,国家向其少征或免征税金,同时给予一定形式的财政补贴或扶持。

中国现行税法按其与药品价格的关系分为价外税和价内税。价外税(所得税)可直接由企业利润来负担,企业不能把其加入药品价格中。而价内税可以加入到药品价格中。药品的价内税主要是增值税。中国的标准增值税税率是 17%。这里产品税金不仅是价格的一个合理部分,同时也是价值的一个有机部分。因此,税金也是构成药品价格的重要因素。

4. 利润

企业利润是指企业在一定时期内生产经营的财务成果,包括营业利润、投资收益和营业外收支净额。影响企业利润的因素主要有四个方面:产品的价格、产品的单位变动成本、产品的销售量、产品的固定成本。其中任何一个因素的变动都会引起企业利润的变动,甚至会使一个企业由盈变亏,也会使一个企业扭亏为盈。企业的营业利润是指营业收入减去营业成本和费用(包括生产成本、管理费用、销售费用及财务费用等),再减去营业收入应负担的税金后的数额。企业利润是指生产总值超过生产成本的差额,用公式表示:利润=生产总值-生产成本。

二、药品价格体系

(一) 国产和进口分装药品价格

1. 药品出厂价

药品出厂价也称药品生产者价格,是药品生产企业向批发企业销售时的药品价格。药品的出厂价是药品进入流通领域的第一道环节,它不仅关系着药品生产企业的经济效益,而且决定了药品的批发价格和零售价水平。药品出厂价由以下公式计算:

无税出厂价=(制造成本+期间费用)/(1-销售利润)

含税出厂价=无税出厂价×(1+增值税率)

一般情况下，期间费用中的广告费（如推销费、宣传费等）不超过定价成本的10%，未达到GMP标准的利润率降低3个百分点。

2. 药品批发价

药品批发价是药品批发企业向零售药店或医疗单位销售时的药品价格，由购进成本（即药品进价）加上进销差价构成。合理确定药品批发价有助于稳定药品零售市场价格。药品批发价由以下公式计算得出：

含税批发价＝含税出厂价×（1＋进销差率）

目前规定流通各环节进销差率之和不得超过从工厂到批发之间的最大进销差率。列入政府价格目录的药品不得高于政府规定的批发价格。

3. 药品零售价

药品零售价是零售药店或医疗单位向消费者销售医药产品时的价格，由购进成本（即药品进价）加上批发零售差价构成。其计算公示如下：

零售价格＝含税批发价×（1＋批零差率）

信息框

改进价格管理，破解常用低价药品供应保障难题

2014年4月15日，国家卫生计生委等8部门联合召开媒体通气会，宣传、解读日前由国务院医改领导小组研究通过的《关于做好常用低价药品供应保障工作的意见》。

在改进价格管理方面，对纳入国家低价药品清单的药品，取消针对每一个具体品种的最高零售限价，允许生产经营者在日均费用标准（另行制定）内，根据药品生产成本和市场供求状况自主制定或调整零售价格，保障合理利润。各地根据日均费用标准，确定本省（区、市）定价范围内的低价药品清单。对因成本上涨或用法、用量发生变化导致日均费用突破低价药品控制标准的，要退出低价药品清单，重新制定最高零售指导价格。对用量小、市场供应短缺的药品试点国家定点生产、统一定价。

资料来源：国家卫生计生委药物政策与基本药物制度司. http://www.nhfpc.gov.cn/yaozs/s7652/201404/277a8f5444804cddb3e6513f5cdd0484.shtml.

（二）进口药品价格

含税口岸价＝到岸价×（1＋关税率）×（1＋增值税率）＋口岸地费用

其中，口岸地费用包括报关费、检疫费、药检费、运杂费、仓储费等。

信息框

进口药定价普遍比国内高的原因

近些年来，海外代购相关的新闻不绝于耳，从化妆品、奢侈品再到闹出轩然大波的奶粉，而最近焦点落在了去香港买药。相同的药品，为何在内地与香港的价格却有如此大的差异？原因可能如下。

一、定价机制

在我国，进口药品定价一般分为三类：一类是按市场自主定价；一类是实行最高零售限价，一般纳入医保目录；还有一类就是像赫赛汀这样享受国家发改委的单独定价权利的，包括原研药、专利药和独家品种。因此，在国内普通的药品经销商无法做此类药品的销售代理。

二、代理商加价

药物进口到中国，除了关税外，还要通过各级分销商经营，中间环节多自然导致药价层层加码。进口药现在一般都要经过药品代理商、药品经销商，然后再流通到医院。

三、关税

因为香港是自由港，是零关税。零关税就是指进出口的商品在经过一国关境的时候，由政府设置的海关，不向进出口国或者是地方征收关税。所以，在香港买某些产品的时候就是零关税。另外，香港公立医院其实是由医院医管局采购药品，就不能有佣金，公立医院用药费用是由政府来负担，所以患者从公立医院拿到的药物是非常的便宜，也就是说公立医院的药品低价格会在一定程度上影响到市场上药店的价格的。

资料来源：新浪财经. http://finance.sina.com.cn/chanjing/cyxw/20130817/091916480260.shtml.

(三) 医院制剂零售价

原国家发展计划委员会规定，医院制剂零售价格的计算公式为：

零售价格＝制造成本×(1＋制造成本利润率)

医院制剂的原料损耗，中药最高不得超过20%，西药最高不得超过5%。调剂购进的医院制剂，医疗单位应以实际购进价格为基础，加不超过5%的利润制定零售价格。

2012年4月，国务院办公厅印发《深化医药卫生体制改革2012年主要工作安排》的通知，声明公立医院改革将取消药品加成。

(四) 中药饮片的价格

中药饮片的出厂价和批发价实行同价，计算公式为：

含税出厂价(含税批发价)＝[原药实际进货价/(1－损耗率)＋辅料费＋各项费用]×(1＋成本利润率)×(1＋增值税率)

其中，成本利润率为5%。

国家卫生计生委在公立医院改革简报中提出要改革中医药价格形成机制，建立中药饮片、医院制剂价格联动机制，县级价格主管部门根据中药材价格变化情况，定期调整中药饮片、医院制剂最高零售价格。

信息框

镇江市全面启动医药价格综合改革

2013年1月1日起，镇江市在全市所有二级以上的市级及县级公立医院全面实施药品零差率，推行医药价格综合改革。按照“总量控制，结构调整”的原则，取消除中药饮片及制剂外的全部药品加成，调整部分体现医务人员劳务价值和知识价值的医疗服务价格，试行按病种收费。在全面取消公立医院药品加成的同时，调整部分医疗服务价格，保持项目总费用的相对平衡。

药品实行零差率，除中药饮片及医院制剂以外的全部药品实行零差率。目前全市共取消

4 830 个品种和规格的参保和非参保药品加成。

资料来源：国家卫生计生委医政医管局. http://www.nhfpc.gov.cn/yzygj/s10006/201301/b73c44efbeda4f4d960cec94a5fb5a95.shtml.

三、影响医药产品定价的要素

影响医药企业定价的因素是多方面的，有医药企业内部因素，也有医药企业外部因素；有主观的因素，也有客观的因素。概括起来，大体上包括医药企业定价的目标、产品成本、市场需求、竞争者的产品和价格、政府的政策法规等，如图 10－1 所示。医药企业在产品定价时可以从上述几个方面进行考虑。

- 定价的影响因素
  - 内部因素
    - 医药企业定价的目标
    - 产品成本
  - 外部因素
    - 市场需求
    - 竞争状况
    - 政策法规

图 10－1　医药企业产品定价的影响因素

（一）医药企业定价的目标

医药企业定价目标是企业整体营销战略在价格上的反映和实现，是企业制定价格策略的指导思想和总体方向。医药企业通过定价可以完成以下五类目标的任何一种：维持生存、短期利润最大化、市场份额最大化和确立药品的质量领先地位等。

1. 维持生存

如果企业（医药企业）在遇到生产大量过剩、竞争过度激烈的情况，同时患者选择和需求急剧变化时，企业就要把维持生存作为企业的主要目标。降低价格，确保生产线能继续开工并将存货出清。医药企业选择谋求生存，一般是一个短期目标，只要药品的价格能够弥补可变成本和一部分固定成本，企业就可以继续生存下去。

2. 短期利润最大化

一般企业的总体目标大都应该选择长期利润最大化，但是只要不影响企业的长期战略，企业在很多情况下是可以将短期利润最大化作为定价目标的。医药企业要想实现短期（当期）利润最大化，需要对药品市场进行充分调查研究，正确预测出市场的需要量及可能销售量。在此基础上确定适当的价格，争取扩大销售数量，以获取最大利润。例如，有不少企业在新产品上市时采用的撇脂定价就是遵循这一定价目标的。但是，实现这类目标可能会牺牲医药企业长期的发展目标，并且这种方法往往忽视其他营销组合变量的约束，忽视竞争者反应的影响和相关法律法规对药品价格的管制等问题。

3. 市场份额最大化

市场份额是反映企业市场地位的重要指标。医药企业之所以有时会选择市场份额最大化作为目标，往往是因为企业大量生产会大幅度地降低药品的单位生产成本，并且企业能够获得较高的长期利润。制药企业采取市场渗透定价法，是基于假定市场对该药品价格敏感度较高，制定尽可能低的价格，以吸引购买者。这种战略适用的情况一般是：患者和顾客对该药品价格敏感度高，所以低价能够促进企业销量增加，从而迅速打入市场；生产经验的积累将会降低单位药品的生产和分销成本；足够低的价格能够使企业夺得竞争对手的市场份额，建立本企业在品牌、数量上的优势。

信息框

"唯低价是取"使得企业以超低价中标来赢取市场份额

华北制药这家以生产中国第一支青霉素闻名全国的药厂，80%的产品都登上了国家基本药物目录。这种本该令人嫉妒的产品结构带来的却是难以承受之痛。第一次参与"双信封"模式招标的华北制药由于担心低价中标无法带来利润，有些审慎。结果在安徽省当年的招标中，华北制药参与竞标的几十种产品仅有一种中标，其他的产品全军覆没。

在上一轮的基本药物招标中，安徽模式成功推行之后，四川紧随其后，其他省份纷纷效仿。不中标就意味着企业不能在这个区域市场销售，眼看失去了安徽市场。为了不再继续失去市场，华北制药决定在四川的招标中报出最低价格，不惜一切代价也要中标。事后证明，这完全是一场不计代价的厮杀。

四川省招标，华北制药 80 万单位的青霉素投标价只有 0.27 元，0.35 元的成本价在业内已经几乎透明，0.27 元中标等同于自杀，但他们没有选择。失去了安徽市场以后，华药将四川市场握在了手里。按照中标价，仅青霉素一种，如果每月为四川派送 1 000 件药品，华北制药将亏损超过 100 万元。华北制药别无选择，如果不去参与低价中标，且不论多年来拿到的市场份额将丧失，仅生产线维护费及工人工资就让企业不可承受其重。华北制药只是众多药企命运的缩影。

上一轮招标至今已经过去近 3 年。3 年里，生产药品的成本持续上涨，药价却不能调整。50 多年前，华北制药生产青霉素结束了中国青霉素依赖进口的历史，而今青霉素却成了企业的负担。即便如此，华北制药依然不能擅自调高价格。

2013 年，各省新一轮药品招标逐渐展开，作为第一轮招标中的最后一个地区，北京的招标规定给了企业希望。北京基本药物招标采用三大中标指标，最低价和综合得分前两名的企业都有资格中标，得到在北京市场销售的机会。而在此之前，各地区的唯低价原则已经让药企喘不过气来。

资料来源：中国医药联盟. http://www.chinamsr.com/2014/0325/77673.shtml.

4. 确立药品的质量领先地位

有些企业的目标是以高质量的产品来占领市场，这就需要实行"优质优价"策略，以高价来保证高质量产品的研究与开发及生产成本。国内外不少医药企业喜欢利用高价位来"掠夺"市场，攫取患者和顾客的金钱。

以赛诺菲公司波立维为例，波立维是由赛诺菲公司研制，波立维在急性冠脉综合征（ACS）治疗中具有不可替代的临床地位，同时也是缺血性卒中二级预防首选用药之一，成为冠心病特别是经皮冠状动脉介入治疗（PCI）患者的主要治疗药物之一，是全球抗血栓药物中的霸主。由于原研药单独定价的优势，波立维 160 多元的价格为国产仿制药的 2 倍，这种价格优势较长时间内仍能保持，从而使企业获得相当高的新药研发回报。

另外，制药企业还可以确定其他一些定价目标，如提高竞争力、保持价格稳定、以社会责任为定价目标等。无论是什么定价目标，都以企业当时所处的国内外市场环境条件、国家相关产业管制政策和相应药品价格法规、规范为依托，依据企业的经营战略和营销组合战略的指导，灵活地确定适合企业自身的定价目标。

（二）产品成本

任何医药企业都不能随心所欲地制定价格。产品成本是产品价值的重要组成部分，所以产品成本也是制订产品价格的重要依据。医药企业制定价格时，既要考虑成本的补偿，又要考虑消费者对价格的接受能力。从消费者讲，尽管药品是一种特殊商品，但在医药企业销售目标既定的情况下，消费者也会对其价格的可接受程度有个上限，这决定了医药企业定价的上限，价格高于这个限度，就达不到销售目标。从医药企业本身来讲，成本是一个关键的因素，产品的成本费用决定了它的最低价格。从长远看，医药企业产品的销售价格只有高于总成本费用，医药企业才能补偿生产成本和经营费用，获得一定的盈利；低于总成本费用，医药企业就会亏本，使生产难以为继。医药企业制定价格时所估算的成本，包括生产成本、销售成本、储运成本和机会成本等。

1. 企业生产成本

它是医药企业生产过程中所支出的全部生产费用，包括原料及主要材料、包装材料、燃料动力、直接工资、制造费用和其他直接支出等。

信息框

三七价格暴跌 药企成本大降

中药材天地网数据显示，2014 年 8 月 13 日云南三七 120 头价格为 246 元/公斤，较上周下跌 17.59%；80 头价格为 307 元/公斤，较上周下跌 14.48%。这一价格逼近种植的成本价，早前饱受价格高涨之苦的医药上市公司却大大受益。据悉，国内 80%的三七被用于制药，三七是天士力、云南白药、昆明制药、白云山等药企上市公司的重磅中药产品原材料。

2013 年 6 月，三七曾创下 901.18 元/公斤的历史最高价，暴利之下，农民开始盲目跟风种植，三七种植面积急速扩大。据了解，整个三七市场一年的需求量大概在万吨左右，而文山地区 2014 年、2015 年的产新量有望分别超过 2 万吨和 6 万吨，供过于求的局面无法逆转。

由于三七降价超预期，券商研究员已在暗推三七降价受益品种，尤其是受三七价格影响弹性最高的昆明制药。华神集团也表示，三七原材料的采购价格下降，使公司现代中药主要产品三七通舒胶囊的成本下降，毛利率提高，对公司业绩有一定的积极影响。

资料来源：中国医药联盟. http://www.chinamsr.com/2014/0815/80869.shtml.

2. 销售成本

它是指商品流通领域中的广告、推销费用。在现行市场经济体制下，广告、推销等是药品实现其价值的重要手段，用于广告、推销的费用在药品成本中所占的比重也日益增加。许多企业开始更加注重自己企业生产的“王牌药”“品牌药”的形象树立，不少药品企业不惜投入重金对研发的品牌药进行“形象设计”，以扩大企业在药品市场上的份额。

3. 储运成本

这是指商品从生产者手中转移到消费者手中所必须的运输和储存费用。药品的储运主要体现在流通上面，流通越快，其所需要的费用也就越少。药品出厂后大多需经过批发医药企业、零售（连锁）医药企业或医院药房等多个环节才能到达消费者手中，多次商品所有权的转移势必要增加药品的流通费用，同时也影响到药品的流通速度。而流通费用的增加被分摊到药品上最终影响到药品的价格。

4. 机会成本

机会成本是医药企业从事某一项经营活动而放弃另一项经营活动的机会而应取得的收益。但是，商品的成本不是个别医药企业的商品成本，而是所有生产同一产品的生产部门的平均生产成本。在通常情况下，机会成本对个别医药企业的商品成本影响比较大，对平均生产成本的影响比较小，因而对商品价格的影响也很小。

在实际工作中，产品成本又可分解为固定成本和变动成本。固定成本是指不随药品种类及数量的变动而变动的成本，如厂房、机器、设备的折旧，市场调研费，药品开发费等。变动成本是指随药品种类和数量的变化而变动的成本，如原材料、燃料、储运费用，销售提成等。医药企业定价时，应结合产品的产量、销量、资金周转等因素综合起来考虑。成本因素还要与影响价格的其他因素结合起来考虑。

（三）市场需求及变化

成本是产品价格的下限，市场需求是产品价格的上限。市场需求受价格和收入变动的影响，其表现为需求弹性。因此，医药企业在定价时需考虑以下几个方面。

1. 需求价格弹性

需求价格弹性是表明由价格变动而引起需求数量的变动程度。药品作为一种特殊的商品，既是必需品，也是普通消费品。需求价格弹性＝需求量变动的百分比/价格变动的百分比。它反映了需求量对价格变动的敏感性。一般来说，必需品的需求价格弹性小，非必需品的需求价格弹性大。不过，当市场上没有替代品或者没有竞争者时，购买者对较高价格不在意。

信息框

“仰望”孤儿药蓝海

2014 年，一项名为“冰桶挑战”的活动风靡全球风靡网络，众多明星政客也参与了这项挑战，这使得罕见病治疗再一次引起了大家的广泛关注。

“孤儿药”是指用于罕见病治疗、用量极小、研发成本高的药物，企业缺乏生产供给意愿。为鼓励企业研发生产孤儿药，世界各国普遍对孤儿药的研发销售制定了相应的激励法规政策，如在美国，孤儿药的上市不但享有快速审批通道，并且一旦上市就有 7 年的市场独占期（无论是否有有效的专利保护）。在此背景下，原来少有制药企业关注的孤儿药成为了制药行业目前最炙手可热的领域之一，跨国巨头纷纷抢滩孤儿药市场。

由于市场小，研发费用高，投入与收益不符，且我国在孤儿药的研发、引进、生产及销售等环节都缺乏政策支持，企业大多不愿在相关领域开展研发。因此，我国对孤儿药的研发几乎空白，只能依赖全进口。目前，我国大陆上市的孤儿药仅有 130 种，只有 57 种进入了国家医保目录，但我国各类罕见病患者约有 1 680 万人。

显然，我国亟需出台相应的孤儿药研发销售的激励法规政策。目前，我国药监部门虽已建立药品的特殊审评程序，药企可借此享受减免临床试验病例数、快速审批等优惠政策，但因无明确细则出台，具体落实效果尚有待商榷。

保障我国“孤儿药”的供给，既关系到患者的治疗，也事关政府形象和深化医药卫生体制改革的成效。我国应尽快制定“罕见病法”，完善孤儿药特殊上市保障制度的相应配套制度，对急需孤儿药设立快速审批通道，给予孤儿药生产、引进者相应的市场垄断权、新药定价、税收优惠等，并严格执行药品的再审查制度，以提升药品安全性的保障等。同时，还需加大孤儿药的基药目录、医保目录覆盖率，提高孤儿药的可及性。

资料来源：医药观察家网. http://www.yygcj.com/info/2014—05/29785.html.

2. 交叉弹性

交叉弹性是用来衡量一种产品的价格变动影响到另一种产品需求量的变动程度。若乙产品的价格上涨，造成甲产品的消费量增加，则说明交叉弹性为正值；反之，交叉弹性为负值。交叉弹性越大，甲、乙两种产品间相互替代性就越大；交叉弹性越是趋于零，二者间的替代性就越小。目前我国医药生产企业数量多，生产规模不大，科技含量不高，产品无特别优势，内部又进行无序竞争，医药企业在产品定价时，必须考虑产品之间相互影响的程度，特别是与国外医药企业产品间的相互影响。

3. 需求收入弹性

需求收入弹性主要说明需求量的变动对于收入变动的反应程度。一般而言，生活必需品的需求收入弹性较小；高档食品、耐用消费品、娱乐支出等类的需求收入弹性较大。药品作为必需品，决定了消费者在用于医疗方面的费用不会因为收入的变化而有很大的变动；药品也有普通消费品的特性，在有替代药品的情况下会影响消费者因收入的变化而做出适当的调整。群众卫生费用支付能力随市场经济的发展、个人收入差距拉开而变动。一些高收入者，把服务质量放在首位，希望得到更好的服务，愿意付出较高的费用，对这部分人的服务价格可定得高一些；而对于一些收入不高的人群，要保证其基本卫生服务，价格上就要优惠一些，以体现社会公平。因此，医药企业在定价时，须考虑到不同地区经济发展状况，人们收入情况、支出结构、消费观念等因素，同时也要考虑国家的法规政策，以对产品价格进行适当提价或降价。

（四）医药企业行业竞争

市场竞争也是影响价格制定的重要因素。根据竞争的程度不同，医药企业定价策略会有所不同。按照市场竞争程度，可以分为完全竞争、不完全竞争与完全垄断三种情况。

1. 完全竞争

所谓完全竞争也称自由竞争，它是一种理想化状态。在完全竞争条件下，买者和卖者都大量存在，医药产品都是同质的，不存在质量与功能上的差异，医药企业自由地选择医药产品进行生产，买卖双方能充分地获得市场情报。在这种情况下，无论是买方还是卖方都不能对医药产品的价格进行影响，只能在市场既定价格下从事生产和交易。

2. 不完全竞争

它介于完全竞争与完全垄断之间，它是现实中存在的典型的市场竞争状况。不完全竞争条件下，最少有两个以上买者或卖者，少数买者或卖者对价格和交易数量起着较大的影响作用，买卖各方获得的市场信息是不充分的，它们的活动受到一定的限制，而且它们提供的同类医药产品有差异，因此，它们之间存在着一定程度的竞争。在不完全竞争情况下，医药企业的定价策略有比较大的回旋余地，它既要考虑竞争对象的价格策略，也要考虑本医药企业定价策略对竞争态势的影响。

3. 完全垄断

它是完全竞争的反面，是指一种医药产品的供应完全由独家企业控制，形成独占市场。在完全垄断竞争情况下，交易的数量与价格由垄断者单方面决定。完全垄断在现实中也很少见。

医药企业的价格策略，要受到竞争状况的影响。完全竞争与完全垄断是竞争的两个极端，中间状况是不完全竞争。在不完全竞争条件下，竞争的强度对医药企业的价格策略有重要影响。所以，医药企业首先要了解竞争的强度。竞争的强度主要取决于医药产品制作技术的难易，是否有专利保护，供求形势以及具体的竞争格局。其次，要了解竞争对手的价格策略，以及竞争对手的实力。最后，还要了解、分析本医药企业在竞争中的地位。

信息框

“伟哥”市场大混战　预计国产仿制药低于60元

2014年9月18日，广药白云山宣布“伟哥”同类仿制药“金戈”将在10月底正式铺货，主要借助药店渠道推广。白云山是国内第一家获得“伟哥”同类仿制药生产审批的药企。业内预计“金戈”定价为50—70元/粒，远低于目前的市场龙头万艾可。

目前国内抗ED(勃起功能障碍)药物市场上的外资产品主要有辉瑞的万艾可、礼来的希爱力和拜耳的艾力达，其中万艾可占据市场龙头地位，年销量约在10亿元左右，希爱力约在3亿元左右；市场定价方面，万艾可售价128元/粒，希爱力售价138元/粒，艾力达售价128元/粒。可以预见的是，一旦国产“伟哥”得以上市，国内的抗ED药物市场将从原来的万艾可、希爱力以及艾力达三分天下的格局，变成国产低价仿制药和外资高价原研药相互厮杀夺食的市场竞争局面。

据悉，辉瑞近年来不断有意加大“伟哥”的营销力度。2013年几乎是辉瑞的“伟哥年”。辉瑞在全国策划了100场活动，开始了激进式的市场推广。辉瑞的想法是能在专利到期前，为其产品打下坚实的市场基础。在开心人网上药店，一片装的万艾可价格则是103元。在健客网，5片装的报价是445元，低于市场价516元。不止是万艾可，包括希爱力、艾力达都在做买赠促销。

事实上，国内药企已经做好和外资原研药打硬仗的准备。广药方面表示，白云山制药总厂已经在产能上做好准备，并已组建“伟哥”营销团队，正在进行白云山版“伟哥”的市场推广、品牌打造等方面的前期工作。市场预计，国产仿制药上市后定价或在20—60元/片。国信证券研报显示，目前ED正规治疗药品仅10亿元规模，将来可望达到百亿元级别。

资料来源：医药观察家网. http://www.yygcj.com/info/2802/30786.html.

(五) 其他因素的影响

医药企业的定价除受企业定价目标、成本、需求及竞争的影响外，还受到其他很多因素的影响，这些因素包括医药企业定价的范畴、医药产品差价与比价因素、医药产品信息不对称等。

1. 医药企业定价的范畴

(1) 国家指导性定价。它是指国家物价部门和业务主管部门规定定价权限与范围，指导价格制定和调整的医药企业定价方式。其定价方式有以下三种：

① 浮动定价。它是指国家规定医药产品的基准价格、浮动幅度和方向，由医药企业在规定的范围内自主定价。2014 年 5 月，国家发改委正式宣布取消 530 种低价药的最高零售价。药企在单个西药日均费用不超 3 元，中成药日均不超 5 元的前提下可自主定价。定价低、利润薄导致厂商不愿生产，导致一些疗效好的低价药频频出现断货的情况，不少生产低价药的药企认为，这次国家取消最高限价，可以更好地保障低价药的生产和供应。

② 比率控制定价。它是指国家规定医药产品的差价率、利润率与最高限价范围，由医药企业自行灵活地确定价格。医药产品价格可采用高进高出，低进低出或高进低出等形式，但不得超过规定的控制比率。

③ 行业定价。它是指为了避免同行业医药企业在生产和流通中盲目竞争，国家采取计划指导，由同行营销者共同协商制定医药产品的统一价格，并由协商者共同遵守执行。这能防止价格向垄断转化，有利于市场竞争。

(2) 医药市场调节定价。它是指在遵守政策和法规的前提下，根据市场供求状况、市场竞争程度、消费者行为及医药企业自身条件等因素的变化趋势，由营销者自行确定药品价格。这种定价主要适用于生产分散、营销量大、品种规格繁多、供求情况复杂、难以计划管理的医药产品，且主要依靠价值规律自发地调节医药产品价格。例如，2014 年 2 月，发改委已经内部下发征求意见函，拟对低价药、省管 OTC、目录外专利药品等实行价格放开。2014 年 5 月，低价药就全部在标准范围内取消了药品最高零售价，实行市场调节，由企业自主定价。

2. 医药企业产品差价与比价因素

医药企业产品差价与比价，是价格体系的重要组成内容，也是国家价格政策的组成部分。

(1) 医药企业产品差价因素

医药企业产品差价是指同一医药产品由于销售地区、流转环节、销售季节、用途等不同而形成的价格差额。医药产品差价形成的主要理论依据是上述各种情况下耗用的劳动量不同。其形式有：地区差价，批零差价，季节性差价，平议差价等。

地区差价因素。地区差价是指同种医药产品在同一时间、不同地区的价格差额。它由医药产品在地理空间转移过程中所增加的劳动消耗而造成。另外，由于不同地区的技术水平、资源条件、劳动熟练程度等不同，也会形成地区差价。医药企业定价时应考虑差价因素，这是因为：其一，商品由于受地区差价的影响，必定会产生地区间流动，从而使某地区医药产品总量发生变化，这样势必使医药企业调整自己商品的价格。其二，医药企业对异地医药产品提价的适应程度。差价过大，则竞争对手增多，差价过小，医药企业无利可图。

批零差价因素。批零差价是指同种商品在同一时间、同一市场零售价与批发价之间的差额。即零售价减去批发价的余额。由于它反映批发商与零售商的利益分配关系，因此，批零医药企业定价时应考虑合理的差价，这样才有利于双方对医药产品的销售。

季节性差价因素。季节性差价是指同一医药产品、同一市场、不同季节之间价格的差额。它主要由于医药产品供求在时间上的矛盾而造成。对于这类医药产品，在销售旺季时，可采用高价策略。而在销售淡季时，则使用低价策略。生产医药企业则应更多地考虑产品的生产时间，准确预测医药产品需求的季节变化。比如根据流行性感冒的季节变化可以实施季节性差价。

平议差价因素。平议差价是指同种医药产品在同一市场中国家计划价格与市场价格间的差额。医药企业在按时按质完成计划任务后，应勇于使自己的产品参与市场竞争。

（2）消费者心理和习惯

价格的制定和变动在消费者心理上的反映也是价格策略必须考虑的因素。在现实生活中，很多消费者存在“一分钱一分货”的观念。面对不太熟悉的药品，患者常常从价格上判断药品的好坏，从经验上把价格同药品的使用价值联系。患者的购买心理和习惯上的反应是很复杂的，某些情况下会出现完全相反的反应。例如，在一般情况下，涨价会减少购买，但有时涨价会引起抢购，反而会增加购买。因此，在研究消费者心理对定价的影响时，要持谨慎态度，要仔细了解消费者心理及其变化规律。

3. 医药产品信息不对称

药品定价过程中的信息是不对称的。社会劳动分工和专业化，使得在参与日常经济活动时，从事不同专业劳动的人获取信息的能力不同，某些参与人拥有其他参与人不拥有的信息，这就造成了信息不对称。医药领域的信息不对称也是社会分工和专业化的产物。药品的特殊属性，如专属性、质量的严格性、副作用和毒性等，使得药品必须由专门的、专业的人员研究、制造、生产、调配以及销售。从事药品生产的企业和拥有处方权的医疗机构对药品的属性最为了解，处于信息优势地位；而药品的消费者以及对医药质量、价格进行监管的政府相关部门则对药品属性的了解相对较少，处于信息劣势地位。因此，政府相关部门与药品生产企业之间、药品消费者与医疗机构之间都存在信息不对称。

信息不对称是我国药品定价实施过程中的一大特点。药品监督管理部门与药品生产厂家的信息不对称，药品生产者、提供者与消费者之间的信息不对称造成了政府部门与消费者的信息成本相当高昂。信息成本过高，一方面抑制了政府药价主管部门的工作力度，难以全面准确核定政府管理的药品价格，另一方面增强了药厂虚高定价的动机，制造药价构成的模糊性。

第二节　医药企业定价的基本方法

医药企业制定价格是一项复杂的工作，需要综合考虑各个方面的因素，采取一系列步骤。通常，医药企业制定药品价格要采取六个步骤：选择定价目标、测定需求价格弹性、估算成本、分析竞争对手的产品与价格、选择适当的定价方法、选定最后价格等。本节就医药企业具体的定价方法进行阐述。

产品成本是医药企业制定价格的下限，消费者对产品的需求和对产品价值的理解是企业定价的上限，竞争者的产品价格是企业定价的第三方参照，企业定价要综合考虑这些影响因素。但实际定价工作中往往只侧重某一个方面的因素。大体上，企业定价有三种导向，即成本导向、需求导向和竞争导向。

一、成本导向定价法

成本导向定价法就是以产品成本为中心来制定价格的方法。以成本为导向的定价方法有成本加成定价法、目标利润定价法、盈亏平衡点定价法、边际贡献定价法等。

（一）成本加成定价法

成本加成定价法是最基本的、简单易行的定价方法，医药零售企业大都使用这一方法定价。就是在药品成本的基础上加上标准差价，再计算出全部不变成本分摊和可变成本之后，提出药品单价。

例如，某制药厂生产某种抗生药，成本和预计的销售量：

每盒可变成本	10 元
固定成本	300 000 元
预计销量	60 000 盒

该药厂的每盒抗生素的成本：

每盒成本＝每盒可变成本＋固定成本/预计销量＝10＋300 000/60 000＝15(元)

1. 顺加法

医药企业用单位平均成本加上一定百分比的加成制定价格的方法。其定价公式为：

$$P=C(1+R_1)$$

其中，P 为单位产品销售价格，C 为单位产品总成本，R_1 为成本加成率。

如果该企业希望获得的回报率为产品总成本的 20%时，则该厂成本加成价格为：

成本加成价格＝每盒成本×(1＋成本加成率)＝15×(1＋20%)＝18(元)

照此算法，该制药厂以每盒 18 元的价格将抗生素卖出，获得产品总成本的 20%的利润，每盒盈利 3 元。

2. 倒扣法

有的医药企业(如医药零售商)往往以销售额中的预计利润率为加成率来定价。计算公式为：

$$P=C/(1-R_2)$$

其中，P 为单位产品销售价格，C 为单位产品总成本，R_2 为销售额中的预计利润率。

如果该企业希望在销售额中有 20%的利润，则该厂成本加成价格为：

成本加成价格＝每盒成本/(1－期望销售回报率)＝15/(1－20%)＝18.75(元)

这样，该制药厂以每盒 18.75 元的价格将此抗生素提供给医院和零售商，就可以获得销售收入 20%的利润，每盒盈利 3.75 元。

成本加成定价，只有当以成本加成定价法制定的价格能够确实达到或超过该药品预计销售量时，才能保证利润的实现。该定价法仍然被制药企业广泛采用，其原因有：第一，制药企业的成本比较容易计算，估计需求却比较困难，因此用成本计算出价格就简化了医药企业的定价工作；第二，在所有或是大多数医药企业都采用成本加成定价法时，同样药品的价格就会大体一致，从而可以避免不利于行业发展的价格竞争；第三，大多数人认为成本加成定价法无论是对制药企业还是购进医药的医院或零售商都比较公平，在购进方购买量加大时，制药企业不会乘机加价谋求超额利润，同时制药企业也可以取得公平的投资回报。

(二) 目标利润定价法

目标利润定价法是指企业在定价时根据总成本、预期利润和估计的销量来计算出产品价格的方法。采用这一方法定价时，制药企业首先确定组织的投资回报率，而后计算出价格。不少上市医药公司采用这种定价方法。例如，长春国奥药业有限公司在定价时，就依据公司招股说明书中投资回报率 10%的年度目标，单位成本为 20 元，项目总投资为 1.5 亿元，预计销售量为 300 万元，其抗癌中药产品安替可胶囊的价格为：

药品单价＝单位成本＋(期望投资回报率×项目总投资)÷销售数量

＝20＋(10%×150 000 000)÷3 000 000

=25(元)

因为该药属于国家中药保护品种,市场竞争不激烈,所以销量稳步上升,加上该企业成本控制到位,这就保证了该企业能够实现10%的投资回报率。对于其他企业,这一定价法由于忽略了市场竞争因素和需求的变化,常常由于销量达不到预期而完不成财务目标。在此情况下,就需要进行盈亏平衡分析,以确定企业实际的盈利情况,适时进行价格和目标投资收益率调整。

(三)盈亏平衡点定价法

盈亏平衡点定价法也称保本定价法,是以医药企业总成本与总收入保持平衡为依据来确定价格的一种方法。其基本原理是在销售量达到一定水平时,医药企业该如何定价才不会发生亏损;反过来,当已知价格在某一水平上时,该产品销售多少才能保本。在盈亏平衡点,医药企业的收入恰好等于所支出的总成本。盈亏平衡定价法使企业无利润可言,只是在市场不景气时,企业为了维护生产不得已而采取的定价方法。计算公式为:

$$价格(P)=固定成本(FC)/销售量(Q)+单位变动成本(VC)$$

例如,某医药企业的固定成本为100 000元,单位变动成本为每盒20元,如果企业接到10 000盒的订单,则保本价格(即盈亏平衡点价格)为:

$$价格(P)=100\,000/10\,000+20=30(元)$$

(四)边际贡献定价法

边际贡献定价法,又称为边际成本定价法、变动成本定价法等,是指企业在定价时只考虑变动成本,不计算固定成本,而以预期的边际贡献适当补偿固定成本。只有当产品的价格高于单位变动成本,产品的边际收益才能大于零,销售增加就能导致总收入的增加,该价格可以接受。这种定价方法主要用于企业的短期决策,也用于在销售价格调整时。通常用下列公式来计算边际贡献:

边际贡献=销售收入-变动成本

边际贡献大于0,其超过部分的收益可以用来补偿固定成本。若边际贡献等于固定成本,则企业盈亏平衡;若边际贡献大于固定成本,企业就会盈利。反之,边际贡献小于固定成本,只能补偿变动成本,不能补偿固定成本,企业就会亏损。

在某些特殊情况下,企业停产、减产,仍得如数支出固定成本,倒不如维持生产,只要产品销售价格大于单位变动成本,就有边际贡献,若边际贡献超过固定成本,企业能够盈利。企业用边际贡献法确定产品价格,其公式为:

单位产品价格=(总变动成本+边际贡献)/销售总量

例如,某药品的固定成本为100万元,变动成本为6元/瓶,根据市场调查,该药品的市场接受价格为10元/瓶,年销售量为20万瓶。企业是否应该继续生产?

$$边际贡献=(10-6)\times200\,000=800\,000(元)$$

$$单位产品的价格=(6\times200\,000+800\,000)\div200\,000=10(元)$$

该医药企业以10元/瓶的价格出售其产品,其边际贡献800 000元可以补偿大部分固定成本损失,因此企业应该继续生产。

边际贡献定价法是一种为了应付市场的特殊变化才采取的定价方法。也就是说,采取边际贡献定价是有条件的,如市场萧条期企业产品供过于求,企业在价格上如不采取灵活措施,可能没有市场而造成停产,企业将承担固定成本的全部损失。另外,如果企业除满足原有市场需求外，仍有剩余生产能力，企业可采取边际成本定价为新市场服务。这种做法只能是短期的，因此获得的销售额在总销售额中不应占有较大比例。

二、需求导向定价法

医药企业常用的以需求为导向的定价方法主要有感知价值定价法、价值定价法等。

（一）感知价值定价法

目前，越来越多的制药企业开始尝试将其药品的价格建立在患者、顾客对其相应药品的感知价值的基础上。企业提供的药品必须传递价值形象所包含的疗效和价值。这些制药企业充分利用营销组合中的非价格手段，如广告等在患者心目中确立和增强药品的感知价值。

例如，2013年随着《爸爸去哪儿》节目的热播，华润三九小儿感冒颗粒进入人们的视线，成为耳熟能详的治疗小儿感冒的药物。同时，节目拍摄后期进入冬天，为感冒多发季节，提高了品牌辨识度和记忆度。

感知价值定价法的关键是传递比竞争对手同样药品更多的疗效、使用更方便或是吸收效果更好等，并展示给此类病患者、潜在销售商顾客。制药企业可以通过专家判断、关键问题访谈小组、类似产品价值、因素或特性相关性分析等方法来确定患者或顾客对药品的价值感知。

（二）价值定价法

价值定价法是制药企业或医药零售企业以较低的价格出售高质量的药品的一种方法。国内的很多大众和家庭用药企业，以及美国的沃尔玛在销售医药产品时都采用价值定价法。当然，价值定价并不是简单地制定一个相对于竞争企业更低的价格，必须对药品要素进行重新组合，比如简化包装等，在不影响疗效和质量的前提下提供低成本的药品。降低价格的目的是为了吸引大量对价格敏感的患者和顾客。

制药企业考虑采用价值定价法，最重要的原因就是大量的广告和促销活动成本很高，并且直接损害了患者对正常价格的信赖。部分制药企业或主动、或受政府委托承担了为大量社会低收入群体提供用药的社会责任。然而，广告等促销手段的确是一种刺激患者和顾客选购意愿的非常有效的手段，因此低价策略并不能保证经营的成功。伴随医药市场竞争的日趋激烈，越来越多的经营者针对产品线中不同药品同时采用高定价和价值定价结合定价，加大部分药品的广告促销市场推广力度，以求企业其他药品依靠统一品牌吸引顾客。

在公开竞价投标时，采购组织公布药品采购品种和数量(组合)，首先由一家经资格审核的制药企业或批发商主动提出一个其接受订单的价格，而后其他竞争者给出更低的价格，价格慢慢降低，直到无企业愿意给出更低的价格为止。这种方法每个参与投标的供应商都可以看到最新的低价，自行决定是否出更低的价格，最后给出最低价的制药企业和医药批发商中标，以其最后一次给出的价格达成销售合约。有些民营医院采用这一方法采购药品。

国有医院和政府通常会采用暗标方式采购药品。依据《中华人民共和国招标投标法》在暗标投标中，每个有资格的制药企业或是药品批发商提供一个标价，并且互相不知道对方的标价，要想赢得供应合同，就必须在合理的标底价格之上定出比其他公司更低的报价，但又不能低于采购方认定的公允成本。为了解决定价高地和对合同取舍的难题，制药企业就必须采用相应的定价方法即投标定价法。

投标定价法要求制药企业组织专家小组通过计算自己企业的成本情况，分析竞标企业的可能标价，尽可能准确估计每次投标时几种报价的利润和中标概率，然后将投标利润和中标概率相乘，得出不同标价（组合）的期望利润，期望利润最大的标价就是最佳投标定价。

三、竞争导向定价法

以竞争为导向的定价方法有随行就市定价法、投标定价法等。

（一）随行就市定价法

随行就市定价法，也叫现行水准定价法，就是企业所提供的药品价格以现行市场上竞争者同样药品的价格为标准价格来定价。企业同品种同剂量的药品可能和主要竞争者同价，也可以稍高于和稍低于竞争者的价格。随行就市定价法应用较为普遍，中小企业更乐于采用此种方法。

随行就市定价法主要适合于匀质药品产品，如大宗生产的广谱抗菌药物，这类药品质量差别不大，需求弹性也较小。另外，生产规模比较小的制药企业跟随市场“主角”，其生产的药品价格不能依据自己的生产成本或需求变化定价，只能依据市场主导企业的价格变动。一般即使存在少量的高收益或是折价，也常常会保持差异程度不变。在难以计算成本或是竞争势态不确定时，随行就市按现行价格定价往往是行之有效的方法，因为这样的价格格局反映了医药行业企业对于市场公允价格的默认和共识，而且还不会破坏现有的医药行业均衡。

（二）投标定价法

投标定价法是中国医疗机构普遍实行集中招标采购药品以来，医药企业必须采用的定价方法。互联网使用成本的降低，也使得网络竞价投标采购医药产品成为削减采购费用、提高采购效率的有效方法。药品招标是药品招标办对所有生产厂家和经营企业药品进行统一采购，这些厂家或公司进行投标报价，最后同类产品同规格价格低的，将被入选，也就是中标，最终将网上公示，也就是挂网了，中标的价格也就是挂网价。在基本药物中，通过审核的投标人参加省药品集中采购网上填报信息、报价、查询企业信息。

2014 年，安徽省基本药物招标《征求意见稿》技术标评审不分质量层次，按照得分高低，确定进入商务标评审药品。根据竞价分组和质量类型划分，商务标评审综合得分最高者为拟中标品种。这避免了“双信封”招标中“唯低价”是取的倾向。此外，安徽按照基药目录和低价、廉价药目录，以及考虑基层实际制定了“基本用药”，对基本用药进行集中采购，且规定在基层医疗机构使用，扩大了基药范围。安徽作为医改试点的重点省份，其每一个政策都会对未来产生影响，从低价药的设计思路上，其实已经可以看到安徽实施方案的一些影子。

信息框

加强统筹协调，实行分类采购管理

《关于做好常用低价药品采购管理工作的意见》提出常用低价药品供应涉及基本药物和非基本药物采购，要做好与现行采购政策的衔接。政府办基层医疗卫生机构使用的常用低价药品，由省级药品采购机构汇总基层医疗卫生机构药品采购需求，实行集中采购、受基层委托签订购销合同、集中支付货款。公立医院使用的常用低价药品，由医院直接与挂网生产企业议定成交、及时结算。医院要优先采购通过新版 GMP 认证生产企业的药品，并与生产企业或其委托的经营企业签订购销合同，明确付款程序和时间。

鼓励创新和探索保障常用低价药品供应的有效方式和途径，充分发挥各级卫生计生行政

部门的组织协调作用，促进医院和基层用药衔接，提高采购、配送集中度，避免药品价格不适当波动。

资料来源：中华人民共和国国家卫生和计划生育委员会. http://www.nhfpc.gov.cn/zhuzhan/index.shtml.

第三节　医药产品定价策略

定价策略是市场营销组合中一个十分关键的组成部分。价格通常是影响交易成败的重要因素，同时又是市场营销组合中最难以确定的因素。定价策略是根据市场中的不同变化因素对商品价格的影响程度采取不同的定价方法，制定出适合市场变化的商品价格。医药企业制定价格策略时，既要考虑成本的补偿，又要考虑医药消费者对价格的接受能力。

一、新药定价策略

（一）撇脂定价

撇脂定价是指在产品生命周期的最初阶段，医药企业把产品的价格定得很高，以攫取最大利润，犹如从鲜奶中撇取奶油。然后随着时间的推移，再逐步降低价格使新产品进入弹性大的市场。一般而言，对于全新产品、受专利保护的产品、需求价格弹性小的产品、流行产品、未来市场形势难以测定的产品等，可以采用撇脂定价策略。企业之所以能这样做，是因为有些购买者主观认为某些商品具有很高的价值。从市场营销实践来看，在以下条件下企业可以采取撇脂定价。

(1) 市场有足够的购买者，市场需求缺乏弹性，即使把价格定得很高，市场需求也不会大量减少。

(2) 高价使需求减少，因而产量减少，单位成本增加，但这不致抵消高价所带来的收益。

(3) 在高价情况下，仍然独家经营，别无竞争者。有专利保护的产品即是如此。

(4) 某种产品的价格定得很高，使人们产生这种产品是高档产品的印象。

（二）渗透定价

渗透定价是指医药企业将其创新产品的价格定得相对较低，以吸引大量顾客，提高市场占有率。从市场营销实践看，企业采取渗透定价需具备以下条件：

(1) 市场需求显得对价格极为敏感，低价会刺激市场需求迅速增长。

(2) 企业的生产成本和经营费用会随着生产经验的增加而下降。

(3) 低价不会引起实际和潜在的竞争。

二、仿制药定价策略

随着专利药的到期，仿制药产量增加，医药企业通常采取降价策略，进行市场渗透，夺得原专利药的市场份额。

2012—2017 年，原研药专利集中到期，仿制药定价是向上走还是向下走，对于国内药企来说，正大天晴的做法或许可以提供借鉴。正大天晴的重磅新药达沙替尼片“伊泥舒”采用了“疯狂”的定价策略，50 mg 规格定价在 70 元/片、20mg 规格定价在 35 元/片，而原研厂家百时美施贵宝 50 mg 的达沙替尼片“施达赛”价格为 526 元/片、20 mg 的价格则为 260 元/片。正大天晴的这种定价策略，总体上是一种正向的影响，利国利民，同时也符合市场竞争法则。从近年来国家政策导向来说，降价的目的显而易见，而此次药企能够主动将首仿药价格下调，自然符合政府的意图。

从企业层面来看，这种定价策略带来的影响有利有弊。目前全球医药市场正处于专利药集中到期的特殊时期，国内医药企业开始在抢先研发仿制药，竞争激烈。因此，首仿药降低价格，有利于医药企业快速抢占原本属于原研药的市场份额，同时也给其他药企的仿制药设置门槛。当首仿药已经在市场站稳脚跟，再有后来者进入并想打开市场，将更加困难。

原研药与仿制药的价格差异主要是由于生产价格，而不是流通销售价格造成的。因此，国际上对品牌药价格的控制主要是对出厂价格的控制，而对仿制药价格的控制主要通过控制流通销售的价格来实现。欧洲各国之间仿制药的价格差异很大，不仅与生产和配送的成本有关，而且与各国对仿制药的定价和补偿的立法环境不同有关。英国、法国、荷兰和德国的仿制药价格，要比北欧国家的仿制药价格高。这些国家的仿制药价格的制定，主要是在流通环节中采用折扣返还的形式，而不一定通过价格竞争的方式。法国的批发价格有20%—70%的折扣。在英国，最大的折扣超过药品税收的50%。

三、中药材的定价策略

中药材产品是市场流通、交换和经营中的特殊商品，其价格关系到中药行业的生存和发展。

（一）成本导向型定价策略

中药材成本导向型的定价策略是依据药材种植、药品生产、研发等成本因素制定其价格的定价策略。经营者根据成本制定出来的中药材销售价格可使中药企业能够产生正的目标利润率并得以维持，如果这个价格比从市场角度考虑的最大可行性价格低，则投资经营应该是可行的，否则在经营活动中必然会受到损失。

（二）折扣定价策略

折扣定价策略是指中药材销售商在现有价格基础上对其基本价格做出一定的让步，然后根据交易金额或交易数量给予买方各种折扣与优惠的定价策略。其方式分为：① 现金折扣，指中药材销售商对按约定时间付款或提前付款的客户给予一定的价格折扣；② 数量折扣，指中药材销售商根据销售环节的不同或销售数量的多少，给予客户一定的价格折扣；③ 交易折扣，是中药材销售商根据各类客户在市场营销中所处地位分为主力客户、一般客户、零散客户，分别给予不同标准的价格折扣；④ 季节折扣，中药材大多具有销售淡季与旺季之分，可利用季节因素给予客户部分价格折扣，以刺激经营商，维持全年销量。

四、药店产品的定价策略

药店常用的定价策略是根据消费者的心理来定价，心理定价策略是企业运用心理学原理，针对消费者在购买过程中的心理状态，来确定药品价格的一种策略。这是一种非理性的定价策略，但在现代经济市场中，往往可以激发和强化消费者的购买欲望。针对消费者不同的需求心理，药店定价常采用以下几种形式：

（一）整数定价

整数定价又叫偶数定价，是指在制定药品价格时，不保留价格尾数的零头，而是向上进位取整数。这种定价策略主要适用于高档药品、具有特殊功能的药品和价值大的药品。购买这类药品的消费者一般收入水平较高，他们比较重视药品的质量和档次，所以实行整数定价，有利于提高药品的良好形象，迎合了消费者按质论价、显示与炫耀的心理，强化他们的购买欲望。

(二) 尾数定价

尾数定价又称奇数定价、非整数定价，是指在确定药品价格时保留价格尾数上的零头，而不进位成整数。例如，一种价值为10元的药品定价为9.99元。这种定价一般并不是精确计算成本的结果，而是为了适应消费者心理需求所做的取舍。尾数定价一方面给人以便宜感，另一方面消费者会认为这一价格是企业经过精心计算的，比较真实，给人信赖感。一般来说，需求价格弹性较大的药品宜采用这种策略。

(三) 声望定价

声望定价是利用企业的信誉，或是为了树立药品的高档形象，故意将某些药品的价格制定得比一般药品高，以迎合消费者的“价高质必优”的心理。在这种心理驱动下，某些药品的价格尽管很高，但在市场上仍长期畅销不衰。声望定价策略适用于以下三种：① 名牌药品。消费者有仰慕名牌的心理，并以价格的高低来衡量药品的质量。② 有礼品用途的药品。因为这些药品带有“炫耀性”，价格较低的药品满足不了消费者的这种心理需要。③ 稀有药品。如资源不够、生产不足的药品，消费者以占有它为满足，即所谓的“物以稀为贵”。

采用声望定价策略应注意：① 要确保药品质量上乘；② 严格掌握声望定价与同类普通药品价格的差价，不可过高；③ 不能只靠已有的声望维持高价，要不断提高质量，加强售后服务，巩固消费者的信任感和安全感。

(四) 习惯定价

在市场上，有些药品的功能、质量、替代品等情况已为消费者所熟悉，而且消费者对其价格已习以为常，家喻户晓。对这类药品，例如常年销售的家庭必备药品，制定价格时最好尽量顺应消费者的习惯价格，不能轻易改变，否则会引起消费者的不满，导致购买的转移。即使发生了通货膨胀或药品成本变化，也不宜提价。最好的做法是改变包装或改变药品的内在成分以变相提价。

另外，药店里有几千个品规，哪些可以涨价，哪些可以保住利润，哪些需要降价，只有了解需求价格弹性所制定的折扣才能保证对消费者有足够的吸引力。零售经营过程中必须制定商品的最优折扣率。消费者感知的折扣与药店提供的折扣是有差距的，消费者出于保护自己免被欺骗的心理，会低估商家给出的折扣。因此，药店在制定折扣时并不是幅度越大越好。

信息框

单纯折扣定价策略已不能满足消费者需求

河北石家庄某药房每月固定有三天会员日，除特价产品以外，所有药品均为8.5折，并且在会员日之外还会不定期进行一些打折活动。然而通过对长时间大量的门店数据进行分析后发现，折扣并没有带来销售收入和客流的增长，两年内，企业反而为此白白损失了几百万元的利润。

折扣是药店帮助自己拓展市场份额，在价格差之外让利的一部分价值。折扣的本意是一种正激励手段，以吸引顾客进店消费。药品零售行业“价格战”风波已渐平息，各种以会员日等名义进行折扣让利活动却是接踵而至、层出不穷。药店简单的折扣策略显然已不能满足现有消费者。瑞商网通过一定周期内的数据分析发现,被很多企业接纳并频繁使用的变相让利方式,不仅没能吸引到更多的消费者或提升销售额,反而使得自身利润以及企业形象受到不同程度影响:针对竞争对手的低价促销,并没有拉走对方的客流;精心设计的促销活动也并没有在活动期间带来客流的增长;会员日吸引来的新增顾客,多数都只卖倒扣商品等。

资料来源:医药界. http://www.yiyaojie.com/yd/ytyj/20140808/44909.html.

第四节　药品价格调整策略

医药市场营销环境是不断变化的,医药企业为某种产品制定出价格以后,并不意味着大功告成,仍需要根据市场环境的变化,对既定的产品价格进行调整,以求更好地在市场上生存和发展。医药企业价格调整主要有两种情况:一是适应市场供求环境的变化主动调价;二是在竞争者调价行为的压力下被动调价。伴随着医药产品价格的变动,相关利益群体也会做出相应的反应。

一、价格调整策略

医药企业调整产品价格,可采用减价及提价策略。企业产品价格调整的动力既可能来自于内部,也可能来自于外部。倘若企业利用自身的产品或成本优势,主动地对价格予以调整,将价格作为竞争的利器,这称为主动调整价格。有时,价格的调整出于应付竞争的需要,即竞争对手主动调整价格,而企业也相应地被动调整价格。无论是主动调整,还是被动调整,其形式不外乎是削价和提价两种。

(一) 削价策略

这是定价者面临的最严峻且具有持续威胁力量的问题。

医药企业削价的原因很多,有企业外部需求及竞争等因素的变化,也有企业内部的战略转变、成本变化等,还有国家政策、法令的制约和干预等。这些原因具体表现在以下几个方面:① 医药企业急需回笼大量现金。② 医药企业通过削价来开拓新市场。③ 医药企业决策者决定排斥现有市场的边际生产者。④ 医药企业生产能力过剩,产品供过于求,但是企业又无法通过产品改进和加强促销等工作来扩大销售。⑤ 医药企业决策者预期削价会扩大销售,由此可望获得更大的生产规模。⑥ 由于成本降低,费用减少,使企业削价成为可能。⑦ 政治、法律环境及经济形势的变化,迫使企业降价。

削价最直截了当的方式是将企业产品的目录价格或标价下降,但企业更多的是采用各种折扣形式来降低价格。如数量折扣、现金折扣、回扣和津贴等形式。此外,变相的削价形式有:赠送样品和优惠券,实行有奖销售;给中间商提取推销奖金;允许顾客分期付款;免费或优惠送货上门、技术培训、维修咨询;提高产品质量,改进产品性能,增加产品用途等。由于这些方式具有较强的灵活性,因此在现代经营活动中运用越来越广泛。确定何时削价是调价策略的一个难点,通常要综合考虑企业实力、产品在市场生命周期所处的阶段、销售季节、消费者对产品的态度等因素。由于影响削价的因素较多,企业决策者必须审慎分析和判断,并根据削价的原因选择适当的方式和时机,制定最优的削价策略。

(二) 提价策略

提价确实能够增加企业的利润率，但却会引起竞争力下降、消费者不满、经销商抱怨，甚至还会受到政府的干预和同行的指责，从而对企业产生不利影响。虽然如此，在实际中仍然存在着较多的提价现象。其主要原因是：① 应付产品成本增加，减少成本压力。② 为了适应通货膨胀，减少医药企业损失。③ 医药产品供不应求，遏制过度消费。

例如，2012 年 6 月，拥有“药中茅台”之称的片仔癀已先后两次提高了内销、外销的价格，每粒价格分别上调了 20 元以及 6 美元。

为了保证提价策略的顺利实现，提价时机可选择在这样几种情况下：① 产品在市场上处于优势地位；② 产品进入成长期；③ 季节性商品达到销售旺季；④ 竞争对手产品提价。此外，在方式选择上，医药企业应尽可能多地采用间接提价，把提价的不利因素减到最低程度，使提价不影响销量和利润，而且能被潜在消费者普遍接受。

至于价格调整的幅度，最重要的考虑因素是消费者的反应。因为调整产品价格是为了促进销售，实质上是要促使消费者购买产品。忽视了消费者反应，销售就会受挫，只有根据消费者的反应调价，才能收到好的效果。

二、价格调整策略的应用

在制定好定价策略后，企业常常面对一些情况，必须主动改变价格或是对竞争者的价格变动做出反应。根据产品的生命周期调整价格主要有以下四种策略。

1. 导入期的价格策略

可以根据产品的市场定位而采取高、中、低三种价格。

(1) 高价“撇脂”。在短期利润最大化的目标下，以远远高于成本的价格推出新产品。好处是在短期内迅速获取盈利，缺点是较高的价格会抑制潜在需求。

(2) 低价“渗透定价”。以较低的价格投放新产品，目的是通过广泛的市场渗透迅速提高企业的市场占有率。优点是能迅速打开新产品的销路，缺点是投资回收期较长。

(3) 满意定价。介于“撇脂”和“渗透”策略之间的中等价格策略，优点是价格比较稳定，缺点是比较保守。

2. 成长期的价格策略

通常的做法是在不损害企业和产品形象的前提下适当降价。

3. 成熟期的价格策略

总体而言，成熟期的价格策略呈现出低价的特点。

4. 衰退期的价格策略

这一阶段的价格策略主要以保持营业为定价目标，通过更低的价格，一方面驱逐竞争对手，另一方面等待适当时机退出。

第五节　政府对药品价格的管理

中国政府对药品价格政策非常重视，对药品价格采取了比较严格的管理制度。伴随着中国城镇职工基本医疗保险制度和医药卫生体制改革的深化、法律法规的逐步完善，中国药品定价将会更加合理。2015 年 5 月 4 日，国家发展与改革委员会会同国家卫生和计划生育委员会以及人力资源与社会保障部等部门联合发布《关于印发推进药品价格改革的通知》，决定从 2015 年 6 月 1 日起，取消绝大部分药品政府定价，完善药品采购机制，发挥医保控费作用，药品实际交易价格主要由市场竞争形成。这意味着中国药品定价历史上最大规模的改革尘埃落定。

信息框

取消绝大部分药品政府定价

2015 年 5 月 4 日，国家发展与改革委员会会同国家卫生与计划生育委员会及人力资源与社会保障部等部门联合发布《关于印发推进药品价格改革的通知》，要求改革药品价格形成机制。除麻醉、第一类精神药品外，取消药品政府定价，完善药品采购机制，发挥医保控费作用，药品实际交易价格主要由市场竞争形成。强化医药费用和价格行为综合监管。推进药品价格改革必须发挥政府、市场"两只手"作用，建立科学合理的价格形成机制。取消药品政府定价后，要充分借鉴国际经验，做好与药品采购、医保支付等改革政策的衔接，强化医药费用和价格行为综合监管。按照"统筹考虑、稳步推进"的要求，完善药品采购机制，强化医保控费作用，强化医疗行为监管，强化价格行为监管，加强对药品生产、流通、使用的全过程监管，切实保障药品质量和用药安全，促进建立政策的市场竞争机制，引导药品价格合理形成。

资料来源：国家发改委网站. http://www.sdpc.gov.cn/zhuzhan/index.shtml.

一、药品定价走进"市场经济时代"

中国政府管制药品价格的首要目的是控制医药费用，使过高的药价得到抑制，降低患者的医疗负担。中国政府从 1996 年开始恢复对药品价格进行管制。根据国家宏观调控与市场调节相结合的原则，政府对药品价格的管制实行政府定价、政府指导价和市场调节价。对列入国家基本药物目录的药品实行政府定价或政府指导价，政府指导价是指由价格主管部门规定基准价及其浮动的范围，政府定价或政府指导价以外的其他药品实行市场调节价。不同医药企业生产的政府定价药品，在其产品有效性和安全性明显优于或者治疗周期和治疗费用明显低于其他医药企业的同种产品时，可申请单独定价。

表 10 - 1　药品定价模式

	定价主体	定价客体	价格类型
政府定价	国家发改委	特殊管制药品	出厂价
政府指导价	国家发改委与省级物价局	所有企业生产的该药品	最高零售价
市场调节价	企业	本企业生产的该药品	零售价
单独定价	国家发改委	指导价药品中特定企业的该药品	最高零售价
价格体系	企业	本企业生产的该药品	从成本到零售价之间各环节的分配

政府对药品等公共品统一定价，其目的是为了提高资源配置效率，让百姓能够吃得起药。然而，在浓厚的“计划”色彩下，药品这种敏感产品，其价格监管及审批过程中往往会出现权力寻租与腐败问题。

（一）改革药品价格形成机制

除麻醉药品和第一类精神药品外，取消药品政府定价，完善药品采购机制，发挥医保控费作用，药品实际交易价格主要由市场竞争形成。

（1）医保基金支付的药品，由医保部门会同有关部门拟定医保药品支付标准制定的程序、依据、方法等规则，探索建立引导药品价格合理形成的机制。

（2）专利药品、独家生产药品，建立公开透明、多方参与的谈判机制，形成价格。

（3）医保目录外的血液制品、国家统一采购的预防免疫药品、国家免费艾滋病抗病毒治疗药品和避孕药具，通过招标采购或谈判形成价格。

（4）麻醉药品和第一类精神药品，仍暂时实行最高出厂价格和最高零售价格管理。

（5）其他药品，由生产经营者依据生产经营成本和市场供求情况，自主制定价格。

（二）取消政府定价后的监管措施

取消政府定价后，将从四个方面加强监管，促进建立正常的市场竞争机制，引导药品市场合理形成价格。

1. 完善药品采购机制

根据药品特性和市场竞争情况，实行分类采购，通过市场竞争确定药品采购价格。对多家生产、市场竞争充分的的药品，实行网上集中采购；对市场竞争不充分的药品，建立多方参与的价格谈判机制；对临床用量小、市场供应短缺的药品，由国家招标定点生产。

2. 强化医保控费作用

医保部门要以合理市场交易价格为基础，综合考虑医保基金及患者承受能力来制定报销药品支付标准，做好医保、招标政策衔接配合。

3. 强化医疗行为监管

加强对医院诊疗行为管理，抑制不合理使用药械及过度检查等，强化医药费控制。

4. 强化价格行为监管

价格主管部门加强药品市场价格行为监管，是切实维护药品市场价格秩序，保障药品价格改革顺利实施的迫切需要，也是切实推进价格职能转变和工作重心转移的必然要求。价格主管部门将重点研究制定药品价格行为规则，指导生产经营者遵循公平、合法和诚实信用的原则合理制定价格，规范药品市场价格行为，保护患者合法权益。加大价格监督检查和反垄断执法力度，依法严肃查处不正当价格行为和价格垄断行为，维护药品市场正常竞争秩序。强化社会监督，充分发挥 12358 全国价格举报管理信息系统的作用，建立全方位、多层次的价格监督机制，正面引导市场价格秩序。

（三）取消政府定价的政策影响

取消药品政府定价后，由于有招标采购机制约束，医院销售药品价格不会上涨，但不排除改革初期，零售药店销售部分药品，价格会有所上涨。总体来看，由于有医保支付标准引导，以及招标采购机制和医保控费机制综合制约（价格放开后未来主要价格管理应由卫计委和医保部门负责），加之对市场交易价格监测监管强化（物价部门主要职责是加强市场监管），绝大部分药品市场交易价格不会上涨。长远看，医保支付标准对市场交易价格有较强引导作用。特别是建立节约采购成本收益归医院机制，医院有动力压低药价，加之医保支付标准实时动态调整，经过几轮(压价)调整后，医保支付标准就可以反映市场真实情况，使药品市场价格保持在合理水平上。

放开价格主要原因在于由政府主导降价行为动力不够，继续由政府主导降价将产生更多低价药，甚至短缺药品。只有采取推进医保支付标准来推动医院主动压低采购价格，即市场主导药品价格降低，才是未来药品降价主流。由于有招标采购和医保控费机制约束，放开价格后药品价格不会上涨。通过医院主导压价、招标限价和医保调整，以及再压价、招标和医保再调整，几轮调整后，药品价格就更接近市场真实价格了。

(四) 取消政府定价的市场影响

取消药品政府定价，让药品的价格完全回归市场，短期会出现一些过度涨价的现象，但从长远来看，市场最终会自行调节，取得买卖双方的平衡。对于医药市场的影响，主要体现在三方面。

1. 药价总体水平向上

市场的竞争将由过去依靠政府关系的竞争转变为依靠产品的疗效来抢夺消费者，因而药企会加大研发的投入，生产更多优质高效的产品来满足消费者，从而争夺市场的话语权。反映到价格上就是高质高价，而同质化的同类产品即使低价，也难以有好的市场表现。

2. 药品价格两极分化

市场的竞争是强者恒强弱者更弱。取消政府定价，决定价格的因素是买家，因此同类的、竞争力不强的、品牌服务不好的产品的价格将越走越低。当然，由于药品的特殊性，如果产品具有垄断性和疗效性，卖家还是有很大的定价权的，所以，药价放开容易产生药价两极分化的局面。

3. 药价竞争趋于公平

政府定价具有太多可人为操作的空间，而把药价交给市场，由市场和顾客决定药价的高低，药企会把主要精力放在提高产品疗效上去，而不是政府的公关。因此，真正好产品能得到好回报，有利于推动行业发展。

信息框

福建三明和重庆的医保支付价格模式

目前进行的医保支付价格改革，比较引人关注的就是福建三明和重庆，两地支付模式都采取节约采购成本收益归己，超出部分由患者或医院承担。三明模式以最低价确定支付基准价格，比较激进，但却适合三明这种经济欠发达地区实际。重庆选择均价支付，并划分支付档次，温和不失稳妥，表明重庆医保基金比较充裕。上述两种模式都只是对医保支付标准的有益探索。在放开药价大背景下，相信未来还会有更多省市参与医保支付标准试点改革。这一切都应归功于发改委医药价格放开的明智选择。

资料来源：医药界. http://www.yiyaojie.com/zc/zcjd/20141126/62427.html.

二、药品市场价格监测制度

为增强社会各方面对药品价格的监督力度，实行药品市场价格监测制度。通过建立和完善药品市场价格监测体系，及时跟踪药品市场实际价格变动情况，降低虚高的药品价格。

省级价格信息机构在省级价格主管部门指导下负责地区药品价格信息收集、上报等工作。药品价格监测内容为药品经营单位实际购进、销售价格及招标采购药品的实际中标价格。

价格主管部门依据《价格法》、《价格违法行为行政处罚规定》、《药品价格监测办法》等法律、法规，对药品价格进行监督检查，并对违法行为实施行政处罚。

信息框

医与药的监管分离

2013 年，是中国医药卫生监管史上极具浓墨重彩的一年。按照《国务院机构改革和职能转变方案》的规划，在医药卫生领域，原本的国家食药监局从卫生部脱离，并通过行政资源整合，组建成新的国家卫生和计划生育委员会(简称“国家卫计委”)及国家食品药品监督管理总局(简称“国家食药监总局”，英文简称为“CFDA”)。新组建的国家卫计委和国家食药监总局不仅成为平行的正部级行政部门，而且让卫生部门与药监部门所管辖的医与药之间“分道扬镳”。这被视为打开我国医药卫生体制改革新的局面，也预示着我国药品安全进入了现代意义上的监管史。而在 2013 年完成中央及部分省市机构改革后，2014 年各地的机构改革还将持续进行。

具体来看，国家卫计委由卫生部的职责、人口计生委的计划生育管理和服务职责整合组建而成；而国家食药监总局，则是整合食品安全办、食品药品监管局、质检总局的生产环节食品安全监督管理、工商总局的流通环节食品安全监督管理等职能组建而成。从各自承担的职责来看，两部委有了清晰的划分：国家卫计委的主要职责在于统筹规划医疗卫生和计划生育服务资源配置，组织制定国家基本药物制度，拟订计划生育政策，监督管理公共卫生和医疗服务，负责计划生育管理和服务工作等；而国家食药监总局则主要是对生产、流通、消费环节的食品安全和药品的安全性、有效性实施统一监督管理等。

资料来源：医药观察家网. http://www.yygcj.com/info/4330/19481.html.

本章小结

1. 构成价格的四个要素是：生产成本、流通费用、税金和利润。医药产品的定价是所有医药生产企业营销管理者面临的主要问题之一。影响医药产品定价的因素很多，大体上有医药企业定价的目标、产品成本、市场需求、竞争因素和其他因素。

2. 营销理论认为，产品的最高价格取决于产品的市场需求，最低价格取决于该产品的成本费用，在最高价格和最低价格的幅度内，医药企业能把这种产品价格定多高，则取决于竞争者同类产品的价格水平。产品成本显然是最重要的影响因素，主要包括生产成本、销售成本、储运成本和机会成本等。市场需求受价格和收入变动的影响，表现为需求弹性，医药企业在定价时要考虑需求价格弹性、交叉弹性和需求收入弹性。竞争因素则主要包括竞争状况、竞争强度以及本企业在竞争中的地位。医药企业的价格策略还受到地区、季节和产品信息等因素的影响。

3. 生存、短期利润最大化、市场份额最大化、撇脂最大化和确立药品的质量领导地位是医药企业通过定价可以完成的目标。其中,生存是医药企业定价的首要目标。医药企业的定价目标是依托于当时企业所处的国内外市场环境条件、国家相关产业管制政策和相应药品价格法规规范的,并且依据于企业的经营战略和营销组合战略的指导。

4. 医药企业常用的定价方法有:成本加成定价法、目标利润定价法、盈亏平衡定价法、边际贡献定价法、感知价值定价法、价值定价法、随行就市定价法和投标定价法等。

5. 医药产品的定价策略包括新产品定价策略(撇脂定价、渗透定价)、仿制药定价策略、中药材的定价策略(成本导向定价、折扣折让定价)、药店产品的定价策略(尾数定价、整数定价、声望定价和习惯定价)等。

6. 医药产品价格制定之后可以进行削价及提价的价格调整。削价策略是定价者面临的最严峻且具有持续威胁力量的问题,提价策略可能会引起竞争力的下降、消费者的不满、经销商的抱怨等不利影响,因此,医药企业在进行价格调整时应该慎而行之。最重要的是考虑消费者对价格调整的反应,消费者可接受的价格界限决定了企业可以调整的价格的上下限度。企业调整价格的同时也要考虑到竞争者的反应,并且针对消费者和竞争者的反应采取不同的对策。

7. 由于药品的特殊性及我国的国情,政府必须对药品价格进行管制。药品的价格管制主要有政府定价、政府指导价和市场调节价。但从 2015 年 1 月 1 日起,取消原政府制定的最高零售限价或出厂价格。取消药品政府定价,通过医保控费和招标采购,让药品实际交易价格由市场竞争形成。

复习思考

1. 如何看待价格策略在营销组合策略中的作用和地位?
2. 医药企业应如何应用定价策略进行卓有成效的市场竞争?
3. 医药企业在采取降价策略时,经常遇到的问题与挑战是什么?企业应该如何面对?
4. 为什么近几年国内会出现药价虚高的现象?你认为政府应该采取怎样的措施来控制药价。

案例分析

丽珠得乐的价格策略

丽珠集团致力于人类生命常青的事业,丽珠集团 2011 年低价不含税销售 30 多个亿,目前正在大力进军单克隆抗体生物药物和疫苗产业,预计 2020 年单抗生物药产业年产值 1 000 亿左右。丽珠得乐作为丽珠医药集团股份有限公司成名产品,其良好的治疗效果和品牌早已深入人心。其作用主要是针对引发胃病根源的“幽门螺杆菌”能从根本上灭除,杀灭胃病反复发作的根源,适应症主要是用于慢性胃炎及缓解胃酸过多引起的胃痛、胃灼热感(烧心)和反酸。本品为抗消化性溃疡药。用于治疗胃溃疡、十二指肠溃疡、复合溃疡、多发溃疡及吻合口溃疡等。截止到 2011 年底累计销售已经超过 4 亿盒,年平均 2 000 万盒左右,年均销售额在 4.5—5 亿左右。近几年受国家新医改政策以及营销体制老化因素的影响销售额一直徘徊不前。

一、现行价格策略分析

丽珠得乐目前价格定价采用五级定价方式，分别为出厂价、一级批发价、二级批发价、连锁药店价和零售价，如表1所示。

表1　丽珠得乐目前价格现状

产品名称	出厂价	一级价	二级价	连锁药店价	零售价格
丽珠得乐颗粒56包装	25	23.8	24	24	26
丽珠得乐颗粒28包装	12.5	11.8	12	12	13

目前丽珠得乐渠道价格日渐倒挂，将来势必形成瀑布效应影响终端零售价格和医疗机构招标价格，造成从一级到终端的恶性循环而造成市场销售滞步。必须大力规范各级出货价格而形成市场价格良性循环的局面。

造成目前价格存在问题的原因有：

(1) 内部原因。① 为了完成任务各区域盲目冲量，导致一二级商业库存大。② 终端拉动手段之后，消化不良影响商业整体出货不畅。③ 部分区域为了能完成任务将渠道和终端费用贴入渠道导致价格倒挂。④ 渠道政策和终端政策制定及控制出现漏洞。

(2) 外部原因。① 在预期的时间内经销商的目标销量没有完成，而且可能出现亏本的情况下，为了避免积压库存和腾出现金流，窜货抛售情况就出现了。② 倒票行为，部分医药公司采用不开票的方式进行价格补贴。在广东，一般可以有6%的票点，外省达7%，河北更是达8%—9%的票点，经销商操作灵活，导致丽珠得乐低价倒挂。③ 换货行为，个别医药公司由于代理的部分其他品种具有高毛利，在商业公司之间换货行为，间接降低和牺牲丽珠得乐的价格。

二、丽珠得乐改进价格策略

1. 丽珠得乐颗粒价格策略

丽珠得乐颗粒目前的价格改进问题主要在价格倒挂，利用饥渴价格策略以及从一级商到二级商，直到连锁药店或终端签订有奖价格维护协议的方式，达到价格规范和各层次商家利润合理化、零售利润最大化，提高商家和终端的销售积极性，两个规格的出厂价比以前每盒分别提高1元，即4%，目的是利用这4%作为维护价格的费用和奖励使用。具体各层次价格见表2。

和各级医药公司签订统一出货价格协议、和国内龙头连锁药店建立价格联盟、派专人专业维护，对于单体药店实行价格规范奖励手段和对其他不按照规范操作药店给予举报奖励。对于不遵守价格的连锁药店和单体药店实行警告、以及断货源等措施。

价格策略：重塑价格形象、重拾利润信心。

表2　改进后的丽珠得乐颗粒价格策略　　单位：盒/元

产品名称	出厂价	一级价	二级价	连锁或药店价	零售价格
丽珠得乐颗粒56包	26	26.5	27.0	35—36	36
丽珠得乐颗粒28包	13.5	14.0	14.5	17—18	18

2. 丽珠得乐胶囊价格策略

丽珠得乐胶囊价格策略为补充56包颗粒和28包颗粒之间的价格空白，零售价定在28元/盒。

价格定位策略：丽珠得乐颗粒的跟随者和空白区间价格的填补者，在20—30元范围填补，利用高毛利为条件逼迫经销商和零售商能在全产品销售方面和厂家密切配合，从开始就必须规范好市场价格，具体各层次价格见表3。

表3　丽珠得乐胶囊价格策略　　单位：盒/元

产品名称	出厂价	一级价	二级价	连锁或药店价	零售价格
丽珠得乐胶囊40粒	18.5	19.0	19.4	28	28

3. 丽珠得乐片价格策略

丽珠得乐片价格策略为补充10元区以下的价格空白，零售价定在9.8元/盒。

价格定位和策略：丽珠得乐片作为10元左右价格空白区间的填补者，在10元左右填补对低端价位竞品的打击和农村市场的拓展，利用驰名品牌、优良产品、低端价位逼迫经销商和零售商产生在低端和农村市场发展的欲望，从而与厂家密切配合，从开始就必须规范好市场价格，具体各层次价格见表4。

表4　丽珠得乐片价格策略　　单位：盒/元

产品名称	出厂价	一级价	二级价	连锁或药店价	零售价格
丽珠得乐片24片	6.5	6.65	7.0	9.8	9.8

4. 丽珠胃三联价格策略

胃三联价格策略为补充中小型医疗单位在38元左右区间价格空白，零售价定38元/盒。

价格定位和策略：丽珠胃三联作为现有丽珠得乐颗粒潜在的替补者，在38元左右对中型医疗单位相近价位竞品展开打击并拓展中小型医疗市场以及OTC市场，利用驰名品牌、优良产品、学术逼迫经销商和医疗单位有销售的欲望和与厂家密切配合的想法，从开始就必须规范好市场价格，具体各层次价格见表5。

表5　丽珠胃三联价格策略　　单位：盒/元

产品名称	出厂价	一级价	二级价	医疗单位	零售价格
丽珠胃三联	28	28.76	29.1	30.6	38

5. 丽珠壹丽安价格策略

因研发成本和产品治疗领域因素，丽珠壹丽安价格策略为高端价格，零售价定在168元/盒。

价格定位和策略：丽珠壹丽安作为丽珠得乐产品和品牌向上延伸的阶梯产品，在168元左右对大型高端三甲医疗单位以及外国进口竞品展开打击拦截，并拓展国外医疗市场，利用驰名品牌、优良产品、世界级和全国级高端手术手段逼迫经销商和医疗单位有销售的欲望和跟厂家密切合作的想法，从开始就必须规范好市场价格，具体各层次价格见表6。

表 6　丽珠壹丽安价格策略　　单位：盒/元

产品名称	出厂价	一级价	二级价	医疗单位	零售价格
壹丽安肠溶片	130.2	131.54	143.3	142.8	168

为了解决丽珠得乐颗粒价格倒挂现象和规范今后价格，可以采取以下策略：和各级医药公司签订统一出货价格协议、和国内龙头连锁药店建立价格联盟、派专人专业维护，对于单体药店实行价格规范奖励手段和对其他不按照规范操作药店给予举报奖励。对于不遵守价格的连锁药店和单体药店实行警告、以及切断货源等措施。

资料来源：袁锋. 丽珠医药集团丽珠得乐市场营销策略改进研究. 湖南大学，2012.

案例讨论

1. 根据以上材料分析，丽珠得乐采用的价格策略有哪些？
2. 丽珠得乐给其他医药企业制定价格策略带来哪些启示？

参考文献

[1] 菲利普・科特勒. 营销管理[M]. 14 版・全球版. 北京：中国人民大学出版社，2012.
[2] 张闯. 营销渠道管理[M]. 北京：清华大学出版社，2014.
[3] 庞如春，刘文广. 市场营销学[M]. 北京：科学出版社，2014.
[4] 刘国力，龙桂杰. 市场营销学[M]. 北京：清华大学出版社，2014.
[5] 杨勇. 市场营销学[M]. 北京：北京大学出版社，2014.
[6] 何静文，戴卫东. 市场营销学[M]. 北京：北京大学出版社，2014.
[7] 张闯. 营销渠道管理[M]. 北京：清华大学出版社，2014.
[8] 秦陇一. 市场营销学[M]. 北京：清华大学出版社，2014.
[9] 谭俊华，李明武. 市场营销学[M]. 北京：清华大学出版社，2013.
[10] 李克芳，李严峰. 营销渠道管理[M]. 武汉：武汉大学出版社，2011.
[11] 郭国庆. 市场营销学通论[M]. 4 版. 北京：清华大学出版社，2009.
[12] 汤少梁. 医药市场营销学[M]. 北京：科学出版社，2007.
[13] 何静文，戴卫东. 市场营销学[M]. 北京：北京大学出版社，2014.
[14] 谭俊华，李明武. 市场营销学[M]. 北京：清华大学出版社，2013.
[15] 古新功. 中国药品价格管制机制研究[D]. 武汉：武汉理工大学，2013.
[16] 我国政府药品价格监管的现状、问题及对策研究[D]. 南昌：南昌大学，2013.

第十一章　医药产品的分销渠道策略

【学习目标】

通过本章的学习，理解和掌握医药分销渠道的含义、流程；了解医药批发商和零售商的类型、功能和作用；把握医药分销渠道的设计与管理。了解医药物流的概念、发展趋势及医药产品的供应链管理。

【引导案例】

康恩贝2.71亿元入股珍诚医药，提前布局医药B2B"等风来"

互联网的迅速兴起并席卷全球，不仅改变了每个人的生活、工作习惯，更是改变了各个领域的商业模式。B2B(Business to Business，企业对企业的电子商务模式)作为互联网领域最早发展起来的一种模式，也深受各行各业的推崇。而如今，风似乎也正朝着传统行业吹来，医药行业便是其中之一。

2014年12月3日，浙江医药企业康恩贝宣布，斥资2.71亿元受让浙江珍诚医药在线股份有限公司(简称"珍诚医药")30.81%的股权，正式入局医药电商。

珍诚医药成立于2002年，是一家专注于药品、医疗器械和保健食品等医药健康领域垂直类B2B电子商务及渠道增值服务运营商。珍诚医药作为我国首批获得医药分销B2B(企业对企业的营销关系)互联网药品交易服务资质的企业，曾经两度冲击创业板上市未果。珍诚医药最初为浙江本地的一家医药流通企业，2006年后开始介入电子商务。和九州通、开心人等B2C(商对客)药品销售平台不同，珍诚医药把药品批发的工作搬到了网上，面向单体零售药店等市场群体。目前拥有自主开发并运营的医药B2B电子商务平台医药在线、E路融及网上药博会等。而且，珍诚医药是我国首批获得医药分销B2B互联网药品交易服务资质的企业，是目前我国医药流通B2B领域唯一连续两次被国家商务部认定的"电子商务示范企业"。珍诚医药主要依靠自主开发并运营的医药B2B电子商务平台"医药在线"，以现代信息化医药物流配送体系为支撑，为医药第二、第三终端及医药分销企业提供药品、医疗器械、保健食品等医药互联网分销服务。

康恩贝提前布局医药B2B"等风来"

对于此次对外收购，康恩贝表示，公司投资参股珍诚医药是探索和参与实施药品电子商务营销的重要步骤，符合未来的战略布局。待此次投资完成后，康恩贝将持有珍诚医药30.81%的股权，可在短期内快速切入医药电商领域，拓宽销售渠道并提高物流配送能力。与此同时，康恩贝自有医药品牌将在线下传统渠道的基础上打通线上渠道，实现线上线下渠道业务融合和相互提升。

2014 年 5 月，国家食药监总局公布了《互联网食品药品经营监督管理办法(征求意见稿)》，明确提到互联网药品经营者应当按照药品分类管理规定的要求，凭处方销售处方药，向业界传达了电商平台可以销售处方药的信号。

紧接着，11 月 16 日，国务院发布《关于促进内贸流通健康发展的若干意见》，提出促进线上线下融合发展，推广“网订店取”、“网订店送”等新型配送模式，这为医药电商 O2O 模式带来明显利好。

康恩贝为了走在全行业医药互联网发展的前列，在珍诚医药现有 B2B 基础上，双方将共同合作，努力实现 B2C、O2O 药品电子商务营销模式，并积极探索和创造条件建立“在线药、医及移动穿戴”的完整产业链体系。

资料来源：每日商报. http://news.hexun.com/2014-12-06/171160787.html.

案例点评

对企业来说，康恩贝在传统的线下经营渠道方面是很有优势的，但是线上渠道竞争力不强，所以现在打造线上渠道就是抢时间节点。随着相关政策的明朗，传统的渠道利益链条会逐步发生改变。改善营销渠道，形成了自身的竞争优势，增强了战略协同效应，有利于信息的传递和产业的升级，最终给企业的发展带来了机遇。

分销渠道是企业完成其产品和服务交换过程，实现其价值，提高经济效益的重要载体，也是产品从制造商向消费者流转的通道。对企业而言，仅有好的产品是远远不够的，必须建立、开发和设计一个有效的、畅通的分销渠道并进行有效的管理。面对激烈竞争和快速发展的信息技术的挑战，如何制定分销路线，选择、配置中间商，以及合理安排产品的储存与运输，将适合的产品适时、适地、经济、方便地提供给顾客，就成了企业面临的最复杂和最富有挑战性的问题。

第一节 医药产品分销渠道概述

一、医药产品分销渠道的概念

分销渠道(Distribution Channel)也称为营销渠道、营销通路、销售渠道或流通。关于分销渠道的定义，著名的营销学家菲利浦·科特勒认为：“分销渠道是指某种商品或服务从生产者向消费者转移的过程中，取得这种商品或服务的所有权或帮助所有权转移的所有企业或个人。分销渠道主要包括商人中间商(因为他们取得所有权)和代理中间商(因为他们帮助转移所有权)。此外，它还包括作为分销渠道的起点和终点的生产者和消费者。但是，它不包括供应商、辅助商等”。

营销学家斯特恩和艾尔·安塞利认为，市场营销渠道(Marketing Channel)是指那些配合起来生产、分销和消费某一生产者的某些货物或劳务的一整套所有企业和个人。这就是说，一条市场营销渠道包括某种产品的供产销过程中所有的企业和个人，如资源供应商(Suppliers)、生产者(Producer)、商人中间商(Merchant Middleman)、代理中间商(Agent Middleman)、辅助商(Facilitators)以及最后消费者或用户(Ultimate Consumer or Users)等。

分销渠道是指促使某种产品或服务顺利地经由市场交换过程，转移给消费者或用户消费使用的一整套相互依存的组织，其成员包括商品或劳务从生产者向消费者转移时取得的这种商品或劳务的所有权或帮助转移其所有权的所有企业和个人。企业必须选择和制定适当的分销渠道计划，用以指导整个企业的营销管理工作。

医药产品分销渠道是指医药产品从医药企业转移到消费者手中所经过的途径，包括取得医药产品所有权或帮助所有权转移的所有商业组织和个人，如医药批发公司、零售药店、医药代理商等。医药渠道是连接医药产品生产和消费的桥梁和纽带，医药渠道的功能在于实现医药产品的转移，在这个过程中，需要渠道成员协调、配合，共同完善药品价值传递和实现。

二、医药产品分销渠道的流程

医药产品的分销渠道使得医药产品从生产者转移到消费者的整个过程顺畅、高效，也会使渠道成员之间发生各种各样的活动联系，同时，一些企业如银行、保险公司、运输公司、仓储公司、咨询公司、广告公司等机构虽不介入医药商品所有权的转移过程，但与渠道运行有着密切的联系，形成了医药产品的分销渠道流程。医药产品的分销渠道流程主要包括所有权流、物流、货币流、信息流、促销流和谈判流。如图 11－1 所示。

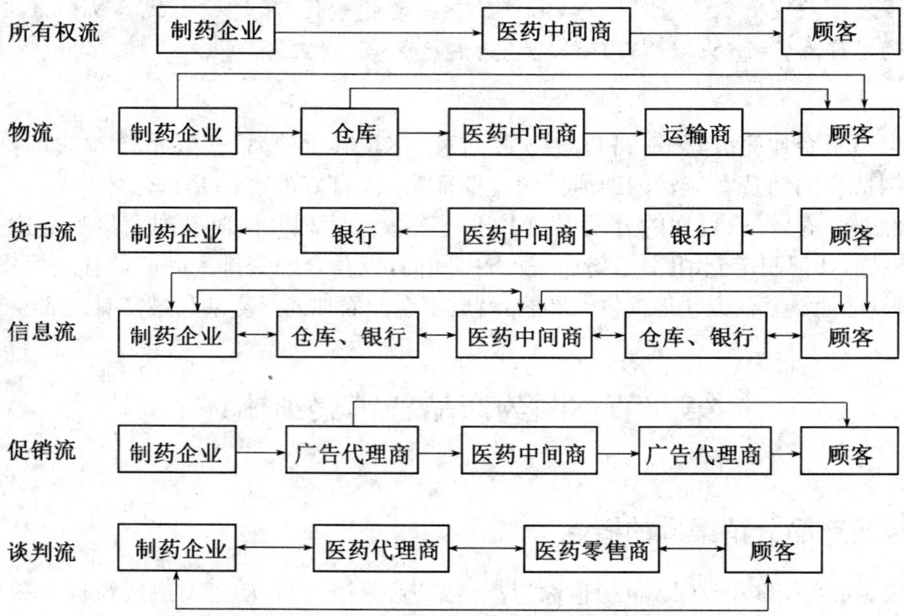

图 11－1　医药商品分销渠道中六种流程模式

1. 所有权流

所有权流指医药产品从生产领域向消费领域转移过程中的一系列买卖交易活动。在这一活动中，实现的是医药产品所有权由一个渠道成员转移到另一个渠道成员手中的过程。所有权的转移是医药产品交易的中心。例如，制药企业将药品供给医药流通企业，药品所有权从制药企业转移到流通企业手中。但是参与其中运输的企业不包括在内，这些运输企业在其中没有涉及产品所有权问题，只是为产品添加了一定的服务，其角色仅仅涉及实体产品本身的运输。

2. 物流

物流指医药产品从生产领域向消费领域转移过程中的一系列产品实体运动。为了完成医药产品的转移，需要进行装配、包装、运输、储存、配送等一系列活动，其中，最主要的活动是产品的运输和储存。

3. 货币流

货币流指医药产品从生产领域向消费领域转移的交易活动中所发生的货币活动。它与商品流的方向相反，即由顾客将货款支付给中间商，再由中间商扣除佣金或差价后支付给生产者，一般要以银行或其他金融机构作为中介。

4. 信息流

信息流指医药产品从生产领域向消费领域转移过程中所发生的一切信息的收集、传递和处理活动，这一流程贯穿于整个医药营销渠道之中。它既包括生产者向中间商及顾客的信息传递，也包括中间商及其顾客向生产者所进行的信息传递。

5. 促销流

促销流指医药产品从生产领域向消费领域转移过程中，医药生产者通过广告公司或其他宣传媒体向中间商及其顾客所进行的一系列促销活动。它主要通过广告、宣传、营业推广和公共关系等促销手段，影响消费者的购买行为，促进销售。

6. 谈判流

谈判流指医药企业的生产者、代理商、零售商等各渠道成员之间对价格、交易条款等所进行的谈判、协商活动与过程。

三、医药产品分销渠道的结构

渠道结构是指渠道系统中成员的构成、地位及各成员间的相互关系。尽管制造商、批发商、零售商、消费者或用户等不同的渠道成员是相互独立的，但它们之间是相互影响、相互制约的，各个渠道成员通过对营销功能和流程的不同分工与合作，形成了不同的渠道结构，以满足消费者需求，从而实现渠道的共同目标和自身目标。

医药产品按其最终使用者的不同可分为个人消费者医药产品与生产者医药产品两大类，而医药产品又可以分为药品和医药工业品（指原料药、中间体等）两类。由于这两类医药产品销售管理方式的不同，其分销类型如图 11－2 所示。

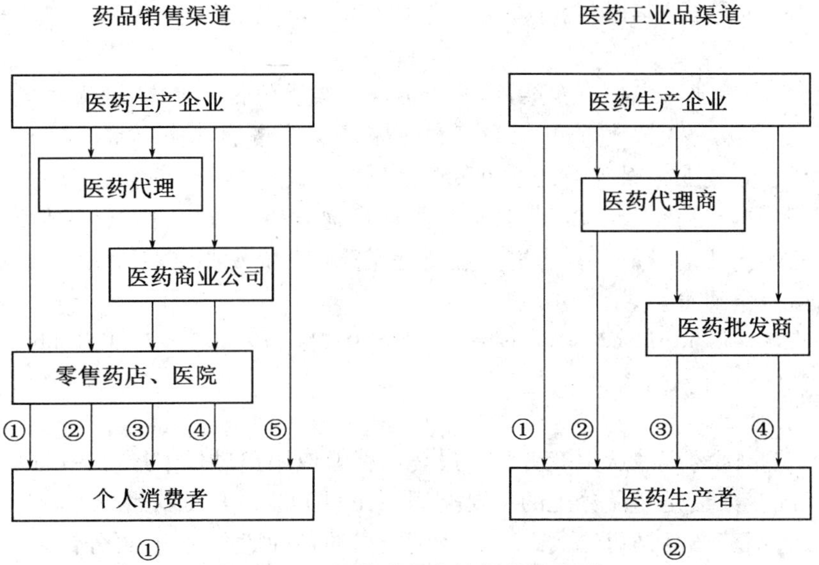

图 11－2　医药产品分销渠道的类型

(一) 长度结构

分销渠道长度通常按照中间环节的多少来划分,所经过的环节越多,分销渠道越长,反之则短。通常经过几种类型的中间商,分销渠道的长度就为几。据此,分销渠道可以分为直接渠道和间接渠道、短渠道和长渠道。

1. 直接渠道和间接渠道

(1) 直接渠道

直接渠道是指医药产品从生产者直接流向最后消费者或用户。这是营销渠道中最短的一种销售渠道。如图 11-2 中的药品销售渠道中的第五种和医药工业品渠道中的第一种。例如,一些药品生产企业将生产的药品通过自办零售药店出售给消费者,或是一些医院向消费者直接出售按国家有关规定自制的医院制剂。

直接渠道的优点是:生产者与消费者接触较多,能及时、具体、全面地了解市场需要及变化;销售环节少,药品能很快地到达消费者手中,从而缩短药品流通时间,减少流通费用,提高经济效益;防止假冒伪劣产品;生产者能为消费者提供全面周到的服务;渠道的控制力强,有针对性地开展促销活动。其缺点为:直销生产者要设置销售机构、销售设施和配备销售人员,这就相应增加了销售费用,分散了生产者的精力;此外,生产者还要承担储存费用、商品损耗、市场价格下降的风险。

信息框

东阿阿胶抢滩直销

2014 年 11 月,商务部直销行业管理信息系统公开了一则关于东阿阿胶申请直销的声明。东阿阿胶目前上报的是阿胶元浆和 4 款软胶囊。

为了开辟新的销售渠道,近年来一些大型的传统医药保健品企业纷纷进入到直销行业。东阿阿胶除了生产阿胶块和复方医药制剂,还研制和生产了一系列保健品和功能食品,这些产品完全具备直销产品的合法性、实用性等特点。东阿阿胶在现阶段切入直销行业非常合适。如果东阿顺利拿到了直销牌照,就可以实现电商+直销的销售组合,因为它的产品本身很适合这种模式。

东阿阿胶将直销业务定位为新渠道,并作为现有渠道的销售补充,独立运作。目前上报的直销品种是阿胶元浆和 4 款软胶囊,后续会根据市场反馈增加其他产品。对于东阿阿胶进军直销领域的做法,直销业务很可能是东阿阿胶摆脱“提价”和单品类增长压力的关键一步。

除了东阿阿胶,广药白云山集团、康恩贝等企业也先后发布申请直销牌照的声明,表明自己进军、分羹直销产业的意愿。药企进入直销行业既可以提高收益,又能够让消费者感受到更“亲民”的药价,一举两得。

资料来源:南方日报. http://news.xinhuanet.com/food/2014-11/04/c_127174786.htm.

(2) 间接渠道

间接渠道是指医药产品从生产者流向最终消费者或用户过程中经过一层以上中间商转手的销售渠道。间接渠道是药品分配的主要类型。在图 11-2 中大多都是间接渠道。如医药企业由医药代表将医药产品销售给具有医药经营资格的各种商业机构,再分销到医院和药店,最后出售给消费者，或医药企业选择一家分销能力较强的医药经营企业做总代理，由总代理将医药产品合理、迅速、有效地根据需要扩散销售。

间接渠道的优点为：通过中间商节约了生产企业花费在销售上的人力、物力和财力，可以借助中间商的销售经验、销售网络和商誉，扩大商品销售范围，提高市场占有率；同时可以减少资金占用，增加生产资金投入，减少生产者经营风险。其缺点为：增加了销售环节，延长了商品流通时间；对市场变化和消费者需求比较不了解；渠道管理和控制难度加大。

2. 短渠道与长渠道

(1) 短渠道

医药产品在销售过程中只有一个环节或者没有经过中间环节的营销渠道称为短渠道。在图 11－2 的药品销售渠道中第一种和第五种我们可以将其称之为短渠道，同样在医药工业品渠道中第一种、第二种和第四种为短渠道。

短渠道的优点是：中间环节少，商品流通时间短，流通费用低，能增强药品的价格竞争力；有利于生产企业了解市场信息，决策及时；有利于加强生产者与中间商的合作。其缺点为：渠道短，市场覆盖面相对较小，不利于医药产品的大量销售，因而对于那些新特药品、进口药品等的销售比较适合；扩大生产者经营风险。

(2) 长渠道

长渠道是指医药产品的生产企业使用两个以上不同类型的中间商来销售自己的产品。在图 11－2 的药品销售渠道中第二、三、四种，医药工业品渠道中第三种我们可以称之为长渠道。

长渠道的优点是：渠道长、分布广、触角多，能有效覆盖目标市场，扩大自己的产品销售。通常销售量大而面广、单位价格较低的普药适合采用长渠道。其缺点为：由于组成长渠道的中间商多、环节多，从而使销售费用增多，最终造成医药产品的价格上升，削弱了该医药产品的价格竞争力；信息收集较困难、运输成本高、产品损耗大、工商之间或商商之间的紧密合作关系较难确立。

(二) 宽度结构

医药企业在制定分销策略时，不仅考虑渠道的长度，还要考虑渠道的宽度。根据每个层次中间商数目来确定医药产品分销渠道的宽度，可以分为密集型分销策略、独家销售策略和选择性分销策略。

1. 密集型分销策略

密集型分销策略是医药生产企业在每一个流通环节上选用两个以上的同类型中间商推销其医药产品。OTC 药品和普通药品生产者多采用这种渠道。值得注意的是，在选择分销渠道时，应根据自身情况由窄到宽，并以最佳方式达到宽渠道的程度。

密集型分销策略的优点是：能够增加销售网点，提高产品的市场覆盖面，提高市场占有率，通过多数中间商大范围地将产品转移到消费者手中。另外，有利于生产者选择效率高的中间商而淘汰效率低的中间商，提高销售效率。其缺点是：中间商多，容易引起渠道冲突，管理和控制难度增加，生产商需加强渠道控制。

2. 独家销售策略

独家销售策略，是生产者在每一层流通环节上只选用一个中间商来销售自己的产品。这种营销渠道类型适用于单位价值高的处方药品、进口药品和新特药品以及大型的医药工业品的销售工作。能有效取得市场资料和反馈信息，为企业开发和拓展市场提供参考和决策依据。

独家销售策略的优点：有利于鼓励中间商开拓市场，并依据市场需求订货和控制销售价格；有助于提高企业形象和品牌形象，调动中间商的积极性，为维持良好的合作伙伴关系奠定基础。其缺点是：产品的销售市场覆盖面和销售量受限制；独家经营容易造成中间商垄断市场，对中间商的依赖性较强，中间商一旦出现失误，可能影响到企业产品的销售，因此市场风险大。

3. 选择性分销策略

选择性分销策略是指医药企业在一定市场范围内选择一家以上而又不是全部的某个层次中间商销售自己的产品。它介于密集型分销和独家销售之间，由于医药企业只与几家中间商进行合作，有助于企业与中间商建立良好的合作关系，体现对某几家中间商的重视；有助于企业更好地控制渠道。

（三）广度结构

分销渠道的广度结构，实际上是渠道的一种多元化选择，也可称为多渠道选择。许多公司实际上使用了多种渠道的组合，即采用了混合渠道模式来进行销售。比如，有的公司针对大的行业客户，公司内部成立大客户部直接销售；针对数量众多的中小企业用户，采用广泛的分销渠道；针对一些偏远地区的消费者，则可能采用邮购等方式来覆盖。分销渠道的广度结构，可以增加市场的覆盖面。但是容易引起渠道成员之间的冲突，控制渠道的难度增加，因此需要加强对渠道的协调与控制，使各渠道能有效地运转，充分发挥其作用。

第二节　医药产品分销渠道中的中间商

医药中间商是处于生产者和消费者之间，专门从事生产流通活动的医药经济组织或个人，或者说是医药企业向消费者出售医药产品的中间机构。作为药品分销渠道重要成员的中间商，根据他们在商品流通过程中的地位和作用的不同，可以将其分为批发商和零售商。

一、医药批发商

（一）医药批发商的含义

医药批发商指从事医药产品买卖的组织或个人，主要包括一些从事医药产品批发业务的医药商业企业，医药批发商通常既是医药零售商的“采购代理人”，也是医药生产商的销售代理人，能为医药生产者起到一定的分销作用。主要满足医药产品分销业务在不同地区、不同时间和不同层次的医药市场对医药产品或服务的数量、医药产品的种类、各种医药产品的需要。

（二）医药批发商的功能

处在中间环节的医药批发商担负着确保库存、整合运输和传达信息的重任，以实现流通上的快进快出，大进大出的格局；在一吞一吐之间完成药品产销的联盟。将松散的、独立的医药生产商、零售商个体，变为一种致力于提高劳动率和增加生产力的合作力量。

医药批发商避免了医药生产商重复建设营销队伍及直销机构；替代或补充了医药生产商的各种大型媒体广告活动，从而大大降低生产企业的相应投入，即降低了药品的成本。在一定程度上批发商充当着医药生产企业的销售队伍和财务助理的角色。一般情况下，批发商支付运输费用，降低生产企业的仓储和存货投资，提供信用服务并承担由信用较差的购买者带来的信用风险，批发商现金支付的方式还能成为生产商现金的来源，推进生产企业的促销计划。表11－1列出了批发商的主要功能。

表11－1　批发商的主要功能

供应链管理	在渠道成员中建立长期的伙伴关系
促销	提供销售人员、广告、促销、公关关系等支持
仓储、货运和处置产品	接收、储存、仓库储存包装 订单出货 原料处理 安排制定货运的长短期计划
存货控制和数据处理	订单处理 存货控制 交易记录 为财务分析提供销售数据
承担风险	承担由偷窃、产品过期以及存货带来的风险
融资与预算	提供信用 借款 市场投资 预测现金流量
营销调研和信息系统	提供市场信息 处理调研报告 管理方便交易的网络系统

（三）医药批发商的发展趋势

随着市场经济与市场环境的变化，医药批发商的经营方式正在发生重大的变化。

1. 加强科学管理

随着科学技术的发展，从条形码、扫描仪、电子数据交换连接，到卫星传播和录像设备，批发业技术装备不断完善，信息系统的发展极大地提高了医药批发商更有效为客户服务的能力。因此，以技术带动对有效信息的管理将是提高医药批发企业营销能力的重要方向。

信息框

代理商的回归

代理商的专业化，是指代理商有专业化的销售代表、专业化的推广代表、专业化的服务理念，在某一细分医学领域、特定的区域市场能够代表生产企业提供专业化的营销服务。专业化的代理商不再是靠赚取药品进销差价洗票税款，而是通过提供专业化服务，从药品生产企业赚取合法的代理佣金。

从药品类别来看，专业化代理商将向两个方向发展，一是大型普药代理商，他们将依靠品牌、资金、渠道和规模的优势不断发展壮大，并最终走向经销商领域。二是新特药品专业化代理商，这类代理商将依赖团队、理念、产品和品牌在某一细分医学领域、特定区域市场笑傲江湖。

如何转型升级？

第一，调整产品结构。处方药代理商调整产品结构很重要，要在“专”字上下功夫、做文章。这里说的“专”是指专科，更应该审视将来到底致力于哪个专科线产品。

第二，组建专业化团队。生产企业面向全国市场，组建专业化的销售队伍难道较大；对于区域市场代理商而言，代理商可以做得很优秀。

第三，树立学术推广理念。学术推广是药品营销的根基。一种药品要想在众多产品中鹤立鸡群，必须首先获得一批知名专家的首肯。只有学术推广，才能建设客情关系稳定的专家网络，借助各种类型的学术推广平台，由不同层级的专家教育或影响范围更加广泛的临床医师，获取产品的广泛认同，从而实现产品的规模化销售。

第四，品牌建设。代理商也需要建设自身的知名度和专业代理商的品牌。代理商自身的品牌建设，首先要模仿知名企业或外资企业，加强自身修炼。

第五，加强与企业高层沟通。主要是加强与已经代理产品的企业高管沟通，一方面使区域市场的营销策略与企业全国市场的营销策略步调一致，另一方面可以相互学习、相互借鉴市场管理经验，还有可能从制药企业获得更多的市场支持。

资料来源：药物探索. http://www.drug007.com/2663.html.

2. 不断完善电子商务营销网与物流配送网络

国家相关的行政管理部门已出台文件明示，经销商可以根据企业自身的情况，积极进入电子商务领域进行探索，推行 B2B 或 B2C 网上交易模式，通过线上与线下的结合和对上下游客户资源的整合，改变传统营销方式速度慢、过程长、成本高的不足，树立知识经济时代下商业企业的全新形象。我国医药商业协会曾在关于流通体制改革的意见和建议中明确指出：要以大型商业企业为核心，建立全国区域性的批发市场，鼓励经销商将下属的市县分公司变成自已的配送中心。营销机构建在哪里，就将物流配送中心延伸到哪里，形成大的配送网络，以减少流通层次和环节，实现规模经营，创造规模效益。

3. 对资金要求更高

随着竞争的加剧，为了巩固和持续发展上下游的客户网络，对资金也提出了更高的要求。要想拥有销售区域的主动权，就必须要有雄厚的财力，代理更多的拳头产品；而对于下游客户，又必须加强区域终端配送服务理念。终端配送能力和服务能力，以及产品的优势是未来医药批发企业生存和发展的首要条件。尤其是基本药物制度的广泛实施，将真正考验商业公司的配送能力和服务能力，这将倒逼批发企业不断加大资金投入来优化自身的仓储、运输和销售等诸多环节，以更好地为客户服务，赢得市场。

4. 实施聚焦战略

随着医药市场环境和消费需求的变化，医药批发商面临着新的竞争者的出现、消费者更大的需求、新技术的发展，以及大企业、社会组织和零售业顾客采取更为直接的购物程序等问题。所以，他们不得不改进有关目标市场、市场定位以及营销组合等方面的战略决策。

二、医药零售商

(一) 医药零售商的含义

医药零售商是指向终端消费者提供医药产品的组织或个人,一般包括零售药店(连锁和单体药店)、医院药房、第三终端(第三终端是指城市社区诊所、城乡结合部及县级医院、乡镇卫生院与药店、乡村地区的诊所、防疫站、计生室、卫生室等)。医药零售商能提供较为完善的药品和服务,及时提供药品和市场信息。医药消费者或用户是医药营销渠道的最后一个环节,也是医药渠道要服务的最终对象,包括患者、健康需求者。任何一条高效的营销渠道,其设计的原则均以有效地满足最终消费者或用户的需求为基本目标。

信息框

医药零售商的担心

当今的网络信息日趋发达,也迅速地渗透进我们的日常生活当中。而对于医药行业来说,零售商最担心的事情,就是网络开始对医药行业零售的渗透。

在 2014 年的 6 月 25 日,阿里巴巴旗下的支付宝就宣布与中软国际达成了合作。双方将在医药零售行业一起拓展移动支付业务。通过这个发布,支付宝将在不久的将来,在全国对接数以万计的药房,只要消费者在药房购买,用支付宝就可以完成支付。也许这个还不是医药零售商最担心的,让医药零售商更担心的是,除了支付宝这个支付的便捷方式之外,马云和刘强东的真实目的,是让淘宝网和京东商城除了做第三方的平台之外,政府还可能会开放政策,允许他们销售药品。这样对于医药行业的零售商来说,不亚于是狼来了这样一个可怕的噩梦。他们两家强大的数据网络优势,胜过了所有的网上独立网店,那么将对医药零售商造成严重的打击。

医药零售商们都纷纷在担心这样的一个问题,马云以前已经取得了互联网药品销售的第三方的牌照资格,但其实并没有开始涉足互联网的药品销售领域,最根本的原因在于现在国家的政策目前对此还没有允许开放,但是已经给马云做出了铺垫。零售商们都在担心,更多的是提出了反对,如果第三方的平台能提供中介服务,还能自主营销,那么不仅仅是网上的企业网店没有了前景,而且线下的零售商也受到了打击。行业业内的某制药企业也在担心,第三方平台拥有强大的信息数据,它们可以得知疾病和消费者购买的药品的种类,这些资料都是国内外无数的药企和研究机构最需要的核心数据,通过这些数据,这些互联网的大佬们就可以评判出来现在哪些药最好卖,并进行研发,获取最大的利润。

资料来源:环球医药网. http://www.qgyyzs.net/news/newshtml/scfx/20140718011237.shtml.

(二) 医药零售商的类型

零售形式的划分标准很多。通常可按药品经营形态,把常见的药品零售商业划分成以下几种类型。

表 11－2　药品零售企业按营业形态分类

<table>
<tr><th colspan="3">类别</th><th>详细</th></tr>
<tr><td rowspan="7">药品零售企业</td><td rowspan="2">单体医药零售企业</td><td>普通单体药店</td><td>独立或非独立核算，设有仓库，有完整的物流和财务体系，具有独立采购权。可以自主选择供应商，拥有采购和销售职能</td></tr>
<tr><td>卖场式药店</td><td>零售药店新业态，营业面积一般有上千平方米。非处方药开架陈列，消费者可以自由选取，出门时结算</td></tr>
<tr><td rowspan="2">药品零售连锁企业</td><td>直营店</td><td>使用统一商号，公司总部直接经营、投资、管理各个零售点的经营形态。不具有自行采购权，不设仓库，实行总部统一管理</td></tr>
<tr><td>药品加盟连锁门店</td><td>以特许经营合同的方式构成双方的特许加盟关系。药品加盟店加盟后可以使用连锁总店的商标、商号、服务标记、经营管理模式等。加盟店自负盈亏，人事和财务与药品零售连锁总店独立</td></tr>
<tr><td colspan="2">药柜（店中店）</td><td>主要包括三种形式：一是知名品牌的药店在其他药店内设立柜台；二是药品零售连锁企业选址在一些大卖场、超市内部，设置独立的柜台；三是药品零售连锁企业在宾馆、机场等地设立药柜</td></tr>
<tr><td colspan="2">网上药店</td><td>网上药店提供药品购买信息，消费者把信息以电话方式或者邮件方式通知指定药店，药品物流和货款回收工作仍由散布在市区各地的药店来完成。在初创阶段，仍然依靠零售药店的实体</td></tr>
</table>

（三）医药零售商的发展趋势

1. 医药零售行业及药店面临长期发展机遇

在我国国民经济的高速增长、社会消费水平提高、人口老龄化、社会城镇化、消费结构升级以及新医改背景下，医保的广覆盖等因素的驱动下，我国医药市场面临着长期发展机遇。

而从市场结构来看，目前我国医药零售市场的终端仍以医院为主。从发达国家的医药行业发展趋势以及我国新医改政策的实施情况来看，“医药分离”是长期发展趋势。“十二五”期间深化医改的首要任务就是全面取消“以药补医”，理顺补偿机制，这为未来“医药分离”创造了条件。因此，虽然短期由于取消医院“以药补医”削弱了药店的药品价格竞争优势，但从长期来看，“医药分离”将使大部分医药零售终端市场向药店转移，医药零售药店充满了巨大的发展空间。

2. 服务专业化是医药零售企业保持可持续发展的必然选择

药品密切关系到消费者的健康安全，药品的专业化要求较高，消费者大多需要药店服务人员的用药咨询、健康咨询以及对症售药等服务，同时专业化服务能为消费者提供增值服务，促进商品销售。因此如何提升药店人员的专业化服务，对员工进行专业化系统化的培训，是医药企业保持可持续发展、甚至生存的必备条件。

3. 信息化管理将成为主要管理手段

零售行业是一个盈利模式较为简单的行业，企业必须通过精细化的管理控制成本和产品质量，从而取得更高的收益。药品本身更是关系到消费者健康安全的特殊商品，其对精细化的管理提出了更高的要求。而信息化管理是企业到了一定经营规模后必须做到的精细化管理的主要方面。通过覆盖药品采购、物流、储存、销售等全部经营环节的药品信息化管理，以及覆盖人力资源管理、财务管理、质量管理、价格管理、商品管理的企业信息化管理，一方面降低单位成本，另一方面有效控制产品质量，降低差错率，从而提升企业整体经营效率。

4. 科技是重要的竞争手段

作为竞争手段，科技在零售中将发挥越来越重要的作用。先进的零售商使用电脑更好地进行预测，控制库存成本，通过电子方式从供应商那里订货，商店之间传发电子邮件，扫描收款系统、网上交易处理、电子资金转移、电子数据交换和店内闭路电视来优化医药商品交易系统。

信息框

海王星辰可利用支付宝钱包支付

海王星辰是目前国内直营门店数最多的跨区域连锁药店，全国门店共计 2 000 多家。医药零售行业和手机支付迎来了第一次亲密接触。2014 年 2 月 27 日，国内知名医药零售品牌海王星辰宣布与支付宝钱包达成合作。从 2 月 28 日起，用户去海王星辰门店消费可直接使用支付宝钱包支付。作为第一批接入城市，杭州和深圳地区的 600 家门店已经率先接入条码支付，用户结账时，只要打开手机上的支付宝钱包，选择"条码支付"功能并出示手机，让收银员用条码枪扫描，就可以完成付款。扫码支付非常便捷，极大地提高了效率，节省了时间。

事实上，早在手机支付正式合作前，海王星辰就已经入驻了支付宝钱包的公众服务平台，短短几天时间，关注用户已经过万。公众账号内向用户直接进行发会员卡、在线购买等一体化会员管理的功能，其商业价值已经从单纯移动支付，进一步演变为支付、营销一体化应用。

资料来源：39 康复网. http://www.39kf.com/focus/zt/wsyd/2014-02-28-904192.shtml.

第三节　医药产品分销渠道的设计与选择

医药产品分销渠道的设计是对分销渠道层次和宽度进行设计，其设计的中心环节是确定到达目标市场的最佳途径。分销渠道的设计是任何医药生产企业都必须认真对待的一项工作，它关系到医药产品能否及时销售出去和收回货款，关系到企业的销售成本与利润，对企业营销的成败关系重大。医药企业应从战略的高度来看待分销渠道的设计，力求通过良好的渠道设计来获得差异化的竞争优势。

一、医药产品分销渠道的设计

医药产品分销渠道战略设计是指对关系医药企业生存与发展的基本分销模式、目标与管理原则的决策。其基本要求是：适应市场环境的变化，以最低总成本传递医药产品，获得最大限度的顾客满意。因此，渠道设计必须遵循两个原则：一是以合理价格向消费者提供值得信赖的医药产品或服务；二是细分市场，并以适当的医药产品满足目标市场的需求。

（一）影响医药产品分销渠道设计的因素

1. 产品因素

根据医药产品的特性来设计与选择营销渠道主要从药品的单价、重量、技术含量、有效期限、适用性、市场生命周期等方面考虑。

（1）药品的单位价值

单位价值高的药品如生物制品、进口药品、新药等，在选择营销渠道时应采用短渠道或直接渠道，因为每经过一个环节，都要增加一定的费用。而使用面广、量大而价格又较低的药品，其营销渠道可以长而宽，以增加市场覆盖面。

（2）医药产品的体积

体积过大或过重，渠道宜短，中间环节少，可以节约运输、储存费用和减少商品损耗，如大型医疗器械。

（3）药品的科技含量

药品技术含量高，宜采用直接渠道或短渠道。因为大多数医药产品，特别是刚上市的新特药，对技术服务要求很高。

（4）药品的适用性

药品的适用性较广，宜选择间接渠道、宽渠道；相反，则可采用直接渠道、短渠道甚至是直销渠道。

（5）药品所处的生命周期

药品所处的市场生命周期不同，渠道选择也应不同。在导入期为了尽快使产品进入市场，收集产品销售信息，应选择短渠道或直接渠道；成长期则应在巩固原有渠道的基础上，增加渠道宽度；成熟期为适应竞争，吸引更多的顾客，应拓展渠道宽度，增加销售网；衰退期为了缩减开支，渠道宜窄、短。

2. 企业自身因素

包括企业自身规模、资金实力、渠道管理能力和渠道控制愿望等。规模大、财力雄厚的企业有能力选择实力强的分销商，或选择扁平化的短宽渠道，或自建渠道，可以有效把握终端市场；反之就需要考虑渠道成本因素，多依赖中间商，采取长宽渠道。

3. 市场因素

市场因素包括目标市场范围、疾病是否有季节性、患者对渠道的选择习惯及集中程度、同类竞争药品的市场状况等。

（1）目标市场：目标市场范围扩大，例如感冒、咳嗽、腹泻等均属极为常见的普通疾病，此类药品的目标市场极大，遍及各级城市、乡镇和农村，患者具有成熟的消费习惯，能快速选择并购买，可选择相应较短的渠道，而处方药，则可采用较长的分销渠道。

（2）消费者的集中程度：消费者主要集中在某一地区，可采用短渠道或直接渠道。相反，如果消费者分布均匀，则需要更多发挥中间商作用，采用长而宽的分销渠道。

（3）消费者的购买习惯：消费者的不同购买习惯，如购买数量、购买地点的不同，都会影响营销渠道的设计。

（4）竞争状况：通常情况下，同类医药产品与竞争者采取相同或相似的分销渠道，若在竞争特别激烈的情况下，可选择特殊的分销渠道。

4. 有关法律法规

国家相关法律法规如《药品管理法》、医疗保险制度、GSP 认证规定等。药品管理法明确规定药品不能直销，只能通过经过《药品经营质量管理规范》(GSP)认证的医药企业销售。

(二) 医药产品分销渠道设计的过程

医药分销渠道主要包括：确定医药分销渠道的模式、选择中间商的层次与幅度、确定渠道成员的权利与义务、对渠道设计方案的评估和制定实施方案。

1. 确定医药分销渠道的模式

确定渠道模式，即决定渠道的长度。企业须根据顾客需求特点，各种限制因素及企业本身战略目标的要求，决定采用什么类型的分销渠道。

医药企业在设计分销渠道时必须对这些问题做出回答：

(1) 药品最终销售终端是医院药房，还是社会零售药店或者是第三端？

(2) 医药产品分销需不需要中间商的参与或者是自建营销网络和中间商共同存在？

(3) 中间商的类型怎样及数量多少？

2. 选择中间商的层次与幅度

在确定基本分销渠道以后，如果采用中间商进行分销医药产品，还需要确定中间商的层次与幅度，如采用长渠道还是短渠道、密集型渠道还是选择型渠道或者是独家渠道或者是多种渠道并存的模式。这主要取决于医药产品本身的特点、市场容量的大小、需求面的宽窄以及企业整体经营目标等因素。

3. 确定渠道成员的权利与义务

其主要内容有价格政策、销售条件、经销区域或特殊服务等。提供价格折扣、产品质量保证和价格保证，以促使中间商积极进货。同时，还要规定交货和结算条件，以及彼此为对方提供的服务项目，如配备医药代表、协助促销等；销售方提供市场信息和各种业务统计资料，保证实行价格政策，达到服务水平等。

4. 对渠道设计方案的评估

评估主要涉及三个方面：

(1) 渠道的经济性

渠道的经济效益主要是比较每一条渠道可能带来的最大销售额与其成本的关系，应选择投入少效益好的渠道。需要注意的是，这里的成本不仅是指营销渠道的建立成本，还应考虑营销渠道今后的营运与维护成本。

(2) 渠道的控制力

渠道的控制力有多种来源，既有强制性的控制力，又有非强制性的控制力。可以从报酬力、合法权力、强制力、感召力、专业知识力和信息力判断渠道成员。

(3) 渠道的适应性

渠道的适应性即考虑医药企业是否具有适应环境变化的能力及应变力如何。我们知道市场是复杂多变的，药品品种有可能改变，价格也可能调整，所以，医药企业要寻求能适应不断变化的分销渠道结构和政策。

5. 制定实施计划方案

渠道决策分析最后一个环节是制定具体的实施计划方案，就是将渠道战略设计具体化，根据战略方案和战略重点，规定出任务的轻重缓急和时机，进一步明确工作量和时限，并考虑由谁来执行,如何执行,需要如何配置相应的资源等。如果不编制具体的实施计划,再好的战略设计也是纸上谈兵。

(三)处方药的渠道设计

处方药就是必须凭执业医师或执业助理医师处方才可调配、购买和使用的药品。处方药具有很强的专业性。医生成了实质上的消费者,而医院实质上就是渠道终端。因此在整个药品分销通路中,医院占据着极重要的有利地位,也是药品促销活动的对象,直接影响着处方药的渠道模式。根据促销职能的承担者不同,处方药的分销渠道可以分为下面四种模式。

1. 独家代理制

独家代理制可分为全国独家代理和区域独家代理两个级别,制药企业在全国或某一区域市场只选择一家代理经销商,由代理经销商全权负责其产品在此区域的市场开发、临床推广、实体分销及返款等全部流程。

优点:通过代理商统一管理、协调运作,分销环节简便、分销效率高。产品可利用代理商网络和资金快速进入目标区域,暴涨中间商的利润,代理商经营积极性比较高,责任心比较强;制药企业能减少销售投入,将更多精力转到研发和生产环节。

缺点:制药企业存在市场风险,过分依赖代理商、缺乏终端客户反馈信息、无法控制代理商的行为、本企业产品品牌被弱化等。

运用:根据国家相关政策规定,进口药品在中国销售须由具有进口药品代理权的公司进口并销售,故外资公司药品进入国内市场多采用此模式。营销实力弱的国内制药企业,因缺乏营销渠道,通常会选择一家营销实力强的代理商,将产品全权委托对方销售。

2. 办事处+区域分销制

制药企业在各区域市场选择一家或几家经销商,设立办事处并派驻销售代表进行市场开发、临床推广,经销商只负责其产品的实体分销和付款。因制药企业直接参与临床促销活动,经销商只需提供物流和分销服务,所以经销商获得利润有限。

优点:医药企业最贴近终端市场,对终端掌控能力强;有利于建立良好的企业品牌形象;能最大限度地降低对经销商的依赖,提高渠道控制力。

缺点:终端投入大,增加了企业销售成本和人力成本;经销商只提供物流服务,利润微薄,缺乏销售积极性。

运用:专业性强、技术含量高的药品需要企业建立自己的销售队伍进行学术推广与终端开拓,提供高质量的售前、售中和售后服务。产品线较宽的企业,建立自己的销售队伍可提供给终端客户更好的服务,同时多样化的产品结构能有效降低营销费用和人力成本。

3. 多家代理制

多家代理制是国内制药企业使用最多的渠道模式,是在各区域市场选择多家经销商,由他们分别布点、形成分销网络。

优点:减少了渠道中间环节,能帮助产品迅速铺货,占领市场速度快;鼓励多家经销商之间竞争,提高企业对渠道的控制力。

缺点:多家代理商在同一市场竞争易产生冲突,造成区域或价格混乱,增加渠道管理难度。

运用:进入市场成熟期的普药采用此模式分销,可快速占领市场、获得销量回报。

4. 处方药电子商务销售

2014 年 5 月 28 日,国家食品药品监督管理总局发布了《互联网食品药品经营监督管理办法（征求意见稿）》，首次提出放开处方药在电商渠道的销售，表示将设专业机构监管网上售药，且承诺风险较高药品依然禁售，允许医药电商选择第三方物流配送。

优点：① 处方药品作为特殊商品被开放销售，能一定程度拓展销售渠道；②为了保障广大消费者的权益，药品监管部门目前规定暂时不允许药店委托社会第三方机构向消费者直接配送相关药品，但随着医药电商行业的崛起和迅速发展，如果放宽政策能够顺利落地，就能切合实际地降低药品价格，因为互联网市场竞争力比较大，中间的采购人员想从中获取返利或者回扣是很难做到的事情，加之经营主体市场非常庞大，自然会形成良性的竞争；③ 网络售卖处方药全部按相关政策步入正轨后，将对假药市场造成空前的打击，从而进一步刺激医药行业的迅猛发展。

缺点：① 网上药店违法成本低、网上药店业务范围广等，将大大加剧监管难度和工作量的问题；② 如果降低网上药店准入要求，会导致网上假劣药泛滥的问题；③ 门槛高、成本大，零售药企自建网站现象很难普及。对小公司来说，如果电商线上销售这个渠道失败了，最多就从头再来，负担并没有那么重，但大公司不同，一旦这个投资失败，意味着各方面的压力不断袭来，甚至是不能招架的；④ 它在储存和运输上都有规定的特殊要求，由于药品配送要求比较高，目前市场上的很多普通快递公司都暂时达不到相关要求，药品在配送途中会出现的风险非常难控制。

运用：网上销售处方药药店必须经过药监部门批准，符合一切线下经营的资质条件才能开张经营，并且开放网上销售处方药并不意味着所有处方药都能卖。一方面是只要医药企业符合相关政策要求，符合相关政策规定的互联网药店都可以依法销售处方药；另一方面则放宽了交易经营平台的操作，尤其是第三方的交易平台。

（四）OTC 及保健食品的渠道设计

非处方药（OTC）是不需要凭医师处方即可自行判断、购买和使用的药品，因而药店是 OTC 最主要的销售渠道。随着 OTC 市场的快速发展，药店的业态也在不断发展变化，目前主要有以下几种渠道模式：

1. 大卖场模式：制药企业—药品超市—消费者

药品平价大卖场以经营面积超大、经销品种超多、药品价格超低为显著特征，卖场面积都在 1 000 平米以上，经销品种 4 000 以上，大大超过连锁药店。大卖场开业地点多选在大医院附近和交通非常便利的地区，目的是以极大的价格优势争夺医院处方和吸引较远区域消费者。国大药房有限公司作为国药控股有限公司下属全部零售企业的总部，全面打造中国药品零售第一品牌。2012 年公司实现零售总额 47.6 亿，列国内药品连锁企业百强榜首位。截至 2013 年 6 月，在全国范围内投资组建了 25 家子公司，覆盖全国 60 余个大中城市，拥有逾 2 000 家零售药店。

2. 连锁药店模式：制药企业—连锁总店—连锁分店—消费者

至今连锁药店已发展成为 OTC 零售市场份额最大的分销渠道。统一标识、统一采购配送、统一质量管理、统一财务核算、统一商品价格、统一服务规范是药品零售连锁经营的基本特征，并在此基础上形成了自己独特的企业文化、创造出自己的优秀品牌。例如深圳的三九、一致和海王星辰，北京的金象等连锁药店以其专业服务、突出的品牌形象，成为药品零售企业的领导者。

连锁药店模式的优势在于连锁药店具有门店数量多、覆盖地区广的网络优势，实行总店统一采购、集中配送的规范化管理，能帮助制药企业增加销量和终端市场覆盖率。

信息框

连锁药店的“3S主义”

建立连锁药店，就要遵守连锁药店的“3S主义”。创建连锁药店的业务系统是非常重要的，也就要求按照单纯化、标准化、专门化的三大原则来进行。

单纯化。所谓的单纯化就是连锁药店要科学分析那些具有高技术和熟练度的作业，然后设定一定的基准值，在通过配合运用业务指南等器具将业务单纯化。这样能够让那些即使不熟练的人也能够进行高水平的业务。

标准化。当单纯化地布置了业务和作业以后，就要对从事业务的工作人员制定统一的标准去实行，这是为了避免工作人员都按照自身的想法去执行业务，如此最终效果会有很大的差距。统一标准去实行，能够让业务得到更佳的效果，而且最终的成果也是相同的。

专业化。这个专业化主要体现在切实安排从事各种业务的工作人员的工作，并能够按期完成。如果工作人员总是一味地做自己分内的工作，或者做工作以外的事情，这些都会造成连锁操作系统出现崩溃的现象，从而预期的效果就无法得以实现。

资料来源：中国中医药联盟网. http://www.chinamsr.com/2011/0212/22737.shtml.

3. 医院渠道：制药企业—经销商—医院—消费者

尽管OTC的主要零售渠道是药店，制药企业仍愿意保留医院渠道，并在市场策略和临床推广上给予足够的重视，因为对于药品这种专业性较强的商品来说，医生的处方拉动作用不可小觑；实际上大多数消费者到药店后对产品的选择是基于前一次的医生处方做出的，保留医院渠道直接促进了OTC在药店渠道的销量。

信息框

药房托管

药房托管是指医疗机构通过契约形式，在药房所有权不发生变化的情况下，将其药房交由具有较强经营管理能力，并能够承担相应风险的医药企业进行有偿的经营和管理，明晰医院药房所有者、经营者之间的权利义务关系，保证医院药房财产保值增值并创造可观的社会效应和经济效应的一种经营活动。

在医药分销的推进过程中，全国各地出现了多种以门诊药房与医院脱离为原则的试点模式。其中，药房托管是一种推行范围较广、较成功的模式。在目前医院的运营和补偿模式下，如果将药房从医院彻底分离出去，医院的生存可能受到严重影响。在这种两难情况下，药房托管改变“以药养医”为“以药补医”的良性模式，可以缓解医院补偿不足的问题，为医药行业改革提供了一种有效的过渡模式。

资料来源：中华中药网. http://tcm360.com/GB/Information/industry-view-5-3319.html.

4. 互联网营销渠道

近年来，随着电子商务的发展，医药行业成为中国电商产业的最后一块蓝海。医药行业全面拥抱互联网是大势所趋。中国医药电商们正在加快布局，各施神通。随着消费者习惯的培养，以及相关政策的不断完善，医药电商陆续崛起。

(1) 医药电商物流牌照放开门槛降低

《互联网食品药品经营监督管理办法(征求意见稿)》在2015年后实施，网上卖药与物流配送的门槛就会大大降低，医药电商只要有自己的仓储并符合GSP的要求，不自建配送公司也可以在网上经营。

(2) 销量出现爆发式增长

销量出现增长原因：一是阿里健康的加入会加速医药分家。二是《互联网食品药品经营监督管理办法》等新政推出，降低网上开店卖药门槛，完善医药电商物流配送条件，医药电商的高增长会被线下医药连锁所关注。例如，2014年天猫医药馆的医药类目双十一销售额同比增幅315%(除天猫医药馆的保健食品、滋补品成交之外)。

(3) 市场集中程度变高为兼并重组做准备

与传统渠道相比，医药网上零售在每个竞争环节会厮杀得更厉害，并且日后线上和线下逐渐融合。医药零售未来是立体化竞争模式，包括商品价格、顾客体验、服务水平等，线上竞争优缺点则会被放得更大。未来医药零售的入口会呈现出多样性特征。药店的入口会非常多，有从实体店过来的，有从PC端过来的，有从移动端过来的，移动还分很多很多的入口。

信息框

海宁市老百姓大药房网上药店首家开通医保在线支付

2014年12月29日，海宁市老百姓大药房网上药店依托杭州珍城网络科技有限公司的技术支持，已经完成网上药店医保直联支付系统调试，将正式运行。

除了网售处方药的政策限制外，医药电商的真正爆发仍有赖于多项条件的支撑。其中另一个重要制约是，受医保严格监管限制，目前国内尚未实现网上购药的医保支付，受制于医保支付，网购的便捷性优势无从发挥。在海宁市医保部门的大力支持下，海宁市老百姓大药房网上药店依托杭州珍城网络科技有限公司强大的技术支持，已经完成网上药店医保直联支付系统调试，将正式运行。从此以后，老百姓就能真正享受在家选药、购药、医保支付、送药上门等全方位的服务。网上购药的方便性和医保支付的便捷性将带来不同寻常的体验。

网上药店医保直联支付系统解决了医保帐户的安全性、医保支付的真实性、医保数据与网上药店系统对接安全等技术难题，通过数字证书、手机验证码、面部识别等多种手段，为交易的安全配备多道“安全阀”和“保险锁”，实现在线监管的智能化，为市民网上购药提供更多的便利。

资料来源：中国药店. http://drug.39.net/a/141229/4546954.html.

二、医药产品分销渠道成员的选择

医药产品分销渠道成员的选择是指医药企业根据企业的战略目标，选择适合企业需求和目标的渠道成员。在经销商的选择上，制药企业必须结合自身综合因素以及拥有的资源来进行分析决策，企业自身的综合实力、营销战略、产品线的广度、宽度、深度以及相容度、产品的定位、目标客户群体等各方面都应考虑周全，找到最适合自己的经销商。主要包括：

1. 基本资料

主要指中间商最基本的原始资料，如名称、地址、电话、经营药品的证照、法人代表等情况，以及中间商法人的相关信息，如姓名、年龄、籍贯、学历、兴趣爱好、职称、科研成果等各详细信息。

2. 经营特征

包括经营理念是否与自己的经营观念、目标基本一致，是否有共同愿景；合作性；规模和资金实力等经营销售方面的内容。

3. 业务状况

网络覆盖和掌控能力；经销竞争产品的情况；其他条件如销售体系的组织架构和销售队伍的人员素质、仓储和物流配送的能力及地理位置；商业信用及信誉等情况。

信息框

基药渠道选择的五大策略

1. 终端开发能力

重视商业终端的开发，基药区域内特别是主要医疗终端的开发(城市的社区医疗服务中心、县级人民医院、乡镇卫生院、中型的私人诊所)。

2. 终端覆盖率

医药商业以配送基层医疗终端业务为主，终端销售贡献不低于60%，基药区域内医疗终端覆盖率不低于90%。

3. 资金回笼佳

资金实力雄厚，资金周转正常良性，无多产业的资金投入风险。能为一级商或制药工业提供资金，同时有能力为下游终端客户提供部分资信。

4. 产品差异性

在区域、终端、品种上考虑给予当地的不同商业公司不同的选择层级，确保商业之间有较大差异，防止过多因交叉覆盖而引起出货价格混乱。

5. 销售积极性

愿意配合制药工业进行联合促销活动，能提供真实基层医疗终端的销售反馈信息，并让其销售队伍紧密配合，协助制药工业深入基层医疗终端进行推广、促销活动。

资料来源：中国营销传播网. http://www.emkt.com.cn/.

第四节　医药产品分销渠道的管理

近年来，我国经济发展步伐不断加快，人民生活质量得到显著提高，人们越来越关注健康，我国老龄化问题已经成为制约国家发展的一大难题，在这种背景下，国家不断调整和改革医疗体系，并建立了 OTC 制度，医药市场面对这些改革，需求大幅度增加。尤其是新医改之后，医药市场快速扩容，预计到 2020 年，我国将成为全球第二大医药消费市场。在日益发展的医药市场上，有越来越多的公司和医药企业看到了这块蛋糕，它们纷纷来争夺利益。在这种竞争中，如果缺少对营销渠道的有效管理，企业很难将产品输送到其他营销终端。

一、医药产品分销渠道绩效评估

医药产品的分销渠道建立的目的在于帮助医药企业实现自己的销售目标，分销渠道网络设计完毕，在实施渠道策略的过程中对现有渠道进行绩效评估是营销渠道管理的重要内容，制药企业必须关注以下几方面内容：现有渠道运行效率是否达到了预定目标；渠道成员是否符合要求；是否可以通过改进现有渠道提高渠道绩效。

关注渠道绩效有助于制药企业的渠道管理人员了解营销渠道的各个方面及其运行状况，根据医药市场变化对营销渠道的结构和政策进行及时调整，提高营销渠道绩效，增进渠道的活力，更好地实现制药企业的销售目标。从制药企业的角度对其营销渠道绩效进行评估，通常从渠道管理组织、渠道的运行状况、渠道的服务质量和渠道的经济效益四方面进行。

（一）绩效评估的标准

评估的标准有三种：经济标准、控制标准和适应性标准。

（1）经济标准即企业用较小的成本产生理想的经济效益；

（2）控制标准即将渠道成员可控性作为一项重要的评估标准；

（3）适应性标准是指由于医药企业所处的市场营销环境不断变化，某种营销渠道或许在某时期比较适合，但随着环境变化，可能出现效率低下的问题，因此还要不断地进行调整和改进以适应市场环境的变化。

（二）绩效评估的内容与方法

从制药企业的角度来考察整个医药营销渠道绩效，可以从渠道管理组织、渠道的运行状况、渠道的服务质量和渠道的经济效果四个方面进行。

（1）渠道管理组织评估包括两方面：渠道中销售人员的素质和能力，厂商分支机构对零售终端的控制能力。

（2）渠道的运行状况评估，从渠道的通畅性、渠道的覆盖面、渠道的流通能力及其利用率、渠道冲突等方面进行评估。

（3）渠道的服务质量评估，从信息沟通、物流服务、促销效率、售后服务等方面考察。

（4）渠道的经济效果评估，从渠道的费用（投入）和销售（产出）两方面进行评估，渠道总费用与产品销售额应保持在一个合理的比例。销售计划与目标实现情况、市场占有率、营销渠道成本、盈利能力等均是经济效果评估的对象。

（三）分销渠道成员的分级管理机制

绩效评估之后，须建立分销商分级管理机制，首先要根据经销商的回款、信誉、规模等多方面综合因素将分销商分为几个等级。

（1）重要大客户

这类客户虽然规模不一定是最大的，但是是医药公司密切合作的战略性客户，一般占整体客户数量的 20%，所体现的销售数量应该占据总体的 50%以上。

(2) 重点维持与培养型客户

一般占整体客户数量的50%，主要是一些优质的中小型医药商业客户，或没有进行充分开发的大型客户，通常具有向一级客户培养的价值，是医药公司需要密切关注的客户。公司将通过一系列举措，努力将其向一类客户转化，同时防止其发展成为不良客户。

(3) 选择性客户

一般占据医药公司客户数量的30%以下，承担公司10%以下的回款额度，其中包括医药公司新接触的客户，或者没有良好发展潜力的商业公司以及需要清理的问题客户。对不同等级的客户，进行不同的沟通与合作方式，可以更有效地分配好公司有限的市场资源，产生更大的市场回报和收益。

二、医药产品分销渠道成员激励

要维系好渠道成员之间、渠道成员与厂商之间的关系，使整个营销渠道系统能够协调、运作，必须对渠道成员进行有效激励。包括对一二级经销商、零售终端、消费者等均可实施激励。为激发渠道成员的经营积极性，生产者对中间商采用的激励措施很多。本质上通常有直接激励和间接激励两种方式。

(一) 直接激励

直接激励主要是指通过给予渠道成员物资或金钱的奖励来激发其积极性，实现公司的销售目标，厂商采用价格折扣的方式对渠道成员进行奖励。

(1) 根据市场需要及时向中间商提供适销对路的药品，并协助其做好相应的药品市场开发工作。通常OTC药品需要做大众促销工作，对于处方药品生产企业通常需派专业营销人员进行目标医疗机构的销售推广。

(2) 制定合理的药品价格与折扣政策。合适的药品价格不仅有助于市场销售，而且会使中间商获得相应的利润。因而在制定时充分考虑企业成本与消费者的承受能力，同时根据实际销售业绩，给予中间商合理的价格折扣(通常有累计折扣和数量折扣两种)是鼓励中间商积极销售本企业药品的有效手段。

(3) 设立合理的奖惩制度，鼓励中间商多销货早回款。通常做法是：在一定时期内，中间商的药品销售累计到一定数量，或是经销商实现当月回款时，给予它们一定数量的返利；相反，当中间商没有达到合同约定的销售量或不按期回款时，则给予一定的惩罚。

(4) 对于OTC药品可通过生产者负担广告费用，或者与中间商合作广告等形式，扩大企业和品牌的知名度，以促进市场销售。对于处方药品生产企业则应在能力范围内负责医院推广工作，或者由中间商负责医院的推广工作，而生产企业承担相应的费用，以促进临床使用量提高。

(二) 间接激励

间接激励是指通过帮助渠道成员进行销售管理，以提高销售的效率和效果来激发渠道成员的积极性和销售热情。激励方式有帮助渠道成员进行客户管理，建立进销存报表、进行市场开发等。

(1) 药品生产企业可提供技术指导、宣传资料，举办药品展示会，指导商品陈列，帮助零售商培训销售人员，或邀请中间商派员参加生产企业的业务培训等，以支持中间商开展业务活动，提高专业水平，改善经营管理，促进药品销售。

(2) 生产企业需建立规范的客户管理制度，对原本分散的客户资源进行科学的动态化管理，协助营销人员及时了解中间商的实际需要，通过良好的沟通建立相互信任、相互理解的业务伙伴关系。

(3) 建立企业战略联盟。这是指生产企业和渠道成员为了完成同一目标而结合起来的营销统一体，如双方协商制定销售目标、存货水平、广告促销计划等。其目的是生产企业以管理权分享来促进经销商经营效率的提高，并期待建立长期稳定的合作关系。

三、医药产品分销渠道冲突的处理

(一) 分销渠道冲突概述

分销渠道是由渠道成员组成的劳动分工系统，各渠道成员因参与不同的流程而互相依赖并彼此合作：制造商负责产品生产和全国性促销，经销商和零售商负责分销和地区性的促销。这种相互依赖源于各成员对资源的需求不仅是资金，还有专业技能和市场准入权等；而各自独立的渠道成员基于自身利益出发，又力图获得最大自主权，于是冲突就不可避免地产生。

1. 分销渠道冲突的类型

最常见的是从渠道成员之间关系的协调性与竞争性的角度出发，将渠道冲突分为水平渠道冲突、垂直渠道冲突、多渠道冲突三种。

(1) 水平渠道冲突。水平渠道冲突指的是发生在同一渠道同一层次中间商之间的冲突。当营销渠道中只有一个中间商时，水平渠道冲突往往不存在。但是当同一渠道层次中有多个中间商时，渠道冲突往往难以避免。而造成水平冲突的原因大多是企业目标市场的中间商数量分管区域规划欠合理。医药营销领域中常见的水平渠道冲突主要表现形式有同层次的代理商(或医药商业批发企业)之间跨区域销售，即窜货问题、压价销售等。如果发生了这类冲突，生产企业应及时采取有效措施，缓和并协调这些矛盾。

(2) 垂直渠道冲突。垂直渠道冲突指在同一渠道中不同层次企业之间的冲突，也称作渠道上下游冲突。一个典型的医药营销渠道包括医药生产企业、代理商(医药商业批发公司)、医疗机构(或零售药店)，那么医药生产企业与代理商(医药商业批发公司)间的冲突、医药生产企业与医疗机构(或零售药店)间的冲突、代理商(医药商业批发公司)与医疗机构(或零售药店)间的冲突便属于垂直渠道冲突。渠道的长度越长(渠道的层次越多)，可能的垂直渠道冲突越多。就医药产品而言，由于国家政策的限制和研发成本、生产成本的上升，利润空间越来越小。在这种情况下，某些医药商业批发公司可能会抱怨药品生产企业在价格方面控制得太紧，留给自己的利润空间太小，而提供的配套服务太少；医疗机构(药店)对医药商业批发公司或医药生产企业，可能也存在类似的不满。垂直渠道冲突带来的问题一是在分销过程中上游分销商不可避免地要同下游经销商争夺客户，这会大大挫伤下游渠道成员的积极性；二是当下游经销商的实力增强以后，希望在渠道系统中有更大的权利，也会向上游渠道成员发起挑战。因此，生产企业必须从全局着手，妥善解决垂直渠道冲突，促进渠道成员间更好地合作。

(3) 多渠道冲突。随着顾客市场的不断细分化和可以利用的新兴营销渠道的不断出现，越来越多的生产企业采用多渠道营销系统。当生产企业建立多渠道营销系统后，不同渠道服务于同一目标市场时所产生的冲突就是多渠道冲突，有时候也被称为交叉冲突。例如，某原料药生产企业同时利用互联网销售平台、销售队伍、中间商三条渠道进行药品销售，那么互联网销售平台、销售队伍、中间商三条渠道之间的冲突就是多渠道冲突。这种冲突主要表现在销售网络紊乱、价格差异等方面。在互联网时代，多渠道冲突有了一种新的形式——电子商务渠道和传统渠道间的冲突。当多渠道冲突发生时，生产企业要重视引导渠道成员之间进行有效竞争，权衡各渠道的影响力，并加以协调。

目前，我国医药营销领域，渠道冲突的主要表现形式是水平渠道冲突和垂直渠道冲突，其中尤以水平渠道冲突中的窜货为主，并且经常发生。需要指出的是，渠道冲突并不一定只对企业的渠道系统发展造成不利影响，在特定条件下，一些渠道冲突会更好地促成企业分销目标的实现。

2. 渠道冲突的影响

渠道冲突证明了产品有较高的市场覆盖率，完全没有渠道冲突的产品，其市场开拓一定是不完全的，网络覆盖必然存在空白。适度的渠道冲突还有利于激发经销商的竞争、增加渠道的活力，活跃产品市场；但恶性渠道冲突对渠道体系具有极大的破坏性，会降低企业控制力和经销商的忠诚度。因而如何避免和化解恶性冲突是分销渠道管理中非常关键的部分。

（二）窜货管理

1. 窜货

窜货是分销渠道中恶性冲突的典型，指通路中代理商、经销商以低于企业规定的价格在授权范围之外的区域进行销售的行为。窜货是市场中不可避免的现象，不断对厂家的分销渠道和价格体系造成冲击，如何看待窜货，怎样预防、阻止窜货的发生是始终困扰着厂家的一道难题。窜货行为与产品的市场发展程度密切相关：一般来说，越是市场行情看好，销量不断扩大的产品，发生窜货的机会越大；市场容量越大，窜货的可能性也越大；反之，市场容量有限的产品和滞销产品，基本上很少发生窜货现象。

2. 窜货的类型

按照窜货行为对市场的影响程度不同，可将窜货分为三类。

（1）自然性窜货

自然性窜货是指经销商在获取正常利润的同时，无意中向自己辖区以外的市场倾销产品的行为。这种窜货在市场上是不可避免的，只要有市场的分割就会有此类窜货。它主要表现为相邻辖区的边界附近互相窜货，或是在流通型市场上，产品随物流走向而倾销到其他地区。如某药品在甲地零售价格低于乙地，乙地消费者可能在条件允许的条件下去甲地购买，这种产品多集中于治疗慢性病且需长期服用的药品。这种形式的窜货，如果货量大，该区域的价格体系就会受到影响，从而使利润下降，严重时可发展为恶性窜货。

（2）恶性窜货

恶性窜货是指为获取非正常利润，经销商蓄意向自己辖区以外的市场倾销产品的行为。经销商向辖区以外倾销产品最常用的方法是降价销售，主要是以低于厂家规定的价格向非辖区销售。恶性窜货给企业造成的危害是巨大的，它不但可以扰乱企业产品的整个价格体系，降低渠道总利润，还会使分销商丧失积极性并最终放弃经销该企业的产品，甚至混乱的价格还可导致企业失去消费者对其产品、品牌的信任与支持。恶性窜货是我们通常所指的窜货，也是医药企业最为关注和重点打击治理的市场现象。

（3）良性窜货

良性窜货是指企业在开发市场初期，有意或无意地使其经销商的产品流向非重要经营区域或空白市场的现象，多见于流通性较强的市场。在市场开发初期，良性窜货是有利于企业的:可在空白市场上提高其知名度和市场占有率但无需任何投入。但是由此而在空白市场上形成的价格体系尚不规范,因此企业在重点经营该区域市场时应对其进行重新整合。

3. 药品分销中窜货的控制措施

医药产品窜货的最大危害莫过于让销售者失去操作市场的信心,因为很多实例已经证明频繁的窜货虽然在短期可以提高企业的销售量,但最终后果是销售量都有不同程度的下降,甚至产品遭到市场封杀。窜货的危害是严重的,窜货的原因是多样的。为了解决存在于企业营销中的窜货,可以从原因着手,采取相应的策略,以有效遏制窜货的发生。

(1) 完善渠道政策

① 企业应建立完善、公正的价格体系。企业在制定价格时,可将销售网络内的经销商分为总经销商、二级批发商、三级零售商,分别制定出明确的总经销价、出厂价,批发价、团体批发价和零售价。在确保销售网络中各层次各环节的经销商都可获得相应利润的前提下,对销售网络中的各个层级的中间商进行严格的出货管理,使得各地经销商都能在同一价格水平上进货,以堵住窜货的源头。

② 科学规划分销渠道,这是实现窜货控制的基础。医药商品的特殊性决定了药品分销渠道中中间商有举足轻重的作用。所以,首先要根据具体药品的特点,如是处方药还是非处方药,销售渠道主要在零售药店还是在医疗机构等因素综合考虑中间商的选择,这主要包括中间商的数量和分销合作形式。除此之外,企业建立良好的售后服务机制也能减少窜货发生的几率。完善周到的售后服务因能在一定程度上减轻经销商的负担,而有助于改善生产企业和经销商之间的关系。经销商为维系这种已建立好的关系,轻易不会通过窜货来破坏关系,因而这种良好关系的建立在一定程度上可以控制窜货的发生。

③ 制定合理的激励措施。企业在制定激励措施时,应注意政策的持续激励作用,政策应能协调生产企业与各地经销商之间的关系,尽量为所有经销商创造平等的营销环境。激励措施应当充分考虑合理的促销目标、适度的奖励措施、时间的控制、严格的兑现制度和市场监控,确保给予的奖励是在受控之下的。对有窜货行为的经销商按后果的严重程度分别给予警告、停止广告支持、取消年终返利和取消经销权等处罚,对窜货行为起一个惩戒的作用。一旦发现经销商违规,企业要及时查证、规范处罚、公开结果,以提高监审的透明度和威慑力。

(2) 提高营销管理水平

① 完善渠道管理制度建设。由于渠道管理者和各经销商之间是平等的企业法人的关系,销售网络不可能通过上级管理下级的方式来实现,所以企业要通过完善的合约来约束经销商的市场行为。在合同中明确加入"禁止跨区销售"的条款,将总经销商的销售活动严格限制在自己的市场区域之内。在企业内部业务员之间也可以签订不窜货协议,规范他们的市场操作。另外,还可以将业绩考核与窜货挂钩,制定出公正合理的绩效评估和酬赏制度。

② 加强营销队伍的建设与管理。营销队伍是营销制胜的保证与根本,为防止营销人员窜货,应加强营销队伍的建设与管理。在企业内部的营销队伍建设与管理方面:首先,严格人员招聘、选拔和培训制度。企业应把好业务员的招聘关,挑选真正符合要求的最佳人选,并提供完善的培训。其次,在企业中营造一种有利于人才发挥所长的文化氛围,企业应尊重人才、理解人才、关心人才,并制定有利于人才成长的各项政策,从而在增强其成就感与积极性的同时,增强其对企业的忠诚度。最后,企业应建立良好的淘汰机制,因为在企业的营销队伍中难免会混进一些素质不佳或能力平庸的人,而淘汰机制应能有效地维持业务员的营销效率。

③ 产品包装区域差异化。在不同的区域市场上，相同的产品采取不同的外包装形式，通过对产品不同外包装的识别，可以在一定程度上控制窜货。实现产品外包装区域差异化的主要措施有：一是实行产品代码制，即在产品的内外包装上印上给每个销售区域产品编上的一个惟一的号码，且在条件允许的情况下，各企业还可对喷码技术进行适当改进，也可以经常变动位置喷印暗码。二是产品包装在数量上差异化，即同种药品在不同的销售渠道，在符合法律法规的前提下，采用不同的包装数量来区分。如药品的流通领域主要有社会药店、医院（社区诊所），那么企业可以向零售药店供应小包装，这是因为来这里购买药品的顾客多是病情不严重，希望随买随用，提供的药品数量够一次使用就可以了；而在医院（社区诊所）就诊的顾客需求就有所不同了，他们希望通过医生的诊治解除病痛，而且在医院（社区诊所）不如去零售药店那么便利，因此企业给医疗机构提供的产品包装数量可以增加。三是通过文字标示，即在每种产品的外包装上印刷“专供某地区”的字样。实现产品包装差异化主要是为了能准确地监控产品流向，使得经销商在窜货上会有所顾忌；即使发生了窜货，企业也可以追踪产品来源，为企业处理窜货事件提供真凭实据。可以说，产品包装差异化带给企业的是在监控和解决窜货问题上的主动权，因而这也成为目前医药企业最常采用的防止窜货的措施之一。

第五节　医药物流与医药供应链管理

一、医药物流管理

（一）医药物流的概念

随着我国医药管理体制改革的推行，国家大力推进医药企业结构调整，推动企业间的强强联合、兼并、重组，药品经营企业正在向规模化的方向发展。但是，仅仅依靠单纯地扩大规模是不够的，如果没有与规模相适应的快捷灵敏、安全的物流体系，则规模效应难以体现，甚至相反，出现大而不强，大而低效的结果。

医药行业的物流实施不仅指医药经营企业药品进、销、存或医药配送，它们都只是医药物流的一部分。医药物流是依托一定的物流设备、信息技术和物流管理信息系统，有效整合医药营销渠道（主要指药品和医疗器械）的采购、生产、销售网络中的上下游资源，优化药品供销配送环节中的验收、存储、分拣、配送等作业过程，从而实现医药流通的高效率和高收益。通过运用现代管理技术和信息技术，医药物流能提高订单处理能力，减少货物分拣差错和库存，缩短配送时间，降低流通成本，提高服务水平和资金使用效益，实现自动化、信息化和效益化。

（二）医药物流的发展对策

1. 建立健全医药物流监管体系

医药类产品是一种特殊的商品，与人的生命安全密切相关，医药物流必须严格保证所流通药品的质量。现代医药物流社会化、流通方式集约化不仅使医药流通秩序更加规范，而且使药品监管手段更为先进。信息化是现代医药物流的主要特征，信息技术就像神经系统控制、支配着所有药品的进、存、销、调，以及有效期、补货、账务、票据的管理。通过信息网络可以对任何批号的任何药品进行状态查询。为了对医药物流进行动态监管，药品监督管理部门可以建立一个流通信息监管中心，该中心与生产、流通及终端企业的信息平台进行有效对接。通过这样的监管信息网络，药品监督管理部门可以达到对所有医药企业和医药商品进行实时和动态监控的目的。在必要时，可直接通过信息监管中心调取企业原始的数据库信息进行质量审查。对市场上流通的药品，通过条码信息采集，输入到信息监管中心后将很方便地查询关于药品的所有信息，从而为假劣药品的查处提供直接、快速的方式。

2. 加快整合医药物流资源

现代医药物流具有社会化、系统化和网络化的特点，现代医药物流的发展必须走集约化道路。通过整合医药物流资源，实现资源互补和共享，形成规模化经营，降低医药物流成本，提高医药物流效益。首先，可通过医药企业的重组联合，由医药生产企业、医药流通企业和医药零售企业共同组建大型医药物流中心，实现一体化管理，保证医药物流各结点企业合理分工，优化内部物流作业过程。其次，可通过市场来形成医药企业之间的战略联盟，实现医药生产、流通和销售的系统化管理，减少渠道摩擦内耗，提高渠道运作效率。

3. 加快医药物流信息化建设，医药采购电子商务化

现代医药物流的发展必须以信息化建设为支撑；必须引导医药企业发展先进的信息技术，加快信息网络建设，构建医药电子商务平台，尽快实现企业间的互联互通；积极推广应用全球卫星定位系统（GPS）、电子数据交换系统（EDI）、自动连续补货系统（CRP）、电子订货系统（EOS）、销售时点实时控制系统（POS）、寻车寻货系统（KIT）、资金快速支付系统（E-FI）及实现信息快速输入的条形码技术。作为联系医药产业上下游的纽带，医药批发企业比其他企业更需要建立物流信息管理系统，依靠强大的信息系统与医院、零售网店、供应商实现信息共享，帮助供应商、医院、零售商提高医院供货和存货管理水平。

4. 推进医药物流标准化建设

缺乏统一的标准已成为制约我国医药物流向规范化、高效化发展并与国际接轨的一大障碍，必须加快推进我国医药物流标准化体系建设。首先，国家应组织有关单位尽快制定和出台统一的药品编码体系。药品分类代码系统的建立是一项专业性极强的技术工作，涉及医学、药学、分类学、代码学、统计学、商品学等学科，建议由国家标准委员会牵头，协调各有关部委及单位，如国家食品药品监督管理总局、国家卫计委、中国药品生物制品检定所、国家药典委员会、中国药学会等组成专家委员会，广泛征求医药企业和医药行业协会的意见，加快制定和出台统一的药品编码体系。其次，要加快推进药品容量标准、药品包装标准、药品仓储托盘的标准和药品信息化标准的建设。

5. 建立医药物流配送中心

建立物流配送中心，首先以自身配送为主，面对医院、零售药店和其他商业组织；二是吸引主要供应商并与他们建立网络伙伴关系，使物流中心成为其他药品的配送中心或中转仓库，扩大物流中心的功能；三是从配送药品扩大到医院、药店需要的相关产品的储存、配送。与此同时，物流中心不仅自身实现管理信息化，而且要帮助上游、下游客户实现物流管理现代化，建立网络，实现网上交易、计算机定货、制单、配货、核算、管理、信息处理等，形成大物流，形成区域性物流中心。

物流中心的工作人员可以由以上三方人员共同组成，医药流通企业的人员负责管理。这些物流中心主要包括对医药商品的在库管理、周转、分拣以及配送等作业。通过共同组建物流中心对药品进行整体的物流作业管理，不仅可以加快药品的流通速度，提高医药流通效率，更重要的是通过整合物流管理，可以降低医药物流成本。

信息框

九州通物流服务延伸模式

目前，随着医改的逐步深入，医院越来越意识到未来药品利润的减少是必然的趋势，必须向精细化的管理，特别是供应链优化方面寻求利润。从各地医改模式的探索中可以看到供应链优化已经成为医院和政府大力投入的一个方向。

九州通医药集团在与众多的医院客户调研的过程中发现，有超过50%的医院对于与供应商实现更紧密的供应链整合，提高供应链效率表达了强烈的兴趣。目前九州通正在国家相关政策指引下，将其现代物流建设经验和成果向医院进行推广。由于药品与耗材在采购渠道、招投标政策、内部管理、价格控制、供应商能力方面等有显著差异，九州通针对耗材与药品的管理，主要体现为以下几种模式：

(1) 耗材院内统一配送模式

医院招标确定医用低值耗材供应商，供应商向九州通直接供货，九州通与供应商直接结算；九州通成为医院低值耗材供应商和配送商，集中向医院供货，统一结算；九州通向医院提供软件，完成科室二级库存管理、自动补货、采购需求收集与订单发布；根据医院需求直接按科室出库，避免在医院拆零；将低值耗材直接配送到临床科室；提供驻院物流人员，将低值耗材直接配送到临床医技科室。

(2) 智能化药库改造模式

建设全自动化药房(包括门诊部药房、急诊药房、住院部药房)、符合国家标准的静脉输液集中配置中心、智能化中央库房、基于科室一级的领用管理与库存管理为基础的HPD系统、面向供应商的数据交互平台。

(3) 中心药库外延模式

医院中央药库移至九州通的自动化立体仓库，严格采用GSP规范管理，使用先进的条形码管理、仓库立体化管理、现代拣选系统来管理医院的中央药库；代替医院药库，完成药品检验收货、在库养护、管理库存、面向医院药房的领用配送工作；提供HPD软件开放库存报表、药品流向与信息查询、电子单据传递与药品信息同步等工作。

根据医院需求直接按药房出库，直接将药品配送到各个药房。

资料来源：中国物流与采购网. http://www.chinawuliu.com.cn/xsyj/201207/02/184367.shtml.

二、医药供应链管理

随着跨国医药公司的进入，国家GSP认证的实施，对于医药流通企业来说，竞争日益激烈，供应链管理变得十分重要。通过供应链管理，高效率地配置和优化人力资源，加速物流的信息化管理，提高医药流通企业的物流效率和服务水平，最终实现总成本的最低化以及整个供应链的高效率。

(一) 医药供应链的概念

医药供应链管理是指医药企业为了降低成本，提高服务水平，将供应商、制造中心、仓库、配送中心、零售点以及在各个机构之间流转的原料、在制品、产成品有效地整合成为一体，使系统成本最小,并在准确的时间把正确数量的商品送到正确地点的一套方法。它不仅关注医药企业内部资源和竞争力,而且关注医药企业外部的资源和竞争力,强调在整个供应链上对资源和竞争力进行集成,是一种新的管理思想和方法,也是医药企业的一种新的竞争策略。

医药市场物流包括:① 运出分销,即医药产品从生产企业的工厂到医药中间商再到最终客户;② 运入分销,即医药产品和原材料从医药供应商到医药生产企业的工厂;③ 反向分销,也称逆向物流,即将损毁商品、次品、滞销品及包装物等退回医药企业的生产工厂。如图11－3 所示。

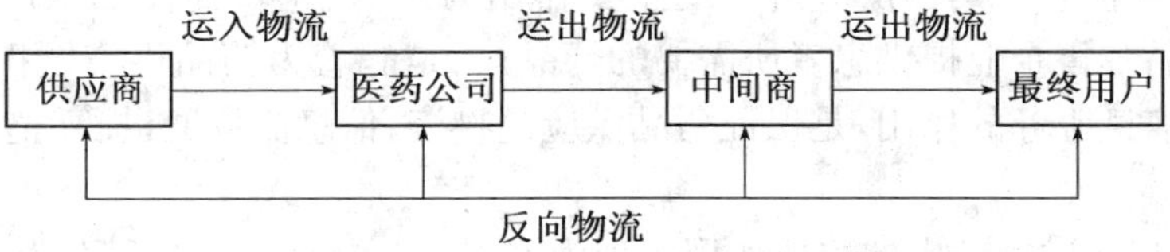

图 11－3　医药企业的供应链

(二) 医药销售供应链的结构模型

药品从生产到最终被消费者使用的一系列过程中,参与了多个节点主体,其中包括:医药行业监管部门、药品原辅料供应商、药品生产企业、药品招标中介组织、药品批发企业、药品分销商、医院、药品零售企业、合作伙伴(如第三方物流企业、银行等组织)、终端顾客(患者)。

在药品供应链中,可按照发生的顺序和性质不同分为供应物流和销售物流两大环节。供应物流是指医药生产企业之间,以原材料为对象的运输、仓储、装卸、搬运、信息处理等物流活动。其特点是运输线路固定,批量大(如果采用公路运输方式,则以整车为主),频次稳定。销售物流是指从制药企业的成品仓库送到消费者手中这一过程中,以成品药为对象,发生的运输、仓储、包装、装卸、搬运、信息处理、配送等物流活动。

考虑到药品供应链中的参与主体过多,因而,本文只讨论销售部分的供应链。典型供应链如图 11－4 所示。

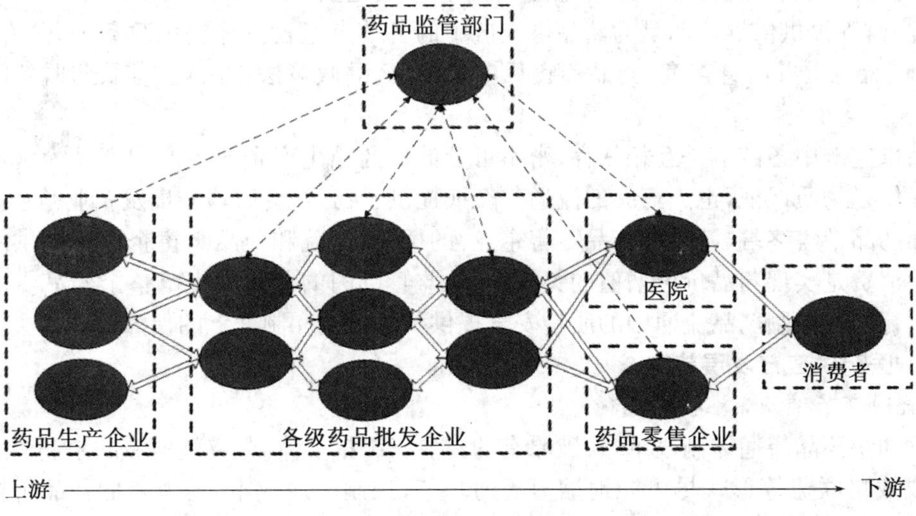

图 11－4　药品供应链典型结构(来源:智研咨询)

处于药品供应链中间环节的节点主体既有多个供应商，同时又有多个下游顾客；处于本文所界定的药品供应链的源头节点主体——药品生产企业和处于供应链下游、直面终端顾客(患者)的节点——医院和药品零售企业分别拥有多个下游顾客和多个上游供应商，所以药品供应链其实也是一个复杂而动态的网络，它具有一般供应链网络层次结构的共性。

(1) 药品生产企业。其在供应链中的主要作用为：一是研发和生产消费者所需要的、质量合格的药品并投放到药品市场供消费者选择使用；二是向下游顾客提供实时的产品信息和库存信息，以优化供应链的成本和改善供应链的质量。

(2) 药品批发企业。其在供应链中的主要作用为：一是担负药品的供应、分销和调拨功能，向医院和药品零售企业提供患者所需要的药品；二是起着为药品供应链提供关键物流、运输、库存管理和信息服务的作用，是保证药品供应链物流、信息流畅通，提高整个供应链运作效率的关键环节。

(3) 医院。其在供应链中的主要作用表现为：一是在医疗实践中了解、发现和创造终端顾客的需求，对其加以归纳整理，并代表终端顾客及时把需求信息反馈给上游供应商；二是让终端顾客能够方便、顺利、快捷地获取治疗所需要的药品；三是通过准确诊断病人的病情，对症下药，有效治疗来保证消费者享受安全、有效的药品消费，从而实现药品的价值。

(4) 药品零售企业。其在供应链中的主要作用与医院有些相似，所不同的是它主要为患者提供 OTC 产品与服务，而处方药品的销售要凭借医生的处方才能提供外配服务。

(5) 药品监管部门。其在供应链中的主要作用为：一是通过 GMP、GSP 认证等手段限制药品供应链中各节点经营主体的准入资格，遏制假劣药品和非法经营活动，从源头上规范药品流通市场秩序，给药品供应链创造良好的市场环境。二是明确规定并监管药品供应链中各节点经营主体内部及它们之间的业务流程，药品穿过药品供应链的路径、过程和方式等，以保证药品从生产到最终使用的质量安全。如首营企业和首营药品的审核、进货、检验、库存养护、出库复核、销售、销售退回、不合格药品审批和销毁、特殊药品管理等一系列的业务流程和这些业务过程中产生的记录，这些记录便是药品通过药品供应链的路径描述。三是采用高效的信息手段，对药品流通过程进行在线监管，全面、及时、准确地获取药品交易活动相关的各项统计数据，为依法监管提供依据。四是为药品供应链中的各节点经营主体提供政务公开、许可管理、信用管理、药品质量信息查询、药品不良反应反馈、药品政策法律法规查询、药监新闻浏览等服务。

药品供应链中各链节是互相依存、密不可分的。药品生产企业生产的产品为满足消费者的需求提供了物质保证，也为药品的流通与交换提供了物质基础；药品批发企业是连接药品生产企业和药品销售终端(医院和药品零售企业)的桥梁；医院和药品零售企业所提供的药学服务与药品消费是实现药品价值增值的关键；药品监管部门的监管为规范整个药品供应链中各节点主体行为和控制药品流通中的质量安全提供了法律上和制度上的保障。

(三) 医药供应链发展趋势

1. 流通环节缩减，流通成本降低

通过加快药品流通体制改革，打破原有的药品三级批发体制，突破地域的限制。通过纵向一体化或战略联盟等形式尽可能地缩短流通环节，控制流通成本，努力降低药品价格。通过 GSP 认证达标的系统改造，完善管理体制，提高管理能力，并根据业务需要，进行管理信息系统的构建，从而优化资产利用率、降低成本，提高获利能力。

2. 提高供应链集成度

(1) 通过扶优扶强和在市场竞争中优胜劣汰，显著提高企业规模经济水平和产业集中度，减少医药企业数量。支持中小企业向"专、精、特、新"的方向发展，形成大型企业和中小企业分工协作、协调发展的格局。

(2) 制药企业将按品牌和品种进行整合。生产仿制药的品种和数量将向大企业和有品牌的企业集中，不符合条件的企业不准生产，有能力的企业可以把生产同类型同品种药品的企业兼并，形成对该类仿制药生产的某种意义的垄断。但对新药，任何真正意义上的新药都不应该限制，而应该鼓励，并且要有政策导向，从贷款和融资上进行政策倾斜。

(3) 批发企业将按物流平台和服务进行整合。根据国际惯例，医药批发的出路在于经营医药物流，提供各种服务。在进行药品招标采购时，一并进行物流配送的招标。

(4) 零售企业将按品牌和连锁业进行整合。在零售企业推行连锁经营体制，是医药商业企业由粗放型经营向集约经营转型的必由之路。只有实现大规模连锁，医药流通市场的秩序才会规范，药品价格才会降低，市场的集中度才会提高。

3. 发展信息技术，实现药品物流信息化

药品物流信息化就是充分利用企业物流系统内部、外部的物流数据资源，建立物流信息平台，实现物流信息的数字化、网络化、市场化，利用信息技术指导物流流程运输、仓储、加工、整理、配送、车辆调度、路径选择等各个环节，使药品物流企业随时掌握最新物流信息，以进行科学决策、快速准确配送，最大程度地降低成本。同时，通过开展电子商务，使信息流、资金流和物流同步运作、相互配合、共同发展。因此，企业必须大力发展现代化信息技术，以实现医药物流信息化。

4. 药品物流向医院延伸

药品物流延伸的探索多集中于医院供货商与医院物流信息系统的建立，以最大可能地实现医院的零库存管理，使医院药房人员从药品采购、供应、仓储中解放出来，更好地做好临床用药服务，实现医药生产企业、物流配送、医疗机构三位一体，资金流、物流、信息流三流合一的新型医药购销模式。

5. 药品交易实现柜台销售与电子商务网络平台相结合

互联网技术的实际运用产生了一定的专业商品交易网络平台，利用信息技术将电子商务与传统医药分销产业相结合，形成"鼠标＋水泥"的先进医药分销企业模式。实施电子商务是医药流通体制的一项改革，必然造成利益的重新分配，虽然有一定困难，但这是一个趋势。

6. 加强药品监管控制能力

由于药品的质量问题关系到人的生命安全，因此建立基于药品安全的药品供应链也是趋势所在。其中呼声最大的是利用射频识别技术(RFID)对药品的生产和流通过程进行跟踪。其具体操作方法为：首先，在厂家、批发商、零售商之间可以使用惟一的产品编码来标识医药产品的身份。生产过程中在每样医药产品上贴上电子标签，电子标签记载惟一的产品编码号，产品编码在生产该批产品前已确定，在生产完成后再向电子标签写入该批产品的批号，完成医药产品的完整电子编码号，以作为在今后流通、销售和回收中的唯一编码。物流商、批发商、零售商用生产厂家提供的读写器就可以严格检验产品的合法性。这样通过 RFID 技术建立对药品从生产商至药房的全程中的跟踪能力来增进消费者所获得的药物的安全性，可以有效杜绝假冒伪劣药品带来的危害，还可以防止过期药品流入市场。同样在药品供应链管理方面，采用

RFID技术，在每样产品上装入电子标签，记载惟一的产品编码号，将解决许多生产环节和销售方面的问题。医药产品生产者可以准确掌握产品现状，提高生产效率，减少人力成本，缩短产品质量的检验时间，实时监控产品制造过程的所有情况，快速应对市场，减少过期产品的数量损失。

总之，随着政府宏观调控和市场机制的有机结合，药品供应链的发展趋势是：各主体力量更趋于均衡，利益分配更为合理，协作性增强，供应链总体运作成本大大降低，运作效率得到极大提高。

本章小结

1. 医药产品分销渠道是指医药产品从医药企业转移到消费者手中所经过的途径，包括取得医药产品所有权或帮助所有权转移的所有商业组织和个人，如医药批发公司、零售药店、医药代理商等。医药渠道是连接医药产品生产和消费的桥梁和纽带，医药渠道的功能在于实现医药产品的转移，在这个过程中，需要渠道成员协调、配合，共同完善药品价值传递和实现。

2. 医药中间商是处于生产者和消费者之间，专门从事生产流通活动的医药经济组织或个人，或者说是医药企业向消费者出售医药产品的中间机构。作为分销渠道重要成员的中间商，根据他们在商品流通过程中的地位和作用的不同，可以将药品中间商分为批发商和零售商。

3. 医药产品分销渠道战略设计是指对关系医药企业生存与发展的基本分销模式、目标与管理原则的决策。医药分销渠道主要包括：确定医药分销渠道的模式、选择中间商的层次与幅度、确定渠道成员的权利与义务、对渠道设计方案的评估和制定实施方案。

4. 医药产品的分销渠道的管理主要包括分销渠道的绩效评估、渠道成员激励、处理渠道冲突，加强对渠道成员的控制。

5. 医药物流就是指依托一定的物流设备、技术和物流管理信息系统，有效整合营销渠道上下游资源，通过优化药品供销配运环节中的验收、存储、分拣、配送等作业过程，提高订单处理能力，降低货物分拣差错，缩短库存及配送时间，减少物流成本，提高服务水平和资金使用效益，实现的自动化、信息化和效益化。未来我国医药物流行业有两个显著的趋势：一是物流整合上升到企业战略管理高度；二是物流服务与主营业务分开，实行专业化管理。

6. 供应链是围绕核心企业，通过对商流、信息流、物流、资金流的控制，从采购原材料开始，制成中间产品以及最终产品，最后由销售网络把产品送到消费者手中的将供应商，制造商，分销商，零售商，直到最终用户连成一个整体的功能网链结构。供应链管理，使供应链运作达到最优化，以最少的成本，令供应链从采购开始到满足最终客户的所有过程，包括工作流、实物流、资金流和信息流等均能高效率地操作，把合适的产品、以合理的价格，及时准确地送达消费者手上。

复习思考

1. 什么是医药分销渠道？
2. 医药产品分销渠道设计过程是什么？
3. 简要说明医药批发商与医药零售商的区别。

4. 简要说明处方药与非处方药营销渠道设计的不同。

5. 怎样有效防止窜货？

案例分析

康美药业全产业链渠道策略

1. 公司背景介绍

康美药业股份有限公司（以下简称“康美药业”）成立于1997年，是一家以中药饮片、化学原料药及制剂生产为主导，集药品生产、研发及药品、医疗器械营销于一体的大型医药上市公司、国家重点高新技术企业。

2. 全产业链营销渠道模式

全产业链是以消费者为导向，公司上游整合药材资源，强化药材产地竞争力；中游链接产地加工，推进饮片布局；打造现代中药材贸易和物流平台一体化增值服务提供商；应用市场综合信息优势，稳定增长中药材贸易业务；下游借道零售药店、中医院和药食同源保健食品，涉足消费终端，实现中医药和医疗服务的产业链一体化。

康美药业在北京、上海、广州、深圳、成都以及全国20多个城市设立了分（子）公司、办事处，在华北、华东、华南、西南、东北等区域形成了较为完善的市场营销网络，构建了围绕中药产业核心，集医院供应、中药材专业市场管理及交易、现代物流配送、电子商务、终端连锁药店等多渠道、多方式于一体的立体经营体系。凭借先进的工艺、可靠的品质、齐全的品种、规范的包装、及时高效的配送模式以及强大的营销网络，康美药业主营产品覆盖全国各大型中医医疗机构，市场占有率领先同行。

康美药业“店中店”合作模式实现了连锁药店大规模覆盖。公司投资设立了广东康美之恋大药房连锁有限公司和深圳市康美人生医药有限公司，增加终端营销渠道。康美药业不断创新商业模式，与国药集团、华润集团、东阿阿胶、深圳一致、海王星辰等国内知名企业建立了战略合作关系，形成了独有的商业资源。此外，康美药业在华北、华东、华南、东北、西南等地区都有中药饮片生产企业，实现中药饮片自给自足，这两大特点使其介入药房托管，进一步完善了康美药业的终端营销渠道。通过托管药房，加大了其中药饮片在医院的市场开发进度，同时也提高了相应品种的市场占有率。康美药业抓住了医院这一终端渠道，也有利于其他产品的发展。与此同时，还能促进企业在全产业链上的发展。

3. 全产业链渠道策略的优势

该策略优势包括：① 创新性、差异化：全产业链模式是一种创新的商业模式，具有显著差异化特点，可以形成竞争优势，对手难以模仿；② 盈利和抗风险能力：平滑盈利的波动性，带来较高的、持续的、稳定的、成长性好的盈利；③ 战略协同效应：整个公司形成一个有机的整体，价值链各环节之间、不同产品之间实现战略性有机协同；④ 规模、效应和成本优势：有上游供应链的优势；⑤ 信息传递顺畅：快速反映消费者的信息，促进上游环节的创新与改善，使整个企业对市场的反应更敏感、更及时；⑥ 药品安全：可控度高、可追溯性强，药品安全更有保障；⑦ 行业领导力和产业优势：以终端消费引领产业链，可以形成产业领导力与产业优势；⑧ 产业升级：以客户需求为导向，推进技术进步，有利于产业整体提升；⑨ 社会信誉、影响力、知名度：有利于打造品牌，提升影响力。

资料来源：唐山百姓网. http://tangshan.baixing.com/jiameng/a340203165.html.

案例讨论

康美药业的营销渠道模式是什么？优势有哪些？对其他企业有哪些借鉴？

参考文献

[1] 菲利普·科特勒. 营销管理[M]. 14版·全球版. 北京：中国人民大学出版社，2012.
[2] 张闯. 营销渠道管理[M]. 北京：清华大学出版社，2014.
[3] 杨勇. 市场营销学[M]. 北京：北京大学出版社，2014.
[4] 何静文，戴卫东. 市场营销学[M]. 北京：北京大学出版社，2014.
[5] 李克芳，李严峰. 营销渠道管理[M]. 武汉：武汉大学出版社，2011.
[6] 汤少梁. 医药市场营销学[M]. 北京：科学出版社，2007.
[7] 周伟. S制药公司营销渠道管理策略研究[D]. 上海：华东理工大学，2014.
[8] 干华栋. 第三方物流参与下的医药供应链协调与收益分配研究[D]. 杭州：浙江大学，2013.
[9] 谭锦荣. 供应链环境下医药分销企业转型研究[D]. 武汉：华中师范大学，2013.
[10] 桂荆荆. 医药供应链管理系统的设计与实现[D]. 成都：电子科技大学，2012.

第十二章　医药产品的促销策略

【学习目标】

通过本章的学习，了解医药促销、医药促销组合的基本内涵；掌握医药人员推销、医药广告、医药公共关系、医药销售促进等促销手段的组合策略。

【引导案例】

代文的学术营销之路

代文(Diovan)又名缬沙坦，是瑞士制药巨头诺华生产的最畅销的降压药物。1999年于中国上市，目前已成为抗高血压领域的领军品种。据《2012年抗高血压药物市场研究报告》显示，诺华公司凭借着代文的优异表现，从2010年起已超过11%的市场份额，稳坐市场头把交椅，并已于2012年12月专利到期，但该药2013年全球销售额35.24亿美元。

由于代文是用于治疗轻、中度原发性高血压及肾脏损害所致继发性高血压的处方药物，诺华主要以学术交流作为营销手段。

学术营销，即采用学术教育的方式引导消费，其一直是不少跨国医药企业的处方药营销重要手段之一。具体方式如下。

(1) 学术推广会议。学术营销主要是通过学术会议形式开展，而学术会议多种多样，可以赞助医生参加国外的学术年会，或者参加公司组织的全球范围高端学术会议；也可赞助国内的学术年会或公司组织的全国范围内的学术会议；还可参加各省份学术年会，公司组织的区域会，如城市会、院内会、小型沙龙会、科室会等。在会议上传递产品核心信息，如疾病治疗新进展、国内外最新学术动态、新临床研究结果等。传递产品信息的同时，加强区域间疾病领域学术的交流与合作。

(2) 人员学术推广。学术营销最主要体现在医药代表的日常拜访中，与医护人员就药品相关领域疾病知识、治疗方案进行沟通，传递产品核心信息、国外该疾病治疗新进展、最新学术动态等。终端客户医生对药品信息的获取渠道包括：医药代表传递、学术会议交流、学术期刊、网络，其中医药代表传递占到70%。因此，医药代表需要具有良好的医药专业背景、严谨的科学态度、流畅的语言表达能力、出色的异议处理能力和客户关系平衡能力。这就要求医药企业招聘优秀的医药专业毕业生，加以培养，使之最终胜任学术推广任务，因此员工培训成为医药企业首当其冲的任务。诺华员工培训系统分门别类，对不同部门、不同层次的员工有不同的培训内容。主要有新员工培训、绩效先锋培训、高级销售技巧培训。

(3) 临床试验合作。公司和医院之间展开临床试验研究，是帮助医生认识产品的有效途径。代文首先在日本销量取得突破，主要原因就是诺华较早地开始与日本许多大医院进行临床试验合作，虽然在2013年诺华日本分公司多次被曝出在临床试验过程中出现学术造假，但是在保证学术属实的前提下，这种方式无疑对代文的销售起到了巨大的推动作用。

(4) 媒体学术营销。诺华媒体学术营销方式主要包括：在医学期刊上发表药物临床试验数据、药品信息、个别案例报道，在大众媒体上发布新闻，邀请著名血液领域专家接受媒体采访并做专题报道等。专业医学杂志根据不同疾病领域进行划分，读者多为该领域医生，在专业医学杂志发布药品信息受众广泛，宣传效应明显。代文早在1998年在我国上市之前就已在《中国新药杂志》上进行宣传介绍。其实验数据也多次在《国外医学：心血管疾病分册》、《中国现代医药杂志》等医学杂志上发表。诺华公司的一些患者交流活动也被新闻媒体所报道。

(5) 患者教育。患者教育在一定程度上向患者介绍疾病相关知识，目前治疗方案，并传递健康资讯，使病人能自我管理监控。患者教育适合一些患慢性病、对疾病知识知之甚少的患者。企业在向患者传递健康知识时，也可以巧妙地进行药品知识介绍，对患者产生潜在的影响力，同时，企业可获得社会知名度和美誉度。

资料来源：诺华官网. http://www.novartis.com.cn/.

案例点评

学术营销是一种主要以处方药品的特性和对临床的价值为中心，提炼出具有竞争力的产品核心信息，通过多种渠道与目标客户沟通，提升药品的客户价值，并提升品牌忠诚度的营销模式。学术营销的意义在于塑造医药企业的品牌形象、实现巨额销售、给医药企业带来长久的利益，同时为企业打下可持续性经营的坚实基础。通过该案例我们还可以总结出医药企业学术营销活动开展所需要的营销手段，即综合利用人员推销、销售促进、公共关系等促销方式。

第一节　医药促销与医药促销组合

促销(Promotion)就是营销者向消费者传递有关本企业及产品的各种信息，说服或吸引消费者购买其产品，以达到扩大销售量的目的。促销实质上是一种信息沟通，即营销者(信息提供者或发送者)发出刺激消费的各种信息，把信息传递到一个或更多的目标对象(即信息接受者，如听众、观众、读者、消费者或用户等)，以影响其态度和行为。常用的促销方式有广告、人员推销、销售促进和公共关系，这四种方式组合在一起也构成了最基本的促销组合。企业可根据实际情况及市场、产品等因素选择一种或多种促销方式的组合。

医药产品的特殊性决定了医药企业面临着较为复杂的促销信息沟通过程，所以在医药市场营销过程中需要对医药促销的含义和组合策略进行全面地了解与掌握。

一、医药促销的含义及功能

(一) 医药促销的含义

医药促销是医药企业通过种种可能的方式把企业的有关信息传递给目标市场,使目标市场对企业产生信任感,认识到企业生产的医药产品及其服务给自己带来的利益,激发需求并最终引起消费者购买欲望,促进其完成购买行为的一系列活动的总称。不仅包括最终消费者,而且包括与之相关的组织,如医院、医药零售企业、健康卫生组织等。

在竞争激烈的市场环境中,产品销售情况不仅取决于产品本身,还取决于消费者对它的了解程度。每一种产品在即将进入目标市场时,都必须向广大消费者做宣传,使消费者认识产品、了解产品,并激发其购买欲望。消费者只有通过各种渠道充分了解所需产品的信息,然后通过比较、分析和鉴别,最后才能做出购买行为。因此,医药企业必须采用各种有效的方法和手段,促进医药企业产品的销售。

(二) 医药促销的功能

在社会主义市场经济条件下,产品生产越来越丰富,市场竞争日益激烈。促销活动不仅仅是一种促进产品所有权转移的行为,其实它的主要功能是促进潜在顾客的购买,向顾客传递产品与市场信息,增进企业与客户双方之间的相互了解,为不断提高市场占有率创造条件。

医药促销的功能主要体现在以下几个方面。

1. 诱导消费需求

促销活动的出发点是激发顾客需求。当医药企业向消费者介绍某种医药产品时,消费者对医药产品由不认识或认识不深到有所认识并深刻了解,从而放弃原有的购物愿望而购买该种医药产品。从这个意义上来说,促销可以起到诱导消费的作用。

2. 促进新药的推广

当企业潜心研制出来的新药品上市后,多数消费者对该医药产品的性能、用途及其特点并不了解或不能充分了解,此时产品的市场占有率可能很低,在这种情况下,医药企业通过开展多种促销方式向目标市场中的消费者、用户、中间商和相关医生传递产品信息,大力地宣传产品,就能使消费者等逐渐认识该产品,并通过比较、分析与鉴别,接受这种产品,进而购买这种产品,企业因此开拓并占领了市场。

3. 增强医药企业的核心竞争力

随着经济的不断发展和产品竞争的日趋激烈,医药企业所生产的产品,特别是同类产品,在疗效和剂型上的差别越来越小,仿制药品就会不断涌现。如果企业不宣传自己产品的特色,消费者就会因缺少相应的知识和鉴别能力,从而导致选择盲目性。企业通过开展促销活动,加强对产品的宣传力度,重点介绍该产品所具有的特点,可以使消费者和社会大众更好地了解本企业所生产的产品的特性,以及与其他企业同类产品相比的优越之处,购买该种产品所能带来的好处,从而在众多的同类产品中选择该种产品,进而提高企业的知名度。激烈的市场竞争,会使一些产品的销售出现起伏不定的情况,容易给消费者造成错觉,影响产品的销售。企业通过开展促销活动,与消费者进行信息沟通,可以消除消费者的某些顾虑,改变其对产品的某些看法,使他们继续保持对产品的偏爱,达到稳定销售的目的。这些都将增强企业的核心竞争力。

二、医药促销组合及其决策

（一）医药促销方式及组合

医药企业常用的促销方式主要有人员促销和非人员促销两类。人员促销，又称直接促销，是指医药企业派出医药代表、药店代表、导购人员等推销人员与目标客户面对面地交流，向顾客介绍产品知识，宣传企业形象，说服顾客信赖和购买本企业产品的促销方式。非人员促销，又称间接促销，是医药企业通过一定的传播媒体宣传产品或服务等有关信息，以促使消费者产生购买欲望、实现购买行为的一系列促销活动，包括广告、公共关系和销售促进（营销推广）等。

不同的方式有着不同的作用和特点，它们可以和一定的销售目标相联系，也有着自身的优缺点，如表 12－1 所示。

表 12－1　各种促销方式的优缺点比较

促销方式	优　点	缺　点
人员推销	跟顾客面对面沟通，目标顾客针对性强，业务谈判灵活机动，联络感情，实现长期合作	推销范围有限，企业销售成本高，优秀的推销人员不易寻找
广告	普及性广，覆盖面大，单位解除成本低，有较强的表现力，借助的媒体形式多样	只针对一般消费者，难以立即成交
公共关系	影响面广，信任度高，可提高企业知名度、宣传成本低廉	花费力量较大，效果难以控制
销售促进	吸引力大，激发购买欲望，可促成消费者即时冲动购买行动	接触面窄，时效短，顾客易产生疑虑，有时会降低产品价格

医药促销组合是医药企业用来实施促销过程并直接与目标市场（或沟通受众）进行沟通的工具组合。这些沟通工具包括上面提到的基本促销方式以及这些方式的有机组合，结合不同企业的不同产品、同一产品生命周期的不同阶段，促销的方向和重点都有所不同。这就存在一个对不同促销工具如何进行选择、对不同促销工具的轻重编配和综合应用的问题。

（二）医药促销组合决策过程

影响促销组合决策的因素有促销目标、促销策略、产品类型、产品生命周期阶段、目标市场状况等。因此要进行有效的促销活动，医药企业必须依次进行以下决策过程，如图 12－1 所示。

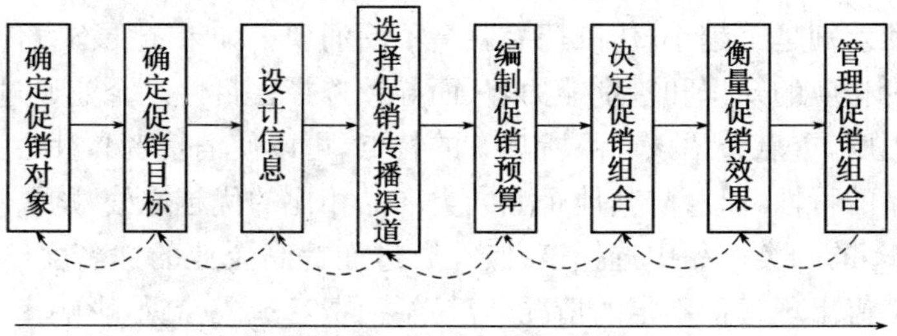

图 12－1　医药促销组合的决策过程

1. 确定促销对象

促销对象是医药企业促销行为直接指向的个人或组织，他们对医药企业促销活动中传递的有关产品信息感兴趣，可能是企业的现实顾客或潜在顾客。

2. 确定促销目标

促销目标取决于顾客对信息反应的阶段性。顾客对促销信息的反应一般分为认知、情感、行为三个阶段。在不同的阶段，促销的目标是不同的。在认知阶段，促销的目标是接触、注意、知晓；在情感阶段，促销的目标是兴趣、偏好、态度；在行为阶段，促销的目标是试用、购买、行动。

3. 设计信息

设计信息是医药企业将要促销的有关信息有效表达出来的过程。有效地表达信息有利于将促销信息有效地传递给顾客，便于顾客对信息的接受和理解。

4. 选择促销传播渠道

促销传播渠道分为人员传播和非人员传播两种。人员传播主要是通过电话、电子邮件、个人拜访等形式，其特点是信息传递和反馈都比较直接、准确。非人员传播包括媒体、公共关系、事件营销，其特点是影响范围广泛。

5. 编制促销预算

在编制促销预算时一般遵循量入为出的原则，确定促销经费为销售额的一个百分比，按照促销所要达到的具体目标来编制。

6. 决定促销组合

决定促销组合的实质，是将人员推销、广告、公共关系、销售促进等促销方式在选择、编排、实施上进行有机组合从而实现促销效果的最大化。

7. 衡量促销效果

衡量促销效果，有利于通过检验促销业绩，找出促销盲点，为进一步改进促销组合提供依据。促销效果的衡量主要从认知效果、情感效果、行为效果等几个方面入手。各种促销方式对不同的医药产品促销效果不同。

8. 管理促销组合

促销组合展开的过程就是对促销组合进行管理的过程。在整个战略展开的过程中，企业要不断整合有关资源，提升促销绩效，同时应不断检查促销效果与目标的偏差，不断校正偏差，保证促销战略的顺利实施。

在进行医药促销组合决策的时候，每两个连续的决策选择需要相互依据，前后参照对应，从而确保医药促销组合决策的合理制定。

（三）现代医药促销组合的决策建议

1. 要树立正确的促销观念

现在很多企业采取密集促销的方式，各种广告宣传的密集轰炸，公关活动的频频开展，加上特价促销，资金投入不少，但效果却不佳。分析其原因在于：首先，企业没有意识到靠密集轰炸的促销方式只是中国市场经济发展过程中的某一阶段才出现的，今后难以再有这样的市场效果。如今的消费者更加理性，市场的扩大，消费者忠诚度的培养，仅靠促销手段是不够的，还必须让消费者满意，让他们对企业和产品有好感。其次，产品本身对品牌没有足够的支撑力。在营销的4P组合中，产品是最基础性的要素，只有好的产品才能托起一个内涵丰富的高附加值品牌，否则销售完全靠促销强撑着，促销一停，销量就会下降。

2. 要有整合促销的理念，综合运用多种促销手段

目前营销界流行整合营销的概念，对于营销4P中的一个组成部分——促销，同样也需要整合的理念。这要求医药企业以消费者为核心重组企业行为和市场行为，综合使用各种形式的传播方式，以统一的目标和传播形象，传递产品信息，实现与消费者的双向沟通，迅速树立产品品牌在消费者心目中的地位，建立产品品牌与消费者的密切关系，有效地达到促销传播和产品销售的目的。

现代医药企业在制定促销策略时，应具备整合促销的理念，以消费者为核心，充分认识各种促销方式——广告宣传、销售促进、人员推广和公共关系的特点，并将之有机整合，发挥1+1>2的效应，以达到最佳的影响力和促销效果。此外，促销虽总体概括为四种方式，但具体可以采取的促销手段则很多，如折价、公关赞助、患者健康教育活动、学术研讨会、售点展示、渠道激励等，每种促销手段都有不同的适用条件和效果，在具体实施时要综合考虑，灵活运用。本章也将在后面几节中详细介绍多种促销手段。

3. 恰当运用“推”“拉”策略

促销的基本过程实际上就是运用“推”“拉”这两种力量，促使渠道成员或消费者购买本企业的产品或服务。推动策略，也称从上而下式策略，即企业通过销售人员的推介，努力推动产品的销售，将促销活动对准销售中间商，通过中间商推出产品，如图12－2所示。拉引策略又称从下而上式策略，侧重广告和销售促进方面的投入，再辅之公共关系。医药企业直接对最终消费者进行促销，促使消费者向中间商、中间商向医药生产商产生购买需求，从下往上层层拉动购买，如图12－3所示。“推”“拉”策略是企业在促销时的基本策略，每个策略都有其优缺点和适用条件，企业应该根据实际需要恰当使用。尤其在同时运用时，一定要适度地搭配好投入比例。

“推”的策略和“拉”的策略都包含了企业与消费者双方的能动作用。但前者的重心在推动，着重强调企业的能动性，表明消费需求是可以通过企业的积极促销而被激发和创造的；而后者的重心在于拉引，着重强调消费者的能动性，表明消费需求是决定生产的基本原因。

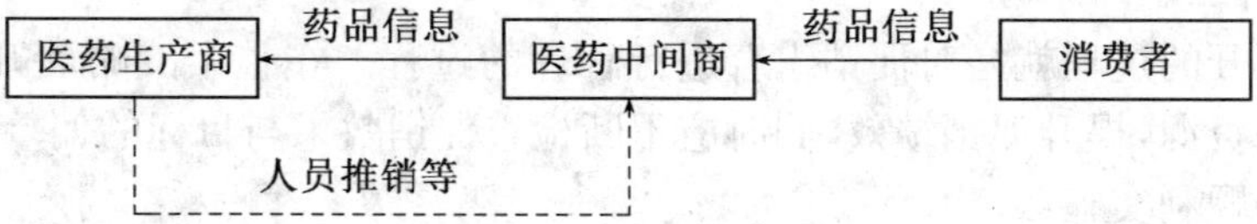

图12－2　推动策略

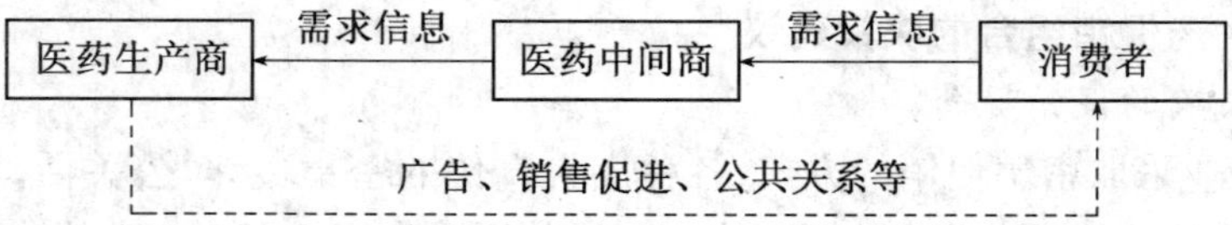

图12－3　拉引策略

医药促销策略应根据医药产品的特点开展。医药产品可以分为原研产品和仿制产品。原研产品专业性强、学术含量高、医生认知少，应组织大量专业性活动以加强对医生的教育，采用“推”的策略使医生先接纳该品种；仿制产品学术含量低、广大医生比较熟悉、竞争对手也多，应

重点加强对患者的教育，通过“拉”的市场策略使广大医生主动和企业加强合作。

4. 应根据医药产品的特点选择恰当的促销组合

根据医药产品类型的不同，医药企业应选择配套的促销组合。对于处方药，由于它的决定权在医生而不在患者手里，而且处方药不允许在大众传媒上做广告，因此最重要的促销方式是人员推销，其次是公共关系；而对于非处方药和保健食品，则最重要的促销方式是广告，其次是销售促进和人员推销，最后是公共关系。

根据产品生命周期的不同阶段，医药促销的目标不同，使用的促销方式及其组合侧重点也不同。产品生命周期各阶段促销目标与策略促销可用表 12－2 表示。

表 12－2　医药产品生命周期不同阶段促销目标与促销策略

产品生命周期	促销目标	促销组合
引入期	使消费者了解商品	广告、公关及销售促进
成长期	提高产品知名度	加强广告和公关
成熟期	增加产品信誉度	加强销售促进，附以提示性广告
衰退期	维持信任、偏爱	销售促进

第二节　医药人员推销

人员推销的作用不仅是推销现有产品，而且要配合企业的整体营销活动来满足顾客需要。销售人员在与顾客进行面对面、无拘束的洽谈过程中，能更具体、更全面地了解顾客的需求，收集到更准确的有关信息。因此，销售人员与顾客的关系可以从原来单纯的买卖关系向人际友谊与感情方面发展，建立一种亲密的长期合作关系，这是其他促销方式所不能及的。

一、医药人员推销概念及特点

医药人员推销，又称为直接推销，是指医药企业派出销售人员直接与中间商、现实或潜在顾客进行面对面接触、洽商，通过双向的信息沟通和交流，促进产品和服务的销售，并且通过信息的反馈来发现和满足顾客需求的促销方式。

1. 信息传递的双向性

在人员推销的过程中，一方面，推销人员通过与医生、中间商等推销对象之间交流医药产品的相关信息，如它的疗效、功能、使用方法及注意事项等情况，以增强其使用此产品的信心；另一方面，通过与推销对象的交流，可以了解目标消费者对医药产品及企业其他方面的评价，进而能够完善这些方面，以最大限度地满足消费者的需求。比如迪巧销售人员在迪巧成人钙的推销过程中，营销人员发现儿童对钙片的口感、形状、颜色等更加敏感，企业根据儿童的差异性需求迅速推出了小象形状三种颜色和口味的儿童迪巧钙。

2. 推销过程的灵活性

由于推销人员能够与推销对象直接接触，因此可以通过观察，了解不同的对象的特点及反应，进而有针对性地改进推销方式及技巧，有利于其接受推销产品，提高其满意度和促销效果。

3. 推销效果的持久性

人员推销的最大特点是推销人员通过与推销对象建立长期稳定、融洽的关系，促进产品的销售。一旦建立稳定的合作关系，对于推销效果将有较长的持久性影响，并且有利于未来其他产品或服务的销售。

4. 推销成本高

医药人员推销首先存在着推销范围有限的问题，因此医药企业要想扩大销售范围就需要招聘大量的医药推销人员，这势必将增加企业销售费用；此外优秀的营销人员不易寻找，医药企业不得不花费大量精力来面试、挑选、培训合适的推销人员，这在很大程度上也提高了医药企业的推销成本。

二、医药人员推销的对象

人员推销首先需要确定好推销的对象，特别是在医药市场竞争如此激烈的现况下，国内外制药企业迅速扩张，从事医药营销人员剧增，推销对象选择出错往往给医药企业带来巨大的损失，因此确定好医药人员推销的对象至关重要。目前，医药人员推销的对象主要有以下四类。

1. 医药批发企业

医药批发企业具有以下特点：① 购买量巨大。由于医药批发企业需要批量供给给医药零售企业、医疗单位及下一级批发企业，因此它一般是大宗买卖。② 有自己固定的销售渠道。③ 有自己的营销网络和营销队伍。④ 一般不轻易改变自己的合作伙伴。

2. 医药零售企业

医药零售企业是医药商品流通领域的终点，其销售对象是消费者。其发展前景看好，潜力很大。虽然目前医药零售企业只占我国医药市场份额的20%左右，但其发展前景很好，所占市场份额正日益增加。

3. 医院

国家统计的最新数据显示，我国共有大小医院约24 709家，其药品消费占国内药品消费总量的80%左右，因此，医院仍然是医药营销的主要对象。医院具有以下特点：① 购买量大。② 面对最终消费者。③ 在处方药方面具有权威性，对非处方药也具有非常大的影响力。由于处方药不能由患者自由选择，而是由执业医生开具处方使用，因此医生对处方药的选用具有决定性作用。同时，由于患者比较信赖医生，医生也能极大地影响非处方药的使用。④ 定点医院对"医保"用药目录内的药品使用具有相当大的控制力。

4. 患者

患者是医药产品的最终消费者，是真正的药品需求者。患者在到达购买点之前就计划好购买何种产品的仅少数部分，大多数的消费者是在购买点决定购买何种产品以及购买的数量，而且在已有购买计划的消费者中，又有部分消费者会因某种因素的变化更改原来的购买计划。

三、医药人员推销的形式

由于医药产品的特殊性和专业性，医药人员的推销形式也具有专业性和学术性。医药人员推销实际是以健康主题为线索，通过多样化的媒体文宣和健康咨询服务，取得消费者的信赖，为药品经销商提供优势通路的一种促销策略。现在的消费者对健康的要求越来越高，因此现代医药人员的推销活动就是告诉顾客，经销药品并不是简单地卖药，还是一种提供和传播健康的活动。此外医药推销人员通过多种方式与医生和患者进行科学、有效的沟通，帮助医生实现诊疗方案最优化，从而实现患者利益的最大化，其终极目的是建立企业良好的品牌形象，从而体现企业的综合实力。目前，针对不同的推销对象主要有两类方式。

（一）专业化学术推广

专业化的学术推广是指企业基于科学和循证的原则，提炼产品的核心价值，拟定治疗方案，达到独特的临床效果，要求医药生产、销售企业在产品推销过程中注重产品的学术含量和学术价值，帮助购买者增加相关专业知识，引导购买者了解产品，接受产品，从而对企业营销起到积极促进作用，扩大市场占有率、树立企业良好形象。企业的营销工作中，尤其是以处方药为主的企业在营销工作上，将是围绕循证医学成果传播为主的学术推广模式，医生培训、科室会议、患者教育等手段将被更多地重视和使用。医药代表把医生用药的临床状况，如药物的不良反应信息和治疗范围的变化等，反映给药企，然后组织一些学术研讨会，让医药专家对药品进行鉴定，并提出改良建议。比如一般邀请国外或国内这一领域著名的、有影响力的、常用这种药品的专家授课。这些专家不仅有用药经验，而且可以详细说明用药的原因，并对相关疾病的诊断、治疗和手术操作提出深刻见解，可以帮助医师纠正处方习惯。

1. 个人销售

个人销售即医药推销人员的专业化拜访。专业化拜访是制药企业或医药批发企业推销人员最常用的推销形式，由推销人员携带医药产品的样品、说明书、临床数据、文献等材料直接拜访顾客（医生或药店店长等相关人员），对其进行宣传、交流与沟通。此种推销方式较为灵活、有效，方便顾客，因此在推销实践中被广泛应用。专业的拜访是指利用公司所提供的一切资源，采取一切合法手段向顾客介绍公司及产品，使顾客了解、接受并使用公司的产品。这是个满足或创造临床需求的过程。专业的医药推销人员可以发掘客户的需求，在满足客户需求的同时实现成功销售。开场白、聆听技巧、探询技巧、有效沟通、捕捉成交时机到协议成交等一系列拜访技巧的有效利用，能使企业逐步成为客户最佳的合作伙伴，建立长期稳定的销售合作关系。医药推销人员专业拜访的八个步骤如图 12－4 所示。

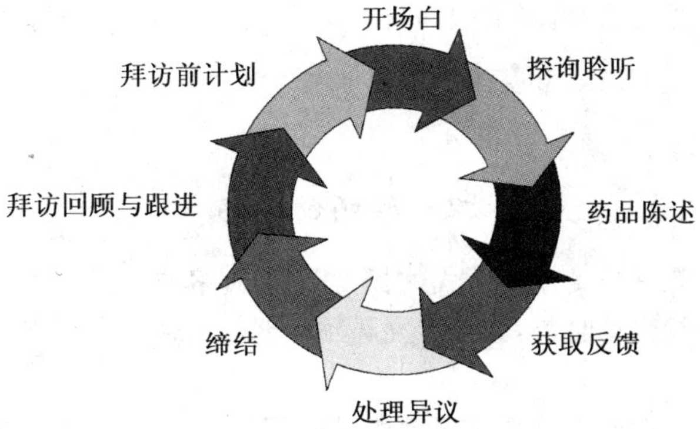

图 12－4　医药推销人员专业拜访八步骤循环

（1）拜访前计划

专业化拜访过程中最重要的事情之一是具体制定拜访前计划。如准备好拜访前的业务信息，包括详尽的客户档案、以往拜访记录及经验、此次拜访有关的信息和资料等；此外结合拜访计划表：月计划（即本月主要目标、行动计划）、周计划（本周日程、活动内容）、日计划（将拜访的医生、目的)确定拜访重点,具体包括介绍的产品、要传达的讯息、销售支持(人,物)、复习拜访记录、客户分析、客户背景分析、传达信息的方法、想象拜访的过程、心态、走访路线。

(2) 开场白

一个良好的开场白能够抓住客户的注意力、以医生的需求为话题导向,侧重于产品的某一个特性以及能为医生带来的利益作为产品介绍的开始。开场白的目的是开门见山地说明来意,赢得顾客的好感,建立融洽和谐的气氛,建立易于商谈的相互关系。

信息框

开场白的技巧

第一步:提出一个客户需求

(1) 已知的客户需求:如张主任,消化科,治疗胃肠神经官能症时,普通的抗焦虑抑郁药存在副作用大、起效慢的问题。

(2) 结合客户需求:如张主任,您治疗胃肠神经官能症时,普通的抗焦虑抑郁药存在胃肠道反应大的副作用,患者不易接受,而且起效也慢,您一般是怎么解决这个问题的?

第二步:指出产品的某一个特性和带给医生的相应利益(满足医生需求)

如黛力新复方制剂,副作用小,起效迅速,患者容易接受,您可以试试看!

(3) 探寻聆听

探寻聆听的目的是引导医生,以发现其需求。医药推销人员可以通过有效的探询获得拜访的控制权。探询的方式主要有以下两种:封闭式探询即可以用"是"或"不是"回答的问题;开放式探询主要包括探询事实和探询感觉。聆听的目的在于给客户表达自己意见的机会,创造良好的气氛使客户感到与你的沟通愉快而且有价值。优秀的医药促销人员通过积极聆听,让医生充分表达自己的意见,适时地鼓励,设身处地地分析医生关心的要点,及时支持、肯定医生的建议,会让医生感到受尊重,沟通愉快而且有价值。

信息框

探询聆听的技巧

探询技巧:基本步骤一般是以开放式的探询开始,如客户无法交流转以封闭式探询。

第一步:明确自己探询的目的,问能诱发详细说明的问题。主要作用是让医生主动介绍其需求;

如"医生(老师)您一般怎么处理视疲劳的患者?""主任您处理重症肝炎的患者时,常遇到什么问题?"

第二步:明确自己探询的目的,等待"是"或"不是"的回答。主要作用是把医生引入假设需求。

如"医生(老师)您是不是经常用施图伦滴眼液治疗视疲劳的患者啊?""主任您重症肝炎的患者有无黄疸难退的问题啊?"

聆听技巧:需要交替使用反应式聆听和感觉式聆听这两种方式。

反应式聆听即以表情或声音做出反应鼓励对方继续发表意见，如“是的……对……是这样……唔……嗯……”

感觉式聆听即转述对方意见，引起共鸣，加深对方对你想听到的支持意见的印象，如“您的意思是……换句话说……您是说……让我试试能不能这样理解您的意思……”

(4) 药品陈述

进行医药产品介绍的阶段需要医药推销人员帮助医生了解公司的产品，建立其使用产品的信心，并且说服其开始或增加使用。

信息框

药品陈述的技巧

第一步——简介：商品名，化学名，含量，强度；药品的作用机理；医药产品的主要适应症及剂量；

如：“医生我向您推荐我公司最新推出的________药×××。×××为国家第一个______药，每片____MG，能通过____________机制，有效缓解____________症状，副作用少，适用于治疗____________疾病。”

第二步——特性向利益的转化：特性即产品本身所具有的特点；利益即对病人和医生能解决问题的价值。陈述利益时要用产品特性来支持(如展示医药产品的临床报告和其他证明文献)

特性(功效)	利益
1. 有效血药浓度持续×小时	使患者享受完全无痛的感觉
2. 每日两片	服法方便，患者容易接受
3. 口服	简便，容易调整剂量，无创

陈述利益的时候要求尽量使用产品的商品名。

第三步——客观陈述产品局限性：首先承认局限，同时用产品的事实充分展示利益，让医生接受产品的利益，尽可能地避开局限，降低局限带来的负面影响。承认局限可以使医生对你的产品产生正确的期望值，使医生更加信任你。此外要注意的是，谈产品局限时尽量使用化学名，而不是商品名。

(5) 获取反馈

当医药推销人员向医生陈述了产品的特性和利益后，要在要求承诺前了解医生对你的信息有什么想法。这一过程称为获取反馈。

信息框

获取反馈的技巧

获取反馈的三种方法是：提出征询反馈的问题；暂停谈话，让医生发言；观察医生的身体语言。消极反馈的分类，即异议的类型。

类型	定义
无兴趣	对竞争产品效果满意对本公司产品表现出无兴趣
怀疑态度	对你所说的产品特性持怀疑态度
真实异议	公司产品的一个合理缺点
误解	因缺乏信息或错误信息而引起的负面假设
潜在异议	客户通过表面的说辞希望表达的其真实异议

虽然我们不希望得到负反馈，但任何销售都是从拒绝开始，负反馈总比无反馈好。

(6) 处理异议

处理顾客异议的基本策略是要求医药推销人员欢迎并倾听顾客异议、避免争论和冒犯顾客、预防和扼要处理顾客异议。这个步骤的目的是知道医生反对时如何回应并澄清负面信息，为顺利成交铺路。

信息框

处理异议的技巧

处理异议的基本步骤：

1. 缓冲：使顾客感受的压力放松，使其平静下来。
2. 探询：澄清异议缘由、找出背后理由、发现真正异议、迅速反应但避免早下结论。
3. 聆听：医生的异议易被曲解，正是发挥聆听技巧的最佳时机。
4. 答复：不可以说他错，但可以使他接受你的意见。

类型	步骤
无兴趣	1. 封闭式探询以消除一般的不满之处；2. 封闭式探询以解决特定问题；3. 封闭式探询以确定需求
怀疑态度	1. 证明特性；2. 特性利益转换
真实异议	1. 感谢医生的关注；2. 探询以澄清问题；3. 减轻负面影响；4. 强调利益
误解	1. 探寻以澄清；2. 技巧性地纠正；3. 强调正面信息；4. 尝试使其接受
潜在异议	综合运用探询和聆听，加上持之以恒的诚恳心态，深入了解客户的潜在异议

举例（无兴趣异议）

王医生：我现在用的百优解挺好的。

医药代表：是的，百优解的确是个好药，五朵金花嘛，但是，王医生，您有没有患者向您抱怨起效慢的问题？

王医生：的确是有这种情况。

医药代表：黛力新复方制剂，1—3 天就能起效，您有兴趣了解吗？

王医生：当然。

举例（真实异议）

王医生：对社保患者我可能无法处方黛力新。

医药代表：王医生您真是很关心患者。您是说对部分社保的患者不太好用黛力新吧？

的确，我们应该多为患者考虑目录内的药品。

但对那些有轻中度的焦虑抑郁的社保患者，您可以放心使用黛力新来获得起效快等良好作用，同时，又可以避免药品副作用进一步加重患者的不良情绪，从而更好更快地治疗患者，这样也是为他们缩短疗程，节省费用啊！

(7) 缔结

缔结是销售中的一个专门术语，狭义的缔结是指销售过程中的最后一个动作——要求顾客订购。广义的缔结是指销售人员在销售过程中得到的由顾客做出的任何确认行为。亦指成交，是销售的最终目的，表明医生已经信服该产品，医药推销人员应采取行动促使其开始试用、继续使用、扩大适应症等。促成顾客购买是整个推销过程的一个关键环节。作为医药推销人员，要善于识别客户的成交信号：当医生重述你提供的利益或称赞你的产品时、当医生的异议得到满意答复时、当感到医生发出准备用药的信号时（如问及使用方法等细节、表现出积极的身体语言），在以上时机下要主动帮客户提出成交信息。

信息框

缔结的技巧

结束拜访前应达到两个目的：让顾客了解你的药品；同时做出与你产品有关的决定，即缔结。缔结根据医生的态度可以分为以下几种：

1. 医生有接受信号时：先重述医生已接受的利益，再要求医生处方。

举例（医生接受信号）

医药代表：王医生，您也认为肝复乐具有增效减毒的效果。

您能否试用肝复乐治疗5个有适应症的病人？

不如下周我再来拜访您看看疗效如何。

2. 医生未表达出接受信号时：先重述医生已接受的利益，再探询医生接受信号，最后要求医生处方。

举例（医生未接受信号）

医药代表：王医生，您觉得优思弗能促进肝癌术后康复的特点对患者来说是不是很有利？

所以您也认为优思弗缩短术后患者的康复期。

由于这些优点您能否试用优思弗治疗5个有适应症的病人？

不如下周我再来拜访您看看疗效如何。

3. 如果你已经尽力，医生仍不肯缔结，你也不得不接受现实。不会每次都成功的，应该更好地为下次拜访作计划。

此外，医药推销人员在进行缔结时主要考虑以下三个方面内容：首先是具体的患者类型：

细化到与医生治疗领域相关联的疾病类型，例如“缺血性脑卒中患者”，要注意的是对于尝试使用阶段的医生，我们必须要强调的是典型适应症，这样医生在试用的过程中能最大限度地使其看到疗效，建立起扩大使用的信心。其次是具体的时间及数量的要求：缔结的时候要量化到具体的患者数、盒数、支数，亦可以关联到治疗的时机或者疗程。最后是跟进措施：通过连续性地拜访不间断地落实医生的行动。

(8) 拜访回顾与跟进

一个完整有效的拜访过程离不开访后的回顾，访后回顾的最佳时机是离开客户的时候或每天拜访结束时，访后回顾越及时越精确。拜访回顾主要有三个目的：首先是评估此次拜访是否达到预期目的，成功或失败的原因是什么；其次是实现承诺以维持长期的合作关系；最后是分析收集到的信息。

医药推销人员的跟进内容有：① 要对药品使用中出现的意外情况及时进行处理，把医生用药的临床状况，如药物的不良反应信息和治疗范围的变化等反映给药企，然后组织一些学术研讨会，让医药专家对药品进行鉴定，并提出改良建议，利于维护企业形象和医药产品的信誉；② 要随时提供顾客所需的医药产品的有关资料；③ 要维护与客户的关系；④ 进行市场调查，尽量去发掘有价值的顾客，收集任何有益于医药产品销售的情报。跟进分为立即跟进：提供产品使用说明书、提供样品、签署协议、科室推广会等；长期跟进：定期回访、不断送新资料、保持学术联系等；下次拜访：按医生承诺日期回访，以便发现用药的反馈，协助落实医生的承诺。

信息框

医药销售代表针对性拜访内容

1. 当面对的客户为医生时

由于医生本身每天忙于与不同类型的患者打交道，不可能将大量的时间花费在钻研某一种新药上，这就需要医药代表来向医务人员客观地介绍自己的产品。医药代表在向医生介绍药品时，必须准确、客观、公正地介绍药品的适应证及不良反应，而不能为了业绩，置职业道德于不顾，错误夸大地进行宣传。同样在介绍产品知识时，尤其是在与其他厂家同类产品比较时，应客观地评价，突出自己与其他厂家不同的地方或优势之处(质量或价格等)，树立公司专业、负责的良好形象，而不是通过低俗、主观地诋毁他人产品来抬高自己，暴露自己品德上的缺陷，给医生留下负面影响。

2. 当面对的客户为医院的药师时

药师的工作性质决定了其对一种新药的关注点与医生有所不同。医药代表应侧重于讲解药品的成分、适应证及禁忌证、主要不良反应和处理方式及药品的储存条件等。尤其是药房如已有同种成分不同厂家的药品时，应侧重介绍自己产品与其他家产品的区别，包括外包装、规格、剂型等的不同之处；如药房已有不同成分的同类产品时，应注重介绍自己产品与同类产品的异同点，包括药物的代谢特点、不良反应的比较等，加深药师的主观印象，在日后发药工作中便于区分、不发错药品；或在从事药物咨询时，如有患者对此药物抱有疑问时，可正确科学地解答或推荐。当有些药物说明书中对某些问题没有加以具体说明时，例如有些注射药品未注明该用何种溶媒或多大剂量的溶媒加以稀释，遇到此类问题时，医药代表应提供材料向药师加以强调，这样当临床有反应时，可加以指导解决，减少患者的疑虑，为临床提供方便。

3. 当面对的客户为医院的护士时

受专业的限制，护士拥有的药学专业知识相对匮乏，向他们介绍药品时，应主要侧重于药品的临床应用特点和药物的储存条件。例如，吉林大学第二医院曾有药品头孢呋辛（丽扶新），护士在配制试敏液过程中，发现瓶中出现乳状液现象，故认为此药存在质量问题。所以医药代表在向他们讲解时，应重点强调此药配制试敏液时，应用溶媒12ml溶解便不会出现上述现象，并提供相关材料证明。对于某些需特殊储存条件的药品，医药代表应强调护士从药房取回药后，需避光保存或冷藏保存，否则将可能引起药物光解、效价降低等。

资料来源：翟丽杰，付秀娟．医药销售代表应具备的素质和能力．中国药物与临床．2011(7)．

2. 群体销售

群体销售即个体向一个客户群体推销产品的过程，如医院内部的科室产品推广会议。其一般适用于处方药销售，目的是向药师、医生、护士、患者及其他环节人员等群体，系统传递药品信息；获得群体意见的支持，增加产品和公司的品牌知名度，扩大产品使用率。

(1) 群体销售的主要形式

医药代表要选择合适的时机，在医院对口科室召开科室会、院内会等积极宣传公司的产品。同时积极参加省级会议、全国性学术会议或者产品推荐会，医学会、药学会、卫生系统等各单位年会，抓住一切机会搞好对公司产品的推荐工作。各种学术会议中特别是医院对口科室的科室会议，人数少，学术环境好，企业应该经常利用这个机会安排专门的学术代表在科室会上做产品知识的讲授，并且积极开展与会医生对公司产品的讨论，这有利于受众对产品知识的全面接受。最常见的群体销售如：产品上市会、院内科室产品推广会、临床试验协调会、医师药师沙龙、产品研讨会（赞助和参加学术会议）、专业学术委员会等。

(2) 最有效的群体销售形式——高效科室会的组织实施

开展高效科室会的好处是集中有限投入，获得迅速产出；15—30分钟时间提供完整产品信息，系统教育客户；从视觉和语言两方面，激发客户主动评价产品，留下深刻印象；树立专业化的代表形象和公司形象；专业水准产品演讲，可帮助代表获得客户尊重和认可；获得与客户深入合作的机会。

组织好学术会议将对产品占领市场提高其竞争力起到非常大的促进作用。可是，成功组织实施这样的会议并不是一件简单的事，这需要我们从会前、会中以及会后三部分去努力，严谨认真走好每一步。

① 第一步：会前准备

搜集客户资料。具体包括医院进药情况、公司产品及竞争产品使用情况、科室状况、关键人物、医生对产品的需求及了解程度、医生使用产品过程中的主要问题。其中关键人物包括医务科、药剂科、目标科室主任及学术带头人等；科室状况包括目标医生、适应症患者潜力分析；公司产品使用情况包括销售量、产品覆盖率；竞争产品使用情况包括销售量、产品覆盖率。

明确开会的目的和需要达到的目标，根本目的在于销售产品，利用科会，传达信息，影响处方。熟悉医生对产品处方选择的认知规律，即知道→感兴趣→渴望获得→主动处方→形成处方习惯。处方习惯的三个层次：保守、二线、首选。清楚每次科会的具体预期结果：首先是影响医生做出尝试用药的决定；其次是推进医生的处方层次；再次是清楚影响医生处方关键障碍，根据区域市场策略，确定科会目标；最后与市场部产品经理沟通，获得支持和帮助。

根据目的确定会议的主题、受众、预算以及宣传重点。明确：听众是谁？具体包括：科室会议人数，一般应控制在10—20人为宜，以确保沟通效果，并控制成本支出；年龄范围和男女比例；习惯语言；教育背景和专业经验。听众是否对会议主题有兴趣？找到吸引医生兴趣的方法。根据对听众的需求分析，确定演讲主题；准备有说服力的引证资料，包括多中心临床试验结果、权威专家意见、统计资料等；确定表达方式，即文字、图形、图表、照片、录像、多媒体动画等。

根据主题邀请演讲者。由于演讲者的地位、繁忙程度及合作关系的不同，需要提前15天至3个月确认时间，一般重要的会议要有备用演讲者。

明确会场情况，安排会议流程。包括：会议地点、时间、会场布置、会场设备设施以及详细的会议流程表。

彩排与准备。

② 第二步：会中服务

在会议进行中，销售人员除了做好VIP的接待、与会人员的签到、会场气氛的烘托、会议纪律维护、会议用餐、会议资料和礼品的发放等相关服务外，最关键的一点还在于演讲内容的设计。在大多产品学术推广会议上，演讲者都会长篇大论、找不到重点，或者演讲顺序颠三倒四、不知所云，这些都将大大削弱会议带来的影响力。好的演讲内容，第一，要根据接收者的思路精心设计内容，用合适的结构（即大纲）将其呈现给受众。比较多见的大纲结构有：编年记事体、科学分类体、问题解答体、对比体、特性与利益体等。第二，内容组织要条理清楚、观点明确。开场白最重要是告诉听众将讲什么，正文部分则是让听众知道在讲什么，最后的结束语要向听众总结讲过什么。

③ 第三步：会后跟踪

演讲结束后，并非意味着医药代表就可以高枕无忧了。一场完整的产品学术推广会议，还包括会后的效果评估和跟进。会议结束当天召集所有与会人员参加总结会议，及时评估产品学术推广会议的效果；要进行会议后回访，对会议效果紧密跟进。

对会议效果的评估。每次会后评估效果，发现解决问题的程序，确定下次活动的目标和主题；演讲者从活动的组织和演讲过程的控制，两个方面分析得失；通过面对面拜访，征询医生意见；通过客观指标的变化，反映会议效果，如医生处方的改变，医院进药量的增加。

运用会议结果，紧密跟进。会后及时回访关键人物，体现销售代表的专业精神，强化正面印象；针对预期目标，借助通过会议达成的共识，要求医生尽早解决相应的问题；请医生帮助进药或用药，提高销量，进行更深层次推广。

（二）药店推广

主要是医药零售企业推销的人员（药店员工）为了促进销售所采取的推销形式。药店有顾客时，无论手头做任何工作应立即停止，推销人员要首先接待顾客。销售药品时要态度认真，思想集中，站立服务、面带微笑、语气平和，并要正确介绍药品性能、用法、用量、禁忌和注意事项。合理搭配销售，不得错配销售药品，要做到百问不厌，百拿不烦，出示药品应动作轻缓，药品接触柜面不得有滑动不能抛扔，闲时要直接递到顾客手中，无论任何理由都不得与顾客争吵。此外，药店推销人员要特别注意在与消费者交流中传递正确的药品信息，从而使消费者通过购买企业的药品，加入到企业组织的患者教育活动或者其他医疗服务活动中。这类活动主要是要求终端推销人员与消费者面对面地进行深入交流和沟通，将正确的医药信息及时无误地传达给消费者。

信息框

不同阶段的学术推广如何开展

通常来讲，药品的生命周期分为引入、成长、成熟和衰退四个时期。药企在进行学术推广时需要针对不同阶段采取不同的推广方式，这样才能更有效发挥其作用，收到事半功倍的效果。

(1) 引入期——先入为主宣传概念

一个新产品从研发到真正上市，其间要经历漫长的临床研究和审批阶段。为了充分扩大产品影响力，以及最大限度挖掘产品利润，一般药企在其上市前一到两年就开始进行学术推广。这个阶段医药代表可在综述现有治疗方法局限性的基础上，适度宣传产品概念，让医生了解某一疾病治疗方案出现的可能进而产生一种期待。一般可采取提出和推广产品学术概念、培训学术带头人或制定标准等学术推广形式。一旦产品上市，学术推广的重心便转移到提供更详尽的产品信息和使用技巧上，此时医药代表要注意加强对临床工作的了解，以便更好地传递相关信息，从而进一步改善疾病的诊疗效果。可选择卫星会、重点地区的学术研讨会或小规模、高水平的临床研究等产品学术推广形式。

(2) 成长期——密集投入改变观念

成长期又称为发展期和畅销期，是产品成功进入市场并获得大发展的时期，这时期产品的基本学术概念以及影响已经被接受，需要采取大规模的密集轰炸型学术推广战略。第一，尽可能广泛地传播产品信息。通过组织专家举办全国巡回演讲，召开大小密集型学术会议；或在专业媒体发表专题综述，培训当地的学术带头人；或开展临床研究调查、患者教育和服务、建立产品网站以及免费咨询热线等方式来实现。需要注意的是，此时的工作重点，一是要积极开展高质量、高密度的学术活动，加强对医生的培训，了解需求和收集反馈意见；二是要进行患者教育和服务。第二，改变医生的处方习惯以及患者的观念。充分利用国内外产品研究资料，挖掘产品独特价值。用大量宣传资料包括量化的数据等来证明产品疗效，在此资料中可以适当分析自身产品相对于竞争产品的突出优势。

(3) 成熟期——精耕细作关系营销

当经过快速增长的成长期后，产品就进入了成熟期。在这一时期，产品的市场份额小幅上升或基本稳定，大部分医生和患者已经对药品的临床应用相当熟悉。此时的学术推广目标，是在稳固现有客户用药习惯的基础上扩大产品的使用人数并伺机进入新的地域市场，尽可能延迟其进入衰退期的时间。此时，市场竞争环境、企业战略、管理水平等成为决定产品成熟期长短的关键因素。第一，转变非使用群体。不断地说服医生和病人使用该产品，争取竞争对手的顾客。可采取多种类型学术活动灵活结合的方式，注重公益性和亲民性，以增强医生和患者对品牌的信任和好感。例如可以采用培训当地学术带头人、组织培训班等学术推广形式。第二，进入新的细分市场。通过在产品现有适应症范围内寻找其在新疾病领域中的用途和时机的方法，进入新的地理细分市场或新的市场类型。如“尼莫地平输液”由原来的原发性蛛网膜下腔出血的细分市场发展到外伤性蛛网膜下腔出血这一细分市场。可采取的产品学术推广形式有:课题招标、临床调研、学术研讨会、学术沙龙、有奖征文、免费热线咨询等。

(4) 衰退期——及时退市海阔天空

当药品的专利到期或者有更好的替代方案出现时,产品的衰退期将不可避免地出现。通常情况下,很难在这一阶段开展学术推广活动,建议制药企业选择在此时退出市场,集中精力在新产品的推广上。需要强调的是,无论是哪一阶段的产品推广,都需要记住,只有明确指出利益,才能打动客户的心。这个利益不一定是指医生的个人利益或者是狭隘的患者利益,而是该品种带来的最佳治疗方案,是药物经济学的最佳利益表现。

资料来源:中国医药联盟. http://www.chinamsr.com/2012/0728/54146.shtml.

四、医药推销人员的基本要求

从表面现象分析,企业核心竞争力的形成源于产品优势、技术优势、资金实力等诸多因素,但从本质上讲,企业核心竞争力的根本是企业高素质的人才队伍,以人为本已经不是一个简单的口号,而是企业获得持续发展与取得竞争优势的根本。销售人员是公司与顾客之间的纽带。对许多顾客来说,销售代表是公司的象征,反过来,销售代表又从顾客那里给公司带回许多有关顾客的有用信息。因此,医药企业要想扩大市场,充分发挥人员推销的优势就要做好医药推销人员的管理工作。

(一) 医药推销人员的定位

医药推销人员又称医药代表,是向医院或药店推广药品的专业人士,目前全国有200余万人之众。他们是在零售终端通过现场服务引导客户购买、促进药品销售的人员。具体包括以下几类人员。

1. 医药企业形象代言人

医药代表面对面地直接与顾客沟通,他们的一举一动、一言一行在客户的眼中就代表着医药企业(品牌)的形象。

2. 医药产品的沟通桥梁

医药代表是医药企业(品牌)与消费者之间的桥梁,一方面把医药产品的有关信息传递给消费者,另一方面又将客户的意见、建议和希望等信息传达给企业,以便企业更好地服务于广大消费者。

3. 服务大使

医药代表在充分了解自己所销售的医药产品的特性、配伍与禁忌、用法与用量、功能与主治、适应症、不良反应等基础上,适时地为客户提供最好的服务、建议和帮助,以优良的服务来征服客户,压倒竞争对手。

(二) 医药推销人员的职责

医药推销人员的基本岗位职责是在负责区域内科学推广公司产品,确保在实现销售目标的同时,建立公司产品在医生、患者心目中的药品定位。为了完成这个职责,医药推销人员需要努力完成以下工作目标。

1. 宣传医药企业品牌

在销售终端派发企业品牌的各种宣传资料和促销品。医药代表必须熟悉每一个产品的产品知识,保证准确无误地向客户传达药品的信息,树立公司的专业、负责的良好形象。通过在销售终端与消费者交流，向消费者宣传医药产品和企业形象，提高品牌知名度。

2. 医药产品销售

医药代表必须学习并掌握每一个产品的销售技巧，通过对客户专业化地面对面拜访和产品演讲，说服客户接受公司的产品。利用各种销售和服务技巧，提高消费者的购买欲望，增加公司医药产品的销量。

3. 医药产品陈列

做好销售终端生动化产品陈列和海报、吊牌等的维护工作，保持产品的整洁和标准化陈列。

4. 收集信息

(1) 收集客户对医药产品的期望和建议，及时妥善地处理顾客的异议，并及时汇报。

(2) 收集竞争品牌的产品、价格和市场活动等信息，及时向主管汇报。

(3) 收集销售终端对公司品牌的要求和建议，并及时向主管汇报，建立并保持与医院、企业等客户良好的合作关系，获得最佳的宣传和促销支持。

(4) 了解销售终端的销售、库存情况和补货要求，及时向主管和经销商反映。

5. 填写报表

完成日、周、月销售报表及其他报表填写等各项行政工作，并按时上交主管。

6. 其他

完成主管交办的各项其他临时任务及销售终端安排的其他有关工作。

只有这样，医药代表才能完成公司下达的销售目标。此外医药代表必须亲自制定并实施所辖区域的行动计划，积极组织医院内各种推广活动，从而实现以最低成本创造最大的销售额和市场份额。

(三) 医药推销人员的素质

销售队伍的素质决定了销售业绩，销售业绩决定了一个公司的成败，所以销售人员的筛选和招聘是最为重要的工作。一个人要成为合格的医药推销人员需要满足以下四个方面的要求：

1. 道德素质上的要求

药品质量和用药安全与广大人民群众的健康和生命息息相关。从事药品经营职业的医药代表不仅要严格执行国家有关的法律、法规，还应具备良好的职业素质和职业伦理观，自觉规范自身的行为。

第一，医药代表要向医生、患者推荐安全、有效、经济和优质的药品。这也是药学的基本职业道德。医药代表的基本职责，作为制药企业与医生、患者之间传递科学的医药信息的桥梁，必须为自己介绍的产品信息负责，新《药品管理法》对故意隐瞒、发布虚假药品信息，严重危害人民健康的经营行为也做出了明确的处罚规定。

第二，医药代表在工作中必须恪守诚实守信原则。由于药品的最终购买者是患者，大多数药品是通过医生处方才到达患者手中，而患者对药品的品种、质量、规格、疗效等信息的了解极不充分，对药品这种特定商品的选择处于被动接受的地位，这就要求医药代表在向医生、患者介绍药品时必须坚持诚实守信原则，对药品的疗效、不良反应等重要信息进行专业讲解。

第三，医药代表应该坚决抵制违反国家政策法规的促销行为。随着近年来我国的招标采购、医保、降价等产业政策的出台与逐步完善，尤其是国家对《刑法》进行了修订，针对药品商业购销环节的反商业贿赂的专项整治工作有力开展，将促使药品营销逐步趋于规范。在这个我们称之为“洗牌”的过程中，广大药品营销人员将面临新的挑战，即必须运用规范的药品营销手段推广新产品及新技术。医药代表在药品推广的工作中坚持专业化的推广方式，树立良好的职业道德形象，已经成为全社会的期望。

第四，医药代表必须坚持尊重患者情感和隐私、为患者保守秘密的原则。由于医药代表有机会直接和患者以及他们的亲属交往，应当本着医学人道主义的原则和尊重患者人格的精神，根据不同的情况采取不同的处理方式，尊重药品使用者的情感和隐私，并为其保守与药物使用有关的秘密。

2. 心理素质上的要求

(1) 高度的责任心和事业心

医药推销人员是医药企业的代表，要积极为企业推销产品，而且还要做好消费者的顾问，有义务为其提供良好的服务。因此，推销人员要具有高度的责任心和事业心，要有对人的生命和健康负责的严谨科学态度，具备敬业精神和持之以恒的热情，热爱本职工作，不辞劳苦、任劳任怨、积极进取、耐心服务，同时与顾客建立良好的关系，才能使推销工作取得成功。

(2) 乐观自信、积极向上的心态

在推销实践中，销售人员会遇到种种复杂多变的情况，面对的顾客可能千奇百怪、形形色色，甚至有比较刁钻的顾客，需要有一个良好的心态，乐观、开朗的性格，才能更好地完成推销任务。同时面对各种不同的顾客，推销人员要拥有坚定的自信，不怕失败，相信自己能够完成推销任务。

(3) 坚忍不拔的毅力

推销工作面对的顾客有时会拒绝沟通，因此推销人员必须要有坚强的忍耐性，做到屡败屡战、不达目的不罢休。如果推销失败，应积极寻求解决问题的方法，而不是知难而退，要有接受现实的勇气，调整心态，为再次推销做好准备。

3. 要有专业医药知识结构

掌握药品的基本知识，这是推销人员开展工作的最基本要求。药品是特殊商品，专业知识特别强，这就要求推销人员不仅要掌握企业所生产或经营的药品的特点、性能、价格、销售等方面的情况，还要掌握药品的作用、配伍禁忌、用法、用量等。这样对购买者进行说服、推荐时将会更加有针对性。医药推销人员只有具备丰富的业务技术知识，才能够把先进的科学医药学知识传播给目标顾客。

4. 要懂得基本销售技能

推销人员在推销产品时，首先要推销自己。与顾客交流的前提，是与其建立一种信任的关系，因此，要注重推销礼仪，仪表端庄、举止文雅、谦恭有礼、热情礼貌、口齿清晰，语言有幽默感，能够获得对方的好感，为推销产品打下良好的铺垫。

推销人员面对复杂多变的顾客，一定要具备随机应变的能力，沉着冷静应付各种突发事件，善于说服难缠的顾客，注意调整说话内容、语调及身体语言的配合使用，以达到良好的推销效果。

第三节　医药广告

由于普通老百姓对医药产品缺乏专业性了解，没有足够的医药知识，往往只能通过寻医问药来购买。所以通过广告促销的方式对产品进行宣传，使之成为老百姓耳熟能详的产品，实现患者、购买者、决策者角色统一。所以广告是一种非常重要的医药促销方式。

一、医药广告的分类、作用

（一）医药广告的分类

医药广告是一种传递医药产品或企业信息的活动，它是指医药企业通过支付一定的费用，采取非人员沟通的方式，通过各种媒体把医药产品的相关信息传递给目标消费者，目的在于提高企业形象与知名度，进而促进产品销售的过程。

医药产品作为产品中特殊的一个种类，其广告在很大程度上，如诉求点、受众、创意、以及表现手法等方面都与其他类产品广告有着明显的差异。具体有以下几个方面：第一，医药产品是与人体健康有直接关系的产品，其重要性与危害性显得格外突出。第二，医药产品目标对象比较特殊，一般为病患人群，他们有着迫切康复的心理，于是较易受广告影响。第三，对患者来说，大都缺乏专业的医药知识，无法辨别医药产品的真正疗效，容易信任听从广告。第四，由于以上的特殊性，国家对医药广告有明确的法律章程和种种制约。

医药广告根据医药产品形态不同具体可以分为以下四类：

1. 处方药广告

我国《药品管理法》明确规定处方药不得在大众媒体上做广告或以其他方式进行以公众为对象的广告宣传，只能在指定的医学、药学专业刊物上进行介绍，处方药广告媒介及所采取的方式受到严格审查和控制。此外，处方药广告的宣传对象是医学、药学专业人士。

2. OTC 药品及保健食品广告

OTC 药品及保健食品广告的宣传对象是普通消费者，主要为理性诉求，着重宣传 OTC 药品及保健食品的适用情况。一般采取密集型的广告策略引起消费者的注意，进而重复广告让患者产生兴趣和记忆，最终产生购买行为。

3. 医疗器械广告

医疗器械不同于饮食、数码、旅游等行业，专业性较强，其主要销售对象是医院、企业等大型专业类机构，受众面相对狭窄，因此广告较少。了解医疗器械的信息来源主要通过行业报刊杂志，以及相关大型展会等。并且我国有相关法规控制，不准许医疗器械在非医学领域打广告，详细可以查询《医疗器械广告审查办法》、《医疗器械广告审查发布标准》。

4. 医疗服务广告

医疗服务包括对患者进行诊断、治疗、防疫、接生、计划生育方面的服务，以及与之相关的提供药品、医疗用具、病房住宿和伙食等的业务。医疗服务广告就是提供医疗服务的企业为了营销的需要，通过一定形式的媒体，公开而广泛地向公众传递信息的宣传手段，是提供医疗服务的企业或者医院和消费者之间沟通信息的重要手段，也是医院或企业占领市场、推销产品、提供劳务的重要形式。

(二) 医药广告的作用

1. 指导消费，帮助消费者认知产品

消费者希望了解有关疾病和药品功能的事实和资料，进而对自身的疾病进行合理的自我药疗，使自身的健康利益得到保障。广告则可以起到信息提供者的作用，对患者进行必要的指导和说明。华润三九药业独家冠名的《爸爸去哪儿》第一季使得 999 获得了不错的收益：小儿感冒药产品销量同比增长 50%，产品提及率提高，更多消费者熟知 999 感冒药的特性及品牌理念。

2. 说服顾客，创造需求

所谓创造需求，主要是指通过广告宣传，使潜在顾客的需求转向明显化。广告对顾客具有较大的说服力，可争取顾客的信赖，以吸引购买者。特别是当广告宣传将药品从一种治疗的手段演变为一种希望、一种生活态度或方式时就更会增强消费者的购买欲望。

3. 树立企业良好的形象

广告宣传还能为树立企业的良好形象服务。开展广告宣传，目的就是树立企业的品牌，创立企业的信誉，使企业的服务宗旨为广大消费者了解和接受。比如大家一听到"健康成就未来"这句广告词，很自然地就会想起深圳海王药业。

二、医药广告媒体的选择

(一) 广告媒体的种类

广告运用的媒体也是多种多样，具体有：报刊、杂志、广播、电视、电影、幻灯片、户外招贴、广告牌、霓虹灯、交通广告、传单、包装纸、产品陈列、现场 POP 广告、网络广告等。现在最常用的五大媒体是报纸、杂志、电视、广播、网络，它们各有优缺点，如表 12－3 所示。

表 12－3　五大广告媒体的优缺点比较

类型	报纸	杂志	电视	广播	网络
优点	迅速、及时、成本较低、传播面广、影响力大、时效性强、制作简单、灵活度高等	针对性强、持续时间长、易于保存、表现力较强、印刷精美	表现力强、形象直观生动、娱乐性强、宣传效果好、传播广泛	信息传播迅速及时、传播面广、费用较低、听众多、不受时空控制	覆盖范围广、费用低廉、成交概率高、多媒体动感、迅捷性、互动性、巨大的信息承载量
缺点	表现能力差、持续时间短、要求读者有一定的文化、不易保存、感染力差	定期发行、灵活性差、信息传递不及时、覆盖面小、成本较高	时间短、费用高、选择性差、目标不具体	表现力差、时间短、不易记忆	覆盖率低、效果评估困难、供选择的广告位有限

(二) 医药广告媒体的选择

1. 药品广告媒体的选择方式

(1) 根据药品特点选择媒体

首先，应该根据药品的内在特性选择能恰当表现其内容的广告媒体。如降糖药选择医药类报纸和内科杂志比较好，这样可以使更多的目标消费者接触到广告，从而获得较高的达到率。其次，还应根据药品的分类合理选择广告发布媒体。

OTC广告的最佳首选是电视和报纸。在OTC市场导入期，可以用10—15秒的电视广告，在目标市场范围内，以精良的策划创意、生动的画面、优美的音乐等表达药品的品牌、包装以及主要功效和独特优势，对树立药品和企业的品牌形象、迅速占领市场及提高品牌知名度有显著的效果。

处方药只能在医药专业期刊上发布广告。处方药广告应该注重医药专业期刊、杂志的特性及其与广告的相关性。医药专业刊物读者范围与药品使用的相关性越高，药品的广告效果越好。

(2) 根据药品生命周期不同阶段选择媒体

导入期药品适合在国家级、重点媒介，利用广播、电视、网络、报刊进行组合媒体宣传，以产生轰动效果。刚上市的处方药，首先是要让医生了解相关信息，所以首选医药学专业期刊、杂志发布广告效果比较好。成长期的常用药、OTC适合用报刊、广播、电视、网络普及传播。成熟期药品宜以报刊、电视、网络进行间隔性广告，提醒消费者购买和使用。

(3) 根据广告信息内容和特点选择媒体

促销性信息选择报纸比较好；树立品牌形象应主选杂志和户外；"打品牌"、"打市场"可以利用不同级别的电视台；技术性复杂，信息多的可以采用专业杂志、网络和直接邮寄；急需传递的信息使用广播、网络效果较好。

(4) 根据消费者接触媒体习性选择媒体

不同地区、不同年龄消费者对各种媒体的接触广度和喜好有所不同，因此企业在选择广告媒体时应考虑消费者的习惯。如在文化水平落后的地区，宣传画等广告形式比较好。治疗老年性脱发的药品在50岁以上受众接触较多的媒体上发布比较好。

(5) 根据广告费用分配选择媒体

不同媒体，发布广告所需费用有很大差异。一般情况下，电视的费用最高，而报纸、杂志的费用相对较低。企业可以根据自身的财力合理选择广告媒体。

(6) 其他

企业发布药品广告需要综合考虑很多因素，除了前述几种之外，还应结合不同国家的历史文化、地域特性、广告时段和版位、竞争者采用的媒体、社会习俗等因素，来选择适当的广告媒介。

2. 广告媒体的组合应用

在实际的广告运作中，营销者往往根据实际情况进行媒体组合，利用媒体的相互补充增强诉求的有效性，提高广告的影响力。

广告媒体组合一般方法：首先，准确选择并确定媒体种类。从广告内容和广告费用出发，选出能反映广告内容的最佳媒体。其次，确定媒体使用的重点。重点可以是一种，也可以是两种或多种。面向一般消费者的药品，以大众传播媒介为主，如电视、报纸、广播、杂志等，以户外广告、交通广告、直接邮寄为辅。特殊的药品，应当根据药品特点选择媒体。第三，科学合理地对媒体进行组合。这是媒体组合成功的关键。要根据媒体的特点、媒体的报道重点来确定投放时间和投放时间的长短。还要确定是同步投放还是层层递进，或是交叉进行。

三、医药广告的设计和发布

(一) 医药广告目标的确定

(1) 广告目标应在时序、阶段和步骤上与企业战略相匹配，具有系统性。如中美天津史克树立康泰克品牌用了12年，从品牌认知、品牌理解到品牌忠诚循序渐进、一气呵成。脑白金广告注重了知名度的创造，但在品牌美誉度建设及忠诚度的培养上有所欠缺。

(2) 广告目标的确定要考虑市场供求状况、竞争模式及企业产品市场所处的生命周期，具有科学性。在产品生命周期中，从引入到成长前期处于开拓阶段，从成长后期到成熟期属于竞争阶段，从饱和期到衰退期则是保持阶段。在开拓阶段，广告的目标是新消费者，目的是从其他产品上吸引新客户，广告目标主要是创造知名度。在竞争阶段，广告的首要目的是打败竞争者，从其他品牌吸引新顾客，或增加需求份额，因此应面向大众进行劝说性广告，其广告目标是增强品牌理解、宣传品牌形象、突出品牌个性。在保持阶段，广告目的是维持市场占有率，广告应是提醒式的，在这一阶段中，品牌忠诚度需要培养与维系，使用某品牌的感觉与经验显得比较重要。

(3) 广告目标应为广告效果的测定提供基础，具有规范性。如果广告目标是树立品牌知名度，则广告目标应确定为“品牌知名度达到百分之几十”，而不要以“较高知名度”等模糊字眼代替。广告目标的规范性还体现在目标单一、重点突出、火力集中。目标太多往往会顾此失彼，面面俱到常会使广告活动最终遭遇失败。因此，一个独立的广告所着眼的目标不应超过一个。OTC消费是理性消费为主，如果不能集中火力，则会事倍功半，徒劳无益。当必须有多个目标时，应通过一个或多个广告组成的系列广告来完成。

(二) 医药广告定位策略

1. 错位定位

错位定位就是不与竞争者采取同样的定位。同一市场上同一药品往往具有多个品牌，竞争激烈。对于医药企业而言，与其在同一目标市场争夺更大市场占有率，几败俱伤，不如细分市场，从满足消费者特定需求出发，分别对应一个特定目标市场，在广告中深挖产品的独特好处，从而创造一个特定市场。比如感冒药市场，有专治儿童感冒的，有日夜服用不同药片的。

2. 空缺定位

空缺定位是指小型企业为避免与大型企业正面交锋，通过市场细分和充分论证，在看似饱和的市场上寻找需求尚未满足或满足不够的小市场，从而为自己谋得一席之地。

3. 插位定位

插位定位是让消费者知道你的位置所在，清楚你的与众不同之处，插位是不仅要给自己定位，还要给竞争对手定位。此种策略强调的是如何使后进入市场的品牌在最短时间内进入消费者的内心，并要名列前茅。

4. 再定位

企业面临的竞争环境是不断变化的，企业的产品和广告的定位需要根据环境的变化适时调整。当出现如下情况时企业需要重新考虑广告定位：广告定位不准；广告定位能够吸引的市场有限；广告定位缺乏先进性；竞争者的广告定位与本企业产品相近，侵占了本企业品牌的部分市场，使本企业品牌市场占有率下降。

(三) 医药广告的发布要点

药品广告简单来讲就是传递药品信息，树立品牌形象，促进销售，避免夸大疗效和诱惑性言语。药品广告应该摆脱目前依靠夸大疗效和使用诱惑性语言刺激消费者购买的现象，与企业战略相结合，向着促进企业发展的方向努力。

1. 简单明确的功能诉求

2014年12月国家卫生和计划生育委员会公布的中国居民健康素养调查显示，总体上看，我国城乡居民具备健康素养的百分比仅为9.48%，也就是说，每100人中不到10人具备健康素养，这充分说明中国消费者健康知识的匮乏。正因如此，OTC产品的广告一定要有功能诉求，也就是需要明确告知消费者药品的适应证，突出药品对症的特性，才能真正打动消费者，这个特征也是药品与其他产品传播的明显差异点。药品要从所在分类出发，采取聚焦“核心主治功能”的策略，定位清晰，简单明了，方便记忆。

2. 真实可信

药品广告一定要言之有理、引之有据，肆意地虚构和夸大事实，最终只能是搬起石头砸自己的脚。这不仅是法律法规的管制，而且是职业道德所在。典型的例子是保健食品行业的夸大其辞和虚假宣传，导致现在行业出现严重的“信誉危机”，市场连年萎缩。

3. 慎用公众人物代言

自20世纪80年代我国第一则名人广告出现以来，公众人物代言广告渐成潮流，泛滥成灾，随着越来越多的媒体曝光，明星头上的光环渐失，公众对明星的信任感大打折扣，“名人效应”在消费日趋理性的今天所起的作用变得有限。目前国家还没有关于禁止公众人物代言药品广告的规定，所以“明星”代言还可以用，但是能不能取得好的宣传效果关键在于“如何用”。

4. 增加幽默性、趣味性

药品广告的幽默和趣味性可以很容易吸引消费者，给人留下深刻印象。但是药品广告又不能太过于俗气。某退烧药用两只螃蟹在电视上做的广告收到很好效果就是一个成功的例子，至今“咋地了哥们，让人给煮了”的话语还活跃在消费者的口头。

(四) 医药广告语设计原则

1. 数量原则

一般会话中的数量原则是所说的话不应多于或者少于需要的信息量。广告语言由于受到严格的媒介、时空限制，一定要相当简练，与数量原则中“不说不该说的话”相吻合。体现在药品广告里就要求广告语既要简洁明快，又要能将所有必要的信息传递给广告受众。通常药品广告并不能完全遵守数量原则，这主要体现在两种情况：第一是信息量不足。美国要求药品广告必须对其可能的副作用作出说明，我国药品广告管理的相关法律法规中并没有类似的要求，而广告商的目的往往是扬长避短，报喜不报忧，所以目前国内的药品广告里面，关于药品毒副作用的信息经常被故意忽略，或被轻描淡写地带过。第二是信息量多余。药品广告本应止于向消费者传递足够的药品信息，但是很多广告上更热衷于对广告受众动之以情，迎合药品使用者需要得到安慰的心理，以求增强消费者的认同感，达到增加销量的目的。

2. 质量原则

一般会话中的质量原则就是要求说话者说真话，不说自己缺乏足够证据的话。体现在广告中，就要求广告语言传递的信息准确不虚假。药品广告内容是否真实，对指导消费者合理安全用药十分重要。目前的很多药品广告都违反质量原则，通过文字游戏对消费者做出隐性承诺，从法律角度看，对产品进行直接的虚假承诺是违法的，但是有些广告利用文字做虚假的隐性承诺却可以逃避法律责任。

3. 关联原则

一般会话要遵守关联原则，即不说跟话题无关的话。关联原则在广告中体现为广告语是否贴切。在广告的语境中，为了避免无效宣传，广告语言要很少说与自己产品无关的话。如果不遵守关联原则，受众就很难了解药品的性能功效，也就不会促成购买行为，广告商提高药品销量的目的也就达不到了。

4. 方式准则

方式准则要求一般会话在表达方式上要简明扼要，清楚明白地说出想说的话，不用语义含糊的词汇。广告语言要遵循方式准则就要避免晦涩，避免模糊词汇，简单明了，有条有理。

第四节 医药公共关系

公共关系（Public Relation）是指某一组织为改善与社会公众的关系，促进公众对组织的认识，理解及支持，达到树立良好组织形象、促进产品销售的目的的一系列公共活动。它本意是社会组织、集体或个人必须与其周围的各种内部、外部公众建立良好的关系。公共关系策略和公司的其他促销策略往往是分不开的，常常结合人员促销、广告促销等方式共同实施，从而使促销的效果进一步增强。

一、医药公共关系的概念和作用

（一）医药公共关系的概念

医药公共关系是指医药企业通过各种活动与社会公众进行沟通，促进社会公众对企业的了解、信任与支持，以提升企业形象，达到促进产品销售目的。医药公共关系的内容包括企业形象宣传、企业与社会公众之间的交往与沟通等活动。医药公共关系作为促销组合因素之一，在刺激目标顾客对医药产品的需求，增加销售，改善形象，提高知名度等方面，起着十分重要的作用。

（二）医药公共关系的作用

医药企业利用公共关系主要在于增加与公众的沟通与理解，提高企业的社会形象，为企业决策提供咨询和帮助，主要表现在公共关系可以为医药企业处理组织与公众利益的关系，提高医药企业的声誉，帮助企业搭建信息沟通的桥梁，教育引导公众，必要时还可以为企业消除公众误解，处理危机，同时医药企业利用公共关系也可以分析预测社会环境的变化及促进产品的销售。

1. 提升信誉，塑造形象

提高组织的信誉必然是为了建立组织良好的社会形象，而且也是每个社会组织开展公共关系活动的首要目标，是企业在社会公众中树立良好组织形象的必要条件。它创造的是企业的无形资产，它使公共关系必须建立在健康积极、诚实守信的基础上，帮助医药企业彻底解决一直饱受公众诟病的“言过其实”、“欺诈”、“虚情假意”等社会问题。建立信誉是公共关系最核心的职能，也是最终极的目标之一。如上海养和堂药业连锁经营有限公司等10家重点商业企业向全市商业企业发出倡议，并签名承诺“投诉不出门，和解在现场”，维护消费者利益，创造一流消费环境，促进消费发展，受到了广大消费者的交口称赞。因此，医药企业利用公共关系作用主要在于增加公众的认可度，提升美誉度和品牌的忠诚度，进而塑造良好的企业形象。

2. 沟通信息，协调关系

医药企业可通过一些活动加深公众对企业的了解，使有关企业的良好信息能够到达公众的大脑中，避免企业和公众之间的误会，使得企业的良好工作能被公众和社会所承认，在公众中建立企业的良好形象。譬如：怀仁大药房 2010 年 11 月在怀化市第四中学承办感恩励志主题演讲活动，在当地反响较大，事后又经过媒体报道，直接促进企业与公众的良好沟通。实际上，沟通和协调是密不可分的，企业公关是一种在沟通基础上，通过协调，实现企业与公众的和谐平衡与共同发展的艺术，它强调的是成功的人际关系、和谐的人事环境、最佳的社会舆论，以赢得社会各界的理解、支持和合作。

3. 教育引导，决策咨询

公共关系的教育引导功能主要体现在两个方面：一是通过传播公关意识、思想和技巧，进行知识更新，可以培养和提高员工各方面的素质和才能，借以辐射医药企业的社会影响。二是对公众进行教育和引导。这主要体现在公共关系活动对社会互动环境和社会心理环境的优化上。咨询建议是公共关系最有价值的功能，现代组织越来越需要公共关系部门站在公众和社会的角度来评价公司决策，从而使决策能够实现经济利益与社会利益的统一、和谐。美国强生公司前公关首脑在其公关年度报告中就曾指出高级公关行政主管在首席执行官作决策时所起到的独特作用。

4. 科学预警，应对危机

医药与民生的特殊关系决定了它是一个很容易爆发危机的行业，可以说凡是医药企业无不经历了大大小小的危机。虽然危机无法避免，但公共关系可以预警大部分危机，基本做到有效应对和化解危机。“公关只有当它与危机处理联系在一起时才显得格外重要”。危机公关的处理实际上是组织的一把强有力的保护伞。由于突发事件导致的商业危机往往来势凶猛，影响面大，后果严重，对遭遇突变的医药企业威胁极大。如果医药企业能够妥善利用公共关系手段，危机过后就会商机无限。在山西省临汾的一个村庄，“速立特”的营销人员在给当地群众进行免费体检时，由于仪器错误，导致上百人被误诊为肝病。一时间舆论哗然，“速立特”立即采取补救措施。由于预警及时，应对得当，一个月之后，知名肝药品牌“速立特”巧妙地打胜了这场危机公关战，悄无声息中，将危机化为了提升企业形象的机会，不但没有使当年的销售量下降，反而上升到全国肝胆用药的第一位。

二、医药公共关系策略

（一）医药公共关系的目标首先是传播企业公信力

医药企业的产品与一般日用消费品相比较具有三高一低的特点，即医药产品具有较高的强制消费性、高专业性、高风险性和较低自主选择性。同时，消费者对医药产品知识和信息的掌握也非常有限。这样，社会公众在消费医药商品时，一方面非常依赖医生、权威机构等，另一方面对医药企业的信誉十分关注。因此，医药企业在进行公共关系管理时，塑造和传播负责任的企业形象就非常重要。医药企业公共关系的目标应以传播企业公信力为主导方向，以提升企业美誉度和信任度为核心目标。在日常营销活动中医药推销人员应该具有树立和维护公司整体形象的意识，在销售产品的同时也是在推销产品背后的企业形象，使消费者不但买到产品本身，也买到一份放心。建立良好的公共关系意识，能使公众在同公司的日常交往之中留下深刻的印象。

（二）应与企业文化相融合，以责任传播为主要内容

医药企业由于其自身的特殊性，公共关系传播应体现企业价值观，并将社会责任意识渗透到公关传播的内容中去。医药企业公关传播的内容应当避开直接的产品和服务传播，而立足

于公众的健康教育和社会公益，通过对社会责任的表达，体现企业价值观和企业精神，并塑造企业的良好形象，培育企业的公信力，提升企业的美誉度。例如2005年3月，白云山和记黄埔中药有限公司在广州召开新闻发布会，提出“家庭过期药品回收机制”，承诺凡消费者家中有白云山和黄中药生产的过期药品均可以得到回收，并在各地药监部门监督下统一销毁，此举为全球首创，至2009年公司为此已投入3亿元。同时，在全国建立了6 000个常年免费更换家庭过期药品的“永不过期”药店。这些行为体现了企业做一个负责任社会公民的价值观，塑造了勇于承担社会责任的企业形象。

（三）应以服务性公关为主要方式，以公民健康教育为己任

第一，医药企业公共关系传播方式应当多头并进。由于医药企业公关客体的多元性，企业针对不同的公众群体应采取不同的方式，并力求形成一个企业公关传播网络，进而提高企业的传播影响力。例如，医药生产企业针对终端顾客可采用医药健康教育、医药知识普及、公益赞助活动等；针对医药批发公司可采取联谊会、企业开放活动、企业庆典活动等，联络感情，维系关系。特别需要注意的是，虽然面对不同的公众，采取不同的方式，但应尽量体现自己的企业精神和价值观，从而使得公关活动产生叠加效果和累积效应。

第二，由于医药企业产品的特殊性，医药企业不太适用宣传性传播，比如，媒介宣传、印刷品宣传、企业内部刊物宣传等方式，但运用人际传播、社会服务传播的公关方式则比较有效。比如，医药企业对社区公众进行医药健康知识传播、企业开放活动等，都是很好的公关方式。

此外，医药企业应对专业性公众群体开展专业交流性公共关系活动，比如针对社区医院、综合医院等医疗机构开展规范的医药学术论坛、新药研讨、新药学术推广等活动。目前，社区医院、县、乡、镇的医疗机构更需要这样的服务，医药企业结合医药专业交流性公关活动，会提升这些医疗机构的专业素质。如果这些活动能和行业协会及相关政府职能部门携手开展，公关效果会更加突出。

信息框

诺和关怀患者教育

诺和关怀患者教育是诺和关怀之中的一部分，其主要职责就是普及糖尿病知识，让更多的糖尿病患者能够有机会免费参加系统的糖尿病知识讲座，了解自身的病情发展，从而更好地配合医生治疗，提高生活质量。

诺和关怀患者教育包括以下内容：

诺和关怀患者教育大课堂——遍布全国多个重点城市（北京、上海、广州、成都、济南、哈尔滨、杭州、武汉、昆明、天津、沈阳、郑州、南京、长沙、乌鲁木齐等），每个城市设立多个教育基地定期开授患者教育大课堂，课程内容囊括了糖尿病概论、饮食、运动、口服药、胰岛素、自我管理等，并且有些课程患者还能得到免费的血糖检测。另外，课程时间、地点、内容会定期以各种方式通知糖尿病病友。

诺和关怀患者教育培训师培训——通过专家审核、确认教材后，在全国范围内培训出600余名专业的患者教育讲师（以各大医院的护士长为主），目的是通过这些受过专业培训的讲师在各个医院开授患者教育课程，让更多前来就诊的患者更快、更好地了解糖尿病知识。

诺和关怀儿童营——与北京、天津、上海三地的儿童医院合作，定期为患1型糖尿病的儿童举办特色活动和讲座，寓教于乐，给这些患病儿童带去自信和希望，让他们不再畏惧糖尿病，并建立战胜糖尿病的信心。

诺和关怀大巴车——诺和关怀在北京的特色活动。通过大巴车接送患者，由随车医生指导患者进行户外运动，如：登山、做健身操、游园等活动，让患者在实践中体验运动治疗的重要性，提供一个患者之间交流的机会，使他们能多交朋友，从而保持心情舒畅。

诺和关怀教育资料——系列生动、详实、贴近患者的教育资料。

资料来源：诺和诺德官网. http://www.novonordisk.com.cn/documents/article_page/document/novocare_pedu.asp.

(四) 完善医药公共关系危机处理策略

医药行业的发展涉及国民的健康、社会的安定及经济的发展，一直是我国国民经济中十分特殊且重要的行业。医药企业的危机之前绝大多数是由于药品质量问题或不良反应而引发的，但如今葛兰素史克事件，也透露出药品营销过程中存在的诸多问题。我国医药企业应引以为戒，对于营销过程中可能引发的危机也应做好预防和应对。

1. 控制事态发展

首先，认清真相，对导致公共关系危机的事件本身，应迅速弄清原因，采取有效措施，控制事态的进一步发展。山西太行药业在面对"茵栀黄"注射液事件时，还未等上级监管部门下达通知，在接到不良反应报告后立即采取召回药品、复验留样、派人去事发地了解详细情况等一系列积极措施。这样及时、负责的做法，才是处理危机的上策。

其次，表明立场，危机事件突如其来，最明智的办法就是面对事实，公开事实，增强透明度，迅速利用传播媒介等有效手段及时公开组织所采取的处理事故的一切措施，以控制影响的扩大，表明企业积极处理危机的态度，赢得时间去化解危机。

2. 情况调查并收集信息

社会组织出现危机事件后，应及时组织人员运用有效的调查手段，深入公众，尽力找到目击者和当事人，迅速开展事故调查工作，尽快查明基本情况，了解危机事件的各个方面，收集危机事件综合信息，并形成基本的调查报告，为处理危机、制定相应政策及应急措施提供基本依据。

危机型公共关系调查，在方法上强调灵活性和快速性，一般主要运用公共座谈会、观察法、访谈法等方法进行调查。

3. 成立专门机构并制订对策措施

迅速成立处理事件的专门机构，由本组织一名主要负责人任机构领导，公共关系部门会同有关职能部门人员组成有权威性、有效率的工作班子，对危害特别严重的公共关系危机应由负责人直接指挥，在事情处理过程中不随意更换负责处理工作的人员。

在掌握事件全貌的基础上，判明情况，制定对策，通告全体人员，以统一口径，协同行动，制订出处理的基本方针和对策，以统一思想指导具体工作。

4. 采取对策措施

在对危机事件真相调查分析的基础上，就可以针对不同的对象公众确定相应的对策，采取相应的措施，这些对策措施大体上包括以下几个方面：

(1) 对组织内部的对策

危机发生后，企业应及时向员工通报危机的现状，以及公司准备采取的应付措施，让员工相信企业在努力化解危机,增强员工的信心和凝聚力,企业还应要求员工统一口径,不要对外传播任何对组织不利的言词。

(2) 对受害者的对策

立即组织队伍参与抢救,维持应急服务工作,了解情况承担责任,向受害者表示歉意,了解和满足有关赔偿损失的要求,把握分寸,注意方式,应力戒在事故现场与其发生争辩,有分寸地做出让步。

(3) 对新闻界的对策

确定新闻发言人,必要时成立临时的记者接待机构,统一新闻界的口径,由新闻发言人代表组织对公众和社会各界公布真相,介绍本组织正在做的种种努力,专人负责发布消息,主动向新闻界提供真实准确的消息,公开表明组织的态度和处理原则,集中处理与事件有关的新闻采访,给记者提供权威的资料,公布的数据要准确无误,简明扼要,以避免误解致使报导失实。

(4) 对其他公众的对策

事态发展得到有效控制后,应针对事件的原因和发展情况,采取有效的改革措施,改进对公众的服务,实事求是地及时把事件真相向公众和领导部门汇报,并定期报告事态发展情况以取得帮助和指导,处理结束后,详细报告处理全过程及预防措施的制订和落实情况等,同时利用新闻媒介消除公共危机造成的影响,刊发谢罪启事,向公众公开致歉,及时向新闻界提供公众希望了解的信息,还可组织各界公众到事故现场参观检查,发表受害者和其家属表示谅解的讲话和文章。

5. 总结经验并建立预警系统

总之,由于危机事件出现的情形、背景、原因以及面临的逆境公众不同,要具体问题具体分析,选择适当的工作策略、方式、方法,才能取得良好的效果,消除危机事件带来的影响。

危机预防工作主要从三方面入手:第一,确定企业可能存在的危机诱因,分析企业的内外环境,找出企业生产经营各个环节可能存在的危机诱因;总结本企业已经经历过的危机事件,再次反思企业生产经营的各环节中还有哪些可能存在的危机诱因,不放过任何节点;从同行业其他企业发生过的危机中对照本企业自身是否也存在类似的生产管理漏洞。第二,建立信息监测系统,及时、准确地收集相关信息,包括企业内部、企业外部、企业经营各环节的相关信息,做到上情下达、下情上达、内通外达,信息交流畅通无阻。第三,识别危机,正确分析所收到的相关信息,并找出可能引发危机的情况或企业的薄弱环节,及时汇报给危机管理小组。我国医药企业应以葛兰素史克为戒,重视企业危机预防,把危机发生的可能性降到最低,维持企业的长久健康发展。

第五节 医药销售促进

销售促进又称营业推广,是指那些旨在激发消费者购买和促进经销商销售的活动,诸如陈列、展出与展览表演等许多非常规的、非经常性的销售尝试,是一种适宜于短期推销的促销方法,是企业为鼓励购买、销售产品和劳务而采取的除广告、公关和人员推销之外的所有企业营销活动的总称。销售促进是采取一些刺激性的措施来使消费者实施购买行为和促进经销商的效率。它可以起到迅速沟通信息、强烈刺激消费的作用,在短期内效果较好。

一、医药销售促进的作用和特点

(一) 销售促进的作用

1. 吸引消费者购买

这是销售促进的首要目的，尤其是在推出新产品或吸引新顾客方面，由于销售促进的刺激比较强，较易吸引顾客的注意力，使顾客在了解产品的基础上采取购买行为，也可能使顾客追求某些方面的优惠而使用产品。

2. 奖励品牌忠实者

因为销售促进的很多手段，譬如销售奖励、赠券等通常都附带价格上的让步，其直接受惠者大多是经常使用本品牌产品的顾客，从而使他们更乐于购买和使用本企业产品，以巩固企业的市场占有率。

3. 实现企业营销目标

这是企业的最终目的。销售促进实际上是企业让利于购买者，它可以使广告宣传的效果得到有力的增强，破坏消费者对其他企业产品的品牌忠实度，从而达到本企业产品销售的目的。

(二) 医药销售促进的特点

相比较其他的促销方式而言，医药销售促进具有以下几个显著特点。

1. 促销效果显著

在开展销售促进活动中，可选用的方式多种多样。一般说来，只要能选择合理的销售促进方式，就会很快地收到明显的增销效果，而不像广告和公共关系那样需要一个较长的时期才能见效。因此，销售促进适合于在一定时期、一定任务的短期性的促销活动中使用。

2. 辅助性促销方式

人员推销、广告和公关都是常规性的促销方式，而多数销售促进方式则是非正规性和非经常性的，只能是它们的补充方式。亦即，使用销售促进方式开展促销活动，虽能在短期内取得明显的效果，但它一般不能单独使用，常常配合其他促销方式使用。销售促进方式的运用能使与其配合的促销方式更好地发挥作用。

3. 销售促进有贬低产品之意

采用销售促进方式促销，似乎迫使顾客产生“机会难得、时不再来”之感，进而能打破消费者需求动机的衰变和购买行为的惰性。不过，销售促进的一些做法也常使顾客认为卖者有急于抛售的意图。若频繁使用或使用不当，往往会引起顾客对产品质量、价格产生怀疑。因此，企业在开展销售促进活动时，要注意选择恰当的方式和时机。

销售促进最大的特点是短期效果明显，尤其是企业在推销新产品或服务时，或为了与竞争对手进行直接竞争时，销售促进的作用非常显著。

二、医药销售促进的决策

医药企业利用销售促进进行促销时需要做出的主要决策，首先是确定销售促进的目标，其次选择销售促进的形式，再次是促销工具及策略的配合安排，最后是销售促进的实施与评估。

(一) 确定销售促进的目标

销售促进目标的确定，就是要明确推广的对象是谁，要达到的目的是什么。只有知道推广的对象是谁，才能有针对性地制定具体的推广方案，例如：目标是培育消费者忠诚度和目标是促进医药产品大量销售，医院企业目标不同，销售促进的设计也无法相同。

针对消费者营业推广的目标主要包括三个方面：第一，鼓励老客户更多的购买这种产品；第二，吸引新客户试用这种产品；第三，争夺其他品牌的客户。

针对渠道商营业推广的目标包括两方面：第一，鼓励中间商大量进货，增加库存，特别是一些季节性药品；第二，鼓励中间商经营本企业产品，建立固定的产销关系。

针对推销人员营业推广的目标包括两个方面：第一，鼓励推销人员大力推销新产品，开拓新市场，寻找更多潜在顾客；第二，推销一些积压的药品。

（二）选择销售促进的形式

1. 针对消费者的医药销售促进

由于药品属特殊商品，国家药监部门有明确的规定，即零售药店销售处方药和非处方药时，不得采用有奖销售、附赠药品或礼品的销售方式，违反者要进行相关的处罚。另外根据《药品管理法》规定，医药促销应当宣传和引导合理用药，不得直接或者间接怂恿任意、过量地购买和使用药品。因此针对消费者营业推广的主要形式就是销售回馈与健康宣传活动。比如针对长期使用的药品，可以采用首次购买成为会员，获得积分资格，以后的每次购买都按照购买金额积分，累积到一定程度的分数可以用来兑换药品或折现使用。此举措有利于促使顾客持续购买，培养顾客对产品的忠诚度。

2. 针对中间商的医药销售促进

（1）药品陈列

医药企业针对 OTC 药品及其他医药产品应该举办药店的陈列比赛，突出自身医药产品的摆放位置，以吸引消费者，加强与药店的关系，保证药店渠道的畅通、稳定。

（2）经销折扣

为了吸引药品经销的中间商增加对医药产品的进货量，在某一时期内按中间商购买产品的数量给予一定的折扣，从而促进与中间商的合作。

（3）代理商折扣优惠

通过代理商一次购买产品数量的不同给以相对应的折扣优惠措施，如现款折扣、还款优惠、合作广告等。通过以上方式，鼓励代理商尽可能地销售本企业产品，尽快回收货款，加速资金流动，从而获得较大的销售利润，实现代理商与企业的“双赢”。

（4）代理商促销竞赛

利用代理商的竞争心理，通过组织销售竞赛活动，来促进销售。这种方法不仅可以让代理商合作兴趣增加，加大进货和分销力度，而且能够密切企业与其的关系，加强彼此协作。但在操作过程中，要加以控制，避免“串货”、“故意退货”等现象的出现，减少企业不必要的损失。

（5）渠道培训

通过对渠道商推销人员进行培训，让推销人员记住产品的卖点，以便向消费者介绍，可以间接提高终端销售，从而给渠道商和公司带来更多的销售收益，同时提高了公司产品的知名度以及消费者对公司产品的接受度和满意度。

（6）自营区域推广

对于企业自己营销的地区，可以采用折扣促销与质量促销相结合的促销方式，在价格优势的基础上，体现产品的质量高、品质优的特点，打造不可或缺的能力，从而占领市场。

(7) 展销会

医药企业应该都要参加每年举办两次的全国药品交易会并积极开展企业自身的新药交流会等,在会上都布置豪华的展台,集中展示企业的产品,能形成对促销有利的现场环境效应,对中间商有很大的吸引力,往往能促成交易。

3. 针对医院的医药销售促进

(1) 折扣。在药品销售过程中,医药企业根据购药单位销售额在年终或不定期地返回不同比例现金或药品的行为。在市场经济条件下,折扣是常见的商业行为。但必须要注意公开折扣,不能暗扣,同时还要遵守相应道德及法律规范。

(2) 为医院、科室和医生个人在科学研究方面提供支持。

(3) 公司纪念品。用这种方式能有效地宣传公司形象和产品,更好地发展与医院客户之间的关系。

但需要注意的是,医药企业在针对医院和医生的医药销售促进活动中,应遵守社会公共道德及有关法律规定,而不能变成变相行贿,那样虽有短期效果,但长期来看却容易给公司带来信任危机,甚至卷入法律纠纷。

4. 针对企业内部销售人员的医药销售促进

主要是针对企业内部的销售人员,鼓励他们热情推销产品或处理某些老产品,或促使他们积极开拓新市场。一般可采用的方法有:销售竞赛、免费提供人员培训、技术指导等。

主要以前途、收入或荣誉等作为诱因,激发推销人员努力创造业绩。如销售奖励、业绩提成等。

(三) 促销策略及工具的配合安排

销售促进要与其他促销策略如广告、人员推销等整合起来,相互配合,共同使用,从而形成营销推广期间的更大声势,取得单项推广活动达不到的效果。医药企业一般要根据目标对象的接受习惯和产品特点,目标市场状况等来综合分析选择推广工具。

(四) 销售促进的实施与评估

销售促进的实施过程中企业市场时机选择很重要,如季节性产品、节日、礼仪产品,必须在季前节前做销售促进,否则就会错过了时机。此外销售促进活动持续时间的长短也会影响企业的促销效果。推广期限要恰当,过长,消费者新鲜感丧失,产生不信任感;过短,一些消费者还来不及接受销售促进的实惠。

在销售促进实施过程中,医药企业需要不断根据实际的药品销售情况评估并调整企业的促销策略及搭配的相关工具,从而实现医药企业产品销量提升。总之,医药企业对于各种医药销售促进策略的选择,应当根据其营销目标、产品特性、目标市场的顾客类型以及当时当地的有利时机灵活加以选用。

本章小结

1. 医药促销是医药企业通过种种可能的方式把企业的有关信息传递给目标市场,使目标市场对企业产生信任感,认识到企业生产的医药产品及其服务给自己带来的利益,激发需求并最终引起消费者购买欲望,促进其完成购买行为的一系列活动的总称。医药促销的主要功能是诱导消费需求,促进新药推广和增强医药企业核心竞争力。企业促销方式是多种多样的,但传统的促销方式有四种，即人员推销、广告、医药销售促进和公共关系。

2. 人员推销的作用不仅是推销现有产品，而且要配合企业的整体营销活动来满足顾客需要。销售人员在与顾客进行面对面、无拘束的洽谈的过程中，能更具体、更全面地了解顾客的要求，收集到更准确的有关信息。因此，销售人员与顾客的关系可以从原来单纯的买卖关系向人际友谊与感情方面发展，建立一种亲密的长期合作关系，这是其他促销方式所不能及的。

3. 广告是促销组合中的重要组成部分，也是现代企业进行促销的最有用的方法和手段。医药广告是一种传递医药产品或企业信息的活动，它是指医药企业通过支付一定的费用，采取非人员沟通的方式，通过各种媒体把医药产品的相关信息传递给目标消费者，目的在于提高企业形象与知名度，进而促进产品销售的过程。

4. 医药公共关系是指医药企业通过各种活动与社会公众进行沟通，促进社会公众对企业的了解、信任与支持，以提升企业形象，达到促进产品销售的目的。医药公共关系的内容包括企业形象宣传、企业与社会公众之间的交往与沟通等活动。医药公共关系作为促销组合因素之一，在刺激目标顾客对医药产品的需求，增加销售，改善形象，提高知名度等方面，起着十分重要的作用。

5. 销售促进又称营业推广，是指那些旨在激发消费者购买和促进经销商销售的活动，诸如陈列、展出与展览表演等许多非常规的、非经常性的销售尝试，是一种适宜于短期推销的促销方法，是企业为鼓励购买、销售产品和劳务而采取的除广告、公关和人员推销之外的所有企业营销活动的总称。

复习思考

1. 如何理解医药促销内涵和作用？
2. 分析医药企业促销方式的优缺点。
3. 医药促销人员如何做好个人拜访？
4. 医药企业应如何利用广告进行促销？
5. 医药企业进行公共关系促销的形式主要有哪些？
6. 医药企业医药销售促进的种类和特点有哪些？

案例分析

葛兰素史克危机

2013年7月11日，一则公安部的通报成为了国内外医药行业的一枚重磅炸弹。葛兰素史克（中国）投资有限公司（简称GSK中国）因涉嫌严重商业贿赂等经济犯罪，被依法立案侦查。GSK中国的4名高管、超过20名药企和旅行社的工作人员被警方立案侦查。

GSK中国第二季度在国内的药品和疫苗销售额达到了20亿元。根据警方之前发布的消息，GSK中国6年来从与第三方机构合作的30多亿元业务中提取资金，大肆行贿个别政府部门官员和医生，大大推高了其药品在华的销售价格。

7月15日，GSK才终于打破沉默，在其英文官网和中国公司中文官网发布中英文声明：

"对涉及本公司某些员工及第三方机构因欺诈和不道德行为所面临的严重指控，深表关切与失望。上述行为严重违背了葛兰素史克全球的规章制度、管理流程、价值观和标准，对此类行为绝不姑息和容忍。我们支持中国政府根除腐败的决心。上述调查中所发现的问题令人羞愧，我们对所发生的事情深表歉意。"

7月22日，GSK英国总部在伦敦发表声明，承认中国分公司的一些高管卷入贿赂案件。声明写道：一些熟悉公司运作体系的高管可能逃避了公司流程和监管，进行了不当操作，违背了中国法律。他们将全力支持中国政府根除腐败的决心和行动，全力支持中国政府的医疗改革，并已准备好与中国政府合作。并声称正在积极研究在中国的运营模式，计划通过调整运营模式，降低运营成本，从而让更多中国患者能买得起药品。

10月23日，GSK公布了第三季度的业绩，全球销售额同比增长1%，净利润同比下降12.3%。受商业贿赂调查影响，在华主营业务处方药和疫苗的销量下滑61%，超出市场之前预计的三成跌幅。

12月17日，因行贿医生问题接受中国警方调查5个月，GSK终于下定决心，开始调整在华药品销售模式。而这一转变距2011年GSK因行贿收到美国政府30亿美元天价罚单，率先在美国调整医药代表薪酬评估体系已过去2年时间。GSK中国官方文件显示，自2014年1月起，公司将调整医药代表员工的评估和薪酬体系。在新体系下，销售代表的奖金计算不再以个人销售指标的完成情况为基础，将根据专业知识、服务质量、对公司价值观的践行程度和公司整体业务表现对销售员工进行考核。

其实，早在2011年葛兰素史克公司在美国就因行贿被开30亿元罚单，2年后，同样的事件在我国重新上演。最近，在约旦和黎巴嫩，葛兰素史克再次被曝出行贿丑闻，危机预防是企业危机管理的首要事项，是危机管理中最容易被忽视、成本又是最低的阶段，也是企业某些危机最能避免发生的环节。葛兰素史克行贿丑闻频发就是其忽视危机预防的结果。

7月11日，公安部通报行贿事件，但在通报之前已经逮捕了GSK中国的4位高管，企业也应早已知晓此事。可直到4天后的15日，GSK中国才打破沉默发表致歉声明，应对速度不够及时。而且在声明中将责任归于某些人的个人行为，甚至没有为规章制度和管理流程中存在的漏洞真诚道歉，这已给公众和媒体留下了一种推脱责任的印象。

医药企业的危机大多数是药品质量危机和药品不良反应危机，葛兰素史克事件给医药行业的其他企业敲响了警钟，药品销售过程中的行贿行为绝不是葛兰素史克一家的做法。通过葛兰素史克此次的行贿危机事件，我国医药企业应对产品营销过程中可能发生的危机加以预防。除可能存在的行贿，还有为扩大销售而发生的"超适应证用药危机"，以及药品在销售分销运输中的质量问题，"刺五加"注射液致死事件就是活生生的反面例子。我国医药企业应从中吸取教训，预防营销过程中各类危机的发生，将营销危机的诱因都扼杀在摇篮里。

资料来源：贾亚楠，陈玉文."葛兰素史克事件"对我国医药企业危机管理的启示.中国药业.2014(22).

案例讨论

葛兰素史克是如何应对公共关系危机的？给其他医药企业公共关系营销的教训是什么？

参考文献

[1] 刘会.医药代表实战宝典[M].北京：海洋出版社，2002.

[2] 颜爱民. 药品保健食品行业研究[M]. 北京:北京大学医学出版社,2006.
[3] 李光华. 促销效果评估研究[D]. 南宁:广西大学 2013.
[4] 贾世亮. 迪巧钙的营销策略研究[D]. 天津:天津大学 2010.
[5] 周宇. NS公司非专利处方药营销战略与策略[D]. 天津:电子科技大学,2011.
[6] 周忠昊. 天津市J制药有限公司产品营销策略研究[D]. 长春:吉林大学,2012.
[7] 丁常青. 现代企业促销策略研究[D]. 开封:河南大学,2009.
[8] 隆美云. 广西药用植物园旅游产品及促销组合策划研究[D]. 南宁:广西大学,2012.
[9] 朱根发. 新医改背景下跨国制药企业处方药品的营销策略研究[D]. 南昌:南昌大学,2013.
[10] 王丽娟. 浅析药品广告行为与政府监管策略[D]. 哈尔滨:黑龙江中医药大学,2010.
[11] 李彦. 谈学术营销在医药营销中的运用[J]. 现代经济信息,2011(23).
[12] 陈思新. 公共关系对医药企业影响和作用探讨[J]. 邯郸职业技术学院学报,2011(01).
[13] 周军. 医药企业公共关系策略探析[J]. 中外企业文化,2011(06).
[14] 蔡成旺. 承德颈复康药业市场营销策略研究[D]. 天津:电子科技大学,2011.
[15] 贾亚楠,陈玉文. “葛兰素史克事件”对我国医药企业危机管理的启示[J]. 中国药业,2014(22).

第十三章　医药国际市场营销

【学习目标】

通过本章的学习，了解医药国际市场营销的含义、特点、环境，掌握医药国际市场的选择和进入方式，理解医药国际市场的营销策略。

【引导案例】

阿斯利康的国际化营销

阿斯利康是一家全球领先的制药公司，世界排名前五。总部位于英国伦敦，研发总部位于瑞典。阿斯利康的医药产品类别涵盖消化、心血管、肿瘤、中枢神经、麻醉和呼吸等。产品销售覆盖全球100多个国家和地区。在研发能力方面，阿斯利康平均每个工作日的研发投入1 500万美元，在7个国家设有11个研发机构，11 900名员工从事与新药研发相关的工作。而其生产基地在全球20个国家有30个，15 000名员工致力于为客户提供安全、有效、高质量的产品。

阿斯利康的著名非处方药品牌——消化类药品"洛赛克"，在全球的年销售额超过20亿美元，而在中国市场，该药销售收入几乎接近阿斯利康年收入的一半。但是专利药物一旦期满，则自动成为通用名药，届时其他厂商都可以生产。在中国的医院，该药遭到30多种仿制药的竞争。所以，凭借"洛赛克"的品牌优势，公司谋求在零售药店的市场份额，来弥补正在失去的医院市场。

市场机遇的问题，只是阿斯利康之所以调整战略的表层原因，更深层次的原因是全球制药业面临的困境。一方面，全球制药业面临着新药研发投入不足，效率低下；另一方面是已有的专利药纷纷到期，制药巨头将失去很大一部分专利药的高利润市场。快速拓展OTC市场已经成为阿斯利康的当务之急。为了加速新药进入中国市场，提高在中国的研发能力，加强与中国科研机构在新药研发领域的合作，已成为阿斯利康在中国的战略重点之一。

阿斯利康着力强化在新兴市场的地位。有些企业因为担心成本问题，试图通过现有产品管理好盈利线。而阿斯利康则通过投资新兴产品实现长远发展，希望通过新产品能够弥补老产品市场因仿制药竞争而造成的损失。

制药行业本身就是一个高风险的行业，在一个药物的生命周期中，不但在研发阶段随时有夭折的危险，而且在产品上市后还存在患者产生毒副作用的可能性，如果出现这种情况将导致大量的诉讼和巨额赔偿。

资料来源：新浪财经. http://finance.sina.com.cn/chanjing/b/20050413/14141514237.shtml.

案例点评

对任何一个企业来说，特别是制药业，企业研发新产品的能力至关重要。同时，企业的市场也很重要。在国际市场上能不能把市场做好、企业的产品以及产品结构是否适合国际市场和消费者的习惯等因素都是企业能否打开国际市场的关键。因此，跨国制药企业在选择国际市场时，要进行国际市场营销环境调研与分析、进入市场的方式及营销策略分析，在国际市场上争夺立足之地。

第一节　医药国际市场营销概述

一、医药国际市场营销的定义

国际市场营销是国内市场营销的延伸与扩展，是指企业在一国以上从事经营与销售活动。国际市场营销是指在一国以上把企业生产的商品或劳务引导到消费者或用户中去的经营活动。随着经济全球化的发展，企业的跨国经营不仅把国内生产的产品销售到国际市场，而且是在海外投资建厂生产及在国外销售产品。国际市场营销活动的舞台是世界市场，由于世界各国的政治、经济制度不同，经济发展水平悬殊，社会、文化和语言环境差异大，法律制度各具特点，加之参与国际市场经济活动的既有企业，又有政府行政干预，甚至包括社会公众和政治力量，因而呈现出纷繁复杂的情况。

医药国际市场营销，是指医药企业的跨国的市场营销活动，即医药企业从国际市场的需求出发，开发合适的产品、选择合适的渠道、制定合适的价格和进行合适的促销，以满足国际用户的需要和在国际市场上取得收益。

二、国际市场营销与国内市场营销的区别与联系

国际市场营销的环境如社会文化环境、政治法律环境和经济技术环境比国内市场营销要复杂得多，并且它既涉及东道国的国内环境，又涉及本国与东道国之间的关系，还涉及本国的内部环境。在这样的环境下，医药企业面临的风险更大。在国际市场上，医药企业面临的竞争对手也比国内要多，企业为争夺市场所采取的营销手段、营销策略更为复杂。就国际市场的营销渠道而言，也比国内市场营销复杂得多，如许可证贸易、合资经营、代理商、补偿贸易等，都是国际市场营销中常常采用的渠道形式，而这些形式在国内市场营销中是很少采用的。

国际市场营销与国内市场营销又是密切联系的。两者都是以需求为中心，以交换为核心，以分析市场营销环境为基础，其实质都是社会管理的过程，目的都是为了满足需求，获取经济利益或者利润。

三、医药国际市场营销的特点

(一) 结构复杂

国际市场营销环境要比国内市场营销环境复杂得多，各个国家和地区在地理位置、自然资源、消费习惯等方面都存在着不同之处。然而，医药产品又是一种特殊的产品。所以，医药企

业在面对医药国际市场时，要做出的产品策略、定价策略、分销策略更加复杂。这就要求医药企业在进行国际市场营销时，必须注意做好国际市场的调查研究，特别是目标市场的调研，熟悉商情，了解各国的商业惯例和政策法令，掌握多方面的市场信息，有针对性地制定市场营销战略和策略，才能有效地打入国际市场。

（二）竞争激烈

医药是高科技、高风险、高投入、高回报的产业，与人们生命健康息息相关，长期以来是各个国家竞争的焦点，随着经济全球化发展以及大数据时代的到来，当前医药国际市场竞争日趋激烈。不少国际医药企业为了增强国际竞争力，通过对中小型医药企业的联合兼并和国际资本化市场运作，扩大企业市场份额。同时，各国实行知识产权保护和贸易保护更加严格，使得市场竞争更加激烈。

（三）交易障碍多

由于医药国际市场营销的复杂化，医药企业进行国际化市场营销时会面对不少障碍，从而增加了开发医药国际市场的难度。这些障碍主要表现在以下几个方面：语言障碍，由于语言、风俗习惯的不同，导致沟通困难、调研困难；法律障碍，由于各国对医药产品的法律规定不同，甚至差别很大，有时候出现医药商品交易纠纷往往不能得到及时解决；贸易壁垒障碍，各国对本国企业进行相关保护，对国外进入企业则有较多限制，存在较多的贸易关税壁垒和非关税壁垒。

信息框

中医药“走出去”屡屡受挫

由于中药缺乏现代医学研究的支撑，中药“走出去”屡屡受挫。2013 年初，加拿大卫生部警告公众不要购买、服用多款含有超标的汞、铅等重金属的中成药。近日，马来西亚也拟出台法令，一旦新法令赋予执行，很多中药配方和不可或缺的重点草药都将被视为含有毒素的产品，不能再使用。目前，英国药品管理局已通知英国各中医学会和一些较大的中药店公司，要求上报中成药的库存数量，并表示从 2014 年初起全面禁止中成药在英国的销售。

事实上，中药因质量安全等问题在多个国家已多次遭遇警告和封杀。其实，无论是西药还是中药抑或生物制品，几乎所有的药物无一例外都存在安全性问题。国家食品药品监督管理总局的药物不良反应监测结果显示，化学药物（西药）的不良反应占 81.6%、中药占 17.1%、生物制品占 1.3%。中药不良反应率明显低于西药，然而在中药安全性、药理毒性研究、重金属入药等问题上，医药界已讨论多年且并无结果。中国中药每年上市的新药有上千种，而日本近 30 年基本没有新的中药上市，它们把精力全部投入临床，包括标准分析、数据采集和疗效分析上，这也是当前全球中医药市场 70%以上被日韩占据的原因所在。通过现代医学研究来为中医药正名，或许才是消解其在海外信任危机的良方。希望政府、医药企业通过不断努力，探索中医药服务贸易发展模式，建立中医药服务标准，培育国际知名服务品牌。

资料来源：中国财经网. http://finance.china.com.cn/roll/20130909/1796931.shtml.

（四）营销风险大

医药国际市场营销由于是跨国界进行的交易活动，医药企业很难把握活动中的情况，其产生的风险，如信用风险、商业风险、运输风险、政治风险等都远远大于国内市场营销。

四、医药企业开展国际市场营销的意义

医药企业开展国际营销，对医药企业来说，认清在国际市场面临的机遇与挑战，同时通过对目标市场进行系统的分析，可以更好地了解市场从而制定出正确、有效的国际市场营销策略，实现国际市场的稳定、持续、健康发展；可以发现其在营销过程中面临的风险，并找到防范风险的方式方法，对于建立其国际市场营销保障体系具有深远的意义。医药企业能够树立医药企业品牌意识，促进医药企业创新能力，有利于树立国际市场导向的营销理念。

对我国中医药发展来说，有利于继承中华民族优秀传统，发扬中医药文化，促进中医药在国际市场树立品牌。国家实行医改以来，无论在国内还是国外，中医药事业都得到了一定的发展。我国中医药业已经扩展到世界上 160 个国家，其中有不少国家允许中医药的进入，更有一些国家将中医药纳入医保范围，并且得到了应有的法律保护。国际社会对我国中医事业的发展给予了大力支持，其中部分国家还专门为中医药的发展设置了管理机构，为中医诊所、中医针灸等提供了服务场所，大大促进了中医药在国际市场上的发展。

第二节　医药国际市场营销环境分析

国际市场营销环境是指影响企业营销活动及其目标实现的各种力量和因素。国际市场营销环境包括经济环境、政治法律环境、文化环境和自然环境。国际市场营销环境通过对企业构成威胁或提供机会影响营销活动。医药企业想要开拓国际市场，必须对医药国际市场营销环境进行分析，寻求医药企业在国际市场上的营销机会，有效避免环境威胁。

一、经济环境

医药国际市场营销的经济环境是各种直接或间接影响和制约医药国际市场营销的经济因素的集合，是国际市场营销环境的重要组成部分，具有国际市场营销环境的各种特征。其分为两个层次，一是从全球角度出发，考察整个世界经济的基本情况及医药国际营销在全球层面的经济环境；二是从一个国家角度出发，考察某个具体国家的经济状况及其对医药国际营销的国别层面的经济影响。

（一）国际经济环境

国际经济环境一般由经济体制、经济发展水平、国际收支状况、市场规模、基础设施等因素构成。如经济发展水平会影响人们的用药结构、用药习惯和消费观念。高收入国家的消费水平较高，其民众选择药物时，较多考虑疗效，容易接受新特药；而低收入国家的民众则用药水平较低，选用药时多考虑价格因素。开展医药国际市场营销必须对国际经济状况有所了解。

（二）东道国经济环境

东道国的经济体制、经济发展水平、经济特征（人口、收入和基础结构等）、外汇汇率等因素，决定着医药企业目标市场的规模、特点和效率。

1. 经济体制

医药企业了解东道国的经济体制，是顺利而有效地开展国际市场营销活动的基本前提。

只有对东道国的经济体制予以充分了解，才能制订相应的营销战略。

2. 收入

国民生产总值或国内生产总值是衡量一个国家经济实力的重要指标。一般说，在经济发展水平相近的国家中，一个国家的国内生产总值与其进口总值是成正比例的。人均收入是分析国际市场的一个不可忽视的重要因素，人均收入高的国家其消费水平一般较高，对产品档次质量要求也高，反之则低。

3. 基础结构

交通运输、邮电通讯、商业基础设施等这些条件影响着医药企业在东道国进行国际市场营销的效率。基础结构越是完善，数量越多，业务质量越高，越利于经济的发展。

二、政治法律环境

政府对环境的影响，是通过政府政策、法令规定以及其他限制性措施而起作用的。政府对外商的政策和态度反映出其改善国家利益的根本想法。因此，医药企业在进入一个国家之前必须尽可能评估该国的政治环境和法律环境。

（一）国际政治法律环境

国际政治法律环境是由政治因素和法律因素构成。其中政治因素包括国家主权、政治体制、政党体系、民族主义政策和国际关系等；法律因素包括国际公约、目标市场的涉外法规、国际商业争端解决途径等。国际政治法律环境对医药产品的国际营销影响甚大。如关于包装，美国农业部规定所有纯木材包装材料都要经过高温熏蒸或防护剂处理，否则拒绝入关；法国则规定所有进口产品都不准使用木材包装。因此，中国医药企业要走向世界必须了解国际政治法律环境。

（二）东道国政治法律环境

东道国的政局稳定性、法律环境等因素影响着医药国际市场营销。

1. 政局稳定性

东道国政局越稳定，对医药国际市场营销吸引力就越大。因为，一个国家政治的稳定，必然伴随着持续稳定的经济政策，从而有利于企业开展国际营销；反之，政局不稳定，政府频繁更迭，甚至发生政变、动乱、战争等，对医药国际市场营销的影响就大，加大了医药企业进行国际市场营销的难度，甚至蒙受意想不到的损失。所以，每一个医药企业在进行国际市场营销时，都必须对东道国的政局稳定性予以足够的重视。

2. 法律环境

东道国的法律规范是每个进行医药国际市场营销的医药企业都必须遵守的。这些涉外法规包括：一是基本法律，如商标法、专利法等。这些法规对于进入该国的外国企业同样具有约束作用。例如，比利时规定只能用八边型的褐黄色玻璃瓶盛装药剂，以其他容器盛装的药剂不得进入该国市场。二是关税政策，包括进口税、优惠税等税种的设置以及关税的征收形式等。三是进口限制或非关税壁垒，如进出口许可证制、进出口配额，以及各种苛刻的商品检验技术标准等。不同的法律制度对同一事物可能有不同的解释，因此，医药国际市场营销人员在进行国际市场营销时，必须对国外市场的法律环境进行慎重而明确的分析，并采取必要的对策。

三、社会文化环境

由于社会文化环境的影响，各国消费者往往有独特的消费需求。社会文化的广义解释是人类社会的全部知识和习俗的总和。社会文化可以影响消费者的观念,进而影响这一市场的消费结构、消费方式等。医药企业在从事国际市场营销活动时,应该通过市场调研了解社会文化因素的现状和趋势,并分析这些因素对消费者购买行为产生的影响。

1. 人口

人口是决定医药市场规模的重要因素之一。进行人口分析主要是分析人口数量、人口增长、人口结构、人口分布等。从某种意义上讲,医药市场规模是由人口总量决定的。在其他条件相近的情况下,人口越多,市场潜力就越大,反之亦反。医药企业要从战略角度考虑市场规模问题,就不仅要关心目标市场的当前人口总量,而且要了解该地区的人口结构。人口结构的不同类型,对医药市场的构成影响极大。如发达国家人口普遍老化,对老年人用药的需求就大。而一些发展中国家 14 岁以下人口的比重却在增长,对儿童用药的需求就大。

2. 语言文字

目前,世界上有 3 000 多种语言,语言文化的多样性给国际市场营销带来困难。在医药国际营销中,涉及药品的品牌、商标、标签、广告、服务等都可能发生语言障碍。所以,医药企业在进行国际市场营销时,必须研究东道国的语言使用情况,否则就会影响交流,造成利益损失。

3. 消费习惯

每个国家都有自己的传统、风俗习惯,国与国之间存在着差异性,在医药消费方面也有着各自不同的消费习惯。例如有些国家喜用颗粒剂,有的偏爱口服液,有的则习惯使用片剂、胶囊剂等。医药企业在出口医药产品时,就要根据这些风俗习惯来决定和设计医药产品的种类、剂型以及包装等。

目前,医药企业的出口产品包装还存在一些问题,尤其是一些中药产品,诸如包装设计不合理,包装形式较落后等。为此,对于改进出口医药产品的包装,医药企业必须给予足够的重视。要使得药品的生产、包装、服务等符合东道国的风俗习惯,使当地的消费者产生亲切感,从而使其对产品产生好感,增加消费需求。

四、自然环境

自然环境包括气候、地理位置、地形、资源分布等,既对其国内药品的生产产生影响,也影响着国际医药产品的需求。

1. 自然资源

自然资源是企业从事生产销售的基础。在不同资源禀赋的国家,其产业结构、产品生产、经营成本的构成各不相同。由于自然资源的分布具有地理的偶然性,分布很不平衡。因此,医药企业到某地投资或从事医药营销必须了解该地的自然资源情况。如果该地对本医药企业的药品需求很大,但缺乏必要的生产资源,那么,本医药企业适宜向该地销售药品;但是,如果该地有丰富的生产资源,医药企业可以投资建厂,当地生产,当地销售。

2. 地理环境

地理环境对医药国际市场营销活动的影响主要表现在产品战略和市场经营体系的建立与发展等方面。一个国家的气候条件、地理地貌,都对市场营销活动产生影响。相同国家不同的地理分布,对医药产品的需求差别很大。医药企业要避免由地理环境带来的威胁,最大限度利用环境变化可能带来的市场营销机会,应不断分析地理环境变化,制定不同的生产和销售策略。

第三节　国际市场的选择与进入方式

医药企业在开展国际市场营销活动中,采取什么方式进入国际市场十分重要,它不仅涉及医药企业及其产品如何跻身国际市场,而且还涉及进入国际市场后如何根据实际情况的变化进行调整后再进入,从而有效地开展营销活动。医药企业应根据本国及所进入国家的各种政治经济情况及自身的各种条件适当选择进入方式。

一、国际市场细分与目标市场选择

(一) 国际市场细分

1. 医药国际市场细分的含义

国际市场细分(International Market Segmentation)是在市场细分的基础上发展起来的,是市场细分概念在国际营销中的运用。与国内市场相比,国际市场购买者更多,分布范围更广,作为企业由于自身实力的限制,往往更难满足全球范围内顾客的需要。为此,就需要对国际市场按照某种标准进行划分。

随着全球交通、通信的发展以及文化的相互渗透,全球消费日益趋同化,我们可以将全球市场看作一个整体市场。因为不同国家在人口、经济、自然、政治、法律、文化等方面的不同使得国家间的消费需求存在着差异,所以我们可以把每个国家视为一个子市场。其中任何一个子市场的消费者都具有相同或者相似的需求,我们的医药企业可以在这里选择一个或多个作为其目标市场,这就是所谓的医药国际市场细分。

2. 医药国际市场细分标准

国际市场细分是企业确定国际目标市场和制定国际市场营销策略的必要前提。市场细分要依据一定的细分标准来进行,市场细分标准也是影响消费需求差异性的因素。世界上有众多的国家,医药企业究竟进入哪个(或哪些)市场对企业发展最有利,这就需要根据某种标准(如经济、文化、地理等)把整个医药国际市场分为若干子市场,每一个子市场具有基本相同的营销环境,医药企业可以选择某一组或某几个国家作为目标市场。其中,地理标准是细分医药国际市场的最初标准,一般先以地理标准来进行市场细分,选择出目标市场国或地区后,再用其他细分标准选择目标顾客。医药国际市场细分标准主要有地理标准、文化标准、经济标准、人口因素标准、行为因素标准。

(1) 地理标准。这是宏观细分最常用的标准,按照地理标准,可以把全球市场大致分为亚洲市场、欧洲市场、拉丁美洲市场和大洋洲市场。其中亚洲市场又可以分为东亚市场、西亚市场、南亚市场等;欧洲市场可以分为西欧市场、北欧市场、东欧市场等。通过这样的细分方法,医药企业能对地理上接近的市场开展国际业务,同时可以将处在一个地理区域的具有相似条件的国家当做一个市场来开发。近年来,随着区域性贸易和经济一体化发展迅速,如欧盟、亚太经合组织等这些区域性集团对国际营销影响较大,有时企业进入了某一区域集团中的某一个国家,就相当于进入了该集团其他所有国家。

(2) 文化标准。生活方式密切地受到文化的影响,所以按照文化细分国际市场对营销决策是非常有益的。文化对国际营销决策的重要影响之一,就是文化的诸因素(如语言、教育、宗教、美学、价值观和社会组织等)都能构成国际市场的细分标准。然而,由于世界上文化类型种类很多,要把世界上所有不同国家的文化类型进行分类,并为所有文化类型的每一种制定一个策略是十分困难的。一个替代的方法,是将世界上众多的不同文化类型按以下文化要素进行再分类。这五种文化要素是:物质文化、社会制度、信仰体系、美学、语言。

(3) 经济标准。用经济标准细分主要是根据经济发展指标来归类,如国民生产总值、人均国民收入、经济增长率等。

(4) 人口因素标准。通过对人口总量、性别、年龄、民族、文化程度、收入水平、宗教信仰等方面的人口统计学特征来细分市场。由于人口变量直接影响消费者的需求特征,而且相对于其他标准来说更容易测量到,所以这是细分国际市场最常用、最主要的细分标准。在医药国际市场中,医药企业往往通过年龄、性别、收入水平等人口因素的标准判别来选择符合自身的消费者市场。

(5) 行为细分标准。行为细分标准是指企业通过对消费者购买或者使用产品的时机、使用频率、对品牌的忠诚度等方面来细分国际市场。行为细分标准是市场细分标准中一个比较动态的变量,医药企业要经过深入的市场调查才能对消费者的行为特点进行统计分析,选择出正确的市场;同时,还要与其他细分标准相结合进行多重细分,来保证市场细分的有效性。

(二) 目标市场选择

1. 选择国际目标市场的标准

医药企业进行国际市场细分后,在若干个细分市场中选择一个或者多个细分市场来作为自己的目标市场。目标市场的选择总体标准是指企业的资源能够充分满足所选市场的需求,具体体现在以下三个方面:

可衡量性,指医药企业能够把握住目标市场的购买力、市场的规模等方面。只有这样,企业才能做出相应的生产决策。如果目标市场不可衡量,那么企业将不能进行正常的国际营销。

足量性,即细分后所形成的市场规模必须足以使医药企业有利可图,并有一定的发展潜力。因为每进行一次市场细分就需推行一套独立的营销组合方案,要付出相当大的代价。只有足够大的市场与发展潜力,才值得医药企业尽心尽力开发。反之,若市场十分狭窄,或者潜在消费者很少,就不值得去占领。

可进入性,即医药产品在企业所选择的目标市场没有被竞争者垄断,并且企业的资源条件和营销能力以及所提供的产品和服务在目标市场上有较强的竞争力。

2. 国际目标市场的选择战略

医药企业在对细分市场进行评估并确定目标市场后,就会为各个目标市场选择相应的战略。企业在国际市场上可供选择的目标市场战略包括无差异营销战略、差异营销战略和集中营销战略三种目标市场战略。

(1) 无差异营销战略

无差异营销指医药企业不考虑细分市场的差异性,对整个目标国际市场只提供一种产品。医药企业所出口的产品针对的是消费者的共同需求而不是个别需求。医药企业依靠大规模分销和大众化的广告,试图在国际目标市场的消费者心目中树立起优秀的产品形象。无差异营销能够节约成本,但当几家医药企业同时这么做时,会因激烈的竞争而减少利润,所以许多医药企业对较小的细分国际市场越来越感兴趣。

（2）差异营销战略

差异营销战略指在市场细分的基础上，医药企业选择多个细分市场作为目标市场，并针对每个子市场制定营销组合方案。这一战略优点：面向多个细分市场，企业可获得较大市场覆盖率；针对不同市场提供不同的产品、服务，更好地满足消费者需求，有效提高医药企业在各个不同目标市场的竞争力。缺点：增加制造和营销成本，分散企业资源。一般只有实力雄厚的医药企业才会采取这种战略。

（3）集中营销战略

集中营销战略是指医药企业通过国际市场细分，选择一个或几个子市场作为企业的国际目标市场，采取有针对性的营销策略，以争取在国际医药市场上取得较大的市场份额。集中性营销是中小型医药企业与实力雄厚的大企业竞争时取得立足点的最佳选择。通过集中营销，医药企业能够在其服务的细分市场中取得很强的国际市场地位；同时，企业还可节约大量经营开支。但是，集中营销风险较大。

二、国际市场进入的方式

（一）产品出口进入方式

出口，一直被作为企业进入国际市场的重要方式。出口有利于增加国内就业、增加国家外汇收入，所以一直受到各国政府的支持。同时，对企业来说，能降低国内竞争所带来的风险，有利于自身扩张。医药产品出口是指医药企业将在本国生产的产品，通过适当渠道销往国际市场。医药产品出口又分为直接出口和间接出口两种类型。

1. 直接出口

直接出口是指医药企业独立承担一切出口业务而不通过国内的专业外贸公司，将产品直接出售给外国的代理商，乃至最终消费者。一般来说，这是那些获得自营出口权的大型医药企业和外向型医药企业所采用的出口方式。

直接出口的形式主要有：一是建立自己的国外分支机构，包括设立办事处或营销子公司，负责国外的市场营销活动。二是直接与外商签订药品销售合同。三是参与国际招投标活动，中标后按合同生产销往国外的产品。四是在国内设立出口经营部。五是直接向外国最终用户提供产品。

直接出口的优点是：可以节省国内中间商环节的费用；由于医药企业可以直接参与国际市场营销活动，所以能获取国际市场变动信息，及时调整生产经营活动；可以在一定程度上自主决策，控制医药产品外销。缺点是：因为要建立自己的产品出口的专门机构，甚至在国外建立机构，要建立外销渠道、联系客户、发展客户，并需要聘请专门的国际营销人才（要求既懂医药学知识，又懂外贸知识，同时还要有较高的外语水平），所以，费用较高；另外需要自己承担由直接出口带来的经济风险。

2. 间接出口

所谓间接出口就是医药企业通过本国的中间商（外贸公司）向国际市场出口医药产品，它是医药企业开始走向国际市场最常用的方式。间接出口的做法有以下几种形式：

一是通过国内的外贸公司，即外贸公司在购买了医药企业生产的产品后，自行向国外销售。二是医药企业委托外贸公司代理出口医药产品。三是通过委托本国其他企业在国外的销售机构代销自己的产品。

间接出口的优点是：可以利用专业外贸公司对外贸易的渠道和经验，比较迅速地打入国际市场并且不需要大量投资，也不必发展自己的国外市场营销人员，所以企业投资少。间接出口将可能出现的汇率波动、需求变动等风险转嫁给了中间商，所以医药企业承担的风险小。此外，企业还可集中精力生产，不必为外销渠道分心。缺点是：医药企业了解国际市场的能力较低，得不到国际营销的直接经验和国际市场信息，因此，难以根据市场需求及时生产和改进产品，也不能提高产品的适应性和竞争力，不能围绕国际市场需求展开营销活动；而且由于过于依赖国内中间商，所以控制海外营销活动的能力非常有限，甚至容易被中间商抛弃。

信息框

2014年我国原料药出口形势及对策分析

近年来，我国原料药出口呈现逐年增长趋势。随着全球老龄化趋势越来越严重，发达国家的医疗费用迅速上升，日益增长的通用名原料药对于中国的医药产品出口来说是一个难得的机遇，但同时迎来了发展挑战。在2008—2012年，全球原料药市场价值平均的符合增长率达到了7.2%，在这其中，专属使用原料药的市场价值年均复合增长率为7.6%，而外购原料药市场的这一数据是6.5%。当前，我国原料药出口面临的形势挑战如下：

(1) 对发达国家贸易依存度较高。分析原料药出口的市场，主要的出口市场是美、日、欧，另外还有韩国与印度等亚洲国家，因为我们可以看出出口区域比较基准，大部分在欧洲、亚洲与北美，营销的渠道比较窄，客户大多是中间商而不是最终的客户，许多下游资源掌握在品牌贸易商手中，利润很轻易地被拿走。

(2) 产能过剩及成本上涨。在改造新GMP的过程中，固定资产投资太快，很容易让技术含量低的原料药加工企业产能过剩，使行业的整体利润被压低，形成恶性竞争，现在许多原料药企业都有这样的问题。

(3) 国际监管日趋严厉。欧盟委员会与欧盟议会和美国食品药品监督管理局(FDA)会通过颁布新法令或者发布警告对出口医药企业进行监管，往往这些法令的颁布会严重影响中国医药出口行业。

总之，在新的形势中，中国原料药出口既有发展机遇又面临着很多不同的挑战。不仅仅需要制药企业，还需要行业和政府的参与协作，共同解决问题，才能够从根本上促进产业的快速、健康发展。

资料来源：中国行业研究网. http://www.chinairn.com/news/20141009/182344434.shtml.

(二) 契约进入方式

契约进入方式，是指国际化企业与目标市场所在国家的法人单位之间长期的非股权联系，前者向后者转让技术或者技能。在医药行业，医药企业通常会通过与当地企业签订合同来转让技术、服务等无形产品进入国际市场。主要有许可协议、特许经营等类型。

1. 许可证进入方式

许可证进入方式是一种低成本、简单的国际市场进入方式。是指在许可证进入方式下，医药企业(即许可方)在指定时间、区域内可以将其工业产权(如专利、商标等)转让给一外国法人单位(受许方)，受许可企业应支付使用费用，并承担保守秘密等义务，许可方可以获得提成费用或其他报酬补偿。这一进入方式的核心在于无形资产使用权的转移。

许可证进入方式的优点:可以使产品在当地生产和销售,避开进口国提高关税、实行进口配额等限制,从而极大地提高了产品或业务在他国占领市场的速度。同时还可以不用承担东道国货币贬值、产品竞争等风险以及不需要支付高昂运输费用,节约经营成本。其缺点是容易与受许方陷入纠纷,有可能将受许方培养成另一个竞争对手。

2. 特许经营进入方式

特许经营进入方式,是指企业将商业制度及其他产权(专利、专有技术、工艺、商号、商标)等无形资产的使用权许可给独立的企业和个人,被许可方按特许人的经营风格、管理方法从事经营业务活动。特许合同双方的关联程度较高,特许人往往将持证人作为自己的分支机构,统一经营政策、统一风格、统一管理,向客户提供标准化的服务。持证人要向特许人支付相应的费用。

(三)投资进入方式

投资进入方式是指企业在国外进行投资生产,并在国际市场销售产品。现在越来越多的医药企业采用投资方式进入国际市场,投资进入可分为合资经营与独资经营。

1. 合资经营

合资经营是指我国医药企业和外国投资者或两个不同国家和地区的投资者,按一定比例共同投资兴办企业并按照平等互利的原则,共同生产、共同经营、共负盈亏、共担风险的联合企业。

合资经营的优点是:与东道国医药企业合资经营,加快拓展国际市场,有利于获取当地的市场信息,同时与特许经营等进入国际市场的方式相比,合资经营企业的潜在利润更高一些,对生产和经营的控制更严一些。缺点是:投资各方人员管理上难以协调,利润分配和使用上容易产生矛盾。

2. 独资经营

独资经营是指医药企业单独在国外投资建立企业,进行独立经营,自担风险,自负盈亏,企业拥有完全的管理权和控制权。其优点是:能获得目标市场的廉价生产力或原料供应,降低经营成本;能够完全自主地控制自己的投资,经营利益归己支配;能够加强与目标市场政府、顾客、当地供应商的关系,争取合作和支持。缺点是:使企业的大笔投资置于风险之下,有较大的政治和经济风险,甚至受到当地医药企业的排挤。

第四节　医药国际市场营销组合策略

医药企业开发国际市场,大力加强医药出口贸易,应该妥善地运用市场营销策略。在确定目标市场和国际市场进入方式之后,医药企业必须制定适应特定市场环境的产品策略、价格策略、渠道策略及促销策略的新组合。由于医药国际市场营销的复杂性,国与国之间市场营销的差异性和经营中必要的灵活性,在医药国际市场上运用营销策略也就具有不同的情况和特点,以下从几个主要方面来说明在医药国际市场上如何正确有效地运用市场营销策略。

一、医药国际产品策略

医药产品要进入国际市场,必须有适合国际市场需要的产品。因此,在制定医药国际市场营销产品策略时,必须考虑究竟以什么样的产品形式进入国际市场。虽然国际市场营销的产品策略也涉及相关产品组合、品牌策略、新产品开发等内容,但是国际市场营销主要解决的是产品标准化和差异化的问题。常用的产品策略有以下几种。

(一) 医药产品延伸策略

医药产品延伸策略就是将现有的医药产品只作地域上的延伸,不对医药产品做任何变动,这是一种最简单、投入也较少的医药产品进入国际市场的策略。这种策略适合在国际市场上通用的产品,这类产品通常是一个国家特有的产品,具有较高的国际声誉,如中国的清凉油等就可以采取这一策略,可以将现有产品直接销往国外。

医药产品延伸策略的优点有:大幅度降低生产成本和经营成本,取得规模效益;保持企业良好的形象,形成品牌效应。缺点在于,由于各个国家的法律、风俗习惯等方面的差异,对医药产品都有不同的要求,此策略不能满足各目标市场顾客的差异化需求。

(二) 医药产品改良策略

产品改良策略是指根据国际市场的区域性偏好,把国内销售的药品进行适当改变,以适应国际市场上消费者的需求。其优点是:增强产品适应性,从而可以扩大销售,提高医药企业的收益。缺点是:对产品的改造增加了企业费用,提高产品成本。

产品和信息改造策略主要采用以下几种组合策略:

1. 剂型变更

这里主要指的是中药产品,因为丸、散、膏、丹等剂型是我国中药产品的传统剂型,但很难为外国人特别是西方人所接受,即使是在东南亚市场,其销售额也呈现出不断下降的趋势,这就要求中药企业在开拓国际市场时要注意剂型的变更。

2. 包装变更

包装的目的不仅在于便于运输、贮存及销售,还应符合各个国家的文化。通过对产品的外观、款式、颜色等方面的改变,更突出产品的特色,增强吸引力,更加符合目标市场国的消费偏好、宗教信仰、风俗习惯等。

信息框

医药产品转换包装进入俄罗斯

据中国医药保健品进出口商会介绍,当前我国有些企业在向俄罗斯出口药品或保健品时,由于企业自己重新设计了产品包装,导致产品不能在俄罗斯市场上销售。中国医药保健品进出口商会的专家指出,出口到俄罗斯的医药保健品,必须首先获得俄卫生部签发的产品注册证书。同时,俄卫生部还会出具与注册证书配套的文件,其中有对该注册产品包装的说明、规定以及产品介绍等。我国的医药产品在进入俄市场时,包装必须与文件中的规定相符。

资料来源:中国制药网. http://www.zyzhan.com/News/Detail/2522.html.

3. 品牌及商标的变更

从医药产品顺利进入国际市场的角度考虑,更改的目的是为了使其符合当地的文化要求和法律规定;从促销的角度来考虑,是为了增强产品的吸引力并突出其特色。

4. 其他方面的变更

如服务变更、质量变更等。例如，许多跨国公司在我国境内设立的合资厂在中国生产的许多品牌的医药产品，其疗效与他们在自己国家里生产的产品并没有什么本质上的差别，但它们精美的包装、强大的宣传攻势以及完善的销售服务则远远胜过中国国内品牌。

（三）全新产品策略

全新产品策略是指医药企业为了适应国外目标市场的需要和偏好，研制开发与老产品不同的全新产品投放到国际市场当中去，以适应特定国际目标市场的策略。此策略的目的是为了力求在国际市场上占据主动权，但这一策略同时是一种风险和回报都很高的策略。因此，当市场上有着较大消费需求，企业处在规模大技术强的情况下，可以采用这一策略。

二、国际价格策略

在国际市场营销中，价格是影响企业销售的重要因素。由于国际营销环境存在复杂性和多变性，企业在医药国际市场上制定产品价格十分困难。

（一）国际市场营销中影响定价的因素

1. 成本因素

成本核算在定价中十分重要。医药产品销往的地域不同，其成本组成也就不同。国际营销与国内营销某些相同的成本项目可能差异很大。例如：运费、保险费、包装费在国际营销成本中占有较大比重。而另外一些成本项目则是国际营销所特有的，例如关税、报关等。还有很多具有特殊意义的成本项目需要考虑，例如：中间商与运输成本、风险成本、通货膨胀、汇率波动、币值变动等。

2. 市场需求

产品的最低价格取决于该产品的成本费用，而最高价格则取决于产品的市场需求状况。由于医药产品的特殊性，同时各国文化背景、自然环境、经济条件等因素存在差异性，这就决定了各国医药产品消费者偏好不尽相同。外国消费者的支付能力对医药企业出口药品定价有很大影响。要了解所在国际市场的需求与支付能力，医药企业需要深入研究该国国民的收入分布情况和消费习惯。

3. 政府的价格调控政策

随着经济全球化的发展，一方面，各国市场进一步扩大开放度；另一方面，各国政府为了保护国内市场，对价格控制力度加强，控制形式多样化。政府对企业定价的调控是多方面的，既可以是宏观的，也可以是微观的；既可以是法律形式，也可以是行政命令形式。

（二）国际市场营销定价策略

医药国际市场竞争十分激烈，医药企业确定最终价格时，需要考虑上述因素以及其他各方面的影响，采取多种灵活的定价策略，使医药产品价格与市场营销策略的其他组合更好地结合起来，打开国际市场，扩大销售，提高医药企业整体效率。企业的定价策略有以下几种。

1. 统一定价策略

统一定价策略指的是医药企业的同一产品在国际市场上采用同一种价格。这一方式简便易行，但难以适应医药国际市场的需求差异和竞争变化。

2. 差别定价策略

差别定价策略是指医药企业对出口他国的产品制定两种或者多种价格以适应顾客、时间等方面的差异,但这种差异并不反映成本比例差异。医药企业可以根据医药国际市场顾客细分来定价,根据国际市场的差异性,可以对同一种药品在不同区域采取不同的价格,这一策略使定价能适应国际市场变化,但该策略会增大管理难度和成本。

3. 转移价格策略

转移价格策略是指一种医药产品在医药企业母公司与子公司之间转移时采用的价格策略。采用这一策略,表面上是为了评价子公司的经营业绩,而实质是为了避开对整个公司不利的因素,为了追求公司集团的利益达到最大化。我国医药企业在参与国际市场营销活动中应熟悉西方跨国公司的这一策略手法,以保护自己的利益。

三、分销渠道策略

营销渠道是连接企业与国际市场的桥梁,是沟通产品与客户的纽带。成功的医药企业必须能快速捕捉国际市场的需求信号,能迅速地对国际市场需求做出反应,能准确地将其产品信息传递给消费者。这就要求医药企业构建成功的国际分销渠道。

1. 营销渠道的长度决策

渠道长度是指商品从生产领域流转到消费领域所经过的买卖次数,即中间商层次的多少。长度决策涉及是否使用中间商,是直接营销还是间接营销以及间接营销过程中需要多少中间商层次等问题的确定。

医药企业往往会在国际市场上选用两个或两个以上环节的中间商为其推销医药产品的渠道策略。这样,中间商则是独立的渠道成员,如何调动他们的营销积极性以及如何协调并保证渠道的顺利运转则是医药企业所面临的问题。

2. 营销渠道的宽度决策

产品分销渠道的宽度是指企业在国际市场上的销售环节使用中间商的多少。宽度决策要解决的是国际营销渠道中有关层次所需中间商数量的问题。医药企业在进行渠道宽度决策时,可以选择广泛分销、选择营销和独家分销。医药企业对国际营销宽度的选择,受到不同国家或者地区营销环境的影响,需考虑到多方面原因。

宽度决策,有利于中间商之间形成强有力的竞争,有利于医药商品进入更广阔的国际市场,从而扩大医药商品的销量。但是,中间商一般都不愿承担广告费用,而且医药产品的最终市场销售价格不易控制,部分中间商削价竞销,会损害医药产品甚至医药企业在国际市场上的形象。

四、国际促销策略

现代医药国际市场营销要求医药企业不仅要开发适合国际市场消费者需求的优质医药产品,制定适当的价格,以适宜的分销渠道提供给消费者,还要通过传媒,让消费者及时、充分地了解本医药企业及其医药产品的情况,从而对本医药企业产品产生购买行为。这就是国际市场促销策略(Promotion Strategy)的目的。

(一) 人员推销策略

医药国际市场营销中的人员推销,是指由医药企业派出专职或兼职推销人员直接与外国消费者或用户接触、洽谈、宣传、介绍医药产品和劳务,以实现销售目的的活动过程。人员推销策略能够有效传递复杂信息,具有灵活性,有利于建立长期的业务关系。医药企业要成功地实施人员推销策略，关键是组建高水平的国际营销队伍并对他们进行良好的管理。

1. 推销人员的选择

推销人员的选择有三种方式：一是医药企业自己的外派人员，要求这些人员既懂医药知识又懂外语，同时还得掌握良好的推销技巧。这样有利于产品的推销，推销人员能够及时与母公司沟通。二是东道国当地的、懂得多种外语的人员，他们跨越了法律和文化的障碍，对当地消费者更加了解，有利于医药企业在当地与消费者建立良好关系。三是第三国的推销人员，要求他们通晓多种语言，对医药行业或者东道国很熟悉，这种人才的选择更体现出了当今国际化的趋势。

2. 推销人员的培训

国际营销中推销人员的培训内容主要有：针对推销人员进行语言培训，要求推销人员流利地说出当地语言；推销人员必须认识文化冲突，适应当地的人文环境，才能提高推销的成功概率；要使推销人员了解企业知识，掌握所推销产品的品种、用途等，同时要了解市场行情、地区特点等；要对推销人员进行推销技巧方面的培训，使他们能够在适应当地环境的情况下，熟悉营销的技能和技巧，提高他们的市场营销能力。

（二）广告策略

广告是国际市场营销中使用较多的促销策略之一，广告是以付费的方式，通过大众媒体向受众传递有关企业产品、劳务和其他信息，通过影响受众的态度来诱发其购买产品的一种大众传播活动。广告具有公开性、渗透性和表现力。但它受下面一系列因素的影响：

1. 产品特性

一般来说，各国消费者需求相同产品时，可以使用标准化广告策略，即所有地区所做的广告是一样的。但是如果各国消费者的需求存在较大差别时，往往需要采用差异化策略，即针对不同国家或者地区采取不同的广告。医药企业要针对目标市场的消费需求来制定广告策略，最有效的战略应该是有计划的国家化加行动的地域化，既展示出自身医药产品的特性，又能够吸引到当地的消费者。

2. 消费者特点

在不同国家，人们很可能由于极不相同的原因来购买同类产品。医药企业要考虑购买者的动机和使用习惯；分析不同国家消费者对医药产品或所提供的服务的态度和购买的着眼点；特别是要分析不同消费者在文化背景方面的差异。

3. 不同国家对广告法规的差异性

许多国家对广告都有相应的规章和法律限制，医药企业在跨国性广告活动中必须高度重视并研究相应对策。各国广告差异性表现在广告语言、广告类别、广告内容、广告播出时间限制、广告征收的税金等方面。例如，泰国禁止做成药广告，德国禁止做与竞争者进行比较的广告，香港禁止做诱导性的广告，在意大利，不能在广告里出现除臭、排汗这类普通的词语。

此外，随着网络营销的发展，未来网络广告在国际市场促销中将发挥特殊的作用，医药企业应密切关注。

（三）公共关系策略

在国际市场营销活动中，公共关系发挥着越来越重要的作用。良好的公共关系能帮助医药企业树立良好的国际形象，及时克服在文化及其他方面的障碍，扩大在目标市场上对公众的影响，能使医药企业打开甚至扎根于国际市场。为此，在医药国际市场营销中，公共关系应做好以下几方面的工作：

(1) 与当地政府保持良好关系，争取当地政府的支持和帮助。

(2) 建立意见沟通渠道，收集各种公众对企业的意见，及时消除相互间的误解和矛盾。

(3) 与当地的传播媒介建立良好关系，利用媒介为企业服务，树立企业良好正面形象；同时，企业要积极创造具有报道价值的事件，扩大影响力。

(四) 文化营销策略

在新浪潮科技的推动下，互联网拉近了彼此间的距离，全球化、创造型社会和消费者参与化成为营销的三大时代背景，由此产生文化营销。文化营销包括两个方面，一是商品作为文化的载体，二是与当地文化进行融合。特别是在经济全球化的背景下，文化营销越来越被商家重视，因此我国医药企业特别是民族医药企业，在走向世界的过程中，要借助于或适应于不同特色的文化环境开展营销活动，要将目标市场的文化与企业所在地的文化融合起来，要综合运用文化因素，制定适合当地文化特点的营销策略。

同时，开展人文精神营销，即站在人类社会发展的更高层面上，通过营销以人生的意义、快乐和精神实现为核心的人文精神，为消费者提供意义感，医药企业要将环境保护、社会道德建设等人文精神纳入企业的营销范畴内，积极开展绿色营销、快乐营销。

第五节　医药国际市场营销的发展趋势

随着经济全球化与大数据时代的到来，整个全球医药市场的业态发生了很大变化，传统意义上的两种资源、两种市场，现在压缩成一个资源、一种市场，即国内资源和国际市场。原来依靠欧美发达国家为主体来推动全球医药市场增长的格局被打破，近几年以中国为代表的新兴市场开始成为推动全球医药市场扩大的主要因素。特别是在我国新医药政策执行的背景下，中国医药制造企业将会面临新的机遇，并有机会迅速成长为世界制药生产的国际化企业，在不断对外扩张当中，将市场领域从国内拓展到国际，最终建立实效化的生产营销体系。

一、影响医药国际市场发展的关键因素

1. 专利药大量到期，一些主要的疾病治疗转向使用仿制药

在主要发达医药市场中目前销售额巨大的专利产品将面临来自仿制药的竞争。总体来说，受患者(主要包括血脂调节剂、抗精神病药物和抗消化性溃疡药等治疗领域)转而使用低价仿制药品的影响，2010—2014 年，全球范围内药品的总花销减少 800—1 000 亿美元。由于受专利到期影响的药品销售额三分之二是在美国，因此预计美国市场受影响最大。

2. 对新产品严格审查有助于降低支付方的初期费用

每年上市的新专利药个数仍将保持在 30—35 个的范围，但是这些新化合物在临床使用和医保报销时将受到支付者更加严格和复杂的评估。这种现象在那些依赖区域或地方来管理卫生保健产业的国家(如中国、西班牙、意大利和加拿大等)会尤为明显。一般认为，这将会延迟新药的普及。尽管支付方的预算赤字问题仍然是许多国家面临的问题，但对全球经济复苏的预期减少了对行业发展不确定性的担忧。诸如美国目前实施的卫生医疗体制改革将可能促进市场的根本变化，但是要想看到其全面性的效果可能要等到本世纪的后半段。

3. 创新药物的研发周期和市场需求将推动治疗领域的发展

随着行业的产品研发转为向慢性病治疗领域提供更多的低成本仿制药，那些临床需求大、治疗费用高和适合于新技术应用的治疗领域将有更快速的发展。2010—2014 年，肿瘤、糖尿病、多发性硬化症和抗艾滋病毒等在内的治疗领域的年增长率将超过 10%，这主要是受益于新药的上市、就诊率的提高和用于开发低成本仿制药资本投资增加等因素的影响。

4. 大幅削减医疗预算将影响市场的增长速度

随着全球经济的衰退，资本市场被迫减少在医药领域的投资。为了降低药品开支的增长，土耳其、西班牙、德国和法国等国已经宣布将全面限制药品使用或减少医保项目的计划。还有一些国家也将会采取相似的措施，或用将负担转嫁给患者的方式来保持政府的财政平衡。

二、医药国际市场营销的未来发展趋势

1. 医药国际市场需求将继续保持旺盛增长

目前，医药国际市场继续保持巨大的需求潜力，尤其是对抗癌药物、心脑血管药物、延缓衰老药物以及各种微量元素补充剂等药物的需求越来越大；我国国内医药市场也将出现旺盛的消费需求环境，尤其是随着我国人民生活水平的不断提高、医疗保险制度的改革、农村合作医疗制度的建立和完善等，我国医药市场需求越发保持持续旺盛的势头。因此，国际、国内市场需求的旺盛增长，将为医药企业带来更多的发展空间。

2. 医药市场将继续向新兴医药市场转移

以中国为代表的新兴市场开始推动全球医药市场扩大，2010—2014 年，新兴医药市场以 14%—17%的速度增长，而主要的发达医药市场的增长率仅为 3%—6%。到 2014 年，新兴医药市场的药品销售额的累计增长金额将与发达医药市场持平，达到 1 200—1 400 亿美元。美国仍将是全球最大的医药市场，市场规模将由 2009 年的 3 000 亿美元，增长到 2014 年的 3 600—3 900 亿美元。新兴国家药品快速增长将吸引跨国药企从初级研发业务，过渡到研发、生产、销售完整产业链建设上来，强化新兴市场争夺能力，使整个全球医药市场的业态发生很大变化，从传统意义上的两种资源、两种市场，现在压缩成一个资源、一种市场，即国内资源和国际市场。

3. 医药国际市场营销手段更加现代化

高新技术在医药产品研发与医药产业中的应用使其获得了新的竞争力，在大数据浪潮下，医药国际市场营销的竞争将日趋激烈化，营销手段更加现代化。现代科学技术的发展，使得产品、渠道、促销等营销手段的应用有了更加先进的技术。

4. 医药国际市场将更加重视天然药物

随着经济社会的发展和现代科技的进步，人类生存环境、生活水平发生了巨大的变化，人类对健康的认识不断提高，也使得人们对天然药物越来越重视。世界植物药和传统医药在全球受到更多的关注，从而使传统医药的国际市场不断扩大，贸易额逐年增加。对我们中国而言，这样的变化为包括中医药在内的传统医药提供了巨大的市场发展空间。

信息框

世界天然药物发展现状

由于受气候、环境、社会、经济、饮食等因素的影响，疾病谱发生了很大的变化，免疫功能障碍性疾病、环境污染疾病、肿瘤、药源性疾病、外伤及营养过剩或营养不良性疾病、老年性疾病明显增加，疾病诊治从治疗型向预防型转变。现有化学药品未能完全适应社会的需要。应综合应用各种疗法，这与我国中医药的学说相通。中医药学也是极其强调治病的原则是整体调节，把治病的着眼点放在培育调动人体的正气上。现代化学药物疗效不佳或某些药物的副作用与耐药性表现得越来越突出，在这样的情况下人们又开始把视线投向天然药物。天然植物药备受青睐，缘于人们对药品安全性要求的迅速提高。而全球天然药物市场发展潜力最大的地方是亚洲，特别是在中医中药发源地中国，天然植物药特别是非处方药更易被人们接受，近年销售呈现急剧增长趋势。

中国已经是世界第六大医药消费市场，天然植物药正在成为新药开发和投资的新一轮热点。目前，欧洲和日韩等地国际大型医药企业集团纷纷通过在华合资或加大投资等实施本土化策略，纷纷涌入中国的天然植物药市场。日本、韩国更是凭借技术加工优势，通过对由中国进口的中药原材料进行深加工后，垄断了国际植物药市场约90%的市场份额。

中国本来是中草药消费大国，本土企业在消费者心目中享有较高的知名度和美誉度。那么，洋中药杀进来又占有何种优势呢？首先，洋中药生产工艺先进，质量标准规范程度高，远比国产中药占有优势。其次，洋中药在推进中药剂型改革方面也值得本土企业学习。再次，药材从选种、育苗开始就全程质量跟踪，药品批量生产必须有标准，在药品治疗上有药理研究和临床数据，每年在科研开发上的费用占到了产品销售额的30%左右，以保证产品顺利通过美国FDA、欧盟GMP等国际认证。这也是本土企业应当借鉴的。

资料来源：中国质量新闻网. http://www.cqn.com.cn/news/zgzlb/diliu/65.html.

三、医药企业国际经营策略

世界范围内兴起了回归大自然潮流和绿色运动，中医药强调人与自然的和谐统一，恰好迎合了这一潮流。同时，日益增长的医疗费用使得各国政府纷纷开始接纳和重视传统医学及天然药物。如何把握机遇，让中医药走出国门，走向国际，仍是医药企业待解的难题。

（一）自建海外销售渠道，实现跨国经营

在国际医药产业市场上，中国医药企业一直处于产业链的最下端。中国是世界原料药生产和出口第一大国，约占全球产量的五分之一以上。中医药国际化的前提是市场营销也要实现与国际接轨。国内传统医药企业大多通过代理商将产品推向国际，中医药的理念却仍然滞留在企业而难以传达给海外消费者，也不能及时得到消费者的反馈和诉求。医药企业要积极创新商业模式，在海外建立终端，走进当地市场，走进当地消费者，通过在海外建立分公司，就可以随时了解当地政治、商业动态，及时做出反映和调整，实现跨国经营。同时，医药企业也将中医药文化以及医药企业自身品牌传递给消费者。

（二）提升医药产品标准，接轨国际市场

随着医药市场的全球化发展，医药产品作为一种事关生命健康安全的特殊商品，标准化已成为一种不可逆转的趋势。目前化学药、生物药都已经适应这一趋势，中药产品要实现国际化也必然要由此突围。目前，国际上尚不存在针对中药的标准量化评审体系。

传统中药服用量大，膏、丹、丸、散的剂型也让习惯于服用西药的国外消费者很难接受。医药企业要在传统中药基础上，将中药的有效成分高度提纯，制作成国际消费者更易于接受的胶囊、片剂及滴丸剂型等。同时，进行全程质量控制，确保产品质量稳定、安全有效，使医药企业成为全面国际标准化管理的企业。

（三）联手跨国药企巨头，实行强强联合

近年来，跨国药企在中国的本土化正在迅速升级，从此前试探性地设立办事处、分公司、中国区总部，以及亚太区总部，直至巨资兴建研发中心，下沉到此前极少涉及的三四线城市。面对正在冲击全球第二大医药市场的中国市场，每一家跨国制药巨头都希望把触角伸向更深的市场，覆盖更广的范围，取得更多的利润。

跨国医药企业进入中国市场时，通常会选择与中国本土医药企业合作，在当前，跨国药企在中国的深耕正在从与本土制药公司单纯业务层面的合作升级到资本层面。一方面是为了加快进入中国市场的注册审批，另一方面也是希望凭借本土企业在市场开拓，特别是基层市场开拓的人脉和渠道，把外资的药品带进中国这个大市场。

信息框

默沙东先声强强联手

2014年9月25日，全球第二大跨国制药企业默沙东公司与中国本土医药行业的领军者先声药业集团正式宣布，双方在中国的合资公司先声默沙东（上海）药业有限公司正式开始运营。

默沙东和先声的合作，只是外资药企与本土药企合作的一个缩影。近两年来，辉瑞、葛兰素史克、诺华、赛诺菲-安万特等跨国药企纷纷传出合资并购中国本土药企的消息。而“先声默沙东”的正式运营，更预示着外资药企进军中国市场的新一轮计划即将开启。

先声默沙东药业有限公司注册资本1亿元，其中先声控股49%，默沙东控股51%。新公司将融合双方在产品拓展、生产、销售领域的优势，致力于成长为一家拥有丰富产品线，跨越多个治疗领域，覆盖广阔，满足中国基层患者健康需求的本土医药企业。

此前，默沙东和先声经历了一年的谈判“磨合期”，最终强强联手，共同开拓中国药业市场。先声和默沙东的强强联合，一方面，默沙东为合资企业注入国际影响力品牌、优秀药品和120多年的卓越管理经验。另一方面，先声作为本土企业对中国市场更了解，应对更加灵活，更加有效，同时，注入了适合于中国市场的药品，还特别注入了一个低成本的优势。

新合资公司将糅合两家母公司的优势，利用默沙东在大型医院方面的经验和先声在分销药店的先天优势，网罗大小渠道模式。默沙东作为全球第二大的跨国制药企业，拥有众多的专利产品。但由于专利产品的价格比较高，主要服务对象限制在一些高端领域，如三级医院或者部分二级医院，难以推进基层。而先声药业在国内市场上强大的基层基础，能带领默沙东迅速打开中国的基层市场。

资料来源：新华网. http://news.xinhuanet.com/fortune/2012－09/25/c_123758554.htm.

(四) 发展中医服务贸易,实行以医带药

以医带药进入方式是我国中药产品进入国际市场的一种特殊方式。因为中医中药是我国的优秀文化遗产,是我国最具知识产权并具有一定竞争力的产业。在数千年的探索、发展、完善过程中,中医药逐步建立起独立完整的体系。它以卓越独特的医学思想、博大精深的医药理论和富有成效的实践经验,自立于世界医药学之林,成为中国古老文明的重要组成部分,在中华民族悠久而灿烂的文化宝库中一直占据重要的地位。

在崇尚自然的世界潮流中,中药成为一块诱人的"奶酪"。中医药有着其独特的理论体系,中药必须由训练有素的中医大夫辩证运用,才能发挥其功效。因此,中药要实现国际化,必须中医药结合,以医带药。中药走出国门不能靠单一的药品出口,而应以中医药服务贸易的形式"打包"走出去。这样既能有助于扩大中国中医药在国际市场的影响,又能促进国际社会对中医药的认知程度。现阶段,中医药服务贸易成为中医药走向世界的战略选择。它涉及医疗、教育、科研、产业等多领域,在全球开展中医药服务贸易,有利于快速提升中医药服务能力,增强中医药服务产品国际竞争力,扩大中医药服务应用范围,提高中医药服务的认可度,进一步促进中医药国际传播和发展。可以预见,中医药服务贸易将为中医药通往世界打开另一扇门,使中医药产业真正走向国际市场。

信息框

以医带药推动中医药走向世界

从 2012 年 7 月 1 日起,澳大利亚对中医师进行全国注册管理,这意味着澳大利亚已把中医药纳入了法制化管理的轨道。中医立法之所以能够在澳洲实现,是与中医行业在澳洲的不断发展壮大,以及澳洲民众对中医疗效的充分认可分不开的。以医带药,是中医药产业国际化的一种有效模式。

据统计,截至 2009 年,澳大利亚共有中医及针灸诊所大约 5 000 家,从业的中医师、中医针灸师、中医药剂师超过 4 500 人;全澳中医及针灸诊所每年服务大约 280 万人次,80%的病人以英语为母语,全行业营业额达到上亿澳元。

近年来,随着澳洲中医药产业的蓬勃发展,越来越多的澳大利亚人开始看中医、吃中药,并逐渐认可中医药的疗效。2000 年,维多利亚州中医法正式诞生,州政府成立中医管理局主管中医事务,规范中医执业标准,注册一切符合标准的中医师(包括针灸师)。2009 年 5 月 8 日,联邦政府宣布 2012 年正式在全国进行中医注册管理,规定只有进行了正式注册的中医师才能够在澳大利亚合法行医。

随着中医行业的快速发展,我国中药市场的规模也已扩张至 300 亿美元,年增长速度达 23%,超过了我国医药产业的平均增长速度;此外,列入 2010 年《国家基本药物目录》的中药品种达 102 种,占目录总数的 1/3。诸多数据表明,中医药互促发展所带来的成效是不可小觑的。

然而,与中医药产业国内蓬勃发展的态势不同,其在国外市场上却遭遇了诸多困难。据统计,虽然我国中药产品已出口至全球 164 个国家和地区,但 2010 年中药材和中成药的出口额却仅为 9 亿美元。近年来,中药国际化发展中更是遭遇了欧盟植物药注册、日韩标准提升等诸多障碍,原料型产业发展模式愈发受到限制,制剂产业多年来更是起色不大。

当我们思考中医与中药在国际市场如何发展这一问题之时，不妨看看国内市场。中医与中药是一个有机整体，不可分离。在现有情况下，中药走出国门遇到了一定的困难，而中医却相对顺利一些。当我们分析欧盟植物药注册指令影响下的英国中医药市场，就不难发现，2011年5月之后出现的"有医缺药"现象正在告诫人们，中医与中药，一个都不能少。因此，在中医与中药的国际化问题上应坚持以医带药的模式，促进医药产业的共同发展。

资料来源：中国中医药报. http://www.cntcmvideo.com/zgzyyb/html/2012-08/24/content_64466.htm.

本章小结

1. 国际市场营销是医药企业的跨国营销，是医药企业从国际市场的需求出发，开发合适的产品、选择合适的渠道、制定合适的价格和进行合适的促销，以满足国际用户的需要和在国际市场上取得创汇效益。它是跨国的市场营销活动，是国内市场营销活动在国际市场的延伸。

2. 医药国际市场营销的特点有以下几点：即结构复杂、竞争激烈、交易障碍多、营销风险大。国际市场营销的环境复杂多变，它包括经济环境、政治法律环境、社会文化环境、自然环境。因此要求医药企业在开展国际营销时，必须了解国际环境的现状，做到有的放矢。

3. 市场细分是开始目标市场营销的基础。医药国际市场的细分标准是地理、文化、人口、经济、行为变量。医药企业在市场细分的基础上，选择一个或多个子市场作为目标市场。国际目标市场战略包括无差异营销、差异营销和集中营销。医药企业应采用适当的方式进入国际目标市场，如可采用出口进入、合同进入、投资进入。

4. 医药国际市场营销环境的复杂，使得传统的产品、定价、渠道和促销策略都较国内市场营销更为复杂。企业要结合自身实际来制定合适的营销策略。

5. 医药国际市场的关键因素包括：专利药的到期、新产品的严格审查、创新药物的需求以及医疗预算的减少。我国国际医药市场营销将面临国际市场需求旺盛增长、医药市场向新兴国家转移、营销手段更加现代化以及国际医药市场更加重视天然药物的趋势。

6. 我国中医药发展现状表现为中医药国际标准化建设尚薄弱，中西文化有待深入交流以及中医药产品进入国际市场认证，道路较为曲折。医药企业在大健康、大数据时代应该自建海外销售终端，提升医药产品标准，用现代医药来对话世界，可以通过与外资企业强强联合，同时可以发展中医服务贸易实现以医带药。

复习思考

1. 什么是医药国际市场营销？其有哪些特点？
2. 医药企业以何种方式进入国际市场比较适宜？
3. 医药国际市场营销有哪些渠道策略？
4. 影响医药国际市场营销价格的因素有哪些？定价策略有哪些？
5. 国际医药市场营销未来趋势如何？

案例分析

拜耳医药保健强化中国市场营销策略

2013年，拜耳医药保健在中国的销售额达到14.56亿欧元（约合116.5亿人民币），再次确立了拜耳在医药保健行业的领先地位。拜耳医药保健在全球对包括心脏病学、肿瘤学、血液学以及妇科等方面的重点治疗领域研发投入超过了20亿欧元，这为未来的业务增长奠定了坚实基础。北京是拜耳医药保健全球四大研发中心之一，拜耳医药保健也正在系统化增加在中国市场的全球药品开发和临床试验，以确保中国患者可以尽快获得创新性药物。

这意味着中国患者将可以更直接地受益于拜耳医药保健的全球创新实力与产品线。2014年内，拜耳医药保健计划在中国市场推出四款新产品，包括一款治疗更年期、含有雌二醇的雌激素贴剂；一款额外治疗经前期情绪恶劣障碍和中度寻常痤疮的复方口服避孕药；一款含左炔诺孕酮的三相复方口服避孕药以及一款基于拜耳专利新技术，使血糖测量更精准的新型血糖仪。

不仅如此，五种全新的治疗选择目前也正处于后期开发阶段，包括一款用于房颤患者卒中预防的口服抗凝药物、一款治疗湿性老年性黄斑变性的眼科药物、两款抗癌药物以及一款治疗肺高压的药物。这些新产品一旦获批上市，它们也将在未来帮助中国患者。

据了解，拜耳集团计划于2014—2016年在全球范围内投入超过110亿欧元用于研发项目，其中约2/3用于拜耳医药保健。目前，拜耳医药保健拥有丰富的处方药研发产品线，共有超过40种化合物正在进行I至III期临床试验，其中一半是与外部合作方共同开发或来自授权许可。

为了满足中国市场对拜耳产品的更大需求，拜耳医药保健还将投资约1亿欧元（约合8亿人民币），用于大规模提升其北京工厂的生产能力。这项产能扩充旨在保证高质量产品的稳定供应，以满足中国对于拜耳心血管病及糖尿病治疗产品的需求。

此外，拜耳医药保健还通过内部研发投入和品牌建设以及外部合作、选择性技术引进与收购等举措，推动公司业务的进一步增长。2014年2月27日，拜耳宣布拟收购滇虹药业集团公司的所有股份。滇虹药业集团是一家民营制药公司，主要生产非处方药物和传统中草药产品。待完成后，此次收购将加强拜耳保健消费品业务，并有助于拜耳医药保健在中国非处方药领域中成为领先的跨国企业。

总部位于北京的拜耳医药保健全球普药业务，专注于了解本地患者的需求，同时还负责制定全球产品策略。受到如人口老龄化、生活方式改变以及医疗服务普及等全球宏观趋势的影响，普药市场的增长将主要来自于新兴国家，而中国市场将成为引领增长的关键所在。

拜耳医药保健始终致力于支持中国政府实现在2020年前建立覆盖城乡居民基本医疗卫生体制的目标。为强化农村地区医生所必需的医疗知识，拜耳医药保健与国家卫生和计划生育委员会共同发起了“走进西部”项目，为中国西部地区的医生提供继续接受教育的机会，完善医院设施并为医院管理人员提供日常运营工作相关的培训。截至2014年3月，该项目已经成功扩展到23个省和地区，开展了143次培训课程，总计培训超过16 000名医生和医院管理人员。

不仅如此，作为拜耳最为重要的社区医疗活动之一，“拜耳健康小屋”项目也已成为一个为公众提供糖尿病普及教育、免费医生咨询服务的平台。项目开展仅七年时间，“拜耳健康小屋”已遍布全国30多个城市的400余家医院及社区卫生服务中心。

拜耳的创新能力以及广泛的合作项目，使我们能够满足广大中国患者的需求，并更快地为他们带来有效的治疗方式。将会进一步巩固业务的发展根基，实现对于本地市场以及政府的承诺，并践行公司的使命宣言，将“美好生活”的理念带给中国大众。

资料来源：搜狐健康. http://health.sohu.com/20140504/n399111370.shtml.

案例讨论

1. 根据案例，拜耳医药在中国采取了哪些市场营销策略？
2. 拜耳医药给中国的医药企业走向国际市场带来哪些启发？

参考文献

[1] 田盈，徐亮. 国际市场营销[M]. 北京：人民邮电出版社.
[2] 菲利普·科特勒，凯文·莱恩·凯勒. 营销管理[M]. 14版. 上海：上海人民出版社，2012.
[3] 何永祺，张传忠，蔡新春. 市场营销学[M]. 4版. 大连：东北财经大学出版社，2011.
[4] 吴健安. 市场营销学[M]. 4版. 北京：高等教育出版社，2011.
[5] 小查尔斯·兰姆，小约瑟夫·海尔，卡尔·麦克丹尼尔. 市场营销学[M]. 8版. 上海：上海人民出版社，2009.
[6] 郭国庆. 市场营销学通论[M]. 4版. 北京：中国人民大学出版社，2009.
[7] 侯胜田. 医药市场营销学[M]. 北京：中国医药科技出版社，2009.
[8] 冯国忠. 医药市场营销学[M]. 2版. 北京：中国医药科技出版社，2008.
[9] 钟明炼. 药品市场营销学[M]. 北京：人民卫生出版社，2008.
[10] 汤少梁. 医药市场营销学[M]. 北京：科学出版社，2007.
[11] 吴道显，杨玉芹，张丽. 我国传统医药产业国际化发展的理论思考[J]. 时代金融，2014(4).
[12] 董国峰，武晓东，刘平，李俊德，高珊. 我国中医药国际标准化略论[J]. 中医药管理杂志，2013(7).